陳寅恪著作集

金明館叢稿初編

陳寅恪 著

團結出版社

目次

自序

此舊稿不拘作成年月先後，亦不論其内容性質，但隨手便利，略加補正，寫成清本，即付梓人，以免再度散失，殊不足言著述也。

一九六三年歲次癸卯陳寅恪識於廣州金明館

附記

此編之校補，承黄萱、胡守爲、周連寬諸先生相助，得以告成，特附記於此，以表謝意。

天師道與濱海地域之關係

一、引言

東晋孫恩之亂與濱海地域之關係，舊史紀之已詳，且爲世人所習知者也。若通計先後三百餘年間之史實，自後漢順帝之時，迄於北魏太武劉宋文帝之世，凡天師道與政治社會有關者，如漢末黄巾米賊之起原，西晋趙王倫之廢立，東晋孫恩之作亂，北魏太武之崇道，劉宋二凶之弑逆，以及東西晋、南北朝人士所以奉道之故等，悉用濱海地域一貫之觀念以爲解釋者，則尚未之見。故不自量，鈎索綜合，成此短篇。或能補前人之所未逮，而爲讀國史者别進一新解歟？

二、黄巾米賊之起原

自戰國騶衍傳大九州之説，至秦始皇、漢武帝時方士迂怪之論，據太史公書所載（始皇本紀封禪書孟子荀卿列傳等），皆出於燕、齊之域。蓋濱海之地應早有海上交通，受外來之影響。以其不易證明，姑置不論。但神仙學説之起原及其道術之傳授，必與此濱海地域有連，則無可疑者。故漢末黄巾之亂亦不能與此區域無關係。

後漢書陸拾下襄楷傳略云：

襄楷字公矩，平原隰陰人也。好學博古，善天文陰陽之術。延熹九年，楷自家詣闕，上疏曰：「臣前上琅邪宫崇受于吉神書，不合明德。」復上書曰：「前者宫崇所獻神書，專以奉天地順五行爲本，亦有興國廣嗣之術。其文易曉。而順帝不行，故國胤不興。」初，順帝時，琅邪（琅邪當今地詳見於下第七章）宫崇詣闕，上其師于吉於曲陽泉水上所得神書百七十卷，皆縹白素朱介青首朱目，號太平清領書。其言以陰陽五行爲家，而多巫覡雜語。有司奏崇所上妖妄不經，乃收藏之。後張角頗有其書焉。

章懷太子注以地名有三曲陽，而定此曲陽爲東海之曲陽。其説云：

海州有曲陽城，北有羽潭水。而于吉、宫崇并琅邪人，蓋東海曲陽（在今江蘇省東海縣西南）是也。（凡篇中古代郡邑之名其約略相當現今何地悉附注於本文之下，以便參考。但以在海濱地域，而又與本篇主旨之説明有關者爲限。）

三國志吴書壹孫策傳注引江表傳略云：

時有道士琅邪于吉，先寓居東方，往來吴會，立精舍，燒香，讀道書，製作符水以治病。吴會人多事之。策嘗於郡城門樓上集會諸將賓客，吉趨度門下。諸將賓客三分之二下樓迎拜之，掌賓者禁呵不能止。

案，江表傳所言與時代不合，雖未可盡信，而天師道起自東方，傳於吴會，似爲史實，亦不盡誣妄。是于吉、宫崇皆海濱區域之人，而張角之道術亦傳自海濱，顯與之有關也。又據三國志魏書捌張魯傳及後漢書壹佰伍劉焉傳等，張道陵順帝時始居蜀，本爲沛國豐（今江蘇省豐縣）人。其生與宫崇同時，（宋濂翰苑别集卷六漢天師世家叙云：「道陵建武十年生於吴之天目山。」殊不足信。故不依以爲説。）豐沛又距東海不遠，其道術淵源來自東，而不自西，亦可想見。此後漢之黄巾米賊之起原有關於海濱區域者也。

三、趙王倫之廢立

西晋八王之亂，其中心人物爲趙王倫。趙王倫之謀主爲孫秀，大將爲張林。林、秀二人晋書皆無專傳。其事迹悉見於晋書伍玖趙王倫傳中。以予考之，秀固確爲天師道之信徒，林亦疑與之同教者也。三國志魏書捌張燕傳裴注引陸機晋惠帝起居注曰：

門下通事令史張林，飛燕之曾孫。林與趙王倫爲亂，未及周年，位至尚書令、衛將軍，封郡公。尋爲倫所殺。

據此，張林爲黄巾同類黑山之苗裔，其家世傳統信仰當與黄巾相近。晋書壹佰孫恩傳云：

孫恩字靈秀，琅邪人，孫秀之族也。世奉五斗米道。

以「世奉五斗米道」之語推之，秀自當與恩同奉一教。匪獨孫秀、張林爲五斗米道中人，即趙王倫亦奉天師道者。兹移寫晉書本傳及其他史料中有關事實，略附以說明。

晉書伍玖趙王倫傳云：

趙王倫，宣帝第九子也。武帝受禪，封琅邪郡王。及之國，行東中郎將、宣威將軍。咸寧中，改封於趙。

世說新語賢媛篇注引傅暢晉諸公贊曰：

孫秀字俊忠，琅邪人。初趙王倫封琅邪，秀給爲近職小吏。倫數使秀作書疏，文才稱倫意。倫封趙，秀徙户爲趙人，用爲侍郎，信任之。

又仇隙篇注引王隱晉書曰：

岳父文德爲琅邪太守。（晉書伍伍潘岳傳云：「父芘琅邪内史。」）孫秀爲小吏給使。岳數蹴蹋秀，而不以人遇之也。

案，琅邪爲于吉、宫崇之本土，實天師道之發源地。倫始封琅邪，而又曾之國。則感受環境風習之傳染，自不足异。孫秀爲琅邪土著，其信奉天師道由於地域關係，更不待言。

又晉書趙王倫傳云：

倫、秀并惑巫鬼，聽妖邪之説。秀使牙門趙奉詐爲宣帝神語，命倫早入西宫。又言宣帝於北芒爲趙王佐助，於是别立宣帝廟於芒山，謂逆謀可成。

又云：

使楊珍晝夜詣宣帝别廟祈請，輒言宣帝謝陛下（指趙王倫），某日當破賊。拜道士胡沃爲太平將軍，以招福祐。秀家日爲淫祀，作厭勝之文，使巫祝選擇戰日。又令近親於嵩山著羽衣，詐稱仙人王喬，作神仙書，述倫祚長久以惑衆。

案，陶弘景真誥壹陸闡幽微第二謂晋宣帝爲西明公賓友，則在天師道諸鬼官中位置頗高。其所以立别廟於北芒山者，殆以鬼道儀軌祀之，不同於太廟祖宗之常祭也。三國志吴書壹孫堅傳云：「中平元年黄巾賊帥張角起於魏郡，自稱黄天泰平。」魏書捌張魯傳注引典略言：「張角(後漢書壹佰伍劉焉傳注引典略作張脩)爲太平道。」而宫崇所上于吉神書又名「太平清領書」，今倫拜道士爲將軍，以太平爲稱號。戰陣則乞靈於巫鬼。其行事如此，非天師道之信徒而何？

又云：

許超、士猗、孫會等軍既并還，乃與秀謀，或欲收餘卒出戰，或欲焚燒宫室，誅殺不附己者，挾倫南就孫旂、孟觀等，或欲乘船東走入海。

考晋書壹佰孫恩傳云：

諸賊皆燒倉廩，焚邑屋，刊木堙井，虜掠財貨，相率聚於會稽。其婦女有嬰累不能去者，囊簏盛嬰兒投於水，而告之曰：賀汝先登仙堂，我尋後就汝。

又云：

劉裕與劉敬宣并軍躡之於郁洲，恩遂遠迸海中。及桓玄用事，恩復寇臨海，太守辛景討破之。恩窮蹙，乃赴海自沉，妖黨及妓妾謂之「水仙」，投水從死者百數。

晉書捌肆劉牢之傳云：

恩浮海奄至京口，戰士十萬，樓船千餘。聞牢之已還京口，乃走郁洲。

夫郁洲爲孫恩栖泊之所。抱朴子内篇肆金丹篇云：

海中大島嶼，若徐州之欝洲。（即郁洲，在今江蘇省灌雲縣東北，昔爲島嶼，今已與大陸連接。）

又水經注叁拾淮水篇云：

東北海中有大洲謂之郁洲，山海經所謂郁山在海中者也。言是山自蒼梧徙此云，山上猶有南方草木。今郁州治。故崔季珪之叙述初賦言：「郁州者故蒼梧之山也。心悦而怪之。聞其上有僊士石室也，乃往觀焉。見一道人獨處休休然，不談不對。顧非己及也。」

據此，可知郁洲之地爲神仙居處，而適與于吉、宫崇之神書所出處至近。孫恩、盧循武力以水師爲主，所率徒黨必習於舟檝之海畔居民。其以投水爲登「仙堂」，自沉爲成「水仙」，皆海濱宗教之特徵。孫秀之「欲乘船東走入海」，即後來其族孫敗則入海，返其舊巢之慣技。若明乎此，則知孫、盧之所以爲海嶼妖賊者，蓋有環境之薰習，家世之遺傳，決非一朝一夕偶然遭際所致。自來讀史者惜俱不知綜貫會通而言之也。

四、孫恩之亂

晋代天師道之傳播於世冑高門，本爲隱伏之勢力，若漸染及於皇族，則政治上立即發生鉅變。西晋趙王倫之廢惠帝而自立，是其一例，前已證明。東晋孫恩之亂，其主因亦由於皇室中心人物早成天師教之信徒。玆略舉數證，并附以説明。

晋書叁貳孝武文李太后傳云：

始簡文帝爲會稽王，有三子，俱夭。自道生廢黜，獻王早世，其後諸姬絶孕將十年。帝令卜者扈謙筮之。曰：後房中有一女，當育二貴男，其一終盛晋室。時徐貴人生新安公主，以德美見寵。帝常冀之有娠，而彌年無子。會有道士許邁者，朝臣時望多稱其得道。帝從容問焉，答曰：當從扈謙之言，以存廣接之道。帝然之，更加采納。又數年無子。乃令善相者召諸愛妾而示之，皆云：非其人。又悉以諸婢媵示焉。時后爲宫人，在織坊中，形長而色黑，宫人皆謂之崑崙。既至，相者驚云：此其人也。帝以大計，召之侍寢，遂生孝武帝及會稽文孝王、鄱陽長公主。

真誥捌甄命授第四（涵芬樓重印道藏本）云：

我案九合内志文曰：竹者爲北機上精，受氣於玄軒之宿也。所以圓虚内鮮，重陰含素。亦皆植根敷實，結繁衆多矣。公（寅恪案，後注云「凡云公者，皆簡文帝爲相王時也」。）試可種竹於内北宇之外，使美者游其下焉。爾乃天感機神，大致繼嗣，孕既保全，誕亦壽考。微著之興，常守利貞。此玄人之秘規，行之者甚驗。

六月二十三日中候夫人告公。（孝武壬戌生。此應是辛酉年。）

靈草廕玄方。仰感旋曜精。洗洗（詵詵）繁茂萌。重德必克昌。

紫薇夫人作。

福和者當有二子。盛德命世。（福和似是李夫人賤時小名也。今晋書名俊容。二子即孝武并弟道子也。寅恪案，俊容，晋書孝武文李太后傳作陵容，當據此改正。）

同夜中候告。

（右三條楊書。又掾寫。）

又太平御覽陸陸陸引太平經曰：

濮陽者不知何許人。事道專心，祈請皆驗。晋簡文廢世子無嗣時，使人祈請於陽。於是中夜有黄氣起自西南，遥墮室。爾時李皇后懷孝武。（劉敬叔异苑肆亦載此事。）

據簡文帝求嗣事，可知孝武帝及會稽王道子皆長育於天師道環境中。簡文帝字道萬，其子又名道生道子。俱足證其與天師道之關係。六朝人最重家諱，而「之」「道」等字則在不避之列，所以然之故雖不能詳知，要是與宗教信仰有關。王鳴盛因齊梁世系「道」「之」等字之名，而疑梁書南史所載梁室世系倒誤（見十七史商榷伍伍蕭氏世系條），殊不知此類代表宗教信仰之字，父子兄弟皆可取以命名，而不能據以定世次也。（參考燕京學報第四期陳垣史諱舉例第五十三南北朝父子不嫌同名例條。）又鍾嶸詩品上宋臨川太守謝靈運條云：

錢唐杜明師夜夢東南有人來入其館，是夕即靈運生於會稽。旬日而謝玄亡。其家以子孫難得，送靈運於杜治養之，十五方還都，故名客兒。（原注治音稚。奉道之家靖室也。）

按，仲偉所記此條，不獨可以解釋康樂所以名客兒之故，兼可以説明所以以「靈」字爲名之故。錢唐杜氏爲天師道世家（見後第七章），康樂寄養其靖室以求護佑，宜其即從其信仰以命名也。又孝武帝名曜，字昌明，其名字皆見於紫薇夫人詩中。此詩爲後來附會追作，或竟實有此詩，簡文即取其中之語以名其子，皆可不必深論。但可注意者，天師道對於竹之爲物，極稱賞其功用。琅邪王氏世奉天師道，故世傳王子猷之好竹如是之甚。（見世説新語簡傲篇、御覽叁捌玖引語林及晉書捌拾王徽之傳等。）疑不僅高人逸致，或亦與宗教信仰有關。姑附識於此，以質博雅君子。

晉書壹佰孫恩傳云：

恩叔父泰，字敬遠，師事錢唐（見下第七章）杜子恭。而子恭有秘術。子恭死，泰傳其術。然浮狡有小才，誑誘百姓，愚者敬之如神，皆竭財產，進子女，以求福慶。王珣言於會稽王道子，流之於廣州。廣州刺史王懷之以泰行鬱林太守，南越亦歸之。太子少傅王雅先與泰善，言於孝武帝，以泰知養性之方，因召還。道子以爲徐州主簿，猶以道術眩惑士庶。稍遷輔國將軍新安太守。會稽世子元顯亦數詣泰求其秘術。泰見天下兵起，以爲晉祚將終，乃扇動百姓，私集徒衆。三吴士庶多從之。於時朝士皆懼泰爲亂，以其與元顯交厚，咸莫敢言。

晉書捌肆王恭傳云：

淮陵内史虞珧子妻裴氏有服食之術，常衣黄衣，狀如天師。〔會稽王〕道子甚悦之，令與賓客談論，時人皆爲降節。恭抗言曰：未聞宰相之坐有失行婦人。坐賓莫不反側，道子甚愧之。

寅恪案，道子雖從王珣之言，暫流孫泰於廣州，但後仍召還任用，且喜裴氏服食之術，是終與天師道術有關。然則孝武帝、會稽王道子及會稽世子元顯等東晉當日皇室之中心人物皆爲天師道浸淫傳染，宜其有孫盧之亂也。

至盧循之家世及姻黨尚有可注意者。三國志魏書貳貳盧毓傳注引盧諶別傳云：

永和六年，卒於胡中，子孫過江。妖賊帥盧循，諶之曾孫。

晋書壹佰盧循傳略云：

〔盧循〕，司空從事中郎諶之曾孫也。娶孫恩妹。及恩作亂，與循通謀。

案，盧諶爲范陽涿人，似與濱海地域無關。然晋書肆肆其伯祖盧欽傳云：

累遷琅邪太守。

同卷附盧諶傳云：

〔劉〕琨妻即諶之從母，既加親愛，又重其才地。

晋書陸貳劉琨傳云：

趙王倫執政，以琨爲記室督，轉從事中郎。倫子荂，即琨姊壻也，故琨父子兄弟并爲倫所委任。及篡，荂爲皇太子，琨爲荂詹事。三王之討倫也，以琨爲冠軍、假節，與孫秀子會率宿衛兵三萬距成都王穎，琨大敗而還，焚河橋以自固。及齊王冏輔政，以其父兄皆有當世之望，故特宥之。

案，劉琨爲趙王倫死黨，盧諶既與之爲姻戚，而伯祖欽又曾官琅邪，是其家世環境殊有奉天師道之可能。故因循妻爲孫恩之妹，而疑盧氏亦五斗米世家。否則南朝士族婚嫁最重門第，以范陽盧氏之奕世高華，而連姻於妖寒之孫氏，其理殊不可解也。

又魏書玖柒島夷劉裕傳云：

其（指盧循）黨琅邪人徐道覆爲始興相。

案，徐道覆爲循之死黨，又循之姊夫（詳見晋書壹佰盧循傳）。其世系雖不可考，然爲海濱地域之人，且以其命名及姻黨之關係言之，當亦五斗米世家無疑也。

又晋書捌廢帝海西公紀云：

咸安二年十一月，妖賊盧悚遣弟子殿中監許龍晨到其門，稱太后密詔，奉迎興復。帝初欲從之，納保母諫而止。因叱左右縛之，龍懼而走。

案，此事可參閲法苑珠林陸玖破邪篇妖亂惑衆第四彭城道士盧悚條。許龍或即許邁同族，盧悚或即循同族，彭城或爲僑居之地，而非郡望。此皆無可考，不能决定（魏書玖陸僭晋司馬叡傳稱徐州小吏盧悚），姑附記於此，以見東晋末年天師道與政治之關係焉。

五、劉劭之弑逆

宋元凶劭之弑逆，實由於信惑女巫嚴道育。宋書玖玖二凶傳（南史壹肆略同）云：

上（文帝）時務在本業，勸課耕桑，使宫内皆蠶，欲以諷勵天下。有女巫嚴道育，本吴興（今浙江省舊湖州府）人。自言通靈，能役使鬼物。夫爲劫，坐没入奚官。劭姊東陽公主應閤婢王鸚鵡白公主云：「道育通靈有异術。」主乃白上，託云善蠶，求召入，見許。道育既入，自言服食，主及劭并信惑之。始興王濬素佞事劭，與劭并多過失，慮上知，使道育祈請，欲令過不上聞。道育輒云：自上天陳請，必不泄露。劭等敬事，號曰「天師」。及劭將敗，〔濬〕勸劭入海，輦珍寶繒帛下船，與劭書曰：「船故未至，尼已入臺。願與之明日决也。」人情離散，故行計不果。濬書所云尼，即嚴道育也。當時不見傳國璽，問劭，云：在嚴道育處。

隋書叁伍經籍志道經部云：

〔梁〕武帝弱年好事，先受道法，及即位，猶自上章，朝士受道者衆。三吴及邊海之際，信之逾甚。陳武世居吴興，故亦奉焉。

寅恪案，嚴道育以道字命名，生地爲吴興，號爲「天師」。又唐法琳破邪論（見道宣廣弘明集壹壹及唐彦琮護法沙門法琳别傳）歷舉古來道士破家破國爲逆亂者，如張魯孫恩之類。其中有一條云：「道育醮祭而禍宋。出宋書。」則法琳亦以嚴道育爲天師道也。凡此皆足以證其爲五斗米教中人。故南朝元嘉太初之際宫廷之慘變，實天師道傳入皇族中心所致，而其主動之人固與濱海地域有關係也。

六、魏太武之崇道

凡信仰天師道者，其人家世或本身十分之九與濱海地域有關。隋書經籍志道經部謂「三吴及邊海之際，信之逾甚」。晋書孫恩傳亦言「三吴士庶多從之（孫泰）」。蓋邊海之際本其教之發源地。三吴區域或以鄰接海濱，或以重要都會所在，居南朝政治之中心，爲北來信徒若琅邪王氏等所僑聚之地。但隋志僅就南朝言之，其實北朝亦何獨不然。兹節取舊史所載魏太武崇道事，條列於後，以證成吾説。魏書壹壹肆釋老志云：

世祖時，道士寇謙之，字輔真，南雍州刺史讚之弟，自云寇恂之十三世孫。早好仙道，有絶俗之心。少修張魯之術。

魏書肆貳寇讚傳云：

寇讚，字奉國，上谷人，因難徙馮翊萬年。父脩之，字延期，苻堅東萊太守。（東萊郡，今山東省舊登萊二府之地。）讚弟謙之有道術，世祖敬重之。

案，謙之自附於寇恂之後裔，故稱上谷人。魏收亦謂其「自云」，明不足信也。但其父既任東萊太守，即曾居濱海地域。父子俱又以「之」字命名，是其家世遺傳，環境薰習，皆與天師道有關，所以「少修張魯之術」也。

復次，元和姓纂玖去聲五十候條云：

寇，上谷昌平，恂，後漢執金吾雍奴侯，曾孫榮，榮孫孟，魏馮翊太守，徙家馮翊。

羅振玉雪堂金石文字寇臻志跋云：

志稱臻漢相威侯之裔，〔寇〕榮十世之允（胤），榮之子孫，前魏因官，遂寓馮翊。

寅恪案，寇氏實以前魏時徙居馮翊，所謂因難或因官，其真僞姑不深論，考三國魏志壹伍張既傳云：

〔張〕魯降，既説太祖拔漢中民數萬户以實長安及三輔。

故頗疑寇氏本爲米賊之黨，魏武帝平張魯，遂徙其族於馮翊，寇氏自謂徙家馮翊在前魏時，實即後漢建安時，特以其時漢祚已危，魏武已霸主專政，遂混稱爲前魏時耳。此謙之所以世修張魯道術之由來歟？（又高僧傳壹貳宋僞魏平城釋玄高傳云：「釋玄高姓魏，馮翊萬年人也，母寇氏本信外道。」是玄高之母亦謙之之族也，附記於此，以備參考。）

魏書叄伍崔浩傳略云：

崔浩，字伯淵，清河人也，白馬公玄伯之長子。初，浩父疾篤，浩乃剪爪截髮，夜在庭中仰禱斗極，爲父請命，求以身代，叩頭流血，歲餘不息。性不好老莊之書，每讀不過數十行，輒棄之。

又魏書釋老志云：

始光初，〔寇謙之〕奉其書而獻之，時朝野聞之，若存若亡，未全信也。崔浩獨异其言，因師事之，受其法術。於是上疏，讚明其事。世祖欣然崇奉天師，顯揚新法。

又魏書貳肆崔玄伯傳云：

〔苻〕堅亡，避難於齊、魯之間，爲丁零翟釗及司馬昌明叛將張願所留縶。慕容垂以爲吏部郎、尚書左丞、高陽内史。太祖征慕容寶，次於常山。玄伯棄郡，東走海濱。

又魏書叁伍崔浩傳云：

浩母盧氏，諶孫也。

案，玄伯妻爲盧諶孫女，即孫恩妹壻盧循之姑母，是崔浩、盧循兩人實中表兄弟，其家世相傳之信仰，自屬天師道無疑。觀浩剪爪截髮，夜禱斗極，爲父請命（參閲梁書肆柒及南史伍拾庾黔婁傳），正似後來道家北斗七星延命之術。（今道藏爲字號有北斗七星燈儀及北斗本命延壽燈儀等書，此等自爲後世撰述，而佛藏密教部亦有北斗七星延命經，及其他類似之經殊多。頗疑此種禳禱之方譯出雖晚，要是天竺早已有之，道家之術或仍間接傳自西方，特不肯顯言之耳。）至其不好老莊之書者，蓋天師道之道術與老莊之玄理本自不同，此與浩之信仰天師道，并無衝突也。故浩之所以與謙之之道獨有契合，助成其事者，最主要因實在少時所受於其母之家庭教育。况浩父玄伯既避亂於齊魯之間，後復東走海濱，是浩之父系與濱海地域亦有一段因緣，不僅受母氏外家信仰之漸染而已也。（又浩宗人頤與方士韋文秀詣王屋山造金丹，見魏書叁貳北史貳肆。或亦崔氏本來奉道之旁證。）此點爲北朝佛道廢興關鍵所繫，前人似尚無言及之者，特爲發其覆如此。

七、東西晋南北朝之天師道世家

凡東西晋南北朝奉天師道之世家，舊史記載可得而考者，大抵與濱海地域有關。故青徐數州，吴會諸郡，實爲天師道之傳教區。觀風俗通玖怪神篇城陽景王祠條三國志魏書壹武帝紀注引王沈魏書詳述琅邪及青州諸郡淫祀之俗。（兼可參考後漢書肆壹劉盆子傳所載赤眉軍中常有齊巫鼓舞祠城陽景王以求福助事。）又江表傳「于吉先寓居東方，往來吴會」之語，最足以見東漢末年天師道分佈地域之情況。玆除去前已論及者外，略詮次舊記條列於後。

琅邪（晋琅邪國約當今山東省舊兖青沂萊四府東南境及膠州之地。）王氏

晋書捌拾王羲之傳云：

與道士許邁共修服食，采藥石不遠千里。次〔子〕凝之亦工草隸。仕歷江州刺史、左將軍、會稽内史。王氏世事張氏五斗米道，凝之彌篤。孫恩之攻會稽，寮佐請爲之備，凝之不從。方入靖室請禱，出語諸將曰：吾已請大道許鬼兵相助，賊自破矣。既不設備，遂爲孫恩所害。

案，真誥壹陸闡幽微第二云：「王廙爲部鬼將軍。」廙爲凝之之叔祖，既領鬼兵，更宜凝之請以相助。夫琅邪王氏爲五斗米世家，讀史者所習知。兹特上溯其先世，至於西漢之王吉，拈出地域環境與學説思想關係之公案以供學者參決，姑記其可疑者於此，非敢多所附會也。

新唐書柒貳中宰相世系表云：

王氏

元避秦亂，遷於琅邪，後徙臨沂（今山東省臨沂縣）。四世孫吉，字子陽，漢諫議大夫，始家臯虞。（漢侯國，今山東省即墨縣東北地。）後徙臨沂都鄉南仁里。生駿，字偉山，御史大夫。二子：崇、游。崇字德禮，大司空、扶平侯。生遵，字伯業，後漢中大夫、義鄉侯。生二子：旹、音。音字少玄，大將軍掾。四子：誼、叡、典、融。融字巨偉。二子：祥、覽。

晋書叁叁王祥傳云：

王祥字休徵，琅邪臨沂人，漢諫議大夫吉之後也。祖仁，青州刺史。父融，公府辟不就。

案，唐書表所載世系，其見於漢書王吉傳者，自屬可信。其後諸世當有脱誤，然爲王吉之後，要無可疑。今節録漢書柒貳王吉傳推論之。傳云：

王吉字子陽，琅邪臯虞人也。上疏言得失曰：陛下躬聖質，總萬方，帝王圖籍日陳於前，惟思世務，將興太平。公卿幸得遭遇其時，言聽諫從，然未有建萬世之長策，舉明主於三代之隆者也。其務在於期會簿書斷獄聽訟而已，此非太平之基也。臣願陛下承天心，發大業，與公卿大臣延及儒生述舊禮，明王制，敺一世之民，躋之仁壽之域，則俗何以不若成康，壽何以不若高宗？竊見當世趨務不合於道者，謹條奏，唯陛下財擇焉。吉意以爲夫婦，人倫大綱，夭壽之萌也。世俗嫁娶太早，未知爲人父母之道而有子，是以教化不明，而民多夭。聘妻送女亡節，則貧人不及，故不舉子。又漢家列侯尚公主，諸侯則國人承翁主，使男事女，夫詘於婦，逆陰陽之位，故多女亂云云。自吉至崇，皆好車馬衣服，其自奉養極爲鮮明，而亡金銀錦繡之物。及遷徙去處，所載不過囊衣，不蓄積餘財。去位家居，亦布衣疏食。天下服其廉而怪其奢，故俗傳王陽能作黄金。

案，後漢書陸拾下襄楷傳言：「順帝時，琅邪宫崇詣闕，上其師于吉於曲陽泉上水所得神書百七十卷，號太平清領書。」「專以奉天地順五行爲本，亦有興國廣嗣之術。」章懷注引太平經興帝王篇略曰：

真人問神人曰：吾欲使帝王立致太平，豈可聞邪？神人言：但順天地之道，不失銖分，則立致太平延年不疑也。又問曰：今何故其生子少也？天師曰：今太平氣到。或有不生子者，反斷絶天地之統，使國少人。理國之道，多人則國富，少人則國貧。

案，漢書與王吉同傳者有貢禹。禹亦琅邪人。其所言調和陰陽，興致太平，減少宫女，令兒七歲乃出口錢，其旨趣與王吉相似。後來之于吉太平清領神書興國廣嗣之言，實不能外此。又漢書柒伍李尋傳載成帝時，齊人甘可忠詐造天官曆、包元太平經，其徒黨夏賀良等陳説哀帝，以爲成帝不應天命，故嗣絶，今宜急改元易號，則得延年益壽，皇子生，灾异息矣。哀帝從其議，改元太初，易號曰陳聖劉太平皇帝。其言亦與後來太平清領書所記興國廣嗣之術約略相似。殆所謂齊學，即濱海地域之學説也。夫漢書既載「俗傳王陽能作黄金」，則王陽當時所處之環境中作黄金之觀念必已盛行，然後始能致兹傳説。故據此可以推見其時社會情況。而應仲遠不明斯義，轉以此譏孟堅（見風俗通過失篇），過矣。

又真誥壹陸闡幽微第二云：

（上略）夫至廉者不食非己之食，不衣非己之布帛。王陽有似也。（原注：此目應以夷齊爲摽。高士中亦多此例，而今乃舉王陽。當年淳德自然，非故爲皎潔者也。王陽先漢人也。）（下略）

右五條皆積行獲仙，不學而得。

天師道以王吉爲得仙，此實一確證，故吾人雖不敢謂琅邪王氏之祖宗在西漢時即與後來之天師道直接有關，但地域風習影響於思想信仰者至深且鉅。若王吉貢禹甘忠可等者，可謂上承齊學有淵源，下啓天師之道術。而後來琅邪王氏子孫之爲五斗米教徒，必其地域薫習，家世遺傳，由來已久。此蓋以前讀史之人所未曾注意者也。

高平郗氏

晉書陸柒郗鑒傳云：

郗鑒字道徽，高平金鄉人。（晉高平國治昌邑，在今山東省金鄉縣西北。）趙王倫辟爲掾，知倫有不臣之迹，稱疾去職。及倫篡，其黨皆至大官，而鑒閉門自守，不染逆節。二子：愔、曇。愔字方回。與姊夫王羲之、高士許恂（詢）竝有邁世之風，俱栖心絶穀，修黄老之術。子超，一字嘉賓。愔事天師道，而超奉佛。曇字重熙，子恢，字道胤。

又鑒叔父隆傳云：

隆字弘始，少爲趙王倫所善。及倫專擅，召爲散騎常侍。倫之篡也，以爲揚州刺史。齊王冏檄至，中州人在軍者皆欲赴義。隆以兄子鑒爲趙王掾，諸子悉在京洛，故猶豫未决。停檄六日，將士憤怒，扶〔王〕邃爲主而攻之，隆父子皆死。

又晉書柒柒何充傳云：

於時郗愔及弟曇奉天師道，而充與弟準崇信釋氏。謝萬譏之云：二郗諂於道，二何佞於佛。

（世説新語排調篇同。）

又世説新語術解篇云：

郗愔信道甚精勤，常患腹内惡，諸醫不可療。聞于法開有名，往迎之。既來，便脉云：君侯所患，正是精進太過所致耳。合一劑湯與之。一服即大下，去數段許紙如拳大，剖看，乃先所服符也。

又太平御覽陸陸引太平經云：

郗愔心尚道法，密自遵行。善隸書，與右軍相埒。手自起寫道經，將盈百卷，於今多有在者。

案，晋書壹肆地理志金鄉爲兖州高平國之屬縣，距海濱雖略遠，然觀郗氏一門在西晋時與趙王倫關係之密切如此，則郗隆父子與孫秀等實皆倫之死黨，事敗俱以身殉，不過一處中樞，一居方鎮之别耳。故以東晋時愔、曇之篤信天師道，及鑒字道徽，恢字道胤而推論之，疑其先代在西晋時即已崇奉此教，至嘉賓之奉佛，與其家風習特异者，猶之愔忠於王室，而超黨於桓氏，宗教信仰及政治趨向皆與其父背馳也。

吴郡杜氏

晋書壹佰孫恩傳云：

恩叔父泰，字敬遠，師事錢唐（見下）杜子恭。而子恭有秘術，嘗就人借瓜刀，其主求之，子恭曰：當即相還耳。既而其刀主行至嘉興，有魚躍入船中，破魚得瓜刀。其爲神效往往如此。子恭死，泰傳其術。

南齊書伍肆高逸傳云：

杜京產字景齊，吴郡錢唐人。（晋吴郡錢唐縣，今浙江省杭縣。）杜子恭玄孫也。祖運，爲劉毅衛軍參軍，父道鞠，州從事，善彈棊，世傳五斗米道，至京產及子栖。（南史柒伍隱逸傳同。）

真誥壹玖翼真檢第一真誥叙録云：

〔許〕黄民乃奉經入剡（見下）。錢唐杜道鞠（即居士京產之父）道業富盛，數相招致。於時諸人并未知尋閲經法，止禀奉而已。

又鍾嶸詩品載謝靈運寄養於錢唐杜明師家，前已論及，兹不重出。案，杜子恭爲孫泰之師，其歷代相傳至後裔杜栖，多有時名，爲南朝天師最著之世家，而錢唐又屬濱海地域也。

會稽孔氏

晋書壹佰孫恩傳略云：

黄門郎孔道、鄱陽太守桓放之、驃騎諮議周勰等皆敬事之（指孫泰）。中書郎孔道等皆遇害。

晋書柒捌孔愉傳云：

孔愉字敬康，會稽山陰（晋會稽郡治山陰，今浙江省紹興縣。）人也。其先世居梁國。曾祖潛，太子少傅，漢末避地會稽，因家焉。吴平，愉遷於洛。惠帝末，東還會稽，入新安山中，改姓孫氏。後忽捨去，皆謂爲神人，而爲之立祠。

世説新語栖逸篇云：

孔車騎少有嘉遁意，自稱孔郎，游散名山。百姓謂有道術，爲生立廟。今猶有孔郎廟。

劉孝標注引孔愉別傳曰：

永嘉大亂，愉入臨海（晋臨海郡治章安，今浙江省臨海縣。）山中，不求聞達。

南齊書肆捌孔稚珪傳（南史肆玖孔稚珪傳同）云：

孔稚珪字德璋，會稽山陰人也。祖道隆，位侍中。父靈産，泰始中罷晋安太守。有隱遁之懷，於禹井山立館，事道精篤。吉日於静屋四向朝拜，涕泗滂沲，東出過錢塘北郭，輒於舟中遥拜杜子恭墓，自此至都，東向坐，不敢背側。

南史柒伍隱逸傳云：

孔道徽，守志業不仕，與〔杜〕京産友善。道徽父祐，至行通神，隱於四明山，（在今浙江省鄞縣西南一百五十里，餘姚縣南一百十里。）嘗見山谷中有數百斛錢，視之如瓦石不异。采樵者競取，入手即成砂礫。王僧虔與張緒書曰：孔祐，敬康曾孫也。古之遺德也。道徽少厲高行，能世其家風。

真誥壹玖翼真檢第一真誥叙録云：

元興三年京畿紛亂，〔許〕黄民乃奉經入剡（今浙江省嵊縣）。至義熙中，魯國孔默崇奉道教，爲晋安太守。（晋晋安郡故治在今福建省閩侯縣東北。）罷職，還至錢唐。聞有許郎先人得道經書俱存，乃往詣許。許不與相見，孔膝行稽顙，積有旬日，兼獻奉殷勤，用情甚至。許不獲已，始乃傳之。孔仍令晋安郡吏王興繕寫。（興善有心尚，又能書畫，故以委之。）孔還都，唯寶録而已，竟未修用。元嘉中，復爲廣州刺史。及亡後，其子熙先休先才學敏贍，竊取看覽，見大洞真經説云：誦之萬遍，則能得仙。大致譏誚，殊謂不然。以爲仙道必須丹藥鍊形，乃可超舉，豈可空積聲咏，以致羽服。兼有諸道人助毁其法。或謂不宜蓄此。因一時焚蕩，無復孑遺。

宋書陸捌彭城王義康傳（南史壹叁同）云：

上（太祖）疾嘗危殆，〔祭酒魯郡孔〕胤秀等輒就尚書儀曹索晋咸康末立康帝舊事。及太祖疾豫，微聞之。〔元嘉〕十七年十月，誅大將軍録事參軍劉敬文、賊曹參軍孔邵秀、主簿孔胤秀、丹陽丞孔文秀、司空從事中郎司馬亮等。胤秀始以書記見任，漸預機密。文秀、邵秀，皆其兄也。司馬亮，孔氏中表，并由胤秀而進。

又宋書陸玖范曄傳（南史叁叁同）略云：

初，魯國孔熙先博學有縱横才志，文史星算，無不兼善。初，熙先父默之爲廣州刺史，以贓貨得罪下廷尉，大將軍彭城王義康保持之，故得免。及義康被黜，熙先密懷報效。以曄意志不滿，欲引之。極辭譬説，其意乃定。熙先素善天文，云：太祖必以非道晏駕，當由骨肉相殘。江州應出天子。以爲義康當之。有法略道人，先爲義康所供養，粗被知待。又有王國寺法静尼，亦出入義康家内，皆感激舊恩，規相拯拔，并與熙先往來，使法略罷道。本姓孫，改名景玄，以爲臧質寧遠參軍。熙先善於治病，兼能診脉。法静尼妹夫許耀，領隊在臺，宿衛殿省。嘗有病，因法静尼就熙先乞治，爲合湯一劑，耀疾即損。耀自往酬謝，熙先深相待結，因告逆謀，耀許爲内應。熙先於獄中上書，所陳竝天文占候，讖（南史作識）上有骨肉相殘之禍，其言深切。

真誥貳拾翼真檢第二云：

孔璪賤時，杜居士京産將諸經書往剡南墅大墟住，始與顧歡、戚景玄、朱僧標等數人共相料視，於是分别選出，凡有經傳四五卷，真受七八篇，今猶在杜家。

案，孔璪事迹見宋書捌肆及南史貳柒孔覬傳。孔覬等起兵應晋安王子勛，實璪爲之謀主，亦天師道信徒也。

又會稽孔氏其居山陰之孔愉一門及孔道隆、靈産、稚珪三世，與居剡之孔默之、孔熙先父子及孔胤秀、文秀、邵秀兄弟，是否本爲一族？不能詳考。然孔愉自謂先世居梁國，孔默之父子孔胤秀兄弟自稱魯郡，皆託爲孔子後裔，來從北方。（見新唐書柒伍下宰相世系表孔氏及林寶元和姓纂陸山陰孔氏各條。）其事之真僞，且不置論，而其俱居濱海地域，俱有與天師道相關之迹象，則無疑義。故稱之爲奉天師道之世家，當無不可。至晋書孫恩傳中敬事孫泰之黄門郎孔道即同傳下文遇害之中書郎孔道，與山陰孔氏疑是一族。南齊書孔稚珪傳稚珪祖爲侍中道隆，以稚珪父靈産奉道如此之篤推之，孔道隆恐即孔道。以唐人傳寫避諱，略書名下一字，而侍中之官或者又因死難之故所追贈歟？姑記於此，以俟考。孔熙先之爲天師道信徒，不待論。而法略本孫氏，法静妹夫許耀又爲許氏，皆有天師道家世之嫌疑。宋文帝初不死於彭城王義康及孔熙先，而卒死於元凶劭及嚴道育。其被弒之人雖殊，而俱與天師道有關則一，故謂之死於天師道之手實無不可。至於范蔚宗以謀逆誅，王西莊（十七史商榷陸壹）陳蘭甫（東塾集附申范一卷）皆著論辨誣，而不知其死由於孔熙先，熙先爲天師道世家。然則謂蔚宗之死實由於天師道，固亦無不可也。

又蔚宗之著後漢書，體大思精，信稱良史，獨方術一傳附載不經之談，竟與搜神記列仙傳無别，故在全書中最爲不類。遂來劉子玄之譏評（見史通伍采撰篇及壹柒雜説篇中諸晋史條），亦有疑其非范氏原文，而爲後人附益者（見王先謙後漢集解捌貳下黄山校補）。其實讀史者苟明乎蔚宗與天師道之關係，則知此傳全文本出蔚宗之手，不必致疑也。

義興周氏

晋書孫恩傳言驃騎諮議周勰敬事孫泰。今晋書伍捌有周勰傳，勰爲義興陽羨人，周處之孫，終以臨淮太守，然其所生時代較早，當非一人。但義興周氏實有信奉天師道之嫌疑。據晋書伍捌周勰之叔父札傳雲：

時有道士李脱者，妖術惑衆，自言八百歲，故號李八百。自中州至建鄴，以鬼道療病，又署人官位，時人多信事之。弟子李弘養徒灊山，云應讖當王。故〔王〕敦使廬江太守李恒告札及其諸兄子與脱謀圖不軌。時莚（札兄子）爲敦諮議參軍，即營中殺莚及脱、弘，又遣參軍賀鸞就沈充盡掩殺札兄弟子，既而進軍會稽，襲札。札出距之，兵散見殺。（太平御覽陸佰柒拾引集仙録，太平廣記柒引神仙傳等，皆有李八百事。）

抱朴子内篇玖道意篇云：

諸妖道百餘種，皆煞生血食。獨有李家道無爲，爲小差。或問：李氏之道起於何時？余答曰：吴太帝時，蜀中有李阿者，穴居不食，傳世見之，號爲八百歲公。後一旦忽去，不知所在。後有一人，姓李名寬，到吴，而蜀語，能祝水，治病頗愈，於是遠近翕然，謂寬爲李阿，因共呼之爲李八百，而實非也。自公卿以下，莫不雲集其門。於是避役之吏民依寬爲弟子者，恒近千人。余親識多有及見寬者。寬弟子轉相教受，佈滿江表，動有千許。

案，葛稚川之言與晋書雖有异同，今觀其所述，亦天師道之一派也。當時李氏妖黨之盛，可以想見。李恒告周札及其諸兄子與李脱同謀不軌，蓋當日李氏妖黨自吴迄晋佈滿江表，義陽周氏爲吴地世族之最著者，疑本與李氏道術有連，故王敦等得藉爲口實。故曰敬事孫泰之周勰縱非義陽周氏，而義陽周氏之勰者，固曾陷於妖黨之嫌疑，則爲史實也。

陳郡殷氏

晋書捌肆殷仲堪傳云：

殷仲堪，陳郡人也。父師，驃騎諮議參軍、晋陵太守、沙陽男。父病積年，仲堪衣不解帶，躬學醫術，究其精妙。少奉天師道，又精心事神，不吝財賄，而怠行仁義，啬於周急，及〔桓〕玄來攻，猶勤請禱。然善取人情，病者自爲診脉分藥。

世説新語文學篇羊孚弟娶王永言女條劉孝標注引殷氏譜曰：

仲堪娶琅邪王臨之女，字英彦。

又世説新語術解篇叙仲堪伯父浩精通醫術事云：

殷中軍妙解經脉，中年都廢。有常所給使忽叩頭流血，浩問其故，云：有死事，終不可説。詰問良久，乃云：小人母年垂百歲，抱疾來久，若蒙官一脉，便有活理，訖就屠戮無恨。浩感其至性，遂令舁來，爲診脉處方。始服一劑湯便愈，於是悉焚經方。

真誥壹伍闡幽微第一云：

殷浩侍帝晨，與何晏對。

又云：

侍帝晨有八人：徐庶、龐德、爰愉、李廣、王嘉、何晏、解結、殷浩。如世之侍中。

案，殷仲堪爲陳郡長平人。陳郡非濱海地域。雖妻爲琅邪王氏，本天師道世家，然疑仲堪之奉道，必已家世相傳，由來甚久，而不可考矣。今所傳黄帝内經素問，雖出後人僞造，實爲中國醫術古籍，而與天師道有關。其天元紀大論殆即張機傷寒論序所稱陰陽大論。故其文中託爲黄帝與天師問答之語，是其明證。殷仲堪之伯父殷浩即已妙解經脉，然則仲堪之精於醫術，（隋書叁肆經籍志：子部醫方類殷荆州要方一卷，殷仲堪撰，亡。）亦當爲家門風習漸染所致，非偶因父病始從事學醫也。

故參以晋代神仙家葛洪之綜練醫術，（晋書柒貳葛洪傳。又隋書經籍志：肘後方六卷，葛洪撰。梁二卷。陶弘景補闕肘後百一方，九卷，亡。）宋代天師道世家孔熙先善療病，治愈許耀之故事（宋書陸玖范曄傳），梁代神仙家陶弘景祖孫父子之尤明醫術本草，（見梁書伍貳，南史柒陸陶弘景傳。）又云笈七籤壹佰柒下陶翊撰華陽隱居先生本起録云：「祖隆兼解藥性，常行拯救爲務。父貞寳深解藥術。」及北朝天師道世家清河崔氏一門若崔彧、崔景哲、崔景鸞、崔冏等累代皆精通醫術，爲尚藥典御（魏書玖壹術藝傳，北史貳肆。）等事實，推定陳郡殷氏爲天師道世家，明乎吾國醫術與道教之關係者，當不以此爲無稽之說也。

丹陽葛氏及東海鮑氏

抱朴子之學雖有异於黄巾米賊，然實亦與之同出一源，不過流派略别耳。抱朴子之著述及其師鮑靚之行事今皆不論，僅就其家世籍貫與海濱之關係，略綴數語，以闡明此篇主旨。

晋書柒貳葛洪傳云：

葛洪字稚川，丹楊句容人也。（句容今江蘇省句容縣。）尤好神仙導養之法。從祖玄，吴時學道得仙，號曰葛仙公。以其鍊丹秘術授弟子鄭隱。洪就隱學，悉得其法焉。後師事南海太守上黨鮑玄。玄見洪深重之，以女妻洪。洪傳玄業，并綜練醫術。

晋書玖伍藝術傳鮑靚傳云：

鮑靚，字太玄，東海人也。（晋東海郡在惠帝元康元年未分置蘭陵郡以前統縣十二，其境約當今山東省舊兗州府東南至江蘇省舊海州之地。）年五歲語父母云：本是曲陽李家兒，九歲墜井死。其父母尋訪得李氏，推問皆符驗。靚學兼内外，明天文河洛書，爲南海太守。嘗見仙人陰君，受道訣，百餘歲卒。

案，神仙之説於此可不置論。以地域言，丹陽東海皆隋書經籍志所謂「三吴及濱海之際」

者也（見上文）。然葛氏之居丹陽，亦由海濱遷來，其家世信仰蓋遠有所承受。據抱朴子自叙篇云：洪曩祖爲荆州刺史。王莽之篡，與翟義共起兵，爲莽所敗，遇赦免禍，莽乃徙君於琅邪。君之子盧佐光武，封下邳僮縣侯。託他行遂南渡江，家於句容。太平御覽陸陸叁引列仙傳作「葛洪，字稚川，琅邪人」。陶弘景吴太極左仙公葛公之碑云：「本屬琅邪，後漢驃騎僮侯盧，讓國於弟，來居此土。」（見陶弘景集及道藏虞字號譚嗣先太極葛仙翁傳。）是葛氏本琅邪人。琅邪固天師道發源之地，與史實尤相適合。又太平御覽陸陸肆引神仙傳云：「鮑觀，字太玄，琅邪人。一説上黨人。漢司徒鮑宣之後。」又太平御覽肆壹引袁宏羅浮山記云：「鮑靚，字子玄，上黨人。」考靚所以作上黨人者，蓋據漢書柒貳鮑宣傳中「宣既被刑，乃徙之上黨，遂家於長子」之語。既以靚爲宣之後裔，故宜云然。其實此類依託華胄之言，殊不足信，自無待論。而鮑靚之爲琅邪人，更不容疑也。至晋書靚傳中靚自稱「本是曲陽李家兒」之曲陽，即後漢書襄楷傳于吉「於曲陽泉水上得神書」之曲陽，章懷注所謂東海之曲陽是也。於此轉可證成靚實爲東海人，或琅邪人，皆屬濱海地域，所謂上黨人者，不過自託於子都之後裔而已。近人注晋書以鮑靚傳作東海爲誤。又以上黨與曲陽地相近，殆未詳考。（見吴士監晋書斠注柒伍鮑靚傳注。）雲笈七籤卷壹佰陸有鮑靚真人傳作陳留人。此較後之説，不如晋書等之足據也。

丹陽許氏

丹陽許氏爲南朝最著之天師道世家。據其自稱，爲漢順帝司徒汝南平輿許敬之後。敬子光始渡江，居丹陽句容。真誥卷末附有真胄世譜，詳載其世系，然細核之，殊有可疑。蓋真誥貳運象篇第二八月十七日夜保命仙君小茅口授與許長史之文云：

肇祖植德（即謂七世祖許肇也）。

又壹貳稽神樞第二云：

亦如子七世祖父許肇字子阿者有賑死之仁，拯饑之德。故令雲蔭流後，陰功垂澤，是以今得有好尚仙真之心者，亦有由而然也。此紫陽真人六月二十日受。

（右一條有掾寫。）

又壹陸闡幽微第二云：

許肇今爲東明公右帥晨。帥晨之任知世間中書監。（許肇字子阿，即長史七代祖司徒敬也。雖有賑救之功，而非陰德，故未蒙受化。既福流後葉，方使上拔，然後爲九宮之仙耳。）

又真胄世譜云：

真誥云：「長史七世祖肇字子阿有振惠之功。」今檢譜，七世祖名敬，字鴻卿，後漢安帝時爲光禄，順帝永建元年拜司徒。（寅恪案，范氏後漢書陸順帝紀云：永建二年七月光禄勳許敬爲司徒。通鑑伍壹亦同。袁宏後漢紀繫此事於永建元年。與此同。）名字與真誥不同，未詳所以舛异。

案，許氏家譜與真誥互相舛异，毋寧信真誥爲較近真。蓋真誥中託爲保命仙君及紫陽真人等對許氏言其祖宗名字，且託爲許氏親筆記録。其事雖不可信，而此點却不應訛誤也。至家譜則於六朝時往往爲寒門攀附華族以作婚宦之資者，尤多所改易。故丹陽許氏確否自汝南南徙，尚不可知。或如葛氏之比，原自琅邪遷來。或如鮑氏之比，本爲東海，而自附於上黨，今皆無考。要之，吴地居民本多天師道信徒，許氏既世居丹陽，想其宗教信仰之遺傳必已甚久。又後漢靈帝熹平元年有會稽妖賊許昌起於勾章，自稱陽明皇帝，扇動諸縣，衆以萬數。（見三國志吴書壹孫堅傳、貳孫策傳裴注東觀漢記、後漢書捌捌臧洪傳及續漢書天文志等。）許昌既稱妖賊，又以陽明爲號，必係天師道，此許氏雖不必與丹陽之許同出一源，要爲濱海地域天師道之黨，與三張之徒先後同起者，則無可疑也。

丹陽陶氏

周嘉猷南北史世系表叁丹陽陶氏表云：

陶隱居弘景，字通明，尤著名於梁代，蓋基之裔也。世系無可考。

案，雲笈七籤壹佰柒有陶弘景從子翊字木羽者所撰華陽隱居先生本起録，詳載世系。周氏謂無可考者，非也。兹録取其有關者之語於下：

隱居先生諱弘景，字通明，丹陽人也。宅在白楊巷南岡之東。宋初土斷，仍割秣陵縣西鄉之桐下里，至今居之。十三世祖超，漢末渡江，始居丹陽。七世祖濬，交州刺史璜之弟，與孫皓俱降晋，拜議郎散騎常侍尚書。祖隆，好學，讀書善寫，兼解藥性，常行拯救爲務。父諱貞寶，善藁隸書，家貧，以寫經爲業，一紙直價四十。深解藥術。先生尤好五行陰陽，風角炁候，太一遁甲，星曆算數，山川地理，方國所産，及醫方香藥分劑，蟲鳥草木，考校名類，莫不該悉。善隸書，不類常式，別作一家，骨體勁媚。

案，陶濬附見晋書伍柒陶璜傳。璜傳云：「自基至綏四世爲交州者五人。」是陶氏一門與南部濱海之地關係至切。匪獨陶氏如是，即鮑靚、葛洪，及孫泰、盧循諸人亦莫不然。豈交廣二州之區域不但丹沙靈藥可爲修鍊之資，且因鄰近海濱，爲道教徒衆所居之地。以有信仰之環境，故其道術之吸收與傳授，較易於距海遼遠之地域歟？觀陶翊之所述，則天師道世家皆通醫藥之術，尤有確證。中國儒家雖稱格物致知，然其所彈精致意者，實僅人與人之關係。而道家則研究人與物之關係。故吾國之醫藥學術之發達出於道教之貢獻爲多。其中固有怪誕不經之說，而尚能注意於人與物之關係，較之佛教，實爲近於常識人情之宗教。然則道教之所以爲中國自造之宗教，而與自印度所輸入之佛教終有區別者，或即在此等處也。

吴興沈氏

宋書壹佰自序（南史伍柒沈約傳同）云：

初，錢唐人杜子恭（南史作杜炅，字子恭。）通靈，有道術，東土豪家及京邑貴望，竝事之爲弟子，執在三之敬。〔沈〕警累世事道，亦敬事子恭。子恭死，門徒孫泰、泰弟子恩傳其業，警復事之。隆安三年，恩於會稽作亂，自稱征東將軍，三吴皆響應。〔警子〕穆夫時在會稽，恩以爲前部參軍、振武將軍、餘姚令。其年十二月二十八日，恩爲劉牢之所破，輔國將軍高素於山陰回踵埭，執穆夫及僞吴郡太守陸瓌之、吴興太守丘尫，并見害，函首送京邑。先是宗人沈預素無士行，爲警所疾。至是警聞穆夫預亂，逃藏將免矣。預以告官，警及穆夫、弟仲夫、任夫、預夫、佩夫竝遇害，惟穆夫子淵子、雲子、田子、林子、虔子獲全。

梁書壹叁沈約傳（南史伍柒同）略云：

沈約，字休文，吴興武康（今浙江省武康縣）人也。祖林子，宋征虜將軍。因病，夢齊和帝以劍斷其舌，召巫視之，巫言如夢。乃呼道士奏赤章於天，稱禪代之事，不由己出。〔梁〕高祖聞赤章事，大怒，中使譴責者數焉，約懼，遂卒。

案，吴興爲濱海地域。沈約爲林子之孫，穆夫之曾孫，警之玄孫，累世奉天師道。警、穆夫皆孫恩妖黨。恩敗，幾舉族殉之。據此，則休文受其家傳統信仰之薰習，不言可知。赤章之事即其一例也。請以王獻之事證之。世説新語德行篇（參閲晋書捌拾王羲之傳附王獻之傳及太平御覽卷陸肆壹引語林）云：

王子敬病篤，道家上章應首過，問子敬由來有何异同得失？子敬云：不覺有餘事，唯憶與郗家離婚。（劉孝標注引王氏譜曰：獻之娶郗曇女，名道茂。寅恪案，以道茂之名觀之，亦郗氏奉道之旁證。）

案，沈隱侯雖歸命釋迦，平生著述如均聖論，答陶隱居難均聖論，内典序，佛記序，六道相續作佛義，形神論，神不滅論，難范縝神滅論，究竟慈悲論，千僧會願文，捨身願疏，及懺悔文等，（見廣弘明集伍、壹伍、壹玖、貳貳、貳陸、貳捌等。）皆闡明佛教之説。迨其臨終之際，仍用道家上章首過之法。然則家世信仰之至深且固，不易湔除，有如是者。明乎此義，始可與言吾國中古文化史也。

又南史叁柒沈慶之傳附僧昭傳云：

僧昭别名法朗，少事天師道士，常以甲子及甲午日夜，著黄巾，衣褐，醮於私室。時記人吉凶，頗有應驗。自云爲太山録事，幽司中有所收録，必僧昭署名。中年爲山陰縣。梁武陵王紀爲會稽太守，宴坐池亭，蛙鳴聒耳。王曰：殊廢絲竹之聽。僧昭呪厭十許口便息。及日晚，王又曰：欲其復鳴。僧昭曰：王歡已闌，今恣汝鳴。即便喧聒。又嘗校獵，中道而還。左右問其故，答曰：國家有邊事，須還處分。問何以知之，曰：向聞南山虎嘯知耳。俄而使至。

復謂人曰：吾昔爲幽司所使，實爲煩碎，今已自解。乃開匣出黄紙書，上有一大字，字不可識。曰：教分判如此。及太清初，謂親知曰：明年海内喪亂，生靈十不一存，乃苦求東歸。既不獲許，及亂，百口皆殲。

寅恪案，此吴興沈氏世事天師道之又一確證也。

八、天師道與書法之關係

東西晋南北朝之天師道爲家世相傳之宗教，其書法亦往往爲家世相傳之藝術，如北魏之崔、盧，東晋之王、郗，是其最著之例。舊史所載奉道世家與善書世家二者之符會，雖或爲偶值之事，然藝術之發展多受宗教之影響。而宗教之傳播，亦多倚藝術爲資用。治吾國佛教美藝史者類能言佛陀之宗教興建築雕塑繪畫等藝術之關係，獨於天師道與書法二者互相利用之史實，似尚未有注意及之者。因論地域關係既竟，略舉舊籍中涉及二者相互關係之記載，以質正於治吾國宗教美術史者。

魏書貳肆（北史貳壹）崔玄伯傳云：

玄伯尤善草隸行押之書，爲世摹楷。玄伯祖悦與范陽盧諶，竝以博藝著名。諶法鍾繇，悦法衛瓘，而俱習索靖之草，皆盡其妙。諶傳子偃，偃傳子邈，悦傳子潛，潛傳玄伯。世不替業。

故魏初重崔盧之書。次子簡，字冲亮，一名覽，好學，少以善書知名。

又魏書叁伍（北史貳貳）崔浩傳云：

崔浩，玄伯之長子。既工書，人多託寫急就章。從少至老，初不憚勞，所書蓋以百數。浩書體勢及其先人，而妙巧不如也。世寶其迹，多裁割綴連，以爲模楷。

案，崔、盧皆天師道世家，前已證明。史云：「魏初重崔、盧之書。」然則北朝最著之能書世家即奉道之世家也。南朝能書者之家世事迹可考者較北朝爲多，兹不廣徵，僅摘録一最顯著簡單之例如下：

王羲之父子之書法，其地位不待論。兹但言亞於二王者。南齊書叁叁（南史貳壹）王僧虔傳載僧虔論書之語云：

郗愔章草亞於右軍。郗嘉賓草亞於二王。

可知即依王氏之言，郗氏父子之書亦止亞於二王。然則南朝書法自應以王、郗二氏父子爲冠，而王氏、郗氏皆天師道之世家，是南朝最著之能書世家即奉道之世家也。兹移録天師道經典數則於下，以解釋天師道與書法之關係。

真誥壹玖叙録述寫經畫符事云：

三君（楊君羲許長史謐許掾翽）手迹，楊君書最工，不今不古，能大能細。大較雖祖效郗法，筆力規矩并於二王，而名不顯者，當以地微，兼爲二王所抑故也。掾書乃是學楊，而字體勁利，偏善寫經，畫符與楊相似，鬱勃鋒勢，殆非人功所逮。長史章草乃能，而正書古拙，符又不巧，故不寫經也。

又真誥貳拾翼真檢第二孔璪賤時條注云：

樓（惠明家）鍾（義山家）間經亦互相通涉，雖各摹符，殊多麄略。唯加意潤色滑澤取好，了無復規矩鋒勢，寫經又多浮謬。至庚午歲（齊武帝永明八年）〔陶〕隱居入東陽道，諸晚學者漸效爲精。時人今知摹二王法書，而永不悟摹真經，經正起隱居手爾。亦不必皆須郭填，但一筆就畫，勢力殆不异真，至於符無大小，故宜皆應郭填也。

太平御覽陸陸陸引太平經云：

郗愔心尚道法，密自遵行。善隸書，與右軍相埒。手自起寫道經，將盈百卷，於今多有在者。

（已見前）

雲笈七籤壹佰柒陶翊撰華陽隱居先生本起録云：

〔隱居先生〕祖隆，好學讀書，善寫。父諱貞寶，善藁隸書，家貧，以寫經爲業，一紙直價四十。（已見前）

唐張彥遠法書要録貳載梁中書侍郎虞龢論書表（亦見晋書捌拾王羲之傳及太平廣記貳佰柒

書類引圖書會粹等。）云：

〔王〕羲之性好鵝。山陰曇礸（一作釀）村有一道士，養好鵝十餘。王清旦乘小船故往。意大願樂。乃告求市易，道士不與。百方譬説，不能得。道士乃言性好道，久欲寫河上公老子，縑素早辦，而無人能書。府君若能自屈書道德經各兩章，便合群以奉。羲之便住半日爲寫畢，籠鵝而歸。

法書要録叁褚遂良撰晋右軍王羲之書目（宣和書譜壹伍略同）載：

正書都五卷。共四十帖。

第二黄庭經六十行。與山陰道士。

據此，知道家學經及畫符必以能書者任之。故學道者必訪尋真迹，以供摹寫。適與學書者之訪尋碑帖無异。（可參閲道藏翔字號賈嵩撰華陽隱居先生内傳所紀。）是書法之藝術實供道教之利用。而寫經又爲一種功德。如太平經記「郗愔之性尚道法，多寫道經」。是其一例。畫符郭填之法或與後來之雙鈎有關，兹不詳論。至王右軍爲山陰道士寫經换鵝故事，無論右軍是否真有斯事，及其所書爲道德經或黄庭經？姑不深考。（參考容齋四筆伍黄庭换鵝條，程大昌考古編捌黄庭經條，演繁露壹貳换鵝是黄庭經條及袁文甕牖閒評伍等。）然此流傳後世之物語既見於梁虞龢論書表，則必爲六朝人所造作可知，昔人亦疑鵝與書法筆勢有關，故右軍好之。

如陳師道後山談叢壹云：

蘇、黄兩公皆喜書，不能懸手。逸少非好鵝，效其腕頸耳。正謂懸手轉腕。而蘇公論書，以手抵案，使腕不動爲法，此其异也。（參考葉夢得石林避暑録話肆，晋史言王逸少性愛鵝條引張正素語。）

又包世臣藝舟雙楫伍述書上云：

其要在執筆，食指須高鉤，大指加食指中指之間，使食指如鵝頭昂曲者。中指内鉤，小指貼〔無〕名指外距，如鵝之兩掌撥水者。故右軍愛鵝，玩其兩掌行水之勢也。

寅恪案，後山及安吴之説特善於附會耳，非能得其真解也。據陶隱居名醫引録，鵝列上品。唐孟詵食療本草則以鵝爲「與服丹石人相宜」。（悉見唐慎微重修政和經史證類本草壹玖及李時珍本草綱目肆柒禽部所引。）本草藥物之學出於道家。抱朴子内篇壹壹仙藥篇引神農經曰：「上藥令人身安命延，昇天神，遨游上下，使役萬靈，體生毛羽，行廚立至。」又名醫別録（重修政和經史證類本草壹所引）云：「上藥一百二十種。爲君，主養命以應天。無毒，多服久服不傷人。欲輕身益氣不老延年者，本上經。」然則依醫家言，鵝之爲物，有解五臟丹毒之功用，既於本草列爲上品，則其重視可知。醫家與道家古代原不可分。故山陰道士之養鵝，與右軍之好鵝，其旨趣實相契合，非右軍高逸，而道士鄙俗也。道士之請右軍書道經，及右軍之爲之寫者，亦非道士僅爲愛好書法，及右軍喜此覫覫之群有合於執筆之姿勢也，實以道經非倩能書者寫之不可。寫經又爲宗教上之功德，故此段故事適足表示道士與右軍二人之行事皆有天師道信仰之關係存乎其間也。此雖末節，然涉及宗教與藝術相互之影響，世人每不能得其真諦，因并附論及之。（太平御覽壹壹玖引世説云：「會稽有孤居老姥養一鵝。王逸少爲太守，既求市之，未得。乃徑觀之。姥聞二千石當來，即烹以待之。逸少既至，殊喪生意，嘆息彌日。」寅恪案，晋書捌拾王羲之傳竝載羲之爲山陰道士寫經換鵝，及會稽孤姥烹鵝餉羲之兩事。而烹鵝事御覽雖言出世説，然實不見於今傳本世説新語中，必非指康王之書。且此姥既不欲售其所愛之鵝於太守，何得又因太守來看，而烹鵝相餉，意義前後相矛盾至於此極，必後人依仿寫經換鵝故事，僞撰此説，而不悟其詞旨之不可通也。故據太平御覽此條殊不足以難吾所立之説。）又十六國中前蜀李氏之建國，與西晋之衰亂分裂，最有關係。而巴賨爲篤信天師道之民族，范長生本爲天師道之教主，故其拯李氏於幾亡之時，又勸其稱帝者，實有宗教之背景。否則范氏以漢族儒者，竟倒行逆施，助賨逐華。誠如夏曾佑所言，其用心殆不可解矣。（見夏氏中國歷史第三册第二章第十四節。）然此事不直接關涉濱海地域問題，若詳論之，將軼出本篇主旨之外，故不復旁及，僅附著其意於此，以供治中國宗教與政治關係史者之參究。

九、附論

東西晋南北朝時之士大夫，其行事遵周孔之名教（如嚴避家諱等），言論演老莊之自然。玄儒文史之學著於外表，傳於後世者，亦未嘗不使人想慕其高風盛況。然一詳考其内容，則多數之世家其安身立命之秘，遺家訓子之傳，實爲惑世誣民之鬼道，良可嘅矣。凡前所舉此時期宫廷政治之劇變多出於天師道之陰謀，考史者自不可得而忽視。溯其信仰之流傳多起於濱海地域，頗疑接受外來之影響。蓋二種不同民族之接觸，其關於武事之方面者，則多在交通阻塞之點，即山嶺險要之地。其關於文化方面者，則多在交通便利之點，即海濱灣港之地。凡史籍所紀之大戰争，若考其殺人流血之舊墟，往往同在一地。吾國自來著述多侈言地形險要，非必盡由書生妄誕之習，喜言兵事，實亦因人類之行動如戰争者，常受地形天然之限制，故人事與地勢之關係遂往往爲讀史者議論之所及也。海濱爲不同文化接觸最先之地，中外古今史中其例頗多。斯篇之作，不過欲於此議復加一新證。并以見吾國政治革命，其興起之時往往雜有宗教神秘性質，雖至今日，尚未能盡脱此歷史之慣例。好學深思之士當能心知其意也。篇中間及逸少之换鵝，子猷之愛竹等故事，所附之新解，即謂近乎傅會，然俱有徵於舊文，倘藉此而得承教於通人，則誠著者之大幸也。兹請引世説新語言語篇王中郎令伏玄度習鑿齒論青楚人物條劉注所載彦威之言，以結此篇。其言曰：

尋其事，則未有赤眉黃巾之賊。此何如青州邪？

若更參之以後漢書劉盆子傳所記赤眉本末，應劭風俗通義玖怪神篇城陽景王祠條，及魏志壹武帝紀注引王沈魏書等，則知赤眉與天師道之祖先復有關係。故後漢之所以得興，及其所以致亡，莫不由於青徐濱海妖巫之賊黨。殆所謂「君以此始，必以此終」者歟？因其事亦軼出本文範圍，不能詳論，遂并識此意於篇末，俟他日與李蜀范長生之事共推證焉。

（原載一九三三年中央研究院歷史語言研究所集刊第叁本第肆分）

書世說新語文學類鍾會撰四本論始畢條後

世說新語文學類云：

鍾會撰四本論始畢，甚欲使嵇公一見，置懷中，既定，畏其難，懷不敢出，於户外遥擲，便回急走。

劉注云：

魏志曰：會論才性同异，傳於世。四本者，言才性同，才性异，才性合，才性離也。尚書傅嘏論同，中書令李豐論异，侍郎鍾會論合，屯騎校尉王廣論離。文多不載。

寅恪昔年撰「論陶淵明之思想與清談之關係」一文，其大旨以爲六朝之清談可分前後兩期。後期之清談僅限於口頭及紙上，純是抽象性質。故可視爲言語文學之材料。至若前期之清談，則爲當時清談者本人生活最有關之問題，純爲實際性質，即當日政治黨系之表現。故前期之清談材料乃考史論世者不可忽視之事實也。世說此條之劉注實爲前期清談重要資料，而昔年之文所未及釋證者。今略論之，以補昔文所未備也。

東漢中晚之世，其統治階級可分爲兩類人群。一爲内廷之閹宦。一爲外廷之士大夫。閹宦之出身大抵爲非儒家之寒族，所謂「乞匄攜養」之類。（三國志魏志陸袁紹傳裴注引魏氏春秋載紹檄州郡文中斥曹嵩語。）其詳未易考見，暫不置論。主要之士大夫，其出身則大抵爲地方豪族，或間以小族，然絶大多數則爲儒家之信徒也。職是之故，其爲學也，則從師受經，或游學京師，受業於太學之博士。其爲人也，則以孝友禮法見稱於宗族鄉里。然後州郡牧守京師公卿加以徵辟，終致通顯。故其學爲儒家之學，其行自必合儒家之道德標準，即仁孝廉讓等是。質言之，小戴記大學一篇所謂修身齊家治國平天下一貫之學説，實東漢中晚世士大夫自命爲其生活實際之表現。一觀後漢書黨錮傳及有關資料，即可爲例證。然在西漢初中時代，大學所言尚不過爲其時儒生之理想，而蘄求達到之境界也。（小戴記中大學一篇疑是西漢中世以前儒家所撰集。至中庸一篇，則秦時儒生之作品也。寅恪别有説，今不具論。）然則當東漢之季，其士大夫宗經義，而閹宦則尚文辭。士大夫貴仁孝，而閹宦則重智術。蓋淵源已異，其衍變所致，自大不相同也。

魏爲東漢内廷閹宦階級之代表，晋則外廷士大夫階級之代表。故魏、晋之興亡遞嬗乃東漢晚年兩统治階級之競争勝敗問題。自來史家惟以曹魏、司馬晋兩姓之關係目之，殊未盡史事之真相也。本來漢末士大夫階級之代表人袁紹，其憑藉深厚，遠過於閹宦階級之代表人曹操，而官渡一戰，曹氏勝，袁氏敗。於是當時士大夫階級乃不得不隱忍屈辱，暫與曹氏合作，但乘機恢復之念，未始或忘也。東漢末世與曹孟德合作諸士大夫，官渡戰後五十年間（官渡之戰在漢獻帝建安五年，即公元二〇〇年。司馬懿奪取曹爽政權在魏齊王芳正始十年，即公元二四九年。）多已死亡，而司馬仲達，其年少於孟德二十四歲，又後死三十一年，（曹操生於後漢桓帝永壽元年，即公元一五五年，死於獻帝建安二十五年，即公元二二〇年。司馬懿生於後漢靈帝光和二年，即公元一七九年，死於魏齊王芳嘉平三年，即公元二五一年。）乘曹氏子孫孱弱昏庸之際，以垂死之年，奮起一擊。二子師、昭承其遺業，終於顛覆魏鼎，取而代之，盡復東漢時代士大夫階級統治全盛之局。此固孟德當時所不及料，而仲達非僅如蔣濟之流，老壽久存，遂得成功。實由其堅忍陰毒，有迥出漢末同時儒家迂緩無能之上者。如晋書壹宣帝紀所云：

魏武察帝有雄豪志，聞有狼顧相，欲驗之。乃召使前行，令反顧，面正向後，而身不動。帝於是勤於吏職，夜以忘寢，至於芻牧之間，悉皆臨履，由是魏武意遂安。

可爲例證也。

夫曹孟德者，曠世之梟傑也。其在漢末，欲取劉氏之皇位而代之，則必先摧破其勁敵士大夫階級精神上之堡壘，即漢代傳統之儒家思想，然後可以成功。讀史者於曹孟德之使詐使貪，唯議其私人之過失，而不知此實有轉移數百年世局之作用，非僅一時一事之關係也。今移録孟德求才三令，而略論釋之於下。

三國志魏志壹武帝紀建安十五年云：

〔建安〕十五年春，下令曰：自古受命及中興之君，曷嘗不得賢人君子與之共治天下者乎？及其得賢也，曾不出閭巷，豈幸相遇哉？上之人不求之耳。今天下尚未定，此特求賢之急時也。孟公綽爲趙、魏老則優，不可以爲滕、薛大夫。若必廉士而後可用，則齊桓其何以霸世？今天下得無有被褐懷玉，而釣於渭濱者乎？又得無盜嫂受金，而未遇無知者乎？二三子其佐我明揚仄陋，唯才是舉，吾得而用之。

〔建安十九年〕十二月乙未令曰：夫有行之士，未必能進取，進取之士，未必能有行也。陳平豈篤行，蘇秦豈守信邪？而陳平定漢業，蘇秦濟弱燕。由此言之，士有偏短，庸可廢乎？有司明思此義，則士無遺滯，官無廢業矣。

〔建安二十二年裴注引魏書曰：〕秋八月，令曰：昔伊摯、傅説出於賤人，管仲，桓公賊也，皆用之以興。蕭何、曹參，縣吏也，韓信、陳平負汙辱之名，有見笑之恥，卒能成就王業，聲著千載。吴起貪將，殺妻自信，散金求官，母死不歸。然在魏，秦人不敢東向，在楚，則三晋不敢南謀。今天下得無有至德之人放在民間，及果勇不顧，臨敵力戰；若文俗之吏，高才异質，或堪爲將守；負汙辱之名，見笑之行，或不仁不孝而有治國用兵之術。其各舉所知，勿有所遺。

東漢外廷之主要士大夫，既多出身於儒家大族，如汝南袁氏及弘農楊氏之類，則其修身治家之道德方法亦將以之適用於治國平天下，而此等道德方法皆出自儒家之教義，所謂「禹貢治水」，「春秋決獄」，以及「通經致用」，「國身通一」，「求忠臣於孝子之門」者，莫不指是而言。凡士大夫一身之出處窮達，其所言所行均無敢出此範圍，或違反此標準者也。此範圍即家族鄉里，此標準即仁孝廉讓。以此等範圍標準爲本爲體。推廣至於治民治軍，爲末爲用。總而言之，本末必兼備，體用必合一也。孟德三令，大旨以爲有德者未必有才，有才者或負不仁不孝貪詐之污名，則是明白宣示士大夫自來所遵奉之金科玉律，已完全破産也。由此推之，則東漢士大夫儒家體用一致及周孔道德之堡壘無從堅守，而其所以安身立命者，亦全失其根據矣。故孟德三令，非僅一時求才之旨意，實標明其政策所在，而爲一政治社會道德思想上之大變革。顧亭林論此，雖極駭嘆（日知録壹叁正始條），然尚未盡孟德當時之隱秘。蓋孟德出身閹宦家庭，而閹宦之人，在儒家經典教義中不能取有政治上之地位。若不對此不兩立之教義，摧陷廓清之，則本身無以立足，更無從與士大夫階級之袁氏等相競争也。然則此三令者，可視爲曹魏皇室大政方針之宣言。與之同者，即是曹黨，與之异者，即是與曹氏爲敵之黨派，可以斷言矣。

夫仁孝道德所謂性也。治國用兵之術所謂才也。當魏晋興亡遞嬗之際，曹氏司馬氏兩黨皆作殊死之鬥争，不獨見於其所行所爲，亦見於其所言所著。四本論之文，今雖不存，但四人所立之同异合離之旨，則皆俱在。苟就論主之旨意，以考其人在當時政治上之行動，則孰是曹魏之黨，孰是司馬晋之黨，無不一一明顯。職是之故，寅恪昔文所論，清談在其前期乃一政治上黨派分野向背從違之宣言，而非空談或紙上之文學，亦可以無疑矣。兹更略徵舊籍，以證實之於下。

三國志魏志貳壹傅嘏傳略云：

曹爽秉政，何晏爲吏部尚書。嘏謂爽弟羲曰：何平叔外静而内銛，巧好利，不念務本。吾恐必先惑子兄弟，仁人將遠，而朝政廢矣。晏等遂與嘏不平，因微事以免嘏官。起家拜滎陽太守，不行。太傅司馬宣王請爲從事中郎。曹爽誅，爲河南尹，遷尚書。正元二年春，毌丘儉、文欽作亂。或以司馬景王不宜自行，可遣太尉孚往，惟嘏及王肅勸之。景王遂行。以嘏守尚書僕射，俱東。儉、欽破敗，嘏有謀焉。及景王薨，嘏與司馬文王徑還洛陽，文王遂以輔政。以功進封陽鄉侯。

三國志魏志貳捌鍾會傳略云：

毌丘儉作亂，大將軍司馬景王東征，會從，典知密事，衛將軍司馬文王爲大軍後繼。景王薨於許昌，文王總統六軍，會謀謨帷幄。時中詔敕尚書傅嘏，以東南新定，權留衛將軍屯許昌，爲内外之援，令嘏率諸軍還。會與嘏謀，使嘏表上，輒與衛將軍俱發，還到雒水南屯住。於是朝廷拜文王爲大將軍、輔政。會遷黄門侍郎，封東武亭侯，邑三百户。及〔諸葛〕誕反，車駕住項，文王至壽春，會復從行。壽春之破，會謀居多。親待日隆，時人謂之子房。以中郎在大將軍府管記室事，爲腹心之任。

據此傳、鍾皆司馬氏之死黨，其持論與東漢士大夫理想相合，本極自然之理也。

世説新語賢媛類王公淵娶諸葛誕女條劉注引魏氏春秋曰：

王廣字公淵，王凌子也。有風量才學，名重當世，與傅嘏等論才性同异，行於世。

三國志魏志貳捌王凌傳云：

〔凌子〕廣有志尚學行。〔凌敗并死，〕死時年四十餘。

三國志魏志玖夏侯尚傳略云：

中書令李豐雖宿爲大將軍司馬景王〔師〕所親待，然私心在〔夏侯〕玄。遂結皇后父光禄大夫張緝，謀欲以玄輔政。嘉平六年二月，當拜貴人，豐等欲因御臨軒，諸門有陛兵，誅大將軍。大將軍微聞其謀，請豐相見。豐不知而往，即殺之。

據此，王、李乃司馬氏之政敵。其持論與孟德求才三令之主旨符合，宜其忠於曹氏，而死於司馬氏之手也。

世説此條所記鍾士季畏嵇叔夜見難擲與疾走一事，未必盡爲實録，即令真有其事，亦非僅由嵇公之理窟詞鋒，使士季震懾避走，不敢面談。恐亦因士季此時别有企圖，尚不欲以面争過激，遂致絶交之故歟？今考嵇、鍾兩人，雖爲政治上之死敵，而表面仍相往還，終因毌丘儉舉兵，士季竟勸司馬氏殺害叔夜。世説記此一段逸事，非僅可供談助，而論古今世變者，讀書至此，亦未嘗不爲之太息也。

抑更有可論者，嵇公於魏、晋嬗替之際，爲反司馬氏諸名士之首領，其所以忠於曹魏之故，自别有其他主因，而叔夜本人爲曹孟德曾孫女婿（見三國志魏志貳拾沛穆王林傳裴注引嵇氏譜），要不爲無關。清代吕留良之反建州，固具有民族之意義，然晚村之爲明室儀賓後裔，或亦與叔夜有類似之感耶？因附論及之，以供治史論事之君子參證。

（原載中山大學學報一九五六年第叁期）

述東晋王導之功業

王鳴盛十七史商榷伍拾晋書王導傳多溢美條云：

王導傳一篇凡六千餘字，殊多溢美，要之看似煌煌一代名臣，其實乃并無一事，徒有門閥顯榮，子孫官秩而已。所謂翼戴中興稱「江左夷吾」者，吾不知其何在也。以懼婦爲蔡謨所嘲，乃斥之云：「吾少游洛中，何知有蔡克兒？」導之所以驕人者，不過以門閥耳。

寅恪案，王氏爲清代史學名家，此書復爲世所習知，而此條所言乖謬特甚，故本文考辨史實，證明茂弘實爲民族之功臣。至若斥蔡謨一節，晋書殆采自世説新語輕詆類王丞相輕蔡公條及劉注所引妒記，源出小説，事涉個人末節，無關本文宏旨，不足深論。又門閥一端乃當時政治社會經濟文化有關之大問題，不在本文範圍之内，是以亦不涉及。本文僅據當日情勢，闡明王導在東晋初期之功業一點，或可供讀史者之參考也。

東漢之末，三國鼎峙，司馬氏滅蜀篡魏，然後平吴，中國統一。吴、蜀之人同爲被征服者，而其對征服者司馬氏之政權態度不同，觀下引史料可知也。

晋書伍貳華譚傳略云：

華譚，廣陵人也。祖融，吴左將軍、録尚書事。父諝，吴黄門郎。太康中，刺史嵇紹舉譚秀才。譚至洛陽，武帝策曰：吴、蜀恃險，今既蕩平。蜀人服化，無攜貳之心；而吴人趑雎，屢作妖寇。豈蜀人敦樸，易可化誘，吴人輕鋭，難安易動乎？今將欲綏静新附，何以爲先？對曰：蜀染化日久，風教遂成；吴始初附，未改其化，非爲蜀人敦慤，而吴人易動也。然殊俗遠境，風土不同，吴阻長江，舊俗輕悍。所安之計，當先籌其人士，使雲翔閶闔，進其賢才，待以异禮；明選牧伯，致以威風；輕其賦斂，將順咸悦，可以永保無窮，長爲人臣者也。

同書陸捌賀循傳略云：

賀循，會稽山陰人也。曾祖齊，仕吴爲名將。祖景，滅賊校尉。父邵，中書令。著作郎陸機上疏薦循曰：伏見武康令賀循，前蒸陽令郭訥，皆出自新邦，朝無知己。今揚州無郎，而荆州江南乃無一人爲京城職者，誠非聖朝待四方之本心。至於才望資品，循可尚書郎，訥可太子洗馬、舍人。

寅恪案，吴、蜀之人對洛陽統治政權態度不同，雖與被征服時間之長短有關，然非其主因，其主因在兩國統治者之階級性各殊所致。蜀漢與曹魏固是死敵，但曹操出身寒族，以法術爲治。劉備雖自云漢之宗室，然淵源既遠，不能紀其世數，與漢之光武迥异，實亦等於寒族。諸葛亮爲諸葛豐之後，乃亦家世相傳之法家，故兩國施政之道正復相同。蜀亡以後，西晋政亂，洛陽政府失去統治權，然終能恢復獨立者非蜀漢舊境内之漢人，而是自漢中北徙，乘機南返之巴賨部落，蓋蜀漢境内無强宗大族之漢人組織，地方反抗力薄弱，洛陽征服者易於統治，此晋武帝所謂「蜀人服化，無攜貳之心」者是也。吴之情勢則大不然，孫氏之建國乃由江淮地域之强宗大族因漢末之擾亂，擁戴江東地域具有戰鬭力之豪族，即當時不以文化見稱之次等士族孫氏，借其武力，以求保全而組織之政權。故其政治社會之勢力全操於地方豪族之手，西晋滅吴以後，此種地方勢力并未因之消滅，所以能反抗洛陽之統治，而與蜀亡後之情勢不同也。觀陸機薦賀循之疏及華譚對晋武帝之策，皆以籠絡吴地之統治階級爲綏靖之妙用，此中關鍵不難窺知矣。後來洛陽政府亦稍采用此種綏靖政策，尚未收大效，而中州已亂，陳敏遂乘此機會據有江東，恢復孫吴故壤，此本極自然之趨勢，不足爲怪。所可怪者，陳敏何以不能如孫氏之創業垂統，歷數十年之久，基業未定，遽爾敗亡，爲世所笑，斯又吾人所應研究之問題，而當日江東地域即孫吴故壤特殊情勢之真相所在也。

晋書壹佰陳敏傳略云：

陳敏，廬江人也。少有幹能，以郡廉吏補尚書倉部令史。惠帝幸長安，四方交争，敏遂有割據江東之志。會吴王常侍甘卓自洛至，教卓假稱皇太弟命，拜敏爲揚州刺史，并假江東首望顧榮等四十餘人爲將軍、郡守，榮并僞從之。東海王軍諮祭酒華譚聞敏自相署置，而顧榮等并江東首望，悉受敏官爵，乃遺榮等書曰：陳敏倉部令史，七第頑冗，六品下才，欲躡桓王之高蹤，蹈大皇之絶軌，遠度諸賢，猶當未許也。諸君垂頭，不能建翟義之謀，而顧生俛眉，已受羈絆之辱。何顏見中州之士邪？周玘、顧榮之徒常懼禍敗，又得譚書，皆有慚色。玘、榮又説甘卓，卓遂背敏。敏單騎東奔，至江乘，爲義兵所斬。

同書伍貳華譚傳云：

顧榮先受〔陳〕敏官，而潛謀圖之。譚不悟榮旨，露檄遠近，極言其非，由此爲榮所怨。

寅恪案，陳敏之失敗由於江東之豪宗大族不與合作之故，史傳所載甚明，不待詳論。西晉末年孫吴舊壤内文化世族如吴郡顧氏等，武力豪宗如義興周氏等，皆當日最强之地方勢力，陳敏既不屬於文化世家，又非武力豪族。故華譚一檄提醒顧、周諸人之階級性，對症下藥，所以奏效若斯之神速也。東漢末年孫氏一門約相當於義興周氏之雄武，而政治社會地位則頗不及之，孫堅、策、權父子兄弟聲望才智又遠過於陳敏，此孫氏爲江淮之豪家大族所推戴，得成霸業，而陳敏則爲東吴之豪宗大族所離棄，終遭失敗也。

世説新語言語類云：

元帝始過江，謂顧驃騎曰：寄人國土，心常懷慚。榮跪對曰：臣聞王者以天下爲家，是以耿亳無定處，九鼎遷洛邑，願陛下勿以遷都爲念。

寅恪案，東晋元帝者，南來北人集團之領袖。吴郡顧榮者，江東士族之代表。元帝所謂「國土」者，即孫吴之國土。所謂「人」者，即顧榮代表江東士族之諸人。當日北人南來者之心理及江東士族對比種情勢之態度可於兩人問答數語中窺知。顧榮之答語乃允許北人寄居江左，與之合作之默契。此兩方協定既成，南人與北人戮力同心，共禦外侮，而赤縣神州免於全部陸沉，東晋南朝三百年之世局因是決定矣。

王導之功業即在勘破此重要關鍵，而執行籠絡吴地士族之政策，觀下引史料可知也。

晋書陸伍王導傳云：

〔琅邪王睿〕徙鎮建康，吴人不附，居月餘，士庶莫有至者，導患之。會〔王〕敦來朝，導謂之曰：琅邪王仁德雖厚，而名論猶輕。兄威風已振，宜有以匡濟者。會三月上巳，帝親觀禊，乘肩轝，具威儀，敦、導及諸名勝皆騎從。吴人紀瞻、顧榮，皆江南之望，竊覘之，見其如此，咸驚懼，乃相率拜於道左。導因進計曰：古之王者，莫不賓禮故老，存問風俗，虚己傾心，以招俊乂。况天下喪亂，九州分裂，大業草創，急於得人者乎？顧榮、賀循，此土之望，未若引之，以結人心。二子既至，則無不來矣。帝乃使導躬造循、榮，二人皆應命而至，由是吴會風靡，百姓歸心焉。自此之後，漸相崇奉，君臣之禮始定。

寅恪案，資治通鑑捌陸晋紀懷帝永嘉元年九月戊申琅邪王睿至建業條考异於此類有疑義，然司馬君實不過懷疑此傳文中數事有小失實處，而於王導執行籠絡江東士族之大計，仍信用此傳所載也。考司馬氏之篡魏，乃東漢儒家大族勢力之再起，晉之皇室及中州避亂南來之士大夫大抵爲東漢末年之儒家大族擁戴司馬氏集團之子孫，其與顧榮諸人雖屬不同邦土，然就社會階級言之，實爲同一氣類，此江東士族寧戴仇讎敵國之子孫以爲君主，而羞與同屬孫吳舊壤寒賤庶族之陳敏合作之故也。兹更引史料以證明王導之政策及其功業所在之關鍵如下：

世説新語政事類云：

丞相（王導）末年略不復省事，正封籙諾之，自嘆曰：人言我憒憒，後人當思此憒憒。（劉注引徐廣歷紀曰：導阿衡三世，經綸夷險，政務寬恕，事從簡易，故垂遺愛之譽也。）

同書同類又云：

丞相嘗夏月至石頭看庾公，庾公正料事。丞相云：暑，可小簡之。庾公曰：公之遺事，天下亦未以爲允。（劉注引殷羡言行曰：王公薨後，庾冰代相，網密刑峻。羡時行遇收捕者於途，慨然嘆曰：丙吉問牛喘，似不爾。嘗從容謂冰曰：卿輩自是網目不失，皆是小道小善耳，至如王公，故能行無理事。謝安石每嘆咏此唱。庾赤玉曾問羡：王公治何似，詎是所長？羡曰：其餘令績不復稱論。然三捉三治，三休三敗。）

同書規箴類云：

王丞相爲揚州遣八部從事之職，顧和時爲下傳還，同時俱見，諸從事各奏二千石官長得失，至和獨無言。王問顧曰：卿何所聞？答曰：明公作輔，寧使網漏吞舟，何緣采聽風聞，以爲察察之政。丞相咨嗟稱佳，諸從事自視缺然也。（參晋書捌叁顧和傳）

寅恪案，東漢末年曹操、袁紹兩人行政之方法不同，操刑網峻密，紹寬縱大族，觀陳琳代紹罪操之檄及操平鄴後之令可知也。司馬氏本爲儒家大族，與袁紹正同，故其奪取曹魏政權以後，其施政之道號稱平恕，其實是寬縱大族，一反曹氏之所爲，此則與蜀漢之治術有异，而與孫吴之政情相合者也。東晋初年既欲籠絡孫吴之士族，故必仍循寬縱大族之舊政策，顧和所謂「網漏吞舟」，即指此而言。王導自言「後人當思此憒憒」，實有深意。江左之所以能立國歷五朝之久，内安外攘者，即由於此。故若僅就斯點立論，導自可稱爲民族之大功臣，其子孫亦得與東晋南朝三百年之世局同其興廢。豈偶然哉！

世説新語方正類云：

王丞相初在江左，欲結援吴人，請婚陸太尉。對曰：培塿無松柏，薰蕕不同器，玩雖不才，義不爲亂倫之始。

同書排調類云：

劉真長始見王丞相，時盛暑之月，丞相以腹熨彈棊局曰：何乃渹！（劉注云：吴人以冷爲洵。）劉既出，人問見王公云何？劉曰：未見他异，唯聞作吴語耳。（劉注引語林曰：真長云丞相何奇？止能作吴語及細唾也。）

同書政事類云：

王丞相拜揚州，賓客數百人，并加霑接，人人有説色，唯有臨海一客姓任（劉注引語林曰：任名顒，時官在都，預三公坐。）及數胡人爲未洽，公因便還到過任邊云：君出，臨海便無復人。任大喜説，因過胡人前，彈指云：蘭闍！蘭闍！群胡同笑，四坐并歡。

寅恪案，後來北魏孝文帝爲諸弟聘漢人士族之女爲妃及禁止鮮卑人用鮮卑語施行漢化政策，藉以鞏固鮮卑統治地位，正與王導以籠絡吴人之故求婚陸氏强作吴語者，正復暗合。所可注意者，東晋初年江左吴人士族在社會婚姻上其對北人態度之驕傲與後來蕭齊以降迥不侔矣。吴語者當時統治階級之北人及江左吴人士族所同羞用之方言（詳見拙著從史實論切韵），王導乃不惜屈尊爲之，故宜爲北人名士所笑，而導之苦心可以推見也。臨海任姓自是吴人，故導亦曲意與之周旋。至「彈指」及「蘭闍」寅恪别有解釋，以其不在本文範圍，故不贅及，惟頗疑庾信之小字蘭成實與此有關，姑附記此重有趣之公案以待异日之參究耳。

王導籠絡吴人之例證既如上述，其他東晋初年施行之大政策可以據此類推，不必列舉。其最可注意不得不稍詳加論述者，則有元帝王導對待義興周氏一事，此事屬於北人南來之路線及其居住地域問題，實爲江左三百年政治社會經濟史之關鍵所在，職是之故，多録史料并推論之於後：

晋書伍捌周處傳附周玘傳云：

玘宗族彊盛，人情所歸，帝疑憚之。於時中州人士佐佑王業，而玘自以爲不得調，内懷怨望，復爲刁協輕之，恥恚愈甚。時鎮東將軍祭酒東萊王恢亦爲周顗所侮，乃與玘陰謀誅諸執政，推玘及戴若思與諸南士共奉帝，以經緯世事。先是，流人帥夏鐵等寓於淮泗，恢陰書與鐵，令起兵，己當與玘以三吴應之。建興初，鐵已聚衆數百人，臨淮太守蔡豹斬鐵以聞。恢聞鐵死，懼罪，奔於玘，玘殺之，埋於豕牢。帝聞而秘之，召玘爲鎮東司馬。未到，復改授建武將軍、南郡太守。玘既南行，至蕪湖，又下令曰：玘奕世忠烈，義誠顯著，孤所欽喜。今以爲軍諮祭酒，將軍如故，進爵爲公，禄秩僚屬一同開國之例。玘忿於迴易，又知其謀泄，遂憂憤發背而卒。將卒，謂子勰曰，殺我者諸傖子，能復之，乃吾子也。吴人謂中州人曰傖，故云耳。

同書同卷周勰傳云：

〔勰〕常緘父言。時中國亡官失守之士避亂來者，多居顯位，駕御吴人，吴人頗怨。勰因之欲起兵，潛結吴興郡功曹徐馥。馥家有部曲，勰使馥矯稱叔父札命以合衆，豪俠樂亂者，翕然附之，以討王導刁協爲名。孫皓族人弼亦起兵廣德以應之。馥殺吴興太守袁琇，有衆數千，將奉札爲主。時札以疾歸家，聞而大驚，乃告亂於義興太守孔侃。勰知札不同，不敢發兵。馥黨懼，攻馥，殺之。孫弼衆亦潰，宣城太守陶猷滅之。元帝以周氏奕世豪望，吴人所宗，故不窮治，撫之如舊。

同書同卷周札傳略云：

札一門五侯，竝居列位，吴士貴盛，莫與爲比，王敦深忌之。後〔周〕莚喪母，送者千數，敦益憚焉。及敦疾，錢鳳以周氏宗彊，與沈充權勢相侔，欲自託於充，謀滅周氏，使充得專威揚土，乃説敦曰：夫有國者患於彊逼，自古釁難恒必由之。今江東之豪，莫彊周、沈，公萬世之後，二族必不静矣。周彊而多俊才，宜先爲之所，後嗣可安，國家可保耳。敦納之。時有道士李脱者，妖術惑衆。弟子李弘，養徒灊山，云應讖當王。故敦使廬江太守李恒告札及其諸兄子與脱謀圖不軌。時莚爲敦諮議參軍，即營中殺莚及脱、弘，又遣參軍賀鸞就沈充盡掩殺札兄弟子，既而進軍會稽襲札。札先不知，卒聞兵至，率麾下數百人出距之。兵散見殺。及敦死，札、莚故吏竝詣闕訟周氏之冤，宜加贈謚。事下八坐，尚書卞壼議以札石頭之役，開門延寇，遂使賊敦恣亂，札之責也。追贈意所未安。司徒王導議以宜與周顗、戴若思等同例。朝廷竟從導議，追贈札衛尉。

寅恪案，東晉初年孫吴舊統治階級略可分爲二類，一爲文化士族，如吴郡顧氏等是，一爲武力强宗，如義興周氏等是，前者易於籠絡，後者則難馴服，而後者之中推義興周氏爲首，錢鳳所謂「江東之豪莫彊周、沈」者，誠爲實録，蓋此等强宗具有武力經濟等地方之實力，最易與南來北人發生利害衝突，而元帝、王導委曲求全，以綏靖周氏，實由其勢力特强之故，必非有所偏愛。不過畏其地方勢力之强大而出此，斷可知也。然江東之豪族亦不止義興周氏，孫吴舊統治階級亦多不滿南來之北人，何以義興周氏一門特别憤恨北人，至於此極者，頗疑其所居住之地域與南來之北人接觸，兩不相下，利害衝突所致也。

北人南來避難約略可分爲二路線，一至長江上游，一至長江下游，路線固有不同，而避難人群中其社會階級亦各互异，其上層階級爲晋之皇室及洛陽之公卿士大夫，中層階級亦爲北方士族，但其政治社會文化地位不及聚集洛陽之士大夫集團，除少數人如徐澄之、臧琨等外（見晋書玖壹儒林傳徐邈傳），大抵不以學術擅長，而用武勇擅戰著稱，下層階級爲長江以北地方低等士族及一般庶族，以地位卑下及實力薄弱，遠不及前二者之故，遂不易南來避難，其人數亦因是較前二者爲特少也。兹先就至長江下游之路線言之，下層階級大抵分散雜居於吴人勢力甚大之地域，既以人數寡少，不能成爲强有力之集團，復因政治文化地位之低下，更不敢與當地吴人抗衡，遂不得不逐漸同化於土著之吴人，即與吴人通婚姻，口語爲吴語，此等可以陳之皇室及王敬則家等爲代表，（陳霸先先娶吴興錢氏女，續娶吴興章氏即鈕氏女，見南史壹貳陳武宣章皇后傳。王敬則接士庶皆吳語，見南齊書貳陸王敬則傳。陳霸先之先世，不知其在西晋末年真爲何地人，但避難南來，定居吳興郡長城縣。王敬則之籍貫，據南史肆伍王敬則傳，本爲臨淮射陽，後僑居晋陵南沙縣。然則同爲自北而南避難過江之傖楚，俱是北來南人之下層社會階級，故雜居吳人勢力甚大之地域，遂同化於吳人也。）此等人之勢力至南齊以後終漸興起，其在東晋初年頗不重要，故本文姑置不論。

東西晋之間江淮以北次等士族避亂南來，相率渡過阻隔胡騎之長江天塹，以求保全，以人事地形便利之故，自必覓較接近長江南岸，又地廣人稀之區域，以爲安居殖産之所。此種人群在當時既非佔有政治文化上之高等地位，自不能亦不必居住長江南岸新立之首都建康及其近旁。復以人數較當時避難南來之上下兩層社會階級爲多之故，又不便或不易插入江左文化士族所聚居之吳郡治所及其近旁，故不得不擇一距新邦首都不甚遠，而又在長江南岸較安全之京口晋陵近旁一帶，此爲事勢所必致者也。據元和郡縣圖志貳伍江南道壹潤州丹陽縣條云：

新豐湖在縣東北三十里，晋元帝大興四年晋陵内使張闓所立。舊晋陵地廣人稀，且少陂渠，田多惡穢。闓創湖，成溉灌之利。初以勞役免官，後追紀其功，超爲大司農。

可知東晋初年京口晋陵一帶地廣人稀，後來此區域之發展繁盛實有賴於此種避難南來者之力也。又據元和郡縣圖志貳伍江南道壹常州義興縣條云：

晋惠帝時妖賊石冰寇亂揚土，縣人周玘創義討冰。割吴興之陽羡并長城縣之北鄉爲義興郡，以表玘功。

及宋書叁伍州郡志壹南徐州刺史條略云：

晋永嘉大亂，幽、冀、青、并、兖州及徐州之淮北流民，相率過淮，亦有過江在晋陵郡界者。晋成帝咸和四年，司空郗鑒又徙流民之在淮南者於晋陵諸縣，其徙過江南及留在江北者，并立僑郡縣以司牧之。故南徐州備有徐、兖、幽、冀、青、并、揚七州郡邑。户七萬二千四百七十二，口四十二萬六百四十。晋陵太守領户一萬五千三百八十二，口八萬一百一十三。義興太守領户一萬三千四百九十六，口八萬九千五百二十五。

世説新語捷悟類郗司空在北府桓宣武惡其居兵權條劉注引南徐州記曰：

徐州人多勁悍，號精兵，故桓温常曰：京口酒可飲，箕可用，兵可使。

晋書捌肆劉牢之傳略云：

劉牢之，彭城人也。曾祖羲，以善射事武帝，歷北地、雁門太守。父建，有武幹，爲征虜將軍。世以壯勇稱。牢之面紫赤色，鬚目驚人，而沉毅多計畫。太元初，謝玄北鎮廣陵，時苻堅方盛，玄多募勁勇，牢之與東海何謙、琅邪諸葛侃、樂安高衡、東平劉軌、西河田洛及晋陵孫無終等以驍猛應選。玄以牢之爲參軍，領精鋭爲前鋒，百戰百勝，號爲「北府兵」，敵人畏之。

宋書壹武帝紀略云：

高祖武皇帝諱裕，小名寄奴，彭城縣綏輿里人。〔曾祖〕混始過江，居晉陵郡丹徒縣之京口里。〔高祖〕乃與〔東海何〕無忌同船共還，建興復之計。於是與弟道規、沛郡劉毅、平昌孟昶、任城魏咏之、高平檀憑之、琅邪諸葛長民、太原王元德、隴西辛扈興、東莞童厚之，竝同義謀。

魏書玖捌島夷蕭道成傳略云：

島夷蕭道成，晉陵武進楚也。

又同書同卷島夷蕭衍傳略云：

島夷蕭衍，亦晉陵武進楚也。

則知此種人群所住居之晉陵郡，其人口之數在當時爲較繁庶者，但尚不及周氏住居之義興郡，是周氏宗族之强大可以推見。此種北來流民爲當時具有戰鬥力之集團，易言之，即江左北人之武力集團，後來擊敗苻堅及創建宋、齊、梁三朝之霸業皆此集團之子孫也。此種人群既爲勇武之團體，而與豪宗大族之義興周氏所居之地接近，人數武力頗足對抗，其利害衝突不能相下，又不能同化，勢成仇敵，理所必然。此東晉初年義興周氏所具之特殊性，而爲元帝、王導籠絡吳人政策中最重要之一點，抑可知矣。至南來北人之上層社會階級本爲住居洛陽及其近旁之士大夫集團，在當時政治上尤其在文化上有最高之地位，晉之司馬氏皇室既捨舊日之首都洛陽，遷於江左之新都建業，則此與政治中心最有關係之集團自然隨司馬氏皇室，移居新政治中心之首都及其近旁之地。王導之流即此集團之人物，當時所謂「過江名士」者是也。但建業本爲孫吴舊都，吴人之潛在勢力甚大，又人口繁庶，其經濟情勢必非京口晋陵一帶地廣人稀空虚區域可比。此集團固佔當日新都政治上之高位，若復殖産興利，與當地吴人作經濟上之競争，則必招致吴人之仇怨，違反當日籠絡吴人之國策，此王導及其集團之人所不欲或不能爲者也。然此等人原是東漢儒家大族之子孫，擁戴司馬氏篡魏興晋，即此集團之先世所爲。其豪奢腐敗促成洛陽政權之崩潰，逃命江左，「寄人國土」，喘息稍定，舊習難除，自不能不作「求田問舍」之計，以恢復其舊日物質及精神上之享樂。新都近旁既無空虚之地，京口晋陵一帶又爲北來次等士族所佔有，至若吴郡、義興、吴興等皆是吴人勢力强盛之地，不可插入。故惟有渡過錢塘江，至吴人士族力量較弱之會稽郡，轉而東進，爲經濟之發展。觀下引此集團領袖王、謝諸家「求田問舍」之史料，可爲例證也。

晋書捌拾王羲之傳略云：

〔王〕述後檢察會稽郡，辯其刑政，主者疲於簡對。羲之深恥之，遂稱病去郡，於父母墓前自誓。羲之既去官，與東土人士盡山水之游。與吏部郎謝萬書曰：頃東游還，修植桑果。并行田視地利，頤養閑暇。

宋書陸柒謝靈運傳略云：

靈運因父祖之資，生業甚厚。奴僮既衆，義故門生數百。鑿山浚湖，功役無已。尋山陟嶺，必造幽峻，巖障千重，莫不備盡。登躡常著木履，上山則去前齒，下山去其後齒。嘗自始寧南山，伐木開逕，直至臨海，從者數百人。臨海太守王琇驚駭，謂爲山賊，徐知是靈運乃安。在會稽亦多徒衆，驚動縣邑。

寅恪案，世人以爲王右軍謝康樂爲吾國文學藝術史上特出之人物，其欣賞自然界美景之能力甚高，而浙東山水佳勝，故於此區域作「求田問舍」之計，此説固亦可通，但難解釋陽羨溪山之幽美甲於江左，而又在長江流域，王、謝諸名士何以捨近就遠，東過浙江「求田問舍」，特留此幽美之溪山，以待後賢之游賞耶？鄙意陽羨溪山雖美，然在「殺虎斬蛟」之義興周氏勢力範圍以内（可參晉書伍捌周處傳），王、謝諸名士之先世（參晉書柒玖謝安傳）及本身斷不敢亦不能與此吴地豪雄大族競争。故唯有捨幽美之勝地，遠至與王導座上群胡同類任姓客所居臨海郡接近之區域，爲養生適意之「樂園」耳。由此言之，北來上層社會階級雖在建業首都作政治之活動，然其殖産興利爲經濟之開發，則在會稽臨海間之地域。故此一帶區域亦是北來上層社會階級所居住之地也。

上述南來北人至長江下游之路線及其居住之區域既竟，兹請再論南來北人至長江上游之路線，及其居住之區域如下：

梁書拾蕭穎達傳略云：

> 兄穎胄，齊建武末行荆州事，穎達亦爲西中郎外兵參軍，俱在西府。東昏遣輔國將軍劉山陽爲巴西太守，道過荆州，密敕穎胄襲雍州。時高祖已爲備矣。仍遣穎胄親人王天虎以書疑之。山陽至，果不敢入城。穎胄計無所出，夜遣錢塘人朱景思呼西中郎城局參軍席闡文、諮議參軍柳忱閉齋定議。闡文曰：蕭雍州蓄養士馬，非復一日，江陵素畏襄陽人，人衆又不敵，取之必不可制。

寅恪案，此傳最可注意之點爲席闡文所謂「江陵素畏襄陽人」一語。此點不獨涉及梁武帝之霸業，即前此之桓玄、劉毅、沈攸之，後此之梁元帝、蕭詧諸人之興亡成敗皆與之有關也。若欲明瞭此中關鍵，必先考釋居住襄陽及江陵之南來北人爲當時何等社會階級。此種南來北人亦可分爲三等，與南來北人之遷居長江下游者之類别亦約略相似。兹爲簡便計，其下層階級南來北人與吴人雜居者，關係不重要，可置不論，只論上中兩層南來北人之階級如下：

宋書叁柒州郡志叁雍州刺史條云：

> 雍州刺史，晋江左立。胡亡氏亂，雍、秦流民多南出樊、沔，晋孝武始於襄陽僑立雍州，并立僑郡縣。宋文帝元嘉二十六年，割荆州之襄陽、南陽、新野、順陽、隨五郡爲雍州，而

僑郡縣猶寄寓在諸郡界。孝武大明中，又分實土郡縣以爲僑郡縣境。

南齊書壹伍州郡志雍州條略云：

雍州。

新野郡。

寅恪案，史言「胡亡氐亂，雍、秦流民多南出樊、沔」。此謂永嘉南渡後事。然西晉末年中州擾亂，北人莫不欲南來，以求保全，當時具有逃避能力者自然逐漸向南移動，南陽及新野之上層士族，其政治社會地位稍遜於洛陽勝流如王導等者，則不能或不必移居江左新邦首都建業，而遷至當日長江上游都會江陵南郡近旁一帶，此不僅以江陵一地距胡族勢力較遠，自較安全；且因其爲當日長江上游之政治中心，要爲佔有政治上地位之人群所樂居者也。又居住南陽及新野地域之次等士族同時南徙至襄陽一帶。其後復值「胡亡氐亂」，雍、秦流民又南徙而至此區域。此兩種人之性質適與長江下游居住京口晉陵一帶之北人相似，俱是有戰鬥力之武人集團，宜其爲居住江陵近旁一帶之文化士族所畏懼也。請更分析解釋下引史料，以證明之：

周書肆壹庾信傳哀江南賦云：

我之掌庾承周，以世功而爲族；經邦佐漢，用論道而當官。稟嵩、華之玉石，潤河、洛之波瀾。居負洛而重世，邑臨河而晏安。逮永嘉之艱虞，始中原之乏主。民枕倚於墻壁，路交横於豺虎。

值五馬之南奔，逢三星之東聚。彼淩江而建國，此播遷於吾祖。分南陽而賜田，裂東岳而胙土。誅茅宋玉之宅，穿徑臨江之府。

隋書柒捌藝術傳庾季才傳略云：

庾季才，新野人也。八世祖滔，隨晋元帝過江，官至散騎常侍，封遂昌侯，因家於南郡江陵縣。

梁書壹玖宗夬傳略云：

宗夬，南陽涅陽人也，世居江陵。祖景，宋時徵太子庶子，不就，有高名。父繁，西中郎諮議參軍。夬少勤學，有局幹。弱冠，舉郢州秀才。齊司徒竟陵王集學士於西邸，并見圖畫，夬亦預焉。永明中，與魏和親，敕夬與尚書殿中郎任昉同接魏使，皆時選也。

南齊書伍肆劉虬傳（參南史伍拾劉虬傳）略云：

劉虬，南陽涅陽人也。舊族，徙居江陵。建元初，豫章王爲荆州，教辟虬爲別駕，與同郡宗測、新野庾易竝遣書禮請。永明三年，刺史廬陵王子卿表虬及同郡宗測、宗尚之、庾易、劉昭五人，請加蒲車束帛之命。詔徵爲通直郎，不就。

世説新語栖逸類（參晋書玖肆隱逸傳劉驎之傳）略云：

南陽劉驎之高率善史傳，隱於陽岐。荆州刺史桓冲徵爲長史。（劉注引鄧粲晋紀曰：驎之字子驥，南陽安衆人。）

又同書任誕類云：

桓車騎在荆州，張玄爲侍中，使至江陵，路經陽岐村。（劉注云：村臨江，去荆州二百里。）俄見一人持半小籠生魚，徑來造船，云：有魚欲寄作膾。張乃維舟而納之，問其姓字，稱是劉遺民。（劉注引中興書曰：劉驎之一字遺民。）

吴士監晋書劉驎之傳斠注引洪亮吉東晋疆域志曰：

石首有陽岐。

寅恪案，上述北人南來之上層士族，其先本居南陽一帶，後徙江陵近旁地域，至江左政權之後期，漸次著稱。及梁元帝遷都江陵，爲此集團最盛時代。然西魏滅梁，此種士族與北方南來居住建業之上層士族遭遇侯景之亂，幸得逃命至江陵者，同爲俘虜，隨征服者而北遷，於是北方上層士族南渡之局遂因此告一結束矣。

宋書捌叁宗越傳云：

宗越，南陽葉人也。本河南人，晋亂，徙南陽宛縣，又土斷屬葉。本爲南陽次門，安北將軍趙倫之鎮襄陽。襄陽多雜姓，倫之使長史范顗之條次氏族，辨其高卑，顗之點越爲役門，出身補郡吏。

梁書玖曹景宗傳略云：

曹景宗，新野人也。父欣之，爲宋將，位至征虜將軍、徐州刺史。景宗幼善騎射。

同書拾蔡道恭傳（南史伍伍蔡道恭傳同）略云：

蔡道恭，南陽冠軍人也。父郡，宋益州刺史。〔道恭〕累有戰功。

同書同卷楊公則傳（南史伍伍楊公則傳同）略云：

楊公則，天水西縣人也。父仲懷，宋泰始初爲豫州刺史殷琰將，戰死於横塘，公則殮畢，徒步負喪歸鄉里。（寅恪案，宋書叁柒州郡志雍州刺史條下有南天水太守及西縣令。公則之鄉里當即指此。）

同書壹貳席闡文傳（南史伍伍席闡文傳同）略云：

席闡文，安定臨涇人也。齊初，爲雍州刺史蕭赤斧中兵參軍，由是與其子穎胄善。（寅恪案，宋書叁柒州郡志秦州刺史條有安定太守。又云：晉孝武復立，寄治襄陽。闡文既爲雍州刺史府參軍，疑其家亦因晉孝武時「胡亡氐亂」南遷襄陽者也。）

同書壹柒馬仙琕傳（南史貳陸袁湛傳附馬仙琕傳同）略云：

馬仙琕，扶風郿人也。父伯鸞，宋冠軍司馬。仙琕少以果敢聞。（寅恪案，宋書叁柒州郡志雍州刺史條下有扶風太守郿縣令。）

同書壹捌康絢傳（南史伍伍康絢傳同）略云：

康絢，華山藍田人也。其先出自康居。初，漢置都護，盡臣西域，康居亦遣侍子待詔於河西，因留爲黔首，其後即以康爲姓。晋時隴右亂，康氏遷於藍田。絢曾祖因爲苻堅太子詹事，生穆，穆爲姚萇河南尹。宋永初中，穆舉鄉族三千餘家，入襄陽之峴南，宋爲置華山郡藍田縣，寄居於襄陽，以穆爲秦、梁二州刺史，未拜，卒。絢世父元隆，父元撫，并爲流人所推，相繼爲華山太守。絢少俶儻有志氣，齊文帝爲雍州刺史，所辟皆取名家，絢特以才力召爲西曹書佐。永明三年，除奉朝請。文帝在東宫，以舊恩引爲直。後以母憂去職，服闋，除振威將軍、華山太守。推誠撫循，荒餘悦服。遷前軍將軍，復爲華山太守。永元元年，義兵起，絢舉郡以應。

寅恪案，上述諸人皆屬長江上游南來北人之武力集團，本爲北方中層社會階級，即宗越傳所謂「次門」者是，與長江下游居住京口晋陵一帶之南來北人爲武力集團者正同，但其南遷之時代較晚，觀楊公則、席闡文、康絢諸傳，可知此等人其先世之南遷當在「胡亡氏亂」以後，故其戰鬥力之衰退亦較諸居住長江下游京口晋陵一帶之武力集團爲稍遲，梁武帝之興起實賴此集團之武力，梁之季年此集團之武力已不足用，故梁武不得已而改用北來降將。至陳霸先則又別用南方土著之豪族，此爲江左三百年政治社會上之大變動，本文所不能詳及者也。

總而言之，西晋末年北人被迫南徙孫吴舊壤，當時胡羯强盛，而江東之實力掌握於孫吴舊統治階級之手，一般庶族勢力微薄，觀陳敏之敗亡，可以爲證。王導之籠絡江東士族，統一内部，結合南人北人兩種實力，以抵抗外侮，民族因得以獨立，文化因得以續延，不謂民族之功臣，似非平情之論也。寅恪草此文時，距寓廬不遠，適發見一晋墓（墓在廣州河南敦和鄉客村），其甎銘曰：

永嘉世，天下災。但江南，皆康平。

永嘉世，九州空。余（餘）吴土，盛且豐。

永嘉世，九州荒。余（餘）廣州，平且康。

嗚呼！當永嘉之世，九州空荒，但僅存江南吴土尚得稱康平豐盛者，是誰之力歟？

（原載中山大學學報一九五六年第壹期）

魏書司馬叡傳江東民族條釋證及推論

（上）釋　證

貉　子

魏書玖陸僭晉司馬叡傳云：

中原冠帶呼江東之人皆爲貉子，若狐貉類云。巴、蜀、蠻、獠、溪、俚、楚、越，鳥聲禽呼，言語不同，猴、蛇、魚、鼈，嗜欲皆异。江山遼闊，將數千里，叡羈縻而已，未能制服其民。

寅恪案，三國志蜀志陸關羽傳裴注引典略略云：

羽圍樊，〔孫〕權遣使求助之。羽忿其淹遲，乃罵曰：貉子敢爾，如使樊城拔，吾不能滅汝邪？

世説新語惑溺篇云：

孫秀降晉，晉武帝厚存寵之，妻以姨妹蒯氏，室家甚篤。妻嘗妒，乃罵秀爲貉子。秀大不平，遂不復入。

此條劉注引太原郭氏録曰：

秀，字彦才，吴郡吴人。

寅恪案，三國志吴志陸孫匡傳附載秀傳，秀即孫權弟全之孫也。劉注又引晋陽秋曰：

蒯氏，襄陽人。祖良，吏部尚書。父鈞，南陽太守。

然則孫秀是江東土著，蒯氏復出中原冠帶之族，宜蒯之罵秀爲貉子。魏伯起之説於此可證。至關羽爲中原人（河東解），孫權爲江東人（吴郡富春），亦與伯起所言之地域民族相符也。

又晋書伍肆陸機傳略云：

初，宦人孟玖弟超并爲〔成都王〕穎所嬖寵。超領萬人爲小都督。未戰，縱兵大掠。機録其主者。超將鐵騎百餘人，直入機麾下奪之，顧謂機曰：貉奴能作督不！

寅恪案，陸機爲江東士族，孟玖兄弟雖出自寒微，然是中原人，故超亦以貉奴之名詈機也。

巴

古史民族名稱，其界説頗涉混淆，不易確定。今論巴族，依據杜君卿通典之解釋，即是南蠻中廩君一種。杜氏用范蔚宗後漢書之文，而删除其神話一節，以爲「是皆怪誕，以此不取」。

其實蔚宗述巴郡南郡蠻事，其神話采自世本，亦與其述槃瓠種蠻事，其神話采自風俗通者相同。范氏文才之士，家世奉天師道，受其教義薰習，識解如此，不足深怪也。故兹移寫通典删節范書之文，參會晋書、魏書關於巴賨之記述，并附録杜氏所下論斷之語於下，庶幾解釋魏氏巴族之定義，即不中亦不遠矣。通典壹捌柒邊防典叁南蠻類上廩君種條（參考水經注夷水篇引盛弘之荆州記）云：

廩君種不知何代，初，巴氏、樊氏、瞫氏、相氏、鄭氏五姓皆出武落鍾離山。（原注：在今夷陵郡巴山縣。）其山有赤黑二穴，巴氏之子生於赤穴，四姓之子皆生黑穴。未有君長，共立巴氏子務相，是爲廩君。從夷水下至鹽陽，（原注：今夷陵郡巴山縣清江水，一名夷水，一名鹽水。其源出清江郡清江縣西都亭山。）廩君於是君乎夷城，四姓皆臣之。（寅恪案，此上爲君卿節録後漢書南蠻傳之文。）巴梁間諸巴皆是也。（原注：即巴漢之地。按范曄後漢史云云，是皆怪誕，以此不取。）

寅恪案，「巴梁間諸巴皆是也」一語，爲後漢書原文所無，乃杜氏依其民族姓氏及地域之名考證所得之結論，宜可信從也。

又關於杜氏之結論，更可取晋書壹貳拾李特載記及魏書玖陸賨李雄傳參證之。晋書載記之文同於後漢書南蠻傳巴郡南郡蠻條，并載廩君神話。魏晋之文亦同此條，而省去其神話。晋書壹貳拾李特載記略云：

李特，巴西宕渠人。其先廩君之苗裔也。其後種類遂繁。秦并天下，以爲黔中郡。薄賦斂之，口歲出錢四十。巴人呼賦爲賨，因謂之賨人焉。漢末，張魯居漢中，以鬼道教百姓，賨人敬信巫覡，多往奉之。值天下大亂，自巴西之宕渠遷於漢中楊車坂，號爲楊車巴。魏武帝克漢中，特祖將五百餘家歸之。魏武帝遷於略陽。北土復號之爲巴氐。

魏書玖陸賨李雄傳略云：

賨李雄，蓋廩君之苗裔也。其先居於巴西宕渠。秦并天下，爲黔中郡，薄賦其民，口出錢三十。巴人謂賦爲賨，因爲名焉。後徙櫟陽。祖慕，魏東羌獵將。慕有五子：輔、特、庠、流、驤。晋惠時，關西擾亂，頻歲大饑。特兄弟率流民數萬家就穀漢中，遂入巴蜀。

寅恪案，晋、魏二書之文，當俱源出十六國春秋。而崔書元本今已失傳，不易詳證。但崔鴻、魏收之書，俱北朝著述。其作者之環境及資料既同，書中巴族之定義，自無差异。若復取與通典論斷之語相參校，益信君卿所説爲不謬也。

又魏書柒玖董紹傳（參北史肆陸董紹傳）略云：

董紹，新蔡鮦陽人也。蕭寶夤反於長安也，紹上書求擊之，云：臣當出瞎巴三千，生噉蜀子。肅宗謂黄門徐紇曰：此巴真瞎也？紇曰：此是紹之壯辭，云巴人勁勇，見敵無所畏懼，非實瞎也。帝大笑。

及宋書玖柒夷蠻傳豫州蠻傳（參南史柒玖蠻傳豫州蠻條）略云：

豫州蠻，廩君後也。西陽有巴水、蘄水、希水、赤亭水、西歸水，謂之五水蠻。所在并深岨，種落熾盛，歷世爲盗賊。北接淮、汝，南極江、漢，地方數千里。〔元嘉〕二十九年，新蔡蠻二千餘人破大雷戍，略公私船舫，悉引入湖。

寅恪案，董紹既是新蔡人，又自稱爲巴，疑其族乃五水蠻中巴水蠻也。紹所謂蜀子者，殆指與寶夤相應援之薛鳳賢脩義等而言（見通鑑壹伍壹梁武帝大通元年正平民薛鳳賢反條等），此即所謂蜀薛者也。見下文論蜀薛條。

蜀

蜀在古代本爲一民族之名，見於尚書牧誓篇。然其問題屬於上古史之範圍，非寅恪所敢置詞。兹所論者即魏伯起既以蜀爲江東，即南朝領域内一民族之名，而於北朝史籍中，亦得下列之旁證：

魏書貳太祖紀云：

天興元年夏四月，鄜城屠各董羗、杏城盧水郝奴、河東蜀薛榆、氐帥苻興，各率其種内附。

〔天興〕二年八月，西河胡帥護諾干、丁零帥翟同、蜀帥韓礱，并相率内附。

同書叁太宗紀云：

〔永興〕三年夏四月戊寅，河東蜀民黄思、郭綜等率營部七百餘家内屬。

〔永興〕五年夏四月，河東民薛相率部内屬。

〔泰常〕三年正月，河東胡、蜀五千餘家相率内屬。

寅恪案，綜合上列諸條，得一結論，即蜀爲一民族之名，與胡氏丁零等同。此可與魏伯起之言相印證也。又在文義上天興元年條「蜀薛」下及永興五年條「河東」下似俱有脱文，以不能得善本校勘，姑識所疑於此。

又北史叁陸薛辯傳附聰傳云：

〔河東汾陰人。〕又除羽林監。〔魏孝文〕帝曾與朝臣論海内姓地人物，戲謂聰曰：世人謂卿諸薛是蜀人，定是蜀人不？聰對曰：臣遠祖廣德，世仕漢朝，時人呼爲漢。臣九世祖永，隨劉備入蜀，時人呼爲蜀。臣今事陛下，是虜，非蜀也。帝撫掌笑曰：卿幸可自明非蜀，何乃遂復苦朕？聰因投戟而出。帝曰：薛監醉耳！其見知如此。

資治通鑑壹肆拾齊建武三年魏主雅重門族條述蜀薛事，不取北史，而采元行冲後魏國典，其文云：

衆議以薛氏爲河東茂族。〔魏孝文〕帝曰：薛氏蜀也，豈可入郡姓？直閤薛宗起執戟在殿下，出次對曰：臣之先人漢末仕蜀，二世復歸河東，今六世相襲，非蜀人也。伏以陛下黃帝之胤，受封北土，豈可亦謂之胡邪？今不預郡姓，何以生爲？乃碎戟於地。帝徐曰：然則朕甲卿乙乎？乃入郡姓。仍曰：卿非宗起，乃起宗也。

寅恪案，蜀薛之自以爲薛廣德後裔，疑與拓跋魏之自稱源出黃帝，同爲可笑之附託，固不足深論。即爲蜀漢薛永之子孫一事，恐亦有問題（參考新唐書柒叁下宰相世系表薛氏條）。總之，當時世人皆知二族之實爲蜀，爲鮮卑，而非華夏高門，則無可解免也。然拓跋之部遂生孝文帝，蜀薛之族亦產道衡，俱爲北朝漢化之代表人物。聖人「有教無類」之言，豈不信哉！

復次，北朝史中尚有紀載蜀民族之事，可與上列諸條參證者，兹并録於下：

通鑑壹伍壹梁武帝普通七年六月條（參魏書貳伍長孫道生傳附稚傳、北史貳貳長孫道生附承業傳）云：

魏絳蜀陳雙熾聚衆反，自號始建王。魏以假鎮西將軍長孫稚爲討蜀都督。

胡注云：

蜀人徙居絳郡者，謂之絳蜀。

又北史肆伍李苗傳（今魏書柒壹李苗傳本闕，即取北史所補）云：

孝昌中，兼尚書左丞，爲西北道行臺，與大都督宗正珍孫討汾、絳蜀賊，平之。

同書叁捌裴延儁傳附慶孫傳（參魏書陸玖裴延儁傳附慶孫傳）云：

於是賊復鳩集，北連〔劉〕蠡升，南通絳蜀，兇徒轉盛。

同書伍拾費穆傳（參魏書肆肆費穆傳）云：

孝昌中，以都督討平二絳反蜀。（寅恪案，「二絳」之義見下引魏書爾朱榮傳。）

同書陸拾李弼傳（參周書壹伍李弼傳）云：

初爲別將，從爾朱天光西討，破赤水蜀。

同書同卷侯莫陳崇傳（參周書壹陸侯莫陳崇傳）云：

從〔賀拔〕岳入關，破赤水蜀。

魏書柒肆爾朱榮傳云：

兩絳狂蜀漸已稽顙。

蠻

蠻爲南方非漢族之通稱，今傳世魏書壹佰壹蠻等傳卷末附宋人校語云：

魏收書列傳第八十九亡，史臣論蓋略北史。

是傳論出於北史，固無疑義。及詳繹蠻傳之文，復與北史不盡符同，殆采自高峻小史之類。若果如是，則此卷蠻傳亦源出魏收本書，似可據以推定伯起所謂江東領域内之蠻族，究何所指也。今魏書壹佰壹蠻傳略雲：

蠻之種類，蓋槃瓠之後，其來自久。習俗叛服，前史具之。在江淮之間，依託險阻，部落滋蔓，布於數州。東連壽春，西通上洛，北接汝潁，往往有焉。其於魏氏之時，不甚爲患，至晋之末，稍以繁昌，漸爲寇暴矣。自劉、石亂後，諸蠻無所忌憚，故其族類，漸得北遷，陸渾以南，滿於山谷。宛洛蕭條，略爲丘墟矣。

據後漢書壹壹陸南蠻傳巴郡南郡蠻廩君種條（後漢書壹下光武紀通鑑肆肆建武二十三年條同）略云：

建武二十三年，南郡潳山蠻雷遷等始反叛，寇掠百姓，遣武威將軍劉尚將萬餘人討破之，徙其種人七千餘口置江夏界中，今沔中蠻是也。

又通典壹捌柒邊防典南蠻傳上序略云：

東晋時，沔中蠻因劉、石亂後，漸徙於陸渾以南，徧滿山谷。

然則依杜氏之考釋，今魏書及北史所言北徙之蠻即沔中蠻之一族，實爲東漢初從南郡遷來者，本廩君種，而非長沙武陵之槃瓠種也。其長沙武陵槃瓠種之蠻在伯起意中既指溪族（見論溪族條），而巴郡廩君種之蠻又是伯起所謂巴族（見論巴族條），則伯起之所謂蠻，即與北朝最有關之一族，應捨范蔚宗書中南郡蠻廩君種者莫屬，乃逕指爲槃瓠種，似頗疏誤。但考之前史，民族之以蠻爲通名者，其錯雜遷徙，本難分別。若有混淆，亦不足深論。杜君卿於通典南蠻上板楯蠻條自注中所下之斷語最爲通識，附録於此，以促起讀者之注意，其言曰：

按後漢史，其在黔中五溪長沙間，則爲槃瓠之後。其在硤中巴梁間，則爲廩君之後。其後種落繁盛，侵擾州郡，或移徙交雜，亦不可得詳別焉。

獠

華陽國志玖李壽志云：

晋康帝建元二年（西曆三四四年），蜀土無獠，至是始從山出。自巴至犍爲、梓潼，布滿山谷，大爲民患。加以饑饉，境内蕭條。

晋書壹貳壹李勢載記云：

改年嘉寧。初，蜀土無獠，至此，始從山而出，北至犍爲、梓潼，布在山谷，十餘萬落，不可禁制，大爲百姓之患。

魏書壹佰壹獠傳已闕，今本爲後人所補，其文既與北史獠傳悉符，則與伯起本書异同如何，未能決定。但諸史籍所紀獠事大抵相類，伯起元著當亦不至大相懸遠也。今本魏書壹佰壹獠傳（周書肆玖獠傳略同，北史玖伍獠傳同）略云：

獠者，蓋南蠻之别種，自漢中達於邛笮川洞之間，所在皆有。（通典壹捌柒南蠻類獠條元注云：「此自漢中西南及越巂以東皆有之。」）建國中，李勢在蜀，諸獠始出巴西、渠川、廣漢、陽安、資中，攻破郡縣，爲益州大患。勢内外受敵，所以亡也。自桓温破蜀之後，力不能制。又蜀人東流，山險之地多空，獠遂挾山傍谷。與夏人參居者，頗輸租賦。在深山者，仍不爲編户。

南齊書肆壹張融傳（南史叁貳張卲傳附融傳同）略云：

〔宋孝武〕帝曰：融殊貧，當序以佳禄。出爲封溪令。廣越嶂嶮，獠賊執融，將殺食之。

（此條應入論俚條。）

陳書玖侯瑱傳（南史陸陸侯瑱傳同）略云：

〔梁益州刺史鄱陽王〕範委以將帥之任。山谷夷獠不賓附者，並遣瑱征之。

同書同卷歐陽頠傳（南史陸陸歐陽頠傳同）略云：

〔蘭〕欽南征夷獠，擒陳文徹。（此條應入論俚條。）

據張融傳及歐陽頠傳，廣越之地似亦有獠族，但南齊書壹肆州郡志廣州及越州條，又陳書捌杜僧明傳（南史陸陸杜僧明傳同），及周文育傳（南史陸陸周文育傳同），所謂俚獠（見論俚條所引）皆俚獠二字連綴，實是聯詞。爲審慎之故，移置於論俚條中，可參互觀之也。至隋書貳玖地理志揚州條之論俚，荊州條之論蠻，捌貳南蠻傳之論俚及獠，亦可供旁證，茲不復一一徵引。

綜合言之，凡史籍之止言獠或夷獠聯文，而屬於梁益地域者，蓋獠之專名初義。伯起書之所謂獠，當即指此。至屬於廣越諸州範圍，有所謂獠，或以夷獠俚獠等連綴爲詞者，當即伯起書之俚也。獠之一名後來頗普偏用之，竟成輕賤南人之詞，如武曌之斥褚遂良，（新唐書壹佰伍褚遂良傳云：「武氏從幄後呼曰：何不撲殺此獠！」通鑑壹玖玖永徽五年九月條同。）唐德宗之詈陸贄，（异聞集上清條云：「德宗至是大悟，因怒陸贄曰：老獠奴云云。」）則不過因二人俱爲南人，（褚杭州錢塘人，陸蘇州嘉興人。）遂加以獠名耳，實與種族問題無關也。

溪

伯起所謂溪，在他書則俱作溪，實即指後漢書南蠻傳之槃瓠種蠻而言也。據後漢書壹壹陸南蠻傳略雲：

〔帝高辛氏之畜狗〕槃瓠得〔帝〕女，負而走入南山，經三年，生子一十二人，六男六女。槃瓠死後，因自相夫妻。語言侏離，今長沙武陵蠻是也。（寅恪案，此節實采自風俗通，又可參考水經注沅水篇。）

同書同卷章懷注引干寶晋紀云：

武陵、長沙、廬江、郡夷，槃瓠之後也。雜處五溪之内。

此支蠻種所以號爲溪者，與五溪地名至有關係。江左名人如陶侃及淵明亦出於溪族，最使人注意。兹特稍詳論之於下。

晋書陸陶侃傳略云：

陶侃，本鄱陽人也。吴平，徙家廬江之尋陽。侃早孤貧，爲縣吏。〔廬江太守張〕夔察侃爲孝廉，至洛陽，數詣張華。華初以遠人，不甚接遇。伏波將軍孫秀以亡國支庶，府望不顯，中華人士恥爲掾屬，以侃寒宦，召爲舍人。時豫章國郎中令楊晫，侃州里也，爲鄉論所歸。侃詣之，與同乘見中書侍郎顧榮。吏部郎温雅謂晫曰：奈何與小人共載？尚書樂廣欲會荆揚士人，武庫令黄慶進侃於廣。人或非之，或云：侃少時漁於雷澤，網得一織梭，以掛於壁。有頃雷雨，自化爲龍而去。侃有子十七人。以夏爲世子。及送侃喪還長沙，夏與〔弟〕斌及稱各擁兵數千以相圖。既而解散，斌先往長沙，悉取國中器仗財物。夏至，殺斌。庾亮上疏曰：斌雖醜惡，然骨肉至親，親運刀鋸，以刑同體，應加放黜。表未至都，而夏病卒。詔復以〔

侃子〕瞻息弘襲侃爵，卒，子綽之嗣。〔侃子〕旗性甚兇暴，卒，子定嗣。卒，子襲之嗣。卒，子謙之嗣。〔侃子〕稱，性虓勇不倫，與諸弟不協。輕將二百人下見〔庾〕亮，亮大會吏佐，責稱前後罪惡，使人於閤外收之，棄市。亮上疏曰：稱父亡，不居喪位。荒耽於酒，昧利偷榮。故車騎將軍劉弘曾孫安寓居江夏，及將楊恭、趙韶，竝以言色有忤，稱放聲當殺。安、恭懼，自赴水而死。韶於獄自盡。將軍郭開從稱往長沙赴喪。稱疑開附其兄弟，乃反縛，懸頭於帆檣，仰而彈之，鼓棹渡江二十餘里，觀者數千，莫不震駭。不忠不孝，輒收稱伏法。

寅恪案，吴士監晋書斠注亦引异苑陶侃釣魚得梭化龍事。晋書士行本傳當即取之劉敬叔書也。世説新語賢媛篇載陶侃少時作魚梁吏事。劉孝標注引幽明録復有侃在尋陽取魚事，然則侃本出於業漁之賤户，無怪當日勝流初俱不以士類遇之也。又世説新語容止篇石頭事故朝廷頃覆條記庾亮畏見陶侃，而温嶠勸亮往之言曰：

溪狗我所悉，卿但見之，必無憂也。

夫太真目士行爲溪人，或沿中州冠帶輕詆吴人之舊習，非别有確證，不能遽信爲實。然據後漢書南蠻傳章懷注引干寶晋紀，知廬江郡之地即士行鄉里所在，原爲溪族雜處區域，而士行後裔一代逸民之桃花源記本屬根據實事，加以理想化之作，（詳見拙著桃花源記旁證，兹不贅論。）所云：

武陵人捕魚爲業，緣溪行。

正是一篇溪族紀實文字。士行少時既以捕魚爲業，又出於溪族雜處之廬江郡，故於太真溪狗之誚終不免有重大之嫌疑。或謂士行自鄱陽徒居廬江之尋陽，則其種族當與干寶所言無關。然晉書士行傳載其徙居在吴平之後，據晉書玖柒匈奴傳郭欽疏請徙北方戎狄，以爲「宜及平吴之威，謀臣猛將之略。」則晉之平吴，必有遷徙吴境内少數民族之舉。郭氏遂欲仿效已行於南方之政策，更施之於北方耳。由此言之，士行之家，當是鄱陽郡内之少數民族。晉滅吴後，始被徙於廬江。令升所記，乃指吴平後溪族分處之實況。晉書陶侃傳特標「吴平」二字，殊非偶然。讀史者不必以士行之家本出鄱陽，而謂其必非溪族也。又士行本身既爲當日勝流以小人見斥，終用武功致位通顯於擾攘之際，而其諸子之凶暴虓武，爲世所駭惡。明非士族禮法之家，頗似善戰之溪人（見下引殷闡之言及論吴興沈氏條）。然則其氣類復與溪族相近，似更爲可疑也。

復次，續搜神記中載有桃花源記一篇，寅恪嘗疑其爲淵明之初稿本（見拙著桃花源記旁證），其文著録武陵捕魚爲業之溪人姓名爲黄道真，黄氏乃溪洞顯姓，周君引李綽尚書故實云：

有黄生者，擢進士第，人問與頗同房否？對曰：別洞。黄本溪洞豪姓，生故以此對。人雖咍之，亦賞其真實也。

亦可供參考。（見歷史語言研究所集刊第柒本第肆分周一良「南朝境内之各種人及政府對待之政策」。）至道真之名頗有天師道色彩（見歷史語言研究所集刊第叁本第肆分拙著天師道與濱海地域之關係），而陶侃後裔亦多天師道之名，如綽之、襲之、謙之等。又襲之、謙之父子名中共有「之」字，如南齊溪人胡廉之、翼之、諧之三世祖孫父子之例，尤爲特證（見下引南史胡諧之傳）。吴氏晋書斠注轉疑其有誤，蓋未思晋代最著之天師道世家琅邪王氏羲之、獻之父子亦同名「之」也。然則溪之一族似亦屬天師道信徒，與巴賨爲同教者。此點與淵明生值晋宋之際佛教最盛時代，大思想家如釋惠遠，大文學家如謝靈運，莫不歸命釋迦，傾心鷲嶺，而五柳先生時代地域俱與之連接，轉若絶無聞見者，或有所關涉。但其事既爲推測之餘論，又不屬本文範圍，兹姑置不言可也。

通鑑壹壹伍義熙六年載殷闡説何無忌之言曰：

〔盧〕循所將之衆，皆三吴舊賊。始興溪子，拳捷善鬥，未易輕也。

寅恪案，盧循、徐道覆之部衆，乃孫恩領導下之天師道宗教軍隊。據續搜神記本桃花源記，在晋孝武帝太元時捕魚溪人之名，已是天師道教名，則溪族夙爲天師道信徒，宜其樂爲其同教效死也。

南史肆柒胡諧之傳略云：

胡諧之，豫章南昌人也。祖廉之，書侍御史。父翼之，州辟不就。諧之仕宋爲邵陵王左軍諮議。

齊武帝爲江州，以諧之爲别駕，委以事任。建元二年，爲給事中、驍騎將軍。上方欲獎以貴族盛姻，以諧之家人語傒音不正，乃遣宫内四五人往諧之家，教子女語。二年後，帝問曰：卿家人語音已正未？諧之答曰：宫人少，臣家人多，非唯不能得正音，遂使宫人頓成傒語。帝大笑，徧向朝臣説之。〔諧之〕就梁州刺史范柏年求佳馬，〔柏年〕接使人薄，使人致恨，歸謂諧之曰：柏年云：胡諧是何傒狗，無厭之求。諧之切齒致忿。

寅恪案，傒音不正可證伯起「語言不同」之説也。通鑑壹叁伍建元元年紀胡諧之求馬事采自南史本傳，而誤改「傒狗」爲「何物狗」，已爲周君指出。尚有一事爲温公所不知而誤增，周文復未之及者，即通鑑於南史元文使人僞作范柏年罵詞中「胡諧」之下補足「之」字，實未瞭解天師道命名之義。凡天師教名中「之」者皆可省略。試取晋書與真誥參校，其例自見。此天師道名家如琅邪王氏所以容許父子名中共有「之」字，而不以爲諱之故也。今觀胡氏祖孫三世之名俱繫「之」字，溪人之爲天師道信徒於此可證。又傒即溪字，所以從人旁者，猶俚族之俚字，其初本只作里，後來始加人旁，見論俚條下所引後漢書南蠻傳章懷注。

梁書拾楊公則傳略云：

和帝即位，授持節、都督湘州諸軍事、湘州刺史。高祖命衆軍即日俱下，公則受命先驅，直造京邑。公則所領多湘溪人，性怯懦，城内輕之，以爲易與。

寅恪案，今通行本南史伍伍楊公則傳作「公則所領多是湘溪人，性怯懦。」與梁書之文幾無不同，惟多一「是」字耳。大德本南史「溪人」二字互易，疑爲誤倒，不必從也。至通鑑壹肆肆中興元年乃作「公則所領皆湘州人，素號怯懦」。則由不解「溪」字之義而誤改，其爲不當，固無待辨。又溪人之勇怯問題，周文已論及之，兹以未能别具勝解，姑從闕疑可也。

俚

後漢書壹下光武紀云：

是歲（建武十二年），九真徼外蠻夷張游率種人内屬，封爲歸漢里君。

同書壹壹陸南蠻傳云：

建武十二年，九真徼外蠻里張游，率種人慕化内屬，封爲歸漢里君。

章懷注云：

里，蠻之别號，今呼爲俚人。

同書同卷（參後漢書壹下光武帝紀）又云：

〔建武〕十六年，交阯女子徵側反，於是九真、日南、合浦蠻里皆應之。〔建武十九年〕夏四月，〔馬〕援破交阯，斬徵側等，餘皆降散。進擊九真賊都陽等，破降之。徙其渠帥三百餘口於零陵。

宋書伍肆羊玄保傳附希傳（南史叁陸羊玄保傳同）略云：

泰始三年，出爲寧朔將軍、廣州刺史。希以沛郡劉思道行晉康太守，領軍伐俚。思道違節度，失利，希遣收之。思道不受命，率所領攻州。希逾城走，思道獲而殺之。時龍驤將軍陳伯紹率軍伐俚還，擊思道，定之。

同書玖貳良吏傳徐豁傳略云：

元嘉初，爲始興太守。三年，遣大使巡行四方，并使郡縣各言損益，豁因此陳表三事，其一曰：〔郡〕既遏接蠻俚，去就益易。其三曰：中宿縣俚民課銀，一子丁輸南稱半兩。尋此縣自不出銀，又俚民皆巢居鳥語，不閑貨易之宜。每至買銀，爲損已甚。又稱兩受入，易生姦巧。山俚愚怯，不辨自申。

寅恪案，徐豁俚民鳥語之言，亦可證伯起鳥聲禽呼之説也。

南齊書壹肆州郡志廣州條略云：

雖民户不多，而俚獠猥雜。

同書同卷州郡志越州條略云：

元徽二年，以〔陳〕伯紹爲刺史，始立州鎮，穿山爲城門，威服俚獠。

吴春俚郡。（原注：永明六年立，無屬縣。）

梁書叁貳蘭欽傳（南史陸壹蘭欽傳同）云：

經廣州，因破俚帥陳文徹兄弟，并擒之。

陳書捌杜僧明傳（南史陸陸杜僧明傳同）略云：

梁大同中，盧安興爲廣州南江督護，僧明與兄天合及周文育并爲安興所啓，請與俱行。頻征俚獠有功。

同書同卷周文育傳（南史陸陸周文育傳同）略云：

盧安興爲南江督護，啓文育同行。累征俚獠，所在有功。

同書壹貳胡穎傳略云：

梁世仕至武陵國侍郎，東宫直前。出番禺，征討俚洞。

同書同卷沈恪傳略云：

〔梁新渝侯蕭〕映遷廣州，以恪兼府中兵參軍，常領兵討伐俚洞。

同書貳壹蕭允傳附引傳（南史壹捌蕭思話傳附引傳同）略云：

〔陳高宗〕時廣州刺史馬靖甚得嶺表人心，而兵甲精練，每年深入俚洞，又數有戰功。

綜考上引史料，俚人之居處區域及其民族界説可藉以推知矣。

楚

魏伯起之所謂楚，即指今江北淮徐地域之人。在南朝史乘往往稱爲江西或淮南，亦與太史公書貨殖傳所言西楚之一部相當也。又北朝之人詆娸南朝，凡中原之人流徙南來者，俱以楚目之，故楚之一名乃成輕蔑之詞，而爲北朝呼南朝疆域内北人之通稱矣。

世説新語豪爽篇云：

王大將軍年少時舊有田舍名，語音亦楚。

寅恪案，王敦爲琅邪王覽之孫，雖出顯宦之家，而不能操當日洛陽都市語音，其故頗不易知。據晉書叁叁王祥傳（祥即敦伯祖）有：

漢末遭亂，扶母攜弟覽避地廬江，隱居三十餘年。

雖史載時間之長短有所未諦（見錢大昕廿二史考异貳壹晉書王祥傳條），然敦之家世與廬江即楚地有關，則爲事實。或者即以此段因緣，其語音遂亦漸染楚化耶？此點不涉兹篇本旨，可不詳論，聊識於此，以資旁證。至關於南朝語音問題，寅恪别有所論。（見歷史語言研究所集刊第柒本第壹分東晉南朝之吴語及嶺南學報第玖卷第貳期從史實論切韵。鄙見與周君之説微异，讀者可參閲之，兹不備論。）

魏書玖伍僭僞傳總序云：

糾合傖楚。

同書玖柒島夷桓玄傳云：

島夷桓玄，本譙國龍亢楚也。

同書同卷島夷劉裕傳云：

島夷劉裕，晋陵丹徒人也。其先不知所出，自云本彭城彭城人。或云本姓項，改爲劉氏，然亦莫可尋也。故其與叢亭、安上諸劉了無宗次。裕家本寒微，恒以賣履爲業。意氣楚刺，僅識文字。

寅恪案，伯起於宋高祖不逕稱之爲楚者，實以其家世所出，至爲卑賤，特備述其籍貫來歷不明，所以極致其輕視之意。蓋猶未肯以南朝疆域内之北人，即彼所謂楚者許之，而遽與桓蕭諸家并列也。

魏書玖捌島夷蕭道成傳云：

島夷蕭道成，晋陵武進楚也。

同書同卷島夷蕭衍傳云：

島夷蕭衍，亦晋陵武進楚也。

據此，可知伯起之所謂楚，即南朝疆域内北人之通稱矣。

又楚爲民族之名。其見於南北朝史乘者如下：

宋書捌陸殷孝祖傳略云：

前廢帝景和元年，以本號督兖州諸軍事、兖州刺史。太宗初即位，四方反叛。孝祖忽至，衆力不少，并傖楚壯士，人情於是大安。

寅恪案，宋書叁伍地理志云：

兖州，「元嘉」三十年六月復立，治瑕丘。（元注：二漢山陽有瑕丘縣。）

是殷孝祖所將之兵衆乃兖州之軍隊，故爲傖楚壯士也。而通鑑壹叁壹泰始二年紀此事，胡注釋「傖楚」二字之義云：

江南謂中原人爲傖，荆州人爲楚。

其釋「傖」字義固碻，而「楚」字義則非。蓋未注意兖州地域關係所致。否則，孝祖部下，何得有如許荆州人也。

宋書捌叁黄回傳（南史肆拾黄回傳同）略云：

黄回，竟陵郡軍人也。出身充郡府雜役。〔戴明寶〕啓免回，以領隨身隊，統知宅及江西墅事。回拳捷果勁，勇力兼人，在江西與諸楚子相結，屢爲劫盜。會太宗初即位，四方反叛。

明寶啓太宗使回募江西楚人，得快射手八百。

同書捌柒殷琰傳略云：

義軍主黄回募江西楚人千餘。回所領并淮南楚子，天下精兵。

南齊書肆伍始安貞王遥光傳（南史肆壹齊宗室始安王遥光傳略同）云：

遥光召親人丹陽丞劉渢及諸傖楚，欲以討劉暄爲名。

同書肆柒王融傳（南史貳壹王弘傳附融傳同）云：

招集江西傖楚數百人，并有幹用。

同書伍壹崔慧景傳云：

慧景子覺及崔恭祖領前鋒，皆傖楚善戰。

寅恪案，通鑑壹肆叁永元二年紀崔慧景迴兵襲建康事，即用蕭子顯書崔慧景傳元文，而改「傖楚」作「荒傖」，殊可不必。温公殆未甚明瞭「楚」字之涵義及界説也。

梁書貳拾陳伯之傳（南史陸壹陳伯之傳同）云：

陳伯之，濟陰睢陵人也。幼有膂力。年十三四，好著獺皮冠，帶刺刀，候伺鄰里稻熟，輒偷刈之。嘗爲田主所見，呵之云：楚子莫動！

同書肆玖文學傳鍾嶸傳（南史柒貳文學傳鍾嶸傳同）略云：

天監初，制度雖革，而日不暇給。嶸乃言曰：若僑雜傖楚，應在綏附，正宜嚴斷禄力，絶其妨正，直乞虛號而已。

北齊書叁貳王琳傳（南史陸肆王琳傳同）云：

琳乃繕艦，分遣招募，淮南傖楚，皆願戮力。

依據上引史文，不獨楚民族所居地域及其界説得以明瞭，而其人之勇武善戰，足勝兵將之任，亦可從之推定。此點與南朝政治民族之演變殊有關係，俟後論之。

越

伯起所謂越者，即陳承祚書之山越。凡吴志中山寇、山賊、山民及山帥等名詞，亦俱指此民族及其酋長而言。其例證之見於吴志君臣文武諸傳者，殆不勝枚舉。兹止就孫權、陸遜、諸葛恪等傳略論之，足知山越民族問題，爲孫氏江東霸業所關之一大事。東晉南朝史乘，雖極罕見此民族之名，然其爲潛伏混同於江左民族之中，仍爲一有力之分子，則無疑也。關於山越事，吴志諸葛恪傳特詳，故較多移寫其文，以備參考。

吴志貳孫權傳略云：

〔建安〕五年，〔孫〕策薨，以事授權，是時唯有會稽、吴郡、丹楊、豫章、盧陵，然深險之地猶未盡從。

〔權〕分部諸將，鎮撫山越，討不從命。

寅恪案，討撫山越，爲孫氏創業定霸之惟一要事。凡孫氏命號諸將如蔣欽爲討越中郎將（見吴志拾蔣欽傳），董襲爲威越校尉（見吴志拾董襲傳），諸葛恪爲撫越將軍（見吴志壹玖諸葛恪傳），皆可參證也。

吴志壹叁陸遜傳略云：

時吴會稽、丹楊多有伏匿，遜陳便宜，乞與募焉。會稽山賊大帥潘臨，舊爲所在毒害，歷年不禽，遜以手下召兵，討治深險，所向皆服，部曲已有二千餘人。鄱陽賊帥尤突作亂，復往討之。〔孫〕權數訪世務，遜建議曰：方今英雄棊跱，豺狼闚望，克敵寧亂，非衆不濟。而山寇舊惡，依阻深地。夫腹心未平，難以圖遠，可大部伍，取其精鋭。權納其策。會丹楊賊帥費棧受曹公印綬，扇動山越，爲作内應。權遣遜討棧，應時破散，遂部伍東三郡。（寅恪案，通鑑陸捌建安二十二年紀此事條胡注云：東三郡，丹陽、新都、會稽也。）

彊者爲兵，羸者補户，得精卒數萬人。

同書壹玖諸葛恪傳略云：

恪以丹楊山險，民多果勁，雖前發兵，徒得外縣平民而已。其餘深遠，莫能禽盡，屢自求乞，爲官出之，三年可得甲士四萬。衆議咸以丹楊地勢險阻，與吴郡、會稽、新都、鄱陽四郡鄰接，周旋數千里，山谷萬重，其幽邃民人，未嘗入城邑，對長吏，皆仗兵野逸，白首於林莽。逋亡宿惡，咸共逃竄。山出銅鐵，自鑄甲兵。俗好武習戰，高尚氣力。其升山赴險，抵突叢棘，若魚之走淵，猨狖之騰木也。時觀間隙，出爲寇盜，每致兵征伐，尋其窟藏，其戰則蠭至，敗則鳥竄，自前世以來，不能羈也。皆以爲難。恪父瑾聞之，亦以事終不逮，嘆曰：恪不大興吾家，將大赤吾族也。恪盛陳其必捷。〔孫〕權拜恪撫越將軍，領丹楊太守。恪到府，乃移書四部（通鑑柒叁青龍四年紀此事條胡注云：四部當作四郡，謂吴郡、會稽、新都、鄱陽，皆與丹陽鄰接。山越依阻出沒，故令各保其疆界也。或曰：東西南北四部都尉也。寅恪案，胡氏前説似較勝。）屬城長吏，令各保其疆界，明立部伍，其從化平民，悉令屯居。乃分内諸將，羅兵幽阻，但繕藩籬，不與交鋒，候其穀稼將熟，輒縱兵芟刈，使無遺種。舊穀既盡，新田不收，平民屯居，略無所入，於是山民饑窮，漸出降首。恪乃復敕下曰：山民去惡從化，皆當撫慰，徙出外縣，不得嫌疑，有所執拘。於是老幼相攜而出，歲期，人數皆如本規。恪自領萬人，餘分給諸將。權嘉其功，遣尚書僕射薛綜勞軍。綜先移恪等曰：山越恃阻，不賓歷世。皇帝赫然，命將西征。元惡既梟，種黨歸義。蕩滌山藪，獻戎十萬。野無遺寇，邑罔殘姦。既埽兇慝，又充軍用。藜蓧稂莠，化爲善草。魑魅魍魎，更成虎士。功軼古人，勳超前世。

寅恪案，陸遜、諸葛恪皆孫氏才傑之臣。史傳讚美其綏撫收編山越之功績，誠不誣也。吾人依此類紀述，得知越之民族，分佈於丹陽、吴郡、會稽、新都、鄱陽諸郡之地。且爲善戰之民族，可充精兵之選者。此二事亦與南朝後期民族之演變頗有關係，俟於下章論之，今暫不涉及。至東晋南朝史乘紀述山越者甚少，（如陳書叄世祖紀亦言及山越，然此爲稀見之例也。）故兹亦從略焉。

（下）推論

趙翼廿二史劄記壹貳江左世族無功臣條，其中頗多疏誤。如以齊高帝遺詔，自稱素族，即是寒族，及目顧榮爲寒人之類。兹以其事非本篇範圍，可置不辨。但趙書此條却暗示南朝政治史及社會史中一大問題，惜趙氏未能闡發其義，即江左歷朝皇室及武裝統治階級轉移演變之傾向是也。夫趙氏之所謂功乃指武功而言，故其所謂功臣，易言之，大抵爲南朝善戰民族，或武裝階級之健者。宋齊梁陳四朝創業之君主，皆當時之功臣。其與其他功臣之差别，僅在其爲功臣中最高之首領，以功高不賞之故，遂取其舊來所擁護之皇室而代之耳。是以謂江左世族無功臣，與言南朝帝室止出於善戰之社會階級無异。此善戰之階級，在江左數百年間之變遷，與南朝境内他種民族之關係，治史之人，固應致意研求者也。

江左諸朝之皇室中，始渡江建國之東晋司馬氏及篡位而旋失之之楚桓氏。其爲北人名族，事實顯著，且以時代較前，姑置不論。若宋皇室劉氏，則南史壹宋本紀上（宋書壹武帝紀上略同）略云：

宋高祖武皇帝諱裕，彭城縣人，姓劉氏。晋氏東遷，劉氏移居晋陵丹徒。

若齊皇室蕭氏，則南史肆齊本紀上（南齊書壹高帝紀上略同）略云：

齊太祖高皇帝諱道成，姓蕭氏。其先本居東海蘭陵縣。晋元康元年，惠帝分東海郡爲蘭陵，故復爲蘭陵郡人。中朝喪亂，皇高祖淮陰令整，過江居晋陵武進縣。寓居江左者，皆僑置本土。加以南名，更爲南蘭陵人也。

若梁皇室蕭氏，則南史陸梁本紀上（梁書壹武帝紀上略同）略云：

梁高祖武皇帝諱衍，南蘭陵人，姓蕭氏，與齊同承淮陰令整。

若陳皇室陳氏，則南史玖陳本紀上（陳書壹高祖紀上略同）略云：

陳高祖武皇帝諱霸先，吴興長城人，姓陳氏。其本甚微。永嘉中南遷。咸和中土斷，故爲長城人。

是皆與東晋皇室同時南渡之北人也。劉陳二族，出自寒微，以武功特起。二蕭氏之家世，雖較勝於宋陳帝室，然本爲將家，（詳見南齊書壹高祖紀上所述皇考承之及南史陸梁本紀上所紀皇考順之事迹。）亦非文化顯族，自可以善戰之社會階級視之。然則南朝之政治史概括言之，乃北人中善戰之武裝寒族爲君主領袖，而北人中不善戰之文化高門，爲公卿輔佐。互相利用，以成此江左數百年北人統治之世局也。觀於宋書壹武帝紀上所云：

> 海鹽令鮑陋遣子嗣之以吴兵一千，請爲前驅。高祖曰：吴人不習戰，若前驅失利，必敗我軍。嗣之追奔，爲賊所没。

又同書捌壹顧覬之傳（南史叁伍顧覬之傳同）所云：

> 嘗於太祖坐論江左人物，言及顧榮，袁淑謂覬之曰：卿南人怯懦，豈辦作賊。

則在南朝前期北人善戰，吴人不善戰一點可以證明，而北人江左數百年統治之權所以能確立者，其主因亦在於此，又不待言也。

然江左僑寓之寒族北人，至南朝後期，即梁代亦成爲不善戰之民族。當時政府乃不能不重用新自北方南來之降人以爲將帥。及侯景變起，梁室恃以抗禦及平定此亂者，固爲新來之北人，而江陵朝廷所倚之紓難救急之將領，亦竟捨囚繫待决之逆羯降酋莫屬。斯誠江左世局之一大變。無怪乎陳室之興起，其所任大將多爲南方土豪洞主，與東晋劉宋之時，情勢迥异。若非隋文滅陳，江左偏安之局於是告終，否則，依當時大勢所趨推之，陳室皇位，終必爲其武將首領所篡奪。江東大寶或不免輪轉而入於南方土族之手耶？

考南朝史乘，侯景變前南人之任將帥以武功顯名者，其最著則有吴興沈氏一族，如田子、林子（見宋書壹佰自序），慶之、攸之、文季，（見宋書柒柒沈慶之傳，柒肆沈攸之傳，南齊書肆肆沈文季傳及南史叁柒沈慶之傳附攸之、文季傳。）及王敬則（見南齊書貳陸南史肆伍王敬則傳）、陳顯達（見南齊書貳陸南史肆伍陳顯達傳）、陳慶之（見梁書叁貳南史陸壹陳慶之傳）諸人。通常言之，凡一原則不能無少數例外，即如陳慶之者，史言其爲義興國山人，及梁武所謂「本非將種，亦非豪族」者，南人中得此誠屬例外者也。至於王敬則，雖僑居晉陵南沙縣，及接士庶以吴語，（見南齊書王敬則傳。寅恪别有東晉南朝之吴語一文論及此點，兹不涉及。）然其家實自臨淮射陽遷來（見南史王敬則傳），臨淮地域之人正魏伯起之所謂楚也。意者敬則或本是寒門北人，而非南人耶？至其接士庶悉以吴語者，由於出自卑下社會階級之故。蓋南朝疆域内北語吴語乃士庶階級之表徵，非南北籍貫之分别。其説詳見拙著東晉南朝之吴語及從史實論切韵兩文中，殊不足據以斷定其南人也。如陳顯達之爲南彭城人，疑本從彭城遷來，亦猶齊梁皇室蕭氏之爲南蘭陵人，其先本自江北之蘭陵遷來者也（見前引史文）。惟吴興沈氏一族，則宋書自序言之極詳。其爲吴人，自無可疑。但其家歷世名將，尤爲善戰之族類，似與南朝吴人不習戰之通則不合。

考世説新語雅量篇王僧彌謝車騎共王小奴許集條載王珉罵謝玄之詞云：

汝故是吴興溪中釣碣耳。

劉孝標注云：

玄叔父安曾爲吴興，玄少時從之游，故珉云然。

寅恪案，「釣碣」之「碣」，所得見善本俱無异讀，但其義實不可解，頗疑是「猲」字，即「狗」字之訛寫（如荀子貳榮辱篇「乳猲不遠游」及「有猲彘之勇者」之例）。正如温嶠目陶侃爲溪狗之例（見前論溪條）。吴氏晋書斠注及周君均引太平御覽之文，以證謝玄喜漁釣之事，合以劉氏玄曾居吴興之言，其説似亦可通。然必須吴興本有溪人，乃可爲王珉之語作滿意之解釋也。又溪人爲天師道信徒及善戰之民族（亦見前論溪條），而吴興沈氏世奉天師道（見宋書壹佰自序及南史叁柒沈慶之傳附僧昭傳。寅恪嘗撰天師道與濱海地域之關係一文，其論吴興沈氏條遺沈僧昭事，後已增入。特附識於此。）并以將門見稱於世（見南齊書南史沈文季傳），則頗有源出於溪族之嫌疑。此吴興沈氏，雖累世貴顯，復文采昭著（如沈約之例），而北來世族如褚淵，則以「門户裁之」，如王融，則以蛤蜊同類相譏（見南史貳壹王弘傳附融傳融答沈昭略之語）。所以終不能比數於吴中著姓如朱張顧陸諸家之故歟？若此假定果確，則不獨於南朝史事有所闡發，且於難通之世説新語中「釣碣」一語亦得一旁證矣。

顔氏家訓慕賢篇云：

侯景初入建業，臺門雖閉，公私草擾，各不自全。太子左衛率羊侃坐東掖門，部分經略，一宿皆辦，遂得百餘日抗拒兇逆。於是城内四萬許人，王公朝士，不下一百，便是恃侃一人安之，其相去如此！

南史陸叁羊侃傳（梁書叁玖羊侃傳略同）略雲：

羊侃，泰山梁父人也。初爲尚書郎，以力聞。魏帝常謂曰：郎官謂卿爲虎，豈羊質虎皮乎？試作虎狀！侃因伏，以手抉殿，没指。魏帝壯之，賜以珠劍。侃以大通三年至建鄴，累遷太子左衛率、侍中。車駕幸樂游苑，侃預宴。時少府奏：新造兩刃矟成，長二丈四尺，圍一尺三寸。〔梁武〕帝因賜侃河南國紫騮，令試之。侃執矟上馬，左右擊刺，特盡其妙。觀者登樹，帝曰：此樹必爲侍中折矣！俄而果折，因號此矟爲「折樹矟」。北人降者，唯侃是衣冠餘緒，帝寵之逾於他者。謂曰：朕少時捉矟，形勢似卿，今失其舊體，殊覺不奇。侃少雄勇，膂力絶人，所用弓至二十石，馬上用六石弓。嘗於兖州堯廟蹋壁，直上至五尋，横行得七迹。泗橋有數石人，長八尺，大十圍。侃執以相擊，悉皆破碎。

寅恪案，羊侃之勇力如此，豈當日南人所能企及，無怪梁武帝特加寵任，不僅以其爲衣冠餘緒也。侯景之圍建鄴，全恃侃一人，以資抗禦。迨侃一死，而臺城不守矣。庾子山云：「大事去矣，人之云亡。」（哀江南賦語）豈不信哉！又梁武與侃言捉矟事，可參考顏氏家訓涉務篇及梁書壹肆任昉傳（南史伍玖任昉傳同）。足證梁武本是將種。平生特長騎矟之技，江左同時輩流，迥非其比。固宜文武兼資，卒取齊室之帝位而代之也。

顏氏家訓涉務篇云：

> 梁世士大夫，皆尚褒衣博帶，大冠高履。出則車輿，入則扶侍。郊郭之内，無乘馬者。周弘正爲宣城王所愛，給一果下馬，常服御之，舉朝以爲放達。至乃尚書郎乘馬，則糾劾之。及侯景之亂，膚脆骨柔，不堪行步，體羸氣弱，不耐寒暑。坐死倉猝者，往往而然。建康令王復性既儒雅，未嘗乘騎，見馬嘶歕陸梁，莫不震懾，乃謂人曰：正是虎，何故名爲馬乎？其風俗至此！

梁書壹肆任昉傳云：

> 高祖克京邑，霸府初開，以昉爲驃騎記室參軍。始高祖與昉遇竟陵王西邸，從容謂昉曰：我登三府，當以卿爲記室。昉亦戲高祖曰：我若登三事，當以卿爲騎兵。謂高祖善騎也。

南朝不獨倚新自北來之降人羊侃，以抗禦侯景。更賴新自北來之降人王僧辯，以破滅侯景。

下引史文，足資證明。

梁書叁玖王神念傳（南史陸叁王神念傳同）略云：

王神念，太原祁人也。仕魏起家州主簿，稍遷潁川太守，遂據郡歸款。魏軍至，與家屬渡江。神念少善騎射，既老不衰，嘗於高祖前手執二刀楯，左右交度，馳馬往來，冠絶群伍。時復有楊華者，（本傳附楊華事略云：「楊華，武都仇池人也。父大眼，爲魏名將。華少有勇力，率其部曲來降。」寅恪案，楊華本氐族，其勇力非當時南人所能及，固不待言也。）能作「驚軍騎」，并一時妙捷，高祖深嘆賞之。

同書肆伍王僧辯傳（南史陸叁王神念傳附僧辯傳同）略云：

王僧辯，右衛將軍神念之子也。以天監中隨父來奔。世祖命僧辯即率巴陵諸軍，沿流討〔侯〕景。於是逆寇悉平，京都剋定。

梁室不獨倚新自北來之降人以破滅侯景，即從事内争，若不用侯景部下之北將，竟無其他可屬任之人。當日南朝將才之缺乏，於此可見，而永嘉渡江之寒族北人子孫，已與文化高門之士大夫諸族，同爲「膚脆骨柔」。觀下引史文，得一明證矣。

梁書伍伍武陵王紀傳（南史伍叁梁武陵王紀傳同）略云：

紀次於西陵，舳艫翳川，旌甲曜日，軍容甚盛。世祖命護軍將軍陸法和於硤口夾岸築二壘，鎮江以斷之。時陸納未平，蜀軍復逼，物情恇擾，世祖憂焉。法和告急，旬日相繼。世祖乃拔任約於獄，以爲晉安王司馬，撤禁兵以配之。紀築連城，攻绝鐵鏁。世祖復於獄拔謝答仁爲步兵校尉，配衆一旅，上赴法和。紀將侯叡率衆緣山，將規進取，任約、謝答仁與戰，破之。任約、謝答仁等因進攻侯叡，陷其三壘。於是兩岸十餘城遂俱降。獲紀，殺之於硤口。

永嘉南渡之寒族北人既喪失其原來善戰之能力，江東土族遂起而代其任。此南朝後期之將帥，其先世名字所以多不見於南朝前期政治及社會史之故也。陳書叁伍熊曇朗等傳論（南史捌拾侯景熊曇朗等傳論後段同）云：

梁末之灾沴，群凶競起，郡邑巖穴之長，村屯鄔壁之豪，資剽掠以致彊，恣陵侮而爲大。

寅恪案，侯景之亂，不僅於南朝政治上爲鉅變，并在江東社會上，亦爲一劃分時期之大事。其故即在所謂巖穴村屯之豪長乃乘此役興起，造成南朝民族及社會階級之變動。蓋此等豪酋皆非漢末魏晉宋齊梁以來之三吴士族，而是江左土人，即魏伯起所謂巴蜀溪俚諸族。是等族類在此以前除少數例外，大抵爲被壓迫之下層民族，不得預聞南朝之大政及居社會高等地位者也。

南朝當侯景亂興，中央政權崩潰之際，巖穴村屯之豪酋乘機競起，或把持軍隊，或割據地域，大抵不出二種方式：一爲率兵入援建鄴，因而坐擁大兵。一爲嘯聚徒衆，乘州郡主將率兵勤王之會，以依法形式，或勢力强迫，取代其位。此類之事甚多，不必悉舉，兹略引史文數條，已足爲例證也。

陳書捌侯安都傳（南史陸陸侯安都傳同）略云：

侯安都，始興曲江人也，世爲郡著姓。善騎射，爲邑里雄豪。梁始興内史蕭子範辟爲主簿。侯景之亂，招集兵甲，至三千人。高祖入援京邑，安都引兵從高祖，攻蔡路養，破李遷仕，克平侯景，并力戰有功。

同書玖侯瑱傳（南史陸陸侯瑱傳同）略云：

侯瑱，巴西充國人也。世爲西蜀酋豪。〔梁鄱陽王蕭〕範遷鎮合肥，瑱又隨之。侯景圍臺城，範乃遣瑱輔其世子嗣入援京邑。京城陷，瑱與嗣退還合肥，仍隨範徙鎮湓城。俄而範及嗣皆卒，瑱領其衆，據有豫章之地。

同書同卷歐陽頠傳（南史陸陸歐陽頠傳同）略云：

歐陽頠，長沙臨湘人也，爲郡豪族。以言行篤信著聞於嶺表。梁左衛將軍蘭欽之少也，與頠相善，故頠常隨欽征討。欽征交州，復啓頠同行。欽度嶺，以疾終。頠除臨賀内史。侯景構逆，〔衡州刺史韋〕粲自解還都征景，以頠監衡州。京城陷後，嶺南互相吞并。梁元帝承制，以始興郡爲東衡州，以頠爲刺史。蕭勃死後，嶺南擾亂。高祖授頠都督衡州諸軍事、安南將軍、衡州刺史。未至嶺南，頠子紇已克定始興。及頠至，嶺南皆懾伏。仍進廣州，盡有越地。改授都督廣交〔等〕十九州諸軍事、廣州刺史。

紇累遷都督交廣等十九州諸軍事，在州十餘年，威惠著於百越。太建元年，下詔徵紇爲左衛將軍，遂舉兵〔反〕。兵敗，伏誅。家口籍没，子詢以年幼免。

同書壹壹黄法氍傳（南史陸陸黄法氍傳同）略云：

黄法氍，巴山新建人也。少勁捷有膽力，步行日三百里，距躍三丈。頗便書疏，閑明簿領。出入郡中，爲鄉閭所憚。侯景之亂，於鄉里合徒衆。太守賀詡下江州，法氍知郡事。

同書壹叁徐世譜傳（南史陸柒徐世譜傳同）略云：

徐世譜，巴東魚復人也。世居荊州，爲主帥，征伐蠻、蜒。至世譜，尤敢勇有膂力，善水戰。梁元帝之爲荊州刺史，世譜將領鄉人事焉。侯景之亂，因預征討，累遷至員外散騎常侍。侯景平後，以功除衡州刺史，資鎮（南史「鎮」作「領」是）河東太守。江陵陷没，世譜東下依侯瑱。紹泰元年，徵爲侍中、左衛將軍。永定二年，遷護軍將軍。

同書叁伍熊曇朗傳（南史捌拾熊曇朗傳同）略云：

熊曇朗，豫章南昌人也。世爲郡著姓。有膂力。侯景之亂，稍聚少年，據豐城縣爲柵，桀黠劫盗多附之。梁元帝以爲巴山太守。荊州陷，曇朗兵力稍强，劫掠鄰縣，縛賣居民。山谷之中，最爲巨患。時巴山陳定亦擁兵立寨，曇朗僞以女妻定子。又謂定曰：周迪、余孝頃并不願此婚，必須以强兵來迎。定乃遣精甲三百，并土豪二十人往迎。既至，曇朗執之，收其馬杖，并論價責贖。紹泰二年，曇朗以南川豪帥，隨例除游騎將軍。

同書同卷周迪傳（南史捌拾周迪傳同）略云：

周迪，臨川南城人也。少居山谷，有膂力，能挽强弩，以弋獵爲事。侯景之亂，迪宗人周續起兵於臨川。梁始興王蕭毅，以郡讓續。迪召募鄉人從之，每戰必勇冠衆軍。續所部渠帥皆郡中豪族，稍驕横，續頗禁之。渠帥等并怨望，乃相率殺續，推迪爲主。迪乃據有臨川之地，築城於工塘。梁元帝授迪高州刺史。

同書同卷留异傳（南史捌拾留异傳同）略云：

留异，東陽長山人也。世爲郡著姓。〔异〕爲鄉里雄豪，多聚惡少，守宰皆患之。梁代爲蟹浦戍主，歷晋安、安固二縣令。侯景之亂，還鄉里，召募士卒。東陽郡丞與异有隙，引兵誅之，及其妻子。太守沈巡援臺，讓郡於异。异使兄子超監知郡事，率兵隨巡出都。及京城陷，异隨臨城公蕭大連，大連委以軍事。會〔侯〕景將軍宋子仙濟浙江。异奔還鄉里，尋以其衆降於子仙。侯景署异爲東陽太守。侯景平後，王僧辯使异慰勞東陽，仍糾合鄉閭，保據巖阻。其徒甚盛，州郡憚焉。元帝以爲信安令。荆州陷，王僧辯以异爲東陽太守。世祖平定會稽，异雖轉輸糧饋，而擁擅一郡，威福在己。紹泰二年以應接之功，除縉州刺史，領東陽太守。

同書同卷陳寶應傳（南史捌拾陳寶應傳同）略云：

陳寶應，晋安侯官人也。世爲閩中四姓。父羽，有材幹，爲郡雄豪。寶應性反覆，多變詐。梁代晋安數反，累殺郡將，羽初并扇惑合成其事，後復爲官軍鄉導破之。由是一郡兵權皆自己出。侯景之亂，晋安太守、賓化侯蕭雲以郡讓羽。羽年老，但治郡事，令寶應典兵。是時東境饑饉，會稽尤甚，死者十七八，平民男女并皆自責，而晋安獨豐沃。寶應自海道寇臨安、永嘉及會稽、餘姚、諸暨，又載米粟與之貿易，多致玉帛子女。其有能致舟乘者，亦并奔歸之。由是大致貲産，士衆强盛。侯景平，元帝因以羽爲晋安太守。高祖輔政，羽請歸老，求傳郡於寶應。高祖許之。高祖受禪，授閩州刺史。世祖嗣位，仍命宗正録其本系，編爲宗室。

據上引諸人之性質、才力及籍貫事迹推測，則侯安都以宋書徐豁傳證之，頗有俚族之嫌疑。侯瑱本巴地酋豪，徐世譜源出巴東，殆即所謂巴族。江陵陷後，世譜往依於瑱，或與同族有關。黄法𣰰、熊曇朗、周迪諸人，若依南史胡諧之傳出生地域之關係言，恐與「溪狗」同類。續搜神記本桃花源記載溪人之姓爲黄，尚書故實復言黄爲溪洞豪姓。黄法𣰰之姓，豈亦共源耶？留异、陳寶應，據地域論，當是越種，未可知也。獨歐陽頠一族，史雖稱爲長沙臨湘人，然與嶺南殊有關係。周君疑其「少時嘗居始興」，甚有理據。蓋陳書貳壹蕭允傳附引傳及南史壹捌蕭思話傳附引傳，俱有「始興人歐陽頠」之語。豈長沙之歐陽一族，本自始興遷來，其目頠爲始興人者，乃以原籍言之耶？

考劉餗隋唐嘉話載歐陽頠孫詢形貌醜怪事（孟棨本事詩同），其文略云：

國初長孫太尉（無忌）見歐陽率更（詢）姿形甚陋，嘲之曰：聳膊成山字，埋肩畏出頭，誰言麟閣上，畫此一獮猴。

據此，詢之形貌，當與猿猴相似。至若太平廣記肆肆肆引續江氏傳記詢父紇梁末隨蘭欽南征，其妻爲白猿竊去，有身後，復奪還，因而生詢，故詢爲猿種云云。其語之不經，本無待辨。然舊唐書壹捌玖儒學傳上歐陽詢傳（新唐書壹玖捌儒學傳上歐陽詢傳同）略云：

歐陽詢，譚州臨湘人，陳大司空頠之孫也。父紇，陳廣州刺史，以謀反誅。詢當從坐，僅而獲免。陳尚書令江總與紇有舊，收養之，教以書計。雖貌甚寢陋，而聰悟絶倫。高麗甚重其書，嘗遣使求之。高祖嘆曰：不意詢之書名遠播夷狄，彼觀其迹，固謂其形魁梧邪？

又同書捌貳許敬宗傳（新唐書貳貳叁姦臣傳許敬宗傳同）略云：

〔貞觀〕十年文德皇后崩，百官縗絰。率更令歐陽詢狀貌醜异，衆或指之，敬宗見而大笑，爲御史所劾，左授洪州都督府司馬。

則是詢本形貌之醜怪，史乘固有明徵。雖其遺傳所自，源於父系，或母系或父母二系，皆不可知。若取歐陽氏本出始興一事，參以宋書所載徐豁之言，或通鑑所載殷闡之語，殆是俚或溪之種歟？夫歐陽氏累世之文學藝術，實爲神州文化之光輝，而究其種類淵源所出，乃不得不疑其爲蠻族。然則聖人「有教無類」之言，豈不信哉！寅恪嘗於拙著隋唐制度淵源略論稿及唐代政治史述論稿中，詳論北朝漢人與胡人之分別在文化，而不在種族。兹論南朝民族問題，猶斯旨也。故取歐陽氏事，以結此篇焉。

（原載一九四四年九月歷史語言研究所集刊第拾壹本第壹分）

崔浩與寇謙之

崔浩與寇謙之之關係，北朝史中一大公案也。治史者猶有待發之覆，兹就習見之材料，設一假説，以求教於通識君子。

魏書壹壹肆釋老志略云：

世祖時，道士寇謙之，字輔真，南雍州刺史讚之弟，自云寇恂之十三世孫。早好仙道，有絶俗之心。少修張魯之術。

寅恪案，寇謙之之家世，及其「少修張魯之術」之故，請略加推測解釋如下：

北史貳柒寇讚傳（參魏書肆貳寇讚傳）略云：

寇讚字奉國，上谷人也，因難徙馮翊萬年。父脩之，字延期，苻堅東萊太守。讚弟謙，有道術，太武敬重之，故追贈脩之安西將軍、秦州刺史、馮翊公。賜命服，謚曰哀公。詔秦、雍二州爲立碑墓。又贈脩之母爲馮翊夫人，及宗從追贈太守、縣令、侯、子、男者十六人，其臨職者七郡、五縣。姚泓滅，秦、雍人來奔河南、滎陽、河内者，户至萬數，拜讚南雍州刺史、軹縣侯，於洛陽立雍州之郡縣以撫之。由是流人襁負，自遠而至，參倍於前。進讚爵河南公，加安南將軍，領南蠻校尉，仍刺史。分洛、豫二州之僑郡以益之。

此傳中可注意者有四事：

（一）此傳載謙之之名少一「之」字，實非脱漏，蓋六朝天師道信徒之以「之」字爲名者頗多，「之」字在其名中，乃代表其宗教信仰之意，如佛教徒之以「曇」或「法」爲名者相類。東漢及六朝人依公羊春秋譏二名之義，習用單名。故「之」字非特專之真名，可以不避諱，亦可省略。六朝禮法士族最重家諱，如琅邪王羲之、獻之父子同以「之」爲名，而不以爲嫌犯，是其最顯著之例證也。世人多不知此義，可不深責，但史學專門著述如錢大昕廿二史考异叁玖北史寇讚傳讚弟謙有道術太武敬重之條云：

即天師寇謙之也，傳脱之字。

王鳴盛十七史商榷蕭氏世系條云：

南史梁武帝紀，梁與齊同承淮陰令整，整生皇高祖鎋，鎋生皇曾祖副子，副子生皇祖道賜，道賜生皇考順之，於齊高帝爲始族弟。案齊高紀亦從淮陰令整叙起，整生儁，儁生樂子。尚與副子排行，樂子生承之，承之生道成。竊疑道賜與順之似是倒誤，當爲副子生順之，順之生道賜，道賜於齊高帝爲始族弟。如此方合。六朝人兄弟排行者多也。雖姚思廉梁書與南史同，然大可疑。

及吴士監晋書斠注陸陶侃傳注云：

御覽七百八陶侃别傳曰，外國獻氍毹，公舉之曰，我還國當與牙共眠。牙名偞之，字處静，是公庶孫，小而被知，以爲後嗣。案侃孫見於本傳者，瞻之子弘，旗之子定，餘無可考。未知偞之爲何人之子，惟弘子名綽之，定子名襲之，偞之既爲侃孫，不應與其侄輩同以「之」字命名，疑偞之或單名而誤衍之字也。

則不得不加以糾正，蓋兄弟排行固可同用「之」字，而父子祖孫，亦得以「之」爲名，如南齊書叁柒胡諧之傳（參南史肆柒胡諧之傳）云：

胡諧之，豫章南昌人也。祖廉之，治書侍御史。父翼之，州辟不就。

及南史陸貳朱异傳略云：

朱异，吴郡錢唐人也。祖昭之，叔父謙之，兄巽之，即异父也。

又梁書叁捌朱异傳略云：

朱异，吴郡錢唐人也，父巽。

可知祖父孫可以同用「之」字爲名，兄弟同輩，其名亦得皆用「之」字，但「之」字亦可省略，此等例證，見於六朝載籍者甚多，胡、朱二傳不過隨手録出，何錢、王、吴諸氏之不見及此耶？

（二）據寇讚傳所載，姚泓滅後，魏僑置南雍州於洛陽，以讚爲刺史，招撫秦雍之流民，可知寇氏實爲秦雍大族豪家，否則讚決不能充任此職也。

（三）據高僧傳壹貳習禪類宋僞魏平城釋玄高傳云：

釋玄高姓魏，本名靈育，馮翊萬年人也。母寇氏，本信外道，始適魏氏，首孕一女，即高之長姊，生便信佛，乃爲母祈願，願門無异見，得奉大法。母以僞秦弘始三年夢見梵僧散華滿室，覺便懷胎。至四年二月八日生男，家内忽有异香及光明照壁，迄旦乃息。母以兒生瑞兆，因名靈育。

可知高公之外家寇氏，世奉天師道，高公後來與篤信佛教之魏太子晃即恭宗關係密切，爲道教信徒寇謙之、崔浩等之對敵，僧傳不載其與謙之之親屬關係，當非近屬，由此推知平翊寇氏乃一大族，而又世奉天師道者，不僅謙之一房之信仰如是也。至高公之本名靈育，僧傳載其誕生時之靈异，因以得名，其實「靈育」與「道育」「靈寶」之類皆是天師道之教名，想高公出生時實受道教之名，後來改信佛教，遂加以附會緣飾之耳。

（四）寇氏之自稱源出上谷，爲東漢寇恂之後，其爲依託，不待詳辨，但寇讚傳言其因難徙馮翊萬年，所謂難者，究何所指，傳文未詳，據元和姓纂玖去聲五十候條云：

寇，上谷昌平，恂，後漢執金吾雍奴侯，曾孫榮，榮孫孟，魏馮翊太守，徙家馮翊。

又芒洛冢墓遺文三編後魏寇臻墓志銘云：

寇臻字仙勝，春秋甫履從心，寢疾薨於路寢，上谷昌平人，漢相威侯之裔，侍中榮十世之胤。榮之子孫前魏因官遂寓馮翊，公皇魏秦州刺史馮翊哀公之孫，南雍州使君河南宣穆公之少子。

可知寇氏之徙馮翊，據姓纂及寇臻志，實在前魏即曹魏時，其所謂因官遂寓馮翊者，實不過託詞而已。凡古今家族譜牒中所謂因難因官，多爲假託，不足异也。考三國志魏志壹伍張既傳略云：

從征張魯，魯降。既説太祖拔漢中民數萬户以實長安及三輔。

是曹操實有徙張魯徒衆於長安及三輔之事，頗疑寇氏一族原從漢中徙至馮翊，以其爲豪宗大族，故有被徙之資格，以其爲米賊餘黨，故其家世守天師道之信仰。然則寇謙之之所以早修張魯之術，固非偶然也。至魏武之徙張魯部衆於長安及三輔，雖在建安之世，其時孟德之霸業已成，後之修家譜撰墓志者，遂以東漢末年之事混通牽引屬之曹魏之時耳。

釋老志又云：

〔寇謙之〕服食餌藥，歷年無效。幽誠上達，有仙人成公興，不知何許人，至謙之從母家傭賃。謙之常覲其姨，見興形貌甚强，力作不倦，請回賃興代己使役。乃將還，令其開舍南辣田。謙之樹下坐算，興懇一發致勤，（寅恪案，疑當作墾發致勤，蓋「懇一」乃「墾」之訛寫耳。）

時來看算。謙之謂曰：汝但力作，何爲看此？二三日後，復來看之，如此不已。後謙之算七曜，有所不了，惘然自失。興謂謙之曰：先生何爲不懌？謙之曰：我學算累年，而近算周髀不合，以此自愧。且非汝所知，何勞問也。興曰：先生試隨興語布之。俄然便決。謙之嘆伏，不測興之淺深，請師事之。興固辭不肯，但求爲謙之弟子。未幾，謂謙之曰：先生有意學道，豈能與興隱遁？謙之欣然從之。興乃令謙之潔齋三日，共入華山。令謙之居一石室，自出采藥，還與謙之食藥，不復飢。乃將謙之入嵩山。有三重石室，令謙之住第二重。歷年，興謂謙之曰：興出後，當有人將藥來，得但食之，莫爲疑怪。尋有人將藥而至，皆是毒蟲臭惡之物，謙之大懼出走。興還問狀，謙之具對，興嘆息曰：先生未便得仙，政可爲帝王師耳。興事謙之七年，而謂之曰：興不得久留，明日中應去。興亡後，先生幸爲沐浴，自當有人見迎。興乃入第三重石室而卒。謙之躬自沐浴。明日中，有叩石室者，謙之出視，見兩童子，一持法服，一持鉢及錫杖。謙之引入，至興屍所，興欻然而起，著衣持鉢、執杖而去。

寅恪案，此節爲吾國接受外來學説及技術之一重公案，自來論中西交通史及文化學術史者，似尚未有注意及之者，請略釋證之如下：

錢大昕廿二史考异叁拾魏書釋老志有仙人成公興不知何許人條已引殷紹傳爲釋，兹再取紹傳稍加申證，并參以其他傳記足以相發明者爲之旁證。但有一通則不可不先知者，即吾國道教雖其初原爲本土之産物，而其後逐漸接受模襲外來輸入之學説技術，變易演進，遂成爲一龐大複雜之混合體，此治吾國宗教史者所習知者也。綜觀二千年來道教之發展史，每一次之改革，必受一種外來學説之激刺，而所受外來之學説，要以佛教爲主。故吾人今日儻取全部道藏與佛藏比較探求，如以真誥與四十二章經比較之例，必當更有所發明也。寇謙之少修張魯之術，即其家世所傳之舊道教，而服食餌藥歷年無效，是其所傳之舊醫藥生理學有待於新學之改進也。其學算累年而算七曜周髀有所不合，是其舊傳之天文算學亦有待於新學之改進也。即就殷紹傳考之，可知成公興與當時佛教徒有密切之關係也。釋老志言其死後欻然而起，著法服執錫杖持鉢而去，此即紹傳所謂「游遁」也。至興稱謙之爲先生而自爲弟子，（宋眉山七史本作「但求謙之爲弟子」，文意不明，易滋誤會。）亦足證興固非道士，而先生之稱號，在當時乃道士之尊稱，如佛教之稱和尚者然，非僅爲人師之稱而與弟子爲對文也。又釋老志目興爲仙人者，恐亦如佛典中凡山林修道之術士概以仙人目之之比耳。

魏書玖壹術藝傳殷紹傳略云：

殷紹，長樂人也。好陰陽術數，達九章、七曜。世祖時爲算生博士，給事東宮西曹，以藝術爲恭宗所知。太安四年夏，上四序堪輿，表曰，臣以姚氏之世，行學伊川，時遇游遁大儒成公興，從求九章要術。興字廣明，自云膠東人也。興時將臣南到陽翟九崖巖沙門釋曇影間。

興即北還，臣獨留住，依止影所，求請九章。影復將臣向長廣東山見道人法穆。法穆時共影爲臣開述九章數家雜要，披釋章次意況大旨。又演隱審五藏六府心髓血脉，商功大算端部，變化玄象，土圭、周髀。練精鋭思，蘊習四年，從穆所聞，粗皆髣髴。穆等仁矜，特垂憂閔，復以先師和公所注黄帝四序經文三十六卷，合有三百二十四章，專説天地陰陽之本，傳授於臣。以甲寅之年，奉辭影等。自爾至今，四十五載，歷觀時俗堪輿八會，逕世已久，傳寫謬誤。又史遷、郝振、中吉大儒，亦各撰注，流行於世。配會大小，序述陰陽，依如本經，猶有所闕。臣前在東宫，以狀奏聞，奉被景穆皇帝聖詔，敕臣撰録，集其要最。仰奉明旨，謹審先所見四序經文，抄撮要略，當世所須，吉凶舉動，集成一卷。未及内呈，先帝晏駕。臣時狼狽，幾至不測。停廢以來，逕由八載，〔今〕依先撰録奏，謹以上聞。其四序堪輿，遂大行於世。

寅恪案，殷紹以成公興之一段因緣，與其與寇謙之關係，其時間空間二者俱相適合，自不待言。其最可注意者，即興所介紹傳授醫學算學之名師，皆爲佛教徒一事是也。自來宗教之傳播，多假醫藥天算之學以爲工具，與明末至近世西洋之傳教師所爲者，正復相類，可爲明證。吾國舊時醫學，所受佛教之影響甚深，如耆域（或譯耆婆）者，天竺之神醫，其名字及醫方與其他神异物語散見於佛教經典，如柰女耆婆經温室經等及吾國醫書如巢元方病源候論王燾外臺秘要之類，是一例證，但如高僧傳拾神异門上晉洛陽耆域傳略云：

耆域者，天竺人也。晉惠之末，至於洛陽，時衡陽太守南陽滕永文在洛，寄住滿水寺，得病，兩脚攣屈，不能起行。域往看之，因取淨水一杯，楊柳一枝，便以楊枝拂水，舉手向永文而呪，如此者三，因以手搦永文膝，令起，即起，行步如故。此寺中有思惟樹數十株枯死。域問永文：此樹死來幾時？永文曰：積年矣。域即向樹呪，如呪永文法，樹尋荑發，扶疏榮茂。尚方署中有一人病癥將死，域以應器著病者腹上，白布通覆之，呪願數千言，即有臭氣薰徹一屋。病者曰：我活矣。域令人舉布，應器中有若淤泥者數升，臭不可近，病者遂活。洛陽兵亂，辭還天竺。既還西域，不知所終。

則天竺神話之人物，竟與其他佛教傳法高僧來游中國者同列僧傳，事雖可笑，其實此正可暗示六朝佛教徒輸入天竺之醫方明之一段因緣也。（鄙意耆域之名出於中央亞細亞之文，名耆婆則純粹梵文也。）至道教徒之采用此外國輸入之技術及學說，當不自六朝始，觀吾國舊時醫學之基本經典，如内經者，即託之於黄帝與天師問對之言可知。漢書藝文志神仙類著録黄帝歧伯按摩十卷，而班書又云：

大古有歧伯俞拊，中世有扁鵲秦和。

茲更略取六朝初期即耆域傳所依託之東西晉時代諸佛教徒與醫學有關之資料列之於下，以供參證。

世説新語下術解篇郗愔信道甚精勤條云：

郗愔信道甚精勤，常患腹内惡，諸醫不可療，聞于法開有名，往迎之。既來，便脉云：君侯所患，正是精進太過所致耳。合一劑湯與之，一服即大下，去數段許紙，如拳大。剖看，乃先所服符也。（劉注云：晋書曰，法開善醫術。嘗行，莫投主人，妻産而兒積日不墮，法開曰：此易治耳。殺一肥羊，食十餘臠而針之。須臾兒下，羊膋裹兒出。其精妙如此。）

高僧傳肆義解門晋剡白山于法開傳略云：

于法開不知何許人，事蘭公爲弟子。祖述耆婆，妙通醫法。或問法師高明剛簡，何以醫術經懷？答曰：明六度以除四魔之病，調九候以療風寒之疾，不亦可乎？

又同書同卷晋燉煌于道邃傳略云：

于道邃，燉煌人，年十六出家，事蘭公爲弟子，學業高明，内外該覽，善方藥，美書札。

又殷紹傳所載沙門釋曇影，今高僧傳陸義解門有晋長安釋曇影傳，以時地考之，亦約略近似。至所謂「先師和公」，當亦指沙門而言，今高僧傳伍義解門有晋蒲坂釋法和傳，不知是否即其人。以其名和言之，則似與醫學有關。蓋天竺醫術，以調和地水火風四大爲務。儻四大不和均，則疾病生，此鳩摩羅什臨終時所以自言「四大不愈」者也（見高僧傳貳譯經門晋長安鳩摩羅什傳）。中國古代，秦有名醫曰和，豈和公之命名有所取義於華梵醫家之説耶？

復次，天算之學於道教至爲重要，其説俟後論之。寇謙之、殷紹所受之周髀算術，乃當時初由佛教徒輸入之新蓋天説也。

據晋書壹壹天文志上云：

古言天者有三家，一曰蓋天，二曰宣夜，三曰渾天。漢靈帝時，蔡邕於朔方上書，言宣夜之學，絶無師法，周髀術數具存，考驗天狀，多所違失。惟渾天近得其情，今史官候臺所用銅儀，則其法也。

及北史捌玖藝術傳信都芳傳略云：

信都芳，河間人也。少明算術。安豐王延明聚渾天、欹器、地動、銅烏、漏刻、候風諸巧事，并令芳算之。〔芳〕又著樂書、遁甲經、四術周髀宗。其序曰：漢成帝時，學者問蓋天，楊雄曰：蓋哉，未幾也。問渾天，曰：落下閎爲之，鮮于妄人度之，耿中丞象之。幾乎，莫之息矣（見法言重黎篇）。此言蓋差而渾密也。蓋器測影而造，用之日久，不同於祖，故云未幾也。渾器量天而作，乾坤大象，隱見難變，故云幾乎。是時，太史令尹咸窮研晷蓋，易古周法，雄乃見之，以爲難也。自昔周公定影王城，至漢朝，蓋器一改焉。渾天覆觀，以靈憲爲文，蓋天仰觀，以周髀爲法。覆仰雖殊，大歸是一。古之人制者，所表天効玄象。芳以渾算精微，術機萬首，故約本爲之省要，凡述二篇，合六法，名四術周髀宗。

足知蓋天之術不及渾天之精密也。但蓋天有新舊二術，舊術在揚雄時其精密不及渾天，故子雲有是論，周髀算法爲蓋天之術，今所傳周髀算經，其非周公原書，自不待辨，而其下卷所列二十四氣，啓蟄在雨水之後，考漢書貳壹下律曆志云：

中營室十四度，驚蟄，（今曰雨水，於夏爲正月，商爲二月，周爲三月。）終於奎四度。降婁，初奎五度，雨水（今曰驚蟄）。

及後漢書壹叁律曆志下云：

二十四氣

冬至，小寒，大寒，立春，雨水，驚蟄。

論曰：太初曆到章帝元和，旋復疏闊。徵能術者，課校諸曆，定朔稽元，追漢三十五年庚辰之歲，追朔一日，乃與天合，以爲四分曆元。加六百五元一紀，上得庚申。

則今之周髀算經，其列雨水於啓蟄之前，必出於東漢元和改用四分曆之後，非揚氏當時舊蓋天術之書固不待論，蔡氏朔方上書，言蓋不及渾，則似蔡氏當日所見蓋天之術，仍是舊法。而今之周髀算經啓蟄之名，又不避漢諱，恐今之傳本不止非東漢末年蔡氏所見之蓋天算術，或更出於當塗典午之世，亦未可知也。（可參周密齊東野語壹玖漢以前驚蟄爲正月節條，但公謹謂「及天（天當作太）初以後，更改氣名，以雨水爲正月中。」似未諦。）復據隋書壹玖天文志上云：

梁武帝於長春殿講義，别擬天體，全同周髀之文，蓋立新義，以排渾天之論而已。

梁武帝之説，今雖不可盡見，但開元占經所引，獨可窺其大概，今其文（開元占經壹天地名體天地渾宗條）云：

梁武帝云：四大海之外，有金剛山，一名鐵圍山，金剛山北又有黑山，日月循山而轉，周迴四面，一晝一夜，圍繞環匝。

是明爲天竺之説，而武帝欲持此以排渾天，則其説必有以勝於渾天，抑又可知也。隋志既言其全同蓋天，即是新蓋天説，然則新蓋天説乃天竺所輸入者。寇謙之、殷紹從成公興、曇影、法穆等受周髀算術，即從佛教受天竺輸入之新蓋天説，此謙之所以用其舊法累年算七曜周髀不合，而有待於佛教徒新輸入之天竺天算之學以改進其家世之舊傳者也。

至殷紹所謂「史遷、郝振、中吉大儒，亦各撰注，流行於世」者，司馬氏父子，世主天官，究天人之際，成一家之言，而文史星曆近乎卜祝之間，（史記壹叁拾太史公自序、漢書陸貳司馬遷傳及文選肆壹司馬子長報任少卿書。）四序堪輿之類，固不得爲文史，然可謂之星曆卜祝之書，故亦得依託於史遷也。郝振未詳，中吉則疑是于吉之誤寫，吉之事迹見三國志吴志壹孫策傳裴注引江表傳搜神記等，固亦道教中人也。

魏書釋老志又略云：

謙之守志嵩岳，精專不懈。以神瑞二年十月乙卯，忽遇大神，稱太上老君，謂謙之曰：往辛亥年，嵩岳鎮靈集仙宫主，表天曹，稱自天師張陵去世已來，地上曠誠，修善之人，無所師授。嵩岳道士上谷寇謙之，立身直理，行合自然，才任軌範，首處師位，吾故來觀汝，授汝天師之位，賜汝雲中音誦新科之誡二十卷，號曰并進。言：吾此經誡，自天地開闢以來，不傳於世，今運數應出。汝宣吾新科，清整道教，除去三張僞法，租米錢税及男女合氣之術。大道清虚，豈有斯事。專以禮度爲首，而加之以服食閉鍊。泰常八年十月戊戌，有牧土上師李譜文來臨嵩岳，云：地上生民，末劫垂及，其中行教甚難。但令男女立壇宇，朝夕禮拜，若家有嚴君，功及上世。其中能修身煉藥，學長生之術，即爲真君種民。藥別授方，銷鍊金丹、雲英、八石、玉漿之法，皆有决要。上師李君手筆有數篇，其餘皆正真書曹趙道覆所書。古文鳥迹，篆隸雜體，辭義約辯，婉而成章，大自與世禮相準。始光初，奉其書而獻之，世祖乃令謙之止於張曜之所，供其食物。朝野聞之，若存若亡，未全信也。

寇謙之采用佛教徒輸入天算醫藥之學，以改進其家世舊傳之道教，已如上言，然謙之復襲取當時佛教徒輸入之新律學以清除整理其時頗不理於人口之舊傳天師道，此則較前者更爲重要者也。欲明乎此，不可不先知六朝佛教徒治學之方法及當時社會學術之風尚，此方法即所謂「格義」者是也。格義之解釋及其流派，寅恪昔已詳論之（見拙著支愍度學説考），兹不多及，僅引高僧傳數條以爲例證如下：

高僧傳肆義解門晋高邑竺法雅傳略云：

竺法雅，河間人。少善外學，長通佛義，衣冠仕子咸附諮禀。時依雅門徒，并世典有功，未善佛理。雅乃與康法朗等，以經中事數擬配外書，爲生解之例，謂之格義。及毗浮曇相等亦辯格義，以訓門徒。

同書陸義解門晋廬山釋慧遠傳略云：

年二十四便就講説，嘗有客聽講，難實相義，往復移時，彌增疑昧，遠乃引莊子義爲連類，於是惑者曉然，是後安公特聽慧遠不廢俗書。遠内通佛理，外善群書，夫預學徒，莫不依擬。時遠講喪服經，雷次宗、宗炳等并執卷承旨，次宗後别著義疏，首稱雷氏，宗炳因寄書嘲之曰，昔與足下共於釋和尚間面受此義，今便題卷首稱雷氏乎。其化兼道俗，斯類非一。以晋義熙十二年八月初動散，至六日困篤，大德耆年皆稽顙請飲豉酒，不許。又請飲米汁，不許。又請以蜜和水爲漿，乃命律師，令披卷尋文，得飲與不。卷未半而終。春秋八十三矣。

據此得知六朝格義之風盛行，中國儒家之禮，與天竺佛教之律，連類擬配，視爲當然。僧傳所紀遠公臨終一節，與戴記所載曾子易簀之事，復何以异。當日不獨遠公一人以爲禮律殊無二致，即同時一般之儒士佛徒亦俱作如是觀也。兩晉天師道信徒屬於士大夫階級者固不少，但其大多數仍是庶族平民，士族儒家之禮法自不可於當時天師教中求之，其淫穢濁亂最爲反對道教者所借口，觀佛教徒撰集之兩弘明集中諸文可知也。寇謙之值江左孫恩、盧循政治運動失敗以後，天師道之非禮無法尤爲當時士大夫所詬病，清整之功更不容已。謙之既從佛教徒采用其天算醫藥之學，以改進其教矣，故不得不又從佛教徒模襲其輸入之律藏以爲清整之資，此自然之理也。謙之生於姚秦之世，當時佛教一切有部之十誦律方始輸入，盛行於關中，不幸姚泓亡滅，兵亂之餘，律師避亂南渡，其學遂不傳北地，而遠流江東。謙之當必於此時掇拾遺散，取其地僧徒不傳之新學，以清整其世傳之舊教，遂詭託神异，自稱受命爲此改革之新教主也。兹略移録當時有關佛教律學傳授流佈之史料如下：

高僧傳貳譯經門晉壽春石磵寺卑摩羅叉傳略云：

先在龜兹，弘闡律藏，四方學者，競往師之，鳩摩羅什時亦預焉。又欲使毗尼勝品，復洽東國，冒險東渡，以僞秦弘始八年達自關中，什以師禮敬待。及羅什棄世，叉乃出游關左，逗於壽春，止石磵寺。律徒雲聚，盛闡毗尼。頃之南適江陵，於辛寺夏坐，開講十誦。律藏大弘，叉之力也。

同書壹叁明律門宋江陵釋慧猷傳略云：

少出家止江陵辛寺。時有西國律師卑摩羅叉來適江陵，大弘律藏，猷從之受業，沉思積時，乃大明十誦，講説相續，陝西律師莫不宗之。

同書同卷明律門宋吴閑居寺釋僧業傳略云：

> 游長安，從什公受業，見新出十誦，遂專功此部。值關中多難，避地京師，吴國張邵請還姑蘇，爲造閑居寺。業訓誘無輟，三吴學士輻湊肩聯。業弟子慧先襲業風軌，亦數當講説。

同書同卷明律門宋京師長樂寺釋慧詢傳略云：

> 經游長安，受學什公，尤善十誦僧祇。宋永初中還止廣陵，大開律席。元嘉中至京，止道場寺，寺僧慧觀亦精於十誦，乃令更振他寺，於是移止長樂寺。

同書同卷明律門宋京師莊嚴寺釋僧璩傳略云：

> 出家爲僧業弟子，尤明十誦。宋孝武敕出京師爲僧正，少帝準從受五戒，豫章王子尚崇爲法友，袁粲、張敷并一遇傾蓋。

同書同卷明律門彭城郡釋道儼傳略云：

> 善於毗尼，精研四部，融會衆家。又以律部東傳，梵漢异音，文頗左右，恐後人諮訪無所，乃會其旨歸，名曰决正四部毗尼論。後游於彭城，弘通律藏。時栖玄寺又有釋慧曜者，亦善十誦。

綜合釋老志中寇謙之與天神交接一節及高僧傳中十誦律傳播之記載并觀之，則雲中音誦新科之誡之名，明是與佛教擬配之戒律，姑無論「誦」與十誦律之誦同字而「科」及「誡」與律字意義不殊也。其新科「專以禮度爲首」，則當時格義之學禮律互相擬配必然之結果也。藥別授方，皆有決要，此與殷紹從佛教徒所受醫藥之術，同出一源，此謙之必以新傳之醫藥學改進其前時「服食餌藥無效」之舊傳又可知也。三張錢米租稅僞法，已見後漢書三國志隸釋等有關諸紀載，兹不詳論，但男女合氣之術，既出於謙之之口，則佛教徒所言者，非全出於誣構，亦可知矣。兹略取兩弘明集中有關涉於此者，以爲參證。

弘明集捌辨惑論合氣釋罪三逆條注云：

至甲子詔冥醮録男女媟合尊卑無別。吴陸修静復勤勤行此。

又畏鬼帶符妖法之極一條云：

至於使六甲神而跪拜圊厠。（如郭景純亦云仙流，登圊度厄，竟不免灾。）

又解廚纂門不仁之極三條注云：

又道姑道男冠女官道父道母神君種民，此是合氣之後贈物名也。

廣弘明集玖周甄鸞笑道論道士合氣三十五云：

真人内朝律云：真人日禮，男女至朔望日先齋三日，入私房詣師立功德，陰陽并進，日夜六時。此諸猥雜，不可聞説。

釋老志載木土上師李譜文所謂「真君種民」，寅恪少時讀此，於「種民」之義，苦不能解。

後旁涉佛道二教之書，亦見有種民之語，兹略移録於下：

弘明集捌辨惑論序云：

闘藪留種民之穢。（又解廚篡門不仁之極三條注亦有種民之語，已見上引。）

道藏太平部（外字壹）太平經鈔甲部卷之壹略云：

昔之天地與今天地，有始有終，同無异矣。初善後惡，中間興衰，一成一敗，陽九百六，六九乃周，周則大壞，天地混齏，人物糜潰，惟積善者免之，長爲種民。君聖師明，教化不死，積鍊成聖，故號種民。種民，聖賢長生之類也。

後聖帝君撰長生之方，寶經符圖，三古妙法，垂謨立典，施之種民。不能行者，非種民包。凡大小甲申之至也。除凶民，度善人，善人爲種民，凶民爲混齏，大道神人更遣真仙上士出經行化，委曲導之，勸上勵下，從者爲種民，不從者沉没，沉没成混齏。

可知「種民」與「混齏」爲對文，其以種爲言者，蓋含有種姓之義，如鳩摩羅什所譯金剛經中「善男子」「善女人」之名，依梵文原語，「善」字下原有「家」字，秦譯雖省去，而唐義淨譯本則依梵文全譯之也。然則種民之義，實可兼賅道德之善惡及階級之高下而言，吾國古代經典中「君子」「小人」之解釋亦與此不异。寇謙之本出秦雍豪家大族，其所持義固應如是，而此點尤與崔浩之政治理想，適相符合者也。

魏書壹壹肆釋老志又云：

崔浩獨异其言，因師事之，受其法術，於是上疏，讚明其事曰：臣聞聖王受命，則有大應，而河圖、洛書，皆寄言於蟲獸之文，未若今日人神接對，手筆粲然，辭旨深妙，自古無比。昔高祖雖復英聖，四皓猶或恥之，不爲屈節。今清德隱仙，不召自至，斯誠陛下侔蹤軒黄，應天之符也。豈可以世俗常談，而忽上靈之命。臣竊懼之。世祖欣然，乃使謁者奉玉帛牲牢祭嵩岳，迎致其餘弟子在山中者。於是崇奉天師，顯揚新法，宣布天下，道業大行。浩事天師，禮拜甚謹。人或譏之，浩聞之曰：昔張釋之爲王生結襪，吾雖才非賢哲，今奉天師，足以不愧於古人矣。

寅恪案，崔浩之家世背景及政治理想與寇謙之之新道教尤相符合，下文當詳論之。别有可注意者，即浩上疏拓跋燾讚明其事，自言所以篤信不疑之故，乃在「人神接對，手筆粲然」。蓋六朝書法之藝術，與天師道有密切關係，寅恪昔已言之，（見拙著天師道與濱海地域之關係。并參清華學報第十五卷第一期周一良先生評燉煌秘籍留真一文。）兹不詳及。惟取浩本身及其家世與書法有關之記載録之於下：

魏書貳肆崔玄伯傳（參北史貳壹崔宏傳）略云：

玄伯尤善草隸行押之書，爲世摹楷。玄伯祖悦，與范陽盧諶并以博藝著名。諶法鍾繇，悦法衛瓘，而俱習索靖之草，皆盡其妙。諶傳子偃，偃傳子邈，悦傳子潛，潛傳玄伯，世不替業。故魏初重崔、盧之書。又玄伯之行押，特盡精巧，而不見遺迹。子浩。

魏書叁伍崔浩傳（參北史貳壹崔宏傳）略云：

太祖以其工書，常置左右。浩既工書，人多託寫急就章。從少至老，初無憚勞，所書蓋以百數。浩書體勢及其先人，而妙巧不如也。世寶其迹，多裁割綴連，以爲模楷。

同書貳肆崔玄伯傳附簡傳（參北史貳壹崔宏傳附簡傳）略云：

〔玄伯〕次子簡，一名覽。好學，少以善書知名。

據此，可知清河崔氏書法在北方，與琅邪王氏書法在江左，俱居最高地位。上師李君手筆，及趙道覆所書，必皆精妙。否則崔浩不能於上疏時特著明此事，頗疑寇謙之一門亦有能書之人或别丐能書者爲之代筆，如拙著天師道與濱海地域之關係一文中所論王羲之寫經換鵝之故事及周一良先生文中引道藏正乙部傳受經戒儀注訣書經法第肆所謂「或拙秉毫，許得雇借」者是也。

復次，崔浩以爲「人神接對，手筆粲然，自古無比」。則似北朝當時此事尚未經見者，梁陶弘景編集真誥摹擬佛經，其所取用之材料，要必非全出虚構，至少一部分乃其親見之東晋時代依託仙真者之手筆，自無可疑。由此推之，江左東晋時此種扶乩之風亦已盛行，而北方道教徒猶未習此事，豈東晋之末宋武滅姚秦，秦、雍、伊、洛之間天師教徒從此役北來之人士中同一信仰者傳授此術，寇謙之遂得摹竊之，藉此以自矜异，而崔浩亦以夙所未見，因而驚服歟？姑記此疑，以俟詳考。

寇謙之事迹之可考者，已略論證如上，茲請論崔浩事迹之與謙之有關者。崔浩者，東漢以來儒家大族經西晋末年五胡亂華留居北方未能南渡者之代表也。當時中國北部之统治權雖在胡人之手，而其地之漢族實遠較胡人爲衆多，不獨漢人之文化高於胡人，經濟力量亦遠勝於胡人，故胡人之欲統治中國，必不得不借助於此種漢人之大族，而漢人大族亦欲藉統治之胡人以實現其家世傳統之政治理想，而鞏固其社會地位。此北朝數百年間胡族與漢族互相利用之關鍵，雖成功失敗其事非一，然北朝史中政治社會之大變動莫不與此點即胡人統治者與漢人大族之關係有關是也。東漢時代，其統治階級除皇室外戚外，要不出閹宦及儒士兩類之人，其士人大抵先從師受經傳，游學全國文化中心首都洛陽之太學，然後應命徵辟，歷任中央地方郎吏牧守，以致卿相之高位。中晚以後，此類仕宦通顯之士人逐漸歸并於少數門族，如汝南袁氏四世三公之例，故東漢末年之高門必具備儒生與大族之二條件，如世説新語政事類山公以器重朝望條劉注引虞預晋書曰：

〔濤〕宗人謂宣帝（司馬懿）曰：濤當與景（司馬師）文（司馬昭）共綱紀天下者也。帝戲曰：卿小族，那得此快人邪！

及晉書貳拾禮志載晉武帝詔曰：

本諸生家，傳禮來久。

可證也。據晉書壹宣帝紀（參三國志魏志壹伍司馬朗傳裴注引司馬彪序傳）略云：

〔征西將軍〕鈞生豫章太守量，量生潁川太守儁，儁生京兆尹防，帝即防之第二子也。

可知河内司馬氏雖不及汝南袁氏弘農楊氏之累代三公，但亦家世二千石，其爲東漢中晚以後之儒家大族無疑也。東漢末年政紊世亂，此種家族往往懷抱一種政治理想，以救時弊，雖一時不必期諸實行，而終望其理想得以達到，如三國志魏志壹伍司馬朗傳略云：

朗以爲天下土崩之勢，由秦滅五等之制，而郡國無蒐狩習戰之備故也。今雖五等未可復行，可令州郡并置兵，外備四夷，内威不軌，於策爲長。又以爲宜復井田。往者以民各有累世之業，難中奪之，是以至今。今承大亂之後，民人分散，土業無主，皆爲公田，宜及此時復之。議雖未施行，然州郡領兵，朗本意也。

司馬朗爲防之子，异之兄，此種政治理想，至司馬氏握政權時，如三國志魏志肆陳留王奐傳所載：

〔咸熙元年〕五月庚申，相國晉王（司馬昭）奏復五等爵。

及晉武帝平吳混一區宇以後，減罷州郡兵，皆是司馬氏實行其家傳之政治理想，此復五等爵罷州郡兵二事俱有關一代之興亡，然其遠因當求諸數十年或百年前之家世社會背景，非一朝一夕偶然應付時變之措施，其所從來久矣。

漢祚將傾，以常情論，繼之者似當爲儒士階級「四世三公」之汝南袁氏，而非宦寺階級「墜閹遺醜」（見三國志魏志陸袁紹傳裴注引魏氏春秋載陳琳檄文）之沛國曹氏，然而建安五年官渡之戰，以兵略運糧之偶然關係，袁氏敗而曹氏勝，遂定後來曹魏代漢之局，論史者往往以此戰爲紹、操二人或漢、魏兩朝成敗興亡之關鍵，斯固然矣，而不知此戰實亦決定東漢中晚以後掌握政權儒士與閹宦兩大社會階級之勝負昇降也。東漢儒家大族之潛勢力極大，雖一時暫屈服於法家寒族之曹魏政權，然百足之蟲，死而不僵，故必伺隙而動，以恢復其舊有之地位。河内司馬氏，雖即承曹叡之庸弱，漸握政權，至殺曹爽以後，父子兄弟相繼秉政，不及二十年，遂成帝業。當司馬氏作家門時，自亦有本出身寒族依附曹魏之人，投機加入司馬氏之黨，如賈充、（見三國志魏志壹伍賈逵傳及晉書伍拾庾純傳純戲賈充言「有小市井事不了」及「世言充之先有市魁者」等文。）石苞（見晉書叁叁石苞傳）及陳矯（見三國志魏志貳貳陳矯傳裴注引魏氏春秋及晉書叁伍陳騫傳）等。但司馬氏佐命功臣大都屬於東漢之儒家大族，觀司馬氏將移魏鼎之際，其三公爲王祥、何曾、荀顗，（見三國志魏志肆陳留王奐傳咸熙元年三月丁丑以王祥爲太尉條及同月己卯進晉公爵爲王條。）而此三人者，當時皆以孝行著稱。（見晉書叁叁王祥傳同書同卷何曾傳引傳玄稱曾及荀顗之孝語及同書叁玖荀顗傳。）蓋東漢儒家以孝治天下，非若魏武帝出自閹宦寒門，其理國用人以才能爲先，而不仁不孝亦在拔擢之列者可比。（見三國志魏志壹武帝紀建安十五年十九年令及二十二年裴注引魏書所載令文。）東漢與曹魏，社會風氣道德標準改易至是，誠古今之鉅變。（參日知録壹貳兩漢風俗及正始等條。）而所以致此者，固由於魏武一人之心術，而其所以敢冒舉世之大不韙者，則又因其家世傳統少時薰習有以成之也。又考三國志魏志拾賈詡傳裴注引荀勗别傳曰：

晋司徒闕，武帝問其人於勗，答曰：三公具瞻所歸，不可用非其人。昔魏文帝用賈詡爲三公，孫權笑之。

蓋孫吴在江東其統治階級亦爲大族，與典午之在中原者正復相似，而與曹魏之治殊异，宜孫權以此譏曹丕，此非仲謀、子桓二主用人之標準不同，實吴、魏兩國統治階級有大族寒門之互异故也。

司馬氏之帝業，乃由當時之儒家大族擁戴而成，故西晋篡魏亦可謂之東漢儒家大族之復興。典午開國之重要設施，如復五等之爵，罷州郡之兵，以及帝王躬行三年之喪禮等，皆與儒家有關，可爲明證。其最可注意者，則爲釐定刑律，增撰周官爲諸侯律一篇（見晋書叁拾刑法志）。兩漢之時雖頗以經義折獄，又議論政事，解釋經傳，往往取儒家教義，與漢律之文比傅引伸，但漢家法律，實本嬴秦之舊，雖有馬、鄭諸儒爲之章句（見晋書叁拾刑法志），并未嘗以儒家經典爲法律條文也。然則中國儒家政治理想之書如周官者，典午以前，固已尊爲聖經，而西晋以後復更成爲國法矣，此亦古今之鉅變，推原其故，實亦由司馬氏出身於東漢儒家大族有以致之也。

西晋之統治階級，雖以儒家大族爲其主體，然既雜有一小部分之寒族投機者於其中，則兩種不同之集團混合，其優點難於摹仿，而劣點極易傳染，斯固古今通例也。如禮法爲儒家大族之優點，奢侈爲其劣點（如晋書叁叁何曾傳所言）。節儉爲法家寒族之優點，（如三國志魏志壹貳崔琰傳裴注引世語曰，〔臨淄侯〕植妻衣繡，太祖登臺見之，以違制命還家賜死，此可見魏武之崇法治尚節儉也。）放蕩爲其劣點，（如三國志魏志壹武帝紀言太祖「任俠放蕩，不治行業」之類。）若西晋惠帝賈皇后南風者，法家寒族賈充之女也，與儒家大族司馬家兒之惠帝衷相配偶，不但絕無禮法節儉之美德，且更爲放蕩奢侈之惡行，斯其明顯之一例也。故西晋一朝之亂亡，乃綜合儒家大族及法家寒族之劣點所造成者也。

自東漢末年至五胡亂華時代，中原之儒家大族與政治之關係，已略如上述，兹節録崔浩事迹與寇謙之有關者證釋之如下：

魏書叁伍崔浩傳（參北史貳壹崔宏傳附子浩傳）云：

崔浩，字伯淵，清河人也，白馬公玄伯之長子。

寅恪案，魏書貳肆崔玄伯傳（參北史貳壹崔宏傳）云：

崔玄伯，清河東武城人也，名犯高祖廟諱，魏司空林六世孫也。祖悦，仕石虎，官至司徒左長史、關内侯。父潛，仕慕容暐，爲黄門侍郎。

三國志魏志貳肆崔林傳裴注引晋諸公讚曰：

〔林子〕述弟隨，晋尚書僕射。爲人亮濟。趙王倫簒位，隨與其事。倫敗，隨亦廢錮而卒。林孫瑋，性率而疎，至太子右衛率也。

可知魏晋以來，雖經五胡之亂，清河崔氏在政治上仍居最高地位，爲北朝第一盛門，如北齊書貳叁崔㥄傳（參北史貳肆崔逞傳附㥄傳）所言：

崔㥄，清河東武城人也。每以籍地自矜，謂盧元明曰：天下盛門，唯我與爾，博崔、趙李何事者哉。

足爲例證，然魏書叁伍崔浩傳（參北史貳壹崔宏傳附子浩傳）云：

始浩與冀州刺史頤、滎陽太守模等年皆相次，浩爲長，次模，次頤。三人別祖，而模、頤爲親。浩恃其家世魏、晋公卿，常侮模、頤。模謂人曰：桃簡正可欺我，何合輕我家周兒也。浩小名桃簡，頤小名周兒。世祖頗聞之，故誅浩時，二家獲免。

則有二事可注意，一爲清河崔氏爲北朝第一盛門，而崔浩一支又爲清河崔氏門中最顯之房，此點不待多論。二爲崔氏心目中最理想之門房之新定義，此點玆不能詳論，姑略言之。蓋有自東漢末年之亂，首都洛陽之太學，失其爲全國文化學術中心之地位，雖西晋混一區宇，洛陽太學稍復舊觀，然爲時未久，影響不深。故東漢以後學術文化，其重心不在政治中心之首都，而分散於各地之名都大邑。是以地方之大族盛門乃爲學術文化之所寄託。中原經五胡之亂，而畢術文化尚能保持不墜者，固由地方大族之力，而漢族之學術文化變爲地方化及家門化矣。故論學術，祇有家學之可言，而學術文化與大族盛門常不可分離也。然此種變遷乃逐漸形成者，在六朝初期所謂高門，不必以高官爲惟一之標準（如魏書肆柒盧玄傳論所言），即寒士有才，亦可目爲勝流，（如晋書玖叁外戚傳褚裒傳所載裒祖䂮爲縣吏將受鞭事之類。）寒女有德亦得偶配名族，（如世説新語賢媛類王汝南少無婚條劉注引汝南别傳所言之類。）非若六朝後期魏孝文之品目門第專以官爵之高下爲標準也。（如魏書陸拾韓麒麟傳附子顯宗傳，同書陸叁宋弁傳同書壹壹叁官氏志等所言。）此兩種新舊不同之觀念及定義，自然因世局之推演而漸改變，在崔浩之時社會風氣似尚多留滯於前期之舊觀念，而浩心目中或以具備高官及才學二條件者爲其理想之第一等門第，豈即以具備此二條件自矜詡於模、頤耶？寇謙之既爲秦雍大族，其藝術復爲浩所推服，故亦約略具備此二條件者，疑浩之特有取於謙之也。據魏書叁伍崔浩傳（參北史貳壹崔宏傳附子浩傳）云：

浩從太宗幸西河、太原。登憩高陵之上，下臨河流，傍覽川域，慨然有感，遂與同寮論五等郡縣之是非，考秦始皇、漢武帝之違失。好古識治，時伏其言。天師寇謙之每與浩言，聞其論古治亂之迹，常自夜達旦，竦意斂容，無有懈倦。既而嘆美之曰：斯言也惠，皆可底行，亦當今之皐繇也。但世人貴遠賤近，不能深察之耳。因謂浩曰：吾行道隱居，不營世務，忽受神中之訣，當兼修儒教，輔助泰平真君，繼千載之絶統。而學不稽古，臨事暗昧。卿爲吾撰列王者治典，并論其大要。浩乃著書二十餘篇，上推太初，下盡秦漢變弊之迹，大旨先以復五等爲本。

可見浩爲舊儒家之領袖，謙之爲新道教之教宗，互相利用，相得益彰，故二人之契合，殊非偶然也。浩之原書今雖不傳，其大旨既以先復五等爲本，則與司馬朗之學説及司馬昭炎父子所施行者實相符合，斯蓋東漢儒家之共同理想。司馬氏崔氏既同屬於一社會階級，故其政治之理想自不能違异也。謙之自稱受真仙之命，以爲末劫垂及，唯有種民即種姓之民，易言之，較高氏族之人民，得以度此末劫，此與東漢末年天下擾亂之際儒家大族所感受之印象所懷抱之理想正復相同，不必純從佛教學説摹襲而來也。

又據魏書肆柒盧玄傳（參北史叁拾盧玄傳）云：

〔崔〕浩大欲齊整人倫，分明姓族。玄勸之曰：夫創制立事，各有其時，樂爲此者，詎幾人也？宜其三思。浩當時雖無异言，竟不納，浩敗頗亦由此。

并參以魏書肆捌高允傳（參北史叁壹高允傳）云：

初，崔浩薦冀、定、相、幽、并五州之士數十人，各起家郡守。恭宗謂浩曰：先召之人，亦州郡選也，在職已久，勤勞未答。今可先補前召外任郡縣，以新召者代爲郎吏。又守令宰民，宜使更事者。浩固争而遣之。允聞之，謂東宫博士管恬曰：崔公其不免乎！苟逞其非，而校勝於上，何以勝濟。

同書肆陸李訢傳（參北史貳柒李訢傳）略云：

李訢，范陽人也。初，李靈爲高宗博士、諮議，詔崔浩選中書學生器業優者爲助教。浩舉其弟子箱子與盧度世、李敷三人應之。給事高讜子佑、尚書段霸兒侄等，以爲浩阿其親戚，言於恭宗。恭宗以浩爲不平，聞之於世祖。世祖意在於訢，曰：云何不取幽州刺史李崇老翁兒也？浩對曰：前亦言訢合選，但以其先行在外，故不取之。世祖曰：可待訢還，箱子等罷之。訢爲世祖所識如此。遂除中書助教博士。

及同書叁陸李順傳（參北史叁叁李順傳）略云：

李順，趙郡平棘人也。長子敷，真君二年，選入中書教學。以忠謹給事東宫。又爲中散，與李訢、盧遐、度世等并以聰敏内參機密，出入詔命。

則知崔浩實藉鮮卑統治力以施行其高官與博學合一之貴族政治者，不幸其志未遂，而竟以此被禍也。至其被禍之由，則不得不略加辨釋。考宋書柒柒柳元景傳（參南史叁捌柳元景傳及資治通鑑壹貳陸宋文帝元嘉二十八年二月魏中書學生盧度世亡命條考异）云：

元景從祖弟光世，先留鄉里，索虜以爲折衝將軍、河北太守，封西陵男。光世姊夫僞司徒崔浩，虜之相也。元嘉二十七年，虜主拓跋燾南寇汝、潁，浩密有异圖，光世要河北義士爲浩應。浩謀泄被誅，河東大姓坐連謀夷滅者甚衆。

及北史貳壹崔宏傳附浩傳云：

始宏因苻氏亂，欲避地江南，爲張願所獲，本圖不遂。乃作詩以自傷，而不行於時，蓋懼罪也。浩誅，中書侍郎高允受敕收浩家書，始見此詩，允知其意。允孫綽録於允集。

則似浩以具有民族意識，因而被禍者，論者或更據魏書叁伍崔浩傳（參北史貳壹崔宏傳附浩傳）所言：

會聞劉裕死，太宗欲取洛陽、虎牢、滑臺。浩曰：陛下不以劉裕歘起，納其使貢，裕亦敬事陛下。不幸今死，乘喪伐之，雖得之不令。今國家亦未能一舉而定江南，宜遣人吊祭，存其孤弱。裕新死，黨與未離，兵臨其境，必相率拒戰，功不可必，不如緩之，待其惡稔。如其强臣争權，變難必起，然後命將揚威，可不勞士卒，而收淮北之地。

以證宋書柳元景傳而謂浩實心袒南朝者，鄙意以爲此正浩之善於爲鮮卑謀，非有夷夏之見存乎其間也。蓋鮮卑當日武力雖强，而中國北部漢族及其他胡族之人數遠超過於鮮卑，故境内未能統一，且西北方柔然及其他胡族部落勢力强盛，甚爲魏之邊患，此浩所謂未能一舉而定江南者也。若欲南侵，惟有分爲數階段，節級徐進，此浩所謂命將揚威收淮北之地者也，觀浩神瑞二年諫阻遷都於鄴之議，以爲：

東州之人，常謂國家居廣漠之地，民畜無算，號稱牛毛之衆。今留守舊都，分家南徙，恐不滿諸州之地。參居郡縣，處榛林之間，不便水土，疾疫死傷，情見事露，則百姓意沮。四方聞之，有輕侮之意，屈丏、蠕蠕必提挈而來，雲中、平城則有危殆之慮，阻隔恒代千里之險，雖欲救援，赴之甚難，如此則聲實俱損矣。（見魏書叁伍崔浩傳）

及泰常元年議劉裕假道伐姚秦事謂：

假令國家棄恒山以南，裕必不能發吴、越之兵，與官軍爭守河北也。（見魏書叁伍崔浩傳）

可謂深悉當時南北兩方情勢，其爲鮮卑謀者可謂至矣。浩之父宏，對於鮮卑其心與浩有無异同，今不可知，但宏之欲南奔江左，在東晋之世，北朝士族心目中以門第高下品量河内司馬氏與彭城劉氏之價值，頗相懸遠，如魏收作魏書，其於東晋則尚題曰「僭晋司馬叡」，而於劉宋則斥爲「島夷劉裕」，以爲「與叢亭安上諸劉了無宗次」。此非伯起一人之偏見，蓋亦數百年間中原士族共同之品題，何況清河崔氏自許爲天下第一盛門，其必輕視「挺出寒微」（浩目宋武帝之語，見魏書北史浩傳。）之劉宋而不屑詭言於鮮卑以存其宗社，其理甚明。柳光世之言不過虛張夷夏之見以自託於南朝，本不足據。司馬君實紀浩之避禍從魏書而不從宋書，其識卓矣。

然則浩之被禍果以何爲主因乎？依盧玄傳所言，浩之被禍，以「整齊人倫，分明姓族」，浩之貴族政治理想，其最不樂者，僅爲李訢等非高門之漢族，當時漢人中得鮮卑之寵信者，無逾於浩，此類寒族之漢人，其力必不能殺浩，自不待言。故殺浩者必爲鮮卑部落酋長，可以無疑。據魏書叁捌王慧龍傳（參北史叁伍王慧龍傳）云：

初，崔浩弟恬聞慧龍王氏之子，以女妻之。浩既婚姻，及見慧龍，曰：信王家兒也。王氏世齇鼻，江東謂之齇王。慧龍鼻大，浩曰：直貴種矣。數向諸公稱其美。司徒長孫嵩聞之，不悦，言於世祖，以其嘆服南人，則有訕鄙國化之意。世祖怒，召浩責之。浩免冠陳謝，得釋。

及同書貳柒穆崇傳附亮傳（參北史貳拾穆崇傳附亮傳）略云：

高祖曰：世祖時，崔浩爲冀州中正，長孫嵩爲司州中正，可謂得人。

是當時漢人士族之首領爲浩，鮮卑部酋之首領爲長孫嵩。浩既主張高官博學二者合一之貴族政治，鮮卑有政治勢力而無學術文化。浩之國記「備而不典」（見魏書叁伍崔浩傳），蓋鮮卑本無文化可言，其爲不典，固亦宜然。浩與拓跋嗣論近世人物謂「太祖（拓跋珪）用漠北醇樸之人，南入中地，自與羲農齊烈」（見魏書叁伍崔浩傳）。其語直斥鮮卑之野僿，幸當日鮮卑漢化不深，否則亦如周延儒之以羲皇上人目崇禎帝（見明史叁佰捌奸臣傳周延儒傳），而早死於刊佈國記之前矣。總之，浩之於社會階級意識，甚於其民族夷夏意識，故利用鮮卑鄙視劉宋，然卒因胡漢民族内部之仇怨致死，亦自料所不及，自食其惡果，悲夫。

魏書叁伍崔浩傳（參北史貳壹崔宏傳附崔浩傳）云：

初，浩父疾篤，浩乃剪爪截髮，夜在庭中仰禱斗極，爲父請命，求以身代，叩頭流血，歲餘不息，家人罕有知者。及父終，居喪盡禮，時人稱之。浩能爲雜說，不長屬文，而留心於制度、科律及經術之言。作家祭法，次序五宗，蒸嘗之禮，豐儉之節，義理可觀。性不好老莊之書，每讀不過數十行，輒棄之，曰：此矯誣之説，不近人情，必非老子所作。老聃習禮，仲尼所師，豈設敗法之書，以亂先王文教。袁生所謂家人筐篋中物，不可揚於王庭也。

寅恪案，清河崔氏爲天師道世家，已詳拙著天師道與濱海地域之關係文中，兹不贅論。所可注意者，即浩之通經律，重禮法，不長屬文，及不好老莊之書等，皆東漢儒家大族之家世傳統也，與曹操父子之喜詞賦慕通達（見後漢書捌肆楊震傳附賜傳及晋書肆柒傅玄傳等）爲東漢宦官寒族之傳統家學者迥异。寇謙之爲秦雍大族，其新教又專以禮度爲首，是特深有合於浩之家學而與孫秀、孫恩東西晋兩大天師道政治運動之首領出身寒族在浩心中專以門第衡量人物爲標準者又無此衝突也。（琅邪孫氏之爲寒族，詳見拙著天師道與濱海地域之關係文中。）以通常宗教之義言之，祇問信仰，不分階級，如三國志魏志貳肆崔林傳裴注引晋諸公贊，知清河崔氏之崔隨即浩本宗，亦參預孫秀、趙王倫之政治運動，據魏書崔浩傳（參北史崔宏傳附浩傳）云：

浩母盧氏，諶孫也。

及晋書壹佰盧循傳略云：

盧循，司空從事中郎諶之曾孫也，娶孫恩妹。

是浩與循爲中表兄弟，范陽盧氏與清河崔氏同爲北方盛門，而與寒族之琅邪孫氏爲婚，是祇問信仰不論門第之明證。蓋孫秀爲一時之教主，求教主於大族高門，乃不可常見之事。今寇謙之以大族而兼教主，故能除去三張之僞法，以禮度爲首，此正是大族儒家之所應爲者。想浩當日必自以爲其信仰之遇合，超過於其家門之崔隨及中表之盧循也。故論宗教信仰雖可不分社會階級，但浩之政治理想乃以分明姓族爲第一義者，其得遇寇謙之藉其仙真藥物之術以取信於拓跋燾而利用之，更足堅定其非有最高之門第不能行最高之教義之信念，而不料其適以此被禍。謙之先浩而死，遂得免禍，亦云幸矣。

魏書崔浩傳（參北史崔宏傳附浩傳）略云：

浩上五寅元曆，表曰：臣稟性弱劣，力不及健婦人，更無餘能，是以專心思書，忘寢與食，至乃夢共鬼爭義，遂得周公、孔子之要術，始知古人有虛有實，妄語者多，真正者少。自秦始皇燒書之後，經典絶滅。漢高祖以來，世人妄造曆術者有十餘家，皆不得天道之正，大誤四千，小誤甚多，不可言盡。臣愍其如此。今遭陛下太平之世，除僞從真，宜改誤曆，以從天道。是以臣前奏造曆，今始成訖。謹以奏呈。唯恩省察，以臣曆術宣示中書博士，然後施用。非但時人，天地鬼神知臣得正，可以益國家萬世之名，過於三皇五帝矣。

寅恪案，魏書肆捌高允傳（參北史叁壹高允傳）略云：

時浩集諸術士，考校漢元以來日月薄蝕、五星行度，并譏前史之失，別爲魏曆以示允。允曰：天文曆數，不可空論。夫善言遠者，必先驗於近。且漢元年冬十月，五星聚於東井，此乃曆術之淺。今譏漢史，而不覺此謬，恐後人譏今，猶今之譏古。浩曰：所謬云何？允曰：案星傳，金水二星常附日而行。冬十月，日在尾箕，昏没於申南，而東井方出於寅北。二星何因背日而行？是史官欲神其事，不復推之於理。浩曰：欲爲變者何所不可，君獨不疑三星之聚，而怪二星之來？允曰：此不可以空言爭，宜更審之。時坐者咸怪，唯東宫少傅游雅曰：高君長於曆數，當不虛也。後歲餘，浩謂允曰：先所論者，本不注心，及更考究，果如君語，以前三月聚於東井，非十月也。又謂雅曰：高允之術，陽元之射也。衆乃嘆服。

可知浩雖精研天算，而其初尚有未合之處。寇謙之從成公興受蓋天周髀之術，爲當時西域輸入之新學，必勝於浩之家傳之舊學，浩之深服謙之，固非偶然也。道家之説，以曆元當用寅，否則天下大亂，如後漢書壹貳律曆志中云：

> 靈帝熹平四年，五官郎中馮光、沛相上計掾陳晃言：曆元不正，故妖民叛寇，益州盜賊相續爲〔害〕。曆用甲寅爲元，而用庚申。

浩以「精於天人之會」，受知獎於拓跋嗣（見魏書崔浩傳），浩之用力數十年之久於制曆正元者，正儒家及道家合一之焦點所在。蓋曆元正則陰陽和，陰陽和則年穀熟，人民安樂，天下太平矣。今離騷篇首以攝提貞於孟陬爲言，固曆元用寅之義也，篇末以從彭咸之遺則爲結，（王逸章句云：彭咸，殷大夫，諫其君不聽，投水死。）則晉書壹佰孫恩傳所謂：

> 其婦女有嬰累不能去者，囊簏盛嬰兒投於水，而告之曰：賀汝先登天堂，我尋後就汝。

及：

> 恩窮感，乃赴海自沉，妖黨及妓妾謂之水仙。

者也。由是推之，離騷當與道家有關，以非本文範圍，故不傍及。

兹綜合寇謙之、崔浩二人關係之史料觀之，可證浩之思想行爲純自社會階級之點出發，其所以特重謙之者，以寇氏本爲大族，不同於琅邪孫氏。又謙之所清整之新道教中，種民禮度之義深合於儒家大族之傳統學説故也。浩事拓跋珪、嗣、燾三世，竭智盡忠，而甚鄙非文化高門之劉宋，蓋由社會階級之意識，超出胡漢民族之意識。然浩爲一代儒宗，於五胡亂華之後，欲效法司馬氏以圖儒家大族之興起，遂不顧春秋夷夏之大防，卒以此觸怒鮮卑，身死族滅，爲天下後世悲笑，其是非成敗於此可不論，惟論釋其與寇謙之之關係，以供讀史者之參考。

（原載一九五〇年十二月嶺南學報第拾壹卷第壹期）

支愍度學說考

甲、材料

兹取關於支愍度之材料，條列於下：

世説新語假譎篇云：

愍（他書作慜，又作敏。）度道人始欲過江，與一傖道人爲侶，謀曰：用舊義往江東，恐不辦得食，便共立心無義。既而此道人不成渡。愍度果講義積年。後有傖人來，先道人寄語云：爲我致意愍度，無義那可立？治此計，權救飢爾，無爲遂負如來也。

慧皎高僧傳肆晋豫章山康僧淵傳略云：

〔僧淵〕晋成之世與康法暢支敏度等俱過江。敏度亦聰哲有譽，著譯經録，今行於世。

據宗性名僧傳鈔所引寶唱名僧傳目録，其卷壹有外國法師晋豫章康僧淵傳，别無支敏度傳。以意揣之，當是敏度事迹，亦附載僧淵傳中。蓋慧皎著書，時代略後，寶唱舊本，多所承用，故名僧高僧二傳，其文往往相同也。

劉孝標世説新語假譎篇前條注中引名德沙門題目曰：

支愍度才鑒清出。

及孫綽愍度贊曰：

支度彬彬，好是拔新。俱禀昭見，而能越人。世重秀异，咸競爾珍。孤桐嶧陽，浮磬泗濱。

及舊義者無義者之説。（見乙章所引，兹不重出。）

僧祐出三藏記集貳云：

合維摩詰經五卷。（合支謙竺法護竺叔蘭所出維摩三本，合爲一部。）

合首楞嚴經八卷。（合支讖支謙竺法護竺叔蘭所出首楞嚴四本，合爲一部，或爲五卷。）

右二部凡十三卷，晋惠帝時沙門支敏度所集。其合首楞嚴，傳云，亦愍度所集。既闕注目，未詳信否。

智昇開元釋教録拾云：

經論都録一卷。（别録一卷。）

右東晋成帝豫章山沙門支敏度撰。其人總校古今群經，故撰都録。敏度又撰别録一部。

出三藏記集柒有支敏度合首楞嚴經記，卷捌有敏度法師合維摩詰經序。（見戊章所引，兹不重出。）據以上所徵引，凡支愍度之事迹及著述，今日所可考見者，大概止此，且皆世人所習知也。兹就（一）何謂心無義？（二）心無義與「格義」之關係，（三）心無義之傳授，（四）「格義」與「合本」之异同等問題，分爲數章，依次討論之。

乙、何謂心無義

劉孝標世説新語假譎篇前條注云：

舊義者曰：種智有是，而能圓照。然則萬累斯盡，謂之空無。常住不變，謂之妙有。而無義者曰：種智之體，豁如太虚。虚而能知，無而能應。居宗至極，其唯無乎。

寅恪案，孝標所引新舊之義，皆甚簡略，未能據此，遽爲論斷。然詳繹「種智」及「有」「無」諸義，但可推見舊義者猶略能依據西來原意，以解釋般若「色空」之旨。新義者則采用周易老莊之義，以助成其説而已。

僧肇不真空論云：

心無者，無心於萬物，萬物未嘗無。此得在於神静，失在於物虚。

元康肇論疏上釋此節云：

心無者，破晋代支愍度心無義也。世説注云：「愍度欲過江，與一傖道人爲侣云云。」（已見上，不重録。）從是以後此義大行。高僧傳云：「沙門道恒頗有才力，常執心無義，大行荆上。竺法汰曰：此是邪説，應須破之。乃大集名僧，令弟子曇壹難之。據經引理，折駁紛紜。恒仗其口辯，不肯受屈。日色既暮，明旦更集。慧遠就席攻難數番，問責鋒起，恒自覺義途差异，神色漸動，麈尾扣案，未即有答。遠曰：不疾而速，杼柚何爲？坐者皆笑。心無之義於是而息。」今肇法師亦破此義。先叙其宗，然後破也。「無心萬物，萬物未嘗無」者，謂經中言空者，但於物上不起執心，故言其空。然物是有，不曾無也。「此得在於神静，失在於物虚」者，正破也。能於法上無執，故名爲「得」。不知物性是空，故名爲「失」也。

寅恪案，元康引世説假譎篇前條竟，附以「從是而後，此義大行」之語。是其意與世説相同，皆以心無之義創始於愍度。其所引高僧傳之文在慧皎書伍法汰傳中。其意蓋以爲心無之義至道恒而息也。此等問題關於心無義之傳授，當於丁章論之。今據肇公之説，知心無義者，仍以物爲有。與主張絶對唯心論者不同。但心無義乃解釋般若經之學説，何以轉异於西來之原意？此其故當於丙章論之。

安澄中論疏記叁末云：

疏云：「第四温法師用心無義等」者，此下第三約心無義而爲言之。山門玄義第五云：

第一釋僧温著心無二諦論云：「有，有形也。無，無像也。有形不可無。無像不可有。而經稱『色無』者，但内止其心，不空外色。」此壹公破，反明色有，故爲俗諦。心無，故爲真諦也。不真空論云：「心無者，無心於萬物，萬物未嘗無。」述義云：「破竺法温心無義。」二諦搜玄論云：晋竺法温爲釋法琛法師之弟子也。其製心無論云：「夫有，有形者也，無，無像者也。然則，有像不可謂無，無形不可謂無（有？）。是故有爲實有，色爲真色。經所謂『色爲空』者，但内止其心，不滯外色。外色不存，餘情之内，非無如何？豈謂廓然無形，而爲無色乎？」高僧〔傳〕中沙門道恒執心無義，只是資學法温之義，非自意之所立。後支愍度追學前義。故元康師云：破支愍度心無義尋末忘本。

寅恪案，上列日本注疏所引中土已佚古書，足資考證，至可珍貴。今綜合有關心無義之舊文，推論其説之所從出，及其正確解釋。至法温法琛之爲何人，與支愍度追學心無義之説，則關係心無義之傳授，當於丁章論之。

高僧傳肆康僧淵傳略云：

康僧淵，本西域人，生於長安。貌雖梵人，語實中國。容止詳正，志業弘深。誦放光道行二般若，即大小品也。晋成之世，與康法暢、支敏度等俱過江。後於豫章山立寺，去邑數十里，帶江傍嶺，松竹鬱茂。名僧勝達，響附成群。常以持心梵天經空理幽遠，故偏加講説。尚學之徒，往還填委。後卒於寺焉。

康僧淵之於支敏度殆亦世説所謂同謀立新義之傖道人乎？不過與俱過江爲不同耳。今就僧淵所誦之放光道行二般若及偏加講説之持心梵天經考之，足見此三經實爲心無義所依據之聖典。僧淵與敏度之同過江，其關係決非偶然也。

（一）放光般若波羅蜜經二十卷，西晋無羅叉共竺叔蘭譯。其壹假號品第三云：

舍利弗！用色空故，爲非色。用痛想行識空故，爲非識。色空故，無所見。痛空故，無所覺。想空故，無所念。行空故，無所行。識空故，不見識。何以故？色與空等無异。所以者何？色則是空，空則是色，痛想行識則亦是空。

據此，法温心無論之

經所謂「色爲空」者，但内止其心，不滯外色。外色不存，餘情之内，非無如何？

等句中，其所稱之經，即指放光般若波羅蜜經而言。然則此經乃心無義之所依據。是一證也。

（二）道行般若波羅蜜經十卷，後漢支婁迦讖譯。其壹道行品第一雲：

何以故？有心無心。舍利弗謂須菩提：云何有心無心？

據此，心無之語，實出自道行般若波羅蜜經開宗明義第一章之文。至其誤解之處，暫置不論。然則此經亦爲心無義之所依據。是又一證也。

（三）持心梵天所問經四卷，西晋竺法護譯。其卷二問談品第六云：

於是持心白世尊曰：至未曾有，天中之天，諸佛世尊，而無有心，因慧名心心本清淨。

據此，持心梵天所問經中亦有心無之說。僧淵與敏度結侣過江，而於此經偏加講説，殆非無故。然則此經亦爲心無義之所依據。是又一證也。

心無二字正確之解釋果如何乎？請以比較方法定之。

與上引道行般若波羅蜜經道行品中「有心無心」之文同本而异譯者，中文則有

（一）吴支謙譯大明度無極經壹上行品之

是意非意，淨意光明。（寅恪案，此又可與上引持心梵天所問經問談品之「而無有心，因慧名心，心本清淨」之語對勘。）

（二）苻秦曇摩蜱共竺佛念譯摩訶般若波羅蜜鈔經壹道行品之

心無心，心者淨。

（三）姚秦鳩摩羅什譯小品般若波羅蜜經壹初品之

是心非心，心相本淨故。

（四）唐玄奘譯大般若波羅蜜多經伍佰叁拾捌第四分妙行品第一之一之

心非心性，本性淨故。

（五）宋施護譯佛母出生三法藏般若波羅蜜多經壹了知諸行相品第一之一之

彼心非心，心性淨故。

等。藏文則有八千頌般若波羅蜜經（天清番經局本第三頁下第一行）之

hdi ltar sems de ni sem s ma mchis pa ste sems kyi rañ bshin ni hod gsal ba lags so 即梵文本八千頌般若波羅蜜經 (Aṣṭasāhasrikā Prajñāpāramitā, ed.Raj Mitra, Bibliotheca Indica) 之

cittam acittam prakrtic cittasya prabhāsvarā

據梵文本及中藏諸譯本，知道行般若波羅蜜經道行品之「有心無心」之句，即梵文本之cittamacittam。「心」即 cittam。「無心」即 acittam。而「無心」二字中文諸本除道行般若波羅蜜經及摩訶般若波羅蜜鈔經外，其餘皆譯「非意」或「非心」。故知「無心」之「無」字應與下之「心」字聯文，而不屬於上之「心」字。「無心」成一名詞。「心無」不成一名詞。心無義者殆誤會譯文，失其正讀，以爲「有『心無』心」，遂演繹其旨，而立心無之義歟？但此不僅由於誤解，實當日學術風氣有以致之。蓋晋世清談之士，多喜以内典與外書互相比附。僧徒之間復有一種具體之方法，名曰「格義」。「格義」之名，雖罕見載記，然曾盛行一時，影響於當日之思想者甚深，固不可以不論也。

丙、心無義與「格義」之關係

出三藏記集捌僧叡毗摩羅詰提經義疏序云：

自慧風東扇，法言流咏已來，雖曰講肆，「格義」迂而乖本，六家偏而不即；性空之宗，以今驗之，最得其實。然爐冶之功，微恨不盡。當是無法可尋，非尋之不得也。何以知之？此土先出諸經於識神性空，明言處少，存神之文，其處甚多。中百二論文未及此，又無通鑑，誰與正之？先匠所以輟章於遐慨，思决言於彌勒者，良在此也。

安澄中論疏記叁末略云：

如肇論述義第肆卷引叡法師淨名經序云云（同上文所引，故略之），然即什公未翻四論之前，玄義多謬，於理猶疑，故欲待見彌勒决耳。別記云：「格義」者，約正言也。「乖本」者，已成邊義也。「六家」者，空假名不空假名等也。「偏而不即」者，未依正義。述義云：「格義迂等」者，無得之義，還成有得原義。言「六家」者，梁釋寶唱作續法論（寅恪案，道宣續高僧傳壹寶唱傳作續法輪論。）云：「宋釋曇濟作六家七宗論。論有六家，分成七宗。一本無宗，二本無异宗，三即色宗，四心無宗，五識含宗，六幻化宗，七緣會宗。」今此言「六家」者，一深法師本無，二關内即色，餘皆同前也。

寅恪案，安澄所引舊疏，其釋六家之義甚詳。獨「格義」之詁殊空泛不切。殆已不得其解，而强爲之説也。

高僧傳肆晋高邑竺法雅傳云：

竺法雅，河間人。凝正有器度，少善外學，長通佛義，衣冠仕子咸附諮禀。時依雅門徒，并世典有功，未善佛理。雅乃與康法朗等，以經中事數擬配外書，爲生解之例，謂之「格義」。及毗浮曇相等亦辯「格義」，以訓門徒。雅風采灑落，善於樞機，外典佛經遞互講説，與道安法汰每披釋凑疑，共盡經要。

又高僧傳伍晋飛龍山釋僧光傳云：

釋僧光，冀州人。常山淵公弟子。性純素有貞操。爲沙彌時與道安相遇於逆旅，安時亦未受具戒，因共披陳志慕，神氣慷慨。臨别相謂曰：若俱長大，勿忘同游！光受戒已後，厲行精苦，學通經論。值石氏之亂，隱於飛龍山，游想巖壑，得志禪慧。道安後復從之，相會欣喜，謂昔誓始從。因共披文屬思，新悟尤多。安曰：先舊「格義」於理多違。光曰：且當分析逍遥，何容是非先達。安曰：弘贊理教，宜令允愜。法鼓競鳴，何先何後？光乃與安汰（法汰）等南游晋平，講道弘化。後還襄陽，遇疾而卒。

據此，「格義」之正確解釋應如法雅傳所言。而道安、法汰諸人即性空本無義之創造者，其先實與「格義」有關。法雅僧光二傳是其明證。但法雅傳中「以經中事數擬配外書，爲生解之例」，數語尚不甚易解。考世説新語文學篇云：殷中軍被廢。徙東陽，大讀佛經，皆精解，唯至事數處不解。遇見一道人，問所籤，便釋然。

劉孝標注云：

事數謂若五陰，十二入，四諦，十二因緣，五根，五力，七覺之聲。

又出三藏記集玖四阿鋡暮鈔序（寅恪案，此序當是道安所作。）云：

又有懸數懸事，皆訪其人，爲注其下。

寅恪案，事數自應依劉氏之説。而所謂「生解」者，六朝經典注疏中有「子注」之名，疑與之有關。蓋「生」與「子」，「解」與「注」，皆互訓字也。説見戊章。今大藏中四阿鋡暮鈔猶存，事數即在子注中。觀其體例，可取爲證。

又高僧傳陸慧遠傳云：

年二十四，便就講説。嘗有客聽講，難實相義，往復移時，彌增疑昧。遠乃引莊子義爲連類，於是惑者曉然。是後安公（道安）特聽慧遠不廢俗書。

寅恪案，講實相義而引莊子義爲連類，亦與「格義」相似也。

又顔氏家訓伍歸心篇云：

內外兩教，本爲一體。漸極爲异，（寅恪案，內外兩教漸極爲异之旨，可參道宣廣弘明集貳拾所載謝靈運辯宗論。）深淺不同。內典初門，設五種禁，外典仁、義、禮、智、信，皆與之符。仁者，不殺之禁也。義者，不盜之禁也。禮者，不邪之禁也。智者，不淫之禁也。信者，不妄之禁也。

寅恪案，顔之推「以經中事數擬配外書」，雖時代較晚，然亦「格義」之遺風也。

又魏書壹佰拾肆釋老志云：

故其始修心則依佛、法、僧，謂之三歸，若君子之三畏也。又有五戒，去殺、盜、淫、妄言、飲酒，大意與仁、義、禮、智、信同，名爲异耳。

寅恪案，伯起此語亦當日「格義」之説，可與黃門所言互相印證者也。

又隋智者大師摩訶止觀卷陸上以世法之五常五行五經與佛教之五戒相配，亦「格義」之説。惟其文較長，兹不備録。

又智者大師仁王護國般若經疏貳引提謂波利經之文云：

提謂波利等問佛：何不爲我説四六戒？佛答：五者，天下之大數。在天爲五星，在地爲五岳，在人爲五臟，在陰陽爲五行，在王爲五帝，在世爲五德，在色爲五色，在法爲五戒。以不殺配東方，東方是木，木主於仁，仁以養生爲義。不盜配北方，北方是水，水主於智，智者不盜爲義。不邪淫配西方，西方是金，金主於義，有義者不邪淫。不飲酒配南方，南方是火，火主於禮，禮防於失也。以不妄語配中央，中央是土，土主於信，妄語之人乖角兩頭，不契中正。中正以不偏乖爲義也。（參閱湛然止觀輔行傳弘決陸之二所引提謂經文。）

寅恪案，歷代三寶記玖略云：

提謂波利經二卷，宋孝武世元魏沙門釋曇静於北臺撰。經文舊録別載有提謂經一卷，與諸經語同，但静加足五方五行，用石糅金，致成疑耳。

據此，知曇静亦用「格義」之説僞造佛經也。

又晉孫綽製道賢論以天竺七僧方竹林七賢，以法護匹山巨源，（高僧傳壹曇摩羅叉傳。）白法祖匹嵇康，（高僧傳壹帛遠傳。）法乘比王濬冲，（高僧傳肆法乘傳。）竺道潛比劉伯倫，（高僧傳肆竺道潛傳。）支遁方向子期，（高僧傳肆支遁傳。）于法蘭比阮嗣宗，（高僧傳肆于法蘭傳。）于道邃比阮咸。（高僧傳肆于道邃傳。此條嚴可均全晉文失載。）乃以内教之七道，擬配外學之七賢，亦「格義」之支流也。據此，可知「格義」影響於六朝初年思想界之深矣。心無義適起於是時，疑不能與之絶無關係。夫魏晉清談，崇尚虚無。其語言旨趣見於載籍，可取與心無義互證者，亦頗不少。兹僅就世説新語注所引心無義，與王輔嗣韓康伯老子周易注旨意相似者，列舉一二事，以見心無義者以内典與外書相比附之例。

老子第五章云：

天地之間其猶橐籥乎，虛而不屈，動而愈出。

王注云：

橐籥之中空洞無情無爲，故虛而不得窮屈，動而不可竭盡也。

易繫辭上云：

易無思也，無爲也，寂然不動，感而遂通天下之故，非天下之至神，其孰能與於此。

韓注云：

夫非忘象者，則無以制象。非遺數者，無以極數。至精者無籌策而不可亂，至變者體一而無不周，至神者寂然而無不應，斯蓋功用之母，象數所由立。故曰非至精至變至神，則不能與於斯也。

寅恪案，劉孝標世說新語假譎篇前條注引心無義者曰：

種智之體，豁如太虛。虛而能知，無而能應。居宗至極，其唯無乎？

此正與上引老子及易繫辭之旨相符合，而非般若空宗之義也。據此，已足證心無義者，實取外書之義，以釋内典之文。夫性空本無等義者，出於般若經之學說也。其學說之創造者若道安、法汰諸人（見元康肇論疏上及安澄中論疏記叁末），高僧傳肆法雅傳、伍僧光傳明記其與「格義」之關係矣。心無義亦同出於般若經者也。至其是否亦如性空本無等義之比，與格義同有直接之關係，以今日遺存史料之不備，固不能決言；但心無義與「格義」同爲一種比附内典外書之學說，又同爲一時代之産物。二者之間，縱無師承之關係，必有環境之影響。故其樹義立宗，所用以研究之方法，所資以解說之材料，實無少异。然則即稱二者爲性質近似，同源殊流之學說，雖不中不遠也。

嘗謂自北宋以後援儒入釋之理學，皆「格義」之流也。佛藏之此方撰述中有所謂融通一類者，亦莫非「格義」之流也。即華嚴宗如圭峰大師宗密之疏盂蘭盆經，以闡揚行孝之義，作原人論而兼采儒道二家之說，恐又「格義」之變相也。然則「格義」之爲物，其名雖罕見於舊籍，其實則盛行於後世，獨關於其原起及流別，就予所知，尚未有確切言之者。以其爲我民族與他民族二種不同思想初次之混合品，在吾國哲學史上尤不可不紀。故爲考其大略，以求教於通識君子焉。

丁、心無義之傳授

據世說新語之說，心無義乃愍度所立，爲得食救飢之計者。元康肇論疏引世說，并云：「從是以後，此義大行。」又引高僧傳法汰傳道恒執心無義，爲慧遠所破，「心無之義，於此而息」之語。是其意謂心無義創於愍度，息於道恒也。安澄中論疏記引法温心無二諦論并云：「道恒執心無義，只是資學法温之義，非自意之所立。後支愍度追學前義。故元康師之言爲尋末忘本。」然則諸説歧异，孰是孰非？請分别論之。

（一）法温、愍度、道恒三人之時代先後

安澄中論疏記叁末引二諦搜玄論云：

竺法温爲釋法琛法師之弟子。

又云：

琛法師者，晋剡東仰山竺〔道〕潜，字法深，姓王，瑯玡人也。年十八出家，至年二十四，講法花大品，游於講席三十餘年，以晋寧康二年卒於山館，春秋八十有九焉。言琛法師者，有本作深字，或本作探字，今作深字是。餘皆非也。

寅恪案，慧皎高僧傳肆晋剡東峁山竺道潜傳（即安澄所引）附記其弟子略云：

竺法蘊悟解入玄，尤善放光般若。凡此諸人，皆潜之神足。（寅恪案，此神足爲高足之義，與内典術語神足之義别。）

據此，竺法温即竺法蘊無疑。僧傳載其尤善放光般若，其與心無義有關，自不足异。但其師法深傳載其卒於晉孝武帝寧康二年（西曆三七四年），年八十九。則其生年爲晉武帝太康七年（西曆二八六年）。

高僧傳肆康僧淵傳云：

晉成之世，與康法暢、支敏度等俱過江。

傳中復記法暢、僧淵與庾亮、殷浩、王導諸人問答事。茲取僧傳及世說之文條列之，以資推計年代之用。

世說新語言語篇云：

庾（康）法暢造庾太尉，握麈尾至佳。公曰：此至佳，那得在？（僧傳作「此麈尾何以常在？」）法暢曰：廉者不求，貪者不與，故得在耳。（僧傳作「故得常在也」。）

高僧傳肆康僧淵傳云：（此節與世說文學篇康僧淵初過江未有知者條微不同。）

淵雖德愈暢度，而別以清約自處。通乞勾自資，人未之識。後因分衛之次，遇陳郡殷浩。浩始問佛經深遠之理，却辯俗書性情之義，自晝至曛，浩不能屈。由是改觀。

寅恪案，「却辯俗書性情之義」一語，若以「格義」之「以經中事數擬配外書」之例說之，殆即齊詩「五性六情」之義。以無確證，未敢臆斷，姑存此疑以俟考。世說新語排調篇云：

康僧淵目深而鼻高，王丞相每調之。僧淵曰：鼻者面之山，目者面之淵；山不高則不靈，淵不深則不清。

晉書柒柒殷浩傳浩以晉穆帝永和十二年（西曆三五六年）卒。其卒在王導、庾亮薨後，故可不論。

晉書柒成帝紀云：

〔咸康〕五年（西曆三三九年）秋七月庚申，使持節、侍中、丞相、領揚州刺史、始興公王導薨。（晉書陸伍王導傳作「咸和五年薨」，勞氏晉書校勘記已正其誤。）〔咸康〕六年（西曆三四〇年）春正月庚子，使持節、都督江豫益梁雍交廣七州諸軍事、司空、都亭侯庾亮薨。（晉書柒叁庾亮傳同。）

寅恪案，康僧淵、康法暢以晉成帝世過江。成帝在位凡十七年（西曆三二六年至三四二年），以咸和紀年者九年，以咸康紀年者八年。王導薨於咸康五年之七月，庾亮薨於咸康六年之正月，僧淵、法暢能與之問對，則其過江必在咸康五年以前可知。

據世説新語排調篇「康僧淵初過江，未有知者」之語，王導、庾亮皆當日勳貴重臣，必非未知名之傖道人所易謁見者。然則僧淵、法暢與王導、庾亮問對之時，必在其已知名之後，而非其初過江之年。且世説新語排調篇有「王丞相每調之」之語，則淵公、茂弘二人必以久交屢見之故，始有每調之可能。而元規必見暢公持至佳之麈尾，不止一次，然後始能作「那得常在」

之問。故取此數端，綜合推計，則僧淵、法暢、敏度三人之過江，至遲亦在成帝初年咸和之世矣。咸和元年（西曆三二六年）竺法深年四十一歲，以師弟子年齡相距之常例推之，其弟子竺法蘊當日不過二十餘歲人。安澄中論疏記叁末略云：

疏云：一深法師本無。山門玄義第伍卷二諦章云：復有竺法深即云：諸法本無。壑然無形，爲第一義諦，所生萬物，名爲世諦，故佛答梵志，四大從空而生。

據此，法深乃主張本無義者，與心無義者异其旨趣，今主張心無義之法蘊乃法深之弟子。可知法蘊之心無義非承襲其師法深之舊説。當支敏度與康僧淵、康法暢過江之時，法蘊尚不過二十餘歲人。即能獨創新説，與師抗衡，似不近情實。故安澄書中「支愍度追學前義」之語，若指愍度追學法蘊之義而言，則不可通也。

高僧傳伍釋道安傳云：

〔道安〕頃之復渡河，依陸渾，山栖木食修學。俄而慕容俊逼陸渾，遂南投襄陽。行至新野，謂徒衆曰：今遭凶年，不依國主，則法事難立，又教化之體，宜令廣布。咸曰：隨法師教。乃令法汰詣揚州。曰：彼多君子，好尚風流。（世説新語雅量篇郗嘉賓欽崇釋道安德問條注引安和上傳，及賞譽篇初法汰北來未知名條注引車頻秦書，與此略同。）

高僧傳伍竺法汰傳略云：

〔法汰〕與道安避難，行至新野，安分張徒衆，命汰下京。於是分手泣涕而別。乃與弟子曇壹、曇貳等四十餘人沿沔（沔字依元本，諸本俱作江）東下，遇疾停陽口。時桓温鎮荆州，遣使要過，供事湯藥。安公又遣弟子慧遠下荆問疾，汰疾小愈詣温。時沙門道恒頗有才力，常執心無義，大行荆土。汰曰：此是邪説，應須破之。乃大集名僧，令弟子曇壹難之，據經引理，析駁紛紜。恒仗其口辯，不肯受屈。日色既暮，明日一更集。慧遠就席攻難數番，問（問原作關，茲依元康肇論疏上所引）責鋒起，恒自覺義途差异，神色微動，麈尾扣案，未即有答。遠曰：不疾而速，杼柚何爲？座者皆笑矣。心無之義於此而息。（此文前節乙章所引元康肇論疏中已有之。茲特重録，以便省覽。）

寅恪案，資治通鑑玖玖略云：

〔晋穆帝〕永和十年（西曆三五四年）三月，燕王〔慕容〕儁以慕容評爲鎮南將軍，都督秦雍益梁江揚荆徐兖豫十州諸軍事，鎮洛水。

晋書壹肆地理志司州河南郡屬有陸渾縣。道安之南行避難，當即在是時。

水經注卷貳捌沔水篇略云：

沔水又東南與揚口合。揚水又北注於沔，謂之揚口。

又晋書叁肆杜預傳略云：

舊水道唯沔漢達江陵。預乃開楊口，起夏水達巴陵。

資治通鑑繫此事於卷捌壹晉紀武帝太康元年，胡注即引水經注之文證之。

又晉書捌壹朱伺傳云：

〔王〕廙將西出，遣長史劉浚留鎮揚口壘。

資治通鑑繫此事於卷玖拾晉紀元帝建武元年，胡注亦引水經注之文證之。

又南史貳伍到彦之傳云：

彦之至楊口，步往江陵。

資治通鑑壹貳拾宋紀文帝元嘉元年亦載此事。

法汰沿沔東下，遇疾停陽口，當即此楊口。準之地望，與桓温駐地（江陵）不遠，遣使要過，自爲可能也。

資治通鑑玖玖云：

〔晉穆帝〕永和十年（西曆三五四年）二月乙丑，桓温統步騎四萬發江陵，水軍自襄陽入均口，至南鄉，步兵自淅川趣武關。

九月，桓温還自伐秦，帝遣侍中、黄門勞温於襄陽。

據此，法汰之詣桓温必在永和十年九月以後。而汰避慕容之難南詣揚州，沿沔東下，途中亦不能過久，然則其在永和十一年（西曆三五五年）前後乎？道恒、慧遠之辯難心無義，當即是時。上距晉成帝初年支敏度過江之歲，約二三十年。由此觀之，安澄書中「支愍度追學前義」之語，若指愍度追學道恒之義而言，則更不可通矣。故以法蘊、敏度、道恒三人之時代先後言之，敏度似無從他人追學心無義之事。世說新語所載，雖出於异黨謗傷者之口，自不可盡信。獨其言敏度自立新義，非後所追學，則似得其實也。

（二）道恒以後之心無義者

高僧傳伍法汰傳謂道恒之説爲慧遠所破後，「心無之義於此而息」。考出三藏記集拾貳宋陸澄法論目録第一帙中載有

心無義。（桓敬道。王稚遠難，桓答。）

釋心無義。（劉遺民。）

桓敬道即桓玄，王稚遠即王謐，劉遺民即劉程之，皆東晉末年人。是心無義彼時固未息，而高僧傳之言不可信也。

又晉書壹拾安帝紀云：

〔元興三年〕（西曆四〇四年）五月壬午，督護馮遷斬桓玄於貊盤洲。

晉書玖玖桓玄傳云：

〔馮〕遷遂斬之，〔玄〕時年三十六。

據此，桓玄生於晉廢帝海西公太和四年（西曆三六九年），上距穆帝永和十一年（西曆三五五年）前後，道恒、慧遠在荆州辯難心無義之歲，已歷十四五年。玄之心無義不知受自何人。晋書玖玖桓玄傳云：

玄在荆楚積年，優游無事。

殆道恒、慧遠辯難之後，荆土心無義原未息滅。玄以無事之身，積年久處，遂得漸染風習，揚其餘波歟？尤可异者，劉遺民有釋心無義之作。其文今已不傳，無從窺其宗旨所在。但其題以釋義爲名，必爲主張，而非駁難心無義者。慧遠既破道恒義後，其蓮社中主要之人，猶復主張所謂「邪説」者。然則心無義本身必有可以使人信服之處，而迄未爲慧遠所破息，抑又可知矣。

戊、「格義」與「合本」之异同

中土佛典譯出既多，往往同本而异譯，於是有編纂「合本」，以資對比者焉。「合本」與「格義」二者皆六朝初年僧徒研究經典之方法。自其形式言之，其所重俱在文句之比較擬配，頗有近似之處，實則性質迥异，不可不辨也。支敏度與此二種不同之方法，間接直接皆有關係。

「格義」已於前章論之，兹略述「合本」之形式及其意義於下：

出三藏記集柒有支恭明合微密持經記云：

合微密持陀鄰尼總持三本。（上本是陀鄰尼，下本是總持微密持也。）

寅恪案，支恭明爲支謙，即支越之字，乃漢末三國時人。出三藏記集壹叁有傳，（高僧傳附載謙事迹於卷壹康僧會傳中，較略。）「合本」之作殆以此爲最初者矣。其「上本下本」即「上母下子」之意，説見後。

又出三藏記集壹壹竺曇無蘭大比丘二百六十戒三部合异序略云：

余以長鉢後事注於破鉢下，以子從母故也。九十事中多參錯，事不相對。復徙就二百六十者，令事類相對。予因閑暇爲之，三部合异，粗斷起盡。以二百六十戒爲本，二百五十者爲子，以前出常行戒全句繫之於事末。而亦有永乖不相似者，有以一爲二者，有以三爲一者。余復分合，令事相從。

比丘大戒二百六十事（三部合异二卷）云：

説戒者乃曰：僧和集會，未受大戒者出，僧何等作爲？（衆僧和聚會，悉受無戒，於僧有何事？）答：説戒。（僧答言：布薩。）不來者囑授清净説。（諸人者當説：當來之净。答言：説净。）説已，那（？）春夏冬若干日已過去。

又出三藏記集壹拾竺曇無蘭三十七品經序略云：

又諸經三十七品文辭不同。余因閑戲，尋省諸經，撮采事備辭巧便者，差次條貫，伏其位，使經體不毁，而事有异同者，得顯於義。又以諸經之异者，注於句末也。

序二百六十五字，本二千六百八十五字，子二千九百七十字，凡五千九百二十字。除後六行八十字不在計中。

據此，可知本子即母子。上列比丘大戒二百六十事中，其大字正文，母也。其夾注小字，子也。蓋取别本之義同文异者，列入小注中，與大字正文互相配擬。即所謂「以子從母」，「事類相對」者也。六朝詁經之著作，有「子注」之名，當與此有關。考費長房歷代三寶記壹伍載魏世李廓衆經目録中有大乘經子注十二部。「子注」之名散見於著録者，如吴康僧會法鏡注解子注二卷（歷代三寶記伍），晋曇詵維摩詰子注經五卷（三寶記柒），齊竟陵王蕭子良遺教子注經一卷（三寶記壹壹），梁法郎六般涅槃子注經七十二卷，梁武帝摩訶般若波羅蜜子注經五十卷（三寶記壹壹），及隋慧遠大乘義章卷貳肆悉檀義四門分别條所引之楞伽經子注皆是其例。唐劉知幾史通卷伍補注篇猶有「定彼榛楛，列爲子注」之語，可知「子注」之得名，由於以子從母，即以子注母。高僧傳肆法雅傳中「格義」之所謂「生解」，依其性質，自可以「子注」之誼釋之也。

當時「合本」之方法盛行。釋道安有合放光光讚略解，支遁有大小品對比要鈔。出三藏記集卷柒及卷捌載其序文，可以推知其書之概略。支敏度曾合首楞嚴經及維摩詰經，蓋其人著傳譯經録，必多見异本，綜合對比，乃其所長也。出三藏記集載其二「合本」之序，兹節録其文於下：

出三藏記集柒支敏度合首楞嚴經記略云：

此經本有記云：支讖所譯出。讖，月支人也，漢桓靈之世來在中國。又有支越，字恭明，亦月支人也。其父亦漢靈帝之世來獻中國。越在漢生，似不及見讖也。又支亮字紀明，資學於讖，故越得受業於亮焉。以季世尚文，時好簡略，故其出經，頗從文麗。然其屬辭析理，文而不越，約而義顯，真可謂深入者也。以漢末沸亂，南度奔吴。從黄武至建興中，所出諸經，凡數十卷。自有別傳，記録亦云出此經，今不見復有异本也。然此首楞嚴自有小不同，辭有豐約，文有晋胡，較而尋之，要不足以爲异人別出也。恐是越嫌讖所譯者辭質多胡音，所异者刪而定之，其所同者述而不改，二家各有記録耳。此一本於諸本中辭最省便，又少胡音，徧行於世，即越所定者也。至大晋之初，有沙門支法護白衣竺叔蘭并更譯此經。求之於義，互相發明。披尋三部，勞而難兼。欲令學者即得其對，今以越所定者爲母，護所出爲子，蘭所譯者繫之，其所無者輒於其位記而別之。或有文義皆同，或有義同而文有小小增減，不足重書者，亦混以爲同。雖無益於大趣，分部章句，差見可耳。

出三藏記集捌敏度法師合維摩詰經序云：

此三賢者（支恭明法護叔蘭），并博綜稽古，研機極玄，殊方异音，兼通關解，先後譯傳，别爲三經同本，人殊出异。或辭句出入，先後不同，或有無離合，多少各异，或方言訓古，字乖趣同，或其文胡越，其趣亦乖，或文義混雜，在疑似之間，若此之比，其塗非一。若其偏執一經，則失兼通之功。廣披其三，則文煩難究，余是以合兩令相附。以明所出爲本，以蘭所出爲子，分章斷句，使事類相從。令尋之者瞻上視下，讀披按此，足以釋乖迂之勞，易則易知矣。若能參考校异，極數通變，則萬流同歸，百慮一致，庶可以闢大通於未寤，闔同异於均致。若其配不相疇，儻失其類者，俟後明哲君子刊之從正。

據敏度所言，即今日歷史語言學者之佛典比較研究方法，亦何以遠過。故不避引用舊聞過多之嫌，特録其序記較詳，以見吾國晋代僧徒當時研究佛典，已能精審若是，爲不可及也。夫「格義」之比較，乃以内典與外書相配擬。「合本」之比較，乃以同本异譯之經典相參校。其所用之方法似同，而其結果迥异。故一則成爲傅會中西之學説，如心無義即其一例，後世所有融通儒釋之理論，皆其支流演變之餘也。一則與今日語言學者之比較研究法暗合，如明代員珂之楞伽經會譯者，可稱獨得「合本」之遺意，大藏此方撰述中罕覯之作也。當日此二種似同而實异之方法及學派，支敏度俱足以代表之。故其人於吾國中古思想史關係頗鉅，因鈎索沉隱，爲之考證如此。

己、附論

前所言之「格義」與「合本」皆鳩摩羅什未入中國前事也。什公新譯諸經既出之後，其文精審暢達，爲譯事之絶詣。於是爲「格義」者知新譯非如舊本之含混，不易牽引傅會，與外書相配擬。爲「合本」者見新譯遠勝舊文，以爲專據新本，即得真解，更無綜合諸本參校疑誤之必要。遂捐棄故技，别求新知。所以般若「色空」諸説盛行之後，而道生謝靈運之「佛性」「頓悟」等新義出焉。此中國思想上之一大變也。以其非本文範圍所及，故不具論。

附記

僧祐出三藏記集貳云：

合維摩詰經五卷。

合首楞嚴經八卷。

右二部凡十三卷，晋惠帝時沙門支敏度所集。

寅恪案，僧祐記此條於晉元帝時西域高座沙門尸梨蜜之前。故知此惠帝之「惠」字必非訛誤。據此可證明愍度之時代，因以解决下列之二問題：

（一）圖書館學季刊第壹卷第壹期第拾壹頁梁啓超先生佛家經録在中國目録學上之位置文中有「其繼安公之後，爲全部的整理者，在南則有支敏度」之語。考道安經録成於東晉孝武帝寧康二年，即西曆三七四年以後（見出三藏記集卷伍所引道安經録自序），上距東晉成帝初年即支敏度過江之歲，已歷五十載之久。若逆數至西晉惠帝之季年，則相隔七十年。故敏度之撰經録必非繼道安後者。但其書或不及安録之完善，自來言佛家經録者，因以創始之功歸之道安耳。

（二）或疑支愍度乃爲「合本」之學者，何以不能比勘諸譯本异同，而有「心無」之誤解。殊不知此文乙章所列五譯本，除支謙本之外，以時代前後關係，愍度皆無從得而比勘。至支謙本雖較在先，然實於孫吴時在江東譯出。（此據高僧傳及出三藏記集等書而言；若依魏書釋老志，則支恭明譯經在晉惠帝元康中，時代太晚，故不據以爲說。）愍度爲惠帝時人，距孫吴之亡未久，其過江以前，已創心無義，故當時或未得見支謙譯本，僅能就道行般若譯文立説。其有誤解之處，自不足异也。

（原載一九三三年中央研究院歷史語言研究所集刊外編第壹種
慶祝蔡元培先生六十五歲論文集）

桃花源記旁證

陶淵明桃花源記寓意之文，亦紀實之文也。其爲寓意之文，則古今所共知，不待詳論。其爲紀實之文，則昔賢及近人雖頗有論者，而所言多誤，故别擬新解，以成此篇。此就紀實立説，凡關於寓意者，概不涉及，以明界限。

西晋末年戎狄盗賊并起，當時中原避難之人民，其能遠離本土遷至他鄉者，東北則託庇於慕容之政權，西北則歸依於張軌之領域，東奔則僑寄於孫吴之故壤。不獨前燕、前凉及東晋之建國中興與此中原之流民有關，即後來南北朝之士族亦承其系統者也。史籍所載，本末甚明。以非本篇範圍，可置不論。其不能遠離本土遷至他鄉者，則大抵糾合宗族鄉黨，屯聚堡塢，據險自守，以避戎狄寇盗之難。兹略舉數例，藉資説明。

晋書捌捌孝友傳庾衮傳略云：

張泓等肆掠於陽翟，衮乃率其同族及庶姓保於禹山。是時百姓安寧，未知戰守之事。衮曰：孔子云：不教而戰，是謂棄之。乃集諸群士而謀曰：二三君子相與處於險，將以安保親尊，全妻孥也。古人有言：千人聚，而不以一人爲主，不散則亂矣。將若之何？衆曰：善。今日之主，非君而誰！於是峻險阨，杜蹊徑，修壁塢，樹藩障，考功庸，計丈尺，均勞逸，通有無，繕完器備，量力任能，物應其宜，使邑推其長，里推其賢，而身率之。及賊至，袞乃勒部曲，整行伍，皆持滿而勿發。賊挑戰，晏然不動，且辭焉。賊服其慎，而畏其整，是以皆退，如是者三。

晁公武郡齋讀書志壹肆兵家類云：

庾袞保聚圖一卷

右晋庾袞撰。晋書孝友傳載袞字叔褒。齊王冏之倡義也，張泓等掠陽翟，袞率衆保禹山，泓不能犯。此書序云：大駕遷長安，時元康三年己酉，撰保聚壘議二十篇。按冏之起兵，惠帝永寧元年也，帝遷長安，永興元年也，皆在元康後，且三年歲次實癸丑，今云己酉，皆誤。

晋書壹佰蘇峻傳云：

永嘉之亂，百姓流亡，所在屯聚。峻糾合得數千家，結壘於本縣（掖縣）。於時豪傑所在屯聚，而峻最强。遣長史徐璋宣檄諸屯，示以王化，又收枯骨而葬之。遠近感其恩義，推峻爲主。遂射獵於海邊青山中。

又晋書陸貳祖逖傳略云：

初，北中郎將劉演距於石勒也，流人塢主張平、樊雅等在譙，演署平爲豫州刺史，雅爲譙郡太守。又有董瞻、于武、謝浮等十餘部，衆各數百，皆統屬平。而張平餘衆助雅攻逖。蓬陂塢主陳川，自號寧朔將軍、陳留太守。逖遣使求救於川，川遣將李頭率衆援之，逖遂克譙城。〔桓〕宣遂留助逖，討諸屯塢未附者。河上堡固先有任子在胡者，皆聽兩屬，時遣游軍僞抄之，明其未附。諸塢主感戴，胡中有异謀，輒密以聞。前後克獲，亦由此也。

又藝文類聚玖貳引晋中興書云：

中原喪亂，鄉人遂共推郗鑒爲主，與千餘家俱避於魯國嶧山，山有重險。

又太平御覽叁貳拾引晋中興書云：

中宗初鎮江左，假郗鑒龍驤將軍、兖州刺史。徐龕、石勒左右交侵。鑒收合荒散，保固一山，隨宜抗對。

又太平御覽肆貳引地理志云：

嶧山在鄒縣北，高秀獨出，積石相臨，殆無壤土。石間多孔穴，洞達相通，往往有如數間居處，其俗謂之嶧孔。遭亂輒將居人入嶧，外寇雖衆，無所施害。永嘉中，太尉郗鑒將鄉曲逃此山，胡賊攻守，不能得。

又晋書陸柒郗鑒傳云：

鑒得歸鄉里。於時所在饑荒，州中之士素有感其恩義者，相與資贍。鑒復分所得，以賉宗族及鄉曲孤老，賴而全濟者甚多。咸相謂曰：今天子播越，中原無伯，當歸依仁德，可以後亡。遂共推鑒爲主，舉千餘家俱避難於魯之嶧山。

寅恪案，説文壹肆云：

隖，小障也。一曰：庳城也。

桂氏義證肆柒列舉例證頗衆，兹不備引。據寅恪所知者言，其較先見者爲袁宏後漢紀陸王霸之「築塢候」（後漢書伍拾王霸傳作「堆石布土」。袁范二書互異，未知孰是原文，待考。）及後漢書伍肆馬援傳之「起塢候」之語。蓋元伯在上谷、文淵在隴西時，俱東漢之初年也。所可注意者，即地之以塢名者，其較早時期以在西北區域爲多，如董卓之郿塢是其最著之例。今倫敦博物館藏敦煌寫本斯坦因號玖貳貳西凉建初十二年敦煌縣户籍陰懷條亦有「居趙羽塢」之語，然則塢名之起或始於西北耶？抑由史料之存於今者西北獨多之故耶？此點與本篇主旨無關，可不詳論。要之，西晋末世中原人民之不能遠徙者，亦藉此類小障庳城以避難逃死而已。但當時所謂塢壘者甚多，如祖逖傳所載，固亦有在平地者。至如郗鑒之避難於嶧山，既曰「山有重險」，又曰「保固一山」，則必居山勢險峻之區人迹難通之地無疑，蓋非此不足以阻胡馬之陵軼，盜賊之寇抄也。凡聚衆據險者因欲久支歲月及給養能自足之故，必擇險阻而又可以耕種及有水泉之地。其具備此二者之地必爲山頂平原，及溪澗水源之地，此又自然之理也。

東晋末年戴祚字延之，從劉裕入關滅姚秦，著西征記二卷。（見隋書叁叁經籍志史部地理類，并參考封氏聞見記柒蜀無兔鴿條唐語林捌及章宗源隋書經籍志考證陸等。）其書今不傳。酈氏水經注中往往引之。中原塢壘之遺址於其文中尚可窺見一二。如水經注壹伍洛水篇云：

洛水又東，逕檀山南。

其山四絶孤峙，山上有塢聚，俗謂之檀山塢。義熙中劉公西入長安，舟師所届，次于洛陽。命參軍戴延之與府舍人虞道元即舟泝流，窮覽洛川，欲知水軍可至之處。延之届此而返，竟不達其源也。

又水經注肆河水篇云：

河水自潼關東北流，水側有長阪，謂之黄巷阪。阪傍絶澗。陟此阪以升潼關，所謂「泝黄巷以濟潼」矣。歷北出東崤，通謂之函谷關也。

郭緣生記曰：漢末之亂，魏武征韓遂、馬超，連兵此地。今際河之西有曹公壘。道東原上云李典營。義熙十三年王師曾據此壘。西征記曰：沿路逶迤入函谷道六里有舊城，城周百餘步。北臨大河，南對高山。姚氏置關以守峽，宋武帝入長安。檀道濟、王鎮惡或據山爲營，或平地結壘，爲大小七營，濱河帶險。姚氏亦保據山原陵阜之上，尚傳故迹矣。

河水又東北，玉澗水注之。水南出玉溪，北流，逕皇天原西。周固記：開山東首上平博，方可里餘。三面壁立，高千許仞。漢世祭天於其上，名之爲皇天原。河水又東逕閿鄉城南。東與全鳩澗水合。水出南山，北逕皇天原東。

述征記曰：全節，地名也。其西名桃原，古之桃林，周武王克殷休牛之地也。西征賦曰：咸徵名於桃原者也。晉太康記曰：桃林在閿鄉南谷中。

又元和郡縣圖志陸虢州閿鄉縣條云：

秦山，一名秦嶺，在縣南五十里。南入商州，西南入華州。山高二千丈，周迴三百餘里。桃源，在縣東北十里，古之桃林，周武王放牛之地也。

又陝州靈寶縣條云：

桃林塞，自縣以西至潼關皆是也。

又新唐書叁捌地理志陝州靈寶縣條云：

有桃源宮，武德元年置。

又資治通鑑壹壹捌晉紀云：

義熙十三年二月，王鎮惡進軍澠池。引兵徑前，抵潼關。三月〔檀〕道濟、〔沈〕林子至潼關。夏四月，太尉〔劉〕裕至洛陽。（寅恪案，宋武伐秦之役，其軍行年月宋書南史等書記載既涉簡略，又有脱誤。故今悉依司馬君實所考定者立論。）

寅恪案，陶淵明集有贈羊長史（即松齡）詩。其序云：

左軍羊長史，銜使秦川，作此與之。

則陶公之與征西將佐本有雅故。疑其間接或直接得知戴延之等從劉裕入關途中之所聞見。桃花源記之作即取材於此也。蓋王鎮惡、檀道濟、沈林子等之前軍於義熙十三年春二三月抵潼關。宋武以首夏至洛陽。其遺戴延之等溯洛水至檀山塢而返，當即在此時。山地高寒，節候較晚。桃花源記所謂「落英繽紛」者，本事之可能。又桃林桃原等地既以桃爲名，其地即無桃花，亦可牽附。況晋軍前鋒之抵崤函爲春二三月，適值桃花開放之時，皇天原之下，玉澗水之傍，桃樹成林，更情理之所可有者。至於桃花源記所謂「山有小口」者，固與郗鑒之「嶧孔」相同。所謂「土地平曠」者，殆與皇天原之「平博方可里餘」者亦有所合歟？劉裕遣戴延之等泝洛水至檀山塢而返事與桃花源記中武陵太守遣人尋桃花源終不得達者，約略相似，又不待言也。

今傳世之搜神後記舊題陶潛撰。以其中雜有元嘉四年淵明卒後事，故皆認爲僞託。然其書爲隨事雜記之體，非有固定之系統。中有後人增入之文，亦爲極自然之事，但不能據此遽斷全書爲僞託。即使全書爲僞託，要必出於六朝人之手，由鈔輯昔人舊篇而成者，則可決言。寅恪於與淵明之家世信仰及其個人思想皆別有所見，疑其與搜神後記一書實有關聯。以其軼出本篇範圍，姑置不論。搜神後記卷一之第五條即桃花源記，而太守之名爲劉歆，及無「劉子驥欣然規往」等語。其第六條紀劉驎之即子驥入衡山采藥，見澗水南有二石囷，失道問徑，僅得還家。或説囷中皆仙靈方藥，驎之欲更尋索，不復知處事。此事唐修晋書玖肆隱逸傳亦載之。蓋出於何法盛晋中興書（見太平御覽肆壹玖及肆貳伍又伍佰肆所引）。何氏不知何所本，當與搜神後記同出一源，或即與淵明有關，殊未可知也。

據此推測，陶公之作桃花源記，殆取桃花源事與劉驎之二事牽連混合爲一。桃花源雖本在北方之弘農或上洛，但以牽連混合劉驎之入衡山采藥事之故，不得不移之於南方之武陵。遂使後世之論桃花源者皆紛紛墮入迷誤之途，歷千載而不之覺，亦太可憐矣！或更疑搜神後記中漁人黄道真其姓名之意義與宋武所遣泝洛之虞道元頗相對應。劉驎之隱於南郡之陽岐山，去武陵固不遠，而隆安五年分南郡置武寧郡，武武字同，陵寧音近（來泥互混），文士寓言，故作狡獪，不嫌牽合混同，以資影射歟？然此類揣測皆不易質證，姑從闕疑可也。（參考晋書壹伍下地理志、玖肆隱逸傳、玖玖桓玄傳、宋書叁柒州郡志及世説棲逸篇等。）又今本搜神後記中桃花源記，依寅恪之鄙見，實陶公草創未定之本。而淵明文集中之桃花源記，則其增修寫定之本，二者俱出陶公之手。劉驎之爲太元間聞人（見世説新語棲逸篇及任誕篇），故繫此事於太元時。或因是以陶公之桃花源記亦作於太元時者，則未免失之過泥也。

桃花源事又由劉裕遣戴延之等泝洛水至檀山塢與桃原皇天原二事牽混爲一而成。太守劉歆必無其人。豈即暗指劉裕而言耶？既不可考，亦不可鑿實言之。所謂避秦人之子孫亦桃原或檀山之上「塢聚」中所居之人民而已。至其所避之秦則疑本指苻生苻堅之苻秦而言，與始皇、胡亥之嬴秦絶無關涉。此殆傳述此事之人或即淵明自身因訛成訛，修改所致，非此物語本來之真相也。蓋苻氏割據關陝垂四十載，其間雖有治平之時，而人民亦屢遭暴虐爭戰之難。如晉書壹壹貳苻生載記叙苻生政治殘暴民不聊生事甚詳。兹録其一例如下：

生下書（通鑑繫此於晉穆帝永和十二年六月）曰：朕受皇天之命，承祖宗之業，君臨萬邦，子育百姓。嗣統以來，有何不善，而謗讟之音扇滿天下？殺不過千，而謂刑虐。行者比肩，未足爲稀。方當峻刑極罰，復如朕何？時猛獸及狼大暴，晝則斷道，夜則發屋。惟害人而不食六畜。自生立一年，獸殺七百餘人，百姓苦之，皆聚而邑居，爲害滋甚，遂廢農桑，内外兇懼。群臣奏請禳灾。生曰：野獸飢則食人，飽當自止，終不能累年爲患也。天豈不子愛群生，而年年降罰，正以百姓犯罪不已，將助朕專殺而施刑教故耳。但勿犯罪，何爲怨天而尤人哉？

又晉書壹壹叁苻堅載記上叙苻堅盛時云：

關隴清宴，百姓豐樂。自長安至於諸州，皆夾路樹槐柳。二十里一亭，四十里一驛。旅行者取給於途，工商貿販於道。

而晉書壹壹肆苻堅載記下叙苻秦亡時云：

關中人皆流散，道路斷絶，千里無煙。

由苻生之暴政或苻堅之亡國至宋武之入關，其間相距已逾六十年或三十年之久。故當時避亂之人雖「問今是何世」？然其「男女衣著悉如外人」。若「乃不知有漢，無論魏晋」者，則陶公寓意特加之筆，本篇可以不論者也。

又陶詩擬古第二首云：

辭家夙嚴駕，當往志無終。問君今何行，非商復非戎。聞有田子泰，節義爲士雄。斯人久已死，鄉里習其風。生有高世名，既没傳無窮。不學狂馳子，直在百年中。

吴師道禮部詩話云：

〔田〕疇始從劉虞。虞爲公孫瓚所害，誓言報讎，卒不能踐，而從曹操討烏桓，節義亦不足稱。陶公亦是習聞世俗所尊慕爾。

寅恪案，魏志壹壹田疇傳云：

遂入徐無山中，營深險平敞地而居，躬耕以養父母。百姓歸之，數年間至五千餘家。

據此，田子泰之在徐無山與郗鑒之保嶧山固相同，而與檀山塢桃原之居民即桃花源之避秦人亦何以异？商者指四皓入商山避秦事，戎者指老子出關適西戎化胡事。然則商洛崤函本爲淵明心目中真實桃花源之所在。而田疇之亮節高義猶有過於桃源避秦之人。此所以寄意遣詞遂不覺聯類并及歟？吴氏所言之非固不待辨，而其他古今詁陶詩者於此亦皆未能得其真解也。

又蘇東坡和桃花源詩序云：

世傳桃源事多過其實。考淵明所記，止言先世避秦亂來此，則漁人所見似是其子孫，非秦人不死者也。又云：「殺鷄作食」，豈有仙而殺者乎？舊説南陽有菊水，水甘而芳，民居三十餘家，飲其水皆壽，或至百二三十歲。蜀青城山老人村多枸杞，根如龍蛇。飲其水，故壽。近歲道稍通，漸能致五味，而壽益衰。桃源蓋此比也歟？使武陵太守得而至焉，則已化爲争奪之場久矣！嘗思天壤之間若此者甚衆，不獨桃源。

寅恪案，古今論桃花源者，以蘇氏之言最有通識。洪興祖釋韓昌黎桃源圖詩，謂淵明叙桃源初無神仙之説，尚在東坡之後。獨惜子瞻於陶公此文中寓意與紀實二者仍牽混不明，猶爲未達一間。至於近人撰著或襲蘇洪之意，而取譬不切，或認桃源實在武陵，以致結論多誤。故不揣鄙陋，别擬新解。要在分别寓意與紀實二者，使之不相混淆。然後鈎索舊籍，取當日時事及年月地理之記載，逐一證實之。穿鑿附會之譏固知難免，然於考史論文之業不無一助，或較古今論辨此記之諸家專向桃源地志中討生活者聊勝一籌乎？

兹總括本篇論證之要點如下：

（甲）真實之桃花源在北方之弘農，或上洛，而不在南方之武陵。

（乙）真實之桃花源居人先世所避之秦乃苻秦，而非嬴秦。

（丙）桃花源記紀實之部分乃依據義熙十三年春夏間劉裕率師入關時戴延之等所聞見之材料而作成。

（丁）桃花源記寓意之部分乃牽連混合劉驎之入衡山采藥故事，并點綴以「不知有漢，無論魏晉」等語所作成。

（戊）淵明擬古詩之第二首可與桃花源記互相印證發明。

補記一

匡謬正俗柒黄巷條云：

郭緣生述征記曰：皇天塢在閿鄉東南。或云：衛太子始奔，揮泪仰呼皇天，百姓憐之，因以名塢。又戴延之西征記曰：皇天固去九原十五里。據此而言，黄天原本以塢固得名，自有解釋。

寅恪案，顏氏所引，足以補證鄙説，故附録於此。

補記二

此文成後十年，得詳讀居延漢簡之文，復取後漢書西羌傳參證，塢壁之來源與西北之關係益瞭然矣。

（原載一九三六年一月清華學報第拾壹卷第壹期）

陶淵明之思想與清談之關係

古今論陶淵明之文學者甚衆，論其思想者較少。至於魏晉兩朝清談內容之演變與陶氏族類及家傳之信仰兩點以立論者，則淺陋寡聞如寅恪，尚未之見，故茲所論即據此二端以爲說，或者可略補前人之所未備歟？

關於淵明血統之屬於溪族及家世宗教信仰爲天師道一點，涉及兩晉南朝史事甚多，寅恪已別著論文專論之，題曰魏書司馬叡傳江東民族條釋證及推論，故於此點不欲重複考論，然此兩點實亦密切連繫，願讀此文者一并參閱之也。

茲請略言魏晉兩朝清談內容之演變：當魏末西晉時代即清談之前期，其清談乃當日政治上之實際問題，與其時士大夫之出處進退至有關係，蓋藉此以表示本人態度及辯護自身立場者，非若東晉一朝即清談後期，清談只爲口中或紙上之玄言，已失去政治上之實際性質，僅作名士身份之裝飾品者也。

記載魏晉清談之書今存世說新語一種，其書所録諸名士，上起漢代，下迄東晉末劉宋初之謝靈運，即淵明同時之人而止。此時代之可注意者也。其書分別門類，以孔門四科即德行、言語、政事、文學，及識鑒、賞譽、品藻等爲目，乃東漢名士品題人倫之遺意。此性質之可注意者也。大抵清談之興起由於東漢末世黨錮諸名士遭政治暴力之摧壓，一變其指實之人物品題，而爲抽象玄理之討論，啓自郭林宗，而成於阮嗣宗，皆避禍遠嫌，消極不與其時政治當局合作者也。此義寅恪已於民國二十六年清華學報所著逍遥游義探原一文略發之，今可不必遠溯其源，及備論其事。但從曹魏之末西晋之初所謂「竹林七賢」者述起，亦得説明清談演變歷程之概况也。

大概言之，所謂「竹林七賢」者，先有「七賢」，即取論語「作者七人」之事數，實與東漢末三君八廚八及等名同爲標榜之義。迨西晋之末僧徒比附内典外書之「格義」風氣盛行，東晋初年乃取天竺「竹林」之名加於「七賢」之上，至東晋中葉以後江左名士孫盛、袁宏、戴逵輩遂著之於書（魏氏春秋竹林名士傳竹林名士論），而河北民間亦以其説附會地方名勝，如水經注玖清水篇所載東晋末年人郭緣生撰著之述征記中嵇康故居有遺竹之類是也。七賢諸人雖爲同時輩流，然其中略有區别。以嵇康、阮籍、山濤爲領袖，向秀、劉伶次之，王戎、阮咸爲附屬。王戎從弟衍本不預七賢之數，但亦是氣類相同之人，可以合并討論者也。

晋書肆玖阮籍傳附瞻傳云：

見司徒王戎，戎問曰：聖人貴名教，老莊明自然，其旨同异？瞻曰：將無同。戎諮嗟良久，即命辟之。世人謂之「三語掾」。

世說新語文學類亦載此事，乃作王衍與阮修問對之詞，（餘可參藝文類聚壹玖、北堂書鈔陸捌、衛玠别傳等。）其實問者之爲王戎或王衍，答者之爲阮瞻或阮修皆不關重要，其重要者只是老莊自然與周孔名教相同之說一點，蓋此爲當時清談主旨所在。故王公舉以問阮掾，而深賞其與己意符合也。

又云：

> 始制有名。

夫老莊自然之旨固易通解，無取贅釋。而所謂周孔名教之義則須略爲詮證。按老子云：

> 樸散則爲器，聖人用之則爲官長。

王弼注云：

> 始制爲樸散始爲官長之時也。始制官長，不可不立名分，以定尊卑，故始制有名也。

莊子天下篇云：

> 春秋以道名分。

故名教者，依魏晋人解釋，以名爲教，即以官長君臣之義爲教，亦即入世求仕者所宜奉行者也。其主張與崇尚自然即避世不仕者適相違反，此兩者之不同，明白已甚。而所以成爲問題者，在當時主張自然與名教互异之士大夫中，其崇尚名教一派之首領如王祥、何曾、荀顗等三大孝，即佐司馬氏欺人孤兒寡婦，而致位魏末晋初之三公者也。（參晋書貳叄王祥傳何曾傳、貳玖荀顗傳。）其眷懷魏室不趨赴典午者，皆標榜老莊之學，以自然爲宗。「七賢」之義即從論語「作者七人」而來，則「避世」「避地」固其初旨也。然則當時諸人名教與自然主張之互异即是自身政治立場之不同，乃實際問題，非止玄想而已。觀嵇叔夜與山巨源絶交書，聲明其不仕當世，即不與司馬氏合作之宗旨，宜其爲司馬氏以其黨於不孝之吕安，即坐以違反名教之大罪殺之也。「七賢」之中應推嵇康爲第一人，即積極反抗司馬氏者。康娶魏武曾孫女，本與曹氏有連。（見魏志貳拾沛穆王林傳裴注引嵇氏譜。）與杜預之締婚司馬氏，遂忘父讎，改事新主，（依焦循沈欽韓之説。）癖於聖人道名分之左氏春秋者，雖其人品絶不相同，而因姻戚之關係，以致影響其政治立場則一也。魏志貳壹王粲傳裴注引嵇喜撰嵇康傳云：

少有儁才，曠邁不群，高亮任性，不修名譽，寬簡有大量。學不師授，博洽多聞，長而好老莊之業。性好服食，常采御上藥。善屬文論，彈琴咏詩，自足於懷抱之中。以爲神仙者，禀之自然，非積學所致。至於導養得理，以盡性命，若安期、彭祖之倫，可以善求而得也。著養生篇。知自厚者，所以喪其所生，其求益者，必失其性，超然獨達，遂放世事，縱意於塵埃之表。撰録上古以來聖賢、隱逸、遁心、遺名者，集爲傳贊，自混沌至於管寧，凡百一十有九人，蓋求之於宇宙之内，而發之乎千載之外者矣。故世人莫得而名焉。

裴注又引魏氏春秋略云：

康寓居河内之山陽縣，與陳留阮籍、河内山濤、河南向秀、籍兄子咸、琅邪王戎、沛人劉伶相與友善，游於竹林，號爲「七賢」。大將軍嘗欲辟康。康既有絶世之言，又從子不善，避之河東，或云「避世」。及山濤爲選曹郎，舉康自代，康答書拒絶，因自説不堪流俗，而非薄湯、武。大將軍聞而怒焉。初，康與東平吕昭子巽及巽弟安親善。會巽淫安妻徐氏，而誣安不孝，囚之。安引康爲證，康義不負心，保明其事。安亦至烈，有濟世志力。鍾會勸大將軍因此除之，遂殺安及康。

據此，可知嵇康在當時號爲主張老莊之自然，即避世，及違反周禮之名教，即不孝不仕之人，故在當時人心中自然與名教二者不可合一，即義而非同無疑也。

夫主張自然最激烈之領袖嵇康，司馬氏以不孝不仕違反名教之罪殺之。（俞正燮癸巳存稿書文選幽憤詩後云：「乍觀之，一似司馬氏以名教殺康也者，其實不然也。」寅恪案，司馬氏實以當時所謂名教殺康者，理初於此猶未能完全瞭解。）其餘諸主張自然之名士如向秀，據世説新語言語類（參晋書肆玖向秀傳）云：

嵇中散既被誅，向子期舉郡計入洛，〔司馬〕文王引進，問曰：聞君有箕山之志，何以在此？對曰：巢許狷介之士，不足多慕。王大諮嗟。

劉注引向秀別傳略云：

〔秀〕少爲同郡山濤所知，又與譙國嵇康、東平呂安友善，并有拔俗之韵，其進止無不同，而造事營生業亦不异。常與嵇康偶鍛於洛邑，與呂安灌園於山陽，不慮家之有無，外物不足怫其心，弱冠著儒道論。後康被誅，秀遂失圖，乃應歲舉到京師，詣大將軍司馬文王。文王問曰：聞君有箕山之志，何能自屈？秀曰：嘗謂彼人不達堯意，本非所慕也。一坐皆說。

隨次轉至黄門侍郎散騎常侍。

則完全改圖失節，棄老莊之自然，遵周孔之名教矣。故自然與名教二者之不可合一，即不相同，在當日名士心中向子期前後言行之互异，乃一具體之例證也。

若阮籍則不似嵇康之積極反晋，而出之以消極之態度，虚與司馬氏委蛇，遂得苟全性命。據魏志貳壹王粲傳（參晋書肆玖阮籍傳）云：

籍才藻豔逸，而倜儻放蕩，行己寡欲，以莊周爲模則。官至步兵校尉。

裴注引魏氏春秋略云：

籍曠達不羈，不拘禮俗。性至孝，居喪雖不率常檢，而毁幾至滅性。後爲尚書郎、曹爽參軍，以疾歸田里。歲餘，爽誅，太傅及大將軍乃以爲從事中郎。後朝論以其名高，欲顯崇之，籍以世多故，禄仕而已。聞步兵校尉缺，厨多美酒，營人善釀酒，求爲校尉，遂縱酒昏酣，遺落世事。籍口不論人過，而自然高邁，故爲禮法之士何曾等深所讎疾。大將軍司馬文王常保持之，卒以壽終。

世說新語任誕類云：

阮籍遭母喪，在晋文王坐進酒肉，司隸何曾亦在坐，曰：明公方以孝治天下，而阮籍以重喪顯於公坐，飲酒食肉，宜流之海外，以正風教。文王曰：嗣宗毁頓如此，君不能共憂之，何謂？且有疾而飲酒食肉，固喪禮也。籍飲噉不輟，神色自若。

魏志壹捌李通傳裴注引王隱晋書所載李秉家誡略云：

〔司馬文王〕曰：天下之至慎，其惟阮嗣宗乎？吾每與之言，言及玄遠，未曾評論時事，臧否人物，真可謂至慎矣。

可知阮籍雖不及嵇康之始終不屈身司馬氏，然所爲不過「禄仕」而已，依舊保持其放蕩不羈之行爲，所以符合老莊自然之旨，故主張名教身爲司馬氏佐命元勛如何曾之流欲殺之而後快。觀於籍於曾之不能相容，是當時人心中自然與名教不同之又一例證也。夫自然之旨既在養生遂性，則嗣宗之苟全性命仍是自然而非名教。又其言必玄遠，不評論時事，臧否人物，則不獨用此免殺身之禍，并且將東漢末年黨錮諸名士具體指斥政治表示天下是非之言論，一變而爲完全抽象玄理之研究，遂開西晋以降清談之風派。然則世之所謂清談，實始於郭林宗，而成於阮嗣宗也。

至於劉伶，如世説新語任誕類云：

> 劉伶恒縱酒放達，或脱衣裸形在屋中。

亦不過有託而逃，藉此不與司馬氏合作之表示，與阮籍之苟全性命同是老莊自然之旨。樂廣以爲「名教中自有樂地」非笑此類行爲，（見世説新語德行類王平子胡母彦國諸人，皆以任放爲達，或有裸體者條及晉書肆叁樂廣傳。）足證當時伯倫之放縱乃主張自然之説者，是又自然與名教不同之一例證也。

又若阮咸，則晉書肆玖阮籍傳附咸傳略云：

> 咸任達不拘，與叔父籍爲竹林之游，當世禮法者譏其所爲。居母喪，縱情越禮。素幸姑之婢，姑當歸於夫家，初云留婢，既而自從去。時方有客，咸聞之，遽借客馬追婢，既及，與婢累騎而還。（參世説新語任誕類阮仲容先幸姑家鮮卑婢條。）

考世説新語任誕類阮仲容步兵居道南條劉注引竹林七賢論云：

> 諸阮前世皆儒學，善居室，惟咸一家尚道棄事，好酒而貧。

所謂「儒學」即遵行名教之意，所謂「尚道」即崇尚自然之意，不獨證明阮咸之崇尚自然，亦可見自然與名教二者之不能合一也。

據上引諸史料，可知魏末名士其初本主張自然高隱避世之人，至少對於司馬氏之創業非積極贊助者。然其中如山濤者據世說新語政事類山公以器重朝望條劉注引虞預晋書（參晋書肆叁山濤傳）云：

好莊老，與嵇康善。

則巨源本來亦與叔夜同爲主張自然之説者？但其人元是司馬氏之姻戚。（巨源爲司馬懿妻張氏之中表親，見晋書肆叁山濤傳。）故卒依附典午，佐成篡業。至王氏戎衍兄弟既爲晋室開國元勳王祥之同族，戎父渾，衍父乂又皆司馬氏之黨與，其家世遺傳環境薰習固宜趨附新朝致身通顯也，凡此類因緣可謂之利誘，而嵇康之被殺可謂之威迫。魏末主張自然之名士經過利誘威迫之後，其佯狂放蕩，違犯名教，以圖免禍，如阮籍、阮咸、劉伶之徒尚可自解及見諒於世人，蓋猶不改其主張自然之初衷也。至若山、王輩，其早歲本崇尚自然，栖隱不仕，後忽變節，立人之朝，躋位宰執，其内慙與否雖非所知，而此等才智之士勢必不能不利用一已有之舊説或發明一種新説以辯護其宗旨反覆出處變易之弱點，若由此説，則其人可兼尊顯之達官與清高之名士於一身，而無所慙忌，既享朝端之富貴，仍存林下之風流，自古名利并收之實例，此其最著者也。故自然與名教相同之説所以成爲清談之核心者，原有其政治上實際適用之功用，而清談之誤國正在廟堂執政負有最大責任之達官崇尚虛無，口談玄遠，不屑綜理世務之故，否則林泉隱逸清談玄理，乃其分内應有之事，縱無益於國計民生，亦必不致使「神州陸沈，百年丘墟」也（見世説新語輕詆類桓公入洛條及晋書玖捌桓温傳）。但阮掾自然與名教相同之説既深契王公之心，而自來無滿意詳悉之解釋者是何故耶？考魏晋清談以簡要爲尚，世説新語德行類王戎和嶠同時遭大喪條劉注引晋諸公贊中鍾會薦王戎之語云：

王戎簡要。

又同書賞譽類上云：

王夷甫自嘆：我與樂令談，未嘗不覺我言爲煩。

劉注引晋陽秋（參晋書肆叁樂廣傳）云：

樂廣善以約言厭人心，其所不知默如也。太尉王夷甫、光禄大夫裴叔則能清言，常曰：與樂君言，覺其簡至，吾等皆煩。

故「三语掾」之三語中「將無」二語尚是助詞，其實僅「同」之一語，即名教自然二者相「同」之最簡要不煩之結論而已。夫清談之傳於今日者，大抵爲結論之類，而其所以然之故自不易考知，後人因亦只具一模糊籠統之觀念，不能確切指實。寅恪嘗偏檢此時代文字之傳於今者，然後知即在東晋，其實清談已無政治上之實際性，但凡號稱名士者其出口下筆無不涉及自然與名教二者同异之問題。其主張爲同爲异雖不一致，然未有捨置此事不論者。蓋非討論及此，無以見其爲名士也。舊草名教自然同异考，其文甚繁，兹不備引，惟取袁宏後漢紀一書之論文關於名教自然相同之説，移寫數節於下以見例，其實即後漢紀其他諸論中亦多此類之語，可知在當時名士之著述此類言説乃不可須臾離之點綴品，由今觀之，似可笑而實不可笑也。

後漢紀（兹所據者爲涵芬樓本及四部叢刊本，訛奪極多，略以意屬讀，未能詳悉校補也。）序略云：

> 夫史傳之興所以通古今而篤名教也。丘明之作廣大悉備。史遷剖判六家，建立十書，非徒記事而已，信足扶明義教，網羅治體，然未盡之。班固源流周贍，近乎通人之作，然因藉史遷，無所甄明。荀悦才智經綸，足爲嘉史，所述當世，大得治功已矣，然名教之本帝王高義韞而未叙。今因前代遺事，略舉義教所歸，庶以弘敷王道，□（？）前史之闕。

寅恪案，此袁宏自述著書之主旨，所謂開宗明義之第一語。蓋史籍以春秋及左氏傳爲規則，而春秋爲道名分之書，作史者自應主張名教。然依東晋社會學術空氣，既號爲名士，則著作史籍，不獨須貴名教，亦當兼明自然，即發揮名教與自然相同之義也。今彦伯以爲「名教之本韞而未叙」，意指荀氏漢紀只言名教，未及自然，故「因前代遺事，略舉義教所歸」。凡此序中「義教」爲名教之變文，全書之議論皆謂自然爲名教之本，「即略舉義教所歸」，所以闡明名教實與自然不异，而「三语掾」「將無同」之説得後漢紀一書爲注脚，始能瞭解矣。

後漢紀貳貳桓帝延嘉九年述李膺、范滂等名士標榜之風氣事其論略云：

夫人生合天地之道，感於事動，性之用也，故動用萬方，參差百品，莫不順乎道，本乎性情者。是以爲道者，清淨無爲，少思少欲，冲其心而守之，雖爵以萬乘，養以天下，不榮也。爲德者言而不華，默而有信，推誠而行之，不愧於鬼神，而况於天下乎？爲仁者博施兼愛，崇善濟物，得其志而中心傾之，欣然忘己以爲千載一時也。爲義者潔軌迹，崇名教，遇其節而明之，雖殺身糜軀猶未悔也。故因其所弘，則謂之風，節其所託，則謂之流，自風而觀，則同异之趣可得而見，以流而尋，則好惡之心於是乎區别，是以古先哲王必節順群風，而導物爲流之途，而各使自盡其業，故能班叙萬物之才，以成務經綸王略、直道而行者也。中古陵遲，斯道替矣。春秋之時，戰國縱横。高祖之興，逮乎元成明章之間，自兹以降，而肆直之風盛矣。

寅恪案，彦伯此節議論乃范蔚宗後漢書黨錮傳序所從出。初觀之，殊不明白其意旨所在，詳繹之，則知彦伯之意古今世運治亂遞變，依老子「失道而後德，失德而後仁，失仁而後義」以爲解釋。「本乎性情」即出於自然之意。若「爲義者崇名教，雖殺身糜軀猶未悔也」，意謂爲義者雖以崇名教之故，至於殺身，似與自然之旨不合，但探求其本，則名教實由自然遞變而來，故名教與自然并非衝突，不過就本末先後言之耳。大抵袁氏之所謂本末，兼涵體用之義，觀於下引一節，其義更顯，今録此節者，以范蔚宗議論所從出，并附及之，或可供讀范書者之參證歟？

後漢紀貳叁靈帝建寧二年述李膺、范滂誅死事其論略云：

夫稱至治者，非貴其無亂，貴萬物得所，而不失其情也。言善教者，非貴其無害也，貴性理不傷，性命咸遂也。古之聖人知其如此，故作爲名教，平章天下，天下既寧，萬物之生全也，保生遂性，久而安之，故名教之益萬物之情大也。當其治隆，則資教以全生，及其不足，則立身以重教，然則教也者，存亡之所由也。夫道衰則教虧，幸免同乎苟生，教重則道存，滅身不爲徒死，所以固名教也。污隆者，世時之盛衰也，所以世亂而治理不盡，世弊而教道不絶者，任教之人存也。夫稱誠而動，以理爲心，此情存乎名教者也，内不忘己以爲身謀，此利名教者也，情於名教者少，故道深於千載，利名教者衆，故道顯於當年，蓋濃薄之誠异，而遠近之義殊也。統體而觀，斯利名教者亦有所取也。

寅恪案，此節彦伯發揮自然與名教相同之旨較爲明顯，文中雖不標出自然二字，但「保生遂性」即主張自然之義，蓋李、范爲名教而殺身，似有妨自然，但名教元爲聖人凖則自然而設者，是自然爲本，名教爲末，二者實相爲體用，故可謂之「同」也。

後漢紀貳陸獻帝初平二年述蔡邕宗廟之議，其論略云：

夫君臣父子，名教之本也。然則名教之作何爲者也？蓋準天地之性，求之自然之理，擬議以制其名，因循以弘其教，辯物成器，以通天下之務者也。是以高下莫尚於天地，故貴賤擬斯以辯物，尊卑莫大於父子，故君臣象兹以成器，天地無窮之道，父子不易之體，以無窮之天地，不易之父子，故尊卑永固而不逾，名教大定而不亂，置之六合，充塞宇宙，自今及古，其名不去者也。未有違夫天地之性，而可以序定人倫矣。失乎自然之理，而可以彰明治體者也。末學膚淺，不達名教之本，牽於事用，以惑自然之性，見君臣同於父子，謂之兄弟，可以相傳爲體，謂友于齊於昭穆，違天地之本，滅自然之性，豈不哀哉！

寅恪案，此節言自然名教相同之義尤爲明暢，蓋天地父子自然也，尊卑君臣名教也，名教元是準則自然而設置者也。文中「末學膚淺，不達名教之本，牽於事用，以惑自然之性」等語，乃指斥主張自然與名教不同之説者，此彦伯自高聲價之詞，當時號稱名士者所不可少之裝飾門面語也。然則袁氏之意以自然爲本或體，名教爲末或用，而阮掾對王公之問亦當如是解釋，可以無疑矣。

東晉名士著作必關涉名教與自然相同問題，袁書多至三十卷，固應及此，即短章小詩如淵明同時名士謝靈運之從游京口北固應詔詩（文選貳貳），開始即云：

> 玉璽戒誠信，黄屋示崇高。事爲名教用，道以神理超。

寅恪案，郭象注莊子逍遥游云：

夫聖人雖在廟堂之上，然其心無异於山林之中，世豈識之哉！徒見其戴黄屋，佩玉璽，便謂足以纓紼其心矣。見其歷山川、同民事，便謂足以憔悴其神矣，豈知至至者之不虧哉！

此注亦自然名教合一説，即當日之清談也。

又依客兒之意，玉璽黄屋皆名教之「事用」也，其本體則爲具有神理之道，即所謂自然也。此當日名士紙上之清談，後讀之者不能得其確解，空嘆賞其麗詞，豈非可笑之甚耶？

夫東晋中晚袁謝之詩文僅爲紙上清談，讀者雖不能解，尚無大關係。至於曹魏、西晋之際此名教與自然相同一問題，實爲當時士大夫出處大節所關，如山濤勸嵇康子紹出仕司馬氏之語，爲顧亭林所痛恨而深鄙者（日知録壹叁正始條），顧氏據正誼之觀點以立論，其苦心固極可欽敬，然於當日士大夫思想蜕變之隱微似猶未達一間，故兹略釋巨源之語，以爲讀史論世之一助。

世説新語政事類云：

嵇康被誅後，山公舉康子紹爲秘書丞。紹諮公出處，公曰：爲君思之久矣，天地四時猶有消息，而況人乎？

寅恪案，天地四時即所謂自然也。猶有消息者，即有陰晴寒暑之變易也。出仕司馬氏，所以成其名教之分義，即當日何曾之流所謂名教也。自然既有變易，則人亦宜仿效其變易，改節易操，出仕父讎矣。斯實名教與自然相同之妙諦，而此老安身立命一生受用之秘訣也。嗚呼！

今晋書以山濤傳、王戎及衍傳先後相次，列於一卷（第肆叁卷）。此三人者，均早與嵇、阮之徒同尚老莊自然之説，後則服遵名教，以預人家國事，致身通顯，前史所載，雖賢不肖互殊，而獲享自然與名教相同之大利，實無以异也。其傳先後相次於一卷之中，誰謂不宜哉！

復次，藝文類聚肆捌載晋裴希聲侍中嵇侯碑文，兹節録其中關於名教與自然相同説之數語於下，即知當時之人其心中以爲嵇紹之死節盡忠雖是名教美事，然傷生害性，似與自然之道違反，故不得不持一名教與自然相同説爲之辯護，此固爲當日思想潮流中必有之文字。若取與袁彦伯及顧亭林之言較其同异，尤可見古今思想及人物評價之變遷。至其文中所記年月或有訛誤，然以時代思想論，其爲晋人之作不容疑也。其文略云：

夫君親之重，非名教之謂也。愛敬出於自然，而忠孝之道畢矣。樸散真離，背生殉利，禮法之興，於斯爲薄，悲夫！銘曰：

在親成孝，於敬成忠。

世説新語記録魏晋清談之書也。其書上及漢代者，不過追溯原起，以期完備之意。惟其下迄東晋之末劉宋之初迄於謝靈運，固由其書作者只能述至其所生時代之大名士而止，然在吾國中古思想史，則殊有重大意義。蓋起自漢末之清談適至此時代而消滅，是臨川康王不自覺中却於此建立一劃分時代之界石及編完一部清談之全集也。前已言清談在東漢晚年曹魏季世及西晋初期皆與當日士大夫政治態度實際生活有密切關係，至東晋時代，則成口頭虛語，紙上空文，僅爲名士之裝飾品而已。夫清談既與實際生活無關，自難維持發展，而有漸次衰歇之勢，何況東晋、劉宋之際天竺佛教大乘玄義先後經道安、慧遠之整理，鳩摩羅什師弟之介紹，開震旦思想史從來未有之勝境，實於紛亂之世界，煩悶之心情具指迷救苦之功用，宜乎當時士大夫對於此新學説驚服歡迎之不暇。回顧舊日之清談，實爲無味之鷄肋，已陳之芻狗，遂捐棄之而不惜也。

以上略述淵明之前魏晋以來清談發展演變之歷程既竟，兹方論淵明之思想，蓋必如是，乃可認識其特殊之見解，與思想史上之地位也。凡研究淵明作品之人莫不首先遇一至難之問題，即何以絶不發見其受佛教影響是也。以淵明之與蓮社諸賢，生既同時，居復相接，除有人事交際之記載而外，其他若蓮社高賢傳所記聞鐘悟道等説皆不可信之物語也。陶集中詩文實未見贊同或反對能仁教義之單詞隻句，是果何故耶？

嘗考兩晋、南北朝之士大夫，其家世夙奉天師道者，對於周孔世法，本無衝突之處，故無贊同或反對之問題。惟對於佛教則可分三派：一爲保持家傳之道法，而排斥佛教，其最顯著之例爲范縝，（見梁書肆捌南史伍柒儒林傳范縝傳及拙著天師道與濱海地域之關係文中論范蔚宗條。）其神滅之論震動一時。今觀僧祐弘明集第捌第玖兩卷所載梁室君臣往復辨難之言説，足徵子真守護家傳信仰之篤至矣。二爲棄捨其家世相傳之天師道，而皈依佛法，如梁武帝是其最顯著之例，道宣廣弘明集肆載其捨事道法文略云：

維天監三年四月梁國皇帝蘭陵蕭衍稽首和南十方諸佛十方尊法十方聖僧。弟子經遲迷荒，躭事老子，歷葉相承，染此邪法，習因善發，棄迷知返。今捨棄舊醫，歸憑正覺，不樂依老子教，暫得生天，涉大乘心，離二乘念，正顧諸佛證明，菩薩攝受！弟子蕭衍和南。

又弘明集壹貳所載護持佛法諸文之作者，如范泰，即蔚宗之父，與子真爲同族，及琅邪王謐，皆出於天師道世家，而歸依佛教者，此例甚多，無待詳舉矣。三爲持調停道佛二家之態度，即不盡棄家世遺傳之天師道，但亦兼采外來之釋迦教義，如南齊之孔稚珪，是其例也。孔氏本爲篤信天師道之世家，（見南齊書肆捌孔稚珪傳、南史肆玖孔珪傳及拙著天師道與濱海地域之關係文中論范蔚宗條。）弘明集壹壹載其答蕭司徒（竟陵王子良）第一書略云：

民積世門業依奉李老，民仰攀先軌，自絶秋塵，而宗心所向，猶未敢墜。至於大覺明教般若正源，民生平所崇，初不違背。民齋敬歸依，早自淨信，所以未變衣鉢眷黄老者，實以門業有本，不忍一日頓棄，心世有源，不欲終朝悔遁，既以二道大同，本不敢惜心迴向，實顧言稱先業，直不忍棄門志耳。民之愚心正執門範，情於釋老，非敢异同，始私追尋民門，昔嘗明一同之義，經以此訓張融，融乃著通源之論，其名少子。（寅恪案，弘明集陸載張融門論略云：吾門世恭佛，舅氏奉道道也。汝可專遵於佛迹，無侮於道本。少子致書諸游生者。）

其第二書云：

民今心之所歸，輒歸明公之一向，道家戒善，故與佛家同耳。兩同之處民不苟捨道法，道之所弃，輒婉輒入公大乘。

鄙意淵明當屬於第一派，蓋其平生保持陶氏世傳之天師道信仰，雖服膺儒術，而不歸命釋迦也。凡兩種不同之教徒往往不能相容，其有捐棄舊日之信仰，而歸依他教者，必爲對於其夙宗之教義無創闢勝解之人也。中國自來號稱儒釋道三教，其實儒家非真正之宗教，決不能與釋道二家并論。故外服儒風之士可以内宗佛理，或潛修道行，其間并無所衝突。他時代姑不置論，就淵明所生之東晋、南北朝諸士大夫而言，江右琅邪王氏及河北清河崔氏本皆天師道世家，亦爲儒學世家，斯其顯證。然此等天師道世家中多有出入佛教之人，惟皆爲對於其家傳信仰不能獨具勝解者也。至若對於其家傳之天師道之教義具有創闢勝解之人，如河北之清河崔浩者，當日之儒宗也，其人對於家傳之教義不僅篤信，且思革新，故一方結合寇謙之，「除去三張僞法，錢税及男女合氣之術」，一方利用拓拔燾毁滅佛教，（詳見魏書壹壹肆釋老志及同書貳伍崔浩傳、北史貳壹崔宏傳附浩傳。）尤爲特著之例。淵明之爲人雖與崔伯淵异，然其種姓出於世奉天師道之溪族，（見拙著魏書司馬叡傳江東民族條釋證及推論。）其關於道家自然之説别有進一步之創解（見下文），宜其於同時同地慧遠諸佛教徒之學説竟若充耳不聞也。淵明著作文傳於世者不多，就中最可窺見其宗旨者，莫如形影神贈答釋詩，至歸去來辭、桃花源記、自祭文等尚未能充分表示其思想，而此三首詩之所以難解亦由於是也。此三首詩實代表自曹魏末至東晉時士大夫政治思想人生觀演變之歷程及淵明己身創獲之結論，即依據此結論以安身立命者也。前已言魏末、晉初名士如嵇康、阮籍叔侄之流是自然而非名教者也，何曾之流是名教而非自然者也，山濤、王戎兄弟則老莊與周孔并尚，以自然名教爲兩是者也。其尚老莊是自然者，或避世，或禄仕，對於當時政權持反抗或消極不合作之態度，其崇尚周孔是名教者，則干世求進，對於當時政權持積極贊助之態度，故此二派之人往往互相非詆，其周孔老莊并崇，自然名教兩是之徒，則前日退隱爲高士，晚節急仕至達官，名利兼收，實最無耻之巧宦也。時移世易，又成來復之象，東晉之末葉宛如曹魏之季年，淵明生值其時，既不盡同嵇康之自然，更有异何曾之名教，且不主名教自然相同之説如山、王輩之所爲。蓋其己身之創解乃一種新自然説，與嵇、阮之舊自然説殊异，惟其仍是自然，故消極不與新朝合作，雖篇篇有酒（昭明太子陶淵明集序語），而無沈湎任誕之行及服食求長生之志。夫淵明既有如是創闢之勝解，自可以安身立命，無須乞靈於西土遠來之學説，而後世佛徒妄造物語，以爲附會，抑何可笑之甚耶？

兹取形影神贈答釋詩略釋之於下：

形影神（并序）

貴賤賢愚，莫不營營以惜生，斯甚惑焉。故極陳形影之苦，言神辨自然以釋之。好事君子，共取其心焉。

寅恪案，「惜生」不獨指舊日自然説者之服食求長生，亦兼謂名教説者孜孜爲善。立名不朽，仍是重視無形之長生，故所以皆苦也。兹言「神辨自然」，可知神之主張即淵明之創解，亦自然説也。今以新自然説名之，以别於中散等之舊自然説焉。

形贈影

天地長不没，山川無改時。草木得常理，霜露榮悴之。謂人最靈智，獨復不如兹！適見在世中，奄去靡歸期。奚覺無一人，親識豈相思？但餘平生物，舉目情淒洏。

寅恪案，此首淵明非舊自然説之言也。

寅恪案，此節言人生不如大自然之長久也。

詩又云：

我無騰化術，必爾不復疑。願君取吾言，得酒莫苟辭。

寅恪案，此詩結語謂主張舊自然説者求長生學神仙（主舊自然説者大都學神仙，至嵇叔夜以神仙非積學所致，乃一例外也。）爲不可能。但主舊自然説者如阮籍、劉伶諸人藉沈湎於酒，以圖苟全性命，或差可耳。此非舊自然説之言也。

影答形

寅恪案，託爲是名教者非舊自然説之言也。

存生不可言，衛生每苦拙。誠願游崑華，邈然兹道絶。

寅恪案，此數句承形贈影詩結語，謂長生不可期，神仙不可求也。

詩又云：

與子相遇來，未嘗异悲悦。憩蔭若暫乖，止日終不别。此同既難常，黯爾俱時滅。

寅恪案，此節申言舊自然説之非也。

詩又云：

身没名亦盡，念之五情熱。立善有遺愛，胡爲不自竭？

寅恪案，此託爲主張名教者之言，蓋長生既不可得，則惟有立名即立善可以不朽，所以期精神上之長生，此正周孔名教之義，與道家自然之旨迴殊，何曾、樂廣所以深惡及非笑阮籍、王澄、胡母輔之輩也。

神釋

寅恪案，此首之意謂形所代表之舊自然説與影所代表之名教説之兩非，且互相衝突，不能合一，但己身别有發明之新自然説，實可以皈依，遂託於神之言，兩破舊義，獨申創解，所以結束二百年學術思想之主流，政治社會之變局，豈僅淵明一人安身立命之所在而已哉！

> 大鈞無私力，萬理自森著。人爲三才中，豈不以我故。與君雖异物，生而相依附。結託善惡同，安得不相語。

寅恪案，此節明神之所以特貴於形影，實淵明之所自託，宜其作如是言也。或疑淵明之專神至此，殆不免受佛教影響，然觀此首結語「應盡便須盡，無復獨多慮」之句，則淵明固亦與范縝同主神滅論者。縝本世奉天師道，而淵明於其家傳之教義尤有所創獲，此二人同主神滅之説，必非偶然也。

又子真所著神滅論云：「若知陶甄稟於自然，森羅均於獨化，忽焉自有，怳爾而無，來也不禦，去也不追，乘乎天理，各安其性。」則與淵明神釋詩所謂「縱浪大化中，不喜亦不懼。應盡便須盡，無復獨多慮」。及歸去來辭所謂「聊乘化以歸盡，樂夫天命復奚疑」。等語旨趣符合。惟淵明生世在子真之前，可謂「孤明先發」（慧皎高僧傳贊美道生之語）耳。陶、范俱天師道世家，其思想冥會如此，故治魏晉南北朝思想史，而不究家世信仰問題，則其所言恐不免皮相，此點斯篇固不能詳論，然即依陶、范旨趣符同一端以爲例論而推之，亦可以思過半矣。

或疑陶公乞食詩「冥報以相貽」之句與釋氏之説有關，不知老人結草之物語實在佛教入中國之前，且釋氏冥報之義復由後世道家采入其教義，故淵明此語無論其爲詞彙問題，抑或宗教問題，若果涉宗教，則當是道教，未必爲佛教也。

詩又云：

三皇大聖人，今復在何處？

寅恪案，此反詰影所謂「身没名亦盡，念之五情熱。立善有遺愛，胡爲不自竭？」之語，乃非名教之説也。

詩又云：

彭祖壽永年，欲留不得住。老少同一死，賢愚無復數。

寅恪案，此非主舊自然説者長生求仙之論，兼非主名教説者立善不朽及遺愛之言也。

詩又云：

日醉或能忘，將非促齡具。

寅恪案，此駁形「得酒莫苟辭」之語，意謂主舊自然説者沈湎於酒，欲以全生，豈知其反傷生也。

詩又云：

立善常所欣，誰當爲汝譽？

寅恪案，此駁影「立善有遺愛，胡爲不自竭」之語，蓋既無譽者，則將何所遺耶？此非名教之言也。

詩又云：

> 甚念傷吾生，正宜委運去。縱浪大化中，不喜亦不懼。應盡便須盡，無復獨多慮。

寅恪案，此詩結語意謂舊自然說與名教說之兩非，而新自然說之要旨在委運任化。夫運化亦自然也，既隨順自然，與自然混同，則認己身亦自然之一部，而不須更別求騰化之術，如主舊自然說者之所爲也。但此委運任化，混同自然之旨自不可謂其非自然說，斯所以別稱之爲新自然說也。考陶公之新解仍從道教自然說演進而來，與後來道士受佛教禪宗影響所改革之教義不期冥合，是固爲學術思想演進之所必致，而淵明則在千年以前已在其家傳信仰中達到此階段矣，古今論陶公者旨未嘗及此，實有特爲指出之必要也。

又歸去來辭結語「聊乘化以歸盡，樂夫天命復奚疑。」乃一篇主旨，亦即神釋詩所謂「甚念傷吾生，正宜委運去。縱浪大化中，不喜亦不懼。應盡便須盡，無復獨多慮」之意，二篇主旨可以互證。又自祭文中「樂天委分，以至百年。」亦即神釋詩「正宜委運去」及「應盡便須盡」之義也。至文中「惟此百年，夫人愛之。懼彼無成，愒日惜時。存爲世珍，没亦見思。」乃影答形詩「身没名亦盡，念之五情熱。立善有遺愛，胡爲不自竭？」之意，蓋主名教說者之言，其下即接以「嗟我獨邁，曾是異兹。寵非己榮，涅豈吾緇？捽兀窮廬，酣飲賦詩。識運知命，疇能罔眷？余今斯化，可以無恨。」則言己所爲异趣，乃在「識運知命」，即「乘化歸盡，樂夫天命」之指，實以名教説爲非，可知淵明始終是天師教信徒，而道教爲自然主義。淵明雖异於嵇、阮之舊自然説，但仍不離自然主義，殊無可疑也。

又弘明集伍釋慧遠沙門不敬王者論出家二云：

其爲教也，達患累緣於有身，不存身以息患，知生生由於禀化，不順化以求宗。

是則與淵明所得持任生委運乘化樂天之宗旨完全相反，陶令絶對未受遠公佛教之影響益可證明矣。

又遠公此論之在家一中「是故因親以教愛，使民知有自然之恩，因嚴以教敬，使民知有自然之重。」及體極不兼應四中「常以爲道法之與名教，如來之與堯孔，發致雖殊，潛相影響，出處誠异，終期則同。」等語，仍是東晋名士自然與名教相同之流行言論，不過遠公以釋迦易老莊耳。淵明宗旨實有异於此，斯又陶令思想與遠公無關之一證也。

復次，桃花源記爲描寫當時塢壁之生活，而加以理想化者，非全無根據之文也。詳見拙著桃花源記旁證及魏書司馬叡傳江東民族條釋證及推論，兹不備及。惟有一事特可注意者，即淵明理想中之社會無君臣官長尊卑名分之制度，王介甫桃源行「雖有父子無君臣」之句深得其旨，蓋此文乃是自然而非名教之作品，藉以表示其不與劉寄奴新政權合作之意也。

又五柳先生傳爲淵明自傳之文。文字雖甚短，而述性嗜酒一節最長。嗜酒非僅實録，如見於詩中飲酒止酒述酒及其關涉酒之文字，乃遠承阮、劉之遺風，實一種與當時政權不合作態度之表示，其是自然非名教之意顯然可知，故淵明之主張自然，無論其爲前人舊説或己身新解，俱與當日實際政治有關，不僅是抽象玄理無疑也。

取魏晋之際持自然説最著之嵇康及阮籍與淵明比較，則淵明之嗜酒禄仕，及與劉宋諸臣王弘、顔延之交際往來，得以考終牖下，固與嗣宗相似，然如咏荆軻詩之慷慨激昂及讀山海經詩精衛刑天之句，情見乎詞，則又頗近叔夜之元直矣。總之，淵明政治上之主張，沈約宋書淵明傳所謂「自以曾祖晋世宰輔，恥復屈身异代，自〔宋〕高祖王業漸隆，不復肯仕。」最爲可信。與嵇康之爲曹魏國姻，因而反抗司馬氏者，正復相同。此嵇、陶符同之點實與所主張之自然説互爲因果，蓋研究當時士大夫之言行出處者，必以詳知其家世之姻族連繫及宗教信仰二事爲先決條件，此爲治史者之常識，無待贅論也。近日梁啓超氏於其所撰陶淵明之文藝及其品格一文中謂：「其實淵明只是看不過當日仕途混濁，不屑與那些熱官爲伍，倒不在乎劉裕的王業隆與不隆。」「若説所争在甚麼姓司馬的，未免把他看小了。」及「宋以後批評陶詩的人最恭維他恥事二姓，這種論調我們是最不贊成的。」斯則任公先生取己身之思想經歷，以解釋古人之志尚行動，故按諸淵明所生之時代，所出之家世，所遺傳之舊教，所發明之新説，皆所難通，自不足據之以疑沈休文之實録也。

又淵明雖不似主舊自然説者之求長生學神仙，然其天師道之家傳信仰終不能無所影響，其讀山海經詩云：「泛覽周王傳，流觀山海圖。」蓋穆天子傳、山海經俱屬道家秘籍，而爲東晋初期人郭璞所注解，景純不是道家方士，故篤好之如此，淵明於斯亦習氣未除，不覺形之吟咏，不可視同偶爾興懷，如咏荆軻、咏三良、讀史述、扇上畫贊之類也。茲論淵明思想，因并附及之，以求教於讀陶詩者。

今請以數語概括淵明之思想如下：

淵明之思想爲承襲魏晋清談演變之結果及依據其家世信仰道教之自然説而創改之新自然説。惟其爲主自然説者，故非名教説，并以自然與名教不相同。但其非名教之意僅限於不與當時政治勢力合作，而不似阮籍、劉伶輩之佯狂任誕。蓋主新自然説者不須如主舊自然説之積極抵觸名教也。又新自然説不似舊自然説之養此有形之生命，或别學神仙，惟求融合精神於運化之中，即與大自然爲一體。因其如此，既無舊自然説形骸物質之滯累，自不致與周孔入世之名教説有所觸礙。故淵明之爲人實外儒而内道，捨釋迦而宗天師者也。推其造詣所極，殆與千年後之道教采取禪宗學説以改進其教義者，頗有近似之處。然則就其舊義革新，「孤明先發」而論，實爲吾國中古時代之大思想家，豈僅文學品節居古今之第一流，爲世所共知者而已哉！

（一九四五年哈佛燕京學社在成都出版單行本）

書魏書蕭衍傳後

魏書玖捌島夷蕭衍傳云：

衍每募人出戰，素無號令，初或暫勝，後必奔背。〔侯〕景宣言曰：城中非無菜，但無醬耳。以戲侮之。

寅恪案，梁武晚歲，用北來降人爲將，實出於不得已。此端寅恪於「述東晋王導之功業」一文中，附論及之，（見中山大學學報社會科學版一九五六年第壹期。并可參高教部油印拙著兩晋南北朝史參考資料中江東統治階級之轉移章。）可不詳述。惟臺城被圍時，其守禦之良將，乃北來降人之羊侃。侃守城之事迹，并侃殁，而城不能守之悲劇，詳見梁書叁玖及南史陸叁羊侃傳。史傳備具，不須贅引。兹僅録侃同時人所言者於下，以供旁證。

顏之推顏氏家訓慕賢篇云：

侯景初入建業，臺門雖閉，公私草擾，各不自全。太子左衛率羊侃坐東掖門，部分經略，一宿皆辦，遂得百餘日，抗拒兇逆。於時城内四萬許人，王公朝士，不下一百，便是恃侃一人安之，其相去如此。

周書肆壹庾信傳哀江南賦云：

尚書多算，（寅恪案，羊侃時爲都官尚書。）守備是長。雲梯可拒，地道能防。有齊將之閉壁，無燕帥之卧墻。大事去矣，人之云亡。

然則，臺城被圍時，城中有兵卒無將帥之情況，可以證知。故侃既死，而臺城不能守矣。其成爲問題者，即（一）侯景所言「醬」「菜」之解釋。（二）造作此戲侮之語者，究出自何人？「醬」與「將」同聲，可不必論。「菜」即指「兵卒」之「卒」而言。但菜爲去聲，卒爲入聲，何以同讀？必有待發之覆。檢南史捌拾王偉傳（參梁書伍陸侯景傳）云：

王偉，其先略陽人。父略，仕魏爲許昌令，因居潁川。偉學通周易，雅高辭采，仕魏爲行臺郎。〔侯〕景叛後，高澄以書招之。偉爲景報澄書，其文甚美。澄覽書曰：誰所作也？左右稱偉之文。澄曰：才如此，何由不早使知邪？偉既協景謀謨，其文檄并偉所製，及行簒逆，皆偉創謀也。

寅恪案，王偉雖稱陳留人，其家世實出略陽。據北齊書叁伍裴讓之傳附弟讞之傳（參北史叁捌裴佗傳附子讞之傳）云：

楊愔每稱嘆云：河東士族，京官不少，唯此家兄弟，（寅恪案，謂裴讓之、諏之、讞之兄弟也。）全無鄉音。

及北史捌壹儒林傳上李業興傳略云：

李業興，上黨長子人也。祖虯，父玄紀，并以儒學舉孝廉。業興家世農夫，雖學殖，而舊音不改。梁武問其宗門多少？答曰：薩四十家。使還，孫騰謂曰：何意爲吴兒所笑？對曰：業興猶被笑，試遣公去，當着被罵。

可知當日北方文儒之士，語言多雜方音，王偉家世既出自略陽，其語言當不免雜有鄉土之音。陸法言切韵序云：

秦隴則去聲爲入。

略陽正是秦隴地域，王偉若用其家世鄉土之音，則讀「卒」爲「菜」，固所當然也。（寅恪案，錢大昕廿二史考异貳陸梁書蘭欽傳云：「西魏祖宇文黑泰（并可參同書同卷侯景傳西求救於黑泰條），本名黑獺，獺泰聲相近。」然則竹汀似猶未解當時秦隴讀入爲去之原則，而「聲相近」三字含糊了之也。）况侯景本非清流，自不能作此雅謔，以戲侮梁武。偉爲景之謀主，「城中非無菜，但無醬耳」之言，其爲偉所造作，當無疑義。寅恪嘗論切韵與史實之關係，（見嶺南學報第玖卷第貳期拙著「從史實論切韵」。）師丹老而健忘，未及取證魏書此傳。今爲記之，并不避重録昔日文中所引裴李兩傳之嫌，以資説明，藉補舊稿之疏漏，近代學人有以秦之先世「栢翳」及「伯益」一端（見史記伍），以證法言序者，亦頗精確。但似不如取伯起所記梁末之事，以證法言隋初之語者，具有時代性，更較適切也。鄙説如此，然歟？否歟？特舉出之，以求教於當世審音治史之君子。

（原載中山大學學報一九五八年第壹期）

讀哀江南賦

古今讀哀江南賦者衆矣，莫不爲其所感，而所感之情，則有淺深之异焉。其所感較深者，其所通解亦必較多。蘭成作賦，用古典以述今事。古事今情，雖不同物，若於异中求同，同中見异，融會异同，混合古今，别造一同异俱冥，今古合流之幻覺，斯實文章之絶詣，而作者之能事也。自來解釋哀江南賦者，雖於古典極多詮説，時事亦有所徵引。然關於子山作賦之直接動機及篇中結語特所致意之點，止限於詮説古典，舉其詞語之所從出，而於當日之實事，即子山所用之「今典」，似猶有未能引證者。故兹篇僅就此二事論證，其他則不并及云。

上

解釋詞句，徵引故實，必有時代限斷。然時代劃分，於古典甚易，於「今典」則難。蓋所謂「今典」者，即作者當日之時事也。故須考知此事發生必在作此文之前，始可引之，以爲解釋。否則，雖似相合，而實不可能。此一難也。此事發生雖在作文以前，又須推得作者有聞見之可能。否則其時即已有此事，而作者無從取之以入其文。此二難也。質言之，解釋哀江南賦之「今典」，先須考定此賦作成之年月。又須推得周陳通好，使命往來，南朝之文章，北使之言語，子山實有聞見之可能，因取之入文，以發其哀感。請依次論之。

周書肆壹庾信傳哀江南賦序云：

中興道銷，窮於甲戌。

又云：

天道周星，物極不反。

賦云：

況復零落將盡，靈光歸然。日窮於紀，歲將復始。逼切危慮，端憂暮齒。踐長樂之神皐，望宣平之貴里。

寅恪案，西魏之取江陵在梁元帝承聖三年甲戌，即西魏恭帝元年（五五四年）。歲星一周，爲周武帝天和元年丙戌，即陳文帝天嘉七年（五六六年），是歲子山年五十三，（詳倪璠庾子山年譜。倪氏雖有舛誤遺漏之處，然與兹所論證無涉者，均不置辨。）雖或可云暮齒，然是年王褒未卒（見周書肆壹北史捌叁王褒傳），子山入關與石泉齊名，苟子淵健在，必不宜有「靈光歸然」之語，明矣。若歲星再周，則爲周武帝宣政元年戊戌，即陳宣帝太建十年（五七八年）。

是年子山已由洛州刺史，徵還長安，爲司宗中大夫，年已六十五歲，即符暮齒之語。且其時王襃已逝，靈光獨存。任職司宗，身在長安，亦與踐望長樂宣平等句尤合。又據其「日窮於紀，歲將復始」之語，則哀江南賦作成之時，其在周武帝宣政元年十二月乎？（是時周武帝已崩。宣帝即位，尚未改元。）

此賦作成之年月既考定，則時事之在此斷限以前，論其性質，苟爲子山所得聞見者，固可徵引以解釋此賦也。

自陳毛喜進陳、周和好之策，南北使命屢通。其事之見載於陳、周書及南北史諸紀傳者甚衆，不須備引。玆僅録陳書貳玖毛喜傳（南史陸捌毛喜傳，通鑑壹陸捌陳文帝天嘉元年條略同。）一條，以見陳、周通好之原起於下：

及江陵陷，喜及高宗俱遷關右。世祖即位，喜自周還，進和好之策。朝廷乃遣周弘正等通聘。及高宗反國，喜於郢州奉迎。又遣喜入關，以家屬爲請。周冢宰宇文護執喜手曰：能結二國之好者，卿也。仍迎柳皇后及後主還。天嘉三年至京師。

陳、周既通好，流寓之士各許還國。子山本欲南歸，而陳朝又以子山爲請。周書肆壹庾信傳（北史捌叁文苑傳庾信傳同）云：

時陳氏與朝廷通好，南北流寓之士，各許還其舊國。陳氏乃請王襃及信等十數人。高祖惟放王克、殷不害等，信及褒并留而不遣。

陳書叁貳孝行傳殷不害傳（南史柒肆孝義傳殷不害傳同）略云：

與王褒、庾信俱入長安。太建七年，自周還朝。

倪魯玉注北史庾信傳據此云：

是陳氏請褒及信在太建七年，周武帝之建德四年也。

寅恪案，周書伍高祖紀上（北史拾周本紀下，通鑑壹陸捌陳文帝天嘉二年六月條同。）云：

〔保定元年〕六月乙酉，遣治御正殷不害等使於陳。

此殷不害與陳書孝行傳及南史孝義傳之殷不害當是一人。考周武帝保定元年即陳文帝天嘉二年（五六一年），尚在周武帝建德四年即陳宣帝太建七年（五七五年）之前十四年。周書北史本紀等所載之年月，雖顯與陳書南史殷不害傳不合，然殷不害之爲周武帝所遣還，則無可疑也。又王克事附見南史貳叁王彧傳，不載其自周還陳始末及年月。惟陳書壹玖沈炯傳（南史陸玖沈炯傳略同）云：

少日，便與王克等并獲東歸。紹泰二年至都，除司農卿。

寅恪案，梁敬帝紹泰二年，即西魏恭帝三年（五五六年）。下距周武帝建德四年，更早十九年，則非在周武帝之世明矣。史傳之文先後參錯，雖不易確定，然可藉是推知二十年間陳、周通好，沈炯、王克、殷不害之徒，先後許歸舊國。惟子山與子淵數輩爲周朝歷世君主所不遣放，亦不僅武帝一人欲羈留之也。今史文雖有差异，然於此可不置論。所應注意者，即此二十年間流寓關中之南士，屢有東歸之事，而子山則屢失此機緣。不但其思歸失望，哀怨因以益甚。其前後所以圖歸不成之經過，亦不覺形之言語，以著其憤慨。若非深悉其内容委曲者，哀江南賦哀怨之詞，尚有不能通解者矣。又子山圖歸舊國之心既切，則陳使之來，周使之返，苟蒙允許，必殷勤訪詢。南朝之消息，江左之文章，固可以因緣聞見也。北史捌叁文苑傳王褒傳（周書肆壹王褒傳略同）云：

> 初，褒與梁處士汝南周弘讓相善。及讓兄弘正自陳來聘，〔武〕帝許褒等通親知音問，褒贈弘讓詩并書焉。（周書兼載弘讓復書。）

史所謂「褒等」自指子山之流。今庾子山集肆如別周尚書弘正，送別周尚書弘正二首，重別周尚書二首等詩，俱可據以證知也。

復次，當時使者往來，其應對言辭，皆有紀録。以供返命後留呈參考。如後來趙宋時奉使遼金者，所著行程語録之比。今宋書肆陸南史叁貳張暢傳，魏書伍叁北史叁叁李孝伯傳，所載暢與孝伯彭城問答之語，即依據此類語録撰成者也。子山既在關中，位望通顯，朝貴復多所交親，此類使臣語録，其關切己身者，自必直接或間接得以聞見。然則當日使臣傳佈之江左篇章及其將命應對之語録，苟在哀江南賦作成以前者，固可據之以爲賦中詞句之印證，實於事理無所不合也。

下

陳書壹玖沈炯傳（南史陸玖沈炯傳略同）略云：

少日，便與王克等并獲東歸。紹泰二年至都，除司農卿。文帝又重其才用，欲寵貴之。會王琳入寇大雷，留异擁據東境。帝欲使炯因是立功，乃解中丞，加明威將軍，遣還鄉里，收合徒衆。以疾卒於吳中，時年五十九。

陳書叁世祖紀（南史玖陳本紀上、陳書叁伍、南史捌拾留异傳、通鑑壹陸柒及壹陸捌陳紀略同。）云：

〔陳武帝永定三年〕十一月乙卯，王琳寇大雷，詔遣太尉侯瑱、司空侯安都、儀同徐度率衆以禦之。

〔陳文帝天嘉二年十二月〕先是，縉州刺史留异應於王琳等反。丙戌，詔司空侯安都率衆討之。

據此，沈初明卒年當在陳武帝永定三年，即周明帝武成元年（五五九年）。初明以梁敬帝紹泰二年即西魏恭帝三年（五五六年）由長安還建康。其南歸僅四歲，即逝世也。檢藝文類聚貳柒及柒玖俱載有初明所製歸魂賦。其序云：「余自長安反，乃作歸魂賦。」是知歸魂賦作成之年必在紹泰二年（是年九月朔改元太平）梁尚未禪陳之時，即或稍後，亦不能逾永定三年之時限，則不待言也。（史言初明卒年五十九。據歸魂賦云：「嗟五十之逾年，忽流離於凶忒。」則其卒年似不止五十九也。兹以與此篇無關，故不考辨。）今觀歸魂賦，其體制結構固與哀江南賦相類，其内容次第亦少差异。至其詞句如「而大盗之移國」，「斬蚩尤之旗」，「去莫敖之所縊」，「但望斗而觀牛」等，則更符同矣。頗疑南北通使，江左文章本可以流傳關右，何况初明失喜南歸之作，尤爲子山思歸北客所亟欲一觀者耶？子山殆因緣機會，得見初明此賦。其作哀江南賦之直接動機，實在於是。注哀江南賦者，以楚辭招魂之「魂兮歸來哀江南」一語，以釋其命名之旨。雖能舉其遺詞之所本，尚未盡其用意之相關。是知古典矣，猶未知「今典」也。故讀子山之哀江南賦者，不可不并讀初明之歸魂賦。深惜前人未嘗論及，遂表而出之，以爲讀哀江南賦者進一解焉。

又周書北史庾信傳并云：

信雖位望通顯，常有鄉關之思。乃作哀江南賦，以致其意云。

是其賦末結語尤爲其意旨所在。「豈知霸陵夜獵，猶是故時將軍。咸陽布衣，非獨思歸王子。」二句，非僅用李將軍楚王子之古典也，亦用當時之「今典」焉。倪注釋將軍句云：「謂己猶是故左衛將軍也。」是誠能知「今典」矣。而釋王子句，乃泛以梁國子孫之客長安者爲說，是猶未達一間也。檢北史柒拾杜杲傳（周書叁玖杜杲傳略同）略云：

初，陳文帝弟安成王頊爲質於梁，及江陵平，頊隨例遷長安。陳人請之，周文帝許而未遣。至是，〔武〕帝欲歸之，命杲使焉。陳文帝大悦，即遣使報聘，并賂黔中數州地，仍請畫界分疆，永敦鄰好。以杲奉使稱旨，進授都督，行小御伯，更往分界。陳於是歸魯山郡。〔武〕帝乃拜頊柱國大將軍，詔杲送之還國。陳文帝謂杲曰：家弟今蒙禮遣，實是周朝之惠。然不還魯山，亦恐未能及此。杲答曰：安成之在關中，乃咸陽一布衣耳。然是陳之介弟，其價豈止一城？建德初，授司城中大夫，仍使於陳。〔陳〕宣帝謂杲曰：長湖公軍人等雖築館處之，然恐不能無北風之戀。王褒、庾信之徒既羈旅關中，亦當有南枝之思耳。杲揣陳宣意，欲以元定軍將士易王褒等，乃答之曰：長湖總戎失律，臨難苟免，既不死節，安用此爲？且猶牛之一毛，何能損益。本朝之議，初未及此。陳宣帝乃止。

寅恪案，哀江南賦致意之點，實在於此。杜杲使陳語録，必爲子山直接或間接所知見。若取此當時之「今典」，以解釋「王子」之句，則尤深切有味，哀感動人。并可見子山作賦，非徒泛用古典，約略比擬。必更有實事實語，可資印證者在，惜後人之不能盡知耳。然則哀江南賦豈易讀哉！

（原載一九四一年昆明清華學報第壹叁卷第壹期）

論隋末唐初所謂「山東豪傑」

隋末唐初之史乘屢見「山東豪傑」之語，此「山東豪傑」者乃一胡漢雜糅，善戰鬥，務農業，而有組織之集團，常爲當時政治上敵對兩方争取之對象。兹略引史料，稍爲證明，并設一假説，以推測其成立之由來，或可供研治吾國中古史者之參考歟？

今爲證釋便利計，姑分别爲（一）竇建德、劉黑闥等，（二）翟讓、徐世勣等，及（三）青、齊、徐、兖諸豪雄等三類，次第叙述之如下：

新唐書捌伍竇建德傳云：

竇建德，貝州漳南人。世爲農。自言漢景帝太后父安成侯充之苗裔。

同書捌陸劉黑闥傳略云：

劉黑闥，貝州漳南人。與竇建德少相友。〔王世充〕以其武健，補馬軍總管。〔後竇〕建德用爲將。建德有所經略，常委以斥候，陰入敵中，覘虚實，每乘隙奮奇兵，出不意，多所摧克，軍中號爲神勇。

舊唐書陸拾廬江王瑗傳略云：

時隱太子建成將有异圖，外結於瑗。及建成誅死，瑗乃舉兵反。〔王〕利涉曰：山東之地，先從竇建德，酋豪首領，皆是僞官，今并黜之，退居匹庶，此人思亂，若旱苗之望雨。王宜發使復其舊職，各於所在遣募本兵，諸州儻有不從，即委隨便誅戮。此計若行，河北之地可呼吸而定也。

資治通鑑壹玖拾唐高祖武德五年十二月壬申〔劉黑闥〕衆遂大潰條考异引太宗實録云：

〔劉〕黑闥重反，高祖謂太宗曰：前破黑闥，欲令盡殺其黨，使空山東，不用吾言，致有今日。及隱太子征闥，平之，將遣唐儉往，使男子十五已上悉阬之，小弱及婦女總驅入關，以實京邑。

全唐文柒肆肆殷侔竇建德碑略云：

自建德亡，距今已久遠，山東河北之人或尚談其事，且爲之祀，知其名不可滅，而及人者存也。聖唐大和三年，魏州書佐殷侔過其廟下，見父老群祭，駿奔有儀，「夏王」之稱猶紹於昔。

寅恪案，竇建德、劉黑闥等徒黨爲隋末唐初間最善戰鬥而有堅固組織之集團，實是唐室之勍敵，高祖「欲令盡殺其黨，使空山東」，疑真有其事，司馬君實不信太宗實録之記載，以爲史臣歸美太宗之詞，鄙見太宗蓋别有用意，欲利用此集團，爲其政治上之工具，如後來與建成、元吉决鬥時，遣張亮往洛陽招引「山東豪傑」以爲己助之例耳。觀殷侔之碑文，知竇建德死後逾二百年，其勢力在舊地猶若此，與後來安禄山、史思明死後，其勢力終未衰歇，而成唐代藩鎮之局者，似頗相類（詳見拙著唐代政治史述論稿上篇），其必有民族特殊性存乎其間，可以推知也。竇建德自言出於漢代外戚之竇氏，實則鮮卑紇豆陵氏之所改（見新唐書柒壹下宰相世系表竇氏條），實是胡種也。劉黑闥之劉氏爲胡人所改漢姓之最普遍者，其「黑闥」之名與北周創業者宇文黑獺之「黑獺」同是一胡語，然則劉黑闥不獨出於胡種，其胡化之程度蓋有過於竇建德者矣。其以武健見賞於王世充，任馬軍總管，又在竇建德軍中常爲斥候，以神勇著稱，此正胡人專長之騎射技術，亦即此集團的戰鬥力所以特强之故，實與民族性有關，決非偶然也。至竇建德之「世爲農」及張亮之「以農爲業」（見後引舊唐書陸玖張亮傳）與王利涉言欲令竇建德部下「酋豪首領各於所在遣募本兵」，實有相互之關係，最爲可注意之點，俟後論之，兹姑不涉及。

此集團中翟讓、徐世勣一系統在唐初政治上最居重要地位，兹稍多移録有關史料，綜合論之於下：

舊唐書伍叁李密傳略云：

李密，本遼東襄平人。魏司徒弼曾孫。後周賜弼姓徒何氏。祖曜，周太保、魏國公。父寬，隋上柱國、蒲山公，皆知名當代。密説〔翟〕讓曰：明公以英傑之才，而統驍雄之旅，宜當廓清天下，誅翦群凶，豈可求食草間，常爲小盗而已？讓曰：僕起隴畝之間，望不至此。柴孝和説密曰：秦地阻山帶河，西楚背之而亡，漢高都之而霸。如愚意者，令〔裴〕仁基守迴洛，翟讓守洛口，明公親簡精鋭，西襲長安，百姓孰不郊迎？必當有征無戰。既剋京邑，業固兵强，方更長驅崤函，掃蕩東洛，傳檄指撝，天下可定。但今英雄競起，實恐他人我先，一朝失之，噬臍何及？密曰：君之所圖，僕亦思之久矣，誠乃上策。但昏主尚存，從兵猶衆，我之所部，并是山東人，既見未下洛陽，何肯相隨西入？諸將出於群盗，留之各競雄雌。若然者，殆將敗矣。

新唐書玖叁李勣傳略云：

李勣，曹州離狐人。本姓徐氏。客衛南。家富，多僮僕，積粟常數千鍾。與其父蓋皆喜施貸，所周給無親疏之間。隋大業末，韋城翟讓爲盗，勣年十七，往從之。武德二年，〔李〕密歸朝廷，其地東屬海，南至江，西直汝，北抵魏郡，勣統之，未有所屬。乃録郡縣户口以啓密，請自上之。詔授黎州總管，封萊國公。賜姓，附宗正屬籍，徙封曹，封蓋濟陰王。從秦王伐東都，戰有功。平〔竇〕建德，俘〔王〕世充，乃振旅還，秦王爲上將，勣爲下将，皆服金甲，乘戎輅，告捷於廟。又從破劉黑闥、徐圓朗，圓朗復反，詔勣爲河南大總管，討平之。帝（太宗）疾，謂太子（高宗）曰：爾於勣無恩，今以事出之，我死，宜即授以僕射，彼必致死力矣。

大唐新語捌聰敏類云：

賈嘉隱，年七歲，以神童召見。時太尉長孫無忌、司空李勣於朝堂立語。李戲之曰：吾所倚者何樹？嘉隱對曰：松樹。李曰：此槐也，何忽言松？嘉隱曰：以公配木則爲松樹。無忌連問之曰：〔吾〕所倚者何樹？嘉隱曰：槐樹。無忌曰：汝不能復矯對耶？嘉隱應聲曰：何須矯對？但取其以鬼配木耳。勣曰：此小兒作獠面，何得如此聰明？嘉隱又應聲曰：胡面尚爲宰相，獠面何廢聰明？勣狀貌胡也。

舊唐書陸肆隱太子傳略云：

及劉黑闥重反，王珪、魏徵謂建成曰：願請討之，且以立功，深自封植，因結山東英俊。建成從其計。及〔太宗〕將行（往洛陽），建成、元吉相謀曰：秦王今往洛陽，既得土地甲兵，必爲後患。留在京師制之，一匹夫耳。密令數人上封事曰：秦王左右多是東人，聞往洛陽，非常欣躍，視其情狀，自今一去，不作來意。高祖於是遂停。

同書陸玖張亮傳略云：

張亮，鄭州滎陽人也。素寒賤，以農爲業。大業末，李密略地滎、汴，亮仗策從之，署驃騎將軍，隸於徐勣。後房玄齡、李勣薦之於太宗，引爲秦府車騎將軍，委以心膂。會建成、元吉將起難，太宗以洛州形勝之地，一朝有變，將出保之，遣亮之洛陽，統左右王保等千餘人，陰引山東豪傑以俟變，多出金帛，恣其所用。元吉告亮欲圖不軌，坐是屬吏，亮卒無所言，事釋，遣還洛陽。及建成死，授懷州總管，封長平郡公。

同書陸捌尉遲敬德傳略云：

隱太子、巢刺王元吉將謀害太宗，密致書以招敬德，仍贈以金銀器物一車。敬德辭，尋以啓聞，太宗曰：送來但取，寧須慮也。且知彼陰計，足爲良策。

同書同卷張公謹傳略云：

張公謹，魏州繁水人也。初爲王世充洧州長史。武德元年，與王世充所署洧州刺史崔樞以州城歸國。初未知名，李勣驟薦於太宗，乃引入幕府。〔武德九年〕六月四日，公謹與長孫無忌等九人伏於玄武門以俟變。及斬建成、元吉，其黨來攻玄武門，兵鋒甚盛。公謹有勇力，獨閉關以拒之。以功累授左武侯將軍，封定遠郡公。

巴黎圖書館藏敦煌寫本李義府撰常何碑略云：

公諱□，字□□，其先居河内温縣，迺祖游陳留之境，因徙家焉，今爲汴州浚儀人也。〔公〕傾產周窮，捐生拯難，嘉賓狎至，俠侶争歸。既而炎靈將謝，政道云衰，黑山競結，白波潛駭，爰顧宗姻，深憂淪溺。鄉中豪傑五百餘人以公誠信早彰，譽望所集，互相糺率，請爲盟主。李密擁兵敖庾，枕威河曲，廣集英彦，用託爪牙，乃授公上柱國雷澤公。尋而天歷有歸，聖圖斯啓，自參墟而鳳舉，指霸川而龍躍。公智叶陳、張，策逾荀、賈，料安危之勢，審興亡之迹，抗言於密，請歸朝化。密竟奉謁丹墀，升榮紫禁，言瞻彼相，實賴於公，既表忠圖，爰膺厚秩，授清義府驃騎將軍上柱國雷澤公。密奉詔綏撫山東，公又以本官隨密，密至函城之境，有背德之心，公既知逆謀，乃流涕極諫，密憚公强正，遂不告而發，軍敗牛關之側，命盡熊山之陽。公徇義莫從，獻忠斯阻，欲因機以立効，聊枉尺以直尋，言造王充，冀傾瀍洛，爲充所覺，奇計弗成，率充内營左右去逆歸順。高祖嘉其變通，尚其英烈，臨軒引見，特申優奬，授車騎將軍。徐員朗竊據沂、兗，稱兵淮、泗，龜蒙積沴，蜂午挺妖，公與史萬寶并力攻圍，應期便陷。方殄餘噍，奉命旋師，令從隱太子討平河北。又與曹公李勣窮追員朗，賊平，留鎮於洧州。〔武德〕七年，奉太宗令追入京，賜金刀子一枚，黄金卅挺，令於北門領健兒長上，仍以數十金刀子委公錫驍勇之夫，趨奉藩朝，參聞霸略，承解衣之厚遇，申繞帳之深誠。九年六月四日令摠北門之寄。

舊唐書柒壹魏徵傳略云：

魏徵，鉅鹿曲城人也。父長賢，北齊屯留令。及〔李〕密敗，徵隨密來降，至京師，久不見知，自請安輯山東，乃授秘書丞，驅傳至黎陽。時徐世勣尚爲李密擁衆，徵與世勣書。世勣得書，遂定計遣使歸國。嘗密薦中書侍郎杜正倫及吏部尚書侯君集有宰相之材。徵卒後，正倫以罪黜，君集犯逆伏誅，太宗始疑徵阿黨。徵又自録前後諫諍言辭往復，以示史官起居郎褚遂良，太宗知之，愈不悦。先許以衡山公主降其長子叔玉，於是手詔停婚，顧其家漸衰矣。

新唐書玖柒魏徵傳云：

〔太宗〕即位，拜諫議大夫，封鉅鹿縣男。當是時，河北州縣素事隱、巢者不自安，往往曹伏思亂。徵白太宗曰：不示至公，禍不可解。帝曰：爾行安喻河北。道遇太子千牛李志安、齊王護軍李思行傳送京師，徵與其副謀曰：屬有詔，宫府舊人普原之。今復執送志安等，誰不自疑者？吾屬雖往，人不信。即貸而後聞。使還，帝悦。

北史伍陸魏長賢傳云：

魏長賢，收之族叔也。

元和郡縣圖志壹陸河北道澶州臨黄縣條云：

魏長賢墓在縣北十五里。貞觀七年，追贈定州刺史，即徵父也。

同書壹柒河北道恒州鼓城縣條云：

魏收墓在縣北七里。後魏、北齊貴族諸魏皆此邑人也。所云鉅鹿曲陽人者是也。

新唐書柒貳中宰相世系表魏氏條云：

館陶魏氏。長賢北齊屯留令。徵相太宗。

全唐詩第柒函高適三君咏并序云：

開元中，適游於魏郡，郡北有故太師〔魏〕鄭公舊館。

舊唐書柒拾杜正倫傳云：

杜正倫，相州洹水人也。隋仁壽中，與兄正玄、正藏俱以秀才擢第。隋代舉秀才止十餘人，正倫一家有三秀才，甚爲當時稱美。

同書陸玖侯君集傳略云：

侯君集，豳州三水人也。貞觀四年，遷兵部尚書。明年（貞觀十二年），拜吏部尚書。君集出自行伍，素無學術，及被任遇，方始讀書。典選舉，定考課，出爲將領，入參朝政，并有時譽。十七年，張亮以太子詹事出爲洛州都督，君集激怒亮曰：何爲見排？亮曰：是公見排，更欲誰冤？君集曰：我平一國還，觸天子大嗔，何能仰排？因攘袂曰：鬱鬱不可活，公能反乎？當與公反耳。亮密以聞。承乾在東宫，恐有廢立，又知君集怨望，遂與通謀。及承乾事發，君集被收，遂斬於四達之衢，籍没其家。

綜觀上引史料，可得而論者，約有四端：

（一）翟讓、徐世勣之系統人物實以洛陽爲其政治信仰之重心。觀李密答柴孝和之言，知密所以力攻王世充，争取洛陽，卒以此敗亡者，蓋有不得已之苦衷也。唐太宗之實力在能取得洛陽，撫用此系統人物，而獲其輔助之效也。當太宗與建成、元吉決鬥於長安之時，秦王府中雖多山東豪傑，然洛陽爲其根據地，更遣張亮、王保等往保之，廣事招引，以增加其勢力。既不慮長安秦府中「山東人」之離心（見上引舊唐書隱太子傳），又爲在長安萬一失敗，可以作避亂及復興之預備。斯太宗與李密雖同屬關隴六鎮集團，同利用此系統之人物以爲其主力，然此二并世英傑所以成敗互异者，即太宗能保有洛陽以爲基地，而李密不能攻取東都，失去此輩豪傑政治信仰之故也。

（二）武德九年六月四日玄武門之事變爲太宗一生中最艱苦之奮鬥，其對方之建成、元吉亦是智勇俱備之人，謀士鬥將皆不減於秦府左右，其結果則太宗勝而建成、元吉敗者，其關鍵實在太宗能利用守衛宮城要隘玄武門之山東豪傑，如常何輩，而常何者兩唐書無專傳，其姓名唯附見於兩書馬周傳及舊唐書叁太宗紀下貞觀十八年十一月張亮以舟師攻高麗事中，（新唐書柒伍上宰相世系表常氏條不載何之名。）其本末不詳久矣。近世敦煌石室發見寫本中有李義府撰常何碑文，義府奸佞而能文之人也，此文亦久佚，然爲最佳之史料，寅恪昔年草唐代政治史述論稿時，嘗於上篇論述玄武門事變曾一及之，今稍詳録其文，以資推究。據碑文，知何之家世及少時所爲蓋同於徐世勣，而其與世勣之關係復頗似張亮、張公謹，又嘗從建成平定河北，故建成亦以舊部視之而不疑，豈意其「趍奉藩朝，參聞霸略」耶？觀太宗既賜何以金挺，復以數十金刀子委何以錫守衛玄武門驍勇之夫，則是用金寶買通玄武門守衛將士，此與建成、元吉之以金銀器物贈與尉遲敬德者，抑何以异？此蓋當時兩方習用之策略也。職是之故，太宗能於武德九年六月四日預伏其徒黨於玄武門，而守衛將士亦竟不之發覺，建成、元吉雖先有警告，而不以爲意者，殆必以常何輩守衛玄武門之將士至少非太宗之黨徒也。碑文所謂「九年六月四日令揔北門之寄」。則此事變中何地位之重要及其功績之偉大，據是可推知矣。張公謹與張亮俱用徐世勣之薦，而爲太宗心膂，其屬於世勣系統，固不待言，當此事變迫急之時，公謹能獨閉宮門，以拒東宮齊府死黨之來攻，因得轉危爲安，其勇力可以想見，此亦山東豪傑集團特點之一也。張亮在此系統中地位甚高，或亦徐世勣之亞，故太宗委以保據洛陽，招引山東豪傑之重任。然其人「素寒賤，以農爲業」。則與翟讓所謂「僕起隴畝之間」（見上引舊唐書李密傳），正復相同。此輩乃農民武裝集團，依此可以推知，其歷史之背景及成立之由來俟後再詳論。總之，太宗之戡定内難，其得此系統人物之助力，較任何其他諸役如戰勝隋末群雄及摧滅當時外族者爲更多也。

（三）徐世勣者，翟讓死後，實代爲此系統之領袖，李密不過以資望見推，而居最高之地位耳。密既降唐，其土地人衆均爲世勣所有，世勣於王世充、竇建德與唐高祖鼎峙競争之際，蓋有舉足輕重之勢，其絶鄭夏而歸李唐，亦隋唐間政權轉移之大關鍵也。李唐破滅王、竇，凱旋告廟，太宗爲上將，世勣爲下將，蓋當時中國武力集團最重要者，爲關隴六鎮及山東豪傑兩系統，而太宗與世勣二人即可視爲其代表人也。世勣地位之重要實因其爲山東豪傑領袖之故，太宗爲身後之計欲平衡關隴、山東兩大武力集團之力量，以鞏固其皇祚，是以委任長孫無忌及世勣輔佐柔懦之高宗，其用心可謂深遠矣。後來高宗欲立武曌爲后，當日山東出身之朝臣皆贊助其事，而關隴集團代表之長孫無忌及其附屬系統之褚遂良等則竭力諫阻，高宗當日雖欲立武氏爲后，以元舅大臣之故有所顧慮而不敢行，惟有取決於其他別一集團之代表人即世勣之一言，而世勣竟以武氏爲山東人而贊成其事（見册府元龜叁叁陸宰輔部依違門），論史者往往以此爲世勣個人道德之污點，殊不知其社會集團之關係有以致之也。又兩唐書以李靖、李勣同傳，後世亦以二李并稱，此就二公俱爲唐代之名將而言耳，其實靖爲韓擒虎之甥屬於關隴府兵集團，而世勣則是山東豪傑領袖，其社會背景迥然不同，故二人在政治上之地位亦互异，斯亦治唐史者所不可不注意及之者也。史復言世勣家多僮僕，積粟常數千鍾，當是與翟讓、張亮同從事農業，而豪富遠過之者，即所謂大地主之流也，此點亦殊重要，俟後論之。

（四）古今論唐史者往往稱道太宗、魏徵君臣遭遇之盛事，而深惜其恩禮之不終，以爲此僅個人間之關係，實不足説明當時政治社會之情況及太宗所以任用魏徵之用心也。今試發其覆，以供讀史者參考。

舊唐書魏徵傳雖稱徵是鉅鹿曲陽人，北史徵父長賢傳亦言其爲魏收之族叔，就表面論，似徵爲山東之高門，此不過南北朝隋唐時代矜誇郡望之風習耳。然據元和郡縣圖志載魏收墓在恒州鼓城縣，且言「後魏、北齊貴族諸魏皆此邑人也。所云鉅鹿曲陽人者是也。」但同書載魏長賢墓在澶州臨黄縣，新書宰相世系表以徵爲館陶魏氏，高達夫詩又謂魏郡北有徵舊館，則是徵父墳墓及己身所居皆與魏收葬地并不相近，新表之言甚得其實。依此推論，則徵家不可視爲後魏、北齊貴族諸魏之盛門，可以無疑也。明乎此，則太宗所以任用徵之故始可瞭解。太宗雖痛惡山東貴族（見唐會要叁陸氏族門及新唐書玖伍高儉傳等），而特重用徵者，正以其非山東盛門，而爲山東武裝農民集團即所謂山東豪傑之聯絡人耳。在太宗心目中，徵既非山東貴族，又非山東武人，其責任僅在接洽山東豪傑監視山東貴族及關隴集團，以供分合操縱諸政治社會勢力之妙用。苟徵之行動逾越此種賦與之限度，則必啓太宗之疑忌，自不待言也。史言徵薦杜正倫爲相，而正倫者出自山東之盛門，則徵監視山東貴族之作用消失，轉有連合山東社會文武兩大勢力之嫌疑。侯君集者，兩唐書本傳雖不詳載其家世，只言其爲武人，然周書貳玖北史陸陸俱有君集祖植傳，又新唐書柒貳中宰相世系表侯氏條亦載其祖植爲周驃騎大將軍肥城節公，與周書、北史相同。後來出土之侯植墓志稱植曾賜姓賀屯氏（參陸增祥八瓊室金石補正貳叁及李宗蓮懷珉精舍金石跋尾等），復與周書、北史所載符合。是君集與太宗俱屬六鎮胡漢關隴集團，史言其才備將相自非偶然，徵竟與之相通，則是總合當日東西文武三大社會勢力，而己身爲其樞紐，此爲太宗所甚不能容忍者，幸其事發覺於徵已死之後，否則必與張亮、侯君集同受誅戮，停婚仆碑（見新唐書魏徵傳）猶是薄懲也。觀徵自請招撫山東，發一書而降徐世勣，先觀建成討平劉黑闥，因於其地深自封植，建成果從其策。及建成不幸失敗，又自請於太宗，親往河北安喻其徒黨，能發之，復能收之，誠不世出之才士。故建成用之以籠絡河北英俊，太宗亦用之以招撫山東豪傑，其個人本身之特點固不應抹殺，但如歷來史家論徵之事功，頗忽視社會集體之關係，則與當時史實不能通解，故略辨之如此。至若徵自録前後諫諍言辭往復，以示史官褚遂良，太宗知之不悦者，蓋太宗沽名，徵又賣直，致斯結果，本無可怪，然其事僅關係個人，殊微末不足道矣。

隋末唐初之雄豪其起於青、齊、徐、兖之地者頗多矣，或爲唐室功臣，或爲李朝叛賊，政治上向背之關係雖异，若一究其種姓來源，民族特質，恐仍當視爲同一大類，而小有區分也。兹略徵史籍，論之於下：

舊唐書陸捌秦叔寶傳略云：

秦叔寶，名瓊，齊州歷城人。從鎮長春宫，拜馬軍總管。

同書同卷段志玄傳略云：

段志玄，齊州臨淄人也。

同書同卷程知節傳略云：

程知節，本名齩金，濟州東阿人也。授秦王府左三統軍。破宋金剛，擒竇建德，降王世充，并領左一馬軍總管。

新唐書捌陸劉黑闥傳附徐圓朗傳略云：

徐圓朗者，兖州人。隋末爲盗，據本郡，以兵徇琅邪以西，北至東平，盡有之。附李密，密敗，歸竇建德。山東平，授兖州總管、魯郡公。會〔劉〕黑闥兵起，圓朗應之，自號魯王，黑闥以爲大行臺元帥。河間人劉復禮説圓朗曰：彭城有劉世徹，才略不常，將軍欲自用，恐敗，不如迎世徹立之。盛彦師以世徹若聯叛，禍且不解，即謬説曰：公亡無日矣！獨不見翟讓用李密哉？圓朗信之，世徹至，奪其兵，遣徇地，所至皆下，忌而殺之。會淮安王神通、李世勣合兵攻圓朗，總管任瓌遂圍兖州。圓朗棄城夜亡，爲野人所殺。

同書捌柒輔公祏傳略云：

輔公祏，齊州臨濟人。隋季與鄉人杜伏威爲盗，轉掠淮南。

同書同卷李子通傳略云：

李子通，沂州丞人。隋大業末，長白山賊左才相自號「博山公」，子通依之。有徒萬人，引衆渡淮，爲隋將來整所破，奔海陵。

同書玖貳杜伏威傳略云：

杜伏威，齊州章丘人。隋大業九年，入長白山，依賊左君行，不得意，舍去，轉剽淮南，攻宜安，屠之。與虎牙郎將公孫上哲戰鹽城，進破高郵，引兵渡淮，攻歷陽，據之。江淮群盜争附。

隋末青、齊之健者頗以馬軍見稱，此亦可注意之點，疑與民族遷徙問題有關，詳下引魏書上黨王天穆傳。兖州之徐圓朗、彭城之劉世徹所謂徐、兖之豪强也，其與竇建德、劉黑闥之關係至爲密切，疑其與竇、劉之徒同一來源，「劉」即劉黑闥之「劉」，「徐」即徐世勣之「徐」也。此點俟後綜合論之。更有可注意者，隋末之亂首發於長白山諸豪，自非偶然之事。隋末暴政全國人民同受其害，然上之壓力其寬猛不必各地皆同一程度，而下之抵抗者亦有强悍柔懦及組織堅固與否之分别。隋末此區域非重兵鎮壓之地，而諸豪又爲强悍而較有組織之集團，是以能首發大難，其不轉向西北而直趨東南者，其以江、淮爲財富之地，當時全國武力又方用於攻高麗，江、淮一隅阻遏力少，引誘力多之故歟？綜合上引關於山東豪傑之史料，就其性强勇，工騎射，組織堅固，從事農業，及姓氏多有胡族關係，尤其出生地域之分配諸點觀之，深疑此集團乃北魏鎮戍屯兵營户之後裔也。六鎮問題於吾國中古史至爲重要，自沈垚以來，考證六鎮問題之著述於鎮名地望頗多精義，然似不免囿於時間空間之限制，猶未能總匯貫通，瞭解其先後因果之關係也。據魏書玖肅宗紀云：

〔正光五年八月〕丙申，詔曰：賞貴宿勞，明主恒德，恩沾舊績，哲后常範。太祖道武皇帝應期撥亂，大造區夏。世祖太武皇帝纂戎丕緒，光闡王業，躬率六師，掃清逋穢，諸州鎮城人，本充牙爪，服勤征旅，契闊行間，備嘗勞劇。逮顯祖獻文皇帝自北被南，淮海思乂，便差割强族，分衛方鎮。高祖孝文皇帝遠遵盤庚，將遷嵩洛，規遏北疆，蕩闢南境，選良家酋胕，增戍朔垂，戎捍所寄，實惟斯等。先帝（世宗宣武皇帝）以其誠効既亮，方加酬錫，會宛郢馳烽，朐泗告警，軍旗頻動，兵連積歲，兹恩仍寢，用迄於今，怨叛之興，頗由於此。朕叨承乾曆，撫馭宇宙，調風布政，思廣惠液，宜追述前恩，敷兹後施。諸州鎮軍貫，元非犯配者，悉免爲民，鎮改爲州，依舊立稱。此等世習干戈，率多勁勇，今既甄拔，應思報効。可三五簡發，討彼沙隴。當使人齊其力，奮擊先驅，妖黨狂醜，必可蕩滌。衝鋒斬級，自依恒賞。

知北魏邊鎮之本末有三事可注意：（一）北魏之邊境鎮戍有前後移動之不同。（二）因前後境外敵人强弱之互异，爲適應情勢緩急之故，而有南北移防之措施。（三）充任邊鎮之兵役者其重要成分爲胡人，尤其是敕勒種族。此詔書所述爲北魏六鎮及其他邊鎮問題最佳史料，但似未經治吾國中古史者之深切注意，故兹更旁引其他有關材料分别證釋之於下：

北魏太祖初率其部落，進入中原，其邊境大約如元和郡縣圖志壹肆雲州條所云：

後魏道武帝又於此建都，東至上谷軍都關，西至河，南至中山隘門塞，北至五原。地方千里，以爲甸服。

觀魏書伍捌楊播傳附椿傳云：

除定州刺史。自太祖平中山，多置軍府，以相威攝。凡有八軍，軍各配兵五千，食禄主帥軍各四十六人。自中原稍定，八軍之兵，漸割南戍，一軍兵纔千餘，然主帥如故，費禄不少。椿表罷四軍，減其帥百八十四人。州有宗子稻田，屯兵八百户，年常發夫三千，草三百車，修補畦堰。椿以屯兵惟輸此田課，更無徭役，及至閑月，即應修治，不容復勞百姓。椿亦表罷，朝廷從之。

可知北魏當時於近邊要地配置重兵，以資防衛，及國勢漸强，邊境推廣而鎮兵亦隨之轉移也。南北朝對峙，其國勢强弱之分界線大約在北朝乘南朝内争之際而攻取青、齊之地一役，詔書所謂「顯祖獻文皇帝自北被南，淮海思乂」者是也。故「便差割强族，分衛方鎮」。即魏書伍拾尉元傳所云：

〔太和〕十六年，元表曰：今計彼（徐州）戍兵，多是胡人。臣前鎮徐州之日，胡人子都將呼延籠達因於負罪，便爾叛亂，鳩引胡類，一時扇動。賴威靈遐被，罪人斯戮。又團城子都將胡人王敕懃負釁南叛，每懼姦圖，狡誘同黨，愚誠所見，宜以彭城胡軍换取南豫州徙民之兵，轉戍彭城，又以中州鮮卑增實兵數，於事爲宜。

其充任徐州防衛之胡兵，本由北方諸邊鎮移調而來者，蓋北魏當時邊境自北移南而邊鎮之兵亦隨之而遷徙也。至北魏孝文帝自平城遷都洛陽，其政治武力之重心既已南移，距南朝邊境頗近，而離北邊之鎮戍甚遠，遂又移調中原即北魏當時用以防衛南朝之戍兵，以守禦朔垂也。此北魏邊境屯戍之兵南北互相移調之事實，往往不爲史家注意，如北史壹陸太武五王傳廣陽王深（本作淵，唐人避諱改。）傳（參魏書伍捌楊播傳附昱傳及津傳）所云：

先是，别將李叔仁以〔破六韓〕拔陵來逼，請求迎援，深赴之，前後降附二十萬人。深與行臺元纂表求恒州北别立郡縣，安置降户，隨宜振賚，息其亂心。不從。詔遣黄門侍郎楊昱分散之於冀、定、瀛三州就食。深謂纂曰：此輩復爲「乞活」矣。禍亂當由此作。既而鮮于修禮叛於定州，杜洛周反於幽州，其餘降户，猶在恒州，遂欲推深爲主。深乃上書乞還京師，令左衛將軍楊津代深爲都督。

論者往往歸咎於不從安置北鎮降户於恒州北，而分散之於冀、定、瀛三州就食，以致釀成大亂。殊不知魏朝采取如此之決策者，非僅因冀、定、瀛等州土地饒沃可以供給降户就食，實亦有二原因：（一）在此以前魏朝邊鎮本有南北移防之故事；（二）徙降户於冀、定、瀛三州，正符合祖宗之舊制。觀魏書肆下世祖紀下云：

太平真君五年六月，北部民殺立義將軍、衡陽公莫孤，率五千餘落北走。追擊於漠南，殺其渠帥，餘徙冀、相、定三州爲營户。

及同書柒上高祖紀上云：

〔延興元年〕冬十月丁亥，沃野、統萬二鎮敕勒叛。詔太尉、隴西王源賀追擊，至枹罕，滅之，斬首三萬餘級，徙其遺迸於冀、定、相三州爲營户。

〔延興〕二年三月，連川敕勒謀叛，徙配青、徐、齊、兖四州爲營户。

同書同卷下高祖紀下云：

〔太和二十一年六月〕壬戌，詔冀、定、瀛、相、濟五州發卒二十萬，將以南討。

等條，知北魏祖宗本以冀、定、瀛、相、濟、青、齊、徐、兖等州安置北邊降人，使充營户，魏朝此舉未可以爲重大之錯誤。又觀魏書柒肆爾朱榮傳略云：

榮率衆至肆州，刺史尉慶賓畏惡之，閉城不納。榮怒，攻拔之，乃署其從叔羽生爲刺史，執慶賓於秀容。自是榮兵威漸盛，朝廷亦不能罪責也。

若果安置此等降户於恒州北，則此最有戰鬥力之徒衆必入於爾朱榮之勢力範圍，與後來葛榮之衆歸於爾朱氏，復轉入高歡之手者正同一例，如隋書貳肆食貨志所云：

尋而六鎮擾亂，相率内徙，寓食於齊（此齊乃魏書壹佰陸上地形志上，武州領之齊郡。）晋之郊，齊神武因之，以成大業。

者，可爲明證也。

據前引魏書世祖紀高祖紀之記載，知北魏常以高車即敕勒或丁零族充任邊鎮營户，蓋此族爲諸胡中最善戰者。觀魏書壹佰參高車傳略云：

高車，初號爲狄歷，北方以爲敕勒，諸夏以爲高車、丁零。太祖時，分散諸部，唯高車以類粗獷，不任使役，故得别爲部落。

及同書捌叁外戚傳賀訥傳略云：

訥從太祖平中原，其後離散諸部，分土定居，不聽遷徙，其君長大人皆同編户。訥以元舅，甚見尊重，然無統領。以壽終於家。

等條可知也。又觀魏書壹壹叁官氏志略云：

從第四品上　高車羽林郎將

從第四品下　高車虎賁將軍

同書壹玖上汝陰王天賜傳略云：

簡西部敕勒豪富兼丁者爲殿中武士。

及同書肆肆宇文福傳略云：

〔高祖〕敕福領高車羽林五百騎，出賊（指南朝軍言）南面，遏絶歸路。

則是北魏不獨以高車族爲邊兵，且以之充禁旅矣。至青、齊諸豪之來源，或是邢杲黨徒之後裔。

魏書壹肆高涼王孤傳附上黨王天穆傳云：

初，杜洛周、鮮于修禮爲寇，瀛、冀諸州人多避亂南向。幽州前北平府主簿河間邢杲，擁率部曲，屯據鄚城，以拒洛周、葛榮，垂將三載。及廣陽王深（淵）等敗後，杲南度，居青州北海界。靈太后詔流人所在皆置命屬郡縣，選豪右爲守令，以撫鎮之。時青州刺史元世儁表置新安郡，以杲爲太守，未報。會臺申汰簡所授郡縣，以杲從子子瑶資蔭居前，乃授河間太守。杲深恥恨，於是遂反。所在流人先爲土人凌忽，聞杲起逆，率來從之，旬朔之間，衆逾十萬。劫掠村塢，毒害民人，齊人號之爲「踏榆賊」。

殊堪玩味，蓋此輩豈亦北魏早期河北屯戍營户之後裔耶？常疑楊隋之祖先頗與之有關，以非此篇範圍，姑不置論。

總之，冀、定、瀛、相、濟、青、齊、徐、兖諸州皆隋末唐初間山東豪傑之出産地，其地實爲北魏屯兵營户之所在。由此推測此集團之驍勇善戰，中多胡人姓氏（翟讓之「翟」亦是丁零姓），胡種形貌（如徐世勣之類），及從事農業，而組織力又强。（其由鎮兵轉爲農民之歷程涉及北朝兵制範圍，此文所不能詳，可參拙著隋唐制度淵源略論稿兵制章。）求其所以然之故，苟非假定此集團爲北魏鎮兵之後裔，則殊難解釋。兹略引史料，以爲證釋如此。然歟？否歟？願求教於當世治國史之君子。

（原載一九五二年六月嶺南學報第拾貳卷第壹期）

記唐代之李武韋楊婚姻集團

唐代之史可分爲前後二期，而以玄宗時安史之亂爲其分界綫（詳見拙著唐代政治史述論稿上篇）。前期之最高統治集團表面上雖爲李氏或武氏，然自高宗之初年至玄宗之末世，歷百年有餘，實際上之最高統治者遞嬗輪轉，分歧混合，固有先後成敗之不同，若一詳察其内容，則要可視爲一牢固之複合團體，李、武爲其核心，韋、楊助之黏合，宰制百年之世局，幾佔唐史前期最大半時間，其政治社會變遷得失莫不與此集團有重要關係，故本文略取有關史料，稍加探討，或者於吾國中古史之研究亦有所助歟？

此李、武、韋、楊四大家族最高統治集團之組成實由於婚姻之關係，故不可不先略述南北朝、隋及唐初社會對於婚姻門族之觀念。

新唐書壹玖玖儒學中柳冲傳附柳芳論氏族略云：

〔晋〕過江則爲僑姓，王、謝、袁、蕭爲大。東南則爲吴姓，朱、張、顧、陸爲大。山東則爲郡姓，王、崔、盧、李、鄭爲大。關中亦號郡姓，韋、裴、柳、薛、楊、杜首之。代北則爲虜姓，元、長孫、宇文、于、陸、源、竇首之。山東之人質，故尚婚婭。江左之人文，故尚人物。關中之人雄，故尚冠冕。代北之人武，故尚貴戚。及其弊，則尚婚婭者，先外族，後本宗。尚人物者，進庶孽，退嫡長。尚冠冕者，略伉儷，慕榮華。尚貴戚者，狗勢利，亡禮教。

據此，當時社會婚姻觀念之不同蓋由地域區分及門族淵源之互异所致。李唐皇室本出於宇文泰之胡漢六鎮關隴集團（詳見拙著唐代政治史述論稿上篇），實具關中、代北兩系統之性質。觀唐太宗制定貞觀氏族志之意旨及唐初皇室婚姻締構之實況即可證知。兹引史料，略加解釋於下：

唐會要叁陸氏族門顯慶四年九月五日詔改〔貞觀〕氏族志爲姓〔氏〕録條云：

初，貞觀氏族志稱爲詳練，至是，許敬宗以其書不叙明皇后武氏本望，李義府又恥其家無名，乃奏改之。

新唐書玖伍高儉傳略云：

〔高宗〕又詔後魏隴西李寶，太原王瓊，滎陽鄭温，范陽盧子遷（今本唐會要捌叁嫁娶門作盧子選，據魏書肆叁北史叁拾盧玄傳，玄子度世字子遷，然則今本會要選字誤也。通鑑貳佰唐高宗顯慶四年十月條亦作盧子遷）、盧澤（唐會要捌叁嫁娶門顯慶四年十月條均作盧渾）、盧輔，清河崔宗伯、崔元孫，前燕博陵崔懿，晋趙郡李楷，凡七姓十家，不得自爲昏，納幣悉爲歸裝，夫氏禁受陪門財。先是，後魏太和中，定四海望族，以寶等爲冠，其後矜尚門地，故氏族志一切降之。王妃、主壻皆取當世勳貴名臣家，未嘗尚山東舊族。後房玄齡、魏徵、李勣復與昏，故望不減。然每姓第其房望，雖一姓中，高下縣隔。李義府爲子求昏不得，始奏禁焉。其後天下衰宗落譜，昭穆所不齒者，皆稱禁昏家，益自貴，凡男女皆潛相聘娶，天子不能禁，世以爲敝云。

舊唐書柒捌張行成傳云：

太宗嘗言及山東、關中人，意有同异。行成正侍宴，跪而奏曰：臣聞天子以四海爲家，不當以東西爲限，若如是，則示人以隘陋。太宗善其言。

新唐書捌拾太宗諸子傳云：

曹王明母本巢王（即元吉）妃，帝寵之，欲立爲后，魏徵諫曰：陛下不可以辰嬴自累。乃止。

册府元龜捌陸陸總録部貴盛門略云：

楊恭仁爲雍州都督，從侄女爲巢剌王妃。

新唐書捌拾鬱林王恪傳云：

其母隋煬帝女，地親望高，中外所向。帝（太宗）初以晋王（高宗）爲太子，又欲立恪，長孫無忌固争，帝曰：公豈以非己甥邪？且兒英果類我，若保護舅氏，未可知。無忌曰：晋王仁厚，守文之良主，且舉棋不定則敗，况儲位乎？帝乃止。故無忌常惡之。永徽中，房遺愛謀反，因遂誅恪，以絶天下望。

寅恪案，太宗深惡山東士族，故施行壓抑七姓十家之政策。張行成傳所謂「山東人」乃指山東之士族階級，非其他不屬於高等門族之文人及一般庶民，至若山東武人，如隋末唐初間所謂「山東豪傑」者，則尤爲太宗所特別籠絡之集團，固不當於宴集朝臣時公然有所軒輊也。元吉之妃楊氏，楊隋宗室之女。鬱林王恪以母爲隋煬帝女之故，太宗竟欲使其承繼皇位，則重視楊氏可知，蓋太宗之婚姻觀念不僅同於關中人之尚冠冕，兼具代北人之尚貴戚矣，若更由此推論，曹王明之母必不止以色見寵，當與鬱林王恪母同出一源，否則無作皇后之資格。世之讀史者頗怪陳、隋覆滅以後，其子孫猶能貴顯於新朝，不以亡國之餘而見廢棄者，則未解隋、唐皇室同爲關隴胡漢之集團，其婚姻觀念自應同具代北之特性也。房玄齡、魏徵、徐世勣三人其社會階級雖不相同，然皆是山東人，故違反太宗之政策，而與山東士族爲婚，此則地域分别與婚姻觀念其關係密切如此，可以推見。而李唐皇室初期婚姻之觀念及其婚姻締構之實況必帶有深重之地域色彩，即關中地方性，又可證明矣。

高儉傳言「王妃、主壻皆取當世勳貴名臣家，未嘗尚山東舊族」。今王妃氏族不易詳考，但取高祖、太宗、高宗、中宗諸女之夫壻姓名觀之，可以知唐皇室之婚姻觀念實自武曌後而一變也。所謂變者，即自武后以山東寒族加入李唐皇室系統後，李唐皇室之婚姻關係經武氏之牽混組織，遂成爲一牢固集團，宰制世局，達百餘年之久。兹爲簡便計，僅擇録高宗及中宗諸女夫壻姓名之有關者於後，亦可窺見其變遷之一斑也。

唐會要陸公主門略云：

高宗女鎮國太平降薛紹，後降武攸暨。中宗女新都降武延暉。定安降王同皎，後降韋濯，三降崔銑。長寧降楊愼交，後降蘇彦伯。永壽降韋鐬。永泰降武延基。安樂降武崇訓，後降武延秀。成安降韋捷。

武曌之家族其淵源不易考知，但就新唐書柒肆上宰相世系表武氏條所載，其族人數不多，可推知其非山東之大族。又據僞託柳宗元著龍城録所記武后先世武居常事（武居常有身後名條），復可推知其非山東之高門，蓋龍城録雖非子厚之作，其所記武氏事當亦源出唐代民間舊傳也。至武曌父士彟之事迹實亦難確考，誠如舊唐書伍捌武士彟傳論所云：

武士彟首參起義，例封功臣，無戡難之勞，有因人之迹，載窺他傳，過爲褒詞，慮當武后之朝，佞出敬宗之筆，凡涉虚美，削而不書。

者也。據太平廣記壹叁柒徵應類武士彟條所云：

唐武士彟，太原文水縣人。微時，與邑人許文寶以鬻材爲事，常聚材木數萬莖，一旦化爲叢林森茂，因致大富。士彟與文寶讀書林下，自稱爲厚材，文寶自稱枯木，私言必當大貴。

及高祖起義兵，以鎧胄從入關，故鄉人云：士彠以鬻材之故，果逢搆夏之秋。及士彠貴達，文寶依之，位終刺史。（出太原事迹）

則知士彠本一商販寒人，以投機致富，其非高門，尤爲明證。廣記此條源出武氏鄉里所傳，其中神話部分固不可信，但士彠本來面目實是如此，要自不誣也。更就史傳考之，益知武氏非山東士族。據新唐書貳佰陸外戚傳武士彠傳（參舊唐書伍捌武士彠及同書壹捌叁外戚傳武承嗣傳）略云：

武士彠字信，世殖貲，喜交結。高祖嘗領屯汾晉，休其家，因被顧接。後留守太原，引爲行軍司鎧參軍。兵起，士彠不與謀也。以大將軍府鎧曹參軍從平京師。自言嘗夢帝騎而上天，帝笑曰：爾故王威黨也，以能罷繫劉弘基等，其意可録，且嘗禮我，故酬汝以官。今胡迂妄媚我邪？始士彠娶相里氏，生子元慶元爽，又娶楊氏，生三女，元女妻賀蘭氏，早寡，季女妻郭氏，不顯。士彠卒後，諸子事楊不盡禮，銜之。〔武〕后立，封楊代國夫人，進爲榮國，后姊韓國夫人。韓國有女在宫中，帝（高宗）尤愛幸。后欲并殺之，即導帝幸其母所，〔后兄子〕惟良等上食，后寘堇焉，賀蘭食之，暴死。后歸罪惟良等，誅之，諷有司改姓蝮氏，絶屬籍，元爽緣坐死，家屬投嶺外。后取賀蘭敏之爲士彠後，賜氏武，襲封。敏之韶秀自喜，烝於榮國，挾所愛，佻横多過失。榮國卒，后出珍幣，建佛廬徼福，敏之乾匿自用。司衛少卿楊思儉女選爲太子妃，告婚期矣，敏之聞其美，彊私焉。楊喪未畢，褫衰麤，奏音樂。太平公主往來外家，宫人從者，敏之悉逼亂之。后疊數怒，至此暴其惡，流雷州，表復故姓，道中自經死。乃還元爽之子承嗣，奉士彠後，宗屬悉原。

寅恪案，武氏一家所爲如此，其非夙重閨門禮法之山東士族，不待詳論。頗可笑者，武后以賀蘭敏之爲士彠後，與晋賈充之以外孫韓謐爲後者（見晋書肆拾賈充傳）事極相類。賈氏之先嘗爲市魁（見晋書伍拾庾純傳），而武士彠亦是投機之木材商，豈所謂淵源氣類相似，其家庭所爲復更相同耶？士彠一生事迹至不足道，唯有一點殊可注意，即娶楊氏女爲繼妻一事。

據新唐書壹佰楊執柔傳略云：

武后母，即恭仁叔父達之女。及臨朝，武承嗣、攸寧相繼用事。后曰：要欲我家及外氏常一人爲宰相。乃以執柔同中書門下三品。又以武后外家尊寵，凡尚主者三人，女爲王妃五人。

册府元龜捌伍叁總録部姻好門云：

武士彠武德中簡較右廂宿衛，既喪妻，高祖謂士彠曰：朕自爲卿更擇嘉偶，隨曰：有納言楊達英才冠絶，奕葉親賢，今有女，志行賢明，可以輔德，遂令桂楊公主與楊家作婚，主降敕結親，庶事官給。

然則武曌母乃隋觀王雄之侄女（見新唐書宰相世系表楊氏觀王房條），楊雄雖非隋皇室直系，但位望甚重。武士彠在隋世乃一富商，必無與觀王雄家聯姻之資格。其娶楊氏在隋亡以後，蓋士彠以新朝貴顯娶舊日宗室，藉之增高其社會地位，此當時風俗所使然，無足怪也。史言太宗聞武曌之美乃召入宫（見新唐書肆則天順聖武皇后紀及通鑑壹玖伍貞觀十一年武士彠女年十四入宫條），鄙意則天之美固不待論，然以太宗重視楊氏之心理推之，恐不得不與榮國夫人爲楊雄侄女有關也。武曌既非出自山東士族，其家又不屬關隴集團，但以母爲隋楊宗室之故，遂亦可備宫闈下陳之選，至若徑立爲皇后，則尚無此資格。當高宗廢王皇后立武昭儀之時，朝臣贊否不一，然詳察兩派之主張，則知此事非僅宫闈后妃之争，實爲政治上社會上關隴集團與山東集團决勝負之一大關鍵，今取有關史料，略加詮釋，亦足證明鄙説也。

舊唐書伍壹后妃上高宗廢皇后王氏傳略云：

高宗廢后王氏，并州祁人也。父仁祐，貞觀中羅山令。同安長公主即后之從祖母也，公主以后有美色，言於太宗，遂納爲晋王妃。永徽初，立爲皇后。母柳氏求巫祝厭勝，事發，帝大怒，斷柳氏不許入宫中，后舅中書令柳奭罷知政事，并將廢后，長孫無忌、褚遂良等固諫，乃止。俄又納李義府之策，永徽六年十月，廢后及蕭良娣皆爲庶人。武后令人杖庶人及蕭氏各一百，截去手足，投於酒甕中，數日而卒。後則天頻見王、蕭二庶人披髮瀝血，如死時狀，武后惡之，禱以巫祝，又移居蓬萊宫，復見，故多在東都。

新唐書捌壹燕王忠傳略云：

帝（高宗）始爲太子而忠生。永徽初，拜雍州牧。王皇后無子，后舅柳奭説后，以忠母〔後宫劉氏〕微，立之必親己，后然之，請於帝，又奭與褚遂良、韓瑗、長孫無忌、于志寧等繼請，遂立爲皇太子。后廢，武后子弘甫三歲，許敬宗希后旨，建言：國有正嫡，太子宜同漢劉彊故事。帝召見敬宗曰：立嫡若何？對曰：東宫所出微，今知有正嫡，不自安，竊位而不自安，非社稷計。於是降封梁王，〔後〕廢爲庶人，囚黔州承乾故宅。麟德初，宦者王伏勝得罪於武后，敬宗乃誣忠及上官儀與伏勝謀反，賜死。

寅恪案，王皇后本唐皇室舊姻，且其外家柳氏亦是關中郡姓，故爲關隴集團所支持，欲藉以更鞏固其政治之勢力也。燕王忠之爲太子亦爲關隴集團政治上之策略，高宗廢黜王皇后并燕王忠之儲位，而改立山東寒族之武氏及立其子爲太子，此爲關隴集團所萬不能容忍者，長孫無忌等之力争實以關係重大之故，非止皇室之家事而已也。至褚遂良、許敬宗等忠姦不同，然俱屬來自南朝之系統。此系統之人物不論其先世在晋過江前或後爲何地域之人，但北朝平滅南朝以後，此等人乃屬俘虜家臣性質，絶無獨立資格，非若山東士族北齊亡後仍保有地方勢力者可比，是以遂良可視爲關隴集團之附屬品，而敬宗則又以姦諂之故，傾向於出身山東地域之武氏也。明乎此，則詳悉分析贊成與反對立武氏爲后兩方出身之籍貫，於當時政治社會及地域集團之競争，其關鍵所在更可以瞭然矣。

兹先移録反對方面之記載於下：

册府元龜叁貳柒宰輔部諫諍門（參舊唐書捌拾，新唐書壹佰伍褚遂良傳）略云：

〔唐高宗永徽〕六年，高宗將廢王皇后，帝退朝後，於别殿召太尉長孫無忌、司空李勣、左僕射于志寧及〔褚〕遂良，勣稱疾不至。無忌等將入，遂良曰：今者多議中宫事，遂良欲諫何如？無忌曰：公但極言，無忌請繼焉。及入，高宗難發於言，再三顧謂無忌曰：莫大之罪無過絶嗣，皇后無子，今當廢，立武士彠女如何？遂良進曰：皇后是先帝爲陛下所娶，伏奉先帝，無僭婦德。先帝不豫，親執陛下手，以語臣曰：我好兒好新婦今以付卿。陛下親承德音，言猶在耳，皇后自此未聞有失，恐不可廢。帝不悦而罷。翌日，又言之，遂良曰：陛下必欲易皇后，伏請妙擇天下令族，何必要在武氏？且武昭儀經事先帝，衆所共知，陛下豈可蔽天下耳目，伏願再三思審。帝大怒，命引出之。昭儀在簾中大言曰：何不撲殺之。

舊唐書捌拾韓瑗傳略云：

韓瑗，雍州三原人也。〔永徽〕四年，與來濟皆同中書門下三品。六年，遷侍中。時高宗欲廢王皇后，瑗涕泣諫，帝不納。尚書左僕射褚遂良以忤旨左授潭州都督，瑗復上疏理之，帝竟不納。顯慶二年，許敬宗、李義府希皇后之旨，誣奏瑗與褚遂良潛謀不軌，左授瑗振州刺史，四年，卒官。

同書同卷來濟傳略云：

來濟，揚州江都人。永徽二年，拜中書侍郎。四年，同中書門下三品。六年，遷中書令、檢校吏部尚書。時高宗欲立昭儀武氏爲宸妃，濟密表諫。武皇后既立，濟等懼不自安，后乃抗表稱濟忠公，請加賞慰，而心實惡之。〔顯慶〕二年，許敬宗等奏濟與褚遂良朋黨搆扇，左授台州刺史。五年，徙庭州刺史。龍朔二年，突厥入寇，濟總兵拒之，謂其衆曰：吾嘗挂刑綱，蒙赦性命，當以身塞責。遂不釋甲胄赴賊，没於陣。

同書同卷上官儀傳略云：

上官儀，本陝州陝人也。父弘，隋江都宫副監，因家於江都。龍朔二年，〔爲〕西臺侍郎、同東西臺三品。麟德元年，宦者王伏勝與梁王忠抵罪，許敬宗乃搆儀與忠通謀，遂下獄而死。

寅恪案，高宗將立武曌爲皇后時，所與決策之四大臣中，長孫無忌、于志寧、褚遂良三人屬於關隴集團，故爲反對派，徐世勣一人則爲山東地域之代表（見拙著嶺南學報第壹貳卷第壹期論隋末唐初所謂「山東豪傑」），故爲贊成派，至韓瑗、來濟、上官儀等之爲反對派者，亦由屬於關隴集團之故，一考諸人出身籍貫即可證明，不待詳論也。

兹復移録贊成方面之記載於下：

册府元龜叁叁陸宰輔部依違門云：

唐李勣爲太尉，高宗欲廢王皇后，立武昭儀，韓瑗、來濟諫，皆不納。勣密奏曰：此是陛下家事，何須問外人。意乃定。

舊唐書柒柒崔義玄傳略云：

崔義玄，貝州武城人也。高宗之立皇后武氏，義玄協贊其謀。

同書捌貳許敬宗傳略云：

許敬宗，杭州新城人，隋禮部侍郎善心子也。高宗將廢皇后王氏而立武昭儀，敬宗特贊成其計。

同書同卷李義府傳略云：

李義府，瀛州饒陽人也，其祖爲梓州射洪縣丞，因家於永泰。高宗將立武昭儀爲皇后，義府嘗密申協贊。

寅恪案，崔、許、李等雖贊成立武曌爲皇后，然其位望決非徐世勣之比，故武氏之得立，其主要原因實在世勣之贊助，其對高宗之言舊史以爲「依違」，其實乃積極之贊成也。蓋當時無人不知高宗之欲立武氏爲后，但此事不能不取決於四大臣，世勣不施用否決權，而取棄權之方略，則與積極贊成何异？世勣在當時爲軍事力量之代表，高宗既得此助，自可不顧元舅無忌等關隴集團之反對，悍然行之。然則武曌之得立爲皇后乃決定於世勣之一言，而世勣所以不附和關隴集團者，則以武氏與己身同屬山東系統，自可不必反對也。

舊唐書陸則天皇后紀云：

> 則天皇后武氏諱曌，并州文水人也。父士彠，隋大業末爲鷹揚府隊正，高祖行軍於汾晋，每休止其家。義旗初起，從平京城。貞觀中，累遷工部尚書、荆州都督，封應國公。初，則天年十四，時太宗聞其美容止，召入宫，立爲才人。及太宗崩，遂爲尼，居感業寺。大帝於寺見之，復召入宫，拜昭儀。時皇后王氏、良娣蕭氏頻與武昭儀爭寵，互讒毁之，帝皆不納，進號宸妃。永徽六年，廢王皇后而立武宸妃爲皇后，高宗稱天皇，武后亦稱天后。后素多智計，兼涉文史。帝自顯慶已後，多苦風疾，百司表奏皆委天后詳决，自此内輔國政數十年，威勢與帝無异，當時稱爲二聖。

通鑑貳佰唐高宗永徽六年冬十月乙卯條云：

> 百官上表請立中宫，乃下詔曰：武氏門著勳庸，地華纓黻，往以才行選入後庭。朕昔在儲貳，特荷先慈，常得侍從，弗離朝夕，宫壼之内，恒自飭躬，嬪嬙之間，未曾迕目，聖情鑒悉，每垂賞嘆，遂以武氏賜朕，事同政君。可立爲皇后。

寅恪案，高宗此詔以武曌比於西漢「配元生成」之王政君，姦佞詞臣之文筆固不可謂不妙，然欲蓋彌彰，事極可笑，此文所不欲詳及者也。此文所欲喚起讀史者注意之一點，即此詔之發佈在吾國中古史上爲一轉捩點，蓋西魏宇文泰所創立之系統至此而改易，宇文氏當日之狹隘局面已不適應唐代大帝國之情勢，太宗以不世出之英傑，猶不免牽制於傳統之範圍，而有所拘忌，武曌則以關隴集團外之山東寒族，一旦攫取政權，久居洛陽，轉移全國重心於山東，重進士詞科之選舉，拔取人材，遂破壞南北朝之貴族階級，運輸東南之財賦，以充實國防之力量諸端，（可參拙著唐代政治史述論稿及隋唐制度淵源略論稿有關諸章。）皆吾國社會經濟史上重大之措施，而開啓後數百年以至千年後之世局者也。然此諸端軼出本文範圍，可置不論，但就世人所喜言之武曌男寵私德一事略論之，以祛迷惑而資譚助於下：

李義山文集肆紀宜都内人事云：

武后篡既久，頗放縱，躭内習，不敬宗廟，四方日有叛逆，防豫不暇。宜都内人以唾壺進，思有以諫者。后坐帷下，倚檀机，與語。問四方事，宜都内人曰：大家知古女卑於男耶？后曰：知。内人曰：古有女媧，亦不正是天子，佐伏義理九州耳。後世孃姥有越出房閣斷天下事者，皆不得其正，多是輔昏主，不然，抱小兒。獨大家革天姓，改去釵釧，襲服冠冕，符瑞日至，大臣不敢動，真天子也。（中略）大家始今日能屏去男妾，獨立天下，則陽之剛亢明烈可有矣。如是過萬萬世，男子益削，女子益專，妾之願在此。后雖不能盡用，然即日下令誅作明堂者（寅恪案，此指薛懷義）。

舊唐書柒捌張行成傳附易之傳云：

天后令選美少年爲左右奉宸供奉。右補闕朱敬則諫曰：臣聞志不可滿，樂不可極。嗜慾之情，愚智皆同，賢者能節之，不使過度，則前聖格言也。陛下内寵，已有薛懷義、張易之、昌宗，固應足矣。近聞尚舍奉御柳謨自言子良賓潔白美鬚眉，左監門衛長史侯詳云：陽道壯偉，過於薛懷義，專欲自進，堪奉宸内供奉。無禮無儀，溢於朝聽。臣愚職在諫諍，不敢不奏。則天勞之曰：非卿直言，朕不知此。賜綵百段。

據此，讀史者須知武曌乃皇帝或女主，而非太后，既非太后，而是皇帝，則皇帝應具備之禮制，武曌亦當備有之，區區易之、昌宗、懷義等男寵，較之唐代之皇帝後宮人數猶爲寡少也。否則朱敬則何以能昌言無忌諱，而武曌又何以公加賞慰，不自愧恥耶？世人又有疑武曌年事已高，何必畜此輩者，乃以史言爲過甚，殊不知賀蘭敏之亦且上烝其外祖母，亦即其祖母榮國夫人楊氏，計當時榮國之年齡必已五六十歲。榮國爲武后之生母，以此例之，則武后所爲何容置疑？且朱敬則疏申明言陽道壯偉是其碻證，此事頗涉猥褻，不宜多及，然世之通達古今風俗變遷者，自可捐棄其拘墟之見也。

武后掌握政權，固不少重大過失，然在歷史上實有進步之意義，蓋北朝之局勢由此而一變也。今以本文之限制，不能涉及其社會經濟上之重大措施，止就武曌於政治方面最重要者，如混合李、武兩家及維持其政治勢力甚久之故兩端論之如下：

舊唐書陸則天皇后紀云：

〔聖曆二年〕七月，上以春秋高，慮皇太子、相王與梁王武三思、定王武攸寧等不協，令立誓文於明堂。

大唐新語壹匡贊篇略云：

〔吉〕項曰：水土各一盆，有競乎？則天曰：無。項曰：和之爲泥，有競乎？則天曰：無。項曰：分泥爲佛，爲天尊，有競乎？則天曰：有。項曰：臣亦以爲有。竊以皇族外戚各有區分，豈不兩安全耶？今陛下貴賤是非於其間，則居必競之地。今皇太子萬福，而三思等久已封建，陛下何以和之？臣知兩不安矣。項與張昌宗同供奉控鶴府，昌宗以貴寵，懼不全，計於項。項曰：天下思唐德久矣，主上春秋高，武氏諸王殊非所屬意，公何不從容請復相王、廬陵，以慰生人之望？昌宗乃乘間屢言之。幾一歲，則天意乃易，既知項之謀，乃召項問。項對曰：廬陵、相王皆陛下子，高宗初顧託於陛下，當有所注意。乃迎中宗。其興復唐室，項有力焉。睿宗登極，下詔曰：曩時王命中圮，人謀未輯，首陳反正之議，克創祈天之業，永懷忠烈，寧忘厥勳，可贈御史大夫。

寅恪案，武曌以己身所生之李氏子孫與武氏近親混合爲一體，觀前所引唐會要公主門所載，亦是一例，此吉頊所謂水土和爲泥者也。明乎此，則知神龍之復辟不能徹底，亦不必徹底，雖以狄仁傑之忠義，止可采用温和手段，張柬之等亦止能誣指張易之、昌宗爲謀逆，挾持中宗以成事，而中宗後覺其有貪功迫母之嫌，柬之等遂初爲功臣後作罪人也。據新唐書壹壹伍狄仁傑傳（參舊唐書捌玖狄仁傑傳、新唐書壹貳拾張柬之傳）略云：

張易之嘗從容問自安計，仁傑曰：惟勸迎廬陵王可以免禍。會后欲以武三思爲大子，以問宰相，衆莫敢對。仁傑曰：臣觀天人，未厭唐德。今欲繼統，非廬陵王莫可。后怒，罷議。久之，召謂曰：朕數夢雙陸不勝，何也？於是，仁傑與王方慶俱在，二人同辭對曰：雙陸不勝，無子也。天其意者以儆陛下乎？且太子，天下本，本一摇，天下危矣。文皇帝身蹈鋒鏑，勤勞而有天下，傳之子孫。先帝寢疾，詔陛下監國。陛下掩神器而取之，十有餘年，又欲以三思爲後。且姑侄與母子孰親？陛下立廬陵王，則千秋萬歲後常享宗廟，三思立，廟不祔姑。后感悟，即日遣徐彦伯迎廬陵王於房州。王至，后匿王帳中，召見仁傑，語廬陵事。仁傑敷請切至，涕下不能止。后乃使王出曰：還爾太子。仁傑降拜頓首曰：太子歸，未有知者，人言紛紛，何所信？后然之，更令太子舍龍門，具禮迎還，中外大悦。初，吉頊、李昭德數請還太子，而后意不回，唯仁傑每以母子天性爲言，后雖忮忍，不能無感，故卒復唐嗣。仁傑所薦進，若張柬之、桓彥範、敬暉、姚崇等，皆爲中興名臣。

舊唐書玖壹桓彥範傳（新唐書壹貳拾桓彥範傳同，并參舊唐書壹捌柒上，新唐書壹玖壹忠義傳王同皎傳）略云：

〔張〕柬之遽引彥範及〔敬〕暉并爲左右羽林將軍，委以禁兵，共圖其事。時皇太子每於北門起居，彥範與暉因得謁見，密陳其計，太子從之。神龍元年正月，彥範與敬暉及左羽林將軍李湛、李多祚、右羽林將軍楊元琰、左威衛將軍薛思行等，率左右羽林兵及千騎五百餘人，討〔張〕易之、昌宗於宮中，令李湛、李多祚就東宮迎皇太子，兵至玄武門，彥範等奉太子斬關而入。時則天在迎仙宮之集仙殿。斬易之、昌宗於廊下。明日，太子即位。

舊唐書壹佰玖李多祚傳（新唐書壹壹拾李多祚傳同）略云：

李多祚，代爲靺鞨酋長。少以軍功歷位右羽林軍大將軍，前後掌禁兵，北門宿衛二十餘年。神龍初，張柬之將誅張易之兄弟，引多祚籌其事，謂曰：將軍在北門幾年？曰：三十年矣。柬之曰：將軍位極武臣，豈非大帝之恩乎？曰：然。又曰：既感大帝殊澤，能有報乎？大帝之子見在東宮，逆豎張易之兄弟擅權，朝夕危逼。誠能報恩，正屬今日。多祚曰：苟緣王室，唯相公所使。遂與柬之等定謀誅易之兄弟。

舊唐書壹捌陸上酷吏傳吉頊傳略云：

初，中宗未立爲皇太子時，〔張〕易之、昌宗嘗密問項自安之策。項云：公兄弟承恩既深，非有大功於天下，則不全矣。今天下士庶感思李家，盧陵既在房州，相王又在幽閉，主上春秋既高，須有付託。武氏諸王，殊非屬意。明公若能從容請建立盧陵及相王，以副生人之望，豈止轉禍爲福，必長享茅土之重矣。易之然其言，遂承間奏請。則天知項首謀，召而問之。項曰：盧陵王及相王，皆陛下之子，先帝顧託於陛下，當有主意，唯陛下裁之。則天意乃定。項既得罪，時無知者。睿宗即位，左右發明其事，乃下制贈左御史臺大夫。

通鑑貳壹陸玄宗天寶九載十月條（參新唐書壹佰肆張行成傳附易之傳）云：

楊釗，張易之之甥也，奏乞昭雪易之兄弟。庚辰，制引易之兄弟迎中宗於房陵之功，復其官爵，仍賜一子官。釗以圖讖有金刀，請更名。上賜名國忠。

通鑑貳佰捌唐中宗神龍元年五月以侍中敬暉爲平陽王條考异云：

統紀曰：太后善自粉飾，雖子孫在側，不覺其衰老。及在上陽宫，不復櫛纇，形容羸悴。上入見，大驚。太后泣曰：我自房陵迎汝來，固以天下授汝矣，而五賊貪功，驚我至此。上悲泣不自勝，伏地拜謝死罪。由是三思等得入其謀。按，中宗頑鄙不仁，太后雖毀容涕泣，未必能感動移其志，其所以疏忌五王，自用韋后、三思之言耳。今不取。

寅恪案，中宗之復辟實由張易之之力，睿、玄兩朝制詔可爲明證，五王貪功之譏恐難自解，故武后一言，而中宗頓悟，温公作史，轉不置信，殊失是非之公，不可從也。至李多祚本爲武人，出自外族，忠而無識，易於受欺，可爲嘆息。總之，在李、武集團混合已成之後，當時謀復唐室者捨用狄仁傑解鈴者即繫鈴者之策略外，别無他途，而最有資格進言於武后之人亦捨張易之等外，更别無他輩，此當日事勢所必致，然讀史者多忽視之，故特爲標出如此。

兹請續論武后政治勢力所以久而不衰之故，蓋混合李、武兩家爲一體，已令忠於李者亦甚難不忠於武矣。又拔取人才，使甚感激，爲之効力，當日中國捨此輩才智之士外，别無其他可用之人，此輩才智之士得用於世，則感其知賞之殊遇，而武氏之政治勢力亦因得以延長也。

李相國論事集陸上言須惜官條（參新唐書壹伍貳李絳傳）云：

天后朝命官猥多，當時有車載斗量之語，及開元中，致朝廷赫赫有名望事績者，多是天后所進之人。

舊唐書壹叁玖陸贄傳（參陸宣公奏議）略云：

贄論奏曰：往者則天太后踐祚臨朝，欲收人心，尤務拔擢，弘委任之意，開汲引之門，進用不疑，求訪無倦，非但人得薦士，亦許自舉其才。所薦必行，所舉輒試，其於選士之道，豈不傷於容易哉！而課責既嚴，進退皆速，不肖者旋黜，才能者驟升，是以當代謂知人之明，累朝賴多士之用。此乃近於求才貴廣，考課貴精之効也。

新唐書壹貳肆姚崇傳（參舊唐書玖陸姚崇傳）略云：

> 張易之私有請於崇，崇不納，易之譖於〔武〕后，降司僕卿，猶同鳳閣鸞臺三品。出爲靈武道大總管。張柬之等謀誅二張（易之、昌宗），崇適自屯所還，遂參計議。以功封梁縣侯。后遷上陽宫，中宗率百官起居，王公更相慶，崇獨流涕。柬之等曰：今豈涕泣時邪？恐公禍由此始。崇曰：比與討逆，不足以語功。然事天后久，違舊主而泣，人臣終節也，由此獲罪，甘心焉。俄爲亳州刺史。後五王被害，而崇獨免。張説以素憾，諷趙彦昭劾崇，及當國，説懼，潛詣岐王〔範〕申款。崇它日朝，衆趨出，崇曳踵爲有疾狀。帝（玄宗）召問之，對曰：臣損足。曰：無甚痛乎？曰：臣心有憂，痛不在足。問以故，曰：岐王陛下愛弟，張説輔臣，而密乘車出入王家，恐爲所誤，故憂之。於是出説相州。

據此，武氏之政治勢力至玄宗朝而不稍衰歇，姚崇、張説雖爲政敵，然皆武氏之黨，不過有派别之分耳，李絳、陸贄之言殊可信也。

武曌所組織之統治集團内既有派别，則自中宗神龍初至玄宗先天末，其間唐代中央數次政變之情勢可以瞭然。韋后、安樂公主等一派與太平公主、玄宗等一派相争，前派敗而後派勝，此固武曌組織之大集團内派别之争也。即太平公主等與玄宗等之争，則此一派中又分爲兩派，自相競争，而有勝敗也。其分别雖多，要爲此大集團内之競争。至若重俊之舉兵，乃以局外之孤軍，而與此大集團决鬥，强弱懸殊，宜其失敗也。

兹引有關史料於下（舊唐書伍壹后妃傳上中宗韋庶人傳（新唐書柒陸后妃傳上韋皇后傳同，并參考舊唐書壹捌玖……））略云：

叁、新唐書貳佰陸外戚傳韋温傳：

時侍中敬暉謀去諸武，武三思患之，乃結上官氏以爲援，因得幸於后，潛入宫中謀議。於是三思驕横用事，敬暉、王同皎相次夷滅，天下咸歸咎於后。帝（中宗）遇毒暴崩，后懼，秘不發喪，定策立温王重茂爲皇太子，召諸府兵五萬人屯京城，分爲左右營，然後發喪。少帝即位，尊后爲皇太后，臨朝攝政，韋温總知内外兵馬，守援宫掖，駙馬韋捷、韋濯分掌左右屯營，武延秀及温從子播、族弟璿、外甥高嵩共典左右羽林軍及飛騎、萬騎。播、璿欲先樹威嚴，拜官日先鞭萬騎數人，衆皆怨，不爲之用。臨淄王（玄宗）率薛崇簡、鍾紹京、劉幽求領萬騎入自玄武門，至左羽林軍，斬將軍韋璿、韋播及中郎將高嵩於寢帳，遂斬關而入，至太極殿。后惶駭遁入殿前飛騎營，爲亂兵所殺。

同書捌陸節愍太子重俊傳（新唐書捌壹節愍太子重俊傳同）略云：

時武三思得幸中宫，深忌重俊。三思子崇訓尚安樂公主，常教公主凌忽重俊，以其非韋氏所生，常呼之爲奴。或勸公主請廢重俊爲王，自立爲皇太女，重俊不勝忿恨。〔神龍〕三年七月，〔重俊〕率左羽林大將軍李多祚等矯制發左右羽林兵及千騎三百餘人，殺〔武〕三思及〔武〕崇訓於其第。又令左金吾大將軍成王千里分兵守宫城諸門，自率兵趨肅章門，斬關而入，求韋庶人及安樂公主所在。韋庶人及安樂公主遽擁帝（中宗）馳赴玄武門樓，召左羽林將軍劉景仁等，令率留軍飛騎及百餘人於樓下列守。俄而多祚等兵至，欲突玄武門樓，宿衛者拒之，不得進。帝據檻呼多祚等所將千騎，謂曰：汝等并是我爪牙，何故作逆？若能歸順，斬多祚等，與汝富貴。於是千騎王歡喜等倒戈，斬多祚等於樓下，餘黨遂潰散。

新唐書捌叁諸公主傳略云：

安樂公主，〔中宗〕最幼女。〔韋后所生，〕后尤愛之。下嫁武崇訓。帝（中宗）復位，光艷動天下，侯王柄臣多出其門。請爲皇太女，左僕射魏元忠諫不可。主曰：元忠，山東木强，烏足論國事？「阿武子」尚爲天子，天子女有不可乎？崇訓死。主素與武延秀亂，即嫁之。

臨淄王（玄宗）誅〔韋〕庶人，主方覽鏡作眉，聞亂，走至右延明門，兵及，斬其首。

又略云：

太平公主，則天皇后所生。帝（高宗）擇薛紹尚之。紹死，更嫁武承嗣，會承嗣小疾，罷婚，后殺武攸暨妻，以配主。韋后、上官昭容用事，自以謀出主下遠甚，憚之。玄宗將誅韋氏，主與秘計，遣子崇簡從。事定，將立相王，未有以發其端者。主乃入見〔温〕王曰：

天下事歸相王（睿宗），此非兒所坐。乃掖王下，取乘輿服進睿宗。睿宗即位，主權由此震天下。玄宗以太子監國，使宋王〔憲〕、岐王〔範〕總禁兵。主恚權分，乘輦至光範門，召宰相，白廢太子。時宰相七人，五出主門下。又左羽林大將軍常元楷、知羽林軍李慈皆私謁主。主內忌太子明，又宰相皆其黨，乃有逆謀。太子得其姦，前一日，率高力士叩虔化門，梟元楷、慈於北闕下，執〔宰相岑〕義、〔蕭〕至忠至朝堂，斬之。主聞變，亡入南山，三日乃出，賜死於第。

舊唐書捌玄宗紀上（新唐書伍玄宗紀及通鑑貳佰玖景雲元年六月條同）略云：

〔唐隆元年六月〕庚子夜，〔上〕率〔劉〕幽求等數十人自苑南入，總監鍾紹京又率丁匠百餘以從。分遣萬騎往玄武門，殺羽林將軍韋播、高嵩，持首而至，衆歡叫大集。攻白獸、玄德等門，斬關而進，左萬騎自左入，右萬騎自右入，合於凌煙殿前。時太極殿前有宿衛梓宮萬騎，聞譟聲，皆披甲應之。韋庶人惶惑走入飛騎營，爲亂兵所害。

同書壹佰陸王毛仲傳（新唐書壹貳壹王毛仲傳同）云：

〔景龍〕四年六月，中宗遇弒，韋后稱制，令韋播、高嵩爲羽林將軍，令押千騎營（寅恪案，通鑑「千」作「萬」，是，蓋中宗已改千騎爲萬騎矣，温公之精密有如是者），榜箠以取威。其營長葛福順、陳玄禮等相與見玄宗訴冤，會玄宗已與劉幽求、麻嗣宗、薛崇簡等謀舉大計，相顧益歡，令幽求諷之，皆願决死從命。及二十日夜，玄宗入苑中。乙夜，福順等至，玄宗曰：與公等除大逆，安社稷，各取富貴，在於俄頃，何以取信？福順等請號而行，斯須斬韋播、韋璿、高嵩等頭來，玄宗舉火視之。又召鍾紹京領總監丁匠刀鋸百人至，因斬關而入，后及安樂公主等皆爲亂兵所殺。

寅恪案，韋氏在此集團内競争之失敗，其主因自在韋后、安樂公主等之無能力所致，蓋武曌拔取之人才皆不爲之用故也。韋氏敗後，當時此等人才及其他非武曌所拔取，而以趨附勢利成爲武氏之黨者，又分屬於太平公主及玄宗兩派，玄宗派如姚崇、宋璟等較太平公主派如岑羲、蕭至忠等才略爲優，故玄宗勝而太平公主敗。然此兩派亦皆與武曌有直接或間接之關係者。其中有最可注意之人，即是高力士，此人潛身宫禁，實爲武氏政治勢力之維持者，蓋與玄宗一生之政治生活發生密切關係，殆有過於專任之宰臣或鎮將者，因文武大臣之任用止限於外朝及邊境，且任用期間亦不及力士之長久也。

玄宗政權自來分爲開元、天寶兩時期，以先天時期甚短，且此時期玄宗尚未能完全行使其政權之故。開元時如姚崇、宋璟、張説、張九齡等先後任將相，此諸人皆爲武曌所拔用，故亦皆是武氏之黨，固不待論。即天寶時最有實權之宰相，先爲李林甫，後爲楊國忠，此二人之任用實與力士有直接或間接之關係，故亦不可謂不與武氏有關係也。此武氏政治勢力自高宗初年至玄宗末年雖經神龍之復辟，而歷久不衰之主因，力士在玄宗朝其地位重要亦可以推知矣。茲引舊史及其他有關材料，略論之於下：

舊唐書壹捌肆宦官傳高力士傳略云：

內官高延福收爲假子，延福出自武三思家，力士遂往來三思第。則天召入禁中。

同書壹佰陸李林甫傳略云：

武惠妃愛傾後宮，二子壽王、盛王以母愛特見寵异，太子瑛益疏薄。林甫多與中貴人善，乃因中官干惠妃云：願保護壽王。惠妃德之。初，侍中裴光庭妻武三思女，詭譎有才略，與林甫私。中官高力士本出三思家，及光庭卒，武氏銜哀，祈於力士，請林甫代其夫位，力士未敢言。玄宗使中書令蕭嵩擇相，嵩久之以右丞韓休對，玄宗然之，乃令草詔。力士遽漏於武氏，乃令林甫白休。休既入相，甚德林甫，與嵩不和，乃薦林甫堪爲宰相，惠妃陰助之，因拜黄門侍郎。〔開元二十三年〕爲禮部尚書、同中書門下三品。

唐會要叁皇后門（參通鑑貳壹叁開元十四年上欲以武惠妃爲皇后條考异）略云：

〔玄宗貞順〕皇后武氏，恒安王攸止女。攸止卒後，后尚幼，隨例入宫。及王皇后廢，賜號惠妃，宫中禮秩一同皇后。初，〔開元〕十四年四月，侍御史潘好禮聞上欲以惠妃爲皇后，進疏諫曰：臣聞禮記曰：父母之讎不可共戴天。公羊傳曰：子不復父讎，不子也。陛下豈得欲以武氏爲國母，當何以見天下之人乎？不亦取笑於天下乎？又，惠妃再從叔三思、從父延秀等，并干亂朝綱，遞窺神器，豺狼同穴，梟獍同林。至如惡木垂陰，志士不息，盜泉飛溢，正夫莫飲，良有旨哉。伏願陛下慎擇華族之女，必在禮義之家，且惠妃本是左右執巾櫛者也，不當參立之。又見人間盛言，尚書左丞相張説自被停知政事之後，每諂附惠妃，誘盪上心，欲取立后之功，更圖入相之計。且太子本非惠妃所生，惠妃復自有子，若惠妃一登宸極，則儲位實恐不安。臣職參憲府，感激懷憤，陛下留神省察。（蘇冕駁曰：此表非潘好禮所作。且好禮，先天元年爲侍御史，開元十二年爲温州刺史致仕。表是十四年獻，而云「職參憲府」，若題年恐錯，即武惠妃先天元年始年十四，王皇后有寵未衰，張説又未爲右丞相，竟未知此表是誰獻之。）

寅恪案，李林甫爲天寶前期政治之中心人物，其所以能致是者，則由於高力士、武惠妃之助力，此亦玄宗用人行政深受武氏影響之明證，而武氏政治勢力至是猶未衰歇，可以想見也。復次，肅宗之得立爲太子當亦與武氏之黨有關。不過與當日武氏政治勢力之中心未能發生特別關係，所以皇位繼承權亦不甚穩固，後來靈武内禪之舉恐亦非得已也。據舊唐書伍貳后妃傳下玄宗元獻皇后傳（參次柳氏舊聞中第一事）略云：

玄宗元獻皇后楊氏，弘農華陰人。曾祖士達，天授中，以則天母族，追封士達爲鄭王。

后景雲元年八月，選入太子宮。時太平公主用事，尤忌東宮。宮中左右持兩端，而潛附太平者必陰伺察，事雖纖芥，皆聞於上，太子心不自安。后時方娠，太子密謂張説曰：用事者不欲吾多息胤，恐禍及此婦人，其如之何？密令説懷去胎藥而入。太子於曲室躬自煮藥，醺然似寐，夢神人覆鼎。既寤如夢，如是者三。太子异之，告説。説曰：天命也，無宜他慮。既而太平誅，后果生肅宗。開元中，肅宗爲忠王，后爲妃，又生寧親公主。張説以舊恩特承寵异，説亦奇忠王儀表，必知運曆所鍾，故寧親公主降説子垍。開元十七年后薨。

可知肅宗母爲武曌外家，張説復爲武氏之黨，此其所以終能立爲太子，而又因其關係不及武惠妃諸子與武氏關係之深切，所以雖在儲位，常危疑不安也。

天寶後期中央之政權在楊國忠之手，而國忠之進用全由於楊貴妃之專寵，此爲不待考辨之事。今所欲論者，止貴妃何以入宮之問題而已。略録有關史料於下：

新唐書柒陸后妃傳上楊貴妃傳（參舊唐書伍壹后妃傳上玄宗楊貴妃傳）略云：

玄宗貴妃楊氏，隋梁郡通守汪四世孫。徙籍蒲州，遂爲永樂人。始爲壽王妃。開元二十四（寅恪案，四應作五，詳見拙著元白詩箋證稿長恨歌章。）年，武惠妃薨，後廷無當帝意者。或言妃資質天挺，宜充掖庭，遂召内禁中，异之，即爲自出妃意者，丐籍女官，號「太真」，更爲壽王聘韋昭訓女，而太真得幸，遂專房宴，宫中號「娘子」，儀體與皇后等。天寶初，進册貴妃。

白氏長慶集壹貳長恨歌傳略云：

玄宗在位歲久，倦於旰食宵衣，政無小大始委於右丞相（李林甫），深居游宴，以聲色自娱。先是，元獻皇后、武淑妃（即武惠妃）皆有寵，相次即世，宫中雖良家子千數，無可悦目者，上心忽忽不樂。（中略）詔高力士潛搜外宫，得弘農楊玄琰女於壽邸。

楊太真外傳上（參拙著元白詩箋證稿長恨歌章）云：

開元二十二年十一月（楊妃）歸於壽邸。二十八年十月玄宗幸温泉宫，使高力士取楊氏女於壽邸，度爲女道士，號「太真」，住内太真宫。天寶四載七月，册左衛中郎將韋昭訓女配壽邸。是月於鳳凰園册太真宫女道士楊氏爲貴妃。

據此，楊貴妃爲武惠妃之代替人，所謂「娘子」者，即今世俗「太太」之稱，蓋以皇后視之。若貴妃死於安禄山亂前，玄宗必追贈爲皇后，如武惠妃之例也。又貴妃之入宫，乃由高力士之搜拔，覩前引后妃公主諸史料，知唐皇室之婚姻與此集團有密切關係，此集團爲武曌所組成，高力士爲武氏死黨，其所搜拔自不出於此集團之外，可以無疑。據新唐書柒壹下宰相世系表楊氏條云：

太尉震，子奉，八世孫結，二子：珍，繼，至順，徙居河中永樂。

楊貴妃即出此房，此房雖非武曌外家近屬，然就貴妃曾選爲壽王妃一點觀之，知其亦屬於此大集團，不過爲距核心較遠之外圍人物耳。世人往往以貴妃之色藝爲當時大唐帝國數千萬女性之冠，鄙意尚有疑問，但其爲此集團中色藝無雙之人，則可斷言，蓋力士搜拔之範圍原有限制，而玄宗亦爲武黨所包圍蒙蔽故也。

綜括言之，此一集團武曌創組於大帝之初，楊玉環結束於明皇之末者也。唐代自高宗至玄宗爲文治武功極盛之世，即此集團居最高統治地位之時，安禄山亂起，李唐中央政府已失統治全國之能力，而此集團之勢力亦衰竭矣。故研究唐之盛世者不可不研究此集團，特爲論述其組成及變遷之概略，以供治吾國中古史者之參考。

（原載歷史研究一九五四年第壹期）

論唐代之蕃將與府兵

唐代武功自開國至玄宗爲最盛時代。此時期之兵力可分爲蕃將及府兵兩類。其關於府兵者，寅恪已於拙著隋唐制度淵源略論稿兵制章述其概要，然止限於府兵創設及初期與後期不同諸點，其他未遑多及。至於蕃將，則世之讀史者，僅知蕃將與唐代武功有密切重要關係，而不知其前期之蕃將與後期之蕃將亦大有分別在也。今請先論李唐開國之初至玄宗時代之蕃將，玄宗後之蕃將問題，則本文姑不涉及。次論李唐開國之初至玄宗時代之府兵，而專就太宗、武后、玄宗三人關於此兩種武力組織之政策，略加論辨，或可供治唐史者之參考歟？

唐之開國，其兵力本兼府兵蕃將兩類，世人習見唐承西魏、北周、隋代之後，太宗之武功又照耀千古，遂誤認太宗之用兵其主力所在，實爲府兵，此大謬不然者也。兹舉一例，證成鄙說於下：

貞觀政要貳納諫篇略云：

右僕射封德彝等，并欲中男十八已上，簡點入軍。敕三四出，〔魏〕徵執奏，以爲不可。德彝重奏：今見簡點者云，次男内大有壯者。太宗怒，乃出敕：中男以上，雖未十八，身形壯大，亦取。徵又不從，不肯署敕。徵曰：「且比年國家衛士，不堪攻戰。豈爲其少？但爲禮遇失所，遂使人無鬬心。」

通鑑壹玖貳武德九年十二月上遣使點兵條胡注云：

唐制，民年十六爲中男，十八始成丁，二十一爲丁，充力役。

寅恪案，魏徵所謂「國家衛士」即指府兵而言。蓋府兵之制，更番宿衛，故稱之爲「衛士」也。由此可知武德之世，即李唐開國之時代，其府兵實「不堪攻戰」也。然則此時期太宗頻年用兵，内安外攘。高宗繼之，武功之盛，照耀史乘。其所用之兵，主力部分必非「不堪攻戰」之府兵。既非府兵，其主力果爲何種兵耶？治史者習知唐代之蕃將關係重要，故新唐書特爲蕃將立一專傳。兹擇其最有關者節録之，并略附舊唐書西戎傳有關之文如下：

新唐書壹壹拾諸夷蕃將傳略云：

史大奈，本西突厥特勒（勤）也。與處羅可汗入隋，事煬帝，從伐遼。後分其部於樓煩。高祖興太原，大奈提其衆隸麾下。桑顯和戰飲馬泉，諸軍却。大奈以勁騎數百，背擊顯和，破之。軍遂振。從平長安，賜姓史。從秦王平薛舉、王世充、竇建德、劉黑闥。

阿史那社尔，突厥處羅可汗之次子。〔貞觀〕十四年，以交河道行軍總管平高昌，封畢國公。從征遼東，所部奮厲，皆有功。二十一年，以崑丘道行軍大總管與契苾何力、郭孝恪、楊弘禮、李海岸等五將軍發鐵勒十三部及突厥騎十萬討龜兹。

執失思力，突厥酋長也。及討遼東，詔思力屯金山道，領突厥扞薛延陀。復從江夏王道宗破延陀餘衆。與平吐谷渾。

契苾何力，鐵勒哥論易勿施莫賀可汗之孫。〔貞觀〕九年，與李大亮、薛萬徹、萬均討吐谷渾於赤水川。十四年，爲葱山道副大總管，與討高昌，平之。永徽中，西突厥阿史那賀魯叛。詔何力爲弓月道大總管，率左武衛大將軍梁建方，統秦、成、岐、雍及燕然都護迴紇兵八萬討之。

黑齒常之，百濟西部人。儀鳳三年，從李敬玄、劉審禮擊吐蕃。調露中，吐蕃使贊婆等入寇，屯良非川。常之引精騎三千夜襲其軍，即拜河源道經略大使。凡莅軍七年，吐蕃憺畏，不敢盗邊。垂拱中，突厥復犯塞，常之率兵追擊，至兩井。賊夜遁。久之，爲燕然道大總管，與李多祚、王九言等擊突厥骨咄禄、元珍於黄花堆，破之。

李謹行，靺鞨人。父突地稽，部酋長也。隋末，率其屬千餘内附，居營州。劉黑闥叛，突地稽身到定州，上書秦王，請節度。以戰功封耆國公。徙部居昌平。高開道以突厥兵攻幽州，突地稽邀擊，敗之。貞觀初，賜氏李。

舊唐書壹玖捌吐谷渾傳略云：

貞觀九年，詔特進李靖爲西海道行軍大總管，并突厥、契苾之衆以擊之。

同書同卷高昌傳略云：

〔貞觀十四年〕太宗乃命吏部尚書侯君集爲交河道大總管，率左屯衛大將軍薛萬均及突厥、契苾之衆，步騎數萬衆以擊之。

寅恪案，觀上引史料，固知太宗以府兵「不堪攻戰」，而以蕃將爲其武力之主要部分矣。但詳繹史文，則貞觀四年破滅突厥頡利可汗之前，其蕃將如史大奈、突地稽等以外，亦未見太宗有何重用蕃將之事。然則貞觀四年以前，太宗對内對外諸戰争，究用何種兵力，以補救其「不堪攻戰」之府兵耶？寅恪嘗擬此問題之答案，即太宗未大用蕃將以前，其主要兵力實寄託於所謂「山東豪傑」集團。至「山東豪傑」與唐代初期之重要關係，寅恪已於拙著論隋末唐初所謂「山東豪傑」一文詳言之，故不贅論，讀者可取參閲也。

治唐史者習知唐之用蕃將矣。然似未能辨唐代初期即太宗、高宗之用蕃將，與後來玄宗之用蕃將有重要之區别。蓋此兩期爲唐代武功最盛時代，而蕃將又多建戰功。若籠統含混，視爲同一，則於史事之真相及太宗、玄宗之用心，皆不能了知。請舉一例以證明之。

舊唐書壹佰陸李林甫傳云：

國家武德、貞觀以來，蕃將如阿史那社爾、契苾何力，忠孝有才略，亦不專委大將之任，多以重臣領使以制之。開元中，張嘉貞、王晙、張説、蕭嵩、杜暹皆以節度使入知政事。林

> 甫固位，志欲杜出將入相之源。嘗奏曰：文士爲將，怯當矢石，不如用寒族、蕃人。蕃人善戰有勇。寒族即無黨援。帝以爲然，乃用〔安〕思順代林甫領〔朔方節度〕使。自是高仙芝、哥舒翰皆專任大將。林甫利其不識文字，無入相由。然而禄山竟爲亂階，由專得大將之任故也。

據此，可知太宗所任之蕃將爲部落酋長，而玄宗所任之蕃將乃寒族胡人。太宗起兵太原，與突厥酋長結「香火盟」，誼同骨肉。若自突厥方面觀之，則太宗亦是與突厥同一部之酋長，所謂「特勤」之類也。此點寅恪於拙著論唐高祖稱臣於突厥事一文中詳證之，茲不贅論。太宗既任部落之酋長爲將帥，則此部落之酋長必率領其部下之胡人，同爲太宗効力。功業成後，則此酋長及其部落亦造成一種特殊勢力，如唐代中世以後藩鎮之比。至若東突厥敗亡後而又復興，至默啜遂并吞東西兩突厥之領土，而建立一大帝國，爲中國大患。歷數十年，至玄宗初期，以失政内亂，遂自崩潰。此貞觀以來任用胡族部落酋長爲將領之覆轍，宜玄宗以之爲殷鑒者也。職此之故，玄宗之重用安禄山，其主因實以其爲雜種賤胡。（詳見拙著唐代政治史述論稿上篇。）哥舒翰則其先世雖爲突厥部落酋長，然至翰之身，已不統領部落，失其酋長之資格，不异於寒族之蕃人。是以玄宗亦視之與安禄山相等，而不慮其變叛，如前此復興東突厥諸酋長之所爲也。由是言之，太宗之用蕃將，乃用此蕃將及其所統之同一部落。玄宗之用蕃將，乃用此蕃將及其統領之諸種不同之部落也。太宗、玄宗任用蕃將之類别雖不同，而有任用蕃將之必要則相等。

蕃將之所以被視爲重要者，在其部落之組織及騎射之技術。兹請先言其騎射之技術如下：

新唐書伍拾兵志略云：

唐之初起，得突厥馬二千匹，又得隋馬三千於赤岸澤，徙之隴右，監牧之制始於此。初，用太僕少卿張萬歲領群牧。自貞觀至麟德四十年間，馬七十萬六千。方其時，天下以一縑易一馬。萬歲掌馬久，恩信行於隴右。自萬歲失職，馬政頗廢。永隆中，夏州牧馬之死失者十八萬四千九百九十。開元初，國馬益耗。太常少卿姜誨乃請以空名告身市馬於六胡州，率三十匹讎一游擊將軍。命王毛仲領内外閑廄。毛仲既領閑廄，馬稍稍復，始二十四萬。至十三年，乃四十三萬。其後突厥款塞，玄宗厚撫之。歲許朔方軍西受降城爲互市，以金帛市馬，於河東、朔方、隴右牧之。既雜胡種，馬乃益壯。議謂秦、漢以來，唐馬最盛。〔天寶〕十三載，隴右群牧都使奏，馬三十二萬五千七百。安禄山以内外閑廄都使兼知樓煩監，陰選勝甲馬歸范陽，故其兵力傾天下。

寅恪案，騎馬之技術本由胡人發明。其在軍隊中有偵察敵情及衝陷敵陣兩種最大功用。實兼今日飛機、坦克二者之効力，不僅騎兵運動迅速靈便，遠勝於部卒也。中國馬種不如胡馬優良。漢武帝之求良馬，史乘記載甚詳，後世論之者亦多，兹不贅述。即就上引史料觀之，則唐代之武功亦與胡地出生之馬及漢地雜有胡種之馬有密切關係，自無待言。至弓矢之用，若不與騎馬配合，則僅能防守，而不能進攻，只可處於被動之地位，而無以發揮主動進攻之效用。故言射而不言騎，則止得軍事技術之一面。若騎射并論，自必師法胡人，改畜胡種之馬，且任胡人血統之人主持牧政。此必然之理，必致之勢。今所存唐代馬政之史料雖衆，要不出此範圍也。

至軍隊組織，則胡人小單位部落中，其酋長即父兄，任將領。其部衆即子弟，任兵卒。即本爲血胤之結合，故情誼相通，利害與共。遠較一般漢人以將領空名，而統率素不親切之士卒者爲優勝。此點以寅恪之淺陋，唯見宋呂頤浩所論，最得其要領（四庫珍本忠穆集壹上邊禦十策）。讀者可於呂文詳究之也。

玄宗所用蕃將爲寒族胡人，如安禄山等。與太宗所用蕃將爲部落酋長，如阿史那社爾等。兩者既大不相同矣。或疑寒族胡人以非酋長之故，無與之相同血胤部卒可統率，其所領士兵，亦將同於漢將所領者不异，則蕃將雖長於騎射之技，而部隊却失去組織嚴整之效，何以玄宗必用蕃人爲大將耶？應之曰，玄宗所用蕃將，其本身雖非酋長，無直接之部屬，但其人則可統率其他諸不同胡族之部落。質言之，即是一諸不同胡族部落之最高統帥。蓋玄宗時默啜帝國崩潰後，諸不同胡族之小部落紛雜散居於中國邊境，或漸入内地。安禄山以雜種胡人之故，善於撫綏諸胡種，且其武力實以同一血統之部落爲單位，如并吞阿布思之同羅部落及畜義子爲「曳落河」，即收養諸雜類勇壯之人，編成軍隊，而視爲同一血統之部落。職此之故，其人數必非寡少。通鑑貳壹陸玄宗天寶十載述安禄山收養「曳落河」八千餘人事。司馬君實於其所著考异中以養子必無八千之數，而疑姚汝能之説爲不合，則殊未解胡人部落之制也。此種方法後來安史餘黨胡化漢人田承嗣輩亦遵依之，遂創啓唐末五代之「衙兵」，或唐人小説紅綫故事中所謂「外宅男」者是也。（詳見姚汝能安禄山事迹上新唐書貳貳伍上安禄山傳及拙著唐代政治史述論稿上篇。）上述安禄山及其餘黨所爲皆足爲例證。故玄宗之用蕃將，除用其騎射之技外，更兼取其部落組織嚴整之長。此點實與太宗用蕃將之心理未嘗有别也。

太宗之時，府兵雖「不堪攻戰」，但亦未致全部廢弛之階段。太宗一方面權用蕃將，以補府兵之缺點，一方面仍竭力增加及整頓府兵，以期恢復府兵盛時之原狀。故太宗時之武功，固以蕃將部落爲主力，然太宗貞觀以後，至於玄宗之世，府兵於逐漸衰廢之過程中，仍有傑出之人才，并收攻戰之效用。觀後引史傳，可以證知也。惟唐代河北設置府兵問題爲治唐史者所亟待解决者，近時頗有不同之論，兹略述鄙見於下：

玉海壹叁捌兵制門唐府兵條引唐會要云：

關内置府二百六十一，精兵士二十六萬，舉關中之衆以臨四方。又置折衝府二百八十（此是貞觀十年事），通計舊府六百三十三。河東道府額亞於關中。河北之地，人多壯勇，故不置府。其諸道亦置。

玉海壹叁捌兵制門引鄴侯家傳云：

玄宗時，奚、契丹兩蕃强盛，數寇河北諸州，不置府兵番上，以備兩蕃。

寅恪案，鄴侯家傳無傳世完本，惟可據通鑑及玉海諸書引述者，加以論釋。雖其中頗多誤失，如言唐玄宗時禁軍已有六軍之類，寅恪亦嘗徵引前人舊説及鄙意辨正之矣。（見拙著元白詩箋證稿長恨歌章。）但關於河北初不置折衝府事，則鄙意以爲甚得當時情勢之實，雖有時代差錯，而無文字之訛誤也。近日谷霽光君於其所著唐折衝府考校補（在二十五史補編）論鄴侯家傳紀此事文字有誤，其言云：

上引一段事實，多不可通解。如「不置府兵，以備兩蕃」一句，语意不相屬，既謂之不置府兵，何云「番上」，更何云「備蕃」。此其一。兩蕃入寇，與不置府兵文義亦自相違。此其二。末又指出兵府總數，不記年代，易於混亂。此其三。綜觀全傳，不應致此。余疑「不」字乃「又」字之誤。如將「不置府兵」易爲「又置府兵」，則文義連屬，於史實亦不背謬。

寅恪案，若上引史料中「不」字果爲「又」字之誤，則新唐書叁玖地理志河北道幽州大都督府條云：

有府十四，曰吕平、涿城、德聞、潞城、樂上、清化、洪源、良鄉、開福、政和、停驂、柘河、良杜、咸寧。

是此等河北道之折衝府皆非玄宗以前所設置者。但據陸增祥八瓊室金石補正肆陸本願寺僧慶善等造幢題名（第伍面下載長安三年乞留檢校令裴琳記在獲鹿本願寺）云：

應天神龍皇帝（中宗）順天翊聖皇后（韋后）幢主昭武校尉右屯衛前檀州密雲府左果毅都尉上柱國孫義元。

楊盈川集陸後周明威將軍梁公神道碑云：

天授元年九月十六日加威武將軍，守左玉鈐衛翊善府折衝都尉。

羅振玉唐折衝府考補云：

河北道懷州翊善（勞補）。

唐李經墓志：「授懷州翊善府別將。」玉案，勞氏據楊炯撰梁待賓神道碑補此府，不知何屬。據志，知屬懷州。

則知武則天、中宗之時河北道實已設置折衝府矣。唐高祖以劉黑闥重反之故，竟欲盡殺河北丁壯，以空其地（詳見拙著論隋末唐初所謂「山東豪傑」）。蓋河北之人以豪强著稱，實爲關隴集團之李唐皇室所最忌憚。故太宗雖增置兵府，而不於河北之地設置折衝府者，即因於此。此玉海引唐會要所謂「河北之地，人多壯勇，故不置府。其諸道亦置一者也。至武則天以山東寒族攫取政權之後，轉移全國之重心於洛陽，即舊唐書陸則天皇后紀所云：

〔載初二年〕七月，徙關内雍、同等七州户數十萬以實洛陽。

者是也。蓋武后以前，唐承西魏、北周、楊隋之遺業，以關隴爲本位，聚全國之武力於此西北一隅之地，藉之宰制全國，即玉海引唐會要所謂「舉關中之衆，以臨四方」者。又據唐會要捌肆移户門云：

貞觀元年朝廷議，户殷之處聽徙寬鄉。陝州刺史崔善爲上表曰：畿内之地是爲殷户，丁壯之民悉入軍府。若聽移轉，便出關外。此則虚近實遠，非經通之義。其事遂止。

寅恪案，崔善爲言「畿内之地是爲殷户，丁壯之民悉入軍府。」實深得唐初府兵設置分配之用意，故不容許移徙畿内之民户，東出關外也。今武后徙雍、同等州之民户，以實洛陽，即是將全國武力之重心自關中而移於山東。河北之地即在山東區域之内。若非武后之世，決不能有此違反唐高祖太宗以來傳統之政策。故今日所存之史料中，河北道兵府之設置，其時代在玄宗以前，武后以後，實與唐代當日之情勢相符應也。國内情勢既改，而東突厥復興，國外情勢又因之大變，此兩大原因乃促成河北自武則天後始置兵府之真相。特鄴侯家傳以之下屬玄宗之世，時代未免差錯。至其文中「不」字是否「又」字之訛誤，或字句有脱漏，恐須更待考證也。

太宗雖增加及整頓府兵，冀能一掃前此「不堪攻戰」之弊，而可不必倚賴蕃將。然在其生存之日，蓋未及收府兵之效用也。及太宗崩殂之後，府兵之效始漸表現。觀下引史料，亦足證知武后至玄宗朝，其漢人名將實與府兵有關，即可推見太宗增加及整頓府兵之心力，亦非虚捐矣。到郭子儀父子皆與折衝府有關，而子儀復由武舉出身。武舉本由武曌創設（見新唐書伍拾兵志）。此則武后用詞科進士拔選文士之外，又别設置武舉，拔選武人。其各方面搜羅人材之方策，可謂不遺餘力。斯亦治史者所不容忽視之點也。

舊唐書壹佰叁郭知運傳略云：

郭知運，瓜州常樂人。初爲秦州三度府果毅。

同書同卷張守珪傳略云：

張守珪，陝州河北人也。初以戰功授平樂府别將，再轉幽州良社府果毅。

金石萃編玖貳郭氏家廟碑云：

敬之府君（郭子儀父）始自涪州録事參軍，轉瓜州司倉，雍北府右果毅，加游擊將軍，申王府典軍，金谷府折衝。

碑陰：男。昭武校尉守絳州萬泉府折衝都尉上柱國琇，子儀武舉及第，左衛長上，改河南府城□府别將，又改同州興德府右果毅，又改汝州魯陽府折衝。

府兵之制雖漸廢弛，有關史料頗亦不少，兹無詳引之必要，止取下引史文觀之，當能得其蜕變之概要也。

舊唐書玖叁張仁愿傳云：

時突厥默啜盡衆西擊突騎施娑葛，仁愿請乘虛奪取漠（應作漠）南之地，於河北築三受降城，首尾相應，以絶其南寇之路。仁愿表留年滿鎮兵以助其功。時咸陽兵二百餘人逃歸，仁愿盡擒之。

是中宗時府兵番上之制尚存舊規，可以推見。又據唐大詔令集柒叁開元二十六年正月敕親祀東郊德音略云：

朕每念黎甿，弊於征戍。所以別遣召募，以實邊軍。錫其厚賞，使令長住。今諸軍所召，人數尚足。在於中夏，自能罷兵。自今已後，諸軍兵健并宜停遣。其見鎮兵，并一切放還。

則知玄宗開元中府兵番上之制已爲長徵召募之制所代替。至玄宗天寶中如新唐書伍拾兵志所云：

〔天寶〕八載，折衝諸府至無兵可交，李林甫遂請停上下魚書。其後徒有兵額、官吏，而戎器、馱馬、鍋幕、糗糧并廢矣。

則知宇文泰、楊堅、李世民、武曌四主所創建增置遷移整頓之制度遂於此而告結束矣。自是之後，唐平安史之亂，其主力爲朔方軍，而朔方軍實一以胡人部落蕃將爲其主要成分者。其後平淮蔡，則賴李光顔之武力。李氏之軍隊亦爲胡兵。至若龐勛之役及黄巢之大會戰，無不與沙陀部落有絶大關係，此皆胡兵蕃將之問題。然此等均在玄宗以後，不在本文範圍，故不一一具論。讀者可取拙著唐代政治史述論稿下篇參之也。

綜括論之，以唐代之武功言，府兵雖至重要，然其重要性殊有時間限制，終不及蕃將一端，其關係至深且鉅，與李唐一代三百年相終始者，所可相比也。至若「河北之地，人多壯勇」，頗疑此集團實出自北魏冀、定、瀛、相諸州營户屯兵之系統，而此種人實亦北方塞外胡族之子孫（詳見拙著論隋末唐初所謂「山東豪傑」），李唐出身關隴集團，故最忌憚此等人群。太宗因亦不於其所居之地設置兵府，武曌改移政權以後，情勢大變，雖於河北置折衝府，然府兵之效用歷時不久，至玄宗之世，遂全部廢止矣。玄宗後半期以蕃將代府兵，爲其武力之中堅，而安史以蕃將之資格，根據河北之地，施行胡化政策（詳見拙著唐代政治史述論稿上篇）。恢復軍隊部落制，即「外宅男」或義兒制。故唐代藩鎮如薛嵩、田承嗣之徒，雖是漢人，實同蕃將。其軍隊不論是何種族，實亦同胡人部落也。延及五代，「衙兵」尚是此「外宅男」之遺留。讀史者綜觀前後演變之迹象，自可了然矣。寅恪嘗謂歐陽永叔深受北宋當時「濮議」之刺激，於其所著五代史記特標義兒傳一目，以發其感憤。然所論者僅限於天性、人倫、情誼、禮法之範圍，而未知五代義兒之制，如後唐義兒軍之類，實源出於胡人部落之俗。蓋與唐代之蕃將同一淵源者。若專就道德觀點立言，而不涉及史事，似猶不免未達一間也。兹以此端非本文所宜辨證，故止略陳鄙見，附記於篇末，更俟他日詳論之，以求教於當世通識君子。

（原載中山大學學報一九五七年第壹期）

李太白氏族之疑問

李陽冰草堂集序云：

李白，字太白，隴西成紀人。涼武昭王暠九世孫，蟬聯珪組。世爲顯著，中葉非罪謫居條支，易姓與（與字繆本作爲）名。然自窮蟬至舜，累世不大曜，亦可嘆焉。神龍之始，逃歸於蜀。復指李樹而生伯陽。驚姜之夕，長庚入夢。故生而名白，以太白字之。

范傳正唐左拾遺翰林學士李公新墓碑云：

公名白，字太白，其先隴西成紀人。絶嗣之家，難求譜牒。公之孫女搜於箱篋中，得公之亡子伯禽手疏十數行，紙壞字缺，不能詳備。約而計之，涼武昭王九代孫也。隋末多難，一房被竄於碎葉，流離散落，隱易姓名。故自國朝已來漏於屬籍。神龍初，潛還廣漢，因僑爲郡人。父客以逋其邑，遂以客爲名。高卧雲林，不求禄仕。公之生也，先府君指天枝以復姓。先夫人夢長庚而告祥，名之與字咸所取象。

寅恪案，新唐書肆拾地理志云：

安西大都護府，初治西州。顯慶二年平賀魯，析其地，置濛池、崑陵二都護府，分種落，列置州縣，西盡波斯國，皆隸安西，又徙治高昌故地。三年，徙治龜兹都督府，而故府復爲西州。

（有保大軍，屯碎葉城。）

又肆叁下云：

焉耆都督府。（貞觀十八年滅焉耆置。有碎葉城。）

（中略）

西域府十六、州七十二。

（中略）

條支都督府，領州九。

（中略）

右隸安西都護府。

是碎葉、條支在唐太宗貞觀十八年即西曆六四四年平焉耆，高宗顯慶二年即西曆六五七年平賀魯，隸屬中國政治勢力範圍之後，始可成爲竄謫罪人之地。若太白先人於楊隋末世即竄謫如斯之遠地，斷非當日情勢所能有之事實。其爲依託，不待詳辨。至所以詭稱隋末者，殆以文飾其既爲凉武昭王後裔，又何以不編入屬籍，如鎮遠將軍房、平凉房、姑臧房、敦煌房、僕射房、絳郡房、武陵房等之比故耳（參閲新唐書柒拾上宗室世系表興聖皇帝十子條及柒貳下宰相世系表隴西李氏條）。

又考太白集貳陸爲宋中丞自薦表云：

臣伏見前翰林供奉李白，年五十有七。

寅恪案，太白爲宋若思作此表時在唐肅宗至德二載，即西曆七五七年。據以上推其誕生之歲，應爲武后大足元年，即西曆七〇一年。此年下距中宗神龍元年，即西曆七〇五年，尚有四年之隔。然則太白由西域遷居蜀漢之時，其年至少已五歲矣。是太白生於西域，不生於中國也。又考李序「神龍之始逃歸於蜀，復指李樹而生伯陽」，及范碑「公之生也，先府君指天枝以復姓」之語，則是太白至中國後方改姓李也。其父之所以名客者，殆由西域之人其名字不通於華夏，因以胡客呼之，遂取以爲名，其實非自稱之本名也。夫以一元非漢姓之家，忽來從西域，自稱其先世於隋末由中國謫居於西突厥舊疆之內，實爲一必不可能之事。則其人之本爲西域胡人，絶無疑義矣。

又續高僧傳叁肆感通篇上隋道仙傳云：

釋道仙，本康居國人。以游賈爲業，梁、周之際往來吴、蜀，行賈達於梓州。

又同書叁伍感通篇中唐慧岸傳云：

釋慧岸者，未詳何人。面鼻似胡，言同蜀漢。

又杜甫在夔州作解悶十二首之二云：

貫胡離別下揚州，憶上西陵故驛樓。爲問淮南米貴賤，老夫乘興欲東游。

據此，可知六朝、隋唐時代蜀漢亦爲西胡行賈區域。其地之有西胡人種往來僑寓，自無足怪也。太白既詭託隴西李氏，又稱李陽冰爲從叔（見獻從叔當塗宰陽冰五言詩）。陽冰爲趙郡李氏（見唐文粹柒柒舒元輿玉筯篆志及宣和書譜貳等）。故太白之同時人及後來之人亦以山東人稱太白（杜甫蘇端薛復筵簡薛華醉歌及元稹唐檢校工部員外杜君墓志），蓋謂其出於趙郡李氏也。舊唐書壹玖拾下文苑傳李白傳既載不可徵信之「父爲任城尉，因家焉」之語，又稱白爲「山東人」。不知山東非唐代州縣之名。若依當時稱郡望之慣例，固應作「趙郡人」，即使以家住地爲籍貫，亦當云「兗州或魯郡任城人」。舊史於此誠可謂進退兩無所據者矣（參錢大昕二十二史考异壹捌）。

（原載一九三五年一月清華學報第拾卷第壹期）

書唐才子傳康洽傳後

唐才子傳肆康洽傳略云：

洽，酒泉人，黄鬚美丈夫也。盛時攜琴劍來長安，謁當道，氣度豪爽。工樂府詩篇，宫女梨園，皆寫於聲律。玄宗亦知名，嘗嘆美之。

寅恪案，文房作此傳，大抵從李端贈康洽詩取材（見全唐詩第壹壹函李端壹），以洽之姓氏容貌生地年代及事迹觀之，蓋爲西胡族類之深於漢化者。亦李謫仙一流人也。寅恪嘗論太白詭稱西凉李暠之後，其先人曾以罪於隋末流放西域，實則本爲西胡人之寓居中國者也（見李太白氏族之疑問一文）。世人於鄙論或信或否，近有持太白實凉武昭王之裔，武則天翦除李唐宗室時其家乃遷謫西域之論者，此説寅恪不敢苟同，蓋憲宗元和中范傳正所撰太白新墓碑已明言：

自國朝已來，漏於屬籍。

是太白之家雖自稱西凉後裔，而本未嘗著於屬籍，按諸當時法制，實不得以唐之宗室目其家也。或有疑范氏此語爲不可信者。鄙意范碑即使不可信，而論者之説亦必不可從。兹請以唐代規制及武后時情勢兩點證之如下：

一、唐大詔令集陸肆大臣類附屬籍門許凉武昭王孫絳郡姑臧等四房子孫隷入宗正屬籍敕（全唐文叁壹玄宗壹貳作命李彦允等入宗正籍詔）云：

敕，古之宗盟，异姓爲後。王者設教，莫遺其親。殿中侍御史李彦允等奏稱，與朕同承凉武昭王後，請甄叙者。源流實同，譜系猶著。雖子孫千億，各散於一方，而本枝百代，何殊於近屬，況有陳請，所宜敦叙。自今後凉武昭王孫寶已下絳郡、姑臧、敦煌、武陽等四房子孫（唐會要陸伍宗正寺門引此文作四公子孫），并宜隷入宗正，編諸屬籍，以明尊本之道，用廣親親之化。

又新唐書柒拾上宗室世系表南陽公房條略云：

太祖景皇帝虎八子，長曰延伯，武德四年追封南陽伯，附屬籍，貞觀初罷之。與姑臧、絳郡、武陵公三房號四公子房。至開元二十三年復附屬籍。

寅恪案，許李彦允等四房附屬籍之敕文唐大詔令集及全唐文俱不載年月。但據唐會要陸伍宗正寺門，知此敕文乃玄宗天寶元年七月二十三日所下，而唐大詔令集傳寫脱去，全唐文編輯時館臣亦遂因之耳。依此而言，即與唐皇室有直接血統關係之李虎子延伯後裔在貞觀初至開元二十三年之間尚不得視爲宗室，何論李唐所攀附之祖宗西凉李暠子孫耶？李唐皇室本出趙郡，（見北史叁壹李靈傳附顯甫傳及拙著唐代政治史述論稿上篇。）西凉後裔之得稱唐宗室實自天寶時始。武則天爲玄宗之祖母，其翦除李唐宗室時，太白先人若果爲西涼後裔，在當時亦非唐代宗室，何故因此得罪，而遠流西域乎？至唐大詔令集作「四房子孫」，而唐會要作「四公子孫」，今以新唐書宗室世系表參之，其原文疑本作「四公子房子孫」，俟考。

二、舊唐書柒陸恒山王承乾傳（參新唐書捌拾常山王承乾傳及舊唐書玖玖新唐書壹叁壹李適之傳）略云：

恒山王承乾，太宗長子也（文德皇后長孫氏所生）。太宗即位，爲皇太子。貞觀十七年廢爲庶人。二子：象，厥。象官至懷州別駕，厥至鄂州別駕。象子適之別有傳。

又同書同卷吴王恪傳（參新唐書捌拾鬱林王恪傳）略云：

吴王恪，太宗第三子也。恪母隋煬帝女也。恪又有文武才，太宗常稱其類己。既名望素高，甚爲物情所向。長孫無忌既輔立高宗，深所忌嫉。永徽中，會房遺愛謀反，遂因事誅恪，以絶衆望，海内冤之。有子四人：仁，瑋，琨，璄，并流於嶺表。〔後〕封仁爲鬱林縣侯。〔仁〕後改名千里，天授後，歷唐廬許衛蒲五州刺史。時皇室諸王有德望者，必見誅戮，惟千里褊躁無才，復數進獻符瑞事，故則天朝竟免禍。

寅恪案，武則天誅夷李唐宗室，蓋就其能與己争皇位者，因翦除之，以絶人望之故耳。其不在此限者，則雖太宗諸子中，如承乾之生爲嫡長，正位儲君，恪之爲隋煬外孫，有文武才，爲當時衆望所歸。然俱以得罪廢黜之故，其子孫遂得蒙寬免。千里之在武后朝，得獨免禍者，其主因實以無與武后競争皇位之資格，不僅以其才望低下，進獻符瑞而已也。太白之先人縱使在武后時，得號爲李唐宗室。則亦是西凉後裔，於皇室爲遠支，又無名位之可稱述，必非武后之所忌惡，何嫌何疑，乃致得罪，遠竄西域耶？

由是言之，太白之先人既不能於隋末得罪，謫遷西域（見拙著李太白氏族之疑問一文中），又不能如論者所言，在武后時爲唐代宗室，則其不能因是而被迫害，可以斷言。故謂其氏族所出，與康洽不异，自非誣妄之説也。偶讀康洽傳，遂論及之，以補寅恪昔論太白氏族之文所未備，而求教於當世治文學史之君子。

（原載一九五一年六月周叔弢先生六十生日紀念論文集）

論韓愈

古今論韓愈者衆矣，譽之者固多，而譏之者亦不少。譏之者之言則昌黎所謂「蚍蜉撼大樹，可笑不自量」者（昌黎集伍調張籍詩），不待贅辯，即譽之者亦未中肯綮。今出新意，仿僧徒詮釋佛經之體，分爲六門，以證明昌黎在唐代文化史上之特殊地位。至昌黎之詩文爲世所習誦，故略舉一二，藉以見例，無取詳備也。

一曰：建立道統，證明傳授之淵源。

華夏學術最重傳授淵源，蓋非此不足以徵信於人，觀兩漢經學傳授之記載，即可知也。南北朝之舊禪學已采用阿育王經傳等書，僞作付法藏因緣傳，已證明其學說之傳授。至唐代之新禪宗，特標教外別傳之旨，以自矜异，故尤不得不建立一新道統，證明其淵源之所從來，以壓倒同時之舊學派，此點關係吾國之佛教史，人所共知，又其事不在本文範圍，是以亦可不必涉及，唯就退之有關者略言之。

昌黎集壹壹原道略雲：

曰：斯道也，何道也？曰：斯吾所謂道也，非向所謂老與佛之道也。堯以是傳之舜，舜以是傳之禹，禹以是傳之湯，湯以是傳之文武周公，文武周公傳之孔子，孔子傳之孟軻，軻之死，不得其傳焉。

退之自述其道統傳授淵源固由孟子卒章所啓發，亦從新禪宗所自稱者摹襲得來也。

新唐書壹柒陸韓愈傳略云：

愈生三歲而孤，隨伯兄會貶官嶺表。

昌黎集壹復志賦略云：

當歲行之未復兮，從伯氏以南遷。淩大江之驚波兮，過洞庭之漫漫。至曲江而乃息兮，逾南紀之連山。嗟日月其幾何兮，攜孤嫠而北旋。值中原之有事兮，將就食於江之南。

同書貳叁祭十二郎文略云：

嗚呼！吾少孤，及長，不省所怙，惟兄嫂是依。中年，兄殁南方，吾與汝俱幼，從嫂歸葬河陽。既又與汝就食江南。零丁孤苦，未嘗一日相離也。

李漢昌黎先生集序略云：

先生生於大曆戊申，幼孤，隨兄播遷韶嶺。

寅恪案，退之從其兄會謫居韶州，雖年頗幼小，又歷時不甚久，然其所居之處爲新禪宗之發祥地，復值此新學說宣傳極盛之時，以退之之幼年穎悟，斷不能於此新禪宗學說濃厚之環境氣氛中無所接受感發，然則退之道統之説表面上雖由孟子卒章之言所啓發，實際上乃因禪宗教外別傳之説所造成，禪學於退之之影響亦大矣哉！宋儒僅執退之後來與大顛之關係，以爲破獲贓據，欲奪取其道統者，似於退之一生經歷與其學説之原委猶未達一間也。

二曰：直指人倫，掃除章句之繁瑣。

唐太宗崇尚儒學，以統治華夏，然其所謂儒學，亦不過承繼南北朝以來正義義疏繁瑣之章句學耳。又高宗、武則天以後，偏重進士詞科之選，明經一目僅爲中材以下進取之途徑，蓋其所謂明經者，止限於記誦章句，絶無意義之發明，故明經之科在退之時代，已全失去政治社會上之地位矣（詳見拙著唐代政治史述論稿上篇）。南北朝後期及隋唐之僧徒亦漸染儒生之習，詮釋內典，襲用儒家正義義疏之體裁，與天竺詁解佛經之方法殊异（見拙著楊樹達論語疏證序），如禪學及禪宗最有關之三論宗大師吉藏天台宗大師智顗等之著述與賈公彦、孔穎達諸儒之書其體制適相冥會，新禪宗特提出直指人心見性成佛之旨，一掃僧徒繁瑣章句之學，摧陷廓清，發聾振聵，固吾國佛教史上一大事也。退之生值其時，又居其地，睹儒家之積弊，效禪侣之先河，直指華夏之特性，掃除賈、孔之繁文，原道一篇中心旨意實在於此，故其言曰：

傳曰：古之欲明明德於天下者，先治其國；欲治其國者，先齊其家；欲齊其家者，先修其身；欲修其身者，先正其心；欲正其心者，先誠其意。然則古之所謂正心而誠意者，將以有爲也。今也欲治其心，而外天下國家，滅其天常，子焉而不父其父，臣焉而不君其君，民焉而不事其事。

同書伍寄盧仝詩云：

春秋三傳束高閣，獨抱遺經究終始。

寅恪案，原道此節爲吾國文化史中最有關係之文字，蓋天竺佛教傳入中國時，而吾國文化史已達甚高之程度，故必須改造，以蘄適合吾民族、政治、社會傳統之特性，六朝僧徒「格義」之學（詳見拙著支愍度學説考），即是此種努力之表現，儒家書中具有系統易被利用者，則爲小戴記之中庸，梁武帝已作嘗試矣。（隋書叁貳經籍志經部有梁武帝撰中庸講疏一卷，又私記制旨中庸義五卷。）然中庸一篇雖可利用，以溝通儒釋心性抽象之差异，而於政治社會具體上華夏、天竺兩種學説之衝突，尚不能求得一調和貫徹，自成體系之論點。退之首先發見小戴記中大學一篇，闡明其説，抽象之心性與具體之政治社會組織可以融會無礙，即盡量談心説性，兼能濟世安民，雖相反而實相成，天竺爲體，華夏爲用，退之於此以奠定後來宋代新儒學之基礎，退之固是不世出之人傑，若不受新禪宗之影響，恐亦不克臻此。又觀退之寄盧仝詩，則知此種研究經學之方法亦由退之所稱獎之同輩中人發其端，與前此經詩著述大意，而開啓宋代新儒學家治經之途徑者也。

三曰：排斥佛老，匡救政俗之弊害。

昌黎集壹壹原道略云：

古之爲民者四，今之爲民者六。古之教者處其一，今之教者處其三。農之家一，而食粟之家六。工之家一，而用器之家六。賈之家一，而資焉之家六。奈之何民不窮且盜也。是故君者，出令者也。臣者，行君之令而致之民者也。民者，出粟米麻絲，作器皿，通貨財，以事其上者也。君不出令，則失其所以爲君。臣不行君之令而致之民，則失其所以爲臣。民不出粟米麻絲，作器皿，通貨財，以事其上，則誅。

人其人，火其書，廬其居，明先王之道以道之，鰥寡孤獨廢疾者有養也，其亦庶乎其可也。

同書貳送靈師詩略云：

佛法入中國，爾來六百年。齊民逃賦役，高士著幽禪。官吏不之制，紛紛聽其然。耕桑日失隸，朝署時遺賢。

同書壹謝自然詩略云：

人生有常理，男女各有倫。寒衣及飢食，在紡績耕耘。下以保子孫，上以奉君親。苟异於此道，皆爲棄其身。噫乎彼寒女，永託异物群。感傷遂成詩，昧者宜書紳。

寅恪案，上引退之詩文，其所持排斥佛教之論點，此前已有之，實不足認爲退之之創見，特退之所言更較精闢，勝於前人耳。原道之文微有語病，不必以辭害意可也。謝自然詩乃斥道教者，以其所持論點與斥佛教者同，故亦附録於此。今所宜注意者，乃爲退之所論實具有特別時代性，即當退之時佛教徒衆多，於國家財政及社會經濟皆有甚大影響，觀下引彭偃之言可知也。

唐會要肆柒議釋教上（參舊唐書壹貳柒彭偃傳）略云：

大曆十三年四月，劍南東川觀察使李叔明奏請澄汰佛道二教，下尚書省集議。都官員外郎彭偃獻議曰：王者之政，變人心爲上，因人心次之，不變不因，循常守故者爲下，故非有獨見之明，不能行非常之事。今陛下以維新之政，爲萬代法，若不革舊風，令歸正道者，非也。當今道士，有名無實，時俗鮮重，亂政猶輕，惟有僧尼，頗爲穢雜。自西方之教，被於中國，去聖日遠，空門不行五濁，比邱但行麄法。爰自後漢，至於陳隋，僧之教滅，其亦數四，或至坑殺，殆無遺餘，前代帝王，豈惡僧道之善，如此之深耶？蓋其亂人亦已甚矣。且佛之立教，清淨無爲，若以色見，即是邪法，開示悟入，惟有一門，所以三乘之人，比之外道。況今出家者，皆是無識下劣之流，縱其戒行高潔，在於王者，已無用矣。今叔明之心甚善，然臣恐其奸吏詆欺，而去者未必非，留者不必是，無益於國，不能息奸，既不變人心，亦不因人心，强制力持，難致遠耳。臣聞天生蒸民，必將有職，游行浮食，王制所禁。故有才者受爵禄，不肖者出租稅，此古之常道也。今天下僧道不耕而食，不織而衣，廣作危言險語，以惑愚者。一僧衣食，歲計約三萬有餘，五丁所出，不能致此。舉一僧以計天下，其費可知。陛下日旰憂勤，將去人害，此而不救，奚其爲政？臣伏請僧道未滿五十者，每年輸絹四疋，尼及女道士未滿五十者，輸絹二疋。其雜色役，與百姓同。有才智者，令入仕。請還俗爲平人者聽，但令就役輸課，爲僧何傷？臣竊料其所出，不下今之租賦三分之一，然則陛下之國富矣，蒼生之害除矣。其年過五十者，請皆免之。夫子曰：五十而知天命。列子曰：不斑白，不知道。人年五十歲，嗜慾已衰，縱不出家，心已近道，況戒律檢其性情哉？臣以爲此令既行，僧尼規避還俗者，固已大半，其年老精修者，必盡爲人師，則道釋二教益重明矣。上深嘉之。

寅恪案，彭偃爲退之同時人，其所言如此，則退之之論自非剿襲前人空言，爲無病之呻吟，實匡世正俗之良策。蓋唐代人民擔負國家直接税及勞役者爲「課丁」，其得享有免除此種賦役之特權者爲「不課丁」。「不課丁」爲當日統治階級及僧尼道士女冠等宗教徒，而宗教徒之中佛教徒最佔多數，其有害國家財政、社會經濟之處在諸宗教中尤爲特著，退之排斥之亦最力，要非無因也。

至道教則唐皇室以姓李之故，道教徒因緣傅會。自唐初以降，即逐漸取得政治社會上之地位，至玄宗時而極盛，如以道士女冠隸屬宗正寺（見唐會要陸伍宗正寺崇玄署條），尊崇老子以帝號，爲之立廟，祀以祖宗之禮。除老子爲道德經外，更名莊、文、列、庚桑諸子爲南華、通玄、冲虛、洞靈等經，設崇玄學，以課生徒，同於國子監。道士女冠有犯，准道格處分諸端（以上均見唐會要伍拾尊崇道教門），皆是其例。尤可笑者，乃至提漢書古今人表中之老子，自三等而升爲一等（見唐會要伍拾尊崇道教門），號老子妻爲先天太后。作孔子像，侍老子之側（以上二事見唐會要伍拾尊崇道教雜記門）。荒謬幼稚之舉措，類此尚多，無取詳述。退之排斥道教之論點除與其排斥佛教相同者外，尚有二端，所應注意：一爲老子乃唐皇室所攀認之祖宗，退之以臣民之資格，痛斥力詆，不稍諱避，其膽識已自超其儕輩矣。二爲道教乃退之稍前或同時之君主宰相所特提倡者，蠹政傷俗，實是當時切要問題。據新唐書壹佰玖王嶼傳（參舊唐書壹叁拾王嶼傳）略云：

玄宗在位久，推崇老子道，好神仙事，廣修祠祭，靡神不祈。嶼上言，請築壇東郊，祀青帝，天子入其言，擢太常博士、侍御史，爲祠祭使。嶼專以祠解中帝意，有所禳祓，大抵類巫覡。漢以來葬喪皆有瘞錢，後世里俗稍以紙寓錢，爲鬼事，至是嶼乃用之。肅宗立，累遷太常卿，又以祠禱見寵。乾元三年，拜蒲、同、絳等州節度使，俄以中書侍郎同中書門下平章事。時大兵後，天下願治，嶼望輕，無它才，不爲士議諧可，既驟得政，中外悵駭。乃奏置太一壇，勸帝身見九宫祠。帝由是專意，它議不能奪。帝嘗不豫，太卜建言，祟在山川。嶼遣女巫乘傳，分禱天下名山大川，巫皆盛服，中人護領，所至干託州縣，賂遺狼藉。時有一巫美而蠱，以惡少年數十自隨，尤憸狡不法，馳入黄州。刺史左震晨至館請事，門鐍不啓。震怒，破鐍入，取巫斬廷下，悉誅所從少年，籍其贓，得十餘萬，因遣還中人。既以聞，嶼不能詰，帝亦不加罪。明年，罷嶼爲刑部尚書，又出爲淮南節度使，猶兼祠祭使。始，嶼託鬼神致位將相，當時以左道進者紛紛出焉。

舊唐書壹叁拾李泌傳略云：

泌頗有讜直之風，而談神仙詭道，或云嘗與赤松子、王喬、安期、羨門游處，故爲代所輕，雖詭道求容，不爲時君所重。德宗初即位，尤惡巫祝怪誕之士。初，肅宗重陰陽祠祝之説，用妖人王嶼爲宰相，或命巫媪乘驛行郡縣以爲厭勝。凡有所興造功役，動牽禁忌。而黎幹用左道，位至尹京，嘗内集衆工，編刺珠繡爲御衣，既成而焚之，以爲禳襘，且無虚月。德宗在東宫頗知其事，即位之後，罷集僧於内道場，除巫祝之祀。有司言，宣政内廊壞，請修繕，而太卜云，孟冬爲魁岡，不利穿築，請卜他月。帝曰：春秋之義，啓塞從時，何魁岡之有？卒命修之。又代宗山陵靈駕發引，上號送於承天門，見輼輬不當道，稍指午未間。問其故，有司對曰：陛下本命在午，故不敢當道。上號泣曰：安有枉靈駕而謀身利？卒命直午而行。及建中末，寇戎内梗，桑道茂有城奉天之説，上稍以時日禁忌爲意，而雅聞泌長於鬼道，故自外徵還，以至大用，時論不以爲愜。

及國史補上李泌任虛誕條（參太平廣記貳捌玖妖妄類李泌條）云：

李相泌以虛誕自任。嘗對客曰：令家人速灑掃，今夜洪崖先生來宿。有人遺美酒一榼，會有客至，乃曰：麻姑送酒來，與君同傾。傾之未畢，閽者云：某侍郎取榼子。泌命倒還之，略無怍色。

則知退之當時君相沉迷於妖妄之宗教，民間受害，不言可知。退之之力詆道教，其隱痛或有更甚於詆佛教者，特未昌言之耳。後人昧於時代性，故不知退之言有物意有指，遂不加深察，等閑以崇正闢邪之空文視之，故特爲標出如此。

四曰：呵詆釋迦，申明夷夏之大防。

昌黎集叁玖論佛骨表略云：

臣某言，伏以佛者，夷狄之一法耳。自後漢時流入中國，上古未嘗有也。假如其身至今尚在，奉其國命，來朝京師，陛下容而接之，不過宣政一見，禮賓一設，賜衣一襲，衛而出之於境，不令惑衆也。

全唐詩壹貳函韓愈拾贈譯經僧詩云：

萬里休言道路賒，有誰教汝度流沙。只今中國方多事，不用無端更亂華。

寅恪案：退之以諫迎佛骨得罪，當時後世莫不重其品節，此不待論者也。今所欲論者，即唐代古文運動一事，實由安史之亂及藩鎮割據之局所引起。安史爲西胡雜種，藩鎮又是胡族或胡化之漢人（詳見拙著唐代政治史述論稿上篇），故當時特出之文士自覺或不自覺，其意識中無不具有遠則周之四夷交侵，近則晋之五胡亂華之印象，「尊王攘夷」所以爲古文運動中心之思想也。在退之稍先之古文家如蕭穎士、李華、獨孤及、梁肅等，與退之同輩之古文家如柳宗元、劉禹錫、元稹、白居易等，雖同有此種潛意識，然均不免認識未清晰，主張不徹底，是以不敢亦不能因釋迦爲夷狄之人，佛教爲夷狄之法，抉其本根，力排痛斥，若退之之所言所行也。退之之所以得爲唐代古文運動領袖者，其原因即在於是，此意已見拙著元白詩箋證稿新樂府章法曲篇末，兹不備論。

五曰：改進文體，廣收宣傳之效用。

關於退之之文，寅恪嘗詳論之矣（見拙著元白詩箋證稿長恨歌章）。其大旨以爲退之之古文乃用先秦、兩漢之文體，改作唐代當時民間流行之小説，欲藉之一掃腐化僵化不適用於人生之駢體文，作此嘗試而能成功者，故名雖復古，實則通今，在當時爲最便宣傳，甚合實際之文體也。至於退之之詩，古今論者亦多矣，兹僅舉一點，以供治吾國文學史者之參考。

陳師道後山居士詩話云：

退之以文爲詩，子瞻以詩爲詞，如教坊雷大使（娘？）之舞，雖極天下之工，要非本色。

今代詞手唯秦七、黄九爾，唐諸人不迨也。

寅恪案：退之以文爲詩，誠是確論，然此爲退之文學上之成功，亦吾國文學史上有趣之公案也。

據高僧傳貳譯經中鳩摩羅什傳略雲：

初，沙門慧叡才識高明，常隨什傳寫。什每爲叡論西方辭體，商略同异，云：天竺國俗甚重文制，其宫商體韵以入絃爲善。凡覲國王，必有讚德，見佛之儀以歌嘆爲貴，經中偈頌皆其式也，但改梵爲秦，失其藻蔚，雖得大意，殊隔文體，有似嚼飯與人，非徒失味，乃令嘔噦也。什嘗作頌贈沙門法和云：「心山育明德，流薰萬由延。哀鸞孤桐上，清音徹九天。」凡爲十偈，辭喻皆爾。

蓋佛經大抵兼備「長行」即散文及偈頌即詩歌兩種體裁。而兩體辭意又往往相符應。考「長行」之由來，多是改詩爲文而成者，故「長行」乃以詩爲文，而偈頌亦可視爲以文爲詩也。天竺偈頌音綴之多少，聲調之高下，皆有一定規律，唯獨不必叶韵。六朝初期四聲尚未發明，與羅什共譯佛經諸僧徒雖爲當時才學絶倫之人，而改竺爲華，以文爲詩，實未能成功。惟仿偈頌音綴之有定數，勉强譯爲當時流行之五言詩，其他不遑顧及，故字數雖有一定，而平仄不調，音韵不叶，生吞活剥，似詩非詩，似文非文，讀之作嘔，此羅什所以嘆恨也。如馬鳴所撰佛所行讚，爲梵文佛教文學中第一作品。寅恪昔年與鋼和泰君共讀此詩，取中文二譯本及藏文譯本比較研究，中譯似尚遜於藏譯，當時亦引爲憾事，而無可如何者也。自東漢至退之以前，此種以文爲詩之困難問題迄未有能解決者。退之雖不譯經偈，但獨運其天才，以文爲詩，若持較華譯佛偈，則退之之詩詞皆聲韵無不諧當，既有詩之優美，復具文之流暢，韵散同體，詩文合一，不僅空前，恐亦絕後，決非效顰之輩所能企及者矣。後來蘇東坡、辛稼軒之詞亦是以文爲之，此則效法退之而能成功者也。

六曰：獎掖後進，期望學説之流傳。

唐代古文家多爲才學卓越之士，其作品如唐文粹所選者足爲例證，退之一人獨名高後世，遠出餘子之上者，必非偶然。據舊唐書壹陸拾韓愈傳云：

> 大曆、貞元之間，文字多尚古學，效楊雄、董仲舒之述作，而獨孤及、梁肅最稱淵奥，儒林推重。愈從其徒游，鋭意鑽仰，欲自振於一代。

及新唐書壹柒陸韓愈傳云：

> 愈成就後進士，往往知名。經愈指授，皆稱「韓門弟子」。

則知退之在當時古文運動諸健者中，特具承先啓後作一大運動領袖之氣魄與人格，爲其他文士所不能及。退之同輩勝流如元微之、白樂天，其著作傳播之廣，在當日尚過於退之。退之官又低於元，壽復短於白，而身殁之後，繼續其文其學者不絕於世，元白之遺風雖或尚流傳，不至斷絕，若與退之相較，誠不可同年而語矣。退之所以得致此者，蓋亦由其平生奬掖後進，開啓來學，爲其他諸古文運動家所不爲，或偶爲之而不甚專意者，故「韓門」遂因此而建立，韓學亦更緣此而流傳也。世傳隋末王通講學河汾，卒開唐代貞觀之治，此固未必可信，然退之發起光大唐代古文運動，卒開後來趙宋新儒學新古文之文化運動，史證明確，則不容置疑者也。

綜括言之，唐代之史可分前後兩期，前期結束南北朝相承之舊局面，後期開啓趙宋以降之新局面，關於政治社會經濟者如此，關於文化學術者亦莫不如此。退之者，唐代文化學術史上承先啓後轉舊爲新關捩點之人物也。其地位價值若是重要，而千年以來論退之者似尚未能窺其蘊奧，故不揣愚昧，特發新意，取證史籍，草成此文，以求當世論文治史者之教正。

（原載歷史研究一九五四年第貳期）

讀東城老父傳

太平廣記肆捌伍雜傳記類東城老父傳題陳鴻撰。然傳文中作者自稱其名凡四處。

一曰：

元和中，潁川陳鴻祖攜友人出春明門。

二曰：

宿鴻祖於齋舍。

三曰：

鴻祖問開元之理亂。

四曰：

鴻祖默不敢應而去。

是此傳作者之名爲鴻祖，絶無疑義，而廣記所以題陳鴻之故，殆由傳寫者習知長恨歌傳撰人即太和時（新唐書伍玖藝文志子部小説類「元和」誤作「貞元」。）主客郎中字大亮之陳鴻姓名，遂致訛耳。全唐文陸壹貳收陳鴻文共三篇，而長恨歌傳館臣以其言近猥瑣妄誕，故不見録。其卷柒貳拾復別收陳鴻祖文，止一篇，即此傳是也。近日學人有考證此傳者，亦襲舊誤，混陳鴻與陳鴻祖爲一人。（寅恪案，陳鴻爲貞元二十一年乙酉進士，見徐松登科記考壹伍。陳鴻大統紀序自言「貞元丁酉歲登太常第。」其丁酉乃乙酉之訛寫，非丁卯丁丑之誤文也。徐氏考訂甚精，兹不具述。）且云：

清修全唐文，録鴻文三篇，而此二篇（指此傳及長恨歌傳）不收。

蓋偶爾失檢，未足爲病也。至鴻祖始末，全唐文小傳僅言其爲潁川人，亦即出於此傳「元和中潁川陳鴻祖攜友人出春明門」之語，然則其他無考，從可知矣。兹於傳文不欲多所論證，惟略詮譯其中三事如下：

（一）傳文云：

老人歲時伏臘得歸休。行都市間，見有賣白衫白疊布，行鄰比鄽間，有人禳病，法用皂布一匹，持重價不克致，竟以幞頭羅代之。近者老人扶杖出門，閱街衢中，東西南北視之，見白衫者不滿百，豈天下之人皆執兵乎？

寅恪案，老人意謂昔時兵少，而今日兵多。蓋平民衣白，而兵士衣皂故也。據舊唐書肆伍輿服志（參舊唐書壹貳禮樂志、新唐書貳肆車服志）云：

〔隋大業〕六年，復詔從駕涉遠者，文武官等皆戎衣。貴賤异等，雜用五色。五品以上，通著紫袍，六品以下，兼用緋緑。胥吏以青，庶人以白，屠商以皂，士卒以黄。武德初，因隋舊制。

是唐初庶人衣白，士卒衣黄也。然通典壹陸玖刑典守正條載潘好禮纂徐有功事迹中丘神鼎

案有

黑襖子即是武夫之衣。

等語，其下文「黑襖」亦作「皂襖」或「皂衣」，是武則天時士卒已衣皂矣。唐會要柒貳軍雜録云：

廣德二年三月，禁王公百吏家及百姓著皂衫及壓耳帽子，异諸軍官健也。

開成元年正月敕：坊市百姓，甚多著緋皂開後襖子，假託軍司。自今已後，宜令禁斷。

斯又唐中葉後士卒衣皂之明證也。又唐語林柒補遺云：

唐末士人之衣尚黑，故有紫緑，有黑紫。迨兵起，士庶之衣具皂。此其讖也。

王讜此條所録屬於唐末範圍，雖與東城老父之時代先後不同，然其以皂色爲兵起之讖，固兵卒衣皂之一旁證也。

至唐玄宗末及憲宗初之兵額，則據舊唐書壹肆憲宗紀上元和二年十二月己卯史官李吉甫撰元和國計簿條（參新唐書伍貳食貨志末及通鑑貳參柒元和二年末條）云：

比量天寶供税之户，則四分有一。天下兵戎仰給縣官者八十三萬餘人，比量天寶士馬，

則三分加一。率以兩户資一兵。

又據舊唐書壹柒下文宗紀開成二年正月庚寅户部侍郎判度支王彦威進所撰供軍圖略序（參舊唐書壹伍柒、新唐書壹陸肆王彦威傳）曰：

至德、乾元之後，迄於貞元、元和之際，天下有觀察者十，節度二十有九，防禦者四，經略者三。掎角之師，犬牙相制，大都通邑，無不有兵。約計中外兵額至八十餘萬。長慶户口凡三百三十五萬，而兵額又約九十九萬。通計三户資奉一兵。

此李趙公王靖公所舉統計之數，可與老人之言參證者也。

（二）傳文又云：

開元十二年，詔三省侍郎有缺，先求曾任刺史者。郎官缺，先求曾任縣令者。及老人見四十三省郎吏，有理刑才名，大者出刺郡，小者鎮縣。自老人居大道旁，往往有郡太守休馬於此，皆慘然，不樂朝廷沙汰使治郡。

寅恪案，「三省」謂尚書門下省及中書省也。此爲唐代官制，人所習知，無待釋證。所可注意者，爲「四十三省郎吏」一辭。夫唐代之無四十三省，固不必論。考玉臺新咏壹古樂府詩六首之一「日出東南隅行」一作「陌上桑」雲：

三十侍中郎，四十專城居。

古樂府詩所云「專城」，即任地方長吏之義，亦即老人所言「大者出刺郡」及「郡太守」之謂。此爲唐人文中習慣用語，如孫光憲北夢瑣言玖李氏女條引劉山甫金溪閑談略云：

唐廣明中，黄巢犯闕，大駕幸蜀。有西班李將軍女，奔波隨人，迤邐達興元。骨肉分散，無所依託。適值鳳翔奏將軍董司馬者，乃詢其門閥，以身託之，得至於蜀。尋訪親眷，知在行朝。始謂董生曰：人各有偶，難爲偕老，請自此辭。董生驚愕，遂下其山矣。

此所謂「下山」，乃用玉臺新咏壹古詩八首之一，「上山采蘼蕪，下山逢故夫」之句。故「下山」謂「逢故夫」也。唐人作品中，其例頗多，不暇詳舉。凡屬此類，皆用人所共知之詩句或成語，留取其前部分，而省略其後部分。唐人所謂歇後詩體，頗疑實與此有關。檢新唐書壹捌叁鄭綮傳（參舊唐書壹柒玖鄭綮傳，通鑑貳伍玖唐紀昭宗乾寧元年二月條及考异，并北夢瑣言柒鄭綮相詩條及唐詩紀事鄭綮條。）云：

大順後，王政微。綮每以詩謡託諷，中人有誦之天子前者。昭宗意其有所藴未盡，因有司上班簿，遂署其側曰：可禮部侍郎、同中書門下平章事。綮本善詩，其語多俳諧，故使落調，世共號鄭五歇後體。至是，省史走其家上謁。綮笑曰：諸君誤矣。人皆不識字，宰相亦不及我。史言不妄。俄聞制詔下，嘆曰：萬一然，笑殺天下人。既視事，宗戚詣慶。搔首曰：歇後鄭五作宰相，事可知矣。

寅恪案，鄭五作「歇後體」詩，「故使落調」（舊唐書作「故落格調」）。胡三省注通鑑，釋「歇後」之意云：「歇後者，叙所以爲詩，而歇後語不發。」故梅磵之意，謂所歇落者乃語辭，與兩唐書稱所歇落者爲「格調」有异也。全唐詩第貳貳函載鄭綮詩三首，皆爲通常詩體。諧謔類貳復載綮詩兩題，一出舊唐書，一出北夢瑣言。雖是俳詞，然亦未能確切證明「落調」之説。今姑以意揣之，無論所歇落者爲格調，抑或語辭，但必是與上文高低相反，或密切聯繫，前者乃兩唐書格調之説，後者乃通鑑胡注語辭之釋。學者當兩存之，以待詳考。茲有可注意者，即此歇後詩體流行以前，社會一般文字中，必有僅舉語辭之上半，而待讀者解悟其未發之下半者。若此説不謬，東城老父傳之「四十」，北夢瑣言之「下其山」，皆其例證也。然則「四十三省郎吏」一詞，實後來歇後體之先驅。蘊武因得利用當日文字固有之習慣以託諷，而昭宗亦據以疑其有所蘊蓄未盡也。寅恪昔歲讀鄭傳，未能通解。今以暇日補證舊稿，遂附録子京之文并著鄙説於此。以求通人之教正。一時臆度所及，殊不敢自信。慚老學之無成，憶宿疑之猶在，殘年廢疾，益深燭武師丹之感矣。

（三）傳文末結語云：

〔老人〕復言曰：上皇北臣穹廬，東臣雞林，南臣滇池，西臣昆夷。三歲一來會，朝覲之禮容，臨照之恩澤，衣之錦絮，飼之酒食，使展事而去。都中無留外國賓。今北胡與京師雜處，娶妻生子，長安中少年有胡心矣。吾子視首飾韡服之制，不與向同，得非物妖乎？鴻祖默不敢應而去。

寅恪案，新唐書壹柒拾王鍔傳云：

德宗擢爲鴻臚少卿。先是，天寶末，西域朝貢酋長及安西、北庭校吏歲集京師者數千人，隴右既陷，不得歸，皆仰禀鴻臚禮賓，月四萬緡，凡四十年，名田養子孫如編民。至是，鍔悉藉名王以下無慮四千人，畜馬二千，奏皆停給。宰相李泌盡以隸左右神策軍，以酋長署牙將，歲省五十萬緡。帝嘉其公，擢容管經略使。

通鑑貳叁貳貞元三年七月條云：

初，河、隴既没於吐蕃，自天寶以來，安西、北庭奏事及西域使人在長安者，歸路既絶，人馬皆仰給於鴻臚禮賓。委府縣供之，於度支受直。度支不時付直，長安市肆不勝其弊。李泌知胡客留長安久者，或四十餘年，皆有妻子，買田宅，舉質取利，安居不欲歸。命檢括胡客有田宅者，停其給。凡得四千人，將停其給。胡客皆詣政府訴之，泌曰：此皆從來宰相之過，豈有外國朝貢使者留京師數十年，不聽歸乎？今當假道於迴紇，或自海道，各遣歸國。有不願歸，當於鴻臚自陳，授以職位，給俸禄，爲唐臣。人生當乘時展用，豈可終身客死邪？於是胡客無一人願歸者。泌皆分隸神策兩軍，王子、使者爲散兵馬使或押牙，餘皆爲卒，禁旅益壯。

鴻臚所給胡客纔十餘人，歲省度支錢五十萬緡。市人皆喜。

寅恪案，通鑑此條取自李繁鄴侯家傳，與新唐書王鍔傳所紀實爲一事，共出一源。不過歸美泌鍔二書各有不同而已。

又白氏長慶集肆新樂府西涼伎前段云：

西涼伎，假面胡人假師子。刻木爲頭絲作尾，金鍍眼睛銀帖齒。奮迅毛衣擺雙耳，如從流沙來萬里。紫髯深目兩胡兒，鼓舞跳粱前致辭。應似涼州未陷日，安西都護進來時。須臾云得新消息，安西路絶歸不得。泣向師子涕雙垂，涼州陷没知不知。師子迴頭向西望，哀吼一聲觀者悲。貞元邊將愛此曲，醉坐笑看看不足。享賓犒士宴三軍，師子胡兒長在目。

寅恪案，當日西北胡人路絶思歸之悲苦，形於伎樂，盛行一時既如此，則西北胡人留滯不得歸者，其爲數之衆可以推知也。故貞元、元和之時長安胡服之流行，必與胡人僑寓者之衆多有關。若白氏長慶集肆新樂府時世妝所云「斜紅不暈赭面狀」及「元和妝梳君記取，髻椎面赭非華風」之赭面，則疑受吐蕃影響（參舊唐書壹玖陸上、新唐書貳壹陸上吐蕃傳、唐會要玖柒吐蕃條。敦煌寫本于闐國記亦目吐蕃爲赤面國，俱可證也。）而與西域胡人無關也。至老人所謂北胡，名義雖指迴紇言，實際則爲西域胡人。蓋迴紇盛時中亞賈胡往往藉其名義，以牟利於中國，如舊唐書壹貳柒張光晟傳（參通鑑貳貳陸建中元年八月條）云：

大曆末，遷單于都護、兼御史中丞、振武軍使。代宗密謂之曰：北蕃縱橫日久，當思所禦之計。光晟既受命，至鎮，威令甚行。建中元年，迴紇突董梅禄領衆并雜種胡等自京師還國，輿載金帛，相屬於道。光晟訝其裝橐頗多，潛令驛吏以長錐刺之，則皆輦歸所誘致京師婦人也。

新唐書貳壹柒上回鶻傳云：

始，回鶻至中國，常參以九姓胡，往往留京師，至千人，居貲殖産甚厚。

據舊唐書張光晟傳，代宗謂迴紇爲北蕃，北蕃即老人所謂北胡也。據新唐書回鶻傳，回鶻至中國，常參以九姓胡，殖産甚厚。其所謂九姓胡，即唐會要玖玖康國條（新唐書貳貳壹下西域傳康國傳即采用會要之文，而誤會其意，至改匈奴爲突厥，甚可笑。讀者可比較兩書觀之，茲不備引。）所云：

康國，本康居之苗裔也。其王本姓温氏。其人土著，役屬於突厥。先居祁連之北昭武城，爲匈奴所破。南依葱嶺，遂有其地。支庶强盛，分王鄰國，皆以昭武爲姓氏，不忘本也。

及新唐書貳貳壹下西域傳康國傳所云：

枝庶分王，曰安，曰曹，曰石，曰米，曰何，曰火尋，曰戊地，曰史，世謂九姓，皆氏昭武。

之昭武九姓胡，其人本以善賈著稱。既得依藉迴紇之蔭護，僑居長安，殖産業而長子孫。故於長安風俗服裝之漸染胡化，實大有關係也。又傳文老人所言其他史事俱不甚難解，故僅取此三事略爲釋證之如此。

（原載一九四八年四月中央研究院歷史語言研究所集刊第拾本）

劉復愚遺文中年月及其不祀祖問題

此篇分上下二章，上章之範圍限於文泉子集中年月一端，妄附於文史考證之業，雖未敢謂悉能徵實，或尚不大謬。至於下章，則僅因復愚累世皆不祀祖及籍貫紛歧之故，遂提出一問題，以供談中古异族華化史者之參證。所言多出揣測，不過爲一可能之解釋而已，仍有待於專家之論定也。是故兩章名義雖同繫於復愚一人，而其實所討論者乃各不相涉，今世折文史之獄者儻能分别去取，不以下章臆説之罪牽引連坐及於上章，則著者之大幸矣！特爲聲明於篇首。

上章

兹取今傳世之復愚遺文中，（陳第世善堂書目編於明萬曆丙辰，其書下卷載有劉蜕詩一卷，文泉子十卷，然則復愚詩文據陳氏所藏，萬曆間尚存較完之本，其殘佚蓋猶在此後矣。）參閲曾釗面城樓文鈔貳劉蜕集跋，其年月確可考定者逐篇討論。其文句异同大抵依據通行本文苑英華、涵芬樓景嘉靖本唐文粹，而參以南京國學圖書館藏崇禎庚辰本文津閣四庫全書本别下齋本全唐文本，又楊守敬氏觀海堂舊藏崇禎癸未閩中黄燁然刊本，今藏故宫博物院（見故宫博物院所藏觀海堂書目肆）。據楊氏跋語，亦知源出天啓吴本，與他文泉子集刊本相同，雖以故未得一校，諒無特异之處也。（凡此諸本之校勘鈔寄等瑣務皆承何澄一、謝國楨、劉節諸先生及俞大綱表弟之厚助，謹附注於此，以表感謝之意。）

（一）文泉子集自序

今通行本四庫全書總目壹伍壹集部别集類肆文泉子集一卷提要云：

是集前有自序曰：自褐衣以後，辛卯以來，辛丑以前，收其微詞屬意古今上下之間者爲内外篇。復收其怨抑頌記嬰於仁義者，雜爲諸篇焉。物不可以終雜，故離爲十卷。離則名之不絶，故授之以爲文泉。

寅恪案，今通行本四庫提要所引文泉子集自序關於年月日數語，與上列諸本文句俱不相同，未知何所依據，初讀之，不能解，頗以爲疑。後檢文溯閣文津閣四庫提要原文，則知兩閣本提要所引文泉子集自序與上列諸本所載者蓋無甚出入，而與今通行本四庫提要所引者則大不相同，故斷定今通行本四庫提要所引者乃鈔寫訛誤，并非别有依據，可不成爲問題矣。然此自序關於年月日之語除去通行本四庫提要所誤引者外，實仍有甚不易解而成爲問題者在焉。兹先節録文苑英華柒佰柒所載文泉子集自序於下，然後加以討論。

於西華主之降也，其三月辛卯夜未半，野水入廬，漬壞簡策，既明日燎其書，有不可玩其辭者。噫，當初不敢自明其書十五年矣！今水之來寇余，命也已矣！故自褐衣以來，辛卯以前，收其微詞屬意古今上下之間者爲外内篇焉。復收其怨抑頌記嬰於仁義者，雜爲諸篇焉。物不可以終雜，故離爲十卷。離則名之不絶，故授之以爲文泉。自辛卯迄甲午覆研於襄陽之野。

寅恪案，此文「於西華主之降也」一語，蓋摹擬古人以事紀時之例也。高彦休闕史上裴丞相古器條略云：

丞相河東公（裴休）尚古好奇，掌綸誥日有親表調授宰守曲阜者，耕人墾田，得古鐵器曰盎，有古篆九字帶盎之腰。曲阜令不能辨。兗州有書生姓魯，善八體書，曰：此大篆也，是九字曰：「齊桓公會於葵丘歲鑄。」邑宰大奇其説，乃輦致於河東公之門，公以爲麟經時物，得以爲古矣。公後以小宗伯掌文學柄，得士之後，設食會門生，器出於庭，則離立環觀，迭詞以贊，獨劉舍人蜕以爲非當時之物，乃近世矯作也。公不悦曰：果有説乎？紫薇曰：某幼專丘明之書，齊侯小白謚曰桓公，取威定霸，葵丘之會是第八盟，實在生前，不得以謚稱之。裴公恍然始悟，立命擊碎。

據此，復愚自言幼專丘明之書，則其爲文當亦喜摹擬左傳所載古人以事紀時之例，如襄公

九年之

公送晋侯。晋侯以公宴於河上，問公年，季武子對曰：會於沙隨之歲，寡君以生。

及襄公三十年之

師曠曰：魯叔仲惠伯會郤成子於承匡之歲也。

諸例皆是也。然則所謂「西華主之降」，果爲何事及在何時乎？考舊唐書壹捌上武宗紀略云：

會昌元年八月，迴紇烏介可汗遣使告難，言本國爲黠戛斯所攻，故可汗死，今部人推爲可汗。緣本國破散，今奉太和公主南投大國。十一月，太和公主遣使入朝，言烏介自稱可汗，乞行策命，緣初至漢南，乞降使宣慰。從之。二年三月，遣使册迴紇烏介可汗。

通鑑貳肆陸唐紀云：

會昌元年十一月，〔太和〕公主遣使上表，言〔烏介〕可汗已立，求册命。

二年三月，遣將作少監苗縝册命烏介可汗，使徐行，駐於河東，俟可汗位定，然後進。既而可汗屢侵擾邊境，縝竟不行。

通鑑考异貳壹武宗會昌元年二月迴紇立烏希特勒(勤)爲烏介可汗條引後唐獻祖紀年録曰：

王子烏希特勒(勤)者，曷薩之弟，胡特勒(勤)之叔，爲黠戛斯所迫，帥衆來歸，至錯子山，乃自立爲可汗。〔會昌〕二年七月，册爲烏介可汗。

寅恪案，烏介可汗之册立，自當依舊唐書武宗紀及温公之考定，在會昌二年三月，而非七月。後唐獻祖紀年録所載之不足據，不待詳辨也。

唐廷正式受烏介可汗之降及遣使册命實爲當時一大事，復愚自宜以此大事紀年，其所謂「西華主之降」即烏介可汗之降也。「西華」疑本作「西蕃」，蕃華二字以形近致訛，據李德裕會昌一品集伍賜嗢没斯特勒（勤）等詔書云：

彼蕃自忠義毗伽可汗以來代爲親鄰。

又同集同卷賜迴紇嗢没斯詔略云：

况迴紇代雄朔漠，威服諸蕃，今已破傷，足堪悲憤。深慮從此之後爲諸蕃所輕，與卿等爲謀，須務遠大，莫若自相率勵，同奉可汗，興復本蕃，再圖强盛。卿等表請器甲，朕君臨萬國，非止一蕃，祖宗舊章不敢逾越，國家未曾賜諸蕃器甲，卿等亦合備知。

又同集柒停歸義軍敕書云：

敕李思忠（即嗢没斯所賜之姓名）首率蕃兵，歸誠向闕。

此皆迴紇可以稱蕃之證也。又據會昌一品集陸與紇扢斯可汗書云：

貞觀四年，西北蕃君長詣闕頓顙，請上尊號爲天可汗，是後降璽書西北蕃君長皆稱皇帝「天可汗」，臨統四夷實自兹始。（與此條同類及有關之史料及問題頗多，兹僅引此，他不旁及。）

李亢獨异志下云：

契苾何力西蕃酋種，太宗授右驍衛將軍。

迴紇者西北蕃之一種，其稱爲西蕃亦猶李亢獨异志下之稱鐵勒種契苾何力爲西蕃也。蓋同爲唐人習俗消稱之詞耳，然則華爲蕃之訛，而唐廷正式受西蕃主之降遣使册命之時即會昌二年三月無疑矣。復次，假使華字非蕃字之訛，則西華二字亦有其解釋，如芒洛冢墓遺文肆編叁安師志略云：

君諱師，字文則，河南洛陽人也。十六代祖西華國君東漢永平中遣子仰入侍，求爲屬國，乃以仰爲并州刺史，因家洛陽焉。以顯慶二年正月十日構疾，終於洛陽之嘉善里第。夫人康氏，以龍朔三年八月廿一日終於洛陽之嘉善里第。龍朔三年歲次癸亥九月辛亥朔廿日庚午制。

又康達志略云：

君諱達，自（字）文則，河南伊闕人也。

□以□

因家河□焉。

以總章二年六月廿□日構疾終於河南思順里之第。

雲笈七籤壹壹肆載杜光庭墉城集仙録西王母傳略云：

西王母者，九靈太廟龜山金母也。乃西華之至妙，洞陰之極尊，先以東華至真之氣，化而生木公焉。又以西華至妙之氣，化而生金母焉。

據此，可知唐人習以西華爲西北蕃胡之雅號，而與東華爲對文。復愚蓋用當時俗稱回纥烏介可汗爲西華主歟？此假説未敢確信，姑記於此，以俟詳考。

據杜牧樊川集柒唐故太子少師奇章郡開國公贈太尉牛公（僧孺）墓志銘略云：

明年（開成四年），檢校司空、平章事、襄州節度使。會昌元年秋七月，漢水溢堤入郭，自漢陽王張柬之一百五十歲後，水爲最大。李太尉德裕挾維州事，曰修利不至，罷爲太子少師。

舊唐書壹捌上武宗紀云：

會昌元年七月，襄郢江左大水。

又同書叁柒五行志云：

會昌元年七月，襄州漢水暴溢，壞州郭，均州亦然。

新唐書捌武宗紀云：

會昌元年七月，壬辰漢水溢。

又同書叁陸五行志云：

會昌元年七月，江南大水，漢水壞襄、均等州民居甚衆。

又同書壹柒肆牛僧孺傳云：

會昌元年，漢水溢壞城郭，坐不謹防，下遷太子少保，進少師。

通鑑貳肆陸唐紀云：

會昌元年九月，以前山南東道節度使、同平章事牛僧孺爲太子太（當作少）師。先是漢水溢，壞襄州民居。故李德裕以爲僧孺罪而廢之。

依上引諸條觀之，會昌元年七月壬辰襄州實有漢水暴漲之事，復愚所謂「其三月辛卯夜未半埜水入廬者」，若是指會昌元年三月言，則元年三月壬申朔，（以下長曆推算悉依陳垣先生二十史朔閏表，不復一一注明。）雖得有辛卯日，而烏介可汗於元年八月以後始請降及求册命，復愚豈能於元年三月即能作「西蕃主之降」之預言？姑無論元年漢水之溢實在七月，與三月之時間不合也。若是指會昌二年三月言，則二年三月丙申朔，不能有辛卯日。然則果是何年何月何日耶？寅恪以爲復愚之所謂其三月者，非會昌某年之三月，而是正式受西蕃主之降及遣使册命一大事之三月，遂在「西蕃主之降也」之語上特著一「於」字，即從會昌二年三月此大事之後順數第三個月，即會昌二年六月是也。據長曆，會昌二年六月甲子朔，是辛卯爲此月之二十八日，故「於西蕃主之降也其三月辛卯」一語可作會昌二年六月二十八日解也。

又會昌元年七月壬辰漢水溢堤，入襄州郭，壞民居。檢長曆，是年七月己巳朔，壬辰爲七月二十四日，相當西曆八四一年八月十三日。而會昌二年六月辛卯即二十八日，相當西曆八四二年八月九日，前後兩年襄州漢水漲溢之期其間距隔不過三數日，蓋以天時及地勢言之，襄州郭外之漢水必於每歲約略相同之時期有漲溢之事，新舊唐書帝紀及五行志屢記李唐一代夏秋之時襄州漢水漲溢，可爲例證。會昌元年與會昌二年襄州漢水俱約於陽曆八月初旬前後漲溢，而會昌元年溢堤入郭，其爲災害更甚於他歲，故史籍特著其事。文泉子集自序言「埜水入廬」及「覆硯於襄陽之野」，則是復愚所居不在襄州城郭之內。會昌二年漢水之漲其高度不及其前一歲，故未入襄州郭内，史氏因略而不書，此又可以推知者也。

據此，可證文泉子集自序作於會昌二年，又此文中尚有可以證明者，即「當初不能自明其書十五年矣」一語。據文苑英華陸柒壹復愚上禮部裴侍郎書略云：

今者欲三十歲矣。嗚呼！蜕也材不良，命甚奇，時來而功不成，事修而名不副，將三十年矣。

此書乃復愚上知貢舉裴休者。據王定保唐摭言貳海述解送條及徐松登科記考等，知復愚爲大中四年（西曆八五〇年）進士。故此書之作必在其前一年，即大中三年（西曆八四九年），此年復愚年二十九歲，此爲無可疑者。若據此逆推，則會昌二年（西曆八四二年）復愚當爲二十二歲。又據文苑英華陸柒壹與韋員外書云：

蜕爲人子二十二（原注：集作六。）年，唯初七年持瓦石爲俎豆戲。

此書二十二或二十六兩者孰是，兹姑不論，但七年之七既無二讀，可決其無誤。文泉子集自序謂「當初不能自明其書十五年矣」，則在此十五年之前必是與韋員外書所謂「持瓦石爲俎豆戲」之時間，此時間既是七年，則十五年加七年共爲二十二年，即二十二歲。故復愚作文泉子集自序必在會昌二年，此又可證明無疑者也。（又文苑英華柒玖拾復愚梓州兜率寺文冢銘有「嗚呼！十五年矣，實得一千七百八十紙」之語，亦可參證。）

（二）與韋員外書

文苑英華陸柒壹與韋員外書云：

蜕爲人子二十二（原注：集作六。）年，唯初七年持瓦石爲俎豆戲。

寅恪案，上已考定復愚上禮部裴侍郎書爲大中三年，其年復愚年二十九歲，則其二十二歲乃會昌二年，是此書作於會昌二年也。至二十六乃二十二之誤，前亦已説明矣。

（三）獻南海崔尚書書

文苑英華陸玖叁復愚獻南海崔尚書書云：

嗚呼！蜕之生於今二十四年。

據吴廷燮先生唐方鎮年表嶺南崔龜從條考證云：

封敖有前宣歙崔龜從授嶺南制（原注云：在崔元式河東制後，盧商東川制前。）加檢校禮部尚書兼御史大夫，此會昌四年龜從鎮嶺南之證。

寅恪案，前據復愚上禮部裴侍郎書，知大中三年復愚年二十九歲，則其二十四歲時爲會昌四年（西曆八四四年）明矣。此可與吴氏之説互證也。

（四）復崔尚書書

文苑英華陸柒壹復愚復崔尚書書雖無年月可尋，當略在獻南海崔尚書書之後，亦同在會昌四年也。

（五）古漁父四篇篇後序

唐文粹肆肆下古漁父四篇篇後序云：

會昌甲子歲余於西塞巖下見版，洗而得漁父書七篇。

寅恪案，會昌甲子即會昌四年也。

（六）梓州兜率寺文冢銘并序

文苑英華柒玖拾復愚梓州兜率寺文冢銘序云：

大唐大中之丁卯而戊辰之季秋。

寅恪案，大中丁卯即大中元年（西曆八四七年），大中戊辰即大中二年（西曆八四八年）也。

（七）上禮部裴侍郎書

文苑英華陸柒壹復愚上禮部裴侍郎書略云：

今者欲三十歲矣。今年冬見乙（原注：集作丁。）酉詔書，用閣下以古道正時文，（原注：一作聞。）以平律校群士，懷才負藝者踊躍至公，蛻也不度，入春明門，請與八百之列，負階待試。嗚呼！蛻也材不良，命甚奇，時來而功不成，事修而名不副，將三十年矣。

寅恪案，此書乃上裴休者，前已考定，茲不復贅。此書作於大中三年（西曆八四九年）之冬，此時復愚自謂將三十歲，即二十九歲也。

（八）與京西幕府書

文苑英華陸柒叁復愚與京西幕府書云：

獨蜕家居甚困，白身三十過於相如者。

寅恪案，依前所考，復愚年三十則應在大中四年。但復愚爲是年進士，而此書言是白身，則當在是年尚未放榜以前所作。或者三十之語不過舉成數而言，仍是大中三年年二十九時所作也。

（九）論令狐滈不宜爲拾遺疏

全唐文柒捌玖載復愚論令狐滈不宜爲拾遺疏，當是從册府元龜伍肆柒諫諍部直諫門劉蜕咸通四年爲左拾遺條轉録，而曾釗面城樓文鈔貳天啓吴本劉蜕集跋謂全唐文據韓本增入此疏，殊爲失實，蓋曾氏未見四庫全書原本，以意揣測也。又舊唐書壹柒貳令狐楚傳所載復愚上此疏在咸通二年（西曆八六一年），當是傳寫之誤，今傳世史籍除册府元龜外，其他如舊唐書壹玖上懿宗紀云：

〔咸通四年〕（西曆八六三年）十一月，長安縣尉、集賢校理令狐滈爲左拾遺。制出，左拾遺劉蜕、起居郎張雲上疏，論滈父綯秉權之日，廣納賂遺，受李琢賄，除安南，致生蠻寇，滈不宜居諫諍之列。時綯在淮南，上表論訴，乃貶雲興元少尹，蜕華陰令，滈改詹事司直。

及通鑑貳伍拾唐紀云：

〔咸通四年〕冬十月甲戌，以長安尉、集賢校理令狐滈爲左拾遺。乙亥，左拾遺劉蜕上言：滈專家無子弟之法，布衣行公相之權。起居郎張雲言：滈父綯用李琢爲安南，致南蠻至今爲梗，由滈納賄，陷父於惡。十一月丁酉，雲復上言：滈父綯執政之時，人號白衣宰相。滈亦上表引避，乃改詹事府司直。

等紀事俱以此疏上於咸通四年，故舊唐書令狐楚傳「二」字必是「四」字之訛無疑也。兹以岑建功刊舊唐書校勘記偶未照及，而此事實爲復愚一生大節所關，故備録史籍之文，爲之校正。

（十）諫游宴無節疏

此疏上於咸通四年，見通鑑貳伍拾唐紀。

（十一）論以閣門使吴德應爲館驛使疏

此疏上於咸通四年，亦見通鑑貳伍拾唐紀。

（十二）投知己書

文苑英華陸玖叁復愚投知己書一作與大理楊卿書云：

蜕生二十餘年，已過當時之盛，栖遲困辱者，未遇當時之人。

寅恪案：復愚爲大中四年進士，是年年三十歲，據以逆推，會昌元年，年二十一歲，此書之作雖不知在何年，但言二十餘年，則必在會昌元年以後大中四年以前也。以其無確定之年可考，故附載於此。

綜合前所考證者，取其結論，列表於下：

長慶元年（西曆八二一年），復愚生。

會昌二年（西曆八四二年），二十二歲。文泉子集自序。與韋員外書。

會昌四年（西曆八四四年），二十四歲。古漁父四篇。獻南海崔尚書書。復崔尚書書。

大中二年（西曆八四八年），二十八歲。梓州兜率寺文冢銘。

大中三年（西曆八四九年），二十九歲。上禮部裴侍郎書。與京西幕府書或作於此年。投知己書或與大理楊卿書或作於此年及會昌元年以後。

大中四年（西曆八五〇年），三十歲。與京西幕府書或作於此年。

咸通四年（西曆八六三年），四十三歲。論令狐滈不宜爲左拾遺疏。諫游宴無節疏。論以閤門使吴德應爲館驛使疏。

下　章

北夢瑣言叁劉蜕舍人不祭先祖條云：

唐劉舍人蜕，桐廬人。早以文學應進士舉，其先德戒之曰：任汝進取，窮之與達，不望於汝。吾若没後，慎勿祭祀。乃乘扁舟，以漁釣自娱，竟不知其所適。（原注：不審是隱者，爲復是漁師，莫曉其端倪也。）紫微歷登華貫，出典商於，霜露之思，於是乎止，臨終亦戒其子如先考之命。蜀禮部尚書纂，即其息也。嘗與同列言之。君子曰：名教之家，重於喪祭，劉氏先德，是何人斯？苟同隱逸之流，何傷菽水之禮？紫微以儒而進，爵比通侯，遵乃父之緒言，紊先王之舊制，以時（一作報本）之敬，能便廢乎？大彭通人，抑有其説，時未喻也。

寅恪案，劉蜕、劉纂父子皆以進士釋褐，蜕仕至中書舍人，纂仕至禮部尚書。所謂「以儒而進」及「名教之家」也。而累世「無菽水之禮」，「闕報本之敬」，揆諸吾國社會習俗，已不可解。又蜕父「乘舟以漁釣自娱，竟不知其所適」，尤爲可怪。據復愚復崔尚書書云：

況蜕近世無九品之官，可以藉聲勢。

及上禮部裴侍郎書云：

四海無强大之親。

則復愚家世姻戚皆非仕宦之族可知。若此兩端已足令人致疑於復愚氏族所出實非華夏族類，而其籍貫問題則與此點亦有關係也。兹先考定其紛歧之籍貫，然後依次推證其所著籍之地俱有賈胡僑寓之蹤迹，庶幾復愚氏族之真相既得以明瞭，而談唐代异族華化史者又增一新例矣。

四庫全書總目壹伍壹集部别集類文泉子集提要云：

王定保唐摭言載：劉蕡者，商州劉蜕之子，亦善爲文。則蜕當爲商州人。又孫光憲北夢瑣言載：劉蜕，桐廬人，官至中書舍人，有從其父命，死不祭祀一事，所叙爵里復不同。或疑爲别一劉蜕，未之詳也。

寅恪案，唐摭言之劉蜕與北夢瑣言之劉蜕自是一人，提要疑爲同名之二人，殊爲不當。但其所引唐摭言之文與太平廣記壹捌肆貢舉類柒劉蕡條同，其文云：

劉蕡者，商州劉蜕之子也，亦善爲文。（此據文友堂景明談愷本。）

此文即見唐摭言玖惡掇科名條，惟「商州」作「高州」。蔣光煦斠補隅録依雅雨堂本唐摭言參校諸善本，俱作「高州」，不作「商州」。「高」「商」二字形甚近似，孰爲正是，夫易判定。據文苑英華復愚上禮部裴侍郎書云：

家在九江（原注：集作曲。）之南，去長安近四千里。（寅恪案，「江」「曲」二字亦不易定其是非，「九曲」殆指黄河而言乎？近温廷敬先生廣東通志列傳肆劉蜕傳以「九曲」乃指衡山湘水言，故定復愚爲桂陽人，而以長沙爲郡望。其論證雖頗新確，但寅恪檢水經注叁捌湘水篇漁者歌曰：帆隨湘轉，望衡九面。朱謀㙔箋謂轉面二字叶韵，其説甚是。温氏讀面爲曲似乖歌韵之理，且與「望衡」二字意義亦自不貫。縱謂隨湘流舟行，既能望見衡山之九面，則湘水亦得言「九曲」，義或可强通，然解釋迂迴，終疑有未洽也。至温氏以北夢瑣言之桐廬乃桂陽之訛，謂「初訛『桂』爲『桐』，後校者見地名無『桐陽』復臆改爲『桐廬』」，其蹤迹猶可尋也。一則屬於假想，可以不論。又元和郡縣圖志貳玖連州西北至上都三千六百六十五里。道州西北至上都三千四百一十五里。温書以連州至上都爲三千四百一十五里，蓋偶涉筆誤，僅附校正於此。）

則復愚必非商州人，蓋商州去長安不逾三百里，（見通典壹柒伍州郡典，他書俱略同。）又不在九曲或九江之南也。據北夢瑣言「出典商於」之語，是復愚曾任商州刺史之證。（貫休禪月集叁有上劉商州詩，劉商州未知是蜕否？俟考。）然則「商」字若果非誤寫，則唐摭言所謂「商州」者乃爲復愚之官職，而非其籍貫。四庫提要蓋有所誤解也。至高州則雖在九曲或九江之南，但通典壹捌肆州郡典舊唐書肆壹地理志等俱載其去西京或京師六千六百六十二里，是其距離與復愚之所自言者不合。然則「商」之訛「高」其來已久矣。假使「高」字別有依據，非復誤寫，則嶺外海隅本賈胡僑寄之地，復愚又曾至南海上書於崔龜從，是與本篇本章之所欲推證者適合，亦無待贅考。故今仍認「高」字爲「商」字之訛，而高州非復愚繫籍之地，不復加以討論也。若就復愚上禮部裴侍郎書言，則其著籍之地非桐廬莫屬，何以言之？據通典壹捌貳州郡典新定郡睦州條云：

去京三千六百五十九里。

領縣：桐廬。

舊唐書肆拾地理志睦州條云：

在京師東南三千六百五十九里。

桐廬。

元和郡縣圖志貳伍江南道睦州條云：

西北至上都三千七百十五里。

桐廬縣。

桐廬距長安之里數諸書雖微有出入，但均與上禮部裴侍郎書所謂「去長安近四千里」之語相合。且復愚自稱長沙人（見梓州兜率寺文家銘序），而長沙去長安僅二千五百十九里，（此據通典壹捌叁州郡典舊唐書肆拾地理志潭州條所載，若元和郡縣圖志貳玖潭州條所列西北至上都里數尚少於此。）與四千里之數相差甚遠，故云若就復愚上禮部裴侍郎書所自言，則其繫籍之地非桐廬莫屬，（温廷敬先生復愚爲桂陽人之新説雖亦可通，但以證據未充之故，仍不敢遽捨桐廬之舊説也。説見前注。）孫光憲北夢瑣言謂復愚爲桐廬人，殊可信從也。

復愚梓州兜率寺文冢銘序云：

文冢者，長沙劉蜕復愚爲文不忍棄其草，聚而封之也。

寅恪案，此復愚自稱長沙人之明證，故方志載長沙有復愚故宅，如嘉慶一統志叁伍伍長沙府古迹門載：

劉蜕故宅（在長沙縣城西北湘江邊）。

之例是也。由是言之，復愚於上禮部裴侍郎書中等自言桐廬人，於梓州兜率寺文冢銘序中明白自稱長沙人，此二者既是復愚所自言，必無舛誤。唐人例稱郡望，而此兩者皆非劉氏顯望，故知均是復愚僑寄之地，非其家世祖居之原籍也。杜甫解悶十二首之二云：

商胡離別下揚州，憶上西陵故驛樓。爲問淮南米貴賤，老夫乘興欲東游。

范攄雲溪友議上夷君誚條云：

登州賈者馬行餘轉海擬取昆山路適桐廬，時遇西風，而吹到新羅國。（此條承何格恩先生舉以見告者，附注於此，以申謝意。）

據此，西陵爲杭越運河之要點，桐廬則轉海乘舟之步頭，皆唐代商胡由海上經錢塘江出入內地之孔道，然則復愚之家僑寄於桐廬，而其父之「扁舟漁釣，莫知所適」，豈無故耶？

袁郊甘澤謠韋騶條略云：

韋騶者游岳陽，岳陽太守以親知見辟，數月謝病去。弟騋舟行，溺於洞庭湖。騶乃於水濱慟哭，移舟湖神廟下，欲焚其廟，曰：千金估胡安穩獲濟，吾弟窮悴，乃罹此殃，焉用爾廟爲？

寅恪案，藤田豐八教授東西交涉史之研究南海篇壹捌肆頁引此條估胡之語，以證成其胡人往來通商之說。鄙意「估胡」二字於此或是唐人行文習用之詞，不過僅表示富商大賈之意耳。未必涵有種族之義也。故唐代雖必有賈胡行舟洞庭之事，但不敢遽引此爲據，以其解釋不能確定無疑也。惟杜甫在潭州所作清明二首之一（此據涵芬樓景宋分門集注杜工部詩集本叁時序門）云：

朝來新火起新烟，湖色春光淨客船。繡羽銜花他自得，紅顔騎竹我無緣。胡童結束還難有，楚女腰肢亦可憐。不見定王城舊處，長懷賈傅井依然。（下略）

寅恪案，「胡童」二字所見諸善本皆不著异讀，（僅近日坊賈翻刊杜詩錢注本作「夷童」，蓋錢注本原避清代疑忌，故以「胡」字作空闕，翻刊錢本者遂臆補「夷」字，非別有依據也。）

自無舛誤，亦必非「湖童」之訛脱，蓋「湖童」一名殊爲不辭故也。據此，「胡童」之「胡」必作「胡人」之「胡」解無疑，不論杜公在潭州所見之胡童爲真胡種，抑僅是漢兒之喬妝，以點綴飾物嬉娱者，要皆足證成潭州當日必有胡族雜居。若不然者，則其地居民未嘗習見胡童之形貌，何能仿效其妝束，以爲游戲乎？故依杜公此詩，潭州當日之有胡商僑寓，可以決言，然則復愚之自稱長沙劉蜕，即其寄居潭州之證，又豈無故耶？

又近刊廣東通志劉蜕傳以復愚實桂陽人，其自稱長沙不過郡望而已（見前子注）。若其説果確，則據元和郡縣圖志貳玖連州條云：

秦爲長沙郡之南境，漢置桂陽郡。

東至韶州陸路五百里。

西至賀州捷路二百七十里，取道州桂嶺路三百六十里。

西南至封州六百三十里。

東北度嶺至郴州三百九十里。

東至廣州八百九十里。

陽山縣。

本漢舊縣，爲南越置關之邑，故其關在縣西北四十里茂漢口。史記尉佗移檄陽山關曰：「盗兵且至，急絶道，聚兵自守！」今陽山北當騎山嶺路，秦於此立陽山關，漢破南越以爲縣。是桂陽亦近值嶺路交通要點，嶺外賈胡往來中州，其於桂陽有旅寄之所，非不可能，特以「九曲」一語之解釋尚有疑問，故未敢遽信，姑存其説於此，以供參證。至若復愚以荆州發解（見唐摭言貳海述解送條及北夢瑣言肆破天荒解條等），故方志有列之爲江陵人者（如輿地紀勝之類），則其不當，自不待贅辨也。

近年桑原隲藏教授蒲壽庚事迹考及藤田豐八教授南漢劉氏祖先考（見東西交涉史之研究南海篇），皆引朱彧萍洲可談貳所載北宋元祐間廣州蕃坊劉姓人娶宗室女事，以證伊斯蘭教徒多姓劉者，其説誠是。但藤田氏以劉爲伊斯蘭教徒習用名字之音譯，固不可信，而桑原氏以廣州通商回教徒之劉氏實南漢之賜姓，今若以復愚之例觀之，其説亦非是。鄙見劉與李俱漢唐兩朝之國姓，外國人之改華姓者，往往喜采用之，復愚及其他伊斯蘭教徒之多以劉爲姓者，殆以此故歟？關於復愚氏族疑非出自華夏一問題，尚可從其文章體制及論説主張諸方面推測，但以此類事證多不甚適切，故悉不置論，謹就其以劉爲氏，而家世無九品之官，四海無强大之親，父子俱以儒學進仕至中書舍人禮部尚書，而不祭祀先祖，及籍貫紛歧，而俱賈胡僑寄之地三端，推證之如此。

（原載一九三九年十月中央研究院歷史語言研究所集刊第捌本第壹分）

四聲三問

古今論四聲者多矣。寅恪於考古審音二事皆未嘗致力，故不敢妄說。僅就近日在清華園講授所及，提出三淺顯之問題，試擬三簡單之解答，并擇録舊籍之有關者，略加詮釋，附於第二解答之後，以資參證。凡所討論，大抵屬於中古文化史常識之範圍，其牽涉音韵學專門性質者，則謹守「不知爲不知」之古訓，概不闌入，藉以藏拙云爾。

初問曰：中國何以成立一四聲之說？即何以適定爲四聲，而不定爲五聲，或七聲，抑或其他數之聲乎？

答曰：所以適定爲四聲，而不爲其他數之聲者，以除去本易分別，自爲一類之入聲，復分別其餘之聲爲平上去三聲。綜合通計之，適爲四聲也。但其所以分別其餘之聲爲三者，實依據及摹擬中國當日轉讀佛經之三聲。而中國當日轉讀佛經之三聲又出於印度古時聲明論之三聲也。據天竺圍陀之聲明論，其所謂聲 Svara 者，適與中國四聲之所謂聲者相類似。即指聲之高低言，英語所謂 Pitch accent 者是也。圍陀聲明論依其聲之高低，分別爲三：一曰 Udātta，二曰 Svarita，三曰 Azudatta。佛教輸入中國，其教徒轉讀經典時，此三聲之分別當亦隨之輸入。

至當日佛教徒轉讀其經典所分別之三聲，是否即與中國之平上去三聲切合，今日固難詳知，然二者俱依聲之高下分爲三階則相同無疑也。中國語之入聲皆附有 k,p,t 等輔音之綴尾，可視爲一特殊種類，而最易與其他之聲分別。平上去則其聲響高低相互距離之間雖有分別，但應分別之爲若干數之聲，殊不易定。故中國文士依據及摹擬當日轉讀佛經之聲，分別定爲平上去之三聲。合入聲共計之，適成四聲。於是創爲四聲之說，并撰作聲譜，借轉讀佛經之聲調，應用於中國之美化文。此四聲之説所由成立，及其所以適爲四聲，而不爲其他數聲之故也。

再問曰：四聲説之成立由於中國文士依據及摹擬轉讀佛經之聲，既聞命矣。果如所言，天竺經聲流行中土，歷時甚久，上起魏晉，下迄隋唐，六七百年間審音文士善聲沙門亦已衆矣。然則無論何代何人皆可以發明四聲之説，何以其説之成立不後不先適值南齊永明之世？而創其説者非甲非乙，又適爲周顒、沈約之徒乎？

答曰：南齊武帝永明七年二月二十日，竟陵王子良大集善聲沙門於京邸，造經唄新聲。實爲當時考文審音之一大事。在此略前之時，建康之審音文士及善聲沙門討論研求必已甚衆而且精。永明七年竟陵京邸之結集，不過此新學説研求成績之發表耳。此四聲説之成立所以適值南齊永明之世，而周顒、沈約之徒又適爲此新學説代表人之故也。

上述理由請略徵舊籍，以資説明。但吾人今日可藉以考知六朝經唄之概略者，僅存極少數之資料，如慧皎高僧傳中經師諸傳及日本高野山所藏寫本魚山集等而已。魚山集之聲譜寅恪未能通解，可以不論。兹擇取高僧傳所載與舊史及他書之文互相釋證於下：

高僧傳拾伍支曇籥傳云：

支曇籥本月支人。寓居建業。少出家，憩吴虎丘山。晋孝武初敕請出都。止建初寺，孝武從受五戒，敬以師禮。籥特禀妙聲，善於轉讀。嘗夢天神授其聲法，覺因裁製新聲。

又釋法平傳云：

釋法平姓康，康居人。寓居建業。與弟法等俱出家。止白馬寺。爲曇籥弟子。共傳師業。響韵清雅，運轉無方。兄弟并以元嘉末卒。

又釋僧饒傳云：

釋僧饒建康人。出家。止白馬寺。偏以音聲著稱，擅名於宋孝武之世。響調優游，和雅哀亮，與道綜齊肩。宋大明二年卒，年八十六。時同寺復有超慧明慧，少俱爲梵唄。長齋時轉讀，亦有名當世。

又釋道慧傳云：

釋道慧姓張。潯陽柴桑人。止廬山寺。特禀自然之聲，故偏好轉讀。後出都，止安樂寺。轉讀之名大盛京邑。宋大明二年卒，年五十有一。

又釋智宗傳云：

釋智宗姓周。建康人。出家，止謝寺。尤長轉讀。大明三年卒，年三十一。時有慧寶、道詮。雖非同時，作法相似。甚豐聲而高調，製用無取焉。宋明忽賞道詮，議者謂逢時也。

又釋曇遷傳云：

釋曇遷姓支，本月支人。寓居建康。巧於轉讀，有無窮聲韵。彭城王義康范曄王曇首并皆游狎。及范曄被誅，門有十二喪，無敢近者。遷抽貨衣物，悉營葬送。孝武聞而嘆賞，謂徐爰曰：卿著宋書，勿遺此士！齊建元四年卒，年九十九。時有道場寺釋法暢、瓦官寺釋道琰并富聲哀婉，雖不兢遷等，抑亦次之。

又釋曇智傳云：

釋曇智姓王，建康人。出家，止東安寺。既有高亮之聲，雅好轉讀。宋孝武蕭思話王僧虔等并深加識重。齊永明五年卒於吴國，年七十九。

又釋僧辯傳云：

釋僧辯姓吴，建康人。出家，止安樂寺。少好讀經，受業於遷暢二師。初雖祖述其風，晚更措意斟酌。哀婉折衷，獨步齊初。聲振天下，遠近知名，後來學者莫不宗事。永明七年二月十九日，司徒竟陵文宣王夢於佛前咏維摩一契，便覺韵聲流好，著工恒日。明旦即集京師善聲沙門龍光普智新安道興多寶慧忍天保超勝及僧辯等，集第作聲。辯傳古維摩一契，瑞應七言偈一契，最是命家之作。辯以齊永明十一年卒。

又釋曇憑傳云：

釋曇憑姓楊。犍爲南安人。少游京師，學轉讀。止白馬寺。音調甚工，而時人未之推也。於是專精規矩，更加研習。晚遂出群，翕然改觀。

又釋慧忍傳云：

釋慧忍姓黃，建康人。少出家，住北多寶寺。無餘行解，止是愛好音聲。初受業於安樂辯公，備得其法，而哀婉細妙，特欲過之。齊文宣感夢之後，集諸經師。乃共忍斟酌舊聲，詮品新異。製瑞應四十二契。忍所得最爲長妙。於是令慧微僧業僧尚超明僧期超猷慧旭法曇慧滿僧胤慧彖法慈等四十餘人皆就忍受學。遂傳法於今。忍以隆昌元年卒。年四十餘。釋法鄰。釋曇辯。釋曇念。釋曇幹。釋曇進。釋慧超。釋道首。釋曇調。

凡此諸人并齊代知名。其浙左江西荆陜庯蜀亦頗有轉讀。然止是當時咏歌，乃無高譽，故不足而傳也。

論曰：自大教東流，乃譯文者衆，而傳聲者蓋寡。始有魏陳思王曹植，深愛聲律，屬意經音。既通般遮之瑞響，又感魚山之神製。於是刪治瑞應本起，以爲學者之宗。傳聲則三千有餘，在契則四十有二。其後帛橋支曇籥亦云祖述陳思，而愛好通靈，別感神製，裁變古聲，所存止一千而已。逮宋齊之間有曇遷僧辯太傅文宣等，并殷勤嗟咏，曲意音律，撰集异同，斟酌科例，存於舊法，正可三百餘聲。天竺方俗，凡是歌咏法言，皆稱爲唄。至於此土，咏經則稱爲轉讀，歌讚則號爲梵唄。原夫梵唄之起，亦肇自陳思，始著太子頌及睒頌等，因爲之製聲，吐納抑揚，并法神授，今之皇皇顧惟蓋其風烈也。

據上所擇要移録之僧傳原文，有三事可以注意，即善聲沙門最衆之地，善聲沙門最盛之時，及曹植魚山製契之傳説最先見於何書是也。請分別言之：

僧傳所載善聲沙門，幾全部爲居住建康之西域胡人，或建康之土著。蓋建康京邑，其地既爲政治之中心，而揚州又屬濱海區域，故本多胡人居住，世説新語政事篇王丞相拜揚州條即是一例。過江名士所以得知此「彈指」「蘭闍」之胡俗胡語者，或亦由建康胡化之漸染，非必前居洛陽時傳習而來也。夫居住建康之胡人依其本來嫺習之聲調，以轉讀佛經，則建康土著之僧徒受此特殊環境之薰習，其天賦優厚者往往成爲善聲沙門，實與今日中國都邑及商港居民善謳基督教祀天讚主之歌頌者，理無二致。此爲建康所以多善聲沙門之最要主因，而宮廷貴族之提倡尚在其次也。

又據僧傳所記善聲沙門之生卒年歲推之，是建康經唄之盛，實始自宋之中世，而極於齊之初年。若復取舊史及他書以爲參證，則知四聲説之成立，其間因緣會合，蓋有物理之所必致，而非人事之偶然者也。

僧祐出三藏記集拾貳齊竟陵文宣王法集目録内載：

與何祭酒讚去滋味一卷。讚梵唄偈文一卷。梵唄序一卷。轉讀法并釋滯一卷。

又齊竟陵王世子撫軍巴陵王法集目録内載：

經聲賦。

南齊書肆拾竟陵文宣王子良傳（南史肆肆同）云：

移居鷄籠山西邸，集學士抄五經、百家，依皇覽例，爲四部要略千卷。招致名僧，講論佛法，造經唄新聲。道俗之盛，江左未有也。

梁書壹武帝紀（南史陸同）云：

竟陵王子良開西邸，招文學，高祖與沈約、謝朓、王融、蕭琛、范雲、任昉、陸倕等并游焉。號曰八友。（參閲梁書拾叁南史伍柒沈約傳。）

南齊書貳壹文惠太子傳（南史肆肆同）云：

太子與竟陵王子良俱好釋氏。

南齊書肆壹周顒傳云：

顒音辭辯麗，出言不窮。官商朱紫，發口成句。

南史叁肆周顒傳云：

轉國子博士，兼著作。太學諸生慕其風，争事華辯。始著四聲切韵行於時，後卒於官。子捨。捨善誦詩書，音韵清辯。

南齊書肆壹周顒傳云：

顒卒官時，會王儉講孝經未畢，舉曇濟自代，學者榮之。官爲給事中。（寅恪案，傳文疑有訛脱。）

南齊書叁武帝紀（南史肆同）云：

永明七年五月乙巳，尚書令開府儀同三司王儉薨。

南齊書貳叁王儉傳（南史貳叁同）云：

〔永明〕二年，領國子祭酒、丹陽尹，本官如故。三年，領國子祭酒，又領太子少傅。（寅恪案，南齊書九禮志建元四年太祖崩，罷國學。永明三年復立。南齊書王儉傳永明二年下「國子祭酒」四字當依南史删正。）

梁書拾叁沈約傳（南史伍柒同）云：

又撰四聲譜，以爲在昔詞人，累千載而不寤，而獨得胸衿，窮其妙旨，自謂入神之作，高祖雅不好焉。帝問周捨曰：何謂四聲？捨曰：「天子聖哲」是也。然帝竟不遵用。

南史肆捌陸厥傳（參閱南齊書伍貳陸厥傳）云：

〔永明末〕盛爲文章，吴興沈約、陳郡謝朓、琅邪王融以氣類相推轂，汝南周顒善識聲韻。約等文皆用宫商，以平上去入四聲，以此制韻，有平頭、上尾、蠭腰、鶴膝。五字之中，音韻悉异，兩句之内，角徵不同，不可增減。世呼爲「永明體」。沈約宋書謝靈運傳後又論其事。厥與約書曰：范詹事自序：性別宫商，識清濁，特能適輕重，濟艱難。古今文人多不全了斯處，縱有會此者，不必從根本中來。尚書亦云：自靈均以來，此秘未覩，或暗與理合，非由思至。張、蔡、曹、王曾無先覺，潘、陸、顔、謝去之彌遠。大旨欲宫商相變，低昂舛節，若前有浮聲，則後須切聲，一簡之内，音韻盡殊，兩句之中，輕重悉异。辭既美矣，理又善焉。但觀歷代衆賢，似不都暗此處，而云此秘未覩，近於誣乎？約答曰：宫商之聲有五，文字之別累萬，以累萬之繁，配五聲之約，高下低昂，非思力所學，又非止若斯而已。十字之文，顛倒相配，字不過十，巧歷已不能盡，何况復過於此者乎？靈均以來，未經用之於懷抱，固無從得其髣髴矣。自古辭人豈不知宫羽之殊，商徵之别？雖知五音之异，而其中參差變動，所昧實多，故鄙意所謂此秘未覩者也。以此而推，則知前世文士，便未悟此處。以洛神比陳思他賦，有似异手之作。故知天機啓，則律吕自調，六情滯，則音律頓舛也。時有王斌者，不知何許人。著四聲論，行於時。斌初爲道人，博涉經籍，雅有才辯，善屬文，能唱導。

梁書肆玖庾肩吾傳（南史伍拾同）云：

齊永明中，文士王融、謝朓、沈約文章始用四聲，以爲新變。至是轉拘聲韵，彌尚麗靡，復逾於往時。

鍾嶸詩品云：

昔曹、劉殆文章之聖，陸、謝爲體貳之才。鋭精妍思，千百年中而不聞宫商之辨，四聲之論。或謂前達偶然不見，豈其然乎？三祖之詞，文或不工，而韵入歌唱，此重韵之義也。與世之言宫商者异矣。今既不備管弦，亦何取於聲律耶？齊有王元長者，嘗謂余云：宫商與二儀俱生，自古詞人不知之，惟顏憲子乃云：律吕音調，而其實乃大謬，唯見范曄謝莊頗識之耳，嘗欲造知音論，未就。王元長創其首，謝朓、沈約揚其波。三賢或貴公子孫，幼有文辨。於是士流景慕，務爲精密。故使文多拘忌，傷其真美。余謂文製本須諷讀，不可蹇礙。但令清濁通流，口吻調利，斯爲足矣。至於平上去入則余病未能。蜂腰鶴膝，閭里已具。

建康爲南朝政治文化之中心，故爲善聲沙門及審音文士共同居住之地。二者之間發生相互之影響，實情理之當然也。經聲之盛，始自宋之中世，極於齊之初年。竟陵王子良必於永明七年二月十九日以前即已嫻習轉讀，故始能於夢中咏誦。然則竟陵王當日之環境可以推知也。鷄籠西邸爲審音文士抄撰之學府，亦爲善聲沙門結集之道場。永明新體之詞人既在「八友」之列，則其與經唄新聲制定以前之背景不能不相關涉，自無待言。周顒卒年史不記載，據傳文推之，當在永明七年五月王儉薨逝以前，永明三年王儉領國子祭酒及太子少傅之後。即使不及見永明七年二月竟陵王經唄新聲之制定，要亦時代相距至近。其與沈約一爲文惠之東宮掾屬，一爲竟陵王之西邸賓僚，皆在佛化文學環境陶冶之中，四聲說之創始於此二人者，誠非偶然也。又顒傳言：「太學諸生慕顒之風，争事華辯。」其所謂「辯」者，當即顒「音辭辯麗，出言不窮。宫商朱紫，發口成句」，及其子捨「善誦詩書，音韵清辯」之「辯」。皆四聲轉讀之問題也。梁武帝雖居「竟陵八友」之列，而不遵用四聲者，據隋書拾叁音樂志載「帝既素善鍾律，詳悉舊事，遂自制定禮樂」。而梁書叁武帝紀（南史柒同）又載其「不聽音聲。非宗廟祭祀大會饗宴，及諸法事未嘗作樂」。蓋由於好尚之特异，後來簡文帝之詆娸永明新體之支派者（見梁書肆玖南史伍拾庾肩吾傳簡文與湘東王書），殆亦因其家世興趣之關係歟？沈約宋書壹佰自序云：「永明」五年春，又被敕撰宋書。六年二月畢功，表上之。謝靈運傳論之作正在此時。是其四聲之說實已成立於此時以前。當與周顒不甚相先後，蓋同是一時代之産物，俱受佛經轉讀之影響而已。至范曄自序之所言，觀曇遷一傳，可知其實受當時善聲沙門之薰習，而自來讀史者所未嘗留意也。總之，四聲與經聲之關係，迄今千四百餘年，尚未有人略能言及。故司馬氏資治通鑑壹叁陸於永明二年記竟陵王子良招致名僧，講論佛法事，全襲用南齊書南史舊文，而删去「造經唄新聲」之語。謝氏小學考貳玖録南史陸厥傳亦不載王斌附傳。是皆「不了此處」。兹特爲發其覆如此。而今而後，庶幾不致「此秘未覩」乎？

據僧傳後論，轉讀與梵唄有别，竟陵王所造新聲乃轉讀之聲，非梵唄之聲。蓋轉讀之聲即詩品所謂不備管弦，而有聲律者也。梵唄問題非本篇範圍，似可不論。但二者實互有關係，而又俱託始於陳思。故轉讀與陳思之關係，即魚山製契之傳説，則尤不得不先推求其起原之時代，以爲「四聲説史」之「前編」也。考瑞應本起經爲支謙所譯。謙事迹載高僧傳壹康僧會傳中。據傳，謙以漢獻帝末避亂於吴。孫權召爲博士，舉韋昭諸人輔導太子。從吴黄武元年至建興中先後共譯出四十九經。又據魏志拾玖陳思王植傳，植以魏明帝太和三年徙封東阿。六年封陳王，發疾薨。魚山在東阿境。植果有魚山製契之事，必在太和三年至六年之間。然當日魏朝之法制，待遇宗藩，備極嚴峻，而於植尤甚。若謂植能越境遠交吴國，删治支謙之譯本，實情勢所不許。其爲依託之傳説，不俟詳辨。此傳説之記載，寅恪所知者有二：一出劉敬叔之異苑（在今本卷伍中），一出劉義慶之宣驗記。（見唐湛然法華文句記伍所引，但湛然誤以劉義慶爲梁人。）二人皆晋末宋初人，是此傳説東晋之末必已流行無疑。隋費長房歷代三寶記伍載支謙譯瑞應本起經二卷，下注云：

黄武年第二出，與康孟詳譯者（寅恪案，此即第一出。）小异。陳郡謝鏘、吴郡張洗等筆受，魏東阿王植詳定。見始興録及三藏記。

寅恪案，今僧祐出三藏記集貳載有支謙譯瑞應本起經二卷。并無「魏東阿王植詳定」之語。出三藏記集全襲道安經録，可知道安經録中無此語。道安録成於晋孝武帝寧康二年（見出三藏記集伍引道安經録自序），又可知晋孝武以前無曹植删定瑞應本起經之説也。然則此語必出於始興録。此録今不傳。今存之佛藏諸目録亦皆不言其爲何時何人所作，無從詳考。但歷代三寶記玖載：「晋孝武世沙門聖堅於河南國爲乞伏乾歸譯十四經。其十經見始興録。始興即南録。」又檢三寶記所著録之經目注出始興録者，計其譯述時代，下至卷十一之

灰河經一卷見始興録

（南齊）武帝世沙門釋法度出

爲止。故據此可斷定始興録之作者必爲江左南朝之人。而其生年至早爲南齊武帝之世，或即永明時人，亦未可知。是始興録中曹植詳定瑞應本起經之語乃受經唄新聲之影響，采用東晋末年之傳説。其書晚出，遠在劉敬叔异苑及劉義慶宣驗記之後也。又考高僧傳載江左善聲沙門始於曇籥。籥於東晋孝武時夢天神授以聲法，覺因裁製新聲。證以成於孝武時之道安經録未有曹植詳定瑞應本起經之語。可知東晋中晚時代經聲雖已流行，而尚無魚山製契之神話。逮東晋

末年，始有此傳説。此傳説實含有一善聲沙門與審音文士合作之暗示，而此二種人之合作即四聲之起原。然則「四聲説史」之「前編」謂在典午南遷之季世，縱或不中，亦不甚遠乎？又梵唄亦肇自陳思之説，因認太子頌及睒頌等爲陳思所作之故。太子頌姑不論。睒頌者即據康僧會譯六度集經五睒菩薩本生而作之頌。考高僧傳壹康僧會傳云：會以赤烏十年始達建業。魏志拾玖陳思王植傳云：〔太和〕六年發疾薨。吴大帝赤烏十年，即魏齊王芳正始八年，上距魏明帝太和六年，即植薨之歲，已十五年之久。陳思何能於其未死之前，預爲未譯之本作頌耶？其説與删洽瑞應本起經事同爲依託，而非事實，固不待詳辨也。

三問曰：讀宋書謝靈運傳論南史陸厥傳所載厥與沈約問答之書及詩品所記王融告鍾嶸之語，竊有疑焉。凡約之所論，及厥之問約，約之答厥，融之語嶸者，皆四聲之問題也。然俱以宫商五聲爲言，而絶不及四聲一語。若四聲與五聲同物，則約仍用五聲之舊説可矣，何必又新創四聲之説，别撰四聲之譜乎？若四聲與五聲不同物，則約論非所論，融語非所語，厥問非所問，約更答非所答矣。然則四聲與五聲之同异究何在耶？

答曰：宫商角徵羽五聲者，中國傳統之理論也。關於聲之本體，即同光朝士所謂「中學爲體」是也。平上去入四聲者，西域輸入之技術也。關於聲之實用，即同光朝士所謂「西學爲用」是也。蓋中國自古論聲，皆以宫商角徵羽爲言，此學人論聲理所不能外者也。至平上去入四聲之分別，乃摹擬西域轉經之方法，以供中國行文之用。其「顛倒相配，參差變動」，如「天子聖哲」之例者，純屬於技術之方面，故可得而譜。即按譜而別聲，選字而作文之謂也。然則五聲說與四聲說乃一中一西，一古一今，兩種截然不同之系統。論理則指本體以立說，舉五聲而爲言，屬文則依實用以遣詞，分四聲而撰譜。苟明乎此，則知約之所論，融之所言，及厥之問約，約之答厥，所以止言五聲，而不及四聲之故矣。

又此第三解答之意旨實啓自段（段玉裁六書音均表古四聲說子注）、王（王國維觀堂集林捌五聲說）。今更借喻同光舊說，重爲引申。至王氏以陰陽平上去入爲三代秦漢間之五聲，其言之當否，別是一事，可置不論。此解答所竊取者，止段、王同主之一誼，即「四聲之說專主屬文」而已。斯誼而是也，固不敢掠美於前修；斯誼而非也，則願俟知音之新解。

（原載一九三四年四月清華學報第玖卷第貳期）

從史實論切韵

陸法言之切韵，古今中外學人論之者衆矣。寅恪於音韵之學，無所通解，故不敢妄説。兹僅就讀史所及，提出其語音系統一問題，以供參考。凡所討論，大抵皆屬於史實之範圍，至關於音韵學之專門性質者，則少涉及。此非唯謹守「不知爲不知」之古訓，亦藉以藏拙云爾。

顔氏家訓音辭篇云：

逮鄭玄注六經，高誘解吕覽淮南，許慎造説文，劉熹製釋名，始有譬況假借，以證音字耳。而古語與今殊别，其間輕重清濁，猶未可曉；加以内言、外言、急言、徐言、讀若之類，益使人疑。孫叔言創爾雅音義，是漢末人獨知反語。至於魏世，此事大行。高貴鄉公不解反語，以爲怪异。自兹厥後，音韵鋒出，各有土風，遞相非笑，「指馬」之喻，未知孰是。共以帝王都邑，參校方俗，考覈古今，爲之折衷，権而量之，獨金陵與洛下耳。南方水土和柔，其音清舉而切詣，失在浮淺，其辭多鄙俗。北方山川深厚，其音沈濁而鈋鈍，得其質直，其辭多古語。然冠冕君子，南方爲優；閭里小人，北方爲愈。易服而與之談，南方士庶，數言可辯。隔垣而聽其語，北方朝野，終日難分。而南染吴越，北雜夷虜，皆有深弊，不可具論。

寅恪案，顔黄門之時，金陵士庶語音，所以有如此鉅異者，恐不得不推源於兩晉之世。蓋自司馬氏平吴以來，中原衆事，頗爲孫吴遺民所崇尚，語音亦其一端，如抱朴子外篇譏惑篇略云：

上國衆事，所以勝江表者多，然亦有可否者。余以爲廢已習之法，更勤苦以學中國之書，尚可不須也。況於乃有轉易其聲音，以效北語，既不能便良，似可恥可笑。所謂不得邯鄲之步，而有匍匐之嗤者。

即可爲證也。洎乎永嘉亂起，人士南流，則東晉南朝之士族階級，無分僑舊，悉用北音，自不足怪矣。寅恪昔年嘗草一文，以論其事，題曰東晉南朝之吴語，載中央研究院歷史語言研究所集刊第柒本第壹分，讀者幸取而并觀之。惟此一問題，實爲解決陸法言切韵語音系統關鍵之所在，故不憚重複之譏，仍略爲考辨於此。

宋書捌壹顧琛傳云：

先是，宋世江東貴達者，會稽孔季恭，季恭子靈符，吴興丘淵之，及琛，吴音不變。

寅恪案，晉室南渡之初，僑姓之握政權者，如王導之類，雖往往用吴語延接士庶，以籠絡江東人心（見世説新語排調篇劉真長始見王丞相時條劉注），然必能保存其固有之北語，要無可疑。而吴中舊姓，雖好自矜尚，如陸玩拒婚王導（見世説新語方正篇王丞相初在江左欲結援吴人條，及晉書柒柒陸曄傳附弟玩傳，亦可參考世説新語排調篇陸太尉詣王丞相條。）可爲其例。然江表士流，自吴平以後，即企羡上國衆事，諒其中當亦多有能操北音者。迨東晋司馬氏之政權既固，南士之地位日漸低落，於是吴語乃不復行用於士族之間矣。史言宋世江東貴達者，唯孔季恭靈符父子、丘淵之、顧琛四人，吴音不變，是其餘江東貴達不操吴音可知。而此種風尚，必承自東晋，固可推見也。又如張敞者，乃東晋末人（參宋書肆陸南史叁貳張邵傳），其著書也，據顏氏家訓書證篇所言：

或問曰：東宫舊事，何以呼「鴟尾」爲「祠尾」？答曰：張敞者，吴人，不甚稽古，隨宜記注，逐鄉俗訛謬，造作書字耳。吴人呼「祠祀」爲「鴟祀」，故以「祠」代「鴟」字。

知其猶未免隨鄉音而訛謬，殆雖操北語而不能盡脱鄉音歟？及其兄之孫張融，（邵兄禕，禕子暢，暢子融，詳南史叁貳張邵傳。）則南齊書肆壹張融傳（南史叁貳張邵傳附融傳同）云：

〔宋孝武世〕出爲封溪令。廣越嶂嶮，獠賊執融，將殺食之。融神色不動，方作洛生咏，賊异之而不害也。

是臨危難而猶能作洛生咏，推究其故，豈不即以平日熟諳北語邪。然則南士之語音逐漸同化於僑姓高門，斯足爲一例證矣。此後顏黄門論音辭，竟謂「易服而與之談，南方士庶，數言可辨」者，蓋南朝疆域内，士族悉操北音，雖南士亦鮮例外。庶族則操吴語，其寒族北人之久居南土者，亦不免爲所同化，如王敬則本自臨淮射陽南遷，而延接士庶，皆以吴語（見南齊書貳陸南史肆伍王敬則傳），似可爲一例也。

抑更有可論者，永嘉南渡僑寓建鄴之勝流，率皆典午中朝仕居洛下之名士。此類名士，其父若祖，本多爲翊成司馬氏帝業之功臣，其遠祖則又東漢時以經明行修致身通顯之儒士也。洛陽者，東漢、曹魏、西晋三朝政治文化之中心，而東晋、南朝之僑姓高門，又源出此數百年來一脈緜延之仕族，則南方冠冕君子所操之北音，自宜以洛陽及其近傍者爲標準矣。世説新語雅量篇略云：

桓公伏甲設饌，廣延朝士，因此欲誅謝安、王坦之。王甚遽，謝神意不變，相與俱前。王之恐狀，轉見於色。謝之寬容，愈表於貌，望階趨席，方作洛生咏，諷浩浩洪流。桓憚其曠遠，乃趣解兵。

劉孝標注云：

按宋明帝文章志曰：安能作洛下書生咏，而少有鼻疾，語音濁，後名流多斆其咏，弗能及，手掩鼻而吟焉。

同書輕詆篇云：

人問顧長康，何以不作洛生咏？答曰：何至作老婢聲。

劉注云：

洛下書生咏，音重濁，故云老婢聲。

寅恪案，所謂「洛下書生咏」，殆即東晉以前洛陽之太學生以誦讀經典之雅音（此「音」字指語音而言，非謂音樂也。）諷咏詩什之謂也。此種都邑雅音，較之時傷輕清之吴越方音，固相懸殊，但較之多涉重濁之燕趙方音，實亦有別（説詳下）。而顧長康至以「老婢聲」相譏，其故何邪？據晉書柒玖謝安傳云：

安少有盛名，時多愛慕。鄉人有罷中宿縣者，還詣安。安問其歸資，答曰：有蒲葵扇五萬。安乃取其中者捉之，京師士庶競市，價增數倍。安本能爲洛下書生咏，有鼻疾，故其音濁，名流愛其咏而弗能及，或手掩鼻以斆之。

同書玖貳文苑傳顧愷之傳云：

愷之矜伐過實，少年因相稱譽以爲戲弄。又爲吟咏，自謂得先賢風制。或請其作洛生咏，答曰：何至作老婢聲。義熙初，爲散騎常侍，與謝瞻連省。夜於月下長咏，瞻每遥贊之。愷之彌自力，忘倦。瞻將眠，令人代己，愷之不覺有異，遂申旦而止。

蓋當日之謝安，爲風流之宗主，凡所言行，時多愛慕。蒲葵扇之價增數倍，洛生咏之風靡一時，皆受其影響也。洛陽舊音，本無偏失，而謝安以鼻疾之故，發重濁之音，時流之作洛生咏者，遂奉爲楷模，斆其訛變。顧長康所致譏者，實指此病而言也。又長康自謂得先賢風制，豈即指謝安以前之舊規歟？至於世説新語排調篇云：

初，謝安在東山居布衣時，兄弟已有富貴者，翕集家門，傾動人物。劉夫人戲謂安曰：「大丈夫不當如此乎！」謝乃捉鼻（晋書柒玖謝安傳作「掩鼻」）曰：「但恐不免耳。」

則謝安既未諷誦詩什，此所謂「捉鼻」或「掩鼻」，殆作戲言時之意態，蓋與洛生咏無所關涉也。

復次，東晋南朝之士流於所謂「楚言」，亦頗致不滿，所以然者，各地之方言不能一律，而南方士族所崇尚操用者，則爲洛陽舊音之故也。宋書伍貳庾悦等傳論云：

史臣曰：高祖雖累葉江南，楚言未變。雅道風流，無聞焉爾。

寅恪案，劉宋皇室之先世，本非清顯，而又僑居於北來武裝集團所萃聚之京口，故既未受建鄴士人即操洛陽雅音者之沾溉，又不爲吴中庶族即操吴語者所同化，此所以累葉江南而其舊居彭城即楚地之鄉音無改也。沈休文以宋高祖「楚言未變，雅道風流無聞」爲言，是南朝士流之鄙視楚音，據此可見矣。又世説新語豪爽篇云：

王大將軍年少時，舊有「田舍」名，語音亦楚。武帝唤時賢共言伎藝事，人皆多有所知，唯王都無所關。

宋書伍壹宗室傳長沙景王道憐傳（南史壹叁宋宗室傳長沙景王道憐傳同）云：

道憐素無才能，言音甚楚，舉止施爲，多諸鄙拙。

寅恪案，王敦之家世與廬江有關（參晋書叁叁王祥傳）。劉道憐先世所居，本爲彭城，此二地雖皆在漢、魏、晋、南北朝所謂「楚」之範圍，然此二條中之楚實爲形容詞（陸雲與兄機書亦有音楚文楚之語），殆即由地名之「楚」所引申，而與田舍一詞爲連類，用作「都邑」及「文雅」之對文者。固不可徑謂「語音亦楚」及「言音甚楚」爲楚音也。

又北朝之使臣與晚渡之流輩，其語音亦往往爲南方人士所輕笑者，蓋北人多不能操用純正都邑之語音故也。（高歡於天平元年遷洛陽四十萬户於鄴，見北齊書貳神武紀下，故高齊之都城雖在鄴，而衣冠人物悉承洛陽，其語言宜同於洛下也。）據北齊書叁伍裴讓之傳附弟讞之傳（北史叁捌裴佗傳附子讞之傳同）云：

楊愔每稱嘆曰：河東士族，京官不少，唯此家兄弟，（裴讓之、諏之、讞之兄弟也。）全無鄉音。

則知河東士族任職京師者，除裴氏兄弟外，均不免雜有其鄉音矣。又北史捌壹儒林傳上李業興傳略云：

李業興，上黨長子人也。祖虬，父玄紀，并以儒學舉孝廉。業興家世農夫，雖學殖，而舊音不改。梁武問其宗門多少，答云：「薩四十家。」使還，孫騰謂曰：「何意爲吴兒所笑。」

對曰：「業興猶被笑，試遣公去，當着被罵。」

足徵業興以家世農夫之故，全操鄉音。此蓋亦極端之一例，斯所以見笑於梁人也。他如梁書肆捌儒林傳盧廣傳略云：

盧廣，范陽涿人，自云晋司空從事中郎諶之後也。諶没死冉閔之亂，晋中原舊族，諶有後焉。廣少明經，有儒術。天監中歸國。時北來人儒學者，有崔靈恩、孫詳、蔣顯，并聚徒講說，而音辭鄙拙，唯廣言論清雅，不類北人。

夫盧廣以北人於天監中入梁，自不應爲吴語。而史稱其言論清雅，不類其他北人之音辭鄙拙者，殆盧廣能操洛陽都邑之語音，亦裴氏兄弟之比，與南方士族所操之北語較爲接近。若崔靈恩、孫詳、蔣顯諸人者，則縱不必如李業興之土音不改，當亦不能如裴氏兄弟之全無鄉音，此所以亦不免於招致「音辭鄙拙」之譏也。至陳書拾周鐵虎傳（南史陸柒周鐵虎傳同）云：

周鐵虎不知何許人也，梁世南渡，語音傖重。

則李業興以儒學著聞，尚自土音不改，周鐵虎本爲北來武夫，其語音傖重，更不足异矣。

又梁書肆捌儒林傳沈峻傳（南史柒壹儒林傳沈峻傳同）略云：

沈峻，吴興武康人。家世農夫，至峻好學，與舅太史叔明師事宗人沈驎士，在門下積年，晝夜自課。吏部郎陸倕與僕射徐勉書薦峻曰：凡聖賢可講之書，必以周官立義，則周官一書，實爲群經源本。此學不傳，多歷年世。北人孫詳、蔣顯亦經聽習，而音革楚、夏，（寅恪案，魏書玖壹術藝傳江式傳云：「音讀楚、夏，時有不同」，顔氏家訓音辭篇云：「著述之人，楚、夏各异」，皆以「楚」「夏」對舉，并同此例，其「楚」字，蓋據孟子滕文公篇許行章之古典，以楚爲夷，即「非正統」之意，與本文所論之「楚言」，實不相關涉也。）故學徒不至。惟助教沈峻，特精此書。

沈峻雖爲吴人，而又家世農夫，然學習經典，必操雅音，此其講論周官所以异於晚渡北人如孫詳、蔣顯輩流之音革楚夏，而爲南士陸倕僑人徐勉所推重也。否則吴語最爲南方士流所賤視。觀於顔氏家訓音辭篇「閭里小人，北方爲愈」之論可知。若沈峻不諳洛下舊音，又何由致此邪？更就顔黄門論金陵洛下士庶語音之優劣觀之，知其必有一衡度之標準，此標準爲何？殆即東漢、曹魏、西晋以來居住洛陽及其近傍之士大夫集團所操之雅音是也。何以言之？據音辭篇中：

易服而與之談，南方士庶，數言可辯。隔垣而聽其語，北方朝野，終日難分。

諸語，則知當日金陵之士庶，各操不同之音辭，而洛陽之朝野，其語音殊無所差别也。更據

冠冕君子，南方爲優。閭里小人，北方爲愈。

諸語，又可知顔黄門乃以金陵士族所操之語音爲最上，以洛陽士庶共同操用之語音居其次，

而以金陵庶人所操之語音爲最下也。其所以有此評斷者，音辭篇云：

南方水土和柔，其音清舉而切詣，失在浮淺，其辭多鄙俗。北方山川深厚，其音沈濁而鈋鈍，得其質直，其辭多古語。

乃就庶人所操之音辭而比較言之，蓋切韵序云：

吴、楚則時傷輕清。

陸德明經典釋文序録云：

方言差別，固自不同。河北江南，最爲鉅异，或失在浮清，或滯於沈濁。

是吴音之特點爲輕清，斯即南方庶人所操用者。此種語音，既與洛陽舊音大相懸殊，宜顔黄門目之爲最下矣。而世説新語言語篇云：

桓玄問羊孚，何以共重吴聲。羊曰：當以其妖而浮。

此所謂吴聲，乃指音樂而言，即「鄭聲」之比，觀通典壹肆伍樂典歌條所紀：

〔梁世〕内人王金珠善歌吴聲西曲。

及：

次有韓法秀，又能妙歌吴聲讀曲等，古今獨絶。

可知非吴語之謂也。世説以此條列於言語篇，不過記述羊孚對語之雋妙耳。

音辭篇又云：

南染吴、越，北雜夷虜，皆有深弊，不可具論。

乃就士族所操之音辭而比較言之。蓋當時金陵士族操北音，故得云「南染吴、越」也。夫顔黄門比較當日南北士庶之音辭，以南方冠冕君子所操用者爲最優，而又謂其亦有深弊，豈非於心目中本懸有一絶對之標準，此標準亦即未染吴、越語音時殆即東晋過江時僑姓士族所操用之洛陽舊音邪？又同篇云：

吾家子女，雖在孩稚，便漸督正之，一言訛替，以爲己罪矣。云爲品物，未考書記者，不敢輒名，汝曹所知也。古今言語，時俗不同，著述之人，楚、夏各异。蒼頡訓詁，反稗爲逋賣，反娃爲於乖。戰國策音刎爲免。穆天子傳音諫爲閒。説文音戛爲棘，讀皿爲猛。字林音看爲口甘反，音伸爲辛。韵集以成仍宏登合成兩韵，爲奇益石，分作四章。李登聲類以系音羿。劉昌宗周官音讀乘若承。此例甚廣，必須考校。前世反語，又多不切。徐仙民毛詩音反驟爲在遘。左傳音切椽爲徒緣，不可依信，亦爲衆矣。今之學士，語亦不正，古獨何人，必應隨其講僻乎。通俗文曰：入室求曰搜，反爲兄侯，然則兄當音所榮反。今北俗通行此音，亦古語之不可用者。

然則顔黄門督正子女之音辭，最爲稽古，而於古語之中，亦有所取捨者，其故乃在著述之人，楚、夏各异也。東漢鄭玄以前，不解反語（參顔氏家訓書證篇），輕重清濁，猶未可曉。則是西漢及其以前之古語，自不易考。而東漢伊始，以迄於西晋，文化政治之中心均在洛陽，則洛陽及其近傍之舊音，即顔氏所視爲雅正明晰之古音，固可推見也。至金陵士族與洛下士庶所操之語言，雖同屬古昔洛陽之音系，而一染吴、越，一糅夷虜，其駁雜不純，又極相似，然顔黄門特謂「冠冕君子，南方爲優」者，宜亦有故。考音辭篇又云：

古人云：膏粱難整，以其爲驕奢自足，不能剋勵也。吾見王侯外戚，語多不正，亦由内染賤保傅，外無良師友故耳。梁世有一侯，嘗對元帝飲謔，自陳癡鈍，乃成颸段。元帝答之云：「颸」异凉風，「段」非干木。謂「郢州」爲「永州」。元帝啓報簡文。簡文云：庚辰吴入，遂成司隸，如此之類，舉口皆然。元帝手教諸子侍讀，以此爲誡。

據此，東晋、南朝時之士庶二階級，其劃分固嚴，其接觸則密。雖貴爲王侯，而猶以吴中庶人爲保傅。且洛陽舊音，爲金陵士族所保存沿用，自東晋歷宋、齊以至顔黄門時，已達二百數十年之久，則沾染吴音，自所難免也。雖然，江左二百餘年來，乃僑人統治之世局，當初僑人以操洛陽正音標异於南人，洛生咏遂得見重於江表；此後北語吴語成爲士庶階級之表徵，洛陽舊音之保守自必因此而愈固矣。若中原舊壤，則迭經大亂，永嘉紛擾，伊、洛丘墟，貴戚重臣，駢頸受戮於胡羯；文儒名士，接踵寄命於江東，衣冠禮樂，流散既多，太學音辭，保存匪易。迨北魏孝文遷洛，禁斷胡語，一從正音，然其時洛陽之音辭，經二百年自然之嬗蜕訛變，當已非永嘉時之舊矣。况六鎮亂後，洛陽又爲秀容契胡所摧殘，復受北鎮鮮卑之統治乎？是知顏黄門以南方士族之語音更勝於北方朝野者，乃以洛陽舊音爲標準而比較言之也。明乎此，然後於陸法言切韵之語音系統，始可得一正確之瞭解。北平故宫博物院影印唐寫本王仁昫刊謬補缺切韵，載陸氏序文略云：

昔開皇初，有劉儀同臻、顏外史之推、盧武陽思道、李常侍若、蕭國子該、辛諮議德源、薛吏部道衡、魏著作彦淵等八人，同詣法言宿，夜永酒闌，論及音韵，古今聲調，既自有别，諸家取捨，亦復不同。吴、楚則時傷輕淺，燕、趙則多涉重濁，秦、隴則去聲爲入，梁、益則平聲似去。又支脂魚虞，共爲不韵。先仙尤侯，俱論是切。欲廣文路，自可清濁皆通；若賞知音，即須輕重有异。吕静韵集，夏侯該（巴黎國民圖書館藏敦煌寫本伯希和號貳壹貳玖及倫敦博物院藏敦煌寫本斯坦因號貳仟伍伍之切韵殘卷并作「咏」。）韵略，陽休之韵略，李季節音譜，杜臺卿韵略等，各有乖互。江東取韵，與河北復殊。因論南北是非，古今通塞，欲更捃選精切，除削疏緩，顏外史蕭國子多所决定。魏著作謂法言曰：向來論難，疑處悉盡。何爲不隨口記之。我輩數人，定則定矣。法言即燭下握筆，略記綱紀。後博問辯，殆得精華。於是更涉餘學，兼從博宦，十數年間，不遑修集。今返初服，遂取諸家音韵，古今字書，以前所記者，定爲切韵五卷，剖析毫氂，分别黍累，非是小子專輒，乃述群賢遺意，於時歲次辛酉大隋仁壽元年也。

寅恪案，近世論陸法言切韵之學人，多有謂其爲西元七世紀初之長安方言者，殆即根據序末有「大隋仁壽元年」之紀載，以爲仁壽元年爲西曆六〇一年，而長安又爲隋之京師也。其實若就陸序一加考察，則知此説殊有可疑，今請就消極與積極兩方面述之於下：

自消極方面言，切韵之語音系統，似與七世紀初之長安方言無所關涉，此可以三事證之。

陸法言自述其書之成，乃用開皇初年劉臻等八人論難之紀録爲準則，以抉擇諸家音韵古今字書之是非而寫定，是此書之語音系統，并非當時某一地行用之方言可知。此可注意者一事也。

陸法言於寫定切韵之時，雖取諸家音韵古今字書以爲參考，然其序中特標出吕静、夏侯咏、陽休之、李季節、杜臺卿五家之書，而北平故宫博物院影印唐寫本王仁昫刊謬補缺切韵韵目下陸注與諸家分韵之异同，亦唯此五家，足徵此即陸氏編撰所用之主要資料。（寅恪案，黎庶昌廣韵本所載陸氏序文中又有周思言音韵一書，今所見巴黎國民圖書館藏敦煌寫本伯希和號貳仟壹柒貳壹貳玖，倫敦博物院藏敦煌寫本斯坦因號貳仟伍伍切韵殘卷及北平故宫博物院影印唐寫本王仁昫刊謬補缺切韵中之陸序并無此五字；而王仁昫本韵目下之陸氏原注，亦全未涉及周書，頗疑此爲後人訛增者，又周思言其人，今亦不能確考。）考魏書玖壹術藝傳江式傳（北史叁肆江式傳同）略云：

晋世義陽王典祠令任城吕忱表上字林六卷。忱弟静，别放故左校令李登聲類之法，作韵集五卷，宫商角徵羽各爲一篇，而文字與兄便是魯、衛，音讀楚、夏，時有不同。

寅恪案，吕静爲魏晋時人（參姚振宗隋書經籍志考證叁字林條），其本貫爲任城。洛陽爲曹魏、西晋政治文化之中心，任城似即吕静及其兄吕忱出生居住之所在，是吕氏兄弟之書，雖聲讀楚、夏，時有不同，要其差异當在任城鄉音與洛陽京畿之音，自與關中之方言無涉也。

隋書叁貳經籍志經部小學類云：

四聲韵略十三卷　夏侯咏撰

同書叁叁史部正史類云：

漢書音二卷　夏侯咏撰

顔氏家訓書證篇云：

易有蜀才注，江南學士，遂不知是何人。王儉四部目録，不言姓名，題云王弼，後人謝炅夏侯該并讀數千卷書，皆疑是譙周。

舊校本注云：

一本「該」字下注云，和宫傅凝本作「諺」作「咏」，未定。

李涪刊誤（百川學海本）下云：

切韵始於後魏校書令李啓（登）撰聲韵十卷，游（當是梁字之形訛）夏侯咏撰四聲韵略十二卷。

寅恪案，巴黎國民圖書館藏敦煌寫本伯希和號貳壹貳玖及倫敦博物院藏敦煌寫本斯坦因號貳仟伍伍切韵序之夏侯咏，王仁昫本黎庶昌本并作夏侯該，今參校史籍，知「該」字乃「咏」字之形訛。關於夏侯咏之家世里居，頗難詳考。據陸氏序文於叙述五家之書各有乖互下即接「江東取韵與河北復殊」之句，似此五家之書，皆爲河北人士之著作。但據顔氏家訓書證篇及李涪刊誤之語，則咏乃南朝之儒流，惟其里居與關西無涉，實無可致疑者也。（陸氏以河北與江東爲對文，乃指北方與南方而言，但高齊鄴都，居河之北，故當時人所謂河北，實目北齊之疆域，固不能兼括關西也。）

北齊書肆貳陽休之傳（北史肆柒陽尼傳附休之傳同）略云：

陽休之，字子烈，右北平無終人也。父固，魏洛陽令。休之弱冠，擅聲幽州，刺史常景、王延年并召爲州主簿。魏孝昌中，杜洛周破薊城，休之南奔章武，轉至青州。休之請其族叔伯彦等曰：宜潛歸京師。諸人多不能從，休之垂涕别去。〔齊武平〕六年，除正尚書右僕射。未幾，又領中書監。周武平齊，與吏部尚書袁聿修〔等〕十八人同徵，令隨駕，後赴長安。

大象末，除和州刺史。隋開皇二年罷任，終於洛陽，年七十四。

北史叁叁李靈傳附公緒傳略云：

公緒，字穆叔，魏末爲冀州司馬，屬疾去官，絶迹贊皇山，誓心不仕。公緒弟概，字季節，少好學，爲齊文襄大將軍府行參軍，後爲太子舍人，爲副使聘於江南，還，坐事解。後卒於并州功曹參軍。撰戰國春秋及音譜，并行於世。（寅恪案，李季節名概，與法言祖概之名同，法言避家諱，故以字稱之。）

隋書伍捌杜臺卿傳（北齊書貳肆北史伍伍杜弼傳附子臺卿傳略同）略云：

杜臺卿，字少山，博陵曲陽人也。父弼，齊衛尉卿。臺卿少好學，仕齊著作郎、中書黄門侍郎。及周武帝平齊，歸於鄉里。開皇初，被徵入朝。臺卿患聾，不堪吏職，請修國史，上許之。十四年，上表請致仕，敕以本官還第，數載，終於家。

寅恪案，陽、李、杜三人，并爲河北之儒流，且皆於齊世仕宦清顯。陽休之於齊亡之歲，年已六十有九。杜臺卿於隋世被徵，已患聾不堪吏職，是其韵書之撰集，乃在入關以前，可以推見也。至李季節，則卒年無考。而史傳未載其入關事迹，豈終於齊世邪？然則陸法言編撰切韵所用之主要材料，全無關中人士之著作。此可注意者二事也。

陸序中既標明「遂取諸家音韵古今字書，以前所記者，定之爲切韵五卷」之語，復以「非是小子專輒，乃述群賢遺意」爲言，則開皇初年論難所作之決定，即仁壽元年陸氏撰述所奉之準繩，可以無疑也。考隋書伍柒盧思道傳（北史叁拾盧玄傳附玄孫思道傳同）略云：

盧思道，字子行，范陽人也。祖陽烏，魏秘書監。父道亮，隱居不仕。思道聰爽俊辯，左僕射楊遵彥薦之於朝，解褐司空行參軍、長兼員外散騎侍郎，歷主客郎、給事黃門侍郎，待詔文林館。周武帝平齊，授儀同三司，追赴長安。未幾，以母疾還鄉。後除掌教上士。高祖爲丞相，遷武陽太守，非其好也。歲餘，被徵。頃之，遭母憂。未幾，起爲散騎侍郎，奏內史侍郎事。是歲，卒於京師，時年五十二。（寅恪案，張說之文集貳伍盧思道碑云：「隋開皇六年春秋五十有二，終於長安。」是周武平齊之歲，思道年四十有三。）

北史肆叁李崇傳（參輔仁學志第十二卷第一第二合期周祖謨先生顏氏家訓音辭篇注補）略云：

李崇，頓丘人也。崇從弟平。〔平孫若，〕若聰敏，頗傳家業，風采詞令，有聲鄴下。後兼散騎常侍，善諷誦，數奉旨咏詩，韓長鸞等忌惡之，密構其短，坐免官。未幾，詔復本官。隋開皇中，卒於秦王府諮議。（寅恪案，李若事迹又散見北齊書肆貳陽休之傳，肆伍文苑傳總序，隋書壹高祖紀開皇五年九月條，柒陸文學傳崔儦傳等，可參考羅常培先生切韵序校釋，載中山大學史語所集刊切韵專號。）

隋書伍捌辛德源傳（北史伍拾辛雄傳附德源傳）略云：

辛德源，字孝基，隴西狄道人也。祖穆，魏平原太守。父子馥，尚書右丞。德源沉靜好學，少有重名。齊尚書僕射楊遵彦、殿中尚書辛術，皆一時名士，見德源，并虛襟禮敬，累遷比部郎中，復兼通直散騎常侍。聘於陳，及還，待詔文林館，除尚書考功郎中。及齊滅，仕周爲宣納上士。高祖受禪，不得調者久之，隱於林慮山。德源素與武陽太守盧思道友善，時相往來。蜀王秀聞其名而引之，居數歲，奏以爲掾，後轉諮議參軍，卒官。（寅恪案，辛德源之族人皆仕北齊，隴西乃其郡望，非其里居也。）

隋書伍柒薛道衡傳（北史叁陸薛辯傳附道衡傳同）略云：

薛道衡，字玄卿，河東汾陰人也。祖聰，魏齊州刺史。父孝通，常山太守。道衡專精好學，尚書左僕射弘農楊遵彦，一代偉人，見而嗟賞。授奉朝請。武平初，詔與諸儒修定五禮，除尚書左外兵郎。與范陽盧思道、安平李德林齊名友善。尋拜中書侍郎。後與斛律孝卿參預政事。及齊亡，周武引爲御史二命士。後歸鄉里，自州主簿入爲司禄上士。高祖受禪，坐事除名。後授内史侍郎。煬帝嗣位，拜司隸大夫，將置之罪。〔後〕帝令自盡，時年七十。（寅恪案，通鑑壹捌壹隋紀煬帝紀繫賜道衡自盡事於大業五年，據此推之，齊亡之歲，道衡年三十有八。）

隋書伍捌魏澹傳（北史伍陸魏季景傳附子澹傳同）略云：

魏澹，字彦深，鉅鹿下曲陽人也。父季景，齊大司農卿，稱爲著姓，世以文學自業。澹與尚書左僕射魏收、吏部尚書陽休之、國子博士熊安生同修五禮。除中書舍人。復與李德林俱修國史。周武帝平齊，授納言中士。及高祖受禪，出爲行臺禮部侍郎。尋爲散騎常侍，聘陳主使。還，除太子舍人。數年，遷著作郎，仍爲太子學士。高祖詔澹别成魏史。未幾，卒，時年六十五。（寅恪案，唐臣避高祖諱，率改「淵」爲「深」，如魏書玖肅宗紀及元湛墓志之廣陽王淵，北史紀傳則作廣陽王深，魏書捌拾之侯淵，北史肆玖則作「侯深」，皆其例也。或改「淵」爲「泉」，如魏書柒柒羊深傳云：「羊深字文淵。」北史叁玖羊祉傳附子深傳則云：「深字文泉。」是其例也。今考岑仲勉先生元和姓纂四校記八去聲八未魏氏條引舊唐書壹玖叁列女傳宋庭瑜妻魏氏傳云：「隋著作郎彦泉之後也。」明彦深彦泉皆避唐諱所改。可參劉盼遂先生文字音韵學論叢：廣韵叙録校箋。）

隋書伍捌陸爽傳（北史貳捌陸俟傳同）略云：

陸爽，字開明，魏郡臨漳人也。（寅恪案，據北史陸俟傳，知陸爽本「代人」，即出鮮卑步六孤部。魏孝文遷洛改爲河南洛陽人。此云魏郡臨漳人者，高齊復自洛陽遷都於鄴之故也。）祖順宗，魏南青州刺史。父概之，齊霍州刺史。爽少聰敏，齊尚書僕射楊遵彦見而异之。年十七，齊司州牧、清河王岳召爲主簿，擢殿中侍御史，俄兼治書，累轉中書侍郎。及齊滅，周武帝聞其名，與陽休之、袁叔德等十餘人俱徵入關。開皇十一年，卒官，時年五十三。子法言，敏學有家風，釋褐承奉郎。

寅恪案，盧思道、李若、辛德源、薛道衡、魏澹諸人，高齊之世，咸以儒學辭藻著聞，又皆歇歷清要。及齊室覆亡，相繼西入，并已及中年矣。陸法言從父爽入關，雖爲後進，然開皇之初，即已隨附諸賢，握管記録，是齊亡之時，當非幼小可知，然則此諸人者，雖終於楊隋之世，但其出生成長之地，俱在東方，宜非操用長安之方言者也。

北史捌叁文苑傳顔之推傳（北齊書肆伍文苑傳顔之推傳同）略云：

顔之推，字介，琅邪臨沂人也。祖見遠，父協，并以義烈稱。之推年十二，遇梁湘東王自講莊、老，之推便預門徒。湘東遣世子方諸鎮郢州，以之推爲中撫軍府外兵參軍，掌管記。〔侯〕景平，還江陵。時湘東即位，以之推爲散騎侍郎，奏舍人事。後爲周軍所破，大將軍李穆重之（時李穆從于槿破江陵），送往弘農，令掌其兄陽平公遠書翰。遇河水暴長，具船將妻子奔齊，文宣見，悦之，即除奉朝請，引於内館中，後以爲中書舍人，尋除黄門侍郎。齊亡入周。大象末，爲御史上士。隋開皇中，太子召爲文學，深見禮重。尋以疾終。

寅恪案，琅邪顔氏乃江左僑姓高門，據顔氏家訓終制篇云：

先君先夫人，皆未還建鄴舊山。

知其世居建鄴，之推生卒之年，雖史文不載，然錢大昕疑年録壹（此條羅常培先生切韵序校釋已曾引用）云：

顔之推六十餘介，本傳不書卒年，據家訓序致篇云：年始九歲，便丁荼蓼。以梁書顔協卒年證之，得其生年。又終制篇云：吾已六十餘，則其卒蓋在開皇十一年以後矣。

其説甚確，可以爲據。以之推生於中大通三年推之，則江陵陷没時，即梁承聖三年，之推年二十有四，惟此時之推雖一度入周，然僅至弘農，且旋即奔齊，是未嘗到達長安。及周武滅齊，之推西入時，年已四十七矣。

隋書柒陸文學傳劉臻傳（北史捌叁文苑傳劉臻傳同）略云：

劉臻，字宣摯，沛國相人也。父顯，梁尋陽太守。臻年十八，舉秀才。元帝時，遷中書舍人。江陵陷没，復歸蕭詧，以爲中書侍郎。周冢宰宇文護辟爲中外府記室。（中外府即都督中外諸軍事府，參通鑑壹陸柒陳紀高祖紀永定元年四月宇文護殺齊軌條胡注。）

寅恪案，劉臻亦是南朝僑人，其父劉顯以博涉知名於梁世，（參梁書肆拾劉顯傳，顔氏家訓書證篇。）且歷居中央清要之職。是臻之幼年必多居於建鄴可知。考宇文泰以西魏恭帝三年卒，宇文護始握兵權，據開皇十八年臻年七十二推之，是年臻應三十歲。次年二月，護爲冢宰，臻年三十一歲，則臻入關之時，固不得早於三十歲也。

隋書柒伍儒林傳何妥傳附蕭該傳略云：

蘭陵蕭該者，梁鄱陽王恢之孫也。少封攸侯。梁荆州陷，與何妥同至長安。開皇初，拜國子博士，奉詔書與妥正定經史，該後撰漢書及文選音義，咸爲當時所貴。

寅恪案，蕭該乃梁之宗室，即梁武帝之從孫（鄱陽王恢爲梁武帝之第九弟），自宜少居於建鄴。又該生卒之年，雖難確考，然史稱其與何妥同至長安，諒入關之時，已著名聲，殆非幼小矣。

據上所引，則知編撰切韵之陸法言，及決定其原則之諸賢，全無世居關、隴之人士，此可注意者三事也。

就積極方面言之，切韵内所列之字音，實以東漢、曹魏、西晋時代洛陽京畿之舊音爲主要因素，此亦可以二事證之。

切韵序云：

吴、楚則時傷輕淺，燕、趙則多涉重濁，秦、隴則去聲爲入，梁、益則平聲似去。

寅恪案，陸法言序文述各地方言之失，而獨不及中原一區，則中原即洛陽及其近傍之語音，乃諸賢所視爲正音者無疑。至其所以有此種評斷者，亦以中原之音爲準，而比較言之者耳，此可注意者一事也。

切韵序云：

因論南北是非，古今通塞，欲更捃選精切，除削疏緩，顔外史蕭國子多所決定。

寅恪案，北平故宫博物院影印唐寫本王仁昫刊謬補缺切韵之韵目下有陸氏之原注（參唐蘭先生跋語），其注文有一通例，即於某韵目下注云，甲氏與他一韵同，乙氏别，今依乙氏是也。此一通例，乍視之似陸氏之寫定切韵乃唯取其别而不依其同者，但詳繹之，則知其殊爲不然。何以言之，顔氏家訓音辭篇略云：

韵集以「成」「仍」「宏」「登」合成兩韵，「爲」「奇」「益」「石」分作四章，不可依信。

韵集以成仍宏登合成兩韵，而王仁昫本切韵則成在四十一清，仍在四十九蒸，宏在四十耕，登在五十登，此切韵不從韵集之合者也。韵集以爲奇益石分作四章，而切韵則爲奇同在五支，益石同在十七昔，此切韵不從韵集之分者也。然則切韵於諸家韵書，固非專取其韵部之别者而捨其同者，特陸氏於注文中不載捨其韵部之别者而取其同者耳。夫諸賢之論難，與切韵之寫定，既於南北古今之音或是之或非之，故或取之或捨之，自必有一抉擇之標準。此標準既非爲漫無系統之嚴分，則諸賢心目中乃有一成爲系統之標準音存在無疑也。夫既有標準音矣，而於捃選除削之際，多所取決於顔、蕭，豈不以顔、蕭所操用者較近於此一標準者邪？顔、蕭者，皆永嘉南渡僑人之子孫也。之推八世祖顔含，本是中朝之勝流，及過江以後，遂僑寄於建鄴，自是七世墳塋皆葬幕阜山。（參顏氏家廟碑，晋書捌捌孝友傳顏含傳，元和姓纂上平聲二十七删琅邪顏氏條。）則之推所操用者，必爲東晋以前之洛陽舊音也。（東晋南朝居住建鄴之文化士族皆操用永嘉南渡以前之洛陽舊音，已詳見前論。）至於蘭陵蕭氏，其初雖非文化高門，但梁武在齊代曾預齊竟陵王子良八友之列（見梁書壹高祖紀），是已染習名士之風流雅道，及昇爲帝王，其子孫遂多以文采卓著矣。蕭該爲梁武之從孫，而以儒學知名，自非顏黄門所謂「膏粱難整」之比，宜其操用雅正之音辭，一同建鄴之士族也。至此乃可於陸氏序文中此節作一解釋曰：諸賢於討論音韵之時，其心目中實以洛陽舊音爲標準者。而南北朝時金陵士族與洛陽朝野所操之語音雖同屬此一系統，然經三百年之變化，均已非古昔之舊觀，故必須討論其是非以决定所取捨。討論之结果，得一折衷一是之意見，即謂南方士族之音聲較近於此一標準，於是捃選除削，乃多取决於顏、蕭。惟顏、蕭之音聲亦不能盡合於此一標準，序文所以以「蕭、顏多所决定」爲言，即謂非全由蕭、顏决定者亦職是之故。此可注意者二事也。

更綜括以上論之，陸法言之寫定切韵，其主要取材之韵書，乃關東江左名流之著作。其决定原則之群賢，乃關東江左儒學文藝之人士。夫高齊鄴都之文物人才，實承自太和遷都以後之洛陽，而東晋、南朝金陵之衣冠禮樂，亦源自永嘉南渡以前之京邑（即洛陽），是切韵之語音系統，乃特與洛陽及其附近之地域有關，自易推見矣。又南方士族所操之音聲，最爲接近洛陽之舊音，而切韻一書所遵用之原則，又多所取決於南方士族之顔、蕭。然則自史實言之，切韻所懸之標準音，乃東晋南渡以前，洛陽京畿舊音之系統，而非楊隋開皇、仁壽之世長安都城行用之方言也。

或有疑者曰：若如所論，切韻所懸之標準音，乃是洛陽之系統，然李涪刊誤下論陸氏之切韻云：

然吴音乖舛，不亦甚乎。

又云：

夫吴民之言，如病瘖風而噤，每啓其口，則語淚（戾？）喎吶，隨筆下聲，竟不自悟。凡中華音切，莫過東都。蓋居天地之中，稟氣特正。予嘗以其音證之，必大哂而异焉。

則切韻音切必异於東都，此説毋乃不能成立邪？

應之曰：古今言語，訛變至多。切韻之語音系統，乃東晋以前之洛陽舊音，李涪所處之時代，約當唐末僖昭之世，（參新唐書貳貳肆叛臣傳下王行瑜傳，舊唐書壹柒貳李石傳附弟福傳，新唐書柒拾上宗室世系表大鄭王房表。）前後相距已約歷六百年之久矣。（東晋元帝建武元年當西曆三一七年，隋文帝仁壽元年當西曆六〇一年，唐昭宗紀年當西曆八八九年至九〇三年。）李涪拘於時代，妄論古人，誤以陸法言爲吴郡之陸氏，（晚唐人多有此誤，時人趙璘已論其非，見因話録伍。）致於切韵有「吴音乖舛」之譏評。故執此不足以難鄙説也。至唐末吴語，是否較當時之洛陽音更近於古（參北夢瑣言玖），則是别一問題，故可以不辨。

或又疑問曰：如所説東晋、南朝之士族，悉操古昔洛陽之雅音，切韵一書之審音，亦即以此爲標準，則夏侯咏者，與顔、蕭同爲南朝之儒流，何以其韵略之分部頗與切韵不同邪？

應之曰：吾國中古之士族，各有特异之門風，據顔氏家訓音辭篇云：

吾家子女，雖在孩稚，便漸督正之，一言訛替，以爲己罪矣。

則知顔氏之家法，最爲講求切正之音辭。又陸法言切韵之寫定，剖析毫釐，分别黍累，殆爲一極有系統而審音從嚴之韵書，故切韵一書特與南方人士顔、蕭有關。韵略一書，乃南朝人士夏侯咏所撰述，而其分部，頗有差别者，乃是分部原則有寬有嚴，與撰集人之審音有精有疏之問題，而非其語音系統同异之問題也。

或又疑問曰：信如所説切韵寫定之標準，乃用洛陽之舊音，然切韵分部之數竟達一百九十餘之多，似一地方之音，殊不足以賅此，然則亦有説乎？

應之曰：古語難明，非所敢論，惟本文所謂洛陽舊音一辭，實有解釋之必要。大抵吾國士人，其平日談論所用之言語，與誦習經典諷咏詩什所操之音聲，似不能完全符合。易言之，即談論唯用當時之音，而諷誦則常存古昔之讀是也，依此，南方士族，其談論乃用舊日洛陽通行之語言，其諷誦則準舊日洛陽太學之音讀。考東漢之時，太學最盛，且學術文化，亦有綜合凝定之趨勢。頗疑當時太學之音聲，已爲一美備之複合體，此複合體即以洛陽京畿之音爲主，且綜合諸家師授，兼采納各地方音而成者也。此後洛陽文物人才，雖經漢季喪亂短期之摧殘，然司馬氏漸握曹魏之政權，衣冠禮樂，旋得再盛於中士。及典午篡朝，區宇混一，遂崇獎儒術，臨幸辟雍，又幾於恢復漢世之舊觀矣。迨胡羯亂華，洛京傾覆，人士流於江左，學術移於家族。其東晋、南朝之甲姓高門既多爲西晋及其以前名士儒流之子孫，則奕世保存太學之音聲，藉以標异於他族，自無足怪矣。如顔氏一門，可爲其例也。故本文「洛陽舊音」一詞，不僅謂昔日洛陽通行之語音，亦兼指謝安以前洛生咏之音讀。特綜集各地方音以成此複合體之新音者，非陸法言及顔、蕭諸賢，而是數百年前之太學博士耳。

（原載一九四九年六月嶺南學報第玖卷第貳期）

陳寅恪著作集

金明館叢稿二編

陳寅恪 著

團結出版社

目次

論李栖筠自趙徙衛事

白氏文集陸壹唐故虢州刺史贈禮部尚書崔公墓志銘并序略云：

公諱玄亮，字晦叔。漢初始分爲清河、博陵二祖，故其後稱博陵人。公濟源有田，洛下有宅，勸誨子弟，招邀賓朋，以山水琴酒自娱，有終焉之志。無何，又除虢州刺史。大和七年七月十一日遇疾薨於虢州廨舍。公之將終也，遺誡諸子，其書大略云：「自天寶已還，山東士人皆改葬兩京，利於便近。唯吾一族，至今不遷。我殁，宜歸全於滏陽先塋，正首丘之義也。」夫人范陽盧氏先公而殁，以九年四月二十八日用大葬之禮，歸窆於磁州昭義縣磁邑鄉北原。遷盧夫人而合祔焉。遵理命也。銘曰：

滏水之陽，鼓山之下。吉日吉土，載封載樹。烏虖！博陵崔君之墓。

寅恪案，大唐帝國自安史亂後，名雖統一，實則分爲兩部。其一部爲安史將領及其後裔所謂藩鎮者所統治，此種人乃胡族或胡化漢人。其他一部統治者，爲漢族或託名漢族之异種。其中尤以高等文化之家族，即所謂山東士人者爲代表。此等人群推戴李姓皇室，維護高祖太宗以來傳統之舊局面，崇尚周孔文教，用進士詞科選拔士人，以爲治術者。自與崇尚弓馬，以戰鬬爲職業之胡化藩鎮區域迥然不同。河北舊壤爲山東士人自東漢魏晋北朝以降之老巢，安史亂後已淪爲胡化藩鎮之區域，則山東士人之捨棄其祖宗之墳墓故地，而改葬於李唐中央政府所在之長安或洛陽，實爲事理所必致，固無足怪也。

吾國中古士人，其祖墳住宅及田産皆有連帶關係。觀李吉甫，即後來代表山東士族之李黨黨魁李德裕之父所撰元和郡縣圖志，詳載其祖先之墳墓住宅所在，是其例證。其書雖未述及李氏田産，而田産當亦在其中，此可以中古社會情勢推度而知者。故其家非萬不得已，决無捨棄其祖塋舊宅并與塋宅有關之田産而他徙之理。此又可不待詳論者也。由是觀之，崔玄亮雖如其他天寶後山東士人有田宅在濟源洛下，但仍欲歸葬於滏陽先塋。此爲當日例外之舉動，所以樂天撰其墓志，特標出之，又於銘中不憚煩複，大書特書重申此點也。至於崔玄亮「自天寶已還，山東士人皆改葬兩京」之言，乃指安史亂後，山東士人一般情形。此可以今日洛陽出土之唐代墓志證之。如李德裕一家，其姬妾子婦諸墓志，即是其例（見羅振玉貞松老人遺稿石交録并拙著李德裕貶死年月及歸葬傳説辨證）。更考李德裕一家在未葬洛陽之前，實有先徙居衛州汲縣之事。其徙居之時代，復在天寶安史之亂以前，則其中必别有未發之覆。兹略取李氏一家徙居史料釋論之。其他山東士族，亦可據以推知也。

新唐書壹肆陸李栖筠傳略云：

李栖筠世爲趙人。始居汲共城山下。〔族子〕華固請舉進士，俄擢高第。〔代宗〕引拜栖筠爲〔御史〕大夫。比比欲召相，憚〔元〕載輒止。栖筠見帝猗違不斷，亦内憂憤卒，年五十八。

寅恪案，李栖筠者，吉甫之父，德裕之祖也。新書此傳當取材於權德輿之文。據權載之文集叄叄唐故銀青光禄大夫御史大夫贈司徒贊皇文獻公李公文集序略云：

初未弱冠，隱於汲郡共城山下，營道抗志，不苟合於時。族子華名知人，嘗謂公曰：「叔父上隣伊周，旁合管樂，聲動律外，氣横人間。」〔公〕感激西上，舉秀才第一。病有司試賦取士，非化成之道，著貢舉議。德輿先公與公天寶中修詞射策，爲同門生。

可知也，又據李德裕會昌一品集壹捌請改封衛國公狀略云：

亡祖先臣曾居衛州汲縣，解進士及第。儻蒙聖恩，改封衛國，遂臣私誠。

綜合上引史料觀之，有可注意者二事。一爲李栖筠自趙遷衛之年代，二爲李栖筠何以遷衛之後，始放棄其家世不求仕進之傳統而應進士舉。此二事實亦具有連帶關係。兹姑依材料之性質，分别論之於下。

金石粹編玖玖黄石公祠記碑題：

布衣趙郡李卓撰。

碑陰有大曆八年高陽齊嵩之題記。其文云：

所題趙郡李卓，即今臺長栖筠。

舊唐書壹壹代宗紀略云：

〔大曆六年八月〕丙午以蘇州刺史浙江觀察使李栖筠爲御史大夫。

十一年〔三月〕辛亥御史大夫李栖筠卒。

然則栖筠年十八九歲時爲開元二十四五年，適與權氏「未弱冠」之語符合。其時中國太平無事，號爲唐代極盛之世。栖筠忽爾離棄鄉邑祖宗歷代舊居之地，而遠隱於汲縣之共城山，必有不得已之苦衷，自無可疑。此事當於李唐一代河北地域在安史亂前求其解釋，亦即玄宗開元時代，河北地域政治社會之大變動所造成之結果也。寅恪於拙著唐代政治史述論稿上篇已詳言之。兹僅移録最有關之材料一條於下，而略論釋之，讀者更取拙著其他有關部分參之可也。

舊唐書壹玖肆上突厥傳上（新唐書貳壹伍上突厥傳同）云：

〔開元〕四年默啜又北討九姓拔曳固，戰於獨樂河，拔曳固大敗。默啜負勝輕歸，而不設備，遇拔曳固迸卒頡質略於柳林中，突出擊默啜，斬之。

同書同卷下突厥傳下卷首云：

西突厥本與北突厥同祖。

寅恪案，吾國舊史所謂北突厥，即東突厥。自頡利可汗敗滅後，未幾又復興。默啜可汗之世，爲東突厥復興後最盛時代。其大帝國東起中國之東北邊境，西至中亞細亞，實包括東西突厥兩大帝國之領域也。凡與吾國鄰近游牧民族之行國，當其盛時，本部即本種，役屬多數其他民族之部落，即別部。至其衰時，則昔日本部所役屬之別部大抵分離獨立，轉而歸附中國，或進居邊境，漸入内地。於是中國乃大受影響。他不必論，即以唐代吐蕃爲例。吐蕃始强盛於太宗貞觀之時，而衰敗於宣宗大中之世。大中之後，党項部落分别脱離吐蕃本部獨立，散居吾國西北邊境。如楊氏即戲劇小説中「楊家將」之「楊」，如折氏即説部中「佘太君」之「佘」，皆五代北宋初活動於西北邊塞之部族也。至若西夏之拓拔氏則關係吾國史乘自北宋至元代者，至鉅且繁，更無待論矣（見拙著李德裕貶死年月及歸葬傳説辨證附記丁）。吐蕃之衰敗時，其影響如是，突厥之衰敗時，其影響亦然。蓋自玄宗開元初，東突厥衰敗後，其本部及别部諸胡族先後分别降附中國，而中國又用綏懷政策，加以招撫。於是河北之地，至開元晚世，約二十年間，諸胡族入居者日益衆多，喧賓奪主，數百載山東士族聚居之舊鄉，遂一變而爲戎區。辛有見被髮野祭於伊川，實非先兆，而成後果矣。夫河北士族大抵本是地方之豪强，以雄武爲其勢力之基礎，文化不過其一方面之表現而已。今則忽遇塞外善於騎射之胡族，土壤相錯雜，利害相衝突，卒以力量不能敵抗之故，惟有捨棄鄉邑，出走他地之一途。當李栖筠年未弱冠之時，即玄宗開元之晚年，河北社會民族之情狀如此，斯實吾國中古史之一大事，又不僅關係李栖筠一家也。

舊唐書壹捌上武宗紀會昌四年十二月條云：

〔李〕德裕曰：「臣無名第，不合言進士之非。然臣祖（指李栖筠）天寶末（寅恪案，徐松登科記考柒李栖筠爲天寶七載進士。又權德輿言其父皐與栖筠「天寶中修詞射策爲同門生」。故「天寶末」疑當作「天寶中」。）以仕進無他伎，（寅恪案，「伎」新唐書肆肆選舉志上作「岐」。「岐」「歧」通用字。）勉强隨計，一舉登第。自後不於私家置文選，蓋惡其祖尚浮華，不根藝實。」

寅恪案，李德裕所言其痛惡進士科之理由，蓋承述其祖栖筠貢舉議之説，自不待多論。但最可注意者，即謂其祖於天寶時「仕進無他伎」一語。考山東士族之興起，其原因雖較遠較繁，然其主因實由於東漢晚世董卓黄巾之變及西晋末年胡族之亂。當日政治文化中心之洛陽，失其領導地位，而地方豪族遂起而代之。於是魏晋南北朝之門閥政治因以建立。雖隋唐統一中國，江左之貴族漸次消滅，然河北之地，其地方豪族仍保持舊時傳統，在政治上固須讓關隴胡漢混合集團列居首位，但在社會上依然是一不可輕視之特殊勢力也。職此之故，河北士族不必以仕宦至公卿，始得稱華貴，即鄉居不仕，仍足爲社會之高等人物。蓋此等家族乃一大地主，終老鄉居亦不損失其勢力，自不必與人競争勝負於京邑長安洛陽也。考國史補中所載李德裕祖宗事迹云：

李載者，燕代豪傑。常臂鷹攜妓以獵，旁若無人。方伯爲之前席，終不肯任。（寅恪案，「任」疑當作「仕」。）載生栖筠，爲御史大夫，磊落可觀，然其器不及父。栖筠生吉甫，任相國八年，柔而多智。公慚卿，卿慚長，近之矣。吉甫生德裕，爲相十年，正拜太尉，清直無黨。

是栖筠之父載，終身不仕，而地方官吏敬憚之如此。斯亦山東士族本爲地方豪强，不必以仕宦而保持其地位勢力之例證也。又參以新唐書柒貳上宰相世系表趙郡李氏西祖條所載，栖筠父名載，祖名肅然，皆無官爵。惟曾祖君逸下注「隋謁者臺郎」。則知栖筠之祖肅然，亦不仕進，其行事當與其子載相似。兩世如此，足徵其家固不必以仕宦保持其社會地位也。至栖筠曾祖君逸仕爲隋謁者臺郎，姑無論自隋末年至唐之中葉，其時代已頗久遠，即就爲謁者臺郎一事，亦有可得而論者。隋書貳捌百官志下略云：

煬帝即位，多所改革。增置謁者司隸二臺，并御史爲三臺。

謁者臺又置散騎郎從五品二十人，承議郎（正六品）通直郎（從六品）各三十人，宣德郎（正七品）宣義郎（從七品）各四十人，徵事郎（正八品）將仕郎（從八品）常從郎（正九品）奉信郎（從九品）各五十人，是爲正員，竝得禄當品。又各有散員郎，無員無禄。尋改常從爲登仕，奉信爲散從。

寅恪案，隋煬失政，命官猥多。謁者臺之散員郎，疑即李君逸之所任。此等職名亦如後世小說中之所謂「員外」者，正是鄉居土豪之虛銜耳，固未必常時寄居京邑也。李氏累代既爲地方土豪，安富尊榮，不必仕宦，故亦不必與其他自高宗武則天以降由進士詞科出身之人競爭於長安洛陽之間，作殊死之戰鬭，如元和以後牛李黨派之所爲者也。李栖筠既不得已捨棄其累世之產業，徙居异地，失其經濟來源，其生計所受影響之鉅，自無待言。又旅居异地，若無尊顯之官職，則并其家前此之社會地位亦失墜之矣。夫李氏爲豪縱之强宗，栖筠又是才智不群之人，自不能屈就其他凡庸仕進之途徑，如明經科之類，因此不得不舉進士科。舉進士科，則與其他高宗武則天後新興之士大夫階級利害衝突。此山東舊族之李黨所以與新興詞科進士階級之牛黨不能竝存共立之主因。然非河北士族由胡族之侵入，失其累世之根據地，亦不致此。斯則中古政治社會上之大事變，昔人似未嘗注意，故因李栖筠自趙徙衛事，略發其覆如此，以待治國史考世變之君子論定焉。

（原載中山大學學報一九五六年第肆期）

李德裕貶死年月及歸葬傳説辨證

李衛公貶死年月及歸葬傳説二事昔人已有論述。今所以復爲此辨證者，意在指明資治通鑑紀事之有脱誤，及清代學者檢書之疏忽。故舊傳史料之疑爲僞造，及新出石刻之可資旁證者，皆討論及之。至若党項興起之事迹，及玉溪行役之詩句，雖亦有所解釋，然非本篇主旨之所在也。兹以衛公貶死年月及歸葬傳説二事分爲上下二章，依次討論之。

（上）貶死年月

王鳴盛十七史商榷玖壹李德裕貶死年月條云：

會昌六年三月武宗崩。四月宣宗立。明年改元大中。故舊書李德裕傳：「宣宗即位，罷相，出爲東都留守。大中元年秋以太子少保分司東都，再貶潮州司馬。明年冬又貶潮州司户。二年自洛陽水路經江淮赴潮州。其年冬至潮陽，又貶崖州司户。三年正月達珠崖郡。十二月卒。

年六十三。」所謂明年者，大中二年也。其下文二年當作三年，三年當作四年，年六十三當作六十四，皆傳寫誤也。新書本傳元年貶潮州司馬之下，刪去潮州司户一節。即書「明年貶崖州司户。明年卒。年六十三」云云。則似真以二年貶崖州，三年卒，而舊書非傳寫之誤矣。此因刪之不當，又據誤本以成誤者。南部新書卷戊云：「以二年正月貶潮州司馬。其年十月再貶崖州司户。三年十二月卒於貶所。年六十四。」所書貶官年月，亦與舊史參錯不合，而年六十四却是。考李衛公別集第七卷祭韋相執誼文：「維大中四年月日，趙郡李德裕謹以蔬醴之奠，致祭故相韋公之靈。公遘讒投荒，某亦竄迹南陬，從公舊丘。」云云。末句云：「其心若水，其死若休。臨風敬吊，願與神游。」蓋德裕將終之語。執誼亦由宰相貶崖州司户，故云。然則爲大中四年甚明。爲誤此一年，故以年六十四爲六十三。舊書不過數目字誤，南部新書乃傳聞失實，而新書則武斷已甚。

容齋續筆卷一載德裕手帖云：「閏十一月二十日，從表兄崖州司户參軍同正李德裕狀。」此正是大中四年之閏十一月。發此書後至十三月而卒矣。洪邁亦因史文而誤以爲三年。

又岑建功本舊唐書校勘記伍捌李德裕傳校勘記（寅恪案，據校勘目録，列傳自卷壹佰叁拾叁至貳佰皆劉文淇校。）引王鳴盛説竟（王氏説已見前），并附識云：

按通鑑貳佰肆拾捌紀德裕之貶崖州在大中三年，其卒在四年，可證王説之確。

寅恪案，王説初視之似極精確，然考其根據約有二端：一爲舊唐書壹柒肆李德裕傳中

明年冬又貶潮州司户

之一節，一爲李衛公別集柒祭韋相執誼文中

維大中四年月日

之一語。其實二者皆有可疑。請依次分別論之於後：

王氏詆新唐書之删去明年冬又貶潮州司户一節爲不當，爲武斷已甚。今欲判明王説之當否及新書之是非，即以舊書所載李德裕貶崖州司户之詔書證之，可以決定。考舊唐書壹捌下宣宗紀大中三年九月制略云：

守潮州司馬員外置同正員李德裕，可崖州司户參軍。所在馳驛發遣，縱逢恩赦，不在量移之限！

據此，則李德裕在未貶崖州司户參軍以前，仍是潮州司馬。若如舊唐書李德裕傳所載，德裕在既貶潮州司馬以後，未貶崖州司户參軍以前，其間果尚有貶潮州司户一事者，則德裕貶崖州司户參軍之詔書應稱其官銜爲潮州司户參軍，而非潮州司馬矣。今詔書既稱其官銜爲潮州司馬，則其間無貶潮州司户參軍之事，可以決言。新唐書壹捌拾李德裕傳删去舊傳中因上下文重複而傳寫衍誤之「明年冬又貶潮州司户」一句，正足徵其比勘精密，勝於舊史之文，復何武斷

之有？若王氏之臆改二年作三年，三年作四年，六十三作六十四，則誠可謂武斷已甚耳。又通鑑貳肆捌略云：

大中元年冬十二月戊午，貶太子少保分司李德裕爲潮州司馬。大中二年秋九月甲子再貶潮州司馬李德裕爲崖州司户（唐大詔令集伍捌亦載此制）。

據其所書德裕由潮州再貶崖州之官銜爲「潮州司馬」，與舊唐書宣宗紀所載者適相符合，亦足證德裕無貶潮州司户之事也。又舊唐書壹柒肆李德裕傳云：

大中二年自洛陽水路經江淮赴潮州，其年冬至潮陽。

而舊唐書宣宗紀及李德裕傳均載德裕於大中元年秋由太子少保分司東都再貶潮州司馬。據舊唐書宣宗紀，德裕貶崖州司户詔書有「所在馳驛發遣」之語，其貶潮州司馬之詔書，兩唐書雖皆不載，但唐大詔令集伍捌尚存此制。其文亦有「仍仰所在馳驛發遣」之語。夫當宣宗初政，牛黨諸人皆欲殺敵黨黨魁而甘心之時，德裕以萬里嚴譴之罪人，轉得從容濡滯，至於一歲有餘之久，揆之情理，證以法例，皆無其事，可以斷言。此舊書德裕傳顯然訛誤之處。而嘉定王氏及其他諸史家亦未致疑，如馮浩玉溪生年譜反據以爲説，殊可异也。又新唐書壹捌拾李德裕傳、通鑑、南部新書以及舊唐書李德裕傳俱繫德裕貶崖州於大中二年。唐大詔令集伍捌載李德裕崖州司户制下亦注：「大中二年九月」，獨舊唐書宣宗紀載其事於大中三年九月，此又舊紀之誤，不待言也。

又考舊唐書宣宗紀云：

大中三年十二月，追謚順宗曰：至德弘道大聖大安孝皇帝，憲宗曰：昭文章武大聖至神孝皇帝（依通鑑及唐大詔令集柒捌增「弘道」「至神」四字）。

崖州司户參軍李德裕卒。

同書壹柒肆李德裕傳云：

至〔大中〕三年正月，方達珠崖郡。十二月卒。時年六十三。

新唐書壹捌拾李德裕傳云：

明年（大中三年）卒，年六十三。

通鑑貳肆捌唐紀云：

大中三年閏十一月丁酉，宰相以克復河湟，請上尊號。上曰：「憲宗常有志復河湟，以中原方用兵，未遂而崩。今乃克成先志耳。其議加順憲二廟尊謚，以昭功烈。」

甲戌，追上順宗謚曰：至德弘道大聖大安孝皇帝，憲宗謚曰：昭文章武大聖至神孝皇帝。仍改題神主。

己未，崖州司户李德裕卒。

通鑑紀事本末叁伍下朋黨之禍條云：

〔宣宗大中〕三年閏冬十一月己未，崖州司户李德裕卒。

寅恪案，通鑑書己未崖州司户李德裕卒於甲戌追上順憲二宗謚號之後。通鑑目録貳肆亦書上辭尊號，加順憲謚於李德裕卒之前。可知温公元本即已如此，并無誤寫。但甲戌追上順憲二宗謚號，既上承（大中三年）閏十一月丁酉宰相以克復河湟請上尊號之紀載，故己未崖州司户李德裕卒一語，依文義次序，自應繫於閏十一月。此通鑑紀事本末所以直書「〔宣宗大中〕三年閏冬十一月崖州司户李德裕卒」也。然檢劉羲叟長曆及陳垣氏二十史朔閏表，大中三年閏十一月辛巳朔，十二月庚戌朔，據舊唐書宣宗紀追上順憲謚號在大中三年十二月，則通鑑所繫追上順憲二宗謚號之上，脱去「十二月」三字。其甲戌乃十二月甲戌，即十二月二十五日也。十二月二十五日既爲甲戌，則同月之内，己未之干支祇能在甲戌之前，不能在甲戌之後。以十二月庚戌朔推之，則己未爲十二月十日。此與南部新書卷戊之

李太尉以大中三年十二月十日卒於貶所

之語適合。是年閏十一月朔日既爲辛巳，無論如何，其月内不能有己未之日。故通鑑應將「己未崖州司户李德裕卒」一語，移於甲戌追上順憲謚號之前，又應於甲戌之前，補書「十二月」三字，方合事實。若通鑑紀事本末之書「（宣宗大中）三年閏冬十一月己

未，崖州司户李德裕卒。」實依據通鑑元本脱誤之記載，而不悟其月日之不可通。又馮浩玉溪生詩詳註補采徐德泓陸嗚皋合解之説，以爲「己未當入明年正月」其爲不可能，更不待辨也。

又王氏謂德裕手帖之閏十一月正是大中四年之閏十一月。洪邁亦因史文而誤以爲三年。寅恪檢古今人所編長曆，惟大中三年有閏十一月，大中四年并無閏月之可能。此正容齋之不誤，而西莊之大誤也。偏檢通鑑及通鑑目録紀事本末等書，其紀李德裕之卒皆在大中三年，無一在大中四年者。劉氏所見，寧有异本？蓋興王氏之誤以閏十一月屬之大中四年者，同一檢書疏忽所致。而此清代二學人一則以爲洪説之誤，一則以爲王説之確。由今觀之，不亦大可笑耶？

王氏所以持李德裕卒於大中四年之説，其最重要之根據，實爲德裕祭韋執誼文所記年月。考李衛公別集柒祭韋相執誼文云：

維大中四年月日，趙郡李德裕謹以蔬醴之奠，敬祭於故相韋公僕射之靈。

寅恪案，舊唐書壹肆意宗紀云：

永貞元年十一月（寅恪案，「十一月」三字元本闕，今據新唐書柒憲宗紀、陸貳宰相表及通鑑貳叁陸補。）壬申，貶正議大夫中書侍郎平章事韋執誼爲崖州司馬。（寅恪案，舊唐書壹叁伍、新唐書壹陸捌韋執誼傳俱作崖州司户參軍。而與韓愈順宗實録伍、兩唐書憲宗紀、新唐書宰相表、通鑑及太平廣記壹伍叁引感定録等之作崖州司馬者不同。唐大詔令集伍柒貶降門上載有韋執誼貶崖州司馬制，故作崖州司馬當不誤。而兩唐書執誼傳之作崖州司户參軍者，豈初貶司馬，其後再貶司户參軍耶？以舊唐書李德裕傳誤書德裕再貶潮州司户之例觀之，疑兩唐書執誼傳之作司户參軍者誤也。）

據此，可知韋執誼一生所歷最高之官階爲正議大夫中書侍郎。考舊唐書肆貳職官志略云：

從第二品。

尚書左右僕射。

正第四品上階。

中書侍郎（舊正四品下階。開元令加入上階也）。

正議大夫（文散官也）。

據此，執誼最後所歷官階距僕射尚差二級。又據韓愈順宗實録伍云：

〔王〕叔文敗後數月，乃貶執誼爲崖州司馬。後二年病死海上。

則是執誼死後之較短期間無追贈僕射之事可知也。大概死後追贈僕射可能之機會約共有三：一出自朝廷特恩昭雪，以常識言之，此節似不可能。蓋自元和迄於大中，唐室繼承諸帝悉爲憲宗之子孫。無緣特翻永貞内禪之舊案，而追贈執誼以生前所未踐歷之官階也。惟據范攄雲溪友議中贊皇勳條（據涵芬樓影印鐵琴銅劍樓本）云：

先是韋相公執誼得罪薨變於此（朱崖），今有韋公山。柳宗元員外與韋丞相有齠年之好，三致書與廣州趙尚書宗儒相公，勸表雪韋公之罪，始詔歸葬京兆，至今山名不革矣。贊皇感其遠謫不還，爲文祭曰：「維大中年月日，趙郡李德裕謹以蔬醴之奠，敬祭於故相國韋公僕射之靈。」

寅恪案，范氏之言殊有可疑。據柳河東集叁伍載上廣州趙宗儒尚書陳情啓又賀趙江陵宗儒辟符載啓、叁陸載上江陵趙相公寄所著文啓，范氏所言自是指此三啓，因柳集中别無其他相當之文字也。其中上廣州趙宗儒尚書陳情啓係上趙昌，而非上趙宗儒。蓋元和元年趙昌以安南都護代徐申爲嶺南節度使，至四年昌移荊南節度使，又遷太子賓客，然後趙宗儒代其荊南之任。舊唐書壹伍壹、新唐書壹柒拾趙昌傳及舊唐書壹陸柒、新唐書壹伍壹趙宗儒傳皆可證明宗儒始終未嘗鎮嶺南。獨昌先鎮嶺南，後徙荊南，昌對於宗儒之關係，實爲荊南節度之前後任。（詳見沈氏唐書合參方鎮年表玖拾荊南條、玖肆嶺南條及吴氏唐方鎮年表考證下荊南條）柳集遂以此淆混致誤。今柳集三啓俱存，無一字涉及韋執誼，此其最可疑者也。即使别有三書，不載今柳集中，然范氏僅言「始詔歸葬」，而不言贈官。夫歸葬與贈官截然爲不同之二事，觀下文所考李德裕之例即可知。德裕祭文何以稱之爲僕射？考新唐書伍玖藝文志子部小説家類載范攄雲溪友議三卷。注云：「咸通時，自稱五雲溪入。」則范氏乃咸通時人。其時韋執誼子絢正爲義武軍節度使（詳見下文），執誼之得追贈僕射，當即在此時，而決不能早在大中之初歲，此其又可疑者也。再退一步言，即使韋執誼果於元和初年即得贈僕射之銜，而德裕祭文復非僞作者，則今傳世李衛公別集中祭韋相執誼文，即王氏用以爲德裕卒於大中四年說之根據者，實從雲溪友議采輯而來。今范氏書爲「維大中年月日」，而非「維大中四年月日」。其「四」字乃原本所無，後人誤增入者。故王氏立說之最後根據既已覓得之後，不但不能助成其說，反足以喪失其自身立足之憑藉，然此豈王氏當日之所能料及者哉！二爲執誼之子孫，請削己身之官階，以迴贈其父祖，然此非通常追贈之例。若果有是者，則史家應於執誼傳末附載其事，如舊唐書壹貳叁及新唐書壹肆玖劉晏傳均附載晏子執經爲太常博士，請削己官，迴贈其父之例是也。今兩唐書執誼傳末無其子孫削官追贈其父祖之語，可知本無其事，非史家記載有所闕略也。三爲執誼之子孫顯達以後，如遇朝廷大禮慶典普恩追贈之時，即可依己身官爵，追贈其父祖，此爲通常追贈之例。執誼若死後果蒙追贈爲僕射者，則此例爲最可能。然亦須執誼之子孫至遲必須在大中四年以前已歷貴仕，始有此可能之機會也。考新唐書柒肆上宰相世系表韋氏龍門公房條載：

執誼。相順憲。	曙。	
	曈。字賓之。鄭州刺史。	
	袒。字文明。	布震。字熙化。
	旭。字就之。	

新唐書伍玖藝文志子部小説家類載：

韋絢劉公嘉話録一卷（絢，字文明，執誼子也。咸通義武軍節度使。劉公，禹錫也。）

（寅恪案，沈炳震新舊唐書合參本引此文「執誼」二字作「秘如」，未知何據。）

寅恪案，新唐書宰相世系表所載執誼諸子雖無絢之名。但袒字文明，與新唐書藝文志所載絢之字符合。且即以嘉話録言，亦可見其與劉禹錫交誼之深切。衡以韋劉永貞同黨之關係，藝文志所言雖未知何所依據，但絢爲執誼之子，似可無疑。或者絢乃袒之改名耶？又考今傳世嘉話録有絢自序一篇，末題：

時大中十年二月朝散大夫江陵少尹上柱國京兆韋絢序。

考舊唐書肆貳職官志略云：

從第五品下階。

朝散大夫（文散官）。

新唐書肆玖下百官志略云：

西都東都北都鳳翔成都河中江陵興元興德府尹各一人，從三品。少尹二人，從四品下。

據此，可推定韋絢於大中十年二月以前，無追贈其父僕射官階之可能。又據孫星衍邢澍寰宇訪碑録肆直隸曲陽云：

北岳廟有咸通六年二月易定觀察使韋絢題名。

寅恪案，舊唐書壹肆壹張孝忠傳略云：

後定州刺史楊政義以州降，孝忠遂有易定之地。時既誅〔李〕惟岳，分四州，各置觀察使。〔王〕武俊得恒州，康日知得深趙二州，孝忠得易州。以成德軍額在恒州，孝忠既降政義，朝廷乃於定州置義武軍，以孝忠檢校兵部尚書，爲義武軍節度易定滄等州觀察等使。滄州本隸成德軍，既移隸義武，孝忠遣牙將程華往滄州，即令攝刺史事。及朱滔王武俊稱僞國，華與孝忠阻絶，不能相援。華嬰城拒賊，一州獲全。朝廷嘉之，乃拜華滄州刺史御史中丞，充横海軍使。仍改名日華，令每歲以滄州稅錢十二萬貫供義武軍。

新唐書陸陸方鎮表略云：

建中三年置義武軍。

貞元三年置横海軍節度使，領滄景二州，治滄州。

據此，則北岳廟咸通六年二月韋絢題名之官職爲易定觀察使，而新唐書藝文志謂絢爲咸通義武軍節度使，殊信而有徵。唐代節度使往往帶檢校尚書僕射之銜，則其追贈父祖以僕射之官，自有可能。然韋絢之任節度使，實在懿宗咸通中葉，上距宣宗大中四年，約有十五載之久。又據劉公嘉話録自序，則韋絢於大中十年尚是江陵少尹之職，則大中四年李德裕在崖州時，尚不能稱韋執誼爲僕射也。至宰相表載執誼子曈爲鄭州刺史，未審是何年月。但據新唐書陸伍方鎮表略云：

乾元元年，淮南西道節度徙治鄭州。乾元二年，廢淮南西道節度使，置鄭陳節度使，治鄭州。是年，復置淮南西道節度使，治壽州。上元二年，廢鄭陳節度，以鄭陳亳潁四州隸淮西。

然則鄭州雖一度曾爲淮西及鄭陳二節度使之治所，其時間極短，皆在肅宗之世。自此以後，即非節度使治所。韋曈之任鄭州刺史，以時代考之，自在肅宗之後。既在肅宗之後，則其鄭州刺史無緣爲節度使兼領之職。韋曈既非節度使而兼領鄭州刺史，則執誼亦不致因其子之爲鄭州刺史，而得受僕射之常例追贈，更可知矣。總之，執誼雖有受其子孫依例追贈僕射之可能，但在宣宗大中四年以前，則疑無其事也。

南部新書己云：

李太尉之在崖州也。郡有北亭子，謂之望闕亭。公每登臨，未嘗不北睇悲咽。有詩曰：獨上江亭望帝京，鳥飛猶是半年程。青山也恐人歸去，百匝千遭繞郡城。今傳太尉崖州之詩，皆仇家所作，祇此一首親作也。（寅恪案，雲溪友議中及唐語林柒亦載此詩。）

唐語林柒云：

〔李德裕〕南貶，有甘露寺僧允躬者，記其行事，空言無行實，蓋仇怨假託爲之。（寅恪案，唐大中時，日本國求法僧圓珍福州温州台州求得經律論疏記外書等目録載有允躬録南中李太尉事一卷。）

寅恪案，李衛公別集乃後人綴輯而成。其卷柒所收祭韋相執誼文，除雲溪友議外，若文苑英華及唐文粹等總集皆未選録。大約即采自范氏之書。此文疑如南部新書所言，乃仇家僞作。故以僕射稱韋執誼，致與大中四年以前之事實不符也。夫王氏李德裕卒於大中四年之説，其最强有力之證據，在此祭文。若此祭文爲僞造，或雖非僞造，而其原本實無「大中四年」之「四」字，則其説之難成立，自不待詳辨矣。

至李德裕享年之數，亦有可得而論者。若取正史所載與其自身引用材料或其他可信之材料，互相參校，莫不符會。野史小説之所記，則往往自相衝突，或與其他可信之材料不合。今取諸書違异之説，一一比勘，益足見王氏李德裕享年六十四之説之不可信也。

兩唐書李德裕傳同紀德裕之卒年爲大中三年，其享年之數爲六十三（見前所引）。兹先以傳文所載及德裕自著互勘，以見其符會與否？舊唐書壹柒肆李德裕傳載其自作之窮愁志中其論冥數略云：

及爲中丞，閩中隱者叩門請見曰：公不早去。冬必作相，禍將至矣！若亟請居外，則代公者受患。是秋出鎮吴門，時年三十六歲。（寅恪案，今李衛公外集肆、太平廣記捌肆及全唐文柒壹拾等引此文皆無「時年三十六」一句。今日殊無理由可以疑舊傳此句爲增入者。或原本此句爲自注小字，其他諸本皆以傳寫略去耳。）

寅恪案，其論冥數頗有可疑之處，不知是否真爲德裕所作。但舊唐書德裕傳之紀事則適與此論所言符合。如舊唐書壹陸穆宗紀云：

長慶二年九月癸卯，以御史中丞李德裕爲潤州刺史兼御史大夫浙江西道都團練觀察處置使。

據此，德裕自言於長慶二年歲次壬寅其年三十六歲。則上數至貞元三年歲次丁卯德裕始生。下數至大中三年歲次己巳爲六十三歲。是傳文與傳所認爲之德裕自著符會之一證。

又舊唐書李德裕傳云：

開成二年五月，授揚州大都督府長史淮南節度副大使知節度使事。五年正月，武宗即位。七月，召德裕於淮南。九月，授門下侍郎同平章事。初，德裕父吉甫年五十一出鎮淮南，五十四自淮南復相。今德裕鎮淮南，復入相，一如父之年，亦爲异事。

寅恪案，舊唐書壹肆捌李吉甫傳（新唐書壹肆陸李吉甫傳同。又新傳疑兼采王起所作李趙公行狀，非如吴縝趙翼所言據會昌重修憲宗實録也。俟考。）云：

其年（元和三年）九月，拜檢校兵部尚書兼中書侍郎平章事，充淮南節度使。〔元和〕五年冬，裴垍病免。明年（元和六年）正月，授吉甫金紫光禄大夫中書侍郎平章事。元和九年冬，暴病卒，年五十七。

寅恪案，吉甫卒於元和九年，年五十七，則元和三年出鎮淮南，其年爲五十一。元和六年自淮南入相，其年爲五十四。德裕卒於大中三年，年六十三。開成二年鎮淮南，其年爲五十一。開成五年自淮南入相，年五十四。凡此正史所紀，皆互相適合，無一參錯者也。若觀野史小説，則殊不然。兹移寫數則於下，不待詳辨，即可知其自相衝突，或與事實不合也。

南部新書戊云：

李太尉以大中二年正月三日貶潮州司馬。當年十月十六日再貶崖州司户。大中三年十二月十日卒於貶所。年六十四。

寅恪案，錢希白既言其卒於大中三年，又言其享年六十四，則此二端自相衝突。蓋據德裕自著之論冥數，長慶二年其年爲三十六，則大中三年應爲六十三，而非六十四也。

又續前定録略云：

太尉衛公爲并州從事。到職未旬日，忽有王山人者，詣門請謁曰：「某善按年也。」請虚正寢，備几案紙筆香水而已！因令垂簾静伺之。頃之，王生曰：「可驗矣！」紙上書八字，甚大。且有楷注曰：「位極人臣。壽六十四。」及會昌朝三行策，至一品，薨於海南，果符王生所按之年。

又太平廣記壹伍陸引感定録云：

李德裕自潤州年五十四除揚州。五十八再入相，皆及吉甫之年。縉紳榮之。

又同書同卷同條引補録記傳略云：

德裕爲太子少傅分司東都時，嘗聞一僧善知人禍福，因召之。僧曰：「公灾未已，當南行萬里。」德裕甚不樂。明日復召之。僧請結壇三日。又曰：「公南行之期定矣。」德裕問：「南行還乎？」曰：「公食羊萬口，有五百未滿，必當還矣。」後旬餘，靈武帥饋羊五百。大驚，召僧告其事，且欲還之。僧曰：「還之無益，南行其不返乎？」俄相次貶降，至崖州掾。竟終於貶所，時年六十三。

寅恪案，續前定録及補録記傳所言，皆屬於小説家文學想像之範圍，不可視同史學家考信徵實之材料，與之斤斤辨論也。但據此可知關於德裕享年之數，當時社會即有六十三及六十四不同之二說。其所以致此歧説者，殆因德裕大中三年之年終，卒於海外，其死聞達至京洛、普傳社會之時，必已逾歲，而在大中四年矣。此野史小説遂因有較正史遲一歲之記載，而以爲卒於大中四年或享年六十四之故歟？至感定録所言年歲與史實不合，其誤甚明，不待贅言。錢大昕疑年録壹書「李文饒六十三。生貞元三年丁卯。卒大中三年己巳。」其下注云：

續前定録、南部新書俱云：「六十四。」王西莊據衛公别集有大中四年祭韋丞相執誼文，斷爲四年。卒六十四。今據本傳。

寅恪案，錢氏雖不顯言王氏之非，然其所依據仍從唐史本傳。較之劉孟瞻之誤檢通鑑之紀年，復誤信王西莊於大中四年之誤置閏月者，其學識相去懸遠，信爲清代史學家第一人也。

（下）歸葬傳説

關於李德裕歸葬之傳説，通鑑考异所引關係此事之史料頗衆，復論之已詳。然鄙見與之頗有异同，兹節録涑水原文之要點於下。通鑑考异貳叁唐紀壹伍懿宗咸通元年九月劉鄴請贈李德裕官條略云：

裴𣈶李太尉南行録載咸通二年九月二十六日右拾遺内供奉劉鄴表，略云：「子燁貶立山尉，去年獲遇陛下惟新之命，覃作解之恩，移授郴縣尉，今已没於貶所。」又曰：「血屬已盡，生涯悉空。」又曰：「枯骨未歸於塋域，一男又隕於江湘。」又曰：「其李德裕請特賜贈官。」敕依奏。實録注引東觀奏記云：「令狐相綯夢德裕曰：某已謝明時，幸相公哀之，許歸葬故里。綯具爲其子滈言之。滈曰：李衛公犯衆怒。又崔相鉉魏相謩皆敵人也，見持政，必將上前异同，未可言之也。後數日又夢。既寤，謂滈曰：向見衛公，精爽尚可畏。吾不言，必掇禍。明日入中書，且爲同列言之。既而於帝前論奏，許其子蒙州立山尉燁護喪歸葬。」又是時柳仲郢鎮東蜀，設奠於荊南，命從事李商隱爲文曰：「恭承新渥，言還舊止。」（張爾田氏玉溪生年譜會箋肆大中九年末引此文，疑「止」或是「丘」之誤。）又曰：「身留蜀郡，路隔伊川。」鄴奏乃云：「枯骨未歸塋域。」燁，懿宗初纔徙郴縣尉，未詳，或者後人僞作之，非鄴本奏也。實録註又云：白敏中爲中書令時，與右庶子段全緯書云：「故衛公太尉，親交雨散於西園，子弟蓬飄於南土。嘗蒙一顧，繼履三台。保持獲盡於天年，論請爰加於寵贈。」全緯嘗爲德裕西川從事，故敏中語及云。按此，似繇敏中開發，而數本追復贈官多連鄴奏。德裕素有恩於敏中，敏中前作相，既遠貶之，至此又掠其美，鄙哉。按劉鄴表云：「去年獲遇陛下惟新之命，覃作解之恩。」則上此表在咸通元年，非二年也。舊傳：鄴爲翰林學士承旨，以李德裕貶死朱崖，大中朝令狐綯當權，累有赦宥，不蒙恩例。懿宗即位，綯在方鎮，屬郊天大赦，鄴奏論之。李太尉南行録，鄴此時未爲翰林學士，因上此表，敕批便令内養宣唤入翰林充學士，餘依奏。金華子雜編曰：宣宗嘗私行經延資庫，見廣厦連綿，錢帛山積。問左右曰：誰爲此庫？侍臣對曰：宰相李德裕執政日，以天下每歲備用之餘盡實此。自是以來，邊庭有急，支備無乏者，兹實有賴。上曰：今何在？曰：頃以坐吴湘獄貶於崖州。上曰：如有此功於國，微罪豈合深譴。由是劉公鄴得以進表，乞追雪之。上一覽表，遂許其加贈歸葬焉。按，宣宗素惡德裕，故始即位即逐之。豈有不知其在崖州，而云豈合深譴。又劉鄴追雪在懿宗時，此説殊爲淺陋，今不取。

近歲洛陽出土墓志與德裕有關者，寅恪先後獲見共有五石。兹節録其要語於後：

李濬撰故郴縣尉趙郡李君墓志銘云：

維大中十四年，歲次庚辰，夏六月庚辰朔廿六日乙巳，故郴縣尉趙郡李君享年三十有五，以疾終於縣之官舍。明年夏四月，孤子莊士以使來告，請志於濬。君諱燁，字季常，趙郡贊皇人也。曾祖諱栖筠，皇任御史大夫京畿觀察使，謚文獻公。祖諱吉甫，皇任中書侍郎平章事，謚曰忠公。烈考諱德裕，皇任特進太子少保衛國公，贈尚書左僕射，君衛公第五子也。會昌中衛公自淮海入相，君已及弱冠，而謹畏自律，雖親黨門客罕相面焉。屬姻族間有以利禄託爲致薦，將以重賂之。答曰：吾爲丞相子，非敢語事之私也。而又嚴奉導訓，未嘗頃刻敢怠。子之所言，非我能及。繇是知者益器重之。始自浙西廉帥□公商辟從事，授校書郎。俄轉伊闕尉，河南士曹。及衛公平回紇，夷上黨。上寵以殊功，册拜太尉，特詔授君集賢殿校理。未幾，汴帥僕射盧公鈞辟奏上僚，兼錫章綬。昆弟二人朱衣牙簡侍公之前，士林榮之。大中初，公三被譴逐，君亦謫尉蒙山十有餘載。旋丁大艱，號哭北嚮，請歸護伊洛。會先帝與丞相論兵食制置西邊事，時有以公前在相位事奏，上頗然之，因下詔許歸葬。君躬護顯考及昆弟亡姊凡六喪，洎僕馭輩有死於海上者，皆輂其柩，悉還親屬之家。今皇帝嗣位之歲，御丹鳳肆赦，詔移郴縣尉。自春離桂林，道中得瘴病。以咸通三年正月廿八日卜葬於河南縣金谷鄉張村先塋。夫人滎陽鄭氏，前君七年殁於蒙州。長子莊士，次子莊彦，女曰懸黎。

李燁撰大唐趙郡李燁亡妻滎陽鄭氏墓志云：

夫人諱珍，字玄之，滎陽之滎澤人也。以開成庚申歲八月望歸於予家。洎於大中乙亥歲五月晦，蓋五百五十二旬也。燁家罹時網，播遷嶺外。予鍾鞠凶，聞訃貶所，夫人號慟將絶，哀感中外。予衣服外除，再抵荒外。予長兄故尚書比部郎鍾念少子曰褒，顧其靡識，危惙之際，令予子之。夫人鞠育勤到，至愛由衷，恩過所出。〔夫人〕大中九年乙亥歲五月廿九日丙子，遘疾終於蒙州之旅舍，享年廿九。以予方嬰譴謫，子始孩提，無人護喪，權殯於蒙州紫極宫南。

期予恩貸，自營葬事。歲月彌遠，歸日難期。粤以大中十三年歲次己卯十二月十五日，祔葬於河南府洛陽縣金谷鄉先兆，禮也。有子二人，曰莊士，曰莊彦。

寅恪案，唐會要伍玖延資庫使條云：

會昌五年九月，敕置備邊庫，收納度支户部鹽鐵三司錢物。至大中三年十月，敕改延資庫，初以度支郎中判。至四年八月，敕以宰相判，右僕射平章事白敏中崔鉉相繼判。其錢三司率送。初年，户部每年二十萬貫匹，度支鹽鐵每年三十萬貫匹。次年，以軍用足，三分減其一。諸道進奉助軍錢物，則收納焉（參考新唐書伍貳食貨志）。

新唐書壹肆玖劉晏傳附孫濛傳云：

濛字仁澤。舉進士，累官度支郎中。會昌初，擢給事中。以材爲宰相李德裕所知。時回鶻衰，朝廷經略河湟，建遣濛按邊，調兵械糧餉，爲宣慰靈夏以北党項使，始議造木牛運。宣宗立，德裕得罪，濛貶朗州刺史。

通鑑貳肆捌略云：

武宗會昌五年秋九月，李德裕請置備邊庫，以度支郎中判之。冬十月，韋弘質上疏言：宰相權重，不應更領三司錢穀。德裕奏稱：制置職業，人主之柄。弘質受人教導，非所宜言。十二月，弘質坐貶官。

朝廷雖爲党項置使，党項侵盗不已，攻陷邠寧鹽州界城堡，屯叱利寨。宰相請遣使宣慰。上決意討之。

六年二月庚辰，以夏州節度使米暨爲東北道招討党項使。

宣宗大中三年冬十月，改備邊庫爲延資庫。西川節度使杜悰奏取維州。

通鑑貳肆玖略云：

宣宗大中四年秋八月，以白敏中判延資庫。九月，党項爲邊患，發諸道兵討之，連年無功，戍饋不已。右補闕孔温裕上疏切諫，上怒，貶柳州司馬。冬十二月，以鳳翔節度使李業河東節度使李拭并兼招討党項使。

五年春正月，上頗知党項之反，由邊帥利其羊馬，數欺奪之，或妄誅殺，党項不勝憤怨，故反。乃以右諫議大夫李福爲夏綏節度使。自是繼選儒臣以代邊帥之貪暴者，党項由是遂安。上以南山平夏党項久未平，頗厭用兵。崔鉉建議，宜遣大臣鎮撫。三月，以白敏中爲司空同平章事，充招討党項行營都統制置等使，南北兩路供軍使，兼邠寧節度使。四月，敏中軍於寧州，壬子，定遠城使史元破党項九千餘帳於三交谷，敏中奏党項平。辛未，詔：平夏党項已就安帖。南山党項，聞出山者迫於饑寒，猶行鈔掠。平夏不容，窮無所歸。宜委李福存諭。秋八月，白敏中奏南山党項亦請降。時用兵歲久，國用頗乏，詔并赦南山党項，使之安業。

冬十月，制以党項既平，罷白敏中都統，但以司空平章事充邠寧節度使。（党項事僅節録新唐書劉潼傳及通鑑之文，其餘史籍有關之記載概從省略。）

寅恪案，唐宣宗之以白敏中平党項，適如清高宗以傅恒平金川，皆自欺欺人之舉。宣宗宜因此有感於德裕之邊功及置備邊庫之籌策。李燁墓志所謂「先帝與丞相論兵食制置西邊事，時有以公前在相位事奏，上頗然之，因下詔許歸葬。」實指此事無疑。然則金華子雜編之説雖有傳述過甚之處，要爲宣宗所以特許德裕歸葬之主因，則可決言。温公以常識判其不足取，而不知千載之後，塚墓遺文忽出人間，遂翻此一重公案也。此點關係唐末五代及宋遼金元之世局頗巨。蓋吐蕃衰亂之後，党項乘之代興。宣宗之初年雖因機會恢復河湟，一洗肅代以來失地之大恥，然不能以武力平定西陲党項之叛亂，終出於粉飾敷衍苟安一時之下策。吾人於此不獨可以窺見當日宣宗所感觸之深，至於竟許素所甚惡之李德裕歸葬，并可以推知後來北宋西夏相持竝立之局勢，彼時即已啓其端。故華夏與党項兩民族之盛衰，寅非一朝一夕之故，其所從來者久矣。又燁志既有「君躬護顯考及昆弟亡姊凡六喪，洎僕馭輩有死於海上者，悉還親屬之家。」之語，而燁妻鄭氏志復有「予衣服外除，再抵荒外。」及「以予方嬰譴謫，子始孩提，無人護喪，權殯於蒙州紫極宫南。期予恩貸，自營葬事。歲月彌遠，歸日難期。粤以大中十三年歲次己卯十二月十五日，祔葬於河南府洛陽縣金谷鄉先兆。」之文，據以綜合推之，則德裕之歸葬出於特許，故燁可離蒙州貶所，護柩歸洛陽營葬。并可乘此時機，同輦數喪，歸白海外。計其葬迄復還蒙州之時，當已免除喪服矣。至若鄭氏則死於燁由洛返蒙之後，非有恩貸，不能躬護其柩北歸。俟至四年之久，猶無歸望，故遣送其柩，還祔先塋也。燁志中闕字當是「盧」字。以舊唐書壹柒下文宗紀「開成二年五月辛未，以蘇州刺史盧商爲浙西觀察使」（以代李德裕）。新唐書壹捌貳及舊唐書壹柒陸盧商傳又皆有觀察浙西之紀事，故可據補也。又兩唐書德裕傳書燁貶官皆作象州立山尉，東觀奏記中作蒙州立山尉。

唐語林柒李衛公歷三朝條作象州武仙尉。據舊唐書肆壹、新唐書肆叁上地理志，通典壹捌肆州郡典，元和郡縣圖志叁柒等立山屬蒙州，不屬象州。武仙則屬象州。今證以墓志，知獨裴庭裕書不誤，而王讜書則後人以意改之者也。又燁志載吉甫謚爲忠公。今志僅云「忠公」，與舊唐書德裕傳「父趙國忠公」之語同。錢氏廿二史考异壹柒下有論吉甫謚語，可以參證。又燁志盛稱燁當父爲相時避嫌守正之事，殆李濬特舉此以刺令狐滈者（見舊唐書壹柒貳、新唐書壹陸陸令狐楚傳）。若果爲實録，則季常信不隕其家風矣！凡此數端，除宣宗特許歸葬一事之外，皆無關宏旨，可不討論。惟一事尚須詳辨者，即德裕之柩果於何年北返是也。

關於柳仲郢任東川節度之年月，近人吴廷燮氏唐方鎮年表考證下東川柳仲郢條及張爾田氏玉溪生年譜會箋肆大中五年七月柳仲郢爲東川節度條所考者，皆較沈氏唐書合參方鎮年表及馮氏玉溪生年譜爲精確。可依以爲説。即大中五年仲郢已鎮東川，而商隱亦辟爲幕僚也。又次年夏杜悰由西川移鎮淮南，吴張二氏亦有考證，均詳上述同書同卷中，兹不備引。夫德裕卒於大中三年十二月。燁之除喪當在大中六年二月（大中四年閏十一月）。燁於其妻鄭氏志自言「予衣服外除，再抵荒外。」則其歸葬與除服二者相距之時間必不得甚長，即不得在大中六年以後，此德裕歸葬時間最遲之限度也。柳仲郢之鎮東川，據最近之考證，既確知爲大中五年，李義山文集肆樊南乙集序「七月尚書河東公守蜀東川，奏爲記室。」及李商隱詩集上又有悼傷後赴東蜀辟、至散關遇雪五絶，則商隱到東川幕時已是大中五年冬季，其爲仲郢代作祭文又當更在其後。易言之，即不能在大中六年以前矣。此德裕歸葬時間最早之限度也。據此最遲最早二時間之限度，則德裕之歸葬必在大中六年。此取前後歲月推排比勘所得之結論，即不中，亦必不遠者也。又據全唐文柒柒陸李商隱文爲河東公（柳仲郢）復相國京兆公（杜悰）第壹啓略云：

伏承决取峽路，東指廣陵。今遣節度判官李商隱侍御往渝州及界首已來，備具餼牽，指揮館遞。

又第貳啓云：

伏承鳳詔已頒，鷁首期艤。日臨端午，路止半千。

則是商隱實有大中六年夏間奉柳仲郢命往渝州迎候杜悰之一事。仲郢於荊南設奠路祭德裕歸柩，令商隱爲祭文。今其文不傳，無從知其詳。然其事之在大中六年，上文已證明無疑義矣。若玉溪生年譜會箋肆以德裕歸葬事附載大中九年之末，即張氏亦疑不能決。蓋其成書之時李燁及其妻鄭氏墓志尚未出土，固不足爲病也。寅恪頗疑仲郢於大中六年夏間遣商隱於渝州迎送杜悰，并同時因水程之便利，即遣商隱逕由渝州往江陵，致祭德裕之歸櫬，實不止令其代作祭文也。但此假設非有確據，不過依時日地理及人事之關係，推測其可能而已。姑備一說於此，以俟治玉溪生文學者之教正。寅恪平生讀義山詩苦不能解，自不敢與古今爲錦瑟無題作鄭箋之顓家上下其議論也。嘗見馮氏玉溪生年譜於大中二年創爲義山巴蜀游蹤之說，實則別無典據。其言云：

> 夫說詩之法，實則徵其蹤迹，虛則領其神情。

又云：

> 此段巴蜀之迹，水陸之程，章句朗然。余所得已費苦心，不能更苛責矣！

又馮氏玉溪生詩詳註叄荊門西下七律浩曰：

> 此章移易數過，而究難定也。

又風五律浩曰：

> 凡自東而西入蜀者，過荊門，至下牢，乃入西陵峽，經黄牛山。五六正與下章之「灘激黄牛」相貫，其爲水程上巴峽審矣。乃結云：「歸舟」者又不可合，蓋江波風信，行役常遭，

其間細蹤何由追核，祇可就本詩玩味耳。

張氏玉溪生年譜會箋冬大中二年條略云：

馮氏不知歸洛在巴游之後，及解至荊門西下「天外歸舟」句，而其説窮矣，余故不得不辨也。又案，巴蜀之游，馮氏定爲是年，説最精確。惟是巴蜀游蹤，水陸僕僕，似乎心注成都，而留滯荊州。如荊門西下岳陽樓諸篇，則又似心注湘潭，是果屬望何人歟？余詳味詩隱，參互證之，則斷其必爲李回杜悰也。李回方左遷湖南，義山窮途無依，固不能不望其援手也。補編爲湖南座主隴西公賀馬相公登庸啓事在五月，必義山於荊州與回相遇，爲之代作。故「荊雲回望夏雲時」也。而無題一章，尤爲此段行蹤之關鍵。起曰：「萬里風波一葉舟，憶歸初罷更夷猶。」言桂州府罷，尚有所待也。曰：「碧江地没原相引」言李回本同黨，雖由西川左遷，未嘗不可援引也。曰：「黄鶴沙邊亦少留」言已與李回相遇荊州，爲之少留也。中聯引益德阿童二典，雖無可徵實，然以「益德報主」比衛公之乃心武宗，以王濬受厄王渾，功高得謗，比李回因黨禍而貶官，不負衛公之知，詞意均極明顯。結則言李回既不能攜赴湖南，進既不可，歸又不能，人生如此，徒使我懷古思鄉，安能忍而與之終古乎？此所以留滯荊門之後又有巴蜀之游也。巴蜀之游，當是希望杜悰，而實未至成都，中道而回。馮譜於是年巴蜀之游，鈎稽已費苦心。惟於一朝黨局，未能參透。甚矣，讀書不可不細也！

寅恪案，馮氏「巴蜀游蹤」之説，固無依據，張氏義山於大中二年五月遇李回於荊州之説，亦非有佐證。馮氏解詩至荊門西下「天外歸舟」，其説信窮矣。但張氏解無題「益德冤魂終報主」之句，謂指衛公。指衛公則誠是矣。然不悟此詩若果如張説，作於大中二年之夏，則距大中元年十二月衛公南貶潮州，不過數月之久，其時文饒尚健在，即使無生還之望，亦豈忍遽目之爲「冤魂」耶？故張説匪獨與詩人敦厚之旨不合，按其文理又不可通也。鄙見凡注家所臆創之大中二年巴蜀游蹤，實無其事。其所指爲大中二年往返巴蜀所作之詩，大抵大中六年夏間奉柳仲郢命迎送杜悰，并承命乘便至江陵路祭李德裕歸柩之所作，或其他居東川幕中時代之著述。若依此解，則不僅無馮説荊門西下及「天外歸舟」等地理上之滯礙，亦可免張氏遇李回於荊州説之不能標舉證據，且不致有李德裕貶後止五月，即被呼爲「冤魂」之慘也。兹試依此解，略釋「萬里風波一葉舟」無題，以證成此假設。又以此詩爲此行關鍵，其中殊有易滋誤會之語，不得不稍申述其意趣。總而言之，箋證李詩，非兹篇主旨。即有疏誤，於德裕歸葬傳説之考定，亦無大變易也。無題云：

萬里風波一葉舟，憶歸初罷更夷猶。

此詩爲商隱於江陵爲李燁所賦。燁以舟載父及親屬諸柩北歸，「初罷」者非「罷桂府」之「初罷」。考燁貶蒙州立山尉，於大中六年以前奉詔特許歸葬，其時尚未除父喪也。其奉詔北歸葬親，既在父喪服未除中，必罷立山尉職。其過江陵時距罷立山尉職不久，故謂之「初罷」。蓋宣宗當日止許燁北歸葬父，事迄仍須返立山尉貶職。此據燁自撰其妻鄭氏墓志推得之結論。燁雖急欲歸洛陽，然於荆南却有逗留，故得邀之中途，因以設奠，此所謂「憶歸初罷更夷猶」也。由此言之，江陵爲商隱與燁會遇之交點。商隱之由西而東，抵於江陵，杜詩之「即從巴峽穿巫峽」也。燁之由南而北，發自江陵，杜詩之「便下襄陽向洛陽」也。以年月爲經，以路綫爲緯，此無題之詩案於是始能判決矣。

碧江地没元相引，黄鶴沙邊亦少留。

此二句不能得其確解。大約燁自湖南至荆南，其途中少有滯留，自所不免，恐亦欲於沿途所過之地方官吏及親故中有所請乞耶？盧商曾爲燁府主，然於大中三年已罷去。大中六年夏間之爲岳鄂觀察使者，當在韋損與崔瑶之間，其人既不可詳考（參閲沈氏新舊唐書合參玖叁方鎮年表及吴氏唐書方鎮年表考證下），其事亦不必鑿言矣。

益德冤魂終報主，阿童高義鎮横秋。

若謂此詩作於大中六年夏間德裕歸葬時，且在宣宗有感於「西邊兵食制置事」特許其歸葬之後，則與張氏之解此詩，謂作於大中二年時，去德裕貶潮州僅數月者，更於文理可通。德裕本爲太尉，故商隱作舊將軍七律追感其人亦有「李將軍是舊將軍」之句。生前既以武功邀奇遇，死後復因邊事蒙特恩，又曾任西川節度使，建維州之勳，其以益德爲比，亦庶幾適切矣。不必更求實典，恐亦未必果有實典，而今人不知也。至阿童高義句自指仲郢而言，若合二句并讀之，即是東川節度柳仲郢遣使祭崖州司户參軍李德裕之歸柩也。較之以阿童比李回之因德裕黨左遷爲高義者，立説似更簡便；兩説相較，何去何從？讀者自知抉擇也。

人生豈得長無謂，懷古思鄉共白頭。

此二句極佳，不待詳説。若仍欲加以解釋，即誦哀江南賦「班超生而望返，温序死而思歸。」之句，以供參證可也。

若據此解釋，則乾隆以來解釋義山詩者相承所謂「大中二年巴蜀游蹤」之説，果可成立乎？願一承教於説詩解人頤之君子也。

又舊唐書壹陸陸白居易傳附從弟敏中傳（新唐書壹壹玖略同）略云：

武宗皇帝素聞居易之名，及即位，欲徵用之。宰相李德裕言居易衰病不任朝謁，因言從弟敏中辭藝類居易。即日知制誥，召入翰林，充學士，遷中書舍人。累至兵部侍郎學士承旨。會昌末，同平章事。宣宗即位，李德裕再貶嶺南，敏中居四輔之首，雷同毁譽，無一言伸理，物論罪之。

寅恪案，德裕之獲許歸葬，據李濬所作燁墓志，實由「先帝（宣宗）與丞相論兵食制置西邊事」，自是可信之實録。夫當日敏中既判延資庫，又爲招討党項行營都統制置使，則燁志所言之「丞相」，自非敏中莫屬。故疑德裕之歸葬，敏中實與有力焉。然則其後與段全緯書所言亦不致全掠他人之美，此則稍可爲敏中辯解者也。

又懿宗即位，即以敏中代令狐綯爲相，恩禮極隆。雖傷腰卧疾，迄不令去。至五表辭位，始以爲中書令。（其事詳見兩唐書白居易傳附從弟敏中傳及舊唐書壹玖、新唐書玖懿宗紀等）通鑑貳伍拾紀此事略云：

咸通元年九月辛亥，以〔白〕敏中爲司徒中書令。

其後即接書劉鄴請追贈李德裕官事，實顧及唐實録注「白敏中爲中書令與右庶子段全緯書」云云中「白敏中爲中書令」一語，以敏中爲中書令必在鄴奏請之前，於事理方合也。此點雖不甚關宏旨，亦可見温公排比時日，推勘先後，其用心精密如是。故表而出之，以告讀通鑑者。

又裴庭裕東觀奏記卷中紀德裕見夢於令狐綯事，新唐書德裕傳采之，而略去崔鉉魏謩之名。詳繹裴氏所述，須假定令狐崔魏三人同時在中書，然後始有可能，今姑不詳考。即就新唐書陸叁宰相表下核之，此三人同在相位之時期爲大中三年四月乙酉至大中九年七月丙辰之間。今既考定德裕歸葬在大中六年，則宣宗之詔許必在其前一二年，是就時間論，尚無衝突。但德裕之是否見夢於綯，及其歸葬之是否由綯所請，則無從判明。至南部新書庚亦載此事，而增「懿皇允納，卒獲歸葬。」之句，此與孫光憲北夢瑣言壹劉三復記三生事條末所載「其子鄴敕賜及第，登廊廟，上表雪德裕，以朱崖神櫬歸葬洛中。」等語正同，是皆以德裕歸葬在懿宗即位以後。蓋與通鑑考异所引裴旦南行録載劉鄴咸通二年九月二十六日表中「枯骨未歸於塋域」之語，俱爲後人僞傳僞作之史料。今以李燁墓志證之，益明白無疑。考异謂「燁懿宗初纔徙郴縣尉。未詳。」今據燁志及鄭氏志，知燁雖獲歸葬德裕於洛陽，葬迄仍返蒙州貶所。至懿宗即位，始得援恩例，内徙郴縣。德裕之歸葬與燁之内徙及德裕之追贈元本自各爲一事，不相關涉。昔人之疑，今日可以釋然也。

又燁志言「今皇帝（懿宗）嗣位之歲（大中十四年），御丹鳳肆赦，詔移郴縣尉。自（大中十四年）春離桂林，道中得瘴病。」及「大中十四年夏六月廿六日以疾終於（郴）縣之官舍」，其所謂「御丹鳳肆赦」，自指新唐書玖懿宗紀及通鑑貳肆玖「大中十三年冬十月辛卯大赦天下」之事，其赦文即載全唐文捌伍，特附識於此，以備讀本文者之檢查。又德裕家屬墓志近歲出土者，寅恪所見有五石。其子燁及燁妻鄭氏志前已引證外，尚有德裕撰滑州瑶臺觀女真徐氏墓志。志爲分書，不著書者姓名，當即德裕所自書，文詞及書法俱佳。今李文饒集中亦佚此志文，彌足珍貴。兹節録其文於下：

徐氏，潤州丹徒縣人。名盼，字正定。疾亟入道，改名天福。大和己酉歲十一月己亥，終於滑州官舍，享年廿三。長慶壬寅歲，余自御史出鎮金陵。徐氏年十六，以才惠歸我。長育二子，勤勞八年。惟爾有絶代之姿，掩於群萃，有因心之孝，合於禮經。其處衆也，若芙蓉之出蘋萍，隨和之映珉礫。其立操也，若昌花之秀深澤，菊英之耀歲寒。儀静體閑，神清意遠。固不與時芳并豔，俗態争妍。余自宦達，常憂不永。由是樹檟舊國，爲終焉之計。粤以其年十二月二十日葬於洛陽之邙山，蓋近我也。庶其子識爾之墓，以展孝思。一子多聞，早夭。次子燁。

寅恪案，徐氏即燁之生母。後來德裕之裔，皆出自徐氏也。徐氏既葬近德裕，近歲德裕家屬墓志先後出土頗衆，而德裕及其祖父埋幽之石，未聞於世。見存諸方志中名人塚墓一門，亦不著栖筠吉甫及德裕三世之墓。諒以制度較崇大，物藏較豐實，故亦較其家屬卑小之塚墓，先被發掘耶？嗚呼，可哀也已！樂府雜録望江南條云：

始自朱崖李太尉鎮淛西日，爲亡妓謝秋娘所撰。本名謝秋娘，後改此名。亦曰夢江南。

據新唐書德裕傳謂「〔德裕〕後房無聲色娱」，李石（？）續博物志乃謂「〔衛公〕采聘名姝，至百數不止。」甚矣小説之多歧説也。惟段安節所記或亦有本。蓋秋娘本唐代婦人習見之名。杜仲陽即杜秋娘，而又爲潤州人，德裕復與之有一段交涉，幾至起大獄者。（詳見兩唐書德裕傳、南部新書戊及杜牧杜秋娘詩等。）徐氏爲潤州人，且德裕鎮浙西時所納之妾。及其亡後，其自撰之志文贊爲「絶代之姿」。然則其製曲以寄哀思，當亦情之所可有。豈以徐盼之故，訛以傳訛，致有斯説歟？此雖藝林之故實，然與本篇辨證之主旨無關，姑從闕疑可也。

又有李尚夷撰唐故趙郡李氏女墓志云：

小娘子曾祖諱吉甫，門下侍郎同中書門下平章事，贈太師。祖諱德修，楚州刺史兼御史中丞，贈禮部尚書。考諱從質，度支兩池榷鹽使兼御史中丞。中丞不婚，小娘子生身於清河張氏。以咸通十二年十二月二日遘疾於洛陽履信里第，享年卅有四。以其年十二月十九日歸葬於北邙西金谷鄉張村里，祔大塋，禮也。

寅恪案，舊唐書壹陸伍柳公綽傳附子仲郢傳（新唐書壹陸叁同）云：

大中朝，李氏無禄仕者。仲郢領鹽鐵時，取德裕兄子從質爲推官，知蘇州院事，令以禄利贍南宅。令狐綯爲宰相，頗不悦。仲郢與綯書云：「李太尉受責既久，其家已空，遂絶蒸嘗，誠增痛惻。」綯深感嘆，尋與從質正員官。

寅恪案，新唐書柒貳上宰相世系表趙郡李氏西祖房不載從質之名。兩唐書柳仲郢傳僅言「德裕兄子」，未詳其親屬遠近，此亦石刻可補史文之闕佚者也。又傳文所謂「南宅」，當指德裕子孫，如燁等家屬之在南者。至從質不婚，其養女亦不嫁，其故不能詳。會昌一品集壹捌請改封衛國公狀（參考新唐書德裕傳）云：

臣今日蒙恩進封趙國公，承命哀惶，不任感涕。臣亡父先臣憲宗寵封趙國。先臣與嫡孫寬中小名三趙，意在傳嫡嗣，不及支庶。臣前年恩例進封，合是趙郡，臣以寬中之故，改就中山。

新唐書宰相世系表不著德修子孫。今據此狀，可知從質雖爲德修之子，但非長嫡，故可不婚耶？又德修事迹略見新唐書壹肆陸李栖筠傳附吉甫傳末及柒貳上宰相世系表，皆未載其贈禮部尚書事。惟東觀奏記上紀德脩事迹較詳。其文略云：

加贈故楚州刺史尚書工部侍郎李德脩禮部尚書。時吉甫少子德裕任荊南節度使檢校司徒平章事。上（宣宗）即位普恩，德裕當追贈祖父，乞迴贈其兄，故有是命。

據通鑑貳肆捌略云：

會昌六年夏四月壬申，以門下侍郎同平章政事李德裕同平章事，充荊南節度使。九月以荊南節度使李德裕爲東都留守，解平章事（參閱舊唐書壹捌下宣宗紀）。

則德脩之得贈禮部尚書，當在此數月間，尚及德裕未貶潮州之前。否則李氏敗後，無從邀此恩命矣。又出土李莊撰唐故趙郡李氏女墓志略云：

趙郡李氏女懸黎生得十三年，以咸通十二年七月十五日卒於安邑里第。曾祖諱吉甫，祖諱德裕，考諱燁，妣滎陽鄭氏。未四歲，遇先府君憂，鍊師陳氏實生余與爾。卜咸通十二年十一月廿四日歸於榆林大塋吉墓。

寅恪案，據李燁及其妻鄭氏志，燁卒於大中十四年六月廿六日，鄭氏卒於大中九年五月廿九日。燁之卒而懸黎未四歲，則知懸黎之生在鄭氏卒後矣。其生母陳氏志文稱爲「鍊師」者，如燁生母徐氏之稱爲「女真」，蓋皆入道之號，此爲唐代之通俗也。長安安邑坊爲吉甫德裕第宅所在，吉甫且以安邑相公爲稱（見新唐書壹肆陸李吉甫傳）。今據此志，知咸通之末，李氏猶保有此宅。殆亦視同平泉之石，不敢以與人耶？又此志題云：

兄度支巡官將士郎試秘書省校書郎莊撰。

據燁志，燁二子長莊士，次莊彥，一女懸黎。燁妻鄭氏志亦載二子莊士莊彥之名。此志撰人不知其爲莊士抑莊彥也。據唐書宰相世系表「燁生殷衡，延古。殷衡右補闕。延古司勳員外郎。」然則莊士莊彥即殷衡延古。舊唐書貳拾下哀帝紀天祐二年六月戊申條及德裕傳、新唐書德裕傳、通鑑貳陸伍天祐二年六月時士大夫避亂多不入朝條及南部新書乙等皆載延古事，而舊五代史陸拾有李敬義即延古專傳，所紀尤詳，蓋與司空圖同爲忠義之士也。傳云：

李敬義，本名延古，太尉衛公德裕之孫。初（或「幼」之誤）隨父燁（「燁」之誤）貶連州，遇赦得還。

寅恪案，薛史字誤不必論。惟據舊唐書德裕傳云：

燁咸通初量移郴州郴縣尉。卒於桂陽。子延古。

通典壹捌叁州郡典云：

桂陽郡。郴州。今理郴縣。

連山郡。連州。今理桂陽縣。

李燁志言燁「卒於縣之官舍」，即郴縣之官舍。舊唐書言燁「卒於桂陽」，此「桂陽」指桂陽郡，非桂陽縣。蓋燁任桂陽郡即郴州之郴縣尉，非連山郡即連州之桂陽縣尉也。薛史以郡爲縣，故有斯誤也。

又新唐書德裕傳云：

燁子延古，乾符中爲集賢校理。

而南部新書乙云：

咸通九年正月，始以李贊皇孫延佑起家爲集賢校理。

寅恪案，延佑當是延古之誤。「咸通九年」與「乾符中」二者相距十年上下，未知孰是？據懸黎志題銜言之，其時爲咸通十二年。其兄莊已爲秘書省校書郎。若新唐書不誤，則乾符中以集賢校理起家之延古必非此題志之「莊」也。新唐書宰相世系表列殷衡之名於延古之前，依其次序，似殷衡爲兄，延古爲弟。然則作懸黎志之莊，乃莊士之省，亦即後來之殷衡耶？或者咸通九年以集賢校理起家者爲殷衡，而錢氏誤爲延佑即延古耶？殊疑不能明也。

五代史陸伍南漢世家略云：

〔劉〕隱復好賢士，是時天下已亂，中朝士人以嶺外最遠，可以避地，多游焉。劉濬李衡（「殷衡」省稱「衡」，避宋諱。）之徒，隱皆招禮之。濬，崇望之子，以避亂往。衡，德裕之孫，唐右補闕，以奉使往。皆辟置幕府，待以賓客。

吴任臣十國春秋伍捌南漢烈宗世家云：

開平二年冬十月辛酉，梁命膳部郎中趙光裔、右補闕李殷衡充官告使，詔王爲清海静海等軍節度使安南都護。王留光裔殷衡不遣。

又同書陸貳李殷衡傳略云：

李殷衡世爲趙郡人，唐相德裕孫也。仕梁太祖，爲右補闕。開平二年，充嶺南官告副使。至則烈宗留之幕府，署節度判官，不時遣還。乾亨初，官禮部侍郎同平章事。居無何，終於其職。先是故唐宰相劉瞻者，殷衡姊壻也。有子贊，幼孤，而性不慧。殷衡教之讀書，每督以箠楚。登進士第，梁時充崇政院學士，猶久念殷衡不忘。

寅恪案，新唐書壹捌壹劉瞻傳云：

劉瞻，字幾之。其先出彭城，後徙桂陽。

據此瞻家本居桂陽，其與李氏婚姻，或與李燁任郴縣尉一事不無關係。又韓偓玉山樵人集

有和孫肇七律二篇。其題爲

奉和峽州孫舍人肇荆南重圍中寄諸朝士二篇。時李常侍洵，嚴諫議龜，李起居般衡，李郎中冉皆有繼和。余久有是債，今至湖南，方暇牽課。

今全唐詩文皆不載殷衡之著作。據冬郎詩題，可知殷衡亦文學之士，不墜其家風者也。李燁二子殷衡延古雖分處南北，然皆能自樹立，傳於後世。故不避叙述繁瑣之譏，并附載其本末，以供考贊皇子孫親屬者之參證焉。

綜合此篇上下二章考辨之結論如下：

（一）李德裕大中三年十二月十日卒於崖州。

（二）其柩於大中六年夏由其子燁護送北歸，葬於洛陽。

直齋書録解題壹陸載耿秉直所輯李衛公備全集，元附年譜一卷，今已佚不傳。他時若有補作年譜者，願以兹篇獻之，儻亦有所取材歟？非敢望也。一九三五年三月三十一日。

（原載一九三五年歷史語言研究所集刊第伍本第貳分）

附記

（甲）此文付印後，俞大綱表弟以李德裕妾劉氏墓志見示，以其可證明寅恪之所假定，特附録於後，藉供參考。唐茅山燕洞宫大洞錬師彭城劉氏墓志銘并序云：

錬師道名致柔，臨淮郡人也，不知其氏族所興。和順在中，光英發外，婉嫕有度，柔明好仁。中年於茅山燕洞宫傳上清法籙。悦詩書之義理，造次不渝。寶老氏之慈儉，珍華不御。言行無玷，淑慎其身，四十一年於兹矣。余三冊正司，五秉旄鉞，棨戟在户，轄車及門，出入寵光，無不盡見，艱難危苦，亦已備嘗。幼女乘龍，一男應宿，人世之美，無所缺焉。倏短之間，奚足爲恨。屬久嬰沉痼，彌曠六年，以余南遷，不忍言别，綿歷萬里，寒暑再期，輿嶠拖舟，涉海居陋，無名醫上藥，可以盡年，無香稻嘉蔬，可以充膳。毒暑晝爍，瘴氣夜侵，纔及三時，遂至危亟。以已巳歲八月廿一日終於海南旅舍，享年六十有二。嗚呼哀哉。有子三人，有女二人，聰敏早成，零落過半。中子前尚書比部郎渾，獨侍板輿，常居我後。自母委頓，夙夜焦勞，衣不解帶，言發流涕。其執喪也，加於人一等，可以知慈訓孝思之所至也。幼子燁、鉅，同感顧復之恩，難申欲報之德，朝夕孺慕，余心所哀。以某年某月某日，返葬於洛陽榆林，近二男一女之墓。余性直盗憎，位高寇至，道不能枉，世所不容，愧負淑人，爲余傷壽。瞑目何報，寄懷斯文。銘曰：清泉一源，秀木孤根，惟子素行，不生朱門。操比松桂，粹如瑶琨，不扶自直，不琢自温。七子均養，人靡間言，百口無怨，加之以恩。生我三子，熊羆慶蕃，育我二女，素絢是敦。既畢婚嫁，亦已抱孫。念子之德，衆善莫援，誕於高族，可法後昆。昔我降秩，退居林園，平泉秋日，坐待朝暾。西嶺高眺，南榮負暄，自兹而往，惆悵山樊。巖銷寒桂，澗歇芳蓀，捨我而去，傷心詎論。天池南極，誰與招魂？芒山北阜，將託高原，空留片石，千古常存。

第四男燁記：

大中戊辰歲冬十一月，燁獲罪竄於蒙州立山縣，支離顧復，戀切蓼莪，欲報之恩，吴天罔極。己巳歲冬十月十六日，貶所奄承凶訃，茹毒迷仆，豈復念□。匍匐詣桂管廉察使張鷺，請解官奔訃，竟爲抑塞。荏苒經時，罪逆釁深，仍鍾酷罰。呼天不聞，叩心無益，抱痛負冤，塊然骨立。陰陽致寇，棣蕚盡凋，藐爾殘生，寄命頃刻。殆及再期，乃蒙恩宥，命燁奉帷裳還祔先兆。燁輿曳就途，飲泣前進。壬申歲春三月，扶護帷裳，陪先公旌旐發崖州，崎嶇川陸，備嘗險艱，首涉三時，途經萬里，其年十月，方達洛陽。十三月癸酉遷祔，禮也。嗚呼天乎，燁迫於譴逐，不能終養，劬勞莫報，巨痛終天，有生至哀，瞑目已矣。

先衛公自製志文，燁詳記月日，編之於後，蓋審於行事，不敢誣也。謹言。

（乙）羅振玉貞松老人遺稿石交録肆略云：

近年中州出太和己酉衛公撰滑臺觀女冠徐氏墓志，大中三年茅山燕洞宫大洞鍊師劉氏墓志，二人皆公侍姬也。徐氏志作於公刺滑州時，劉氏則以大中三年卒於貶所，公但爲之文。公亦以是年卒，其葬在大中六年。志之立，則出於公之嗣子也。二文均不見會昌一品集中，吉光片羽，至可珍矣。

與兩志同時出土者，尚有李燁妻鄭氏及燁志，乃衛公子婦及季子也。鄭氏志爲燁所撰，中叙門閥之盛衰，令人悽感。燁志載詔許衛公歸葬，燁護顯考及昆弟亡姊凡六喪，洎僕馭輩死海上者，皆輂其柩，悉還親屬。

（丙）據馮氏所定大中二年義山上峽下峽諸詩之季節景物言之，則荊門西下詩云：

一夕南風一葉危，荊門迴望夏雲時。

乃下峽之時正值夏季，此可決定無疑者也。風云：

迴拂來鴻急，斜催别燕高。已寒休慘淡，更遠尚呼號。楚色分西塞，夷音接下牢。

及摇落略云：

人閑始遥夜，地迴更清砧。……灘激黄牛暮，雲屯白帝陰。

下峽既在夏季，則此等秋季峽中諸詩，必是上峽時所賦，又可推知。若依馮氏所説，義山必先上峽，後下峽。夫秋季上峽，夏季始下峽，則義山何以濡滯巴蜀幾至一歲之久，而不往謁杜悰？此情理所不可通，馮氏亦難自圓其說也。若依郜說，則大中六年夏季義山奉柳仲郢之命，下峽祭吊衛公之柩，因送至襄陽，事畢復命，還歸東川，其上峽時已是秋深。如此假設，始於行程往復，季節先後，皆能適合。馮氏編漢南書事一詩於大中二年，但據新舊唐書及通鑑等，宣宗赦党項羌在大中五年，義山此詩云：

哀痛天書近已裁。

大中六年義山送衛公柩至襄陽，在六年而指五年，故可言「近」。若依馮氏之說，此詩作於大中二年，義山豈非預言家乎？又據通鑑貳肆玖唐紀宣宗大中六年略云：

党項復擾邊。六月癸酉，除〔畢諴〕邠寧節度使。

然則義山此詩當是在襄陽有所聞而作，其所謂「書事」，即書此事也。總而言之，杜工部詩所謂「即從巴峽穿巫峽，便下襄陽向洛陽。」者，正與義山此行相同。此意每於二十年來講授時言及之，但以奔走衰病，未暇著之楮墨，今特補録於此。

復次，「益德冤魂終報主」之句，自來解釋玉溪生詩者，皆不知其出處。考隋書叁叁經籍志史部雜傳類載：「冤魂志三卷，顔之推撰。」此書久佚，近始見殘本，其中未有益德事，豈此事即在所闕卷中耶？不敢確言，姑附記此疑，以俟博雅君子校正。乙未春日寅恪記於廣州河南瞑寫齋。

（丁）茲更有關於戲劇小説頗饒興趣而與白敏中招降党項一事相涉者，可略論之。

新唐書貳壹陸下吐蕃傳云：

〔彝泰贊普〕死，以弟達磨嗣。達磨嗜酒，好畋獵，喜内，且凶愎少恩，政益亂。（可參資治通鑑貳肆陸唐紀文宗開成三年吐蕃彝泰贊普卒，弟達磨立條。）

大凡吐蕃或其他民族最盛强時，其所轄別部種類，必有與其中央主部不盡相同者。如突厥既衰，其所轄之胡部入主河北之例。拙著「論李栖筠自趙徙衛事」一文，可爲例證。吐蕃主部之衰，漢族之張義潮於大中五年即以瓜沙歸還中國。其他鄰近中國邊境之党項，亦先後就中國之招引，令其守護北境也。

宋史肆捌伍夏國傳云：

唐末，拓跋思恭鎮夏州，統銀夏綏宥静五州地。

同書叁叁伍种世衡傳略云：

世衡建言，延安東北二百里有故寬州，請因其廢壘而興之，以當寇衝。朝廷從之，命董其役。

通志貳捌氏族略肆种氏條略云：

本仲氏。或言仲山甫之後，因避難改爲种。宋种放，長安人，望出河南。

宋史肆玖貳吐蕃傳云：

周廣順三年，始以申師厚爲河西節度。師厚初至凉州，奏請授吐蕃首領折逋支等官，并從之。

同書貳伍叁折德扆傳云：

父從阮，自晋漢以來，獨據府州，控扼西北。

嘉慶一統志壹伍貳保德直隸州陵墓門云：

〔宋〕折太君墓，在州城南四十里折窩村。楊業妻。

通志貳玖氏族略伍佘氏條云：

〔佘〕音蛇，從示。唐開元有太學博士佘欽，南昌人。唐又有右司郎中佘珩，祖文集，隋考功主事，洛陽人。宋登科佘贇，洪州人。佘剛，衢州人。佘赫，徽州人。

宋史貳柒貳楊業傳云：

楊業，并州太原人。父信，爲漢麟州刺史。

夫拓跋思恭之自稱爲拓跋氏，不過自託於後魏之裔以自誇耀，近人乃混淆鮮卑族之拓跋與党項族之拓跋爲同一族類，誤矣。

种世衡世守延安之地，依通志所言，世衡之叔父爲种放。放爲洛陽人，自是不誤。但有可疑者，通志言种氏本作仲氏，出仲山甫之後，如避難改爲种等語，當是本於种氏家譜。自六朝以來，外族往往喜稱出於中國名人之後，如沈炳震唐書宰相世系表訂訛一書，苟取後漢書、三國志、晋書等證之，其謬舛立見。避亂改姓之說尤多，不再詳舉例證。鄙意仲氏之作种氏，實與党項不作黨項同例，蓋所以表示其原非漢族之義。集注分類東坡詩肆趙成伯家有麗人僕忝鄉人不肯開樽徒吟春雪美句次韵一笑中「何如低唱兩三杯」句自注云：

陶穀學士買得党太尉家妓，遇雪，陶穀取雪水烹團茶，調妓曰，党家應不識此。妓曰，彼粗人，安有此？但能於紅綃煖帳中，淺斟低唱，喫羊羔兒酒。陶嘿然，慙其言。

據此東坡自注與宋史貳陸拾党進傳原文，尤可證党字本應作黨字。檢宋章定名賢氏族原行類稿（四庫珍本影印文淵閣本）叁玖載有黨氏，肆捌復載有黨氏。下云：

本出西羌，姚秦有將軍黨耐虎，自云夏后氏之後，代爲羌家。

頗疑此卷之「黨」本作「党」。汪輝祖史姓韵編伍拾分「党」及「黨」爲二，「党」下云：

党進。

熊在湄峻運新纂氏族箋釋五云：

党馮翊郡系獯鬻氏，夏桀竄居獯鬻，其後支裔世居党項，有降唐者賜姓党氏，宋党進。

汪熊兩氏關於党氏之文，均采史記壹壹拾匈奴傳，至章氏書党之作黨應爲後人所改，非其原字也。史籍中亦有作黨者，如宋史肆玖貳吐蕃傳中之党令支，殿本党作黨之類，當是與文淵閣本章氏書同出清代文臣淺陋之筆，不足據也。依通志氏族略，折氏望出西河，宋爲大姓。佘氏望出南昌，北方土音讀折爲佘，故戲劇小説乃以折爲佘，其實兩姓迥别也。

綜合白敏中招降吐蕃境内党項諸部，除漢族張義潮外，其極西之拓跋部不肯歸附，以致北宋之世，西夏與契丹最爲中國之大患。故讀史者於地域之方位，種族之區别，尤應特加注意也。世人喜談小説戲劇，而不知其與義山漢南書事詩有關，遂標出之如此。

復次，寅恪昔年於太平洋戰後，由海道自香港至廣州灣途中，曾次韵義山萬里風波無題詩一首，雖辭意鄙陋，殊不足道，然以其足資紀念當日個人身世之感，遂附録之於下。詩云：

萬國兵戈一葉舟，故邱歸死不夷猶。袖中縮手嗟空老，紙上刳肝或稍留。此日中原真一髮，當時遺恨已千秋。讀書久識人生苦，未得崩離早白頭。

（一九六四年歲次甲辰五月五日陳寅恪書於廣州金明館）

以杜詩證唐史所謂雜種胡之義

拙著唐代政治史述論稿上篇論舊唐書貳佰安禄山傳（可參姚汝能安禄山事迹上「安禄山營州雜種胡也」之語）云：

安禄山，營州柳城雜種胡人也。

及同書同卷史思明傳略云：

史思明，寧夷州突厥雜種胡人也。

證以新唐書貳壹柒回鶻傳（參通鑑貳貳陸建中元年八月甲午條。但今通行本通鑑突董作董突。）云：

始回紇至中國，常參以九姓胡，往往留京師，至千人，居貲殖產甚厚。會酋長突董翳蜜施大小梅録等還國，裝橐係道。

所言與舊唐書壹貳柒張光晟傳云：

建中元年，回紇突董梅録領衆并雜種胡等自京師還國，輿載金帛，相屬於道。

實同爲一事。故雜種胡即中亞昭武九姓胡。唐人當日習稱九姓胡爲雜種胡。雜種之目非僅混雜之通義，實專指某一類種族而言也。凡杜工部詩中涉及安史之種族，除羯胡柘羯等名已詳於拙著前書者外，其有關雜種之字句，亦可與此互相發明。兹移録於下，或可爲鄙説之一補證歟？

杜工部集貳留花門云：

胡塵逾太行，雜種抵京室。

同書拾秦州見敕目三十韵云：

雜種雖高壘，長驅甚建瓴。

同書壹伍承聞河北諸道節度入朝歡喜口號絶句十二首之二云：

社稷蒼生計必安，蠻夷雜種錯相干。

又同書拾收京三首之三云：

雜虜横戈數，功臣甲第高。

此雜虜即雜種之互稱也。總括言之，杜少陵與安史爲同時人，其以雜種目安史，實當時稱中亞九姓胡爲雜種胡之明證。舊唐書多保存原始材料，不多改易詞句。故在舊唐書爲雜種胡，在新唐書則易爲九姓胡。考宋子京改字之由，其意恐雜種胡一詞，頗涉通常混種之義，易啓誤會，遂别用九姓胡之名。史家遣辭明審，殊足令人欽服。然則唐史新舊兩書，一則保存當時名稱，一則補充其他解釋。各有所長，未可偏廢。觀此一例，即可推知。後人往往輕議子京，亦由不明此義，因特爲標出而論證之如此。

（原載嶺南大學國文學會一九五〇年南國第貳期）

書杜少陵哀王孫詩後

杜少陵哀王孫詩爲世人所習誦，自來箋釋之者衆且詳矣，何待今日不學無術，老而健忘者之饒舌耶？然於家塾教稚女誦此詩，至「朔方健兒好身手，昔何勇銳今何愚。」之句，則瞠目結舌，不能下一語，而思別求一新解。考唐代安禄山叛變，玄宗幸蜀，肅宗即位靈武，而靈武者，朔方軍節度使之治所也。肅宗遂專倚朔方軍戡定大難，收復兩京，唐室因得延續百五十年之祚而後亡。故朔方軍爲唐室中興之關鍵。少陵平生於朔方軍及其主帥郭子儀李光弼諸公，推崇讚美，形諸吟咏者，不一而足，此固不煩舉例者也。此詩爲少陵在安氏將領統治長安時所作，豈有反詈朔方軍士卒昔勇今愚之理？造意遣詞狂悖至此，則與唐室附逆諸臣，復何以异？釋杜詩者，或以「朔方健兒」乃泛指安氏所統北方軍隊而言，則又不知「朔方」爲軍政區域固定之專名，不可用以泛指北方士卒。當天寶時，安禄山爲平盧范陽河東三鎮主帥，而與其結爲兄弟之朔方節度使安思順不睦，玄宗雖極寵任禄山，但亦兼用思順，委以勁兵，蓋所以防制禄山，維持均勢，斯固英武之主用心所應爾。是復不可取與禄山宿構仇怨之朔方軍一名，移指其所統三鎮健兒。少陵作詩，絶不致昧於當日情勢，文理不通，一至於此也。然則「朔方健兒」一詞，果何所指耶？鄙意實指同羅部落而言也。何以得知「朔方健兒」之名乃指同羅部落者？因同羅部落本屬於朔方軍，安禄山誘害其酋長阿布思，襲取其兵卒，而此種兵卒，後遂成爲禄山所統軍隊之主力者也。兹略引有關史料，以釋證之如下。

新唐書貳壹柒下回鶻傳同羅傳略云：

請内屬，置龜林都督府。安禄山反，劫其兵用之，號曳落河者也。曳落河猶言健兒云。

同書肆叁下地理志關内道安北都護府龜林都督府條注云：

貞觀二年，以同羅部落置。

安禄山事迹上云：

〔天寶〕十一載三月，禄山引蕃奚步騎二十萬直入契丹，以報去秋之役。朔方節度副使奉信王阿布思率同羅數萬以會之，布思與禄山不協，遂擁衆歸漠北。（寅恪案，同書同卷「同羅阿布思等」句下原注云：阿布思者，九姓首領也。開元初，爲默啜所破，請降附。天寶元年朝京師，玄宗甚禮焉。布思美容貌，多才略，代爲蕃首。禄山恃寵，布思不爲之下。禄山因請爲將，共討契丹。慮其見害，乃率其部以叛。後爲回鶻所破，禄山誘其部落降之，自是禄山精兵無敵於天下。）

新唐書貳貳伍上安禄山傳略云：

〔天寶〕十一載，率河東兵討契丹。禄山不得志，乃悉兵討契丹以報。帝聞，詔朔方節度使阿布思以師會。布思者，九姓首領也。開元初，爲默啜所困，内屬。帝寵之。禄山雅忌其才，欲襲取之，故表請自助。布思懼而叛，轉入漠北。禄山不進，輒班師。會布思爲回紇所掠，奔葛邏禄。禄山厚募其部落，降之。葛邏禄懼，執布思送北庭，獻之京師。禄山已得布思衆，則兵雄天下。

安禄山事迹上略云：

〔禄山〕養同羅及降奚契丹曳落河（原注：「蕃人健兒爲曳落河。」）八千餘人爲假子，總〔平盧，范陽，河東〕三道以節制。

舊唐書壹貳壹僕固懷恩傳略云：

僕固懷恩，鐵勒部落僕骨歌濫拔延之曾孫，語訛，謂之僕固。貞觀二十年，鐵勒九姓大首領率其部落來降，分置瀚海燕然金微幽陵等九都督府於夏州，别爲蕃州以禦邊，授歌濫拔延爲金微都督。懷恩世襲都督，歷事〔朔方〕節度王忠嗣安思順，皆委之心腹。肅宗即位於靈武，懷恩從郭子儀赴行在所。時同羅部落自西京叛賊，北寇朔方，子儀與懷恩擊之，遂破同羅千餘騎於河上（参通鑑貳壹捌至德元載九月條）。肅宗雖仗朔方之聚，將假蕃兵以張形勢，乃遣懷恩與燉煌王承寀使於回紇，請兵結好。回紇可汗遂以女妻承寀，兼請公主，遣首領隨懷恩入朝。肅宗乃遣廣平王爲元帥，以子儀爲副，而懷恩領回紇兵從之。

新唐書貳貳伍上安禄山傳略云：

廣平王東討，回紇葉護以兵從。〔張〕通儒等裒兵十萬，陣長安中。賊皆奚，素畏回紇，既合，驚且囂，大敗。王師入長安。

據此，同羅僕骨及回紇種類甚相近，其勇健善鬬，爲中國當時東方及北方諸外族所最畏憚者。此三種族所居住之地，或直隸於朔方軍，或與朔方軍政區相鄰近，概可稱爲興朔方軍關係密切之外族也。安禄山雖久蓄异謀，然不得同羅部落爲其軍隊主力，恐亦未敢遽發大難。蓋禄山當日所最畏忌者，爲朔方軍。同羅部落乃朔方軍武力之重要部分，既得襲取此部落以爲己用，更可爲所欲爲矣。同羅部落之役屬禄山，實非得已，故既至長安之後，不久即又叛歸其舊巢。此後安氏屯守西京之武力，已大減弱。肅宗即位靈武，又遣僕骨部落酋長僕固懷恩，結援回紇，將引花門之部衆，以收兩京，則安氏防守長安之精兵，僅餘奚部落，而奚部落素畏回紇，必不能敵抗。然則西京之收復，可計日而待，李唐宗室之受困長安者，亦不久可以解除也。少陵當日在安氏勢力統治之下，得此消息，密告李唐宗室之留陷長安者，所以深慰之，且諄戒其勿洩也。鄙意「昨夜東風吹血腥，東來橐駝滿舊都。」二句，與「朔方健兒好身手，昔何勇鋭今何愚。」二句，應是同咏一事，不可分爲兩截。蓋同羅部落，其初入長安時，必與駱駝隊群偕來，故少陵牽連及之。同羅昔日本是朔方軍勁旅，今則反覆變叛，自取敗亡，誠可謂大愚者也。錢謙益治杜詩至精，而唯引舊唐書史思明傳所載：

祿山陷兩京，常以駱駝運兩京御府珍寶於范陽，不知紀極。

以釋證「橐駝」之句，似猶未達一間也。此四句應與下文「竊聞天子已傳位，聖德北服南單于。花門剺面請雪恥，愼勿出口他人狙。」四句，一氣連讀，不可隔斷。少陵之意蓋謂同羅部落夙畏回紇，既已叛去，不復爲安氏守長安矣。今唐兵又將引回紇部衆以收西京，長安精鋭守兵，唯餘甚畏回紇之奚部落，回紇一至，奚必奔潰也。綜合八句，其文理連貫，邏輯明晰，非僅善於咏事，亦更善於説理也。少陵爲中國第一詩人，其被困長安時所作之詩，如哀江頭哀王孫諸篇，古今稱其文詞之美，忠義之忱，或取與王右丞「凝碧池頭」之句連類爲説。殊不知摩詰藝術禪學，固有過於少陵之處，然少陵推理之明，料事之確，則遠非右丞所能幾及。由此言之，古今治杜詩者雖衆，而於少陵之爲人，似猶知之未盡。不揣愚妄，因爲略發其覆如此。固知三家村訓蒙之陋語，實不足供説詩治史博學通識君子之一覽也。

（一九五三年四月）

元白詩中俸料錢問題

寅恪於清華學報第拾卷第叁期元微之遣悲懷詩之原題及其次序文中，曾據「今日俸錢過十萬」之句，以爲微之作此詩，疑在通州司馬權知州務之時，非權刺史之職，不能有「過十萬」之月俸也。唐代官俸隨時隨地互不相同，今存史料，殊不完具，不易知其詳實之數額。故所依據以推測者，亦不敢自信以爲定説。不過欲藉此提出問題，以資討論。前文已聲明此意，兹復别立一不同之假設，以備參證。但其主旨不在考定微之作詩之年月，而在拈出唐代地方官吏俸料錢之一公案。此爲是篇與前文不同之點。儻承讀詩論世之君子，并取參究，賜以教誨，尤所感幸！白氏文集壹肆有感元九悼亡詩，因爲代答三首。其二爲答騎馬入空臺五律。此詩今元氏長慶集玖原題作空屋題，下注云：「十月十四日夜。」據昌黎先生集貳肆監察御史元君妻京兆韋氏夫人墓志銘略云：

〔夫人〕以元和四年七月九日卒。其年之十月十三日葬咸陽。

微之次年春即貶江陵府士曹參軍事。故知微之空屋題詩注之「十月十四日夜」，乃元和四年十月十四日夜，即韋氏葬於咸陽之次夕。觀其「更想咸陽道，魂車昨夜回。」之句，可證是時微之以監察御史分務東臺，故以職事留於洛陽。此樂天代答詩所以有「鰥夫仍繫職」及「寂寞咸陽道，家人覆墓迴。」之句也。其三爲山驛夢七絕。今元氏長慶集玖原題作感夢。據其「影絕魂消動隔年」及「夜商山館中夢」之句，知此詩爲微之於元和五年春貶江陵士曹參軍，途經商山驛館時之所作也。

今白氏文集第壹肆卷中所載之詩，其著作先後相距有至二十年以上者，如王昭君二首，下注云：「時年十七。」考樂天生於大曆七年。其十七歲爲貞元四年，其答山驛夢一詩，至早作於元和五年春微之貶江陵之後。自貞元四年至元和五年，其間有二十一年之久。此著作年月先後相距甚久最著之例也。據此推論，則樂天代答詩三首，其一答謝家最小偏憐女七律及微之之原作，究作於何時，殊不易考定，即使微之此首原作亦與其他空屋題、感夢二首爲相距不久之時所作，而「謝公最小偏憐女」一首，亦不能作於貶江陵以前，因韋氏未卒之時，微之已任監察御史，（據新唐書伍伍食貨志，監察御史俸錢三萬。）及其由監察御史貶江陵士曹參軍之後，官職與前不同，俸錢方能有多寡之別也。又微之此首原作，雖不能確知作於何時，但今白集諸詩與代答三首同列於第壹肆卷者，其中多是元和五年白公在長安時所作，白和元詩，其間距離不得太長，故微之謝公一首，頗有作於謫江陵時之可能。若果如此，無論此詩所言「俸錢過十萬」之數，與唐會要玖壹、册府元龜伍佰陸及新唐書伍伍食貨志所載京兆諸府判司月俸之額相差甚遠，按之法制，固不相合，而微之一由御史貶爲士曹，即有如斯厚俸，則不得身入帝城，復何足以爲恨，是於人情亦不可通。此點誠關係唐代官俸全部之問題，非僅限於一詩一句之考證而已。遂旁搜資料，重加審查，别擬假設，以爲解釋。

關於唐代官吏俸料制度，今唐會要玖壹至玖貳内外官料錢門、册府元龜伍佰陸邦計部俸禄門及新唐書伍伍食貨志諸書，所載皆極不完備，故元白詩中俸料問題，頗難作精密之研究，僅能依據會要册府所載貞元四年京文武及京兆府縣官元給及新加每月當錢之數，并新唐書食貨志所載會昌時百官俸錢定額，與元白詩文之涉及俸料錢者，互相比證，以資推論，蓋元白著作與此二時代相距最近故也。現存微之詩中言及俸錢者，寅恪前文亦已論及，今衹取樂天詩文關涉俸料者釋證之。樂天詩文多言及禄俸，昔人已嘗注意，如容齋五筆捌白公説俸禄條，即是其例。本文材料雖亦承用洪氏之書，然洪氏隨筆之旨趣在記述白公之「立身廉清，家無餘積。」本文則在考釋唐代京官外官俸料不同之問題，及證明肅代以後，内輕外重與社會經濟之情勢，故所論與之迴别。讀者幸取而并觀之，亦不敢掠美於前賢之微意也。

白集伍常樂里閑居偶題十六韵，時爲校書郎云：

俸錢萬六千，月給亦有餘。

寅恪案，唐會要玖壹册府元龜伍佰陸（下引此兩書，其卷數不别標明者，悉與此同。又爲行文便利之故，後有重複引用此兩書之材料，亦不注出。）載貞元四年京文武及京兆府縣官元給及新加每月當錢數略云：

校書正字〔等〕各十六貫文。（寅恪案，册府「校」作「較」，誤。「貫」作「千」，義同。）

新唐書伍伍（下引此書，其卷數不別標明者，悉與此同。又後有重複引用此書之材料，亦不注出。）食貨志載會昌後官俸額略云：

秘書省崇文弘文館校書郎正字〔等〕萬六千。

據此，與詩所言之數相合。

又白集壹貳爲左拾遺時作醉後走筆酬劉五主簿長句之贈云：

月慚諫紙二百張，歲愧俸錢三十萬。（寅恪案，容齋五筆捌白公説俸禄條「二百張」作「二千張」。）

寅恪案，唐會要册府元龜略云：

拾遺〔等〕各三十貫文。

新唐書食貨志略云：

拾遺〔等〕三萬。

據此，與詩所言之數相合。唐代俸錢自開元二十四年六月以後，本應以月計（見上引三書開元二十四年條）。此不過避上句諫紙月計之重複，故易爲歲計，而舉其成數耳。

又白集貳玖再授賓客分司云：

俸錢七八萬，給受無虛月。

同書叁伍劉禹錫罷太子賓客除秘書監時酬夢得貧居咏懷見贈云：

日望揮金賀新命，俸錢依舊又如何。

寅恪案，唐會要册府元龜略云：

太子賓客諸卿監〔等〕各八十貫文。

新唐書食貨志略云：

秘書殿中内侍監太子賓客〔等〕八萬。

據此，太子賓客月俸八萬，與詩言〔七八萬〕之數略同。又太子賓客與秘書監俸錢額數相等，詩言「俸錢依舊」，亦相符合。

又白集叁叁從同州刺史改授太子少傅分司云：

月俸百千官二品，朝廷僱我作閑人。

同書叁陸爲太子少傅分司時春日閑居三首之三云：

又問俸厚薄，百千隨月至。

同書叁柒以刑部尚書致仕後自咏老身，示諸家屬云：

壽及七十五，俸霑五十千。

同書同卷刑部尚書致仕云：

半俸資身亦有餘。

同書同卷狂吟七言十四韵略云：

俸隨日計錢盈貫。（自注：「尚書致仕請半俸。」）

同書同卷贈諸少年云：

老慙退馬霑芻秣。（自注：「謂致仕半禄也。」）

寅恪案，唐會要册府元龜略云：

六尚書太子三少〔等〕各一百貫。

新唐書食貨志略云：

尚書太子少保少傅〔等〕百萬。（寅恪案，少保少傅次序應互易。）

又册府元龜云：

貞元五年四月，以太子少傅兼禮部尚書蕭昕爲工部尚書，前太子少詹事韋建爲秘書監，并致仕，仍給半禄料。後授致仕官者，并宜准此。舊例致仕官給半禄及賜帛，俸料悉絶。帝念歸老之臣，時命賜其半焉。致仕官給半祿料，自昕等始也。

據會要册府，太子少傅尚書月俸俱一百貫文，即十萬。致仕半俸爲十萬之半數，即五萬，或五十貫，皆與詩所言之數相合。唯新唐書食貨志所載俸額，自太師起，至太子少傅止，較會要册府之數，多至十倍。疑唐代舊文，本以貫計，新書改「貫」爲「千」時，誤爲「萬」，遂進一位。今但取新志與會要册府比勘，已知其必有譌誤。況新志所載俸錢之數，爲會昌時之定額，而白詩即作於會昌時，斷無相差十倍之理，其爲誤計，尤顯然易見也。

又白集伍初除〔京兆府〕户曹，喜而言志云：

俸錢四五萬，月可奉晨昏。廩祿二百石，歲可盈倉囷。

寅恪案，祿米别是一問題，於此姑置不論。唐會要册府元龜貞元四年敕定京兆府縣官元給及新加每月當錢條略云：

京兆府縣官惟兩縣簿尉減五千。（寅恪案，「減」字從册府。會要作「加」，疑誤。）

餘并同大曆十二年四月二十八日敕。

同上二書載大曆十二年四月二十八日敕略云：

京兆判司兩縣丞各三十五貫文。

新唐書食貨志載會昌俸錢定額略云：

諸府大都督府判官〔等〕三萬五千。

據此，大曆貞元及會昌時，京兆府户曹參軍月俸祇三萬五千，與詩言之數，不相符合。又白集貳陸送陜州王司馬建赴任云：

公事忙閑同少尹，（寅恪案，唐六典叁拾：「〔京兆〕少尹二人從四品下」注云：「魏晋以下有治中，隋文帝改爲司馬。煬帝改爲贊治，後改爲丞。皇朝曰治中，後避高宗諱，改曰司馬。開元初，改爲少尹，置二員。」然則，「同少尹」即同於京兆少尹也。）料錢多少敵尚書。

寅恪案，唐會要册府元龜大曆十二年四月加給京百司文武官及京兆府縣官每月料錢條略云：

六尚書〔等〕各六十貫文。

又同年五月釐革諸道觀察使團練使及判官料錢條略云：

州縣給料。（其大都督府長史准七府尹例。左右司馬准上州别駕例，支給料錢。）〔上州〕别駕五十五貫文，長史司馬各五十貫。

舊唐書叁捌地理志陜州大都督府條云：

廣德元年十月吐蕃犯京師，車駕幸陜州，仍以陜爲大都督府。天祐初，昭宗遷都洛陽，駐蹕陜州，改爲興德府。

據此，陜州在樂天時代，實爲大都督府。其司馬料錢准上州别駕例支給，爲五萬五千文，頗與尚書之料錢六萬文相近也。但此僅依大曆十二年四月及五月敕定之官書紙面材料而言。樂天苟非用此等材料，則别爲考釋如下。

檢白集此詩前第肆題爲大和戊申歲大有年詩。前第叁題爲贈悼懷太子挽歌辭二首題下自注：「奉詔撰進。」據新唐書捌貳敬宗五子傳略云：

悼懷太子普，大和二年薨。帝（文宗）惻念不能已，故贈卹加焉。

是亦作於太和二年戊申。由是觀之，送王司馬詩當亦作於此年，或距離不甚遠之時間。考太和二年去大曆十二年爲五十一年，若取相去較近之材料如唐會要貞元四年京文武及京兆府縣官元給及新加每月當錢條略云：

六尚書〔等〕各一百貫文。京兆府縣官。（唯兩縣簿尉減五千文，餘并同大曆十二年四月二十八日敕。）

同書大曆十二年四月二十八日敕定加給料錢條，僅載少尹五十貫，未載司馬月料。其年五月釐革諸道觀察使團練使及判官料錢條略云：

州縣給料。（其大都督府長史准七府尹例，左右司馬准上州别駕例，支給料錢。）〔上州〕

別駕五十五貫文。長史司馬各五十貫。

新唐書食貨志略云：

唐世百官俸錢，會昌後不復增減，今著其數。尚書〔等〕百萬。（寅恪案，「百」當作「十」，見前所論。）上州別駕五萬五千，上州長史司馬五萬。

據此，則尚書每月俸料爲一百貫，或十萬文。而陝州大都督府司馬准上州別駕例，仍爲五十五貫，或五萬五千文。其額數相差甚多，不得如樂天詩所言司馬之料錢「敵尚書」矣。豈當日陝州司馬實支之額數亦近於十萬，幾與尚書相等耶？

又白集肆叁江州司馬廳記略云：

案唐〔六〕典上州司馬秩五品。（寅恪案，樂天此語乃據唐六典叁拾「上州司馬一人從五品下」之制度而言。其下「歲廩數百石，月俸六七萬。」等語，乃據元和十三年作廳記時之實況而言。讀者須分別觀之，不可誤會也。）歲廩數百石，月俸六七萬。予佐是郡，行四年矣。時元和十三年七月八日記。

同書肆伍與元九書略云：

今雖謫佐遠郡，而官品至第五，月俸四五萬。潯陽臘月，江風苦寒，歲暮鮮歡，夜長無睡，引筆鋪紙，有念則書，言無次第，勿以繁雜爲倦，且以代一夕之話也。

寅恪案，上引會要及册府載大曆十二年五月敕定料錢數云：

〔上州〕長史司馬各五十貫。

新唐書食貨志載會昌後俸額略云：

上州長史司馬〔等〕五萬。

據此，大曆會昌俸料錢之數，與與元九書約略相合，而與司馬廳記所言則相差甚遠。又汪立名本白香山詩集引年譜舊本元和十年乙未條下略云：

初到江州有詩云：「樹木凋疏山雨後。」又江樓聞砧詩云：「江人授衣晚，十月始聞砧。」當是秋末冬初始到也。臘月有與元九書。

然則樂天與元九書作於元和十年十二月初抵江州蒞任未久之時，江州司馬廳記作於元和十三年七月八日佐郡將及四年之時。此四年之間，官職既是依舊，俸錢自無變更。且以本人述己身之俸料，决無誤記之事。但取此兩文互相比勘，相差竟至二三萬之多。容齋五筆捌白公說俸禄條雖引江州司馬廳記，而忘却與元九書中亦有「月俸四五萬」之語，以未比較，遂不覺其前後矛盾也。鄙意樂天兩文所以互异之故，實由與元九書中江州司馬月俸之數，乃其元和十年初冬始到新任時，僅據官書紙面一般通則記載之定額而言，其時尚未知當日地方特別收入之實數。至元和十三年秋，作江州司馬廳記時，則蒞任已行將四年，既知其地方特別之實數，遂於官舍廳記中言及之。此廳記之文，必是當日地方特別規定之常額，較之與元九書中所言，更宜可信。唯與元九書所言，雖與事實不符，然取與流傳至今根據唐代中央政府頒佈之材料，如會要册府唐書等，以相比勘，則轉與之相合，益可證知樂天作與元九書時，祇依官書紙面一般通則之額數也。

綜合以上所比證之例言之，凡關於中央政府官吏之俸料，史籍所載額數，與樂天詩文所言者無不相合。獨至地方官吏，（京兆府縣官吏，史籍雖附繫於京官之後，其實亦地方官吏也。）則史籍所載，與樂天詩文所言者，多不相合。且樂天詩文所言之數，悉較史籍所載定額爲多。據此可以推知唐代中晚以後，地方官吏除法定俸料之外，其他不載於法令，而可以認爲正當之收入者，爲數遠在中央官吏之上。如白氏文集陸肆策林叄省官并俸減使職條云：

兵興以來，諸道使府，或因權宜而置職，一置而不停。或因暫勞而加俸，一加而無減，至使職多於郡縣之吏，俸優於臺省之官。積習生常，煩費滋甚。

即是其例證。

又內外官吏同一時間，同一官職，而俸料亦因人因地而互异，如唐會要云：

〔大曆〕十四年正月宰臣常衮與楊綰同掌樞務，道不同。先是百官俸料寡薄，綰與衮奏請加之。時〔韓〕滉判度支，衮與滉各騁私懷，所加俸料，厚薄多由己。

唐會要册府元龜元和七年中書門下奏略云：

艱難以來，綱禁漸弛，於是增置使額，厚請俸錢，故大曆中，權臣月俸有至九千貫者，列郡刺史無大小，給皆千貫。常衮爲相，始立限約。至李泌又量其閑劇，隨事增加。閑劇之間，厚薄頓异。

即是其例證。故考史者不可但依官書紙面之記載，遽爾斷定官吏俸料之實數。祇可隨時隨地隨人隨事，偶有特別之記載，因而得以依據證實之。若欲獲一全部系統之知識，殊非易事。此亦治唐史者所不可不知者也。

樂天詩文中言俸料者比證既竟，兹再推論微之「謝公最小偏憐女」詩之問題。

新唐書肆玖下百官志略云：

江陵〔等〕府，府尹各一人。少尹二人。司録參軍二人。功曹，倉曹，户曹，田曹，兵曹，法曹，士曹參軍事各二人。

唐會要册府元龜記載大曆十二年料錢之數略云：

京兆及諸府少尹〔等〕各五十貫文。司録〔等〕各四十五貫文。判司〔等〕各三十五貫文。

新唐書食貨志記載會昌後官俸之制略云：

諸府少尹〔等〕六萬五千。諸府大都督司録參軍事〔等〕四萬五千。諸府大都督府判官三萬五千。（寅恪案，「官」疑「司」之誤。以新志上文已載「節度推官支使防禦判官四萬」，此處不應重出。且作「判司」與會要及册府等所載符合。殆後人習於「判官」之名，而罕見「判司」之語，因以致誤歟？）

據此，會要册府與新志所載，因時代先後有所不同，額數亦參差互异。但此亦關於中晚唐以後，地方政府官吏俸料之額數，其實際無論與任何紙面之定額，皆不符合者也。微之此詩若作於江陵，江陵士曹參軍即判司，其月俸紙面額數祇三萬五千，去「俸錢過十萬」之數，相差甚遠，但若例以陝州大都督府司馬俸料錢，可由官書紙面之五十五貫，或五萬五千文，而實支等於尚書之一百貫，或十萬文。江州上州司馬月俸，可由官書紙面之四五萬，而實支至六七萬。如上所論唐代中晚以後，地方官吏除法定俸料之外，其他不載於法令，亦可認爲正當收入之推證，及其本人與當權執政者人事之關係，則江陵士曹參軍之元微之，「俸錢過十萬」，亦非不可能也。總之，此爲一假設，僅可備參考，不得視爲定論也。

復次，舊唐書壹陸陸白居易傳（可參白集伍玖元和五年四月二十六日所進奏陳情狀及其年五月六日所進謝官狀）云：

〔元和〕五年，當改官，上謂崔群曰，居易官卑俸薄，拘於資地，不能超等，其官可聽自便奏來。居易奏曰，臣聞姜公輔爲内職，求爲京府判司，爲奉親也。臣有老母，家貧養薄，乞如公輔例。於是除京兆府户曹參軍。

白集伍初除户曹，喜而言志。詩略云：

詔授户曹掾，捧詔感君恩。感恩非爲己，禄養及吾親。喧喧車馬來，賀客滿我門。不以我爲貪，知我家内貧。

杜牧樊川集壹陸載上宰相求湖州三啓及上宰相求杭州啓，其求杭州啓云：

作刺史，則一家骨肉四處皆泰。爲京官，則一家骨肉四處皆困。

觀白氏傳及樂天之詩，牧之之啓，更可知其時京官外官收入多寡，判若天淵。此則中晚唐士大夫共同之心理及環境，實不獨白杜二人爲然也。

又册府元龜會昌六年中書門下奏云：

諸州刺史既欲責其潔己，須令俸禄稍充，但以厚薄不同，等給無制，致使俸薄處，無人願去，禄厚處，終日争先。

白集陸肆策林叁使官吏清廉，在均其禄，厚其俸條略云：

今之官吏所以未盡貞廉者，由禄不均，而俸不足也。不均者，由所在課料重輕不齊也。不足者，由所在官長侵刻不已也。夫上行則下從，身窮則心濫。今官長日侵其利，而望吏之不日侵於人，不可得也。

此可與上論同時同官而俸料互异之材料相參證，并可知内外官有輕重之别，外官復有厚薄之分也。其餘可參趙耘松翼陔餘叢考壹柒唐制内外官輕重先後不同條，於此不復備論。兹僅據元白詩文中所言俸料實數，取與現存當時法令規定之定額，互相比證，以見新唐書食貨志記載之有訛誤，并標舉唐代肅代以後内外官俸不同之特點如此。

兹更有可附論者，范攄雲溪友議卷下豔陽詞條載微之詩，此句作「今日贈錢過百萬」，其「百」字爲「十」字之訛，自不待言。唯其以「俸錢」爲「贈錢」，即「賻贈」之意，初視之，似亦可通。但檢唐會要貞元十年二月條云：

> 詔應文武朝官有薨卒者，自今已後，其月俸料宜皆全給，仍更准本官一月俸錢，以爲賻贈。

則是此等「賻贈」祇限於文武朝官之本人身死而言，與其妻無關。故「贈錢」二字，殊不能援引以爲解釋。况樂天「答謝家最小偏憐女」詩，有「誰知厚俸今無分」之句，更可證范書之誤，而微之原詩，此句必爲「今日俸錢過十萬」，絶無可疑矣。

（原載一九三五年十月清華學報第拾卷第肆期）

順宗實録與續玄怪録

通論吾國史料，大抵私家纂述易流於誣妄，而官修之書，其病又在多所諱飾，考史事之本末者，苟能於官書及私著等量齊觀，詳辨而慎取之，則庶幾得其真相，而無誣諱之失矣。韓愈之順宗實録者，朝廷史官撰進之國史也。李復言之續玄怪録者，江湖舉子投獻之行卷也。兩書之品質絶不類似，然其所紀元和一代，憲宗與閹宦始終隱秘之關係，轉可互相發明。特并舉之，用作例證。韓書世所習讀，故止略引其文。李書則其名稱异同，著作年代及文句校釋諸端，頗多疑滯之義，未易通解。但兹篇所引據之李書一節，爲太平廣記所未收入者，其字句無從比勘。故李書諸問題，於此俱可不必論及，以免支蔓。兹節録其文於下。

涵芬樓影南宋本續幽（玄）怪録壹辛公平上仙條略云：

洪州高安縣尉辛公平，吉州盧陵縣尉成士廉，同居泗州下邳縣。於元和末偕赴調集，行次閿鄉。〔緑衣吏王臻〕曰：「我乃陰吏之迎駕者，此行乃人世不測者也。幸君能一觀！」（寅恪案，「幸」字初視之，極可通。細審之，則疑是「辛」字之訛。蓋所以别於下文之「成公」也。徐乃昌先生隨盦叢書續編覆刻李書，附有校勘札記，「幸」字未著异讀。）成公曰：「何獨棄我？」曰：「君命稍薄，故不可耳。非敢不均其分也。入〔長安〕城，〔成君〕當舍於開化坊西門北壁上第二板門王家。辛君初五更立灞西古槐下。」及期，辛步往灞西，臻引辛謁〔陰世遣迎天子上仙軍馬之〕大將軍。居數日，〔大將軍〕部管兵馬戌時，〔辛隨之〕齊進，入光範〔門〕及諸門。將軍金甲仗鉞來，立於〔宣政〕殿下，五十人從卒環殿露兵，若備非常者。殿上歌舞方歡，俄而三更四點，有一人多髯而長，其狀可畏，忽不知其所來，執金匕首長尺餘，拱於將軍之前，延聲曰：「時到矣！」將軍頻眉揖之，唯而走。自西廂歷階而上，當御座後，跪以獻上。既而左右紛紜，上頭眩，音樂驟散，扶入西閣，久之未出。三更上御碧玉輿，肩舁下殿。〔將軍〕遂步從而出。自內閣及諸門，吏莫不嗚咽群辭，或收血〔泪〕，捧輿不忍去者。過宣政殿，二百騎引，三百騎從，如風如雷，颯然東去。出望仙門，將軍乃敕臻送公平，遂勒馬離隊，不覺足已到一板門前。臻曰：「此開化〔坊〕王家宅，成君所止也。」公平扣門一聲，有人應者，果成君也。秘不敢泄。更數月方有攀髯之泣。（寅恪案，「攀髯之泣」見史記貳捌封禪書。）

寅恪案，復言假道家「兵解」之詞，以紀憲宗被弒之實，誠可謂「微而顯，志而晦，婉而成章」者矣（此語見杜預春秋左氏經傳集解序）。唐代自中葉以後，凡值新故君主替嬗之際，宮禁之中，幾例有劇變，而閹宦實爲此劇變之主動者。外廷之士大夫，則是宮禁之中閹宦黨派鬥争時及决勝後可憐之附屬物與犧牲品耳！有唐一代之政治史中，此點關係至鉅，特宫禁事秘，外間本不易知，而閹人復深忌甚諱，不欲外廷有所得聞。憲宗爲中興之英主，其聲望更不同於他君，故元和一代，其君主與閹人始終之關係，後來之宦官尤欲隱秘之，以免其族類爲士大夫衆矢之的也。兹先節録順宗實録及其他有關史料於下，然後綜合論之，以證成鄙説。

五百家註昌黎先生文外集順宗實録關係宫禁中宦官黨争者如：

外集陸實録壹（原注：「起藩邸，盡貞元二十一年二月。」）云：

〔貞元二十一年正月〕德宗大漸，上疾不能言。（寅恪案，「上」指順宗。下同。）〔王〕伾即入，以詔召〔王〕叔文，坐翰林中，使决事。伾以叔文意入言於宦者李忠言，稱詔行下，外初無知者。

外集捌實録叁（原注：「起四月，盡五月。」）云：

〔五月〕辛卯以王叔文爲户部侍郎，職如故，賜紫。初，叔文欲依前帶翰林學士，宦者俱文珍等惡其專權，削去翰林之職。

外集玖實録肆（原注：「起六月，盡七月。」）略云：

王伾詐稱疾自免。自叔文歸第，伾日詣中人并杜佑，請起叔文爲相，且揔北軍。知事不濟，卧至夜，忽叫曰：伾中風矣！明日遂輿歸不出。

〔七月〕乙未詔軍國政事宜權令皇太子某勾當。（寅恪案，「某」字即憲宗之名「純」。）

上自初即位則疾，患不能言，至四月益甚。天下事皆專斷於叔文，而李忠言王伾爲之内主，〔韋〕執誼行之於外。既知内外厭毒，慮見摧敗，即謀兵權，欲以自固。而人情益疑懼，不測其所爲。會其與執誼交惡，心腹内離，外有韋臯裴垍（原注：「當作均。」）嚴綬等牋表，而中官劉光奇俱文珍薛盈珍尚〔衍〕解玉等皆先朝任使舊人，同心怨猜，屢以啓上。上固已厭倦萬機，惡叔文等，至是遂召翰林學士鄭絪衛次公王涯等，撰制誥而發命焉。

外集拾實録伍（原注：「起八月，盡至山陵。」）略云：

叔文既得志，與王伾李忠言等專斷外事。叔文入至翰林，而伾入至柿林院，見李忠言牛昭容等，故各有所主。

等條，皆可爲例證。

舊唐書壹陸拾韓愈傳云：

時謂愈有史筆，及撰順宗實録，繁簡不當，叙事拙於取捨，頗爲當代所非。穆宗文宗嘗詔史臣添改，時愈壻李漢蔣係在顯位，諸公難之，而韋處厚竟别撰順宗實録三卷。

五百家註昌黎先生文集冬捌進順宗皇帝實録表狀云：

去八年十一月臣在史職，監修李吉甫授臣以前史官韋處厚所撰先帝實録三卷，云未周悉，令臣重修。臣與修撰左拾遺沈傳師、直館京兆府咸陽縣尉宇文籍等，共加采訪，并尋檢詔敕，修成順宗皇帝實録五卷。削去常事，著其繫於政者，比之舊録，十益六七。忠良姦佞，莫不備書。苟關於時，無所不録。吉甫慎重其事，欲更研討，比及身殁，尚未加功。臣於吉甫宅取得舊本，自冬及夏，刊正方畢。文字鄙陋，實懼塵玷。謹隨表獻上。

右臣去月二十九日進前件實録。今月四日宰臣宣進止，其間有錯誤，令臣改畢却進舊本者。臣當修撰之時，史官沈傳師等采事得於傳聞，詮次不精，致有差誤。聖明所鑒，毫髮無遺。恕臣不逮，重令刊正。今并添改訖，其奉天功烈，更加尋訪，已據所聞，載於首卷，儻所論著，尚未周詳，臣所未知，乞賜宣示，庶獲編録，永傳無窮。

順宗實録壹卷首附注略云：

樊〔澤之汝霖〕曰，舊史公傳云：（寅恪案，即舊唐書壹陸拾韓愈傳。文見上引。）公進實録表狀所云，乃監修李吉甫以韋處厚所撰未周悉，令臣重修，而舊傳反謂所撰不當，處厚别撰三卷，誤矣。新史〔壹柒陸韓愈傳〕又云：「自韓愈爲順宗實録，議者鬩然不息，卒竄定無全篇。」按〔新唐書壹肆貳〕路隋傳：「文宗嗣位，隋以宰相監修國史。初，韓愈撰順宗實録，書禁中事太切直，宦寺不喜，訾其非實。帝詔隋刊正，隋建言，衛尉卿周君巢〔等〕皆言改修非是。夫史册者，褒貶所在，匹夫善惡尚不可誣，况人君乎？議者至引雋不疑、第五倫爲比，以蔽聰明。臣〔李〕宗閔、臣〔牛〕僧孺謂史官李漢、蔣係皆愈之壻，不可參撰，俾臣得下筆。臣謂不然。且愈所書，已非自出，元和以來，相循逮今，雖漢等以嫌，無害公議。請條示甚謬誤者，付史官刊定。有詔摘貞元永貞間數事爲失實，餘不復改。漢等亦不罷。」由是觀之，則公於元和十年夏進此實録後，纔一刊正。是文宗朝所特改者，貞元永貞間數事耳。舊史以爲韋處厚別撰者固非，而新史又謂卒竄定無全篇者，亦非也。司馬温公〔資治通鑑〕考异〔壹玖順宗永貞元年二月李師古發兵屯曹州條下〕云：「景祐中，編次崇文總目，順宗皇帝實録有七本，皆五卷。題云，韓愈等撰。五本略，而二本詳，編次者兩存之。其中多异同。」然則是非取捨，後世安所折衷耶？終之，唯公之信而已。此新史所以采摭無遺，且以公爲知言也歟？

韓文類譜陸洪慶善興祖韓子年譜元和十年乙未條云：

進順宗實録狀云，去八年十一月臣在史職，監修李吉甫授臣以前史官韋處厚所撰先帝實録三卷，令臣重修。吉甫慎重其事，欲更研討。比及身殁，尚未加功。臣於吉甫宅取得舊本，自冬及夏，刊正方畢。按吉甫九年十月卒，則進實録在此年夏也。舊史云，愈撰實録，繁簡不當，叙事拙於取舍。按退之作史，詳略各有意，削去常事，著其繫於政者。其褒善貶惡之旨明甚。當時議者非之，卒竄定無全篇，良可惜也。史又云，愈説禁中事頗切直，内官惡之，往往於上前言其不實，此言是也。

寅恪案，樊洪二氏之説頗爲詳盡。關於退之撰順宗實録之公案，可據以判定矣。

舊唐書壹捌肆宦官傳俱文珍傳（新唐書貳佰柒宦者傳上劉貞亮傳同）略云：

〔文珍〕乃與中官劉光琦薛文珍尚衍解玉等謀，奏請立廣陵王爲皇太子，勾當軍國大事。順宗可之。及太子受内禪，盡逐〔王〕叔文之黨。

劉禹錫劉夢得外集玖子劉子自傳云：

是時太上久寢疾，（寅恪案，「太上」指順宗。）宰臣及用事者都不得召對，宫掖事秘，而建桓立順，功歸貴臣。（寅恪案，此借東漢時事爲比，詳見後漢書列傳陸捌宦者傳孫程傳曹騰傳等。）

舊唐書壹伍憲宗紀下略云：

〔元和十五年正月庚子〕上崩於大明宫之中和殿。時以暴崩，皆言内官陳弘志弑逆。史氏諱而不書。

同書壹捌肆宦官傳王守澄傳（新唐書貳佰捌宦者傳王守澄傳略同）云：

憲宗疾大漸，内官陳弘慶（志）等弑逆。憲宗英武，威德在人，内官秘之，不敢除討，但云藥發暴崩。

資治通鑑貳肆壹唐紀憲宗紀云：

〔元和十五年正月〕庚子〔憲宗〕暴崩於中和殿。時人皆言内常侍陳弘志弑逆，其黨類諱之，不敢討賊，但云藥發，外人莫能明也。

依據上引諸條綜合觀之，可知前言永貞内禪即新故君主替嬗之事變，實不過當日宫禁中閹人兩黨競争之結局，其説誠不誣矣。夫順憲二宗帝王父子且爲其犧牲品及傀儡子，何况朝臣若王伾王叔文韋執誼劉禹錫柳宗元之徒乎？韓退之與宦官俱文珍有連，此據昌黎先生外集叁送汴州監軍俱文珍序及王鳴盛蛾（蟻）術編伍柒俱文珍條，可以推證得知者，故順宗實録中關涉宫禁諸條，既傳自當日之閹宦，復經憲宗鑒定添改，則所紀者，當能得其真相，但即因是轉爲閹人所惡。蓋其黨類於永貞之末，脅迫順宗以擁立憲宗之本末，殊不欲外廷知之也。及憲宗又爲内官所弑，閹人更隱諱其事，遂令一朝國史，於此大變，若無若有，莫能詳述。然則永貞内禪及憲宗被弑之二大事變，即元和一代，其君主與宦官始終之關係，實爲穆宗以後閹黨之深諱大忌，故凡記載之涉及者，務思芟夷改易，絶其迹象。李書此條實乃關於此事變倖存之史料，豈得以其爲小説家言，而忽視之耶？丁丑夏日偶讀續玄怪録，因取與順宗實録等量齊觀，而論證之如此。

（原載一九四〇年一月國立北京大學四十週年紀念論文集乙編上册）

魏志司馬芝傳跋

三國志魏志壹貳司馬芝傳云：

特進曹洪乳母當，與臨汾公主侍者共事無澗神，繫獄。卞太后遣黄門詣府傳令，芝不通，輒敕洛陽獄考竟，而上疏曰：「諸應死罪者，皆當先表須報。前制書禁絶淫祀，以正風俗。今當等所犯妖刑，辭語始定，黄門吴達詣臣，傳太皇太后令。臣不敢通，懼有救護，速聞聖聽，若不得已，以垂宿留。由事不早竟，是臣之罪，是以冒犯常科，輒敕縣考竟，擅行刑戮，伏須誅罰。」

裴松之注釋無澗神之義云：

無澗，山名，在洛陽東北。

寅恪案，「無澗神」疑本作「無間神」，無間神即地獄神，「無間」乃梵文 Avici 之意譯，音譯則爲「阿鼻」，當時意譯亦作「泰山」。裴謂無澗乃洛陽東北之山名。此山當是因天竺宗教而得名，如後來香山等之比。泰山之名漢魏六朝内典外書所習見。無澗即無間一詞，則佛藏之外，其載於史乘者，惟此傳有之，以其罕見之故，裴世期乃特加注釋，即使不誤，恐亦未能得其最初之義也。

據此可知釋迦之教頗流行於曹魏宫掖婦女間，至當時制書所指淫祀，雖今無以確定其範圍，而子華既以佛教之無間神當之，則佛教在當時民間流行之程度，亦可推見矣。

（一九四九年）

逍遥游向郭義及支遁義探源

世説新語文學類云：

莊子逍遥篇舊是難處，諸名賢所可鑽味，而不能拔理於郭向之外。支道林在白馬寺中，將馮太常共語，因及逍遥。支卓然標新理於二家之表，立异義於衆賢之外，皆是諸名賢尋味之所不得。後遂用支理。

寅恪案，郭象莊子注今存，支遁逍遥論今得見者，僅世説此條劉孝標注所徵引之一節而已。文雖簡略，然尚可據以推論其旨要之所在及其學説之所本也。今撰此篇，止以考證向郭義及支遁義之何所從出爲範圍，其他概不涉及。兹請先論向郭義。魏晋清談出於後漢末年之清議，人所習知，不待詳考。自東漢末黨錮之後，繼以魏武父子之摧抑，其具體評議中朝人物任用之當否，如東漢末之清議，已不爲世主所容。故人倫鑒識（參晋書肆冬王戎傳及柒肆桓彝傳并世説新語政事類何驃騎作會稽條注引郭泰别傳及賞譽類下庾公爲護軍條注引徐江州本事）即清議之要旨，其一部依附於地方中正制度，以不與世主直接衝突，因得倖存。其餘則捨棄具體人物任用當否之評議，變爲假設問題抽象學理之討論。此觀於清談總彙之世説新語一書，其篇類之標目可以證明，而鍾會之才性四本論（參南齊書叁叁王僧虔傳）及劉邵人物志，又此清議變相之最著及僅存之作也。（後漢書列傳伍捌郭太傳云：「林宗雖善人倫，而不爲危言覈論，故宦官擅政而不能傷也。及黨事起，知名之士多被其害，惟林宗及汝南袁閎得免焉。」又世説新語政事類何驃騎作會稽條注引郭泰别傳略云：「泰字林宗，有人倫鑒識。自著書一卷，論取士之本。未行，遭亂亡失。」寅恪案，抱朴子外篇肆陸正郭篇云：「林宗周旋清談閭閻，無救於世道之陵遲。」然則清談之風實開自林宗，故抽象研討人倫鑒識之理論，亦由林宗啓之也。）

世説新語文學類鍾會撰四本論始畢條劉注云：

魏志曰，會論才性同異，傳於世。四本者，言才性同，才性異，才性合，才性離也。尚書傅嘏論同，中書令李豐論異，侍郎鍾會論合，屯騎校尉王廣論離。文多不載。

劉邵人物志中材能篇云：

凡所謂能大而不能小，其語出於性有寬急。性有寬急，故宜有大小。寬弘之人宜爲郡國，使下得施其功，而總成其事。急小之人宜理百里，使事辦於己。然則郡之與縣，異體之大小者也。以實理寬急論辨之，則當言大小異宜，不當言能大不能小也。若夫雞之與牛，亦異體之小大也。故鼎亦宜有大小，若以烹犢，則豈不能烹雞乎？故能治大郡，則亦能治小郡矣。推此論之，人材各有所宜，非獨大小之謂也。

寅恪案，孔才年輩先於士季。據其人物志上體別篇，「偏材之性，不可移轉矣。」之語，及劉昞「固守性分，聞義不徙。」之注，則其説或與士季才性合之論略有近似處。然鍾論既佚，自不宜妄測。所可注意者，即性分才能大小宜適諸問題，皆劉書之所討論，而此諸問題本是清議中具體事實之問題，今則變爲抽象理論之問題而已。斯則清議與清談之所由分也。若持此義以觀逍遥游郭象注中：

> 夫小大雖殊，而放於自得之場，則物任其性，事稱其能，各當其分。逍遥一也，豈容勝負於其間哉？

及

> 鵬鯤之實，吾所未詳也。夫莊子之大意，在乎逍遥游放，無爲而自得。故極小大之致，以明性分之適。達觀之士，宜要其會歸，而遺其所寄，不足事事曲與生説，自不害其弘旨，皆可略之。

之語，則知向郭之逍遥游義，雖不與劉氏人物才性之説相合，但其措意遣詞，實於孔才所言頗多近同之處。故疑向子期之解逍遥游，不能不受當時人物才性論之影響。惜文籍缺略，無從確證。特標出之，以求當世研精郭注者教正。

支遁逍遥游新義之爲佛教般若學格義，已詳湯用彤先生所著釋道安時代之般若學述略（見哲學論叢第壹集）及拙著支愍度學説考（見蔡元培先生六十五歲慶祝論文集），於此可不贅述。兹所欲論證者，即支遁新義其所依據之佛經確爲何經，及此新義是否果爲林公之所創發二事而已。

高僧傳肆支遁傳略云：

支遁字道林，本姓關氏。陳留人，或云河東林慮人。家世事佛，早悟非常之理，隱居餘杭山。沉思道行之品，委曲慧印之經。遁嘗在白馬寺，與劉系之等談莊子逍遥篇云，各適性以爲逍遥。遁曰，不然，夫桀跖以殘害爲性。若適性爲得者，彼亦逍遥矣。於是退而注逍遥篇，群儒舊學莫不嘆伏。注安般四禪諸經及即色游玄論聖不辯知論道行旨歸學道誡等。至晋哀帝即位，頻遣兩使，徵請出都，止東安寺。講道行般若，白黑欽崇，朝野悦服。以晋太和元年閏四月四日終。春秋五十有三。

世説新語文學類略云：

有北來道人，好才理，與林公相遇於瓦官寺，講小品。於時竺法深孫興公悉共聽，此道人語，屢設疑難。林公辯答清析，辭氣俱爽。此道人每輒摧屈。

殷中軍讀小品，下二百籤，皆是精微，世之幽滯。嘗欲與支道林辯之，竟不得。今小品猶存。于法開始與支公争名，後精漸歸支，意甚不分，遂遁迹剡下，遣弟子出都。語使過會稽，於時支公正講小品。開戒弟子，道林講比汝至，當在某品中。因示語攻難數十番。云，舊此中不可復通。弟子如言，詣支公，正值講，因謹述開意，往反多時，林公遂屈。厲聲曰，君何足復受人寄載？

廣弘明集貳捌上王洽與林法師書云：

今道行指歸通叙色空，甚有清致。

僧祐出三藏記捌載支道林大小品對比要鈔序云：（文多脱誤，故不移録。）

高僧傳肆康僧淵傳云：

誦放光道行二般若，即大小品也。

寅恪案，小品疑即支讖譯道行經也。又小品乃專名。劉孝標世説新語文學類殷中軍讀小品條注云：

釋氏辨空經，有詳者焉，有略者焉。詳者爲大品，略者爲小品。

語殊空泛，不能確指。日本思田仲任世説音釋叁有北來道人條，以鳩摩羅什譯小品般若波羅蜜經當之，則又不知殷浩支遁皆不及見此鳩摩羅什譯之小品也。

據上引諸條，知林公於道行一經實爲顓門之業。其借取此經旨意以釋莊子，乃理所當然。考出三藏記集柒載道安道行經序云：

要斯法也，與進度齊軫，逍遥俱游。

高僧傳伍僧光傳略云：

釋僧光冀州人。爲沙彌時，與道安相遇於逆旅。道安後復從之，相會欣喜，因共披文屬思，新悟尤多。安曰，先舊格義於理多違。光曰，且當分析逍遥，何容是非先達。（寅恪前作支愍度學説考時，不以此傳文之「逍遥」爲書篇之名。今細繹上文有「披文」之語，故認此爲莊子之逍遥游。僧光意謂且務證解逍遥游之真諦，不必非難昔日所受於先輩之逍遥游格義舊説也。如是解釋，未知確否，附識於此，以俟詳考。）

同書陸慧遠傳云：

年二十四，便就講説。嘗有客聽講，難實相義，往復移時，彌增疑昧。遠乃引莊子義爲連類。於是惑者曉然。是後安公特聽慧遠不廢俗書。

寅恪案，格義之定義，見高僧傳肆法雅傳及拙著支愍度學説考，兹不重論。但寅恪前未别於莊子逍遥游一篇有所考釋，故今略補證之。據道安道行經序，既取道行經與逍遥游并論，明是道安心目中有此格義也。依僧光「且當分析逍遥，何容是非先達。」之語，則知先舊格義中實有以佛説解逍遥游者矣。慧遠少時在南游荊州之前，其講實相義，亦已引莊子義爲連類，則般若之義容可與逍遥游義附會也。取此諸條，依其時代先後及地域南北之關係，綜錯推論之，則借用道行般若之意旨，以解釋莊子之逍遥游，實是當日河外先舊之格義。但在江東，則爲新理耳。支遁本陳留或林慮人，復家世事佛，疑其於此種格義，本已有所薰習。據世説新語文學類王逸少作會稽條（高僧傳肆支遁傳略同）云：

因論莊子逍遥游，支作數千言，才藻新奇，花爛映發。王遂披襟解帶，留連不能已。可知林公標此新義，其文采辭令必非當日諸傖道人所能企及，固不僅意旨之新拔已也。又向郭舊義原出於人倫鑒識之才性論。故以「事稱其能」及「極小大之致，以明性分之適。」爲言。林公窺見其隱，乃舉桀跖性惡之例，以破大小適性之説。然則其人才藻新奇，神悟機發（世説新語品藻類郗嘉賓問謝太傅條注引支遁傳），實超絶同時之流輩。此所以白黑欽崇，推爲宗匠，而逍适新義，遂特受一世之重名歟？

（原載一九三七年四月清華學報第壹貳卷第貳期）

附記

寅恪近年撰書世説新語文學類鍾會撰四本論始畢條後一文，以爲當日主才性離异者，爲曹氏之黨，主才性同合者，爲司馬氏之黨。孔才卒於齊王芳正始中，尚在嘉平一兀年司馬懿殺曹爽，即曹氏與司馬氏公開决裂以前，故其生世較早，兩黨分野未甚明確，假使其持論與司馬氏黨之鍾會相似，亦不必執此目爲於魏晉兩朝皇室有所偏袒也。一九六五年。

元代漢人譯名考

治元史者，莫不知元代社會有蒙古色目漢人三階級。陶九成南村輟耕録壹氏族條，載蒙古七十二種，色目三十一種，漢人八種。其所舉漢人八種之名曰：

契丹　高麗　女直　竹因歹　朮里闊歹　竹温　竹赤歹　渤海（原注：女直同。）

陶氏此文，自來疑其訛舛。故所舉蒙古色目氏族之名，以元秘史拉施特書聖武親征録及元史等校之，頗多重複脱漏。近年日本箭内豆博士著元代社會之三階級一文（見滿鮮歷史地理報告第參卷）。其蒙古色目氏族比較表，較之錢竹汀元史氏族表及柯蓼園學士丈新元史氏族表，尤爲詳審。其論陶氏所舉漢人八種之名曰：

輟耕録編者於漢人八種中，不舉漢人，可謂不合之極。又如後述嚴密言之，漢人亦有二種，嘗在金治下之支那人曰漢人，在宋治下之支那人曰南人。而從其待遇上差別言之，漢人八種，當可改爲漢人十種者也。

錢竹汀大昕十駕齋養新録玖趙世延楊朵兒只皆色目條曰：

〔元史〕列傳第五卷至三十二卷，皆蒙古色目人。第三十三卷至七十五卷，皆漢人南人也。趙世延雍古部人，即按竺邇之孫，蓋色目人也，而與漢人同列，誤矣。楊朶兒只西夏人。元時稱夏人爲唐兀氏。唐兀亦色目三十一種之一。其人各自有姓，如李恒高智耀來阿八赤，皆列於色目，則朶兒只亦當爲色目人矣。耶律石抹完顏粘合烏古論，皆遼金舊族，元時謂之漢人。漢人有官至宰執者，而南人不得入臺省。順帝時稍用南人，而入參政者，僅危素一人耳。漢人南人之分，以宋金疆域爲斷，江浙湖廣江西三行省爲南人。河南省唯江北淮南諸路爲南人。

又錢氏元史氏族表序曰：

耶律石抹粘朮合孛魯之倫，出自遼金，當時所謂漢人也。

寅恪案，錢氏言遼金舊族，元時謂之漢人，其說是也。然元代遼金舊族，何以俱稱漢人，而陶九成以黄巖人著書，列舉漢人氏族八種之名，轉遺漢族本身而不載。陶氏縱極疏忽，亦何至訛謬如此。蓋元代漢人之名，必有待發之覆。今爲考證當日漢人之名，其譯語本爲何字，兼采近年外國成説，覈以蒙古波斯舊史之文，依其界說之變遷及涵義之廣狹，立一假定之說，以解釋之。

明火源潔華夷譯語蒙文編人物門，漢人曰乞塔。乞塔固爲中國人之通稱。然元初所謂漢人，疑尚有他譯名也。海鹽朱教授希祖所藏日本元禄十二年翻刻元泰定本陳元靚事林廣記庚集卷拾至元譯語人事門，漢兒曰托忽歹。蠻子曰囊家歹。今取舊史校之，知托忽歹爲札忽歹之訛，而囊家歹之語，則本之金人故稱也。茲以舊史之文證之。

拉施特論中國之一節（見 Blochet 校本拉施特蒙古史波斯原文第貳冊第叁貳捌頁及 Quatremére 拉施特蒙古史波斯法文對譯本第捌伍頁至玖陸頁）云：

Khatai 國者，蒙古人稱爲 Djavkout，支那語謂之 Khanzi。以 Kara-moran（黃河）與 Matchin 國即支那人所謂 manzi（蠻子）者爲界。又與 Tchourtcheh 及游牧人所居 Kara-Khatai 荒漠之地接界。蒙古語 Tchourtcheh 之名，蓋因支那人稱此國人爲 Nangias。與 Khatai 以黃河爲界。此水源出吐蕃及迦濕彌羅，常不可渡。其國都名 Khingsai。（即臨安，殆行在之音譯。）距 Khan-balik（大都）四十日程。

又波斯文舊題 Abd-allah-Bedawi 所著 Nizam-altawarikh（譯言史貫）第捌篇論中國一節，與拉施特書同。（見 André Müller，Historia Cathaica 第捌頁至第壹壹頁。原書未見，僅據 Quatremère 本拉施特書第捌陸頁所引，并可參 Blochet 本拉施特書第貳冊第叁貳捌頁。）其文略云：

Khatai 分爲數國。其名隨各種語言而不同。支那語謂 Khanjo-tchou（tchi）Tchoun–Koné。蒙古語謂之 Djavkout。印度人謂之 Tchin。吾等（波斯人）謂之 Khatai。

寅恪案，兩書所述，俱出一源。是 Djavkout 一語，究爲何字轉譯，雖無定論，要爲當時蒙古語中國之通稱，則無疑義。故至元譯語人事門，漢兒曰托忽歹，正記録當時習俗之通稱。托字當爲札字之訛也。

拉施特書記憲宗伐宋事（見 Blochet 本第貳册第叁貳叁頁所引）云：

蒙哥令支那未來皇帝領蒙古及 Djavkout 攻宋。

元史叁憲宗本紀云：

〔八年戊午十一月〕命忽必烈統諸路蒙古漢軍伐宋。

兩書所記，實爲一事。此 Djavkout 爲漢軍譯語之確據也。又拉施特書（Vol' 241, Quatremère 本第玖壹頁注）以 Djavkout 之名包括 Khatai, Tchourtcheh, Tangut 及 Solangah（高麗即元史之肅良合秘史之莎郎合思）諸地。此廣義之泛稱，與輟耕録所舉可互證也。

又元秘史（見葉氏觀古堂刊本續集卷貳第伍肆頁下至伍伍頁上及伍捌頁上）云：

斡歌歹	合罕（中）	嗚詁列論（舌）	額赤格余延	也客	斡欒（舌）	突兒（舌）	撒兀周	合罕（中）
名	皇帝	說	父 自的行	大	位	裏	坐着	皇帝

額赤格因（父的） 豁中亦納（後） 委亦列都克先（做了的勾當） 米納（我的） 札忽中敦（金人的） 亦兒舌堅突兒舌（百姓行） 阿牙剌周（征進者）

札忽中惕亦兒舌堅（金人每百姓） 木忽中惕合中罷（窮絕了） 必（我）

斡歌歹皇帝說：「自坐我父親大位之後，添了四件勾當。一件平了金國。」

此札忽惕即拉施特書之 Djavkout。至元譯語之托忽歹之托字爲札字之訛，可據此證明。至蒙古之稱金人，姑就元秘史而論，札忽惕之外，或曰阿勒壇，即蒙文金字之意譯。或曰主兒扯惕，即女直之對音。或曰乞塔，即與華夷譯語之乞塔同一字也。

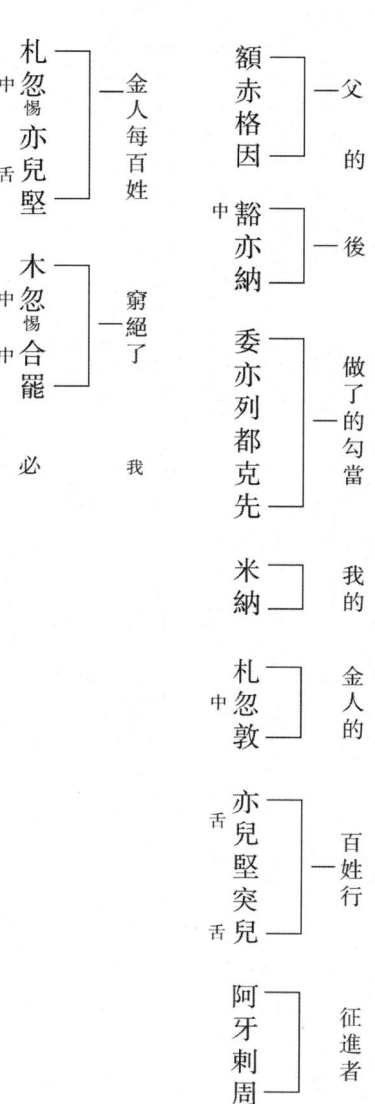

又至元譯語人事門，蠻子曰囊家歹。囊家即拉施特之 Nangias。法蘭西伯希和教授 Prof. Paul Pelliot 謂即華語南家二字之音譯。（見一千九百十三年巴黎亞細亞學會雜志第壹壹集第壹期）

而南字以興家字聯接，故譯音稍變。并引三朝北盟會編貳貳馬擴茆齋自叙云：

粘罕云：「你説得也煞好，衹是你南家説話多捎空。」

金人稱宋爲南家，蒙古亦承用之。後遂爲中國之通稱。不僅如拉施特書，限於支那之南部。如蒙古源流陸（參一千九百十三年巴黎亞細亞學會雜志第壹壹集第壹期伯希和君論文）云：

〔阿勒坦汗〕行兵中國，侵凌騷擾。

此文中國二字，據蒙文原本（見 Schmidt 本第貳壹拾頁第貳行）作 Nangiad-ulus。今蒙文彙書（卷肆第捌陸頁）及滿蒙漢藏四體文監人類門華文漢人二字，蒙文均作囊家之音。雖其界説與至元譯語不同，而此舊名尚存於近代書籍。然則 Blochet 君謂今日蒙文已無此字者殆非也（見 Blochet 本拉施特書第貳册第叁貳肆頁注）。

又元典章貳貳户部鹽法通例條云：

今各路官司依例斷遣漢兒人蠻子人申解遼陽省發付出軍。

此稱漢兒人蠻子人尤與至元譯語脗合。其他漢人南人之稱，相當於元代之官書者甚衆，如元史捌壹選舉志及元典章叁壹禮部科舉式目條所載漢人南人分配區域，尤足資參證。至其分别，則如錢氏十駕齋養新録所謂以宋金舊疆爲斷者也。

今據上述諸端，知札忽惕，乞塔惕等名，姑不論其字之原義如何，但蒙古既用以指金人，又別無他語以稱金治下之漢族。當日列舉氏族之名，其總目爲漢人，以別無他名稱金治下漢族之故，其子目遂不列漢人。此限於當日語言界説所致，殊不足爲异也。輟耕録氏族條，固多繆誤，惟此漢人八種一節，後人均視爲疏略尤甚者，寅恪則頗疑其全襲蒙古最初故籍舊題之原文，絶未增損一語，間有重複舛訛，殆爲移譯傳鈔所致。至箭内博士又以陶氏所舉漢人八種中未列南人爲不合，殊不知蒙古語當日自有囊家歹之專名，以稱南人，實不在札忽歹即漢人總稱範圍之内。陶氏襲用蒙古最初故籍原文札忽歹舊語標目之下，固不能兼列南人，如後來界説已推廣變遷者之所爲。蓋一時代之名詞，有一時代之界説。其涵義之廣狹，隨政治社會之變遷而不同，往往鉅大之糾紛訛謬，即因茲細故而起，此尤爲治史學者所宜審慎也。

（原載一九二九年八月清華學校研究院國學論叢第貳卷第壹號）

幾何原本滿文譯本跋

幾何原本滿文譯本寫本七卷，舊藏景陽宫，蓋歐幾里得書前六卷之譯本也。戊辰仲冬，寅恪始得北海圖書館影本讀之。此本不依歐氏原文移譯，故與利泰西徐文定共譯本迥异。寅恪取數理精藴中十二卷之幾何原本校之，其體制内容適與之相符。惟滿文本所分卷數間有不同，所列條款及其數目之多寡亦往往與數理精藴本不合。如滿文本之第陸卷即數理精藴本之第陸卷至第拾卷。然數理精藴本第陸卷至第拾卷共爲六十四條，而滿文本之第陸卷則爲九十條。又滿文本之文復有軼出數理精藴本之外者，如滿文本之第壹卷卷首序論即不載數理精藴本中，此二本之互异者也。二本之文字詳略及各卷所附圖式，則大抵符合，此二本之相同者也。今綜校二本之异同，姑不論滿文本譯自數理精藴本，抑數理精藴本譯自滿文本，要之此二本同出於一源，則無疑義。嘗讀數理精藴本，怪其與利徐共譯本體裁絶异。復與清初杜臨甫之幾何論約及方位伯之數度衍所附幾何約諸書，僅就利徐共譯本删節者，皆不相類，頗致疑於清聖祖及諸臣删改之説。往歲游學海外，偶於圖書館檢夏鳥氏（Sommer Vogel）耶穌教會著述目録見有滿文幾何原本之名。考法蘭西人支那學書目（H. Cordier：Bibliotheca Sinica，Vol. II，P.1092），天學初函於乾隆二十三年譯爲滿文，但彼爲利徐共譯本，非此景陽宮七卷本也。今此七卷本既非利徐共譯本，又不似利徐共譯本之删節本，殊不知其所從出。然數理精蘊中之割圓術，本西說也，而詭稱御製（據李儼君所言）。數理精蘊中之幾何原本與景陽宮之幾何原本滿文譯本原爲一書，殆出於耶穌教會諸子之手，而夏鳥氏目録所載者，當亦即此書也。夫歐幾里得之書，條理統系，精密絶倫，非僅論數論象之書，實爲希臘民族精神之所表現。此滿文譯本及數理精蘊本皆經删改，意在取便寬施，而不知轉以是失其精意。耶穌教會諸子號稱通達權變，折衷中西，雖於東土舊傳拜死敬天之禮，亦有不妨寬假之意。然顓門名家之學，與應世之術不同，若一無依據，未必能盡易原書體裁。考歐邏巴洲十六七世紀時，歐幾里得之書，屢經編校刊行，頗有纂譯簡易之本，以資淺學實習之用者，如德意志人浩爾資曼 Wihelm Holtzmann 所譯德文幾何原本前六卷之本，其自序略謂：「此本爲實用者而作。實用者僅知當然已足，不必更示以所以然之理。故凡關於證明之文，概從芟略云云。」（見 Thomas L.Heath 英譯幾何原本第貳版第壹册第壹佰柒頁）即其一例也。寅恪因之疑此滿文譯本及數理精蘊本皆間接直接出於浩氏相類似之本，而數理精蘊本恐非僅就利徐共譯本所能删改而成者。惜局處中土，無從廣徵歐書舊刊，爲之證明耳。然則此七卷之滿文譯本者，蓋景陵當日幾暇格物之書，西海疇人重譯顓門之業，迄乎兹世，猶在人間，即此一段因緣，已足特加珍護。況復藉以得知歐幾里得前六卷之書，赤縣神州自萬曆至康熙百年之間，已一譯再譯，則其事之關係於我國近世學術史及中西交通史者至大，尤不可以尋常滿文譯籍等視之矣。

（原載一九三一年四月歷史語言研究所集刊第貳本第叁分）

吐蕃彝泰贊普名號年代考（蒙古源流研究之一）

薩納囊徹辰洪台吉著蒙古源流（四庫全書總目伍壹史部雜史類蒙古源流條提要稱作者之名爲小徹辰薩囊台吉），其所紀土伯特事，蓋本之西藏舊史。然取新舊唐書吐蕃傳校其書，則贊普之名號，往往不同，而年代之後先，相差尤甚。夫中國史書述吐蕃事，固出於唐室當時故籍，西藏志乘，雖間雜以宗教神話，但歷代贊普之名號世系，亦必有相傳之舊説，決不盡爲臆造。今唐蕃兩地載籍互相差异，非得書册以外之實物以資考證，則無以判别二者之是非，兼解釋其差异之所由來也。

蒙古源流貳略云：

穆迪子藏瑪（寅恪案，坊刊本藏作減，誤。）達爾瑪，持松壘，（寅恪案，坊刊本持作特，誤。）羅壘，倫多卜等，兄弟五人。長子藏瑪出家爲僧（句）次子達爾瑪（句）持松（寅恪案，松下略一壘字，滿文本已如是。）自前歲次戊子紀二千九百九十九年之丙戌年所生。歲次戊戌，年十三歲，衆大臣會議輔立即位。在位二十四年，歲次辛酉，年三十六歲，歿。汗無子，其兄達爾瑪即位。

寅恪案，薩納囊徹辰洪台吉以釋迦牟尼佛涅般後一歲爲紀元。據其所推算，佛滅度之年，爲西曆紀元前二千一百三十四年。故其紀元前之戊子元年，爲西曆想紀元前二千一百三十三年。其所謂「自前戊子紀二千九百九十九年之丙戌年」，即西曆紀元後八百六十六年，唐懿宗咸通七年。戊戌年即西曆紀元後八百七十八年，唐僖宗乾符五年。辛酉年即西曆紀元後九百零一年，唐昭宗天復元年。惟蒙古源流此節所紀達爾瑪，持松壘贊普之名號年代，皆有錯誤。玆先辨正其名號，兼解釋其差异之所由來，然後詳稽其年代之先後，以訂正唐蕃兩地舊史相傳之訛誤，或可爲治唐史者之一助歟？

名號之訛誤有二：一爲誤聯二名爲一名。一爲承襲蒙古文舊本字形之譌，而誤讀其音。何謂誤聯二名爲一名？檢新唐書貳壹陸下吐蕃傳略云：

贊普（寅恪案，此指可黎可足，即彝泰贊普。）立幾三十年。死。以弟達磨嗣。

資治通鑑考异貳壹唐紀壹叁文宗開成三年吐蕃彝泰贊普卒，弟達磨立。條云：

彝泰卒及達磨立，實録不書。舊傳續會要皆無之。今據補國史。

坊刊本蒙古源流貳云：

汗（寅恪案，此指持松壘。）無子，其兄達爾瑪，癸未年所生，歲壬戌，年四十歲，即位。因其從前在世爲象時，曾設惡愿，二十四年之間，惡習相沿，遂傳稱爲天生邪妄之郎達爾瑪。

（寅恪案，藏語謂象爲朗 glañ。）汗將大乘三藏以下，下乘以上之三乘及四項僧人，俱行殄滅，殘毁禪教。

清高宗御製文初集壹貳翻譯四體楞嚴經序略云：

今所譯之漢經，藏地無不有，而獨無楞嚴，其故以藏地中葉，有所謂狼達爾嗎汗者，毁滅佛教。焚瘞經典時，是經已散失不全。其後雖高僧輩補苴編葺，以無正本，莫敢妄增。獨補敦祖師曾授記是經當於後五百年，仍自中國譯至藏地。此語乃章嘉國師所誦梵典，炳炳可據。且曰〔楞嚴經〕若得由漢而譯清，由清而譯蒙古，由蒙古而譯土伯忒，則適合補敦祖師所授記。雖無似也，而實不敢不勉力焉。因命莊親王〔等〕董其事。蓋始事自乾隆〔十七年〕壬申，而譯成於〔二十八年〕癸未。

又藏文嘉喇卜經 Rgyal-rabs 者，（聞中國有蒙文刊本，寅恪未見。）蒙古源流譯本子注及四庫總目提要，皆言其與薩納囊徹辰洪台吉所紀述多相符合。今據 Emil Schlagintweit 本嘉喇卜經藏語原文第壹貳頁第壹貳行，其名亦爲 Glañdarma，即蒙古源流之朗達爾瑪及清高宗文中之狼達爾嗎，亦即新唐書及通鑑考异之達磨，而蒙古源流之持松壘，在嘉喇卜經則稱爲 Ral-pa-can，與朗達爾瑪非爲一人，彰彰明甚。至於持松壘與達爾瑪孰爲兄弟及朗達爾瑪汗時，楞嚴經有無藏文譯本，皆不必論。惟持松壘與達爾瑪之爲二人，則中國史籍，蒙古源流及西藏歷世相傳之舊說，無不如是也。今故宮博物院景陽宮所藏蒙古源流滿文譯本，誤聯達爾瑪、持松壘二名爲一名，此必當日滿文譯者所據喀爾喀親王成衮札布進呈之蒙文本，已有斯誤，以致輾轉傳訛，中文譯本，遂因而不改。即彭楚克林沁所校之中文譯本（曾見江安傅氏轉録本），亦誤其句讀。以寅恪所見諸本言之，惟施密德氏 Isaac Jacob Schmidt 之蒙文校譯本，二名分列，又未省略，實較成衮札布之本爲佳也。

何謂承襲蒙文舊本字形之訛，而誤讀其音？此彝泰贊普名號，諸書皆差異。今據最正確之實物，即拉薩長慶唐蕃會盟碑碑陰吐蕃文，（據前北京大學研究所國學門所藏繆氏藝風堂拓本）補正其省略訛誤，并解釋其差异之所由來焉。據長慶唐蕃會盟碑碑陰吐蕃文，首列贊普名號，末書唐長慶及蕃彝泰紀元。其所載贊普之名號爲 Khri-gtsug lde-brtsan。近年發見之藏文寫本亦同。（見 F.W.Thomas. Tibetan Documents Concerning Chinese Turkestan-Journal of the Royal Asiatic Society of Great Britain and Ireland-Jan, 1928 pp.71, 72, 76.）

新唐書貳壹陸下吐蕃傳略云：

〔元和〕十二年贊普死。可黎可足立爲贊普。

寅恪案，可黎可足即碑文之 Khri-gtsug，其下之 lde-brtsan，則從省略。且據此可知當時實據藏文之複輔音而對音也。

資治通鑑貳叁玖唐紀伍伍云：

〔憲宗元和十一年〕二月西川奏，吐蕃贊普卒。新贊普可黎可足立。

同書貳肆陸唐紀陸貳云：

〔文宗開成三年〕吐蕃彝泰贊普卒，弟達磨立。

寅恪案，會盟碑碑陰末數行，吐蕃年號爲 Skyid-rtag，即彝泰之義。然則可黎可足之號爲彝泰贊普者，實以年號稱之也。茲取此碑碑陰蕃文偏校諸書，列其异同於左：

菩提末 Bodhimör 此書紀贊普世系，實出於藏文之嘉喇卜經（據施密德氏蒙文蒙古源流校譯本第叁陸拾頁所引菩提末之文）。贊普之名爲 Thi-a Tsong-lTe-bDsan。此書原文寅恪未見，僅據施密德氏所轉寫之拉丁字而言，Thi 者，藏文爲 Khri。以西藏口語讀之之對音，嚴格言之，當作 Thi 也。lTe 者，據會盟碑蕃文應作 lDe，蒙文 d，t 皆作 形無分別。bDsan 者，即碑文及西北發見藏文寫本之 brTsan，此乃施密德氏轉寫拉丁字之不同（藏文古寫僅多一 r），非原文之有差异也。惟 aTsong 一字，則因蒙文字形近似而誤。蓋此字會盟碑蕃文本及西北發見之藏文寫本，應作 gtsug，蒙文轉寫藏文之 （g）作 形，轉寫藏文之 （a）或作 h，作 形，ug，ük 作 形，ung 或 ong 作 形，字體極相近似，故致誤。或菩提末原書本不誤，而譯讀者之誤，亦未可知也。

蒙古源流施密德校譯本　據是本，此贊普之名作 Thi-btsong-lte，略去名末之 brtsan。至於 bt-song 者，乃 gtsug 之認讀。藏文ག（g）字，蒙文作ᠭ，與蒙文ᠪ（b）字形近故誤。蒙文之 ug，轉爲 ük 亦以形近，誤爲 ong。見上文菩提末條。

蒙古源流滿文譯本　蒙古源流中文譯本非譯自蒙文，乃由滿文而轉譯者。今成衮札布進呈之蒙文原本，雖不可得見，幸景陽宮尚藏有滿文譯本，獨可據以校正中文譯本也。據滿文本，此贊普名凡二見，一作 Darmakriltsung Lui，一作 Darmakribtsung，皆略去 Brtsan 字。此名誤與達爾瑪之名聯讀，已詳上文。惟藏文之 Khri，滿文或依藏文複輔音轉寫，如此名之 Kri 即是其例。或依西藏口語讀音轉寫，如持蘇隴德燦 Cysurong tetsan 之 Cy（滿文ᠴ），即是其例。蓋其書之對音，先後殊不一致也。ung 乃 ug 轉爲 ük 之誤，見上文菩提末條。又藏文 lde 所以訛成壘者，以蒙文 t 字 d 字皆作 d 形，o 字 u 字亦皆作 d 形。又 e 字及 i 字結尾之形作ᠳ及ᠳ俱極相似，頗易淆混。故藏文之 lde，遂訛爲滿文之 lui 矣。或者成衮札布之蒙文原本，亦已誤，滿文譯本遂因襲而不知改也。

文津閣本及坊刊本漢譯蒙古源流　中文蒙古源流既譯自滿文，故滿文譯本之誤，中文譯本亦因襲不改。二本中此贊普名一作達爾瑪持松壘，一作達爾瑪持松。滿文 kri 作持者，依藏文口語讀之也。考義淨以中文詑爲梵文之 tha 字對音，則 thi 字固可以滿文之ᠴ（Cy）字，中文之持字對音。（梵文名詞以 a 字爲語尾者，中亞文則改作 i 字，蒙文佛典中亦與中亞文相同。如阿難陀及難陀等，蒙文語尾 a 字，易作 i 字。蓋承襲中亞文，而非承襲梵文也。此問題頗複雜，因與本文無大關係，故不多論。）又此二本持字俱作特，乃誤字，而先後校此書者，皆未改正。松字乃滿文 Tsung 之對音，其誤見上文菩提末條。

蒙文書社本漢譯蒙古源流　是本此贊普名一作達爾瑪哩卜崇壘，一作達爾瑪持松哩卜崇。第一名稱作哩者，依滿文 Kri 而對哩音。其作卜者，滿文譯本固有 b 字音也。第二名稱則持哩二字重聲，松崇二字亦壘音。殆當時譯者并列依原字及依口語兩種對音，而傳寫者雜糅爲一，遂至此誤歟？餘見上文所論。

此贊普之名號既已辨正，其年代亦可考定焉。諸書之文，前多已徵引，茲再録之，以便省覽，而資比較。

唐會要玖柒云：

元和十一年西川奏吐蕃贊普卒。十二年吐蕃告哀使論乞冉獻馬十四，玉帶金器等。

舊唐書壹玖陸下吐蕃傳云：

〔憲宗元和〕十二年四月吐蕃以贊普卒，來告。

新唐書貳壹陸下吐蕃傳略云：

〔憲宗元和〕十二年贊普死，使者論乞髯來〔告喪〕。可黎可足立爲贊普。

資治通鑑貳叁玖唐紀伍伍云：

〔憲宗元和〕十一年二月西川奏，吐蕃贊普卒。新贊普可黎可足立。

新唐書貳壹陸下吐蕃傳略云：

贊普（寅恪案，此指可黎可足。）立幾三十年。死。以弟達磨嗣。

資治通鑑貳肆陸唐紀陸貳云：

〔文宗開成三年〕吐蕃彝泰贊普卒。弟達磨立。

資治通鑑考异貳壹唐紀壹叁會昌二年十二月吐蕃來告達磨贊普之喪條略云：

實録丁卯吐蕃贊普卒，遣使告喪，贊普立僅三十餘年。據補國史，彝泰卒後，又有達磨贊普。此年卒者，達磨也。文宗實録不書彝泰贊普卒。舊傳及續會要亦皆無達磨。新書據補國史。疑文宗實録闕略，故他書皆因而誤。彝泰以元和十一年立，至此二十七年。然開成三年已卒。達磨立，至此五年，而實録云，僅三十年。亦是誤以達磨爲彝泰也。

蒙古源流貳略云：

〔持松壘〕歲次戊戌，年十三歲。衆大臣會議輔立即位，在位二十四年。歲次辛酉，年三十六歲，歿。

寅恪於上文據薩納囊徹辰洪台吉書所用之紀元推之，戊戌爲唐僖宗乾符五年，西曆紀元後八百七十八年。辛酉年爲唐昭宗天復元年，西曆紀元後九百零一年。可知蒙古源流所載年代太晚，然此爲别一問題，姑不置論。至諸書所記彝泰贊普嗣立之年，亦無一不誤者，何以言之？唐蕃會盟碑碑陰蕃文，唐蕃年號并列。唐長慶元年，當蕃彝泰七年。長慶二年，當彝泰八年。長慶三年，當彝泰九年。又新唐書貳壹陸下吐蕃傳云：

〔長慶二年劉元鼎使吐蕃會盟還，〕虜元帥尚塔藏館客大夏川，集東方節度諸將百餘，置盟策臺上，偏曉之，且戒各保境，毋相暴犯。策署彝泰七年。

舊唐書壹玖陸下吐蕃傳下略云：

長慶元年九月吐蕃遣使請盟，上許之。乃命大理卿兼御史大夫劉元鼎〔等〕充西蕃盟會使。十月十日與吐蕃使盟，宰臣〔等〕皆預焉。其詞曰，維唐承天，撫有八紘。十有二葉，二百有四載。歲在癸丑冬十月癸酉，（寅恪案，癸丑當作辛丑。長慶元年辛丑十月甲子朔。癸酉即十日。）文武孝德皇帝詔丞相臣〔崔〕植，臣〔王〕播，臣〔杜〕元穎等與大將和蕃使禮部尚書論訥羅等會盟於京師。大臣執簡，播告秋方。大蕃贊普及宰相鉢闡布尚綺心兒等，先寄盟文要節。預盟之官十七人，皆列名焉。其劉元鼎等與論訥羅同赴吐蕃本國就盟。仍敕元鼎到彼令宰相已下，各於盟文後自書名。二年二月遣使來請定界。六月復遣使來朝。是月劉元鼎自吐蕃使迴。

奏云，去四月二十四日到吐蕃牙帳，以五月六日會盟訖。

關於唐蕃會盟事，舊唐書所記，雖其間不免有所脱誤，但終較新唐書、通鑑等爲詳悉。盟文中十有二葉之語，指自高祖至穆宗爲十二帝，而二百有四載，蓋從武德元年，即西曆六百十八年，至長慶元年，即西曆八百二十一年也。然則劉元鼎長慶二年所見虜帥徧曉諸將之盟策，即前歲長慶元年之盟策，故彝泰七年即長慶元年，而非長慶二年。梁曜北玉繩元號略及羅雪堂振玉丈重校訂紀元編，皆據此推算，今證以會盟碑碑陰蕃文，益見其可信。故吐蕃可黎可足贊普之彝泰元年，實當唐憲宗元和十年，然則其即贊普之位，至遲亦必在是年。唐會要、新舊唐書及通鑑所載年月，乃據吐蕃當日來告之年月，而非當時事實發生之真確年月也。又蒙古源流載此贊普在位二十四年，不知其説是否正確，但憲宗元和十年，即西曆紀元後八百十五年，爲彝泰元年。文宗開成三年，即西曆紀元後八百三十八年，亦即補國史所紀可黎可足贊普卒之歲，爲彝泰末年，共計二十四年，適相符合。寅恪於蒙古源流所紀年歲，固未敢盡信，獨此在位二十四年之説，與依據會盟碑等所推算之年代，不期而暗合，似非出於臆造所能也。

綜校諸書所載名號年代既多訛誤，又復互相違异，無所適從。幸得會盟碑碑陰殘字數行，以資考證，千年舊史之誤書，异地譯音之訛讀，皆賴以訂正。然中外學人考證此碑之文，以寅恪所知，尚未有論及此者，故表而出之，使知此邏逤片石，實爲烏斯赤嶺（此指拉薩之赤領而言）之大玉天球，非若尋常碑碣，僅供攬古之士賞玩者可比也。

附記

（一）寅恪近發見北平故宫博物院藏有蒙古源流之蒙文本二種。一爲寫本。一爲刊本。瀋陽故宫博物館亦藏有蒙文本。蓋皆據成衮札布本鈔寫刊印者也。

（二）寅恪近檢北平圖書館所藏敦煌寫本，見八婆羅夷經附載當日吐蕃詔書。中有「今諸州坐禪人爲當今神聖贊普乞里提足贊聖壽延長祈禱」等語。考乞里提足贊即 **Khri-gtsug-lde-brtsan** 之音譯。此乃關於彝泰贊普之新史料，可與兹篇互證者也。

（原載一九三〇年五月歷史語言研究所集刊第貳本第壹分）

靈州寧夏榆林三城譯名考（蒙古源流研究之二）

歷史上往往有地名因其距離不遠，事實相關，復經數種民族之語言輾轉移譯，以致名稱淆混，雖治史學之專家，亦不能不爲其所誤者，如蒙古源流之靈州寧夏榆林等地名，是其一例。寅恪近校此書，獲讀昔人所未見之本，故得藉以釋其疑而正其誤，此蓋機會使然，非寅恪之慵鄙不學，轉能勝於前賢也。

施密德氏 Isaac Jacob Schmidt 蒙古源流校譯本第肆篇 Turmegei 城附注云：

此城或即本書著者所稱爲成吉思汗所攻取，而西夏末主所居之 Turmegei 城，殊未敢決言。

本書著者以爲西夏之都城。

又第玖篇 Temegetu 城附注云：

王觀堂國維先生蒙古源流校本肆圖默格依城旁注云：

友爾馬哥波羅游記注謂撒囊徹辰屢説西夏之衣兒格依城 Irghai。此書紀西夏城邑，僅兩舉圖默格依城，而無衣兒格依城，不知漢譯與西譯何以互异？衣兒格依城，元史太祖本紀作斡羅孩城，地理志作兀剌海城，元秘史作額里合牙（旁注寧夏二字），又作兀剌孩。

寅恪案，施氏未見蒙古源流之滿文及中文譯本。觀堂先生未見蒙文原本及滿文譯本，故其言如此。日本那珂通世成吉思汗實録壹貳所考靈州寧夏地名頗精審，然彼書爲元秘史之日文譯本，故不及榆林之名，且其所徵引，猶未完備。兹更詳稽蒙古源流諸譯本之异同，證以元明舊史之文，庶幾得以釋正施王之疑誤，并可補那珂氏所考之未備。凡前賢之説，其是者固不敢掠美，其非者亦不爲曲諱，惟知求真而已。

施密德氏蒙古源流蒙文本 **Temegetu** 之名凡五見，**Turmegei** 之名凡兩見，**Irgai** 之名凡五見。滿文及中文譯本 **Temegetu** 及 **Irgai** 之名以中國舊名譯之。於 **Turmegei** 以對音譯之。兹先論 **Temegetu** 及 **Irgai** 之名，然後再及 Turmegei 之名。

滿文譯本 **Temegetu** 作 **Iui Lin**，即中文本之榆林。譯 **Irgai** 作 **Ning Hiya**，即中文本之寧夏。以常理而言，滿文本譯者，當爲蒙人或滿人之精通蒙文者，其譯此二城之名，以中國舊名當之，而不用對音，非憑虛臆造，必有所依據，固無可疑。兹復取中國舊史所紀，與蒙古源流所載爲同一之史實，而有關於此二城之名者，參互校覈之，益可以證明其所譯之不誤也。

蒙古源流柒紀往迎達賴喇嘛事云：

於是寧夏城之王爲首，都堂總兵大小各官，以次延請，頗著恭敬。

寅恪案，此節蒙文本寧夏作 **Irgai**，其王之名作 **Tsching Wang**。明史壹壹柒諸王傳貳云：

慶靖王㮵，太祖第十六子。洪武二十四年封。二十六年就藩寧夏。

同書肆貳地理志寧夏衛下注云：

洪武二十六年慶王府自慶陽府遷此。

同書壹佰貳諸王世表叁略云：

慶端王倪爌，萬曆五年襲封。十六年薨。

據此，Tsching Wang 者，慶王之對音，蒙古源流紀此事於甲申年，即萬曆十二年。此慶王當爲倪爌。此時之王既爲慶王，則其建邸之城，非寧夏莫屬。然則 Irgai 之爲寧夏，可無疑矣。

又蒙古源流柒云：

歲次甲午徹辰濟農年三十歲，復行兵明地，由阿拉善前往，榆林城之馬姓總兵追至。

寅恪案，蒙文本徹辰濟農上有博碩克圖 Buschuktu 一詞，即明史之卜失兔。甲午爲明萬曆二十二年。明史貳叁捌麻貴傳云：

貴以功增秩予廕。尋擢總兵官，鎮守延綏。〔萬曆〕二十二年七月卜失兔糾諸部深入定邊，營張春井。貴乘虛擣其帳於套中，斬首二百五十有奇，還自寧塞，復邀其零騎。會寇留内地久，轉掠至下馬關，寧夏總兵蕭如薰不能禦，總督葉夢熊急檄貴赴援，督副將蕭如蘭等連戰曬馬臺、薛家窪，斬首二百三十有奇，獲畜産萬五千。

又同書玖壹兵志及壹柒捌余子俊傳紀延綏徙治事相同，今竝録之。

兵志略云：

〔成化〕七年延綏巡撫余子俊大築邊城。先是，東勝設衛守在河外，榆林治綏德。後東勝内遷，失險，捐米脂魚河地幾三百里。正統間，鎮守都督王禎始築榆林城。至是〔延綏巡撫余〕子俊乃徙治榆林。

余子俊傳云：

初延綏鎮治綏德州，屬縣米脂、吴堡悉在其外，寇以輕騎入掠，鎮兵覺而追之，輒不及，往往得利去。自子俊徙鎮榆林，增衛益兵，拓城置戍，攻守器畢具，遂爲重鎮。

施氏蒙古源流蒙文本榆林作 Temegetu，總兵之姓名作 Magha，當即麻貴之對音，而轉寫微訛。成衮札布蒙文本編校者，或滿文本譯者，以其不類漢姓，故略去下一音，僅餘 Ma 音，中文本遂譯爲馬姓耳。明憲宗成化七年以後，延綏徙治榆林，蒙古源流所稱榆林總兵，亦猶西人習稱清代兩江總督爲南京總督之例。當萬曆二十二年之秋，寧夏鎮總兵爲蕭如薰，延綏鎮總兵爲麻貴。則蒙古源流蒙文本之 Magha 必爲麻貴，Magha 既爲麻貴，則 Temegetu 城非榆林莫屬。是 Temegetu 之應譯爲榆林，又可無疑矣。Irgai 之爲寧夏，Temegetu 之爲榆林，既已證明，則音譯之圖默格依 Turmegei，即元秘史壹貳之朵兒篾該，對音適切，其爲一地，自無疑義。拉施特書亦有此城名，多桑 D' Ohsson 讀爲 Derssekai，額爾篤曼 Erdmann 讀爲 Deresgai，其中 s 之音疑爲傳寫之訛。鄙意秘史載狗兒年攻靈州一節，其蒙文音譯朶兒篾該旁注靈州二字，與元史壹太祖本紀二十一年丙戌冬十一月庚申帝攻靈州同一事，則靈州之爲朶兒篾該，無待再爲之證明。故中文圖默格依，即蒙文滿文本之 Turmegei，亦即元秘史之朶兒篾該。然則蒙古源流之圖默格依，準 Temegetu 及 Irgai 之例，不以對音譯，而以中國舊名譯，當爲靈州二字無疑也。

三城之譯名皆已考定，然後可以辨昔賢舊説之是非。觀堂先生謂衣兒格依城 Irgai 即元秘史之額里合牙，其説是也。所以知其是者，元秘史續集貳額里合牙旁注寧夏二字，如朶兒篾該旁注靈州二字者相同。多桑 D' Ohsson 引拉施特書謂西夏國都名 Irghai，蒙古人謂之 Ircaya，Ircaya 與額里合牙對音適符，而西夏國都即寧夏，又與旁注脗合，故衣兒格依 Irghai 即元秘史之額里合牙無疑也。惟先生又謂衣兒格依城即斡羅孩，兀剌海，兀剌孩，其説非也。所以知其非者，元秘史續集貳，額里合牙與兀剌孩同列一卷中，對音既异，一則旁注寧夏，一則否。又元史陸拾地理志叁甘肅等處行中書省所屬寧夏府路與兀剌海路竝列。其爲二地可知。且地理志兀剌海路下注云：

太祖四年由黑水城北兀剌海西關口入河西，獲西夏將高令公，克兀剌海城。

與元史壹太祖本紀略云：

四年己巳帝入河西，夏主李安全遣其世子率師來戰，敗之，獲其副元帥高令公，克兀剌海城，薄中興府，引河水灌之，堤決，水外潰，遂撤圍還。

所載適符。據此可知是役僅克兀剌海，而未克中興府。元史陸拾地理志叁寧夏府路云：

自唐未有拓拔思恭者，鎮夏州。世有銀夏綏宥靜五州之地。宋天禧間，傳至其孫德明，城懷遠鎮爲興州以居，後升興慶府，又改中興府。

夫中興府即寧夏，亦即衣兒格依 Irgai；然則衣兒格依與兀剌海決不得爲一地明矣。又元史壹太祖本紀略云：

〔二年〕丁卯秋再征西夏，克斡羅孩城。四年己巳帝入河西，克兀剌海城。

斡羅孩與兀剌海對音適合，故史家皆以爲一地。如柯蓼園劭忞丈新元史叁太祖本紀下略云：

二年丁卯秋，帝親征西夏，入兀剌海城。五年庚午秋，帝再伐西夏，復入兀剌海城。

柯氏以斡羅孩即兀剌海，故第一役亦作兀剌海，第二役則言復入。（柯氏繫第二役於五年庚午，而不繫於四年己巳者，蓋從拉施特書及聖武親征録。屠敬山寄丈蒙兀兒史記叁成吉思可汗本紀貳下亦與新元史同。惟觀堂先生聖武親征録校注庚午西夏獻女爲好條，有「此年事拉施

聖武親征録云：

〔丁卯〕秋再征西夏，冬克斡羅孩城。

特書繫於蛇年」之語。寅恪案，元史譯文證補壹下太祖本紀譯證略云：「馬年秋又征合申，納女而回。」觀堂先生所云，當即指此。然此事拉施特氏實繫於馬年，而非蛇年。徧檢上年即蛇年，并無類似之事，不知所出，待考。）若斡羅孩與兀剌海爲一地，則據上文所述，與衣兒格依 **Irgai**（即寧夏）絕無關涉，焉得謂衣兒格依即斡羅孩乎？又屠氏於蒙兀兒史記叄成吉思可汗本紀貳下二年丁卯條，謂兀剌孩即元史壹貳玖李恒傳之兀納剌。又於同書二十有一年丙戌條，謂姚〔燧〕牧庵集中書左丞李公家廟碑之兀納，亦即兀剌城。（寅恪案，今武英殿聚珍本姚牧庵集壹貳此文不作「兀納城」，僅作「某某城」。當出於屠氏之推想，未必別見他本也。）然兀納剌與兀剌孩對音殊不相近，如無他證，似不能合爲一地也。

王觀堂先生前數年校蒙古源流時，未見蒙文滿文諸本，故不知 **Irghai** 即寧夏，謂此書紀西夏城邑，僅兩舉圖默格依，而友爾馬哥波羅游記所引之 **Irghai**，不見於中文本，因不解漢譯與西譯何以互異？今寅恪以機緣獲見先生當日所未見之本，遂得釋此疑。若先生有知，亦當爲之一快包。

至施密德氏疑 **Temegetu** 或與 **Turmegei** 同爲一地。據上文所述，**Temegetu** 爲榆林，**Turmegei** 爲靈州，既已證明爲兩地，實無牽合爲一之理。且蒙古源流著者，亦未顯稱圖默格依爲西夏國都，惟言其爲末主錫都爾固汗所居耳。（靈州爲夏人先世繼遷舊都，蒙古源流著者容有誤會。）然則施氏所疑之不當，又不待言也。

今綜合上文所述，除中國近日如洪鈞王國維諸家所譯之對音不計外，得以證明四端：

（一）Turmegei 圖默格依，朵兒篾該，靈州 Derssekai Deresgai 等名，同屬一地。

（二）Irgai，（Irghai），寧夏，中興府，夏王城（見元史太祖本紀二十二年）等名，同屬一地。

（三）Temegetu，榆林等名，同屬一地。

（四）兀刺海，兀刺孩，斡羅孩等名與 Irgai 非屬一地。至其當今日之何地及友爾 Henry Yule 馬哥波羅游記注誤以西凉府之 Egrigaia 當寧夏等問題，以其不在本文範圍之内，姑不具論。茲僅就此關於蒙古源流之三城，考定其譯名，或亦讀是書者之一助歟？

（原載一九二九年八月國立中山大學語言歷史學研究所週刊第捌集玖貳、玖叁期合刊，一九三〇年六月歷史語言研究所集刊第壹本第貳分）

彰所知論與蒙古源流（蒙古源流研究之三）

元帝師八思巴爲忽必烈製蒙古國書。元亡而其所製之國書亦廢不用。彰所知論者，帝師爲忽必烈太子真金所造。其書依仿立世阿毘曇之體，捃摭吐蕃舊譯佛藏而成。於佛教之教義固無所發明，然與蒙古民族以歷史之新觀念及方法，其影響至深且久。故蒙古源流之作，在元亡之後將三百年，而其書之基本觀念及編製體裁，實取之於彰所知論。今日和林故壤，至元國字難逢通習之人。而蒙古源流自乾隆以來，屢經東西文字之移譯（滿文漢文及德文），至今猶爲東洋史學之要籍。然則蒙古民族其文化精神之所受於八思巴者，或轉在此而不在彼，殆亦當日所不及知者歟！

考東西文字之蒙古舊史，其世界創造及民族起源之觀念，凡有四類。最初者，爲與夫餘鮮卑諸民族相似之感生説。稍後乃取之於高車突厥等民族之神話。迨受阿剌伯波斯諸國之文化，則附益以天方教之言。而蒙古民族之皈依佛教者，以間接受之於西藏之故，其史書則掇采天竺吐蕃二國之舊載，與其本來近於夫餘鮮卑等民族之感生説，及其所受於高車突厥諸民族之神話，追加而混合之。夫蒙古民族最初之時叙述其起源，而冠以感生之説。譬諸棟宇，既加以覆蓋，本已成一完整之建築，若更於其上施以樓閣之工，未嘗不可因是益臻美備而壯觀瞻。然自建築方面言之，是謂重疊之工事。有如九成之臺，累土而起，七級之塔，歷階而登，其構造之愈高而愈上者，其時代轉較後而較新者也。今日所存之阿剌伯文波斯文土耳其文等蒙古舊史，大抵屬於第三類之回教化者，與蒙古源流無涉，於此可不論。至第一類與夫餘鮮卑等民族之感生説相似者，則日本内藤虎次郎博士之蒙古開國之傳説（見内藤氏讀史叢録）并今西龍博士之朱蒙傳説及老獺稚傳説（見内藤博士頌壽紀念史學論叢）諸論文中已詳言之。亦無庸贅述。茲僅就第二第四兩類略徵舊史之文，闡明其義，以見帝師與蒙古史之關係，及其後來之影響。并取彰所知論卷上情世界品中吐蕃蒙古王族之譯名，與許氏本嘉喇卜經，（Rgyal-rabs，ed. Schlagintweit）蒙古源流諸書互證，以備治蒙古史者之參考。其天竺諸王名字，則皆見於佛乘，非難推知，故不多及焉。

元朝秘史壹略云：

當初元朝的人祖，是天生一個蒼色的狼，（蒙文音譯孛兒帖赤那，蒙古源流作布爾特齊諾。）與一個慘白色的鹿（蒙文音譯豁埃馬闌勒，蒙古源流作郭斡瑪喇勒。）相配了，同渡過騰汲（吉）思名字的水，來到於斡難名字的河源頭，不兒罕名字的山（蒙文音譯不峏罕哈勒敦納，蒙古源流作布爾干噶勒圖納。）前住着。產了一個人，名字唤作巴塔赤罕。朵奔篾兒干（元史太祖本紀、宗室世系表、陶宗儀輟耕録作脱奔咩哩犍，蒙古源流作多博墨爾根。）死了的後頭，他的妻阿闌豁阿（元史太祖本紀、宗室世系表、輟耕録作阿蘭果火，蒙古源流作阿掄郭斡。）又生了三個孩兒。一個名不忽合答吉，（元史太祖本紀、宗室世系表、輟耕録作博寒葛答黑。蒙古源流作布固哈塔吉。）一個名不合禿撒勒只，（元史太祖本紀、宗室世系表、輟耕録作博合覩撒里直，蒙古源流作博克多薩勒濟固。）一個名孛端察兒。（元史太祖本紀、宗室世系表、輟耕録作孛端叉兒，蒙古源流作勃端察爾。）朵奔篾兒干在時生的别勒古訥台（蒙古源流作伯勒格特依）、不古訥台（蒙古源流作伯衮德依）兩個兒子背處共説：俺這母親無房親兄弟，又無丈夫，生了這三個兒子，家内獨有馬阿里黑伯牙兀歹（蒙古源流作瑪哈賚）家人，莫不是他生的麽？道説間，他母親知覺了。因那般他母親阿闌豁阿説：别勒古訥台，不古訥台！您兩個兒子疑惑我這三個兒子是誰生的，你疑惑的也是。您不知道每夜有黄白色人自天窗門額明處入來，將我肚皮摩挲。他的光明透入肚裏去時節，隨日月的光，恰似黄狗般爬出去了。您休造次説。這般看來，顯是天的兒子，不可比做凡人。久後他每做帝王呵，那時纔知道也者。

又拉施特集史（節録洪鈞元史譯文證補壹上太祖本紀譯證上）略云：

相傳古時蒙兀與他族戰，全軍覆没，僅遺男女各二人，遁入一山，斗絶險巇，惟一徑通出入。而山中壤地寬平，水草茂美，乃攜牲畜輜重往居，名其山曰阿兒格乃衮。二男一名腦古，一名乞顔。乞顔義爲奔瀑急流，以其膂力邁衆，一往無前，故以稱名。乞顔後裔繁盛。後世地狹人稠，乃謀出山，而舊徑蕪塞，且苦艱險。繼得鐵礦，洞穴深邃。爰伐木熾炭，篝火穴中，鼓風助火，鐵石盡鎔，衢路遂闢。後裔於元旦鍛鐵於爐，君與宗親次第捶之，著爲典禮。蒙兀之出阿兒格乃衮，其後人最著稱者，曰孛兒特赤那（秘史作孛兒帖赤那）。妻子甚多，長妻曰郭斡馬特兒（秘史作豁埃馬闌勒），生必特赤干（秘史作巴塔赤罕）。朵本巴延（秘史作朵奔篾兒干）早卒，阿闌郭斡（秘史作阿闌豁阿）寡居而孕，夫弟及親族疑其有私。阿闌郭斡曰，天未曉時，有白光入自帳頂孔中，化爲男子，與同寢，故有孕。且曰，我如不耐寡居，曷不再醮，而爲此曖昧事乎？斯蓋天帝降靈，欲生异人也。不信，請伺察數夕，以證我言。衆曰，諾。黎明時，果見有光入帳，片刻復出。衆疑乃釋。

考魏書卷壹佰叁高車傳（參北史玖捌高車傳及通典壹玖柒邊防典壹叁高車傳）云：

俗云，匈奴單于生二女，姿容甚美，國人皆以爲神。單于曰，吾有此女，安可配人，將以與天。乃於國北無人之地，築高臺，置二女其上。曰，請天自迎之。經三年，其母欲迎之，單于曰，不可，未徹之間耳。復一年，乃有一老狼，晝夜守臺嘷呼，因穿臺下爲空穴，經時不去。其小女曰，吾父處我於此，欲以與天，而今狼來，或是神物，天使之然。將下就之。其姊大驚，曰，此是畜生，無乃辱父母也！妹不從，下爲狼妻而産子。後遂滋繁成國。

又周書伍拾昇域傳下（參隋書捌肆及北史玖玖突厥傳并通典壹玖柒邊防典壹叄突厥上及册府元龜玖伍陸外臣部種族門突厥條）略云：

突厥者，蓋匈奴之别種，姓阿史那氏。别爲部落。後爲鄰國所破，盡滅其族。有一兒，年且十歲，兵人見其小，不忍殺之，乃刖其足，棄草澤中。有牝狼以肉飼之。及長，與狼合，遂有孕焉。彼王聞此兒尚在，重遣殺之。使者見狼在側，并欲殺狼。狼遂逃於高昌國之北山。（寅恪案，通典作「負於西海之東，止於山上。其山在高昌西北。」其意似謂狼負此子逃於高昌。疑周書有脱文。俟考。）山有洞穴，穴内有平壤茂草，周回數百里，四面俱山。狼匿其中，遂生十男。十男長大，外託妻孕，其後各有一姓，阿史那即一也。子孫蕃育，漸至數百家。經數世，相與出穴，臣於茹茹。居金山之陽，爲茹茹鐵工。〔土門〕恃其强盛，乃求婚於茹茹。茹茹主阿那瓌大怒，使人罵辱之。曰，爾是我鍛奴，何敢發是言也。

據此，則狼祖及鍛鐵事，皆高車突厥之民族起源神話，而蒙古人襲取之無疑也。

考元史壹太祖本紀云：

太祖法天啓運聖武皇帝諱鐵木真，姓奇渥温氏，蒙古部人。其十世祖孛端叉兒，母曰阿蘭果火，嫁脱奔咩哩犍，生二子，長曰博寒葛答黑，次曰博合覩撒里直。既而夫亡，阿蘭寡居，夜寢帳中，夢白光自天窗中入，化爲金色神人，來趨卧榻。阿蘭驚覺，遂有娠，産一子，即孛端叉兒也。孛端叉兒狀貌奇异，沉默寡言，家人謂之癡。獨阿蘭語人曰，此兒非癡，後世子孫必有大貴者。

又拉施特集史（依洪鈞元史譯文證補壹上太祖本紀譯證上所載）云：

蒙兀先無文字，世系事迹，口相傳述，無史記以爲定論。自朵本巴延至成吉思汗約近四百載。據庫藏國史及知掌故者，參訪合徵之焉。

洪氏注云：

朵本巴延即元史之脱奔咩哩犍。本紀叙帝先系，始於此人。據此數語觀之，當是蒙古國史亦始此人，而元史本之也。自此以上世系，當是傳述得之。故元史之世系少，而秘史蒙古源流之世系多。

寅恪案，洪氏之説極是，而阮元撰四庫未收書目元秘史提要云：

是編所載元初世系，孛端叉兒之前，尚有一十一世。太祖本紀述其先世，僅從孛端叉兒始。諸如此類，并足補正史之紕漏。

寅恪案，元史所記阿蘭果火不夫而孕事，乃民族起源之感生説。此種感生説，與夫餘高勾麗百濟鮮卑契丹日本滿洲等民族所傳者極相近似（詳見内藤虎次郎今西龍兩博士論文），或者即爲蒙古民族最初所固有者，亦未可知。今之元史記蒙古民族起源，僅述此感生説，不更追述此前之神話。如元秘史及拉施特集史之所載者，姑不論其經後世史官删削與否，要爲尚不盡失其簡單之原始形式。而秘史所記世系較元史爲多者，乃由采用突厥等民族神話，追加附益於其本來固有者之所致。故孛端叉兒以前一十一世之事迹，乃蒙古民族起源史後來向上增建之一新層級，較元史之簡單感生説，恐尤荒誕不可徵信。烏能補正其紕漏乎？阮氏殆失言矣。

蒙古源流卷壹卷貳叙天地剖判及天竺吐蕃二國歷代事迹。其卷壹云：

〔土伯特〕色哩持贊博汗之子曰智固木贊博汗，爲奸臣隆納木篡弑。其三子皆出亡。長子置持逃往寧博地方，次子博囉咱逃往包博地方，第三子布爾特齊諾（秘史音譯作孛兒帖赤那。義爲蒼色的狼。）逃往恭布（卷叁作恭博）地方。

其卷叁續叙略云：

古土伯特地方尼雅持贊博汗之七世孫色爾（哩）持贊博汗〔之子智固木贊博汗〕爲其臣隆納木篡奪汗位，其子博囉咱置持布爾特齊諾等兄弟三人俱各出亡。季子布爾特齊諾出之恭博地方，即娶恭博地方之女郭斡瑪喇勒（秘史音譯作豁埃馬闌勒，義爲慘白色的鹿。）爲妻，往渡騰吉思海。東行至拜噶勒江所屬布爾干噶勒圖那（秘史作不峏罕哈勒敦納）山下，遇必塔地方人衆，詢其故，遂援引古額訥特珂克（天竺）人衆所推尊之土伯特地方之尼雅持贊博以藷之。必塔地方人衆議云，此子有根基，我等無主，應立伊爲君。遂尊爲君長，諸惟遵旨行事。生子必塔斯干必塔察干（秘史作巴塔赤罕）二人。多博墨爾根（秘史作朵奔篾兒干）卒後，阿揄郭斡哈屯（秘史作阿蘭豁阿）每夜夢一奇偉男子與之共寢。天將明，即起去。因告伊妯娌及侍婢知之。如是者久之，遂生布固哈塔吉（秘史作不忽合答吉）博克多薩勒濟固（秘史作不合秃撒勒只）勃端察爾（秘史作孛端察兒）等三子。後漸長成。有好事者譖之云，從無寡婦生子之理。其夫之連襟瑪哈賚（秘史作馬阿里黑伯牙兀歹）常往來其家，疑即此人。伯勒格特伊（秘史作別勒古訥台）伯衮德依（秘史作不古訥台）二人遂疑其母。其母云，爾等二人誤聽旁人之言疑我。因語以夢中情事，且云，爾等此三弟殆天降之子也。

據此，可知蒙古源流於秘史所追加之史層上，更增建天竺吐蕃二重新建築，采取並行獨立之材料，列爲直貫一系之事迹。換言之，即糅合數民族之神話，以爲一民族之歷史。故時代以愈推而愈久，事迹亦因愈演而愈繁。吾人今日治史者之職責，在逐層削除此種後加之虛僞材料，庶幾可略得一近似之真。然近日學人猶有謂「吐蕃蒙兀實一類也。〔蒙古〕源流之説，未可厚非。」者（見屠寄蒙兀兒史記世紀第一），豈不异哉！

夫逐層向上增建之歷史，其例自不限於蒙古史。其他民族相傳之上古史，何獨不然。今就小徹辰撒囊之蒙古源流一書而論，推究其所以致此疊累式之原因，則不得不泝源於彰所知論。此論論主既采仿梵文所製之吐蕃字母，以爲至元國書，於是至元國書遂爲由吐蕃而再傳之梵天文字。其造論亦取天竺吐蕃事迹，聯接於蒙兀兒史。於是蒙兀兒史遂爲由西藏而上續印度之通史。後來蒙古民族實從此傳受一歷史之新觀念及方法。蒙古源流即依此觀念，以此方法，采集材料，而成書者。然則帝師此論與蒙古史之關係深切若是，雖非乙部之專著，治史者固不可以其爲佛藏之附庸而忽視之也。茲取彰所知論卷上情世界品中吐蕃蒙古王族名字，以舊史校之，條列於下。

論云：

如來滅度後千餘年，西番國有王曰呀乞嚛贊普。

寅恪案，此王即藏文嘉喇卜經之吐蕃第一贊普 Gnya-khri btsan-po。亦即蒙古源流卷壹卷叁之尼雅赤（卷壹作赤卷叁作持）贊。

論云：

二十六代有王曰袷陀朵嚛思顏贊。

寅恪案，此王即嘉喇卜經之二十五代王 Lha-tho-tho-ri-snyen-（snyan）-btsan。亦即蒙古源流壹之拉托托里年贊。彰所知論譯地名「拉薩」作「袷薩」，故此王名之「袷」字，亦爲 Lha 之對音。論云：

後至第五王，名曰雙贊思甘普。

寅恪案，此王即嘉喇卜經之 Srong-btsan-sgam-po，亦即蒙古源流貳之蘇隆贊堪布。此王亦稱 Khri-ldan-srong-btsan，即蒙古源流貳之持勒德蘇隆贊。（蒙文書社本蒙古源流作哩勒丹蘇隆贊）亦即舊唐書壹玖陸吐蕃傳之棄宗弄贊，新唐書貳壹陸吐蕃傳之棄宗弄贊及棄蘇農。

論云：

後第五代有王名曰乞嘌雙提贊。

寅恪案，此王即嘉喇卜經之 Khri-srong-lde-btsan。亦即蒙古源流貳之持蘇隴德燦。舊唐書壹玖陸，新唐書貳壹陸吐蕃傳之乞黎蘇籠獵贊，皆指此人也。

論云：

後第三代有王名曰乞嘌倈巴瞻。

寅恪案，此王即嘉喇卜經之 Ral-pa-can，長慶唐蕃會盟碑陰及敦煌發見藏文寫本之 Khri-gtsug-lde-btsan，敦煌中文八波羅夷經寫本之乞里提足（足提）贊，亦即蒙古源流貳之持松壘，新唐書貳壹陸吐蕃傳之可黎可足。詳見拙著吐蕃彝泰贊普名號年代考（中央研究院歷史語言研究所集刊第貳本第壹分）。

論云：

始成吉思從北方多音國如鐵輪王。

寅恪案，藏文多爲 Mang-po，音爲 Krol。故以多音爲蒙兀兒之譯名。取其對音相近也。

論云：

其子名曰斡果戴，時稱可罕，紹帝王位。

寅恪案，此名即元史太宗窩闊台之异譯。

論云：

有子曰古偉，紹帝位。

寅恪案，此名即元史定宗貴由之异譯。

論云：

成吉思次子名朵羅。

寅恪案，此名即元史睿宗拖雷之异譯。

論云：

朵羅長子名曰蒙哥，亦紹王位。

寅恪案，此名與元史憲宗之譯名相同。

論云：

王弟忽必烈紹帝王位。

寅恪案，此名與元史世祖之譯名相同。

論云：

帝有三子，長曰真金。

寅恪案，此名與元史裕宗之譯名相同。

論云：

二曰厖各剌。

寅恪案，此名即元史安西王忙哥剌之异譯。

論云：

三曰納麻賀。

寅恪案，此名即元史安北王那木罕之异譯。

（原載一九三一年四月歷史語言研究所集刊第貳本第叁分）

蒙古源流作者世系考（蒙古源流研究之四）

蒙古源流作者於其書第捌卷自述其世系（文津閣本蒙古源流捌第叁頁。以下徵引此書，頁數悉依文津閣本，不別注明。）云：

> 右翼之庫圖克台徹辰洪台吉之長侄巴圖洪台吉之子薩納囊台吉甲辰年生。（即明萬曆三十二年。西曆一千六百零四年。）年十一歲，因係六國肇興道教人之後裔，指伊始祖名號，給與薩納囊徹辰洪台吉之號。

寅恪案，蒙古源流漢文本，原從滿文本譯出。故滿文本卷捌第肆頁所載此節文義，與漢文本悉合，而成衮札布及施密德二蒙文本，（成本卷捌第肆頁。施本卷玖第貳陸肆頁。）則與滿文漢文二本不同。其最顯著者，即滿漢文本「長侄」二字，蒙文本俱作「曾孫」（可參施密德氏蒙文字典第柒頁中行及施氏本蒙古源流第貳陸伍頁德文翻譯）。夫「長侄」與「曾孫」世代相距，遠近懸殊。蒙滿漢文諸本所以致此歧異者，或由傳寫之訛，或由移譯之誤，未易推知，姑置不論。但蒙古源流作者之世系次序，究應從滿文及漢文本作「長侄」？抑應從二蒙文本作「曾孫」？則治此書者，所不可不知，而亟待判明也。兹就此書先後所載最有關之資料，綜合比證，求得一真確之事實，庶可決擇諸本之是非從違，以供讀此書者之參考。

蒙古源流陸第壹捌頁云：

其庫圖克圖徹辰洪台吉庚子年生。

寅恪案，「庫圖克圖」之下一「圖」字，依施氏蒙文本，當作「台」字，與諸本皆作「圖」字者不同。若施氏本不誤，則此卷陸第壹捌頁之「庫圖克圖徹辰洪台吉」即卷陸第叁頁之「庫圖克台徹辰洪台吉」也。庚子年爲明嘉靖十九年，西曆一千五百四十年。

又蒙古源流陸第貳拾頁云：

徹辰洪台吉之長子鄂勒哲依伊勒都齊，丙辰年生。

寅恪案，丙辰年爲明嘉靖三十五年，西曆一千五百五十六年。

又蒙古源流柒第壹捌頁及壹玖頁略云：

徹辰洪台吉子長子鄂勒哲依伊勒都齊之子巴圖洪台吉，庚辰年生。復以其祖巴圖爾徹辰洪台吉之號贈給，令其執政。

寅恪案，庚辰年爲明萬曆八年，西曆一千五百八十年。

兹依上列諸條所載事實，作一世系簡表於下：

曾祖父	祖父	父	作者
庫圖克台徹辰洪台吉	鄂勒哲依伊勒都齊	巴圖洪台吉	薩納囊徹辰洪台吉
一千五百四十年生	一千五百五十六年生	一千五百八十年生	一千六百零四年生

據上表，可知蒙古源流作者薩納囊徹辰洪台吉，乃庫圖克台徹辰洪台吉之曾孫。故此書卷捌第叁頁之文，應依二蒙文本，易「長侄」爲「曾孫」，而讀爲：

右翼之庫圖克台徹辰洪台吉之曾孫（逗）巴圖洪台吉之子（逗）薩納囊台吉甲辰年生（句）

此節文意謂，薩納囊台吉者，庫圖克台徹辰洪台吉之曾孫，而巴圖洪台吉之子也。蓋此書作者自述家世，不得不記其父之名，以明其所從出。復以嘉名之錫，實自肇興道教之曾祖而來，特著其曾祖之名，而不及其祖鄂勒哲依伊勒都齊一代。滿文本譯者殆誤會此文之意，以「庫圖克台徹辰洪台言之曾孫」一語，屬下文之「巴圖洪台吉」而言，疑「庫圖克台徹辰洪台吉」與「巴圖洪台吉」二人之間，世次相距，不應若是之遠。或以蒙文字形近似之故，因改「曾孫」爲「長侄」，漢文譯本遂亦承襲其訛焉。又此節滿文及漢文本「始祖」二字，復不同於二蒙本，亦微有語病。然世系次序及血統關係既已證明，讀此書者，當不致因此别滋誤解也。

（原載一九三一年四月歷史語言研究所集刊第貳本第叁分）

高鴻中明清和議條陳殘本跋（原文見明清史料第壹册）

内閣大庫檔案中發見高鴻中條陳殘本一紙。僅附識「二月十一日到。」及「三月十三日奏了。」數字。寅恪案，清崇德七年即明崇禎十五年春清人聞明兵部尚書陳新甲遣職方郎中馬紹愉來議和，諸臣各條陳意見。此殘本乃其時所上意見書之一也。兹不廣徵舊籍。但移録明史及清史稿所載此事本末之文，以資參證。

清史稿叁太宗本紀貳略云：

〔崇德七年〕三月乙酉，阿濟格等奏，明遣職方郎中馬紹愉來乞和，出明帝敕兵部尚書陳新甲書爲驗。上曰，明之筆札多不實，且詞意誇大，非有欲和之誠。然彼真僞不可知，而和好固朕夙願。爾等以朕意傳示之。五月己巳朔，濟爾哈朗等奏，明遣馬紹愉來議和，遣使迓之。壬午，明使馬紹愉等始至。六月辛丑，都察院參政祖可法張存仁言，明寇盜日起，兵力竭而倉廩虚，征調不前，勢如瓦解，守遼將帥喪失八九。今不得已乞和，計必南遷。宜要其納貢稱臣，以黄河爲界。上不納。以書報明帝曰，自兹以往，盡釋宿怨，尊卑之分，又奚較焉。使者往來，期以面見。吉凶大事，交相慶吊。歲各以地所産互爲饋遺。兩國逃亡亦互歸之。以寧遠雙樹堡爲貴國界，塔山爲我國界，而互市於連山適中之地。其自海中往來者，則以黄城島之東西爲界。越者各罪其下。貴國如用此言，兩君或親誓天地，或遣大臣涖盟，唯命之從。否則後勿復使矣。遂厚賚明使臣及從者，遣之。後明議中變，和事竟不成。

觀此可知鴻中所言，與祖可法張存仁之説相類，應是同時議論。瀋陽當日明室降臣，其於和議條件，所論至苛。蓋漸染中原士大夫誇誕之風習，匪獨大言快意，且欲藉此以諂諛新主，是誠無恥之尤者矣。其實崇禎季年，雖内憂外患不可終日，然究爲中華上國，名分尚存，體制仍在。朝鮮前例，豈得遽以相加？故清廷報書亦僅欲以寧遠爲界。與鴻中所陳「以山海〔關〕爲界也罷。」之第二説不甚相遠。此本當時較切情事之議，自異乎外廷誇大之言也。

又明史貳伍柒陳新甲傳云：

初，新甲以南北交困，遣使與大清議和。私言於傅宗龍。宗龍出都日，以語大學士謝陞。陞後見疆事大壞，述宗龍之言於帝。帝召新甲詰責。新甲叩頭謝罪。陞進曰，倘肯議和，和亦可恃。帝默然。尋諭新甲密圖之，而外廷不知也。已，言官謫陞，陞言上意主和，諸君幸勿多言。言官駴愕，交章劾陞。陞遂斥去。帝既以和議委新甲，手詔往返者數十，皆戒以勿洩。外廷漸知之，故屢疏争，然不得左驗。一日，所遣職方郎馬紹愉以密語報，新甲視之，置几上。其家僮悮以爲塘報也，付之鈔傳。於是言路譁然。給事中方士亮首論之。帝慍甚，留疏不下。已，降嚴旨切責新甲，令自陳。新甲不引罪，反自詡其功。帝益怒。至七月，給事中馬嘉植復劾之，遂下獄。新甲從獄中上書乞宥，不許。新甲知不免，徧行金內外。給事中廖國遴、楊枝起等營救於刑部侍郎徐石麒，拒不聽。大學士周延儒、陳演亦於帝前力救，且曰，國法敵兵不薄城，不殺大司馬。帝曰，他且勿論，戮辱我親藩七，不甚於薄城耶？遂棄新甲於市。新甲爲楊嗣昌引用，其才品心術相似。軍書旁午，裁答無滯。帝初甚倚之，晚時惡其洩機事，且彰主過，故殺之不疑。

同書貳伍貳楊嗣昌傳略云：

當是時，流賊既大熾，朝廷又有東顧憂，嗣昌復陰主互市策。適太陰掩熒惑，帝減膳修省。嗣昌則歷引漢永平、唐元和、宋太平興國事，蓋爲互市地云。給事中何楷疏駁之。給事中錢增、御史林蘭友相繼論列，帝不問。嗣昌既以奪情入政府，又奪情起陳新甲總督，自是益不理於人口。我大清兵入墻子嶺青口山，京師戒嚴。召盧象昇帥師入衛。象昇主戰，嗣昌與監督中官高起潛主款，議不合，交惡。象昇陣亡。神宗末，增賦五百二十萬。崇禎初，再增百四十萬。總名遼餉。至是，復增勦餉、練餉，額溢之。先後增賦千六百七十萬，民不聊生，益起爲盜矣。

據此，則楊嗣昌陳新甲等皆主和議，而新甲且奉其君之命而行事者。徒以思陵劫於外廷之論，不敢毅然自任，遂致無成。夫明之季年，外見迫於遼東，內受困於張李。養百萬之兵，糜億兆之費，財盡而兵轉增，兵多而民愈困。觀其與清人先後應對之方，則既不能力戰，又不敢言和。成一不戰不和，亦戰亦和之局，卒坐是以亡其國。此殘篇故紙，蓋三百年前廢興得失關鍵之所在，因略徵舊籍，以爲參證如此。

（原載一九三二年四月清華週刊第叁柒卷第捌期）

梁譯大乘起信論僞智愷序中之真史料

近人多疑真諦譯大乘起信論之僞，其説已爲世所習聞。最近復以爲非僞作，其所持重要之證據在續高僧傳壹捌曇遷傳。其文略云：

精研華嚴十地維摩楞伽地持起信等。逮周武平齊，逃迹金陵。

蓋真諦於陳太建元年（此年即五六九年）正月十一日遷化。太建九年（此年即五七七年。周武帝建德六年。齊幼主承光元年。）周滅齊。若起信論爲僞作，則曇遷不能於周未滅齊之前，真諦尚未遷化，或卒後未久，且遠在北朝，早已有精研僞造論本之理也。故以此論爲非僞作。其論據如何，兹非所欲辨。即使此論之真僞可定，而此論智愷序之真僞又别爲一事。真論本文可以有後加僞序，而真序亦可附於僞論，二者爲不同之間題，不可合并論之也。復次，真序之中可以有僞造之部分，而僞造之序中亦可以有真實之資料。今認智愷序爲僞撰，而僞撰之序中實含有一部分真史料，特爲標出，以明其決非後人所能僞造。至此序爲託名智愷之作，則不待論。今日中外學人考證佛典雖極精密，然其搜尋資料之範圍，尚多不能軼出釋教法藏以外。特爲擴充其研究之領域，使世之批評佛典者，所持證據，不限於貝多真實語及其流派文籍之中，斯則不佞草此短篇之微意也。

僞智愷序云：

值京邑英賢慧顯、智韶、智愷、曇振、慧旻與假黃鉞大將軍蕭公勃以大梁承聖三年歲次癸酉九月十日於衡州始興郡建興寺敬請法師敷演大乘，闡揚秘典，示導迷途，遂翻譯斯論一卷。

寅恪案，僞序中此節乃實録，非後人所能僞造者也。何以知之？請就二事以爲證明：一爲年月地理之關係，二爲官制掌故之關係。初學記肆（文苑英華壹伍捌、太平御覽叁貳同。）江總衡州九日詩云：

秋日正凄凄，茅茨復蕭瑟。姬人薦初醖，幼子問殘疾。園菊抱黃華，庭榴剖珠實。聊以著書情，暫遣他鄉日。

寅恪案，陳書貳柒江總傳（南史叁陸江夷傳附總傳略同）云：

總第九舅蕭勃先據廣州，總又自會稽往依焉。梁元帝平侯景，徵總爲明威將軍始興内史，以郡秩米八百斛給總行裝。會江陵陷，遂不行。總自此流寓嶺南積歲。

又陳書玖歐陽頠傳（南史陸陸歐陽頠傳同）云：

梁元帝承制，以始興郡爲東衡州。

據此，總持詩題之衡州，實指東衡州，即僞智愷序之衡州始興郡也。總持既曾流寓嶺南，始興爲南北交通要道，行旅之所經過。總持，南朝詞人也，自於其地不能不有所題咏。故初學記貳叁載江總經始興廣果寺題愷法師山房詩云：

息舟候香埠，悵别在寒林。竹近交枝亂，山長絶徑深。輕飛入定影，落照有疏陰。不見投雲狀，空留折桂心。

此愷法師之名雖不可確知，但必知道安之號安法師，慧遠之號遠公之比，而爲某愷。蓋僧徒皆例以其二名之下一字見稱目也。今除智愷之外，尚未發現其他適當之愷法師，得與江總會聚於始興之地，然則此愷法師豈即智愷歟？

復次，通鑑壹陸伍梁紀元帝紀承聖三年（此年即五五四年）九月條云：

帝好玄談，〔九月〕辛卯於龍光殿講老子。曲江侯〔蕭〕勃遷居始興。

據此，則承聖三年九月蕭勃實在始興。又據江總衡州九日詩及經始興廣果寺題愷法師山房詩，則智愷是時似亦在始興。可見僞序中所述智愷等與蕭勃於承聖三年九月十日請真諦翻譯大乘起信論一事之年月地理人名皆與江總詩及通鑑切合，而蕭勃此時在始興一事僅載通鑑，爲梁陳書及南史所無，司馬氏所紀之原始材料尚未檢出。其必有確據，自不待言。（今梁書貳肆蕭景傳不載勃事，南史伍壹吴平侯景傳附有勃始末，但甚簡略。）若後人妄造序中此節，何能冥會如是，斯必得有真實資料，以爲依據。至承聖三年爲甲戌而非癸酉，則記述偶差，事所恒有，毋庸置疑。此所謂年月地理之關係也。

梁書陸敬帝紀（南史捌梁本紀下同）略云：

太平二年（此年即五五七年）二月太保廣州刺史蕭勃舉兵反。

從來舉兵之人，無論其是非逆順，必有自行建樹之名號，否則將無以命令處置其部下，此不僅在六朝時如此也。在六朝時，此種自建之名號殊有一定之方式及稱謂，已成爲朝章國故，非後來不預政治不習掌故之佛教僧侶所能知悉而僞造者也。僞序中稱蕭勃之官銜爲：

假黄鉞大將軍。

考晋書拾安帝紀略云：

元興三年三月景戌以幽逼於〔桓〕玄，萬機虛曠，令武陵王遵依舊典承制總百官行事，加侍中。

同書陸肆武陵忠敬王遵傳云：

朝廷稱受密詔，使遵總攝萬機，加侍中大將軍，移入東宫，内外畢敬，遷轉百官，稱制書。

宋書壹武帝紀（南史壹宋本紀上同）云：

〔元興三年〕四月奉武陵王遵爲大將軍，承制。

南朝從此以爲故事。如南齊書捌和帝紀（南史伍齊本紀下同）云：

〔中興元年〕十二月丙寅建康城平。己巳，皇太后令，以梁王爲大司馬，録尚書事，驃騎大將軍揚州刺史。封建安郡公。依晋武陵王遵承制故事，百僚致敬。

梁書壹武帝紀（南史陸梁本紀上同）略云：

〔中興元年〕十二月丙寅，宣德皇后授高祖中書監都督揚南徐二州諸軍事大司馬録尚書驃騎大將軍揚州刺史。封建安郡公，食邑萬户。給班劍四十人。黄鉞侍中征討諸軍事并如故。依晋武陵王遵承制故事。

同書伍世祖紀（南史捌梁本紀下同）云：

〔太清〕三年三月侯景寇没京師。四月太子舍人蕭歆至江陵，宣密詔，以世祖爲侍中假黄鉞大都督中外諸軍事司徒承制，餘如故。

夫蕭勃舉兵必自立名號，其立名號必求之相傳舊典。今梁陳書及南史皆紀載勃舉兵始末至簡。僞序中所述勃之名號，乃遠依晋武陵王遵承制故事，近襲梁元帝自立成規，深切適合南朝之政治掌故。若謂後世僧徒絶無真實根據而能杜撰如此，殊於事理不通。此所謂官制掌故之關係也。

依上述二理由，故鄙意以爲此序雖是僞造，而僞序中却有真史料。至以前考證大乘起信論之僞者，多據歷代三寶記立論。其實費書所紀真諦翻譯經論之年月地址亦有問題，殊有再加檢討之必要。其例如近日刊布之日本正倉院天平藏金光明經僧隱序即與歷代三寶記壹壹所載者微有參差是也。兹以此事軼出是篇範圍，故不置論。

（原載一九四八年十二月燕京學報第叁伍期）

武曌與佛教

（甲）本文討論之範圍

李義山文集肆紀宜都内人事略云：

武后篡既久，頗放縱，躭内習，不敬宗廟。四方日有叛逆，防豫不暇。時宜都内人以唾壺進，思有以諫。后坐帷下倚檀机，與語，問四方事。宜都内人曰：大家知古女卑於男耶？后曰：知。内人曰：古有女媧，亦不正是天子，佐伏羲理九州耳。後世孃姥有越出房閤斷天下事者，皆不得其正，多是輔昏主，不然抱小兒。獨大家革天姓，改去釵釧，襲服冠冕，符瑞日至，大臣不敢動，真天子也。大家始今日能屏去男妾，獨立天下，則陽之剛亢明烈可有矣。如是過萬萬世，男子益削，女子益專。妾之願在此。后雖不能盡用，然即日下令誅作明堂者。（寅恪案，此指薛懷義。）

寅恪案，武曌在中國歷史上誠爲最奇特之人物，宜都内人之語非誇詞，皆事實也。自來論武曌者雖頗多，其實少所發明。兹篇依據舊史及近出佚籍，參校推證，設一假定之說，或於此國史上奇特人物之認識，亦一助也。但此文所討論者，僅以武曌與佛教之關係爲範圍，即其母氏家世宗教信仰之薰習及其本身政治特殊地位之證明二點。其他政治文化等問題與武曌有關者，俱不涉及，以明界限。

（乙）楊隋皇室之佛教信仰

南北朝諸皇室中與佛教關係最深切者，南朝則蕭梁，北朝則楊隋，兩家而已。兩家在唐初皆爲亡國遺裔。其昔時之政治地位，雖已喪失大半，然其世代遺傳之宗教信仰，固繼承不替，與梁隋盛日無异也。請先以蕭梁後裔蕭瑀之事證之。

舊唐書陸叁蕭瑀傳略云：

> 瑀字時文。高祖梁武帝。曾祖昭明太子。祖詧，後梁宣帝。父巋，明帝。好釋氏，常修梵行，每與沙門難及苦空，必詣微旨。太宗以瑀好佛道，嘗賚繡佛像一軀，并繡瑀形狀於佛像側，以爲供養之容。又賜王褒所書大品般若經一部，并賜袈裟，以充講誦之服焉。會瑀請出家，太宗謂曰：甚知公素愛桑門，今者不能違意。瑀旋踵奏曰：臣頃思量，不能出家。太宗以對群臣吐言而取捨相違，心不能平。瑀尋稱足疾，時詣朝堂，又不入見。太宗謂侍臣曰：瑀豈

不得其所乎？而自慊如此。遂手詔曰：至於佛教，非意所遵。雖有國之常經，固弊俗之虚術。何則？求其道者，未驗福於將來。修其教者，翻受辜於既往。至若梁武窮心於釋氏，簡文鋭意於法門，傾帑藏以給僧祇，殫人力以供塔廟。及乎三淮沸浪，五嶺騰煙，假餘息於熊蹯，引殘魂於雀鷇。子孫覆亡而不暇，社稷俄頃而爲墟。報施之徵，何其繆也。而太子太保宋國公瑀踐覆車之餘軌，襲亡國之遺風。棄公就私，未明隱顯之際。身俗口道，莫辯邪正之心。修累葉之殃源，祈一躬之福本。上以違忤君主，下則扇習浮華。往前朕謂張亮云：卿既事佛，何不出家？瑀乃端然自應，請先入道。朕即許之，尋復不用。一迴一惑，在於瞬息之間，自可自否，變於帷扆之所。乖棟梁之大體，豈具瞻之量乎？朕猶隱忍至今，瑀尚全無悛改。宜即去兹朝闕，出牧小藩。可商州刺史，仍除其封。

唐釋彦悰護法沙門法琳别傳中載貞觀十一年正月（適園叢書本唐大詔令集壹壹叁作二月）道士女冠在僧尼之上詔略云：

至於佛教之興，基於西域。爰自東漢，方被中華。神變之理多方，報應之緣匪一。暨乎近世，崇信滋深。人冀當年之福，家懼來生之禍。由是滯俗者聞玄宗而大笑，好异者望真諦而争歸。始波湧於閭里，終風靡於朝廷。遂使殊俗之典，鬱爲衆妙之先。諸夏之教，翻居一乘之後。流遯忘反，於兹累代。朕夙夜夤畏，緬惟至道。思革前弊，納諸軌物。况朕之本系，出自柱下。鼎祚克昌，既憑上德之慶。天下大定，亦賴無爲之功。宜有解張，闡茲玄化。自今已後，齊供行立。至於講論，道士女冠宜在僧尼之前。庶敦本系之化，暢於九有。尊祖宗之風，貽諸萬葉。

觀上録唐太宗兩詔，知佛教自隋文帝踐祚復興以來，至唐太宗貞觀十一年，始遭一嚴重之壓迫。前此十年，即唐高祖武德九年五月雖有沙汰僧尼道士女冠之詔，其實并未實行（詳見舊唐書壹高祖紀及通鑑壹玖壹武德九年五月辛巳下詔命有司沙汰天下僧尼道士女冠條）。且彼時詔書，兼涉道士女冠，非專爲僧尼而發也。蓋佛教自北周武帝廢滅以後，因隋文帝之革周命而復興。唐又代隋，以李氏爲唐國姓之故，本易爲道士所利用。而太宗英主，其對佛教，雖偶一褒揚，似亦崇奉者。如貞觀三年閏十二月癸丑爲殞身戎陣者建立寺刹（見舊唐書貳及新唐書貳太宗紀），及優禮玄奘等（詳見慈恩大師傳陸），皆其顯著之例。其實太宗於此等事皆别有政治作用。若推其本心，則誠如其責蕭瑀詔書所謂「至於佛教，非意所遵」者也。當日佛教處此新朝不利環境之中，惟有利用政局之變遷，以恢復其喪失之地位。而不意竟於「襲亡國遺風」之舊朝别系中，覓得一中興教法之宗主。今欲論此中興教法宗主之武曌與佛教之關係，請先略述其外家楊隋皇室崇奉釋氏之事實於下：

唐釋道宣集古今佛道論衡實録貳隋兩帝重佛宗法俱受歸戒事條云：

案隋著作郎王邵述隋祖起居注云：帝以後魏大統七年六月十三日生於同州般若尼寺。於時赤光照室，流溢户外，紫氣滿庭，狀如樓閣，色染人衣，内外驚异。帝母以時炎熱，就而扇之，寒甚幾絶，困不能啼。有神尼者名曰智仙，河東劉氏女也。少出家，有戒行。和尚失之，恐墮井，乃在佛屋，儼然坐定，遂以禪觀爲業。及帝誕日，無因而至。語太祖曰：兒天佛所祐，勿憂也。尼遂名帝爲那羅延，言如金剛不可壞也。又曰：兒來處异倫，俗家穢雜，自爲養之。太祖乃割宅爲寺，以兒委尼，不敢召問。後皇妣來抱，忽化爲龍，驚惶墮地。尼曰：何因妄觸我兒，遂令晚得天下。及年七歲，告帝曰：兒當大貴，從東國來。佛法當滅，由兒興之。尼沈静寡言，時道吉凶，莫不符驗。初在寺養帝，年至十三，方始還家。及周滅二教，尼隱皇家。帝後果自山東入爲天子，重興佛法，皆如尼言。及登位後，每顧群臣，追念阿闍黎，以爲口實。又云：我興由佛法，而好食麻豆，前身似從道人中來。由小時在寺，至今樂聞鐘聲。乃命史官爲尼作傳。帝昔龍潛所經四十五州，及登極後，悉皆同時起大興國寺。仁壽元年帝及後宫同感舍利，竝放光明，砧槌試之，宛然無損。遂前後置塔諸州百有餘所。皆置銘勒，隱於地府。感發神端，充牣耳目。具如王邵所撰感應傳。所以周祖竊忌黑衣當王，便摧滅佛法。莫識隋祖元養佛家。王者不死，何由可識（參考道宣續高僧傳貳陸感通篇隋釋道密傳）。

隋書壹高祖紀（北史壹壹隋本紀同）云：

皇妣吕氏，以大統七年六月癸丑夜，生高祖於馮翊般若寺，紫氣充庭。有尼來自河東，謂皇妣曰：「此兒所從來甚异，不可於俗間處之。」尼將高祖舍於别館，躬自撫養。皇妣嘗抱高祖，忽見頭上角出，徧體鱗起。皇妣大駭，墜高祖於地。尼自外入，見曰：「已驚我兒，致令晚得天下。」

道宣廣弘明集壹柒隋安德王雄百官等慶舍利感應表云：

其〔蒲州〕栖巖寺者，即是太祖武元皇帝之所建造。

寅恪案，帝王創業，史臣記述，例有符瑞附會之語，楊隋之興，何得獨异？但除去此類附會例語之外，有可注意者二事：一爲隋高祖父母之佛教信仰，一爲隋高祖本身幼時之佛教環境。夫楊氏爲北周勳戚，當北周滅佛之時，而智仙潛匿其家，則楊氏一門之爲佛教堅實信徒，不隨時主之好惡轉移，於此益可以證明也。

隋書參伍經籍志道佛經類云：

開皇元年，高祖普詔天下，任聽出家。仍令計口出錢，營造經像。而京師及并州相州洛州等諸大都邑之處，并官寫一切經，置於寺内，而又别寫藏於秘閣。天下之人從風而靡，競相景慕。民間佛經多於六經數十百倍（參閲通鑑壹柒伍陳紀宣帝太建十三年隋主詔境内之民任聽出家條）。

續高僧傳捌隋釋曇延傳略云：

隋文創業，未展度僧。延初聞改政，即事剃落。法服執錫，來至王庭。帝奉聞雅度，欣泰本懷。共論開化之模，孚化之本。延以寺宇未廣，教法方隆。奏請度僧，以應千二百五十比丘五百童子之數。敕遂總度一千餘人，以副延請。此皇隋釋化之開業也。爾後遂多，凡前後別請度者，應有四千餘僧。周廢伽藍并請興復。三寶再弘，功兼初運者，又延之力矣。

寅恪案，周武帝廢滅佛教。隋文帝代周自立，其開國首政即爲恢復佛教。此固别有政治上之作用，而其家世及本身幼時之信仰，要爲一重要之原因，則無疑也。至於煬帝，在中國歷史上通常認爲弑父弑君荒淫暴虐之主，與桀紂幽厲同科，或更不如者。然因其崇奉佛教，尤與天台宗創造者智者大師有深切之關係之故，其在佛教中之地位，適與其在儒家教義中者相反，此乃吾國二種不同文化價值論上之問題，不止若唐代改易漢書古今人表中老子等級之比也。此問題非兹篇所能詳論，今但擇録天台宗著述中與此問題有關之文，略附詮釋，以供參證。

南宋天台宗僧徒志磐撰佛祖統紀叁玖開皇十一年晋王廣受菩薩戒於智者大師條述曰：

世謂煬帝禀戒學慧，而弑父代立。何智者之不知預監耶？然能借闍王之事以比決之，則此滯自銷。故觀經疏釋之，（寅恪案，此指智者大師之觀無量壽佛經疏。）則有二義：一者事屬前因，由彼宿怨，來爲父子。故阿闍世此云：「未生怨。」二者大權現逆，非同俗間惡逆之比。故佛言：「闍王昔於毘婆尸佛發菩提心，未嘗墮於地獄。」（原注：「涅槃經云。」寅恪案，此語出北本大涅槃經貳拾梵行品第捌之柒末段。）又佛爲授記，却作後佛，號「淨」。（原注：「闍王受决經。」寅恪案，今此經文作「淨其所部」。志磐所據本「其」作「身」字，故云「淨身」。）又「闍王未受果而求懺，令無量人發菩提心。」（寅恪案，原本此處有「垂裕記」三字。今移置下文「孤山」二字之下。）有能熟思此等文意，則知智者之於煬帝，鑒之深矣。故智者自云：「我與晉王深有緣契。」今觀其始則護廬山主玉泉，終則創國清，保龕壟。而章安結集，十年送供。（原注：「事見智者本紀。」寅恪案，見佛祖統紀陸智者紀。原注本在篇末，今移於此。）以是比知，則煬帝之事，亦應有前因現逆二者之義。孤山（垂裕記）云：「菩薩住首楞嚴定者或現無道，所以爲百王之監也。」（寅恪案，此語見孤山即智圓維摩經略疏垂裕記壹。）

寅恪案，阿闍世王爲弑父弑君之惡主。然佛教經典如大涅槃經梵行品則列舉多種理由，以明其無罪。非但無罪，如阿闍世王受决經且載其未來成佛之預言。智圓之書，成於北宋初期，志磐之書，成於南宋季世，雖皆較晚，疑其所論俱出於唐代天台宗相承之微言，而非二人之臆説也。夫中國佛教徒以隋煬帝比於阿闍世王，則隋煬在佛教中，其地位之尊，遠非其他中國歷代帝王所能竝論。此點與儒家之評價適得其反。二種文化之同异是非，於此不必討論。但隋文帝重興釋氏於周武滅法之後，隋煬帝又隆禮台宗於智者闡教之時，其家世之宗教信仰，固可以推測得知。而武曌之母楊氏既爲隋之宗室子孫，則其人之篤信佛教，亦不足爲异矣。兹節録舊史及佛藏之文於後，以資證明。

舊唐書壹捌叁外戚傳（新唐書貳零陸外戚傳同）略云：

初〔武〕士彠娶相里氏，又娶楊氏，生三女。長適越王府功曹賀蘭越石，次則天，次適郭氏。則天立爲皇后，追贈士彠爲司徒周忠孝王，封楊氏代國夫人。賀蘭越石早卒，封其妻爲韓國夫人。尋楊氏改封爲榮國夫人。咸亨二年榮國夫人卒。

新唐書壹佰楊恭仁傳（舊唐書陸貳楊恭仁傳略同）略云：

楊恭仁，隋〔司空〕觀王雄子也。執柔，恭仁從孫，歷地官尚書。武后母即恭仁叔父達之女。及臨朝，武承嗣攸寧相繼用事。后曰：「要欲我家及外氏常一人爲宰相。」乃以執柔同中書門下三品。

新唐書柒壹下宰相世系表楊氏觀王條云：

達字士達。隋納言，始安泰侯。（寅恪案，隋書肆叁、北史陸捌楊達傳「泰」作「恭」，應據改。）

舊唐書伍貳后妃傳下玄宗元獻皇后楊氏傳（新唐書柒陸后妃傳上同）云：

玄宗元獻皇后楊氏，弘農華陰人。曾祖士達。隋納言。天授中以則天母族，追封士達爲鄭王，贈太尉。

錢易南部新書甲云：

龍朔中楊思玄恃外戚典選，多排斥選士。

新唐書柒壹下宰相世系表楊氏觀王房條云：

思玄，吏部侍郎。

寅恪案，依據上述，可知武曌之母楊氏爲隋宗室觀王雄弟始安侯達之女。觀王雄者，即前引廣弘明集壹柒隋安德王雄百官等慶舍利感應表之安德王雄。雄及其弟達事迹，詳見周書貳玖、隋書肆叁及北史陸捌等本傳，玆不備録。此武曌血統與楊隋關係之可推尋者。自來論史者多不及此事，其實此點甚可注意也。

唐釋彦悰所編之沙門不應拜俗等事叁載龍朔二年四月二十七日西明寺僧道宣等上榮國夫人楊氏請論沙門不合拜俗啓一首，下注云：

夫人帝后之母也。敬崇正化，大建福門，造像書經，架築相續。出入宮禁，榮問莫加。僧等詣門致書云爾。

又彦悰書陸尚載有龍朔二年八月十三日西明寺僧道宣等重上榮國夫人楊氏請論不合拜親啓

一首。據此可知武曌之母楊氏必爲篤信佛教之人，故僧徒欲藉其力以保存不拜俗之教規。至楊氏所以篤信佛教之由，今以史料缺乏，雖不能確言，但就南北朝人士其道教之信仰，多因於家世遺傳之事實推測之（參閱拙著天師道與濱海地域之關係），則榮國夫人之篤信佛教，亦必由楊隋宗室家世遺傳所致。榮國夫人既篤信佛教，武曌幼時受其家庭環境佛教之薰習，自不待言。又據倫敦博物館藏敦煌寫本大雲經疏（見羅福萇沙州文録補）中

伏承神皇幼小時已被緇服

之語，則武曌必在入宫以前，已有一度正式或非正式爲沙彌尼之事。所以知者，據通鑑考异拾貞觀十一年武士彠女年十四入宫條云：

舊則天本紀：崩時年八十二。唐曆、焦璐唐朝年代記、統記、馬總唐年小録、聖運圖、會要皆云八十一。唐録政要：貞觀十三年入宫。據武氏入宫年十四。今從吴兢則天實録爲八十二。故置此年。

若依君實之考定，武曌既於貞觀十一年年十四歲入宫，則貞觀二十三年太宗崩後，出宫居感業寺爲尼時，其年已二十六歲。以二十六歲之年，古人决不以爲幼小。故幼小之語，顯指武曌年十四歲未入宫以前而言。然則武曌幼時，即已一度正式或非正式爲沙彌尼。其受母氏佛教信仰影響之深切，得此一事更可證明矣。後來僧徒即藉武曌家庭傳統之信仰，以恢復其自李唐

開國以來所喪失之權勢。而武曌復轉借佛教經典之教義，以證明其政治上所享之特殊地位。二者之所以能彼此互相利用，實有長久之因緣，非一朝一夕偶然所可致者，此本篇所討論問題之第一點也。

（丙）武曌與佛教符讖之關係

儒家經典不許婦人與聞國政。其顯著之例如尚書牧誓云：

> 牝雞無晨。牝雞之晨，惟家之索。

僞孔傳云：

> 雌代雄鳴則家盡；婦奪夫政則國亡。

詩大雅瞻卬云：

> 如賈三倍。君子是識。婦無公事。休其蠶織。

毛傳云：

> 婦人無與外政，雖王后猶以蠶織爲事。

鄭箋云：

貫物而有三倍之利者，小人所宜知也。君子反知之，非其宜也。今婦人休其蠶桑織紝之職，而與朝廷之事，其非宜亦猶是也。

觀此即知武曌以女身而爲帝王，開中國政治上未有之創局。如欲證明其特殊地位之合理，决不能於儒家經典求之。此武曌革唐爲周，所以不得不假託佛教符讖之故也。考佛陀原始教義，本亦輕賤女身。如大愛道比尼經下所列舉女人之八十四態，即是其例。後來演變，漸易初旨。末流至於大乘急進派之經典，其中乃有以女身受記爲轉輪聖王成佛之教義。此誠所謂非常异義可怪之論也。武曌頒行天下以爲受命符讖之大雲經，即屬於此大乘急進派之經典。其原本實出自天竺，非支那所僞造也。

近歲敦煌石室發見大雲經疏殘卷。王國維氏爲之跋尾，考證甚確（并見沙州文録補）。兹節録其文與本篇主旨有關者於後，并略附以詮釋。凡王氏跋中所已詳者，皆不重論。但佛典原文王跋未及備載，兹亦補録其有關者，以資參校，而便説明。

大雲經疏王氏跋云：

卷中所引經曰及經記云云，均見後凉曇無讖所譯大方等無想經。此經又有竺法念譯本，名大雲無想經。曌公譯本中亦屢見「大雲」字，故知此爲大雲經疏也。（寅恪案，竺法念應作竺佛念，蓋王氏偶爾筆誤。至曇無讖所譯，僅高麗藏本作大方等無想經，其餘宋元明等藏及日本宫内省所藏諸本俱作大方等大雲經也。）案舊唐書則天皇后本紀「載初元年，有沙門十人僞撰大雲經，表上之，盛言神皇受命之事。制頒於天下，令諸州各置大雲寺，總度僧千人。」又薛懷義傳「懷義與法明等造大雲經，陳符命，言則天是彌勒下生，作閻浮提主，唐氏合微。故則天革命稱周。其僞大雲經頒於天下，寺各藏一本，令昇高座講説。」新唐書后妃傳所紀略同。宋次道長安志記大雲寺經亦云：「武太后初，光明寺沙門進大雲經，經中有女主之符，因改爲大雲寺。」皆以此經爲武后時僞造。然後凉譯本之末，固詳説黑河女主之事，故贊寧僧史略謂「此經晋代已譯，舊本便曰女王，於時豈有天后云云。」頗以唐書之説爲非。志磐佛祖統紀從之，故於武后載初元年書「敕沙門法朗九人重譯大雲經」，不云僞造。今觀此卷所引經文，皆與凉譯無甚差池。豈符命之説皆在疏中，經文但稍加緣飾，不盡僞託歟？又此疏之成，蓋與僞經同頒天下。故敦煌寺中尚藏此殘卷。

寅恪案，武曌之頒行大雲經於全國，與新莽之「遣五威將軍王奇等十二人班符命四十二篇於天下」（見漢書玖玖中王莽傳）正同一政治作用。蓋革命開國之初，對於民衆宣傳及證明其新取得地位之合理也。今檢曇無讖譯大方等大雲經肆大雲初分如來涅槃健度第叁陸略云：

佛告淨光天女言：汝於彼佛暫一聞大涅槃經。以是因緣，今得天身。值我出世，復聞深義。捨是天形，即以女身當王國土，得轉輪王所統領處四分之一。（寅恪案，此武曌所以稱金輪皇帝之故。）汝於爾時實爲菩薩。爲化衆生，現受女身。

又同經陸大雲初分增長健度第冬柒之餘略云：

我湟槃已七百年後，是南天竺有一小國，名曰無明。彼國有河，名曰黑暗。南岸有城，名曰穀熟。其城有王，名曰等乘。其王夫人産育一女，名曰增長。其王未免忽然崩亡。爾時諸臣即奉此女以繼王嗣。女既承正，威伏天下。閻浮提中所有國土悉來承奉，無拒違者。

寅恪案，觀曇無讖譯大方等大雲經之原文，則知不獨史籍如舊唐書等之僞造説爲誣枉，即僧徒如志磐輩之重譯説，亦非事實。今取敦煌殘本，即當時頒行天下以爲受命符讖之原本，與今佛藏傳本參校，幾全部符合。間有一二字句差池之處，而意義亦無不同。此古來書册傳寫所習見者，殊不能據此以爲有歧异之二譯本也。又因此可知薛懷義等當時即取舊譯之本，附以新疏，巧爲傅會。其於曇本原文，則全部襲用，絶無改易。既不僞造，亦非重譯。然則王跋以爲「經文但稍加緣飾，不盡僞託。」又云：「此疏之成，蓋與僞經同頒天下。」則尚有未諦也。

蓋武曌政治上特殊之地位，既不能於儒家經典中得一合理之證明，自不得不轉求之於佛教經典。而此佛教經典若爲新譯或僞造，則必假託譯主，或别撰經文。其事既不甚易作，其書更難取信於人。仍不如即取前代舊譯之原本，曲爲比附，較之僞造或重譯者，猶爲事半而功倍。由此觀之，近世學者往往以新莽篡漢之故，輒謂古文諸經及太史公書等悉爲劉歆所僞造或竄改者，其説殆不盡然。寅恪不敢觀三代兩漢之書，固不足以判決其是非。而其事亦軼出本篇範圍之外，尤不必涉及。但武曌之頒行大雲經與王莽之班符命四十二篇，其事正復相類，自可取與並論。至若李思順解釋大雲經以爲唐興之符命一案，則又「劉秀當爲天子」之類也（見通典壹陸玖刑典柒守正門）。此類政治與符讖關係，前人治史，多不知其重要，故特辨之如此。佛教在李唐初期爲道教所壓抑之後，所以能至武周革命而恢復其楊隋時所享之地位者，其原因固甚複雜，而其經典教義可供女主符命附會之利用，要爲一主因。玆造録唐大詔令集壹壹叁所載武周天授二年三月釋教在道教之上制以爲證明。

> 朕先蒙金口之記，又承寶偈之文。歷教表於當今，本願標於曩劫。大雲闡奥，明王國之禎符，方寺（寅恪案，「寺」當作「等」，即指大方等大雲經而言。）發揚，顯自在之丕業。馭一境而敦化，弘五戒以訓人。爰開革命之階，方啓維新之命。宜協隨時之義，以申自我之規。雖實際如如，理忘於先後，而翹心懇懇，思展於勤誠。自今以後，釋教宜在道法之上，緇服處黄冠之前，庶得道有識以歸依，極群生於迴向。布告遐邇，知朕意焉。

觀此制文，凡武曌在政治上新取得之地位，悉與佛典之教義爲證明，則知佛教符讖與武周革命之關係，其深切有如是者。此本篇所討論問題之第二點也。

（丁）結論

自貞觀十一年（西曆六三七年）正月，（或二月，見乙章。）詔道士女冠在僧尼之上（詔文見乙章）。歷五十四年至天授二年（西曆六九一年）三月，周已革唐命，而有釋教在道法之上之制（制文見丙章）。又歷二十年唐室中興之後，景雲二年（西曆七一一年），復敕僧道齊行并進（敕文見唐大詔令集壹壹叁）。約而論之，凡有三變。若通計自隋煬帝大業之世迄於唐睿宗景雲之初，此一百年間佛教地位之升降，與當時政治之變易，實有關係。而與此百年間政治上三大怪傑即隋煬帝唐太宗及武曌尤多所關涉。故綜合前後政治之因果，依據中西文化之同异，類次舊文，間附臆説，成此短篇，以供研求國史中政治與宗教問題者之參證。

兹有間接與大雲經有關之謝靈運辨宗論中華夷分别一點，略論述之如下。但祇就此端範圍推論，其餘涉及佛教大小乘教義之演變請問題，則概從省略，以免枝蔓。嚴可均輯全宋文叁貳謝靈運辨宗論云：

華民易於見理，難於受教，故閉其累學，而開其一極。夷人易於受教，難於見理，故閉其頓了，而開其漸悟。漸悟雖可至，昧頓了之實，一極雖知寄，絶累學之冀。良由華人悟理無漸，而誣道無學，夷人悟理有學，而誣道有漸。是故權實雖同，其用各异。

寅恪案，靈運文中所討論者，在華人主頓夷入主漸一事，專爲道生之大涅槃經而發。

慧皎高僧傳柒義解肆竺道生傳略云：

又六卷泥洹先至京都，生剖析經理，洞入幽微，迺説一闡提人皆得成佛。於時大本未傳，孤明先發，獨見忤衆，於是舊學以爲邪説，譏憤滋甚，遂顯大衆擯而遣之。後涅槃大本至於南京，果稱闡提悉有佛性，與前所説合若符契。

今據同書貳曇無讖傳略云：

（讖）往罽賓齋大涅槃前分十卷。頃之，復進到姑臧，譯寫初分十卷。次譯大集，大雲，悲華，地持，優婆塞戒，金光明，海龍王菩薩戒本等六十餘萬言。讖以涅槃經本品數未足，還外國究尋。後於于闐更得經本中分，復還姑臧譯之。後又遣使于闐尋得後分，於是續譯爲三十三卷。

然則一闡提可以成佛之大涅槃經出於于闐，確有證明。

玄奘大唐西域記壹貳瞿薩旦那國：

王城東南五六里，有鹿射僧伽藍，此國先王妃所立也。昔者此國未知桑蠶，聞東國有之，命使以求。時東國君秘而不賜，嚴敕關防，無令桑蠶種出也。瞿薩旦那王乃卑辭下禮，求婚東國，國君有懷遠之志，遂允其請。瞿薩旦那王命使迎婦而誡曰：爾致辭東國君女，我國素無絲綿，桑蠶之種，可以持來，自爲裳服。女聞其言，密求其種，以桑蠶之子置帽絮中。既至關防，主者遍索，唯王女帽不敢以檢，遂入瞿薩旦那國，止鹿射伽藍故地。方備儀禮，奉迎入宫，以桑蠶種留於此地，陽春告始，乃植其桑。蠶月既臨，復事采養。初至也，尚以雜葉飼之，自時厥後，桑樹連蔭，王妃乃刻石爲制，不令傷殺，蠶蛾飛盡，乃得治繭，敢有犯違，明神不祐，遂爲先蠶，建此伽藍，數株枯桑，云是本種之樹也。故今此國有蠶不殺，竊有取絲者，來年輒不宜蠶。

及北史玖柒西域傳于闐國傳（參魏書壹佰貳西域傳）云：

自高昌以西，諸國人等，深目高鼻，唯此一國，貌不甚胡，頗類華夏。

可見于闐之地，舊爲華夏民族移居之土。大涅槃經既出于闐，又主張頓悟，靈運謂華人主頓悟，殊有根據，未可以想像之空論目之也。

歷代三寶記壹貳新合大集經條略云：

于闐東南二千餘里，有遮拘迦國，彼王純信敬重大乘。彼土又稱，此國東南二十餘里，有山甚險，其内安置大集，華嚴，方等，寶積，楞伽，方廣舍利，弗陀羅尼，華聚陀羅尼，都薩羅藏，摩訶般若，八部般若，大雲經等凡十二部，皆十萬偈。

寅恪按，歷代三寶記所引此文與澄觀大方廣佛華嚴經隨疏演義鈔壹伍所録文字略有出入，遮拘迦作遮拘槃，藏大雲經等十二部作十一部。槃與迦表面似非同一對音，但王明清揮麈後録陸云：

趙正夫〔挺之〕丞相元祐中與黄太史魯直〔庭堅〕俱在館閣，魯直以其魯人，意常輕之。每庖吏來問食次，正夫必曰：來日喫蒸餅。一日聚飯行令，魯直云：欲五字從首至尾各一字，復合成一字。正夫沈吟久之曰：禾女委鬼魏。魯直應聲曰：來力敕正整。協正夫之音。闔座大笑。

然則趙挺之讀餅爲整，乃其鄉音，可見迦與槃之對音互异，亦由當日地方之土音不同所致也。至於藏經部數，應以十一部爲是。夫大雲經雖未明言出於于闐國，但與于闐相鄰近之遮拘迦國有關，確有明證。大唐西域記壹貳斫句迦國條略云：

周千餘里，編户殷盛。臨帶兩河，頗以耕植蒲萄梨柰。文字同瞿薩旦那國，言語有异。此國中大乘經典部數尤多，佛法至處，莫斯爲盛也。十萬頌爲部者凡有十數，自兹已降，其流宴廣，從此而東，逾嶺越谷，行八百餘里，至瞿薩旦那國。

册府元龜玖陸拾外臣部土風貳云：

〔于闐〕國人善鑄銅器，其治曰西山城，有屋室市井，菓蓏菜蔬與中國等，尤信佛法。

可知遮拘迦國即大唐西域記中之斫句迦國。歷代三寶記所云東南一千餘里當是訛寫，與西域記等所載，此國位置，絶不能有此遼遠之里程也。此國崇尚大乘，文化雖較于闐爲低，但其人仍屬于闐之影響，據言文字與于闐國同。可證此大乘文化，實從于闐而來。寅恪昔年與鋼君和泰比較各種文字之金剛經，始知玄奘所譯之本，源出自于闐文。是以較其他譯本爲繁。惜此稿本經已不見，故無從詳加説明也。

綜合言之，大雲經雖不出于闐，但亦出自于闐相近之遮拘迦。據北史玖柒西域傳于闐國傳略云：

> 土宜五穀并桑麻。城東有大水北流，號樹枝水。城西十五里亦有大水名達利水，與樹枝水會，俱北流。

達利河即土耳其語言之 Kara Kachi，Kara，爲黑暗之義，與「土宜五穀并桑麻」等語，翊似皆可與大雲經所言「有一小國，名曰無明。彼國有河，名曰黑暗。南岸有城，名曰熟穀。」等文相印證。由是言之，武曌所據以女身得爲帝王之教義，亦間接出自于闐，與謝靈運辨宗論及遮拘迦之華夏移民實有間接關係也。復曌因中國儒教等經典最重男輕女，不許女身得爲帝王，故不得已求之於華夏民族以外之經典，藉資宣傳。殊不知女身得爲帝王之説，實源出華夏移民所主張，此俗所謂家有祖傳之寶，苟爲子孫所忘，而别從他人求乞。斯真爲中外學説歷史之一奇事也。今述大雲經教義已畢，聊舉此端，以供好事之博雅通人一笑云爾。

附注

關於武曌與佛教符讖之問題，可參考矢吹慶輝博士著三階教之研究及湯用彤先生所作同書之跋文（載史學雜志第貳卷第伍陸期合刊）。總而言之，大周刊定衆經目錄不著錄新譯大雲經，尤足證薛懷義等無重譯或僞撰此經之事也。

（原載一九三五年十二月歷史語言研究所集刊第伍本第貳分）

讀洛陽伽藍記書後

劉知幾史通伍補注篇云：

亦有躬爲史臣，手自刊補，雖志存賅博，而才闕倫叙，除煩則意有所恡，畢載則言有所妨，遂乃定彼榛楛，列爲子注。若蕭大圜淮海亂離志，羊衒之洛陽伽藍記，宋孝王關東風俗傳，王邵齊志之類是也。

顧廣圻思適齋集壹肆洛陽伽藍記跋略云：

予嘗讀史通補注，知此書原用大小字分別書之，今一概連寫，是混注入正文也。意欲如全謝山治水經注之例，改定一本，惜牽率乏暇，汗青無日，爰標識於最後，世之通才倘依此例求之，於讀是書，思過半矣。

於是吴若準洛陽伽藍記集證即依顧氏之説，分析正文子注，群推爲善本。吴氏自序其書云：

古本既無由見，未必一如舊觀，而綱目麤具，讀是書者，或有取乎？

然吴本正文太簡，子注過繁。其所分析疑與楊書舊觀相去甚遠，唐晏因是有洛陽伽藍記鈎沉之作。其洛陽伽藍記鈎沉自序云：

昔唐劉知幾謂洛陽伽藍記「定彼榛楛，列爲子注。」斯言已逾千歲，而世行本皆刊於明代，子注已雜入正文，無復分別，亦竟無人爲料理出之，此書遂不可讀矣。近者之江吳氏創始爲之畫分段落，正文與注，甫得眉目。然究嫌其限域未清，混淆不免，雖少勝於舊編，猶未盡夫塵障。鄙人索居海上，偶展此書，覺有會於心，乃信手鈎乙。數則以後，迎刃而解，都已盡卷，未敢謂足揆原編，然較各本則有間矣。

故唐本正文較之吳本溢出三倍，似可少糾吳氏之失。但唐氏之分别正文子注，其標準多由主觀，是否符合楊書之舊，仍甚可疑。近人張宗祥君之洛陽伽藍記合校本附録吳本及唐本所分正文，并記其後。略云：

昔顧澗蘋先生欲仿全氏治水經注之例，分别此書注文而未果。吳氏聞斯言於其舅朱氏，集證本遂起而分之。然極簡略，恐非楊氏之舊。如楊氏舊文果如吳氏所述，則記文寥寥，注文繁重，作注而非作記矣。楊氏具史才，當不如此。唐氏復因吳氏之簡，起而正之。然第五卷原本注文，且誤入正文，則亦未爲盡合也。蓋此書子注之難分，實非水經注之比。苟無如隱以前之古本可以勘正，實不必泥顧氏之説，强爲分析，致蹈明人竄改古籍之覆轍也。

張君於唐氏所定第壹卷城内永寧寺條正文東西兩門皆亦如之一節下附案語云：

「東西兩門皆亦如之」者，言與「南門圖以雲氣云云」種種相同也。今「圖以雲氣」

四十一字作注文，則「皆亦如之」一語，無歸宿矣。

於第伍卷城北凝圓寺條「所謂永平里也注」之「注」字下附案語云：

> 衒之此記本自有注，不知何時并入正文，遂至不能分別。此「注」字之幸存者，自此至下文「不可勝數」句，當是凝圓寺注文。鉤沉本以此下一句爲正文。

又於其附録之鉤沉本正文城北禪虛寺條「注即漢太上王廣處」句下附以案語，重申其說云：

> 此處「注」字幸存，即漢太上王廣處六字，明係注文，不得誤入正文。

寅恪案，張君之合校本最晚出，其言「不必泥顧氏之說，强爲分析，致蹈明人竄改古籍之覆轍。」可謂矜慎。於楊書第伍卷，舉出幸存之「注」字，尤足見讀書之精審，不僅可以糾正唐氏之違失已也。然竊有所不解者，吴唐二氏所分析之正文與子注，雖不與楊書原本符會，而楊書原本子注亦必甚多，自無疑義，若凡屬子注，悉冠以「注」字，則正文之與注文分別瞭然，後人傳寫楊書，轉應因此不易淆誤。今之注文混入正文者，正坐楊書原本其子注大抵不冠以「注」字，故後人傳寫牽連，不可分別，遂成今日之本。張君所舉之例，疑是楊書原本偶用「注」字，後人不復删去，實非全書子注悉以「注」字冠首也。鄙意衒之習染佛法，其書製裁乃摹擬魏晋南北朝僧徒合本子注之體，劉子玄蓋特指其書第伍卷惠生宋雲道榮等西行求法一節，以立說舉例，後代章句儒生雖精世典，而罕讀佛書，不知南北朝僧徒著作之中，實有此體，故於洛陽伽藍記一書之製裁義例，懵然未解，固無足異。寅恪昔年嘗作支愍度學說考，載於歷史語言研究所蔡元培先生六十五歲紀念論文集中，詳考佛書合本子注之體。兹僅引梵夾數事，以此類楊書，證成鄙說，其餘不復備論。梁僧祐出三藏記集柒支敏度合首楞嚴經記、捌支道林大小品對比要鈔序、支敏度合維摩詰經序、壹壹竺曇無蘭大比丘二百六十戒三部合異序等，俱論合本子注之體裁。兹節録一二，以見其例如下。

支敏度合維摩詰經序略云：

然斯經梵本出自維耶離，在昔漢興，始流兹土。於時有優婆塞支恭明，逮及於晋，有法護叔蘭，先後譯傳，别爲三經，同本人殊出异，或辭句出入，先後不同，或有無離合，多少各异。若其偏執一經，則失兼通之功。廣披其三，則文煩難究。余是以合兩令相附，以明所出爲本，以蘭所出爲子，分章斷句，使事類相從，令尋之者瞻上視下，讀彼案此，足以釋乖迂之勞。

竺曇無蘭大比丘二百六十戒三部合异序云：

余因閑暇，爲之三部合异，粗斷起盡，以二百六十戒爲本，二百五十者爲子，以前出常行戒全句繫之於事末，而亦有永乖不相似者，有以一爲二者，有以三爲一者，余復分合，令事相從。

比丘大戒二百六十事（原注：「三部合异二卷。」）云：

說戒者乃曰：僧和集會，未受大戒者出！僧何等作爲？（衆僧和聚會，悉受無戒！於僧有何事？）答：說戒。（僧答言：布薩。）不來者囑授清淨説！（諸人者，當説當來之淨！答言：説淨。）

據上所引，魏晉南北朝僧徒合本子注之體例，可以推知。洛陽伽藍記伍凝圓寺條，紀述惠生宋雲等使西域事既竟，楊氏結以數語云：

衒之按，惠生行紀事多不盡録。今依道榮傳、宋雲家紀，故并載之，以備缺文。

觀今本洛陽伽藍記楊氏紀惠生使西域一節，輒以宋雲言語行事及道榮傳所述參錯成文，其間頗嫌重複，實則楊氏之紀此事，乃合惠生行紀道榮傳及宋雲家傳三書爲一本，即僧徒「合本」之體，支敏度所謂「合令相附」及「使事類相從」者也。楊書此節之文如：

至乾陀羅城，東南七里有雀離浮圖。道榮傳云：城東四里。

即竺曇無蘭大比丘二百六十戒三部合異序後所附子注之例。其「道榮傳云：城東四里。」乃是正文「東南七里有雀離浮圖」之子注也。又楊書此節之

〔迦尼色迦〕王更廣塔基三百餘步。道榮傳云：三百九十步。

其「道榮傳云：三百九十步。」乃是正文「三百餘步」之子注也。其餘類此者，不勝枚舉。茲僅揭一、二例，亦如顧氏之意，欲世之通才依此求之，寫成定本，以復楊書之舊觀耳。夫史

通所論寅指惠生等西行求法一節，而吴唐二氏俱以此節悉爲子注，張君無所糾正，其意殆同目此文全段皆是子注也。故白楊氏此書正文與子注混淆之後，顧氏雖據史通之語，知其書之有注，而未能釐定其文。吴唐張三家治此書極勤，亦未能發此久蔽之覆，因舉魏晋南北朝僧徒合本子注之例，證成鄙説，爲讀是書者進一解，并以求教於通知古今文章體制學術流變之君子。

抑更有可申論者，裴松之三國志注人所習讀，但皆不知其爲合本子注之體。劉孝標世説新語注亦同一體材，因經後人删削，其合本子注之體材，益難辨識。至水經注雖知其有子注，而不知其爲合本。前人研治者甚多，然終以不曉此義，無所發明，徒資紛擾，殊可惘惜。兹特附及之於篇末。

（原載一九三九年九月歷史語言研究所集刊第捌本第貳分）

大乘義章書後

大藏中此土撰述總詮通論之書，其最著者有三，大乘法苑義林章，宗鏡録及遠法師此書是已。宗鏡録最晚出，亦最繁博。然永明之世，支那佛教已漸衰落，故其書雖平正篤實，罕有倫比，而精采微逐，雄盛之氣，更遠不逮遠基之作，亦猶耶教聖奥古斯丁（St. Augustin）與巴士卡兒（Pascal），其欽聖之情，固無差异，而欣戚之感，則迥不相侔也。基公承慈恩一家之學，顓門絶業，今古無儔，但天竺佛教當震日一之唐代，已非復盛時，而中國六朝之世則不然。其時神州政治，雖爲紛争之局，而思想自由，才智之士亦衆。佛教輸入，各方面皆備，不同後來之拘守一宗一家之説者。嘗論支那佛教史，要以鳩摩羅什之時爲最盛時代。中國自創之佛宗，如天台宗等，追稽其原始，莫不導源於羅什，蓋非偶然也。當六朝之季，綜貫包羅數百年間南北兩朝諸家宗派學説异同之人，實爲慧遠。遠公事迹見道宣續高僧傳捌。其所著大乘義章一書，乃六朝佛教之總彙。道宣所謂「佛法綱要盡於此焉」者也。今取大乘義章之文，與隋唐大師如智顗玄奘諸人之説相關者數條比勘之，以見其异同。

天台智者大師妙法蓮華經玄義壹下，解「四悉檀」爲十重。其一釋名略云：

悉檀，天竺語。南岳師例，「大湼槃」梵漢兼稱。「悉」是此言，「檀」是梵語，「悉」之言「遍」，「檀」翻爲「施」。佛以四法遍施衆生，故言「悉檀」也。

大乘義章貳四悉檀義四門分別條云：

四悉檀義，出大智論，言悉檀者，是中（外？）國捂，此方義翻，其名不一。如楞伽中子注釋言，或名爲宗，或名爲成，或云理也。

寅恪案，「悉檀」乃梵語 Siddhânta 之對音，楞伽注之言是也。其字從語根 Sidh 衍出，「檀施」之「檀」，乃 dâna 之對音。其字從語根 dâ 衍出，二語絶無關涉，而中文譯者，偶以同一之「檀」字對音，遂致智者大師有此誤釋，殊可笑也。

又道宣集古今佛道論衡卷丙文帝詔令奘法師翻老子爲梵文事條云：

〔玄奘〕染翰綴文：厥初云「道」，此乃人言，梵云「末伽」，可以翻「度」。諸道士等，一時舉袂曰：「道」翻「末伽」，失於古譯。古稱「菩提」，此謂爲「道」。未聞「末伽」以爲「道」也。奘曰：今翻道德，奉敕不輕。須覈方言，乃名傳旨。「菩提」言「覺」，「末伽」言「道」，唐梵音義，確爾難乖，豈得浪翻，冒罔天聽！道士成英曰：「佛陀」言「覺」，「菩提」言「道」，由來盛談，道俗同委。今翻「末伽」，何得非妄？奘曰：傳聞濫真，良談匪惑。未達梵言，故存恒習。「佛陀」天音，唐言「覺者」。「菩提」天語，人言爲「覺」。此則人法兩异，聲采全乖。「末伽」爲道，通國齊解。如不見信，謂是妄談，請以此語，問彼西人。足所行道，彼名何物？非「末伽」者，余是罪人。非惟罔上當時，亦乃取笑天下。

寅恪案，「佛陀」梵文爲 Buddha，「菩提」梵文爲 bodhi，同自語根 Budh 衍出。然一爲具體之名，一爲抽象之名。所謂「人法兩异」者，混而同之，故慈恩以爲不可。「末伽」梵文 Mârga 之對音，慈恩以爲「道」之確譯者也。

大乘義章壹捌無上菩提義七門分别條略云：

「菩提」胡語，此翻爲「道」。問曰：經説第一義諦亦名爲「道」，亦名「菩提」，亦名「涅槃」。「道」與「菩提」，義應各别。今以何故，宣説「菩提」翻名「道」乎？釋言：外國説「道」名多，亦名「菩提」，亦曰「末伽」。如四諦中，所有道諦，名「末伽」矣。此方名少，是故翻之，悉名爲「道」。與彼外國「涅槃」「毗尼」此悉名「滅」，其義相似。經中宣説第一義諦名爲「道」者，是「末伽道」。名「菩提」者，是「菩提道」。良以二種，俱名「道」故，得翻「菩提」，而爲「道」矣。

寅恪案，慧遠之書，皆本之六朝舊説。可知佛典中，「道」之一名，六朝時已有疑義，固不待慈恩之譯老子，始成問題也。蓋佛教初入中國，名詞翻譯，不得不依託較爲近似之老莊，以期易解。後知其意義不切當，而教義學説，亦漸普及，乃專用對音之「菩提」，而捨置義譯之「道」。此時代變遷所致，亦即六朝舊譯與唐代新譯（此指全部佛教翻譯事業，非僅就法相宗言。）區別之一例，而中國佛教翻譯史中此重公案，與今日尤有關係。吾人欲譯外國之書，輒有此方名少之感，斯蓋非唐以後之中國人，拘於方以內者所能知矣。

又大乘義章壹衆經教述義三門分別條略云：

〔晋武都山隱士〕劉虬所云，佛教無出頓漸二門。是言不盡。如佛所説四阿含經五部戒律，當知非是頓漸所攝。所以而然，彼説被小，不得言頓。説通始終，終時所説，不爲入大，不得言漸。又設餘時所爲，衆生聞小取證，竟不入大，云何言漸？是故頓漸攝教不盡。又復五時七階之言，亦是謬浪。

寅恪案，遠師學説，多與吉藏相近。嘉祥著述如法華玄論壹所謂：

人秉五時之規矩，格無方之聖化，妄謂此經，猶爲半字，明因未圓，辨果不足。五時既爾，四宗亦然。廢五四之妄談，明究竟之圓旨。

及法華游意第肆辨教意門所謂：

南方五時説，北土四宗論，無文傷義。昔已詳之，今略而不述也。

等語，皆是。又窺基妙法蓮華經玄贊壹顯時機條略云：

古有釋言，教有五時。乍觀可爾，理即不然。今依古義，且破二時，後餘三時。并如古人破。

恐厭文繁，且略應止。

基公大乘法苑義林章壹所引菩提流支法師別傳破劉虬五時判教之説，皆略同大乘義章之説，蓋同出一源也。可知天台宗五時判教之義，本非創自天台諸祖，不過襲用舊説，而稍變易之耳。然與諸祖先後同時諸大師中，亦有不以五時之説爲然者。就吾人今日佛教智識論，則五時判教之説，絶無歷史事實之根據。其不可信，豈待詳辨？然自中國哲學史方面論，凡南北朝五時四宗之説，皆中國人思想整理之一表現，亦此土自創佛教成績之一，殆未可厚非也。嘗謂世間往往有一類學説，以歷史語言學論，固爲謬妄，而以哲學思想論，未始非進步者。如易非卜筮象數之書，王輔嗣程伊川之注傳，雖與易之本義不符，然爲一種哲學思想之書，或竟勝於正確之訓詁。以此推論，則徐健庵成容若之經解，亦未必不於阮伯元王益吾之經解外，別具優點，要在從何方面觀察評論之耳。

上所舉三事，天台悉檀之説，爲語言之錯誤。五時判教之説，爲歷史之錯誤。慈恩末伽之説，爲翻譯之問題。凡此諸端，大乘義章皆有詳明正確之解釋，足見其書之精博，或勝於大乘法苑義林章宗鏡録二書也。

又此書日本刊本，其卷壹標題下，有：

草書惑人，傷失之甚。傳者必真，慎勿草書。

等十六字。寅恪所見敦煌石室卷子佛經注疏，大抵草書。合肥張氏藏敦煌草書卷子三種，皆佛經注疏，其一即此書，惜未取以相校。觀日本刊本「慎勿草書」之語，則東國所據，最初中土寫本，似亦爲草書，殆當日傳寫佛典，經論則真書，而注疏則草書。其風尚固如是歟？因并附記之，以質博雅君子。

（原載一九三〇年六月歷史語言研究所集刊第壹本第貳分）

禪宗六祖傳法偈之分析

神秀慧能傳法偈壇經諸本及傳燈録等書所載，其字句雖間有歧异之處，而意旨則皆相符會。兹依敦煌本壇經之文，分析説明之。

神秀偈曰：

身是菩提樹。心如明鏡臺。時時勤拂拭。莫使有塵埃。

慧能偈曰：

菩提本無樹。明鏡亦非臺。佛性常清淨。何處有塵埃。

又偈曰：

心是菩提樹。身爲明鏡臺。明鏡本清淨。何處染塵埃。

敦煌本壇經偈文較通行本即後來所修改者，語句拙質，意義重複，尚略存原始形式。至慧能第二偈中「心」「身」二字應須互易，當是傳寫之誤。諸如此類，皆顯而易見，不待贅言。兹所欲討論者，即古今讀此傳法偈者衆矣，似皆未甚注意二事：

（一）此偈之譬喻不適當。

（二）此偈之意義未完備。

請分別言之於下。

（一）

何謂譬喻不適當？考印度禪學，其觀身之法，往往比人身於芭蕉等易於解剥之植物，以説明陰蘊俱空，肉體可厭之意。此類教義爲佛藏中所習見者，無取博徵。請引一二佛典原文，以見其例：

鳩摩羅什譯摩訶般若波羅蜜經貳肆善達品第柒玖云：

行如芭蕉葉，除却不得堅實。

又玄奘譯大般若波羅蜜多經肆柒貳第貳分善達品第柒柒之貳（即前經同本异譯）云：

如實知行如芭蕉樹，葉葉析除，實不可得。

又鳩摩羅什等譯禪秘要法經中云：

先自觀身，使皮皮相裹，猶如芭蕉，然後安心。

又沮渠京聲譯治禪病秘要經略云：

次觀厚皮九十九重，猶如芭蕉。次復觀肉，亦九十九重，如芭蕉葉。中間有蟲，細於秋毫。蟲各四頭四口九十九尾。次當觀骨，見骨皎白，如白瑠璃。九十八重，四百四脈入其骨間，流注上下，猶如芭蕉。

據此，可知天竺禪學觀身取譬之例。至於傳法偈中所謂菩提樹者，乃一樹之專稱，釋迦牟尼曾坐其下，而成正覺者。依佛陀耶舍共佛念譯長阿含經壹第壹分初大本緣經所載，先後七佛自毗婆尸至釋迦牟尼，皆坐於一定之樹下，成最正覺。其關於釋迦牟尼之文句，茲移録於下：

我今如來至真坐鉢多樹下，成最正覺。佛時頌曰：

我今釋迦文。坐於鉢多樹。

玄奘西域記捌摩揭陀國上云：

金剛坐上菩提樹者，即畢鉢羅之樹也。昔佛在世，高數百尺。屢經殘伐，猶高四五丈。佛坐其下，成等正覺，因而謂之菩提樹焉。莖幹黄白，枝葉青翠，冬夏不凋，光鮮無變。

據此，可知菩提樹爲永久堅牢之寶樹，決不能取以比譬變滅無常之肉身，致反乎重心神而輕肉體之教義。此所謂譬喻不適當者也。

（二）

何謂意義未完備？細繹偈文，其意在身心對舉。言身則如樹，分析皆空。心則如鏡，光明普照。今偈文關於心之一方面，已將譬喻及其本體作用叙説詳盡，詞顯而意賅。身之一方面，僅言及譬喻。無論其取譬不倫，即使比擬適當，亦缺少繼續之下文，是僅得文意之一半。此所謂意義不完備者也。

然則此偈文義何以致如是之乖舛及不具足乎？應之曰：此蓋襲用前人之舊文，集合爲一偈，而作者藝術未精，空疏不學，遂令傳心之語，成爲半通之文。請略考禪家故事，以資説明。

此偈中關於心之部分，其比喻及其體用之説明，佛藏之文相與類似者不少。兹僅舉其直接關係此偈者一事，即神秀弟子淨覺所著楞伽師資記中宋朝三藏求那跋陀之安心法。其原文云：

亦如磨鏡。鏡面上塵落盡，心自明淨。

寅恪案，此即宗密禪源諸詮集都序貳叙禪宗之息妄修心宗，所謂：

故須依師言教，背境觀心，息滅妄念，念盡即覺悟，無所不知。

如鏡昏塵，須勤勤拂拭，塵盡明現，即無所不照。

者是也。凡教義之傳播衍繹，必有其漸次變易之迹象，故可依據之，以推測其淵源之所從出，及其成立之所以然。考續高僧傳貳伍習禪六曇倫傳（江北刻經處本）略云：

釋曇倫姓孫氏，汴州浚儀人。十三出家，住修福寺，依端禪師。然端學次第觀，便誡倫曰，汝繫心鼻端，可得静也。倫曰：若見有心，可繫鼻端。本來不見心相，不知何所繫也。异時（端禪師）告曰，令汝學坐，先淨昏情。猶如剥葱，一一重重剥却，然後得淨。倫曰，若見有葱，可有剥削。本來無葱，何所剥也。

據續高僧傳，曇倫卒於武德末年，年八十餘。則其生年必在魏末世。故以時代先後論，神秀慧能之偈必從此脱胎，可無疑義。芭蕉爲南方繁茂之植物，而北地不恒見。端禪師因易以北地日常服食之葱。可謂能近取譬者也。若復易以「冬夏不凋，光鮮無變」之菩提寶樹，則比擬不倫，失其本旨矣。蓋曇倫學禪故事原謂本來無葱，故無可剥。本來無心，故無可繫，身心并舉，比擬既切，語意亦完。今神秀慧能之偈僅得關於心者之一半。其關於身之一半，以文法及文意言，俱不可通。然古今傳誦，以爲絶妙好詞，更無有疑之者，豈不异哉！予因分析偈文内容，證以禪門舊載，爲之説明。使參究禪那之人，得知今日所傳唐世曹溪頓派，匪獨其教義宗風溯源於先代，即文詞故實亦莫不掇拾前修之緒餘，而此半通半不通之偈文，是其一例也。

（原載一九三二年六月清華學報第柒卷第貳期）

有相夫人生天因緣曲跋（「有相」寫本多訛作「有於」）

上虞羅氏藏敦煌石室寫本佛曲三種（見敦煌零拾卷肆），其第叁種，貞松先生謂不知演何經。寅恪案，魏吉迦夜曇曜共譯之雜寶藏經卷拾，優陀羨王緣有相夫人生天事，適與此合。石室比丘尼之名亦相同。惟國王名稱异，或別有所本，未可知也。又義淨譯根本説一切有部毘奈耶卷肆伍入宮門學處第捌貳之貳仙道王及月光夫人事，亦與此同。梵文 **Divyāvadāna** 第叁柒 **Rudrāyana** 品（見一九零七年通報 **Prof. Sylvain Lévi** 論文），西藏文甘珠爾律部卷玖，均載此事。寅恪曾見柏林人類學博物館土魯蕃部壁畫中有歡喜王觀有相夫人跳舞圖。可知有相夫人生天因緣，爲西北當日民間盛行之故事，歌曲畫圖，莫不於斯取材。今觀佛曲體裁，殆童受喻鬘論，即所謂馬鳴大莊嚴經論之支流，近世彈詞一體，或由是演繹而成。此亦治文化史者，所不可不知者也。

（原載一九二七年九月清華學校研究院國學論叢第壹卷第貳號）

須達起精舍因緣曲跋

上虞羅氏所藏敦煌石室唐寫本佛曲第壹種（見敦煌零拾四之一），首尾俱殘闕不完。雪堂參事丈謂不知演何經。寅恪詳繹其内容，蓋演須達起精舍因緣中舍利弗降伏六師一節也。檢賢愚經拾（大正大藏本）須達起精舍品肆壹所載：

舍利弗言，正使此輩，六師之衆，滿閻浮提，數如竹林，不能動吾足上一毛，欲較何等，自恣聽之。須達歡喜，更著新衣，沐浴香湯，即往白王，我已問之，六師欲較，恣隨其意。國王是時，告諸六師，今聽汝等，共沙門較。是時六師，宣語國人，却後七日，當於城外寬博之處，與沙門較。舍衛國中，十八億人，時彼國法，擊鼓會衆。若擊銅鼓，八億人集。若打銀鼓，十四億集。若振金鼓，一切皆集。七日期滿，至平博處，椎擊金鼓，一切都集。六師徒衆，有三億人。是時人民，悉爲國王及其六師，敷施高座。爾時須達，爲舍利弗，而施高座。時舍利弗，在一樹下，寂然入定，諸根寂默，游諸禪定，通達無礙，而作是念，此會大衆，習邪來久，憍慢自高，草芥群生，當以何德，而降伏之。思惟是已，當以二德，即立誓言，若我無數劫中，慈孝父母，敬尚沙門婆羅門者。我初入會，一切大衆，當爲我禮。爾時六師，見衆已集，而舍利弗，獨未來到，便白王言，瞿曇弟子，自知無術，僞求較能，衆會既集，怖畏不來。王告須達，汝師弟子，較時已至，宜來談論。是時須達，至舍利弗所，長跪白言，大德！大衆已集，願來詣會。時舍利弗，從禪定起，更整衣服，以尼師壇，著左肩上，徐詳而步，如師子王，往詣大衆。是時衆人，見其形容，法服有异，及諸六師，忽然起立，如風靡草，不覺爲禮。時舍利弗便昇須達所敷之座。六師衆中，有一弟子，名勞度差，善知幻術。於大衆前，咒作一樹，自然長大，蔭覆衆會，枝葉鬱茂，華果各异。衆人咸言，此變乃是勞度差作。時舍利弗，便以神力，作旋嵐風，吹拔樹根，倒著於地，碎爲微塵。衆人皆言，舍利弗勝，今勞度差便爲不如。又復咒作一池，其池四面，皆以七寶，池水之中，生種種華。衆人咸言，是勞度差之所作也。時舍利弗，化作一大六牙白象，其一牙上，有七蓮華，一一華上，有七玉女。其象徐詳，往詣池邊，并含其水，池即時滅。衆人悉言，舍利弗勝，勞度差不如。復作一山，七寶莊嚴，泉池樹木，華果茂盛。衆人咸言，此是勞度差作。時舍利弗即便化作金剛力士，以金剛杵，遥用指之，山即破壞，無有遺餘。衆會皆言，舍利弗勝，勞度差不如。

故寅恪頗疑此殘卷卷首第壹之「毛」字，或即「不能動吾足上一毛」之「毛」字。考巴利文增一阿含經 Auguttara-Nikāya（英倫巴利學會本）第壹篇 Eku-Nipāta 第壹肆品 Etadagga-

Vagga 列舉釋迦牟尼諸大弟子品德，稱舍利弗爲大智慧，大目犍連具神通。Mahāpaññānam-Yadidam Sariputto Iddhi-Mantānam Yadidam Mahā Moggallāno 故目連神通事迹，多散見於諸經典，而舍利弗之以神通顯者，則降伏六師，見於賢愚經須達起精舍緣品外，尚有以腰帶與目連較力事，見東晋罽賓三藏瞿曇僧伽提婆譯增一阿含經貳玖（大正大藏本）所載：

是時目連復重語曰，云何舍利弗神足之中，能勝吾乎？然今先遣使在前耶？若舍利弗不時起者，吾當捉臂，將詣彼泉。是時舍利弗便作是念曰，目連方便試弄吾耳。爾時尊者舍利弗，躬解竭支帶在地，語目連曰，設汝神足第一者，今舉此帶，使離於地，然後捉吾臂將詣阿耨達泉。是時目連復作是念，今舍利弗，復輕弄我，將欲相試乎？

今解帶在地云，能舉者然後捉吾臂將詣泉所。是時目連，復作是想，此必有因事不可苦爾。即時申手，而取帶舉，然不能使帶移動，如毫釐許。是時目連盡其力勢，移此帶不能使動。是時舍利弗取此帶繫著閻浮樹枝。是時尊者目連，盡其神力，欲舉此帶，終不能移，當舉此帶時，此閻浮地大震動。

及鳩摩羅什譯大智度論肆伍（大正大藏本）所載：

舍利弗見目連貴其神通，即以腰帶擲地語言，汝舉此帶去。目連以兩手舉帶，不能離地，即入諸深定舉之，地爲大動，帶猶著地。

今取此佛典與賢愚經原文較，已足見演經者之匠心，及文學藝術漸進之痕迹，而今世通行之西游記小説，載唐三藏車遲國鬬法事，固與舍利弗降伏六師事同。又所述三藏弟子孫行者豬八戒等，各矜智能諸事，與舍利弗目犍連較力事，或亦不無類似之處。因并附記之，以供治小説考證者采覓焉。戊辰元夕義寧陳寅恪。

（原載一九二八年十月清華學校研究院國學論叢第壹卷第肆號）

敦煌本唐梵翻對字音般若波羅蜜多心經跋

倫敦博物館藏敦煌本唐梵翻對字音心經一卷，前有序文，題：

西京大興善寺石壁上録出，慈恩和尚奉昭（詔）述。

序文後附不空譯蓮花部等普讚三寶梵文對音一節。又經名題下注云：

觀自在菩薩與三藏法師玄奘親教授梵本，不潤色。

寅恪嘗取此本與今存諸梵文本及譯本校讀一過，其異同已别於學校講授時詳言之。茲不贅述。惟此本對音，自「尾儞也乞叉喻」至「只哆囉努」一節重複，當是傳寫之誤。而梵文對音下所注之中文，意義往往訛舛，句讀離析，亦多未當。又與玄奘譯本之文詳略互异，其非出於華梵兼通之大法師如慈恩其人者，固不待言。疑此本梵文對音，雖受自西僧，而此土學侣取漢譯之義，逐字注之，以不解梵語文法，故多謬誤也。此本心經之序，既稱録自西京大興善寺，而譯蓮花部等普讚三寶梵文對音之不空，即居於此寺。今本又列對音三寶讚於此本心經序文及本文之間。或者對音三寶讚與此本心經俱出於不空之手歟？

序文中所紀此經傳授始末，頗爲詭异，似不可信，然亦有所本。大慈恩寺三藏法師傳壹云：

莫賀延磧長八百餘里，古曰沙河。上無飛鳥，下無走獸，復無水草。是時顧影，唯一心但念觀音菩薩及般若心經。初法師在蜀，見一病人身瘡臭穢，衣服破污，愍將向寺，施與衣服飲食之直。病者慚愧，乃授法師此經。因常誦習。至沙河間，逢諸惡鬼，奇狀異類，遶人前後，雖念觀音，不得全去，即誦此經，發聲皆散。在危獲濟，實所憑焉。

可知奘公與此經原有一段因緣。若序文中所言觀音化身，保衛行途，取經滿願，後復於中天竺摩竭陀國那爛陀寺，現身昇空等靈異，則皆後來附益演變之神話故事，即唐三藏取經詩話，銷釋真空寶卷，西游記等書所從出也。

又陸放翁入蜀記伍云：

〔乾道五年九月〕十三日泊柳子，夜過全證二僧舟中，聽誦梵語般若心經。此經惟蜀僧能誦。

據此，西蜀實有梵語般若心經之本，必爲前代傳授之舊，至南宋時僧徒猶能諷誦。然則慈恩之受梵本心經於成都，未嘗不可信。其度磧所遇鬼怪，乃沙漠空氣之幻影。今日旅行其地者，往往見之，固無足异也。

寅恪所見敦煌本中文金光明經冥報傳（合肥張氏所藏）西夏文之譯本（北平圖書館藏）及畏兀吾文譯本（俄國科學院佛教叢書第壹柒種），皆取以冠於本經之首。吐蕃文金剛經冥報傳（一千九百二十四年普魯士科學院哲學歷史組壹柒報告），雖殘闕不完，以體例推之，應亦相同。斯蓋當時風尚，取果報故事與本經有關者，編列於經文之前，以爲流通之助。由是言之，此本心經序文，歷叙姻緣，盛談感應，乃一變相之冥報傳。實考證玄奘取經故事之重要材料，殊未可以尋常經典序文目之也。復次，太平廣記壹佰貳至壹佰捌報應類壹至柒金剛經條，壹佰玖報應類捌法華經條，壹佰拾至壹壹壹報應類玖觀音經條等故事，當皆取自金剛經、法華經、觀音經卷首之序文而別行者。寅恪初不知廣記諸條之來源，玆因讀此敦煌卷子，始豁然通解，故并附及之，以告世之研究小説源流者。

（原載一九三〇年十二月清華學校研究院國學論叢第貳卷第貳號）

附記

俞樾春在堂隨筆玖云：

般若波羅蜜多心經云，色不异空，空不异色。色即是空，空即是色。余謂既云不异，不必更云即是矣。誦此經者，人人皆以此四句爲精語，實複語也。及讀世説文學篇注引支道林即色論妙觀章云，夫色之性也，不自有色，色不自有，雖色而空。故曰，色即爲空，色復异空。此二句語簡而意賅，疑經文本云，色即是空，空即是色。色復异空，空復异色。蓋即金剛經非法非非法之旨。所謂無實無虚也。余於金剛經注言之詳矣。譯者誤耳。

寅恪案，今心經梵文原本尚存，「色不异空」一節，共有六句。玄奘譯爲四句，已從省略。蓋宣傳宗教，不厭重複。梵文諸經本中，往往有 Peyala 或作 pya. 即重誦三遍之意。曲園先生精通中國訓詁古文章句之學，此條乃拘於中文範圍，故有此誤說耳。時代囿人，不足爲病也。

（一九六五年六月）

敦煌本心王投陀經及法句經跋尾

倫敦博物館藏敦煌寫本斯坦因第貳肆柒肆號佛爲心王菩薩説投陀經卷上一卷五陰山室寺禪師惠辯注及斯坦因第貳仟貳壹號佛説法句經一卷。又巴黎國民圖書館藏敦煌寫本伯希和第貳叁貳伍號法句經疏一卷，今俱刊入大正續藏疑似部中，寅恪取閲之，了無精義，蓋僞經之下品也。檢唐道宣大唐内典録拾歷代所出疑僞經録（唐智升開元釋教録壹捌僞妄亂真録同）載有：

法句經兩卷（下卷寶明菩薩）。

其寶明菩薩之語，與此法句經所載符會，然則經文雖僞撰，而李唐初葉即已流行民間矣。又鐵琴銅劍樓本白氏文集貳和答〔元微之〕詩十首之一和思歸樂云：

身委逍遥篇，心付頭陁經。

同書壹肆和〔元微之〕夢游春詩一百韵結句云：

法句與心王，期君日三復。

自注云：

微之常以法句及心王頭陀經相示，故申言以卒其志也。

寅恪昔日讀白詩至此，以未能得其確詁爲憾。今見此佚籍，始知白詩之心王頭陀經即敦煌寫本之佛爲心王菩薩説投陀經，至其所謂法句經，即敦煌寫本之僞法句經，復是一僞書，而非今佛藏所收吴晋以來相傳之舊本也。特爲記之，以告同讀香山詩者，此或亦今日老嫗之所不能解者歟？

（原載一九三九年十月歷史語言研究所集刊第捌本第壹分）

敦煌本維摩詰經文殊師利問疾品演義跋

上虞羅氏所刊敦煌零拾中有佛曲三種，其二爲維摩詰經文殊問疾品演義。寅恪案，佛典製裁長行與偈頌相問，演説經義自然仿效之，故爲散文與詩歌互用之體。後世衍變既久，其散文體中偶雜以詩歌者，遂成今日章回體小説。其保存原式，仍用散文詩歌合體者，則爲今日之彈詞。此種由佛經演變之文學，貞松先生特標以佛曲之目。然古杭夢餘録武林舊事等書中本有説經舊名，即演説經義，或與經義相關諸平話之謂。敦煌零拾之三種佛曲皆屬此體，似不如逕稱之爲演義，或較適當也。今取此篇與鳩摩羅什譯維摩詰所説經原文互勘之，益可推見演義小説文體原始之形式，及其嬗變之流别，故爲中國文學史絶佳資料。考佛教初起，其教徒本限於出家之僧侣，後來傳佈既廣，漸推及於在家之居士。北魏吉迦夜曇曜共譯之雜寶藏經玖難陀王與那伽斯那共論緣云：

王復問言：出家在家，何者得道？斯那答言：二俱得道。王復問言：若俱得道，何必出家？斯那答言：譬如此去三千餘里，若遣少健，乘馬齋糧，捉於器仗，得速達不？王答言：得。斯那復言：若遣老人，乘於疲馬，復無糧食，爲可達不？王言：縱令齋糧，猶恐不達，況無糧也。

斯那言：出家得道，喻如少壯，在家得道，如彼老人。

據此，則同爲佛教信徒，出家在家之間，未嘗無階級高下之分別也。若維摩詰者，以一在家之居士，其神通道力，遠過於諸菩薩聲聞等。佛遣其大弟子及彌勒佛等往問其疾，竟皆辭避而不敢往。舍利弗者，佛弟子中智慧第一之人。維摩詰宅神之天女以智辯窘之，甚至故違沙門戒法，以香華散著其身，雖以神力去之而不得去，復轉之使爲女身。然則淨名之宅神，與釋迦之大弟子，其程度高下有如是者。故知維摩詰經之作者，必爲一在家居士，對於出家僧侣，可謂盡其玩弄游戲之能事，實佛藏中所罕見之書也。唐復禮十門辯惑論通力上感門云：

竊見維摩神力，掌運如來，但十地之觀，尚隔羅縠，如何一掌之内，能容十號之尊乎？非獨以卑移尊，於理非順，實亦佛與菩薩，豈無等差，如有等差，安能運佛？如無等差，何須成佛也。

又云：

維摩羅詰者，示居家而弘道，不思議道利用無方，是以五百聲聞，咸辭問疾；八千菩薩，莫能造命。彌勒居一生之地，服其懸解；文殊是衆佛之師，謝其真入。

觀此，可知維摩詰經紀其書中主人之神通道力，逾越恒量，故與其他經典衝突，宜乎復禮釋權無二之十疑以之爲首也。夫大乘佛典之編纂，本後於小乘，而維摩詰經者，又爲更後一期之著作。否則在家居士豈能凌駕出家僧侶之上，如淨名經之所紀者乎？蓋當此經成書之時，佛教經典之撰著，已不盡出於出家僧侶之手，即在家居士，亦有從事於編纂者，斯其明證也。

維摩詰故事在印度本國之起源，不可詳考。玄奘大唐西域記柒云：

> 吠舍釐國有窣堵波，是毗摩羅詰故宅基址，多有靈异。去此不遠，有一神舍，其狀壘甎，傳云積石，即無垢稱長者現疾説法之處云。去此不遠有窣堵波，長者子寶積故宅也。

又法苑珠林貳玖聖迹部略云：

> 寺東北四里許有塔，是維摩故宅基，尚多靈神。其舍壘甎，傳云積石，即是説法現疾處也。於大唐顯慶年中敕使衛長史王玄策因向印度，過淨名宅，以笏量基，止有十笏，故號方丈之室也。并長者寶積宅，庵羅女宅，佛姨母入滅處，皆立表記。

凡地方名勝古迹，固不盡爲歷史事實，亦有依託傅會者。但依託傅會之名勝古迹，要須此故事或神話先已傳播於社會，然後始能產生。據玄奘之記載，可知維摩詰故事，在印度當時，必極流行之故事也。今僅於中文之資料考之，亦可略見其在印度本國變遷滋乳之始末焉。

維摩詰經梵本今日或尚存在，以未得見，故不置論。藏文正藏中有法戒譯聖無垢稱所説大乘經六卷，共十三品，其書譯於中國北宋之世。中文先後凡數譯，即後漢嚴佛調譯古維摩經一卷，今佚。吴支謙譯維摩詰説不思議法門經二卷，今存。西晉竺法護譯維摩詰所説法門經一卷，今佚。西晋竺叔蘭譯毗摩羅詰經三卷，今佚。後秦鳩摩羅什譯維摩詰所説經三卷，今存。及唐玄奘譯説無垢稱經六卷，今存。自後漢至北宋時將千載，而此經屢經移譯，則梵文原本流傳不絶，廣佈人間，可以推知。然此但就維摩詰居士本身，及維摩詰經本經言之耳。此經鳩摩羅什譯本佛道品云：

爾時會中有菩薩名普現色身問維摩詰言：居士父母妻子親戚眷屬吏民智識悉爲是誰？奴婢僮僕象馬車乘皆何所在？於是維摩詰以偈答曰：

智度菩薩母，方便以爲父，一切衆導師，無不由是生。
法喜以爲妻，慈悲心爲女，善心誠實男，畢竟空寂舍。
弟子衆塵勞，隨意之所轉，道品善知識，由是成正覺。
諸度法等侶，四攝爲伎女，歌咏誦法言，以此爲音樂。

據此，是此經作者之原意，維摩詰居士實無眷屬，故於方便品雖言其現有眷屬，而佛道品則將其父母妻子悉託之抽象名詞，絶非謂具體之人也。而今大藏中有西晋竺法護譯佛教大方等頂王經，一名維摩詰子問經一卷，梁月婆首那譯大乘頂王經一卷，隋耆那崛多譯善思童子經二卷，皆紀維摩詰子事，是維摩詰實有子矣。大藏中復有隋耆那崛多譯月上女經二卷，紀維摩詰女月上事，是維摩詰實有女矣。又月上女經卷上云：「其人（指維摩詰言）有妻，名曰無垢。」

是維摩詰實有妻矣。諸如此類，皆維摩詰故事在印度本土自然演化滋乳之所致，而自翻譯輸入支那之後，其變遷程序亦有相似之迹象焉。隋吉藏淨名玄論貳云：

佛譬喻經云：淨名姓碩（？），名大仙，王氏。別傳云：姓雷氏，父名那提，此云智基（慕）。母姓釋氏，名喜，年十九嫁。父年二十三婚，至二十七於提婆羅城内生維摩。維摩有子字曰善思，甚有父風，佛授其記，未來作佛。別有維摩子經一卷，可尋之也。

又嘉祥維摩詰經義疏壹云：

舊傳云：佛譬喻經説，淨名姓王氏。別傳云：姓雷氏。祖名大仙。父曰那提，此云智慕。母姓釋氏，字喜，十九嫁。父二十三婚。子曰善思，甚有父風，如來授記，未來作佛。吉藏未得彼經文也。

又唐復禮十門辯惑論通力上感門末云：

亦將金粟之名，傳而有據者也。

下注云：

吉藏師云：金粟事出思惟三昧經，自云未見其本。今檢諸經目録，無此經名。竊謂西國有經，東方未譯者矣。

又文選王簡栖頭陀寺碑文云：

金粟來儀。

李善注云：

發迹經曰：淨名大士是往古金粟如來。

寅恪案，唐道宣續高僧傳壹壹吉藏傳云：

在昔陳隋廢興，江陰淩亂，道俗波迸，各棄城邑，乃率其所屬，往諸寺中，但是文疏，并皆收聚，置於三間堂內。及平定後，方洮簡之，故目學之長，勿過於藏。

然則嘉祥爲當時最博雅之大師，而關於維摩詰之經典，如佛譬喻經及思惟三昧經皆所未見，即最流行之金粟如來名詞，復不知所出。李崇賢文選注所引之發迹經，今已不存，疑與佛譬喻經等爲同類之書，亦嘉祥之所未見。因知此類經典，所記姓氏，如王氏雷氏等，必非印度所能有，顯出於中國人之手，非譯自梵文原經。雖流佈民間，而不列於正式經典之數。所以一代博洽之學人，亦不得窺見。蓋維摩詰經本一絶佳故事，自譯爲中文後，遂盛行於震旦。其演變滋乳之途徑，與其在天竺本土者，不期而暗合。即原無眷屬之維摩詰，爲之造作其祖及父母妻子女之名字，各繫以事迹，實等於一姓之家傳，而與今日通行小説如楊家將之於楊氏，征東征西之於薛氏，所紀内容，雖有武事哲理之不同，而其原始流别及變遷滋乳之程序，頗復相似。若更推論之，則印度之頂王經月上女經，六朝之佛譬喻經思惟三昧經等，與維摩詰經本經之關係，亦猶説唐小英雄傳小五義以及重夢後傳之流，與其本書正傳之比。雖一爲方等之聖典，一爲世俗之小説，而以文學流别言之，則爲同類之著作。然此衹可爲通識者道，而不能喻於拘方之士也。當六朝之世，由維摩詰故事而演變滋乳之文學，有印度輸入品興支那自製品二者，相對并行。外國輸入者，如頂王經等，至今流傳不絶。本土自製者，如佛譬喻經等，久已湮没無聞。以同類之書，千歲而後，其所遭際殊异至此，誠可謂有幸有不幸者矣。

嘗謂吾國小説，大抵爲佛教化。六朝維摩詰故事之佛典，實皆哲理小説之變相。假使後來作者，復遞相仿效，其藝術得以隨時代而改進，當更勝於昔人。此類改進之作品，自必有以异於感應傳冥報記等濫俗文學。惜乎近世小説雖多，與此經有關係者，殊爲罕見。豈以支那民族素乏幽渺之思，淨名故事縱盛行於一時，而陳義過高，終不適於民族普通心理所致耶？或謂禪宗語録并元曲中龐居士及其女靈照故事，乃印度哲理化之中國作品，但觀其内容，摹擬過甚，殊有生吞活剥之嫌，實可視爲用中國紡織品裁製之「布拉吉」。東施效顰，終爲識者所笑也。他若維摩詰故事之見於美術品者，若楊惠之之所塑（鳳翔天柱寺），即蘇子瞻之所咏，今已不可得見。然敦煌畫本，尚在人間（伯希和敦煌攝影集第壹册第壹壹片），雲岡石刻，猶存代北（雲岡石刻有維摩詰示疾像），當時文化藝術藉以想像推知，故應視爲非文字之史料，而與此演義殘卷，可以互相印證發明者也。

又北京圖書館藏敦煌卷子中有維摩詰經菩薩品持世菩薩對佛不任問疾一節，俗文一卷及維摩詰經頌一卷。後者以五言律句十四首，分咏全經各品之義，未知何人所作，亦維摩詰經之附屬文學也。附識於此，以俟考證焉。

（原載一九三〇年五月歷史語言研究所集刊第貳本第壹分）

斯坦因 Khara-Khoto 所獲西夏文大般若經考

此西夏文大般若波羅蜜多經殘本，王靜如君已别爲譯證。俄國科學院亞細亞博物館所藏西夏文書中亦有此經。據 A.A.Dragunov 君鈔寄之目録，其第壹種即是此經。至其與此殘本异同如何，因未得見，不敢確言。以意揣之，當無差别。西夏佛經多自中文移譯，而俄國所藏此經之名爲中文音譯，可知西夏譯本亦從中文玄奘本所轉翻也。寅恪所見西夏文殘本，僅據斯坦因書之影片。（Innermost Asia,vol.III,Plates）標題品目既未獲覩，前後首尾復不完具，故初亦未能定其爲何種經典。後王君取其文字之真確可識及疑似參半者，皆注譯之，持以見示。於是漸次推得與其相當之中文原本卷帙品目及文句之所在，而譯夏爲漢之工事，得此憑藉，遂可比勘參校，定其异同。雖此殘本卷帙至少，然因是亦略有發明，斯固治西夏學者之一快也。

兹取此西夏譯文殘本與中文原本相應之卷帙品目，條列於下，以備參考。至漢夏原本及譯本之文句同异，悉載王君所爲譯證中，不復具詳於此焉。

（一）斯氏影片 CXXXVI（右下）K.K.V.b.022.a 爲大般若波羅蜜多經第壹玖陸卷初分難信解品第叁肆之壹伍，即大正藏第伍卷第壹零叁零頁上第壹玖行至中第壹行。

（二）斯氏影片CXXXVII（右上）K.K.V.b.04-b爲大般若波羅蜜多經第貳佰卷初分難信解品第叁肆之壹玖，即大正藏第伍卷第壹零柒肆頁上第貳柒行至中第玖行。（此片中文原出卷數品名及文句爲王君所檢出，不敢掠美，附此聲言。）

（三）斯氏影片CXXXVI（左下）K.K.V.b˙023e.I爲大般若波羅蜜多經第叁伍參卷初分多問不二品第陸壹之參，即大正藏第陸卷第捌壹肆頁下第壹柒行至第貳柒行。

（四）斯氏影片CXXXVI（左下）K.K.V.b.023e.II爲大般若波羅蜜多經第叁伍捌卷初分多問不二品第陸壹之捌，即大正藏第陸卷第捌肆伍頁中第貳伍行至第貳玖行。

寅恪嘗讀慈恩法師傳拾略云：

至〔顯慶〕五年（西曆六六〇年）春正月一日，起首翻大般若經，梵本總有二十萬頌。文既廣大，學徒每請删略。法師將順衆意，如羅什所翻，除繁去重。作此念已，於夜夢中，即有極怖畏事，以相警誡。或見乘危履險，或見猛獸搏人。流汗顫慄，方得免脱。覺已驚懼，向諸衆説，還依廣翻。夜中乃見諸佛菩薩眉間放光，照觸己身，心意怡適。法師又自見手執華燈，供養諸佛。或昇高座，爲衆説法。多人圍繞，讚嘆恭敬。或夢見有人奉己名果，覺而喜慶，不敢更删，一如梵本。然法師翻此經時，汲汲然恒慮無常。謂諸僧曰，玄奘今年六十有五，必當卒命於此伽藍。（寅恪案，指玉華寺。）經部甚大，每懼不終。人人努力加勤，勿辭勞苦。

至龍朔三年（西曆六六三年）冬十月二十三日方乃絶筆。合成六百卷。稱爲大般若經焉。

此經爲大藏中卷帙之最富者。若非慈恩忍死從事，歷四載之久，必不能成此鉅工無疑也。

清康熙時葛髗所著般若綱要，自述原起云：

遂於己酉（康熙八年。西曆一六六九年。）新正開經，迄今庚戌（康熙九年。西曆一六七〇年。）除月告竣。其間病疽病脱，心則無輟。從事大經，恰得二年，而以夜分計之，實爲三載。此一時中，更無雜想縈繞，亦止餘經兼進。因兹多病，恒慮無常，誓欲徹通晝夜，袪除蓋眠。當夏候曉，露坐庭除，冷泉盥漱，便復開卷，日射几席，乃復入户。冬夜熟睡一覺，吹燈起坐，雞聲月色，領納甚親。或時紙窗色青，短檠發赤，投筆而起。至於居恒鍵户，以閾自限。惟二時飯粥，間歇少傾，即二淨亦不遠左右。後圃草色，室邇喁喁，疏散如客，親者疑訝。已畢事之日，矻矻乍解，胸臆如釋去一物，身心大休，頗爲罄快。是晚忽下停淤數升，而神思略無困倦。自念大經六百卷，閲時亦不下六百日。

據此，則六百卷之大經，譯之者固甚難，而讀之者復不易也。寅恪初察此殘本内容，頗類玄奘譯大般若波羅蜜多經，因取六百卷之大經，反覆檢閲，幸而得其與西夏譯本相應之處。此經意義既有重複，文句復多近似。當時王君擬譯之西夏文殘本，仍有西夏原字未能確定及無從推知者，故比勘异同印證文句之際，常有因一字之羨餘，或一言之缺少，亦須竟置此篇，別尋他品。往往掩卷躊躇，廢書嘆息。故即此區區檢閲之機械工作，雖絶難與昔賢翻譯誦讀之勤苦精誠相比并，然此中甘苦，如人飲水，冷煖自知，亦有未易爲外人道者也。今幸王君得以考定其文，詳載所著譯證，寅恪更就此殘本西夏文字中關於譯漢爲夏者，拈舉二事，以質正於世之治西夏學者。

（一）[illegible]

斯氏影片 CXXXVI（右下）K.K.V.b.022.a 第貳行之第玖字及第拾字，又第肆行之第肆字及第伍字，又第柒行之第拾字及第壹壹字，又第玖行之第壹陸字與第拾行之第壹字，皆是此名詞，即大般若經中文「有情」之譯語也。但西夏文妙法蓮華經以此名詞譯中文之「衆生」（見羅氏西夏國書類編第貳伍頁第肆行）。蓋「有情」與「衆生」其意義原無二致也。所可注意者，梵文 **Sattva** 一名詞，中國舊譯爲「衆生」。玄奘新譯爲「有情」。其後若義淨所譯金光明最勝王經，則「衆生」「有情」二名詞，交互雜用，不復分别。如金光明最勝王經貳「夢見懺悔品」之頌云：

> 當願拔衆生。令離諸苦惱。願一切有情。皆令住十地。

據梵文金光明經原本「衆生」「有情」，俱作 **Sattva**，義淨所以譯以不同之中文名詞者，蓋因此二名詞，意義相同，不妨并用，以免文字之重複也。考唐代吐蕃翻經大德法成譯義淨中

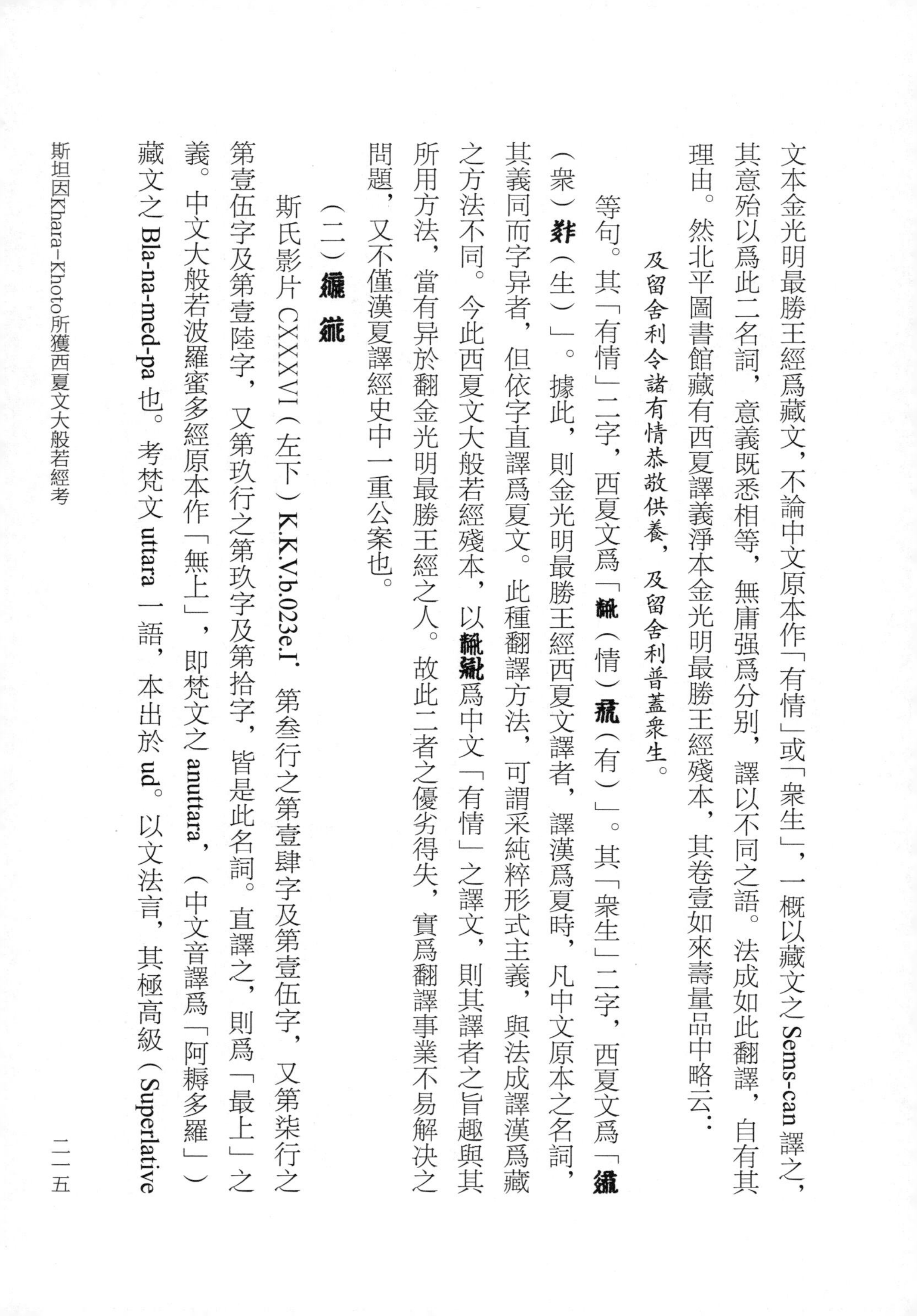

文本金光明最勝王經爲藏文，不論中文原本作「有情」或「衆生」，一概以藏文之 **Sems-can** 譯之，其意殆以爲此二名詞，意義既悉相等，無庸强爲分别，譯以不同之語。法成如此翻譯，自有其理由。然北平圖書館藏有西夏譯義淨本金光明最勝王經殘本，其卷壹如來壽量品中略云：

及留舍利令諸有情恭敬供養，及留舍利普蓋衆生。

等句。其「有情」二字，西夏文爲「[illegible]（情）[illegible]（有）」。其「衆生」二字，西夏文爲「[illegible]（衆）[illegible]（生）」。據此，則金光明最勝王經西夏文譯者，譯漢爲夏時，凡中文原本之名詞，其義同而字异者，但依字直譯爲夏文。此種翻譯方法，可謂采純粹形式主義，與法成譯漢爲藏之方法不同。今此西夏文大般若經殘本，以[illegible][illegible]爲中文「有情」之譯文，則其譯者之旨趣與其所用方法，當有异於翻金光明最勝王經之人。故此二者之優劣得失，實爲翻譯事業不易解决之問題，又不僅漢夏譯經史中一重公案也。

（二）[illegible][illegible]

斯氏影片 CXXXVI（左下）**K.K.V.b.023e.I'** 第叁行之第壹肆字及第壹伍字，又第柒行之第壹伍字及第壹陸字，又第玖行之第玖字及第拾字，皆是此名詞。直譯之，則爲「最上」之義。中文大般若波羅蜜多經原本作「無上」，即梵文之 **anuttara**，（中文音譯爲「阿耨多羅」）藏文之 **Bla-na-med-pa** 也。考梵文 **uttara** 一語，本出於 **ud**。以文法言，其極高級（**Superlative** degree）爲 uttama。其比較級（Comparative degree）爲 uttara。若於 uttara 之前加以「無」意之 an，則成 anuttara。其義爲「無更上」。故此名詞就文法形式論，爲比較級。其意義則爲極高級。此讀佛典者所習知也。今西夏文此經譯自中文，不依原本直譯作「無上」，而譯作「最上」，捨形譯主義，而取意譯主義，與中國及西藏之翻譯此名詞，皆不相同。以意揣之，殆「無上」一名詞，其所含「無更上」之義，在西夏語言中，尚未甚習慣，故須改譯，以免誤會歟？特識於此，以俟推證。

（原載一九三二年歷史語言研究所單刊甲種之八西夏研究第壹輯）

西游記玄奘弟子故事之演變

印度人爲最富於玄想之民族，世界之神話故事多起源於天竺，今日治民俗學者皆知之矣。自佛教流傳中土後，印度神話故事亦隨之輸入。觀近年發現之敦煌卷子中，如維摩詰經文殊問疾品演義諸書，益知宋代説經，與近世彈詞章回體小説等，多出於一源，而佛教經典之體裁與後來小説文學，蓋有直接關係。此爲昔日吾國之治文學史者，所未嘗留意者也。

僧祐出三藏記集玖賢愚經記云：

河西沙門釋曇學威德等凡有八僧，結志游方，遠尋經典，於于闐大寺遇般遮于瑟之會。般遮于瑟者，漢言五年一切大衆集也。三藏諸學各弘法寶，説經講律依業而教。學等八僧隨緣分聽，於是競習胡音，析以漢義。精思通譯，各書所聞。還至高昌，乃集爲一部。

據此，則賢愚經者，本當時曇學等八僧聽講之筆記也。今檢其内容，乃一雜集印度故事之書。以此推之，可知當日中央亞細亞説經，例引故事以闡經義。此風蓋導源於天竺，後漸及於東方。故今大藏中法句譬喻經等之體制，實印度人解釋佛典之正宗。此土釋經著述，如天台諸祖之書，則已支那化，固與印度釋經之著作有异也。夫説經多引故事，而故事一經演講，不得不隨其説者聽者本身之程度及環境，而生變易，故有原爲一故事，而歧爲二者，亦有原爲二故事，而混爲一者。又在同一事之中，亦可以甲人代乙人，或在同一人之身，亦可易丙事爲丁事。若能溯其本源，析其成分，則可以窺見時代之風氣，批評作者之技能，於治小說文學史者儻亦一助歟？

鳩摩羅什譯大莊嚴經論叄第壹伍故事，難陀王說偈言：

昔者頂生王。將從諸軍聚。并象馬七寶。悉到於天上。羅摩造草橋。得至楞伽城。吾今欲昇天，無有諸梯隥。次詣楞伽城。又復無津梁。

寅恪案，此所言乃二故事，一爲頂生王昇天因緣，見於康僧會譯六度集經肆第肆拾故事、涅槃經聖行品、中阿含經壹壹王相應品四洲經、元魏吉迦夜曇曜共譯之付法藏因緣傳壹、鳩摩羅什譯仁王般若波羅蜜經下卷、不空譯仁王護國般若波羅蜜經護國品、法炬譯頂生王故事經、曇無讖譯文陀竭王經、施護譯頂生王因緣經及賢愚經壹叄等。梵文 Divyāvadāna 第壹柒篇亦載之，蓋印度最流行故事之一也。玆節録賢愚經壹叄頂生王緣品第陸肆之文如下：

〔頂生王〕意中復念，欲昇忉利，即與群衆蹈虛登上。時有五百仙人住在須彌山腹，王之象馬屎尿下落，汙仙人身。諸仙相問，何緣有此？中有智者告衆人言，吾聞頂生欲上三十三天，必是象馬失此不淨。仙人忿恨，便結神咒，令頂生王及其人衆悉住不轉。王復知之，即立誓願，若我有福，斯諸仙人悉皆當來，承供所爲。王德弘博，能有感致，五百仙人盡到王邊，扶輪御馬，共至天上。未至之頃，遥睹天城，名曰快見，其色皦白，高顯殊特。此快見城有千二百門，諸天惶怖，悉閉諸門，著三重鐵關。頂生兵聚直趣不疑，王即取貝吹之，張弓扣彈，千二百門一時皆開。帝釋尋出，與共相見，因請入宫，與共分坐。天帝人王貌類一種，其初見者，不能分别，唯以眼眴遲疾知其异耳。王於天上受五欲樂，盡三十六帝，末後帝釋是大迦葉。時阿修羅王興軍上天，與帝釋鬭。帝釋不如。頂生復出，吹貝扣弓，阿修羅王即時崩墜。頂生自念，我力如是，無有等者。今與帝釋共坐何爲？不如害之，獨霸爲快。惡心已生，尋即墮落，當本殿前，委頓欲死。諸人來問，若後世問頂生王云何命終，何以報之？王對之曰，若有此間，便可答之，頂生王者由貪而死。統領四域四十億歲，七日雨寶，及在二天，而無厭足，故致墜落。

此鬧天宫之故事也。

又印度最著名之紀事詩羅摩延傳第陸編，工巧猿名 Nala 者，造橋渡海，直抵楞伽。此猿猴故事也。蓋此二故事本不相關涉，殆因講説大莊嚴經論時，此二故事適相連接，講説者有意或無意之間，并合鬧天宫故事與猿猴故事爲一，遂成猿猴鬧天宫故事。其實印度猿猴之故事雖多，猿猴而鬧天宫，則未之聞。支那亦有猿猴故事，然以吾國昔時社會心理，君臣之倫，神獸之界，分别至嚴。若絶無依藉，恐未必能聯想及之。此西游記孫行者大鬧天宫故事之起原也。

又義淨譯根本説一切有部毘奈耶雜事叁佛制苾芻髮不應長緣略云：

時具壽牛卧在憍閃毘國，住水林山出光王園内猪坎窟中。後於异時，其出光王於春陽月，林木皆茂，鵝雁鴛鴦鸚鵡舍利孔雀諸鳥，在處哀鳴，遍諸林苑。時出光王命掌園人曰，汝今可於水林山處，周遍芳園，皆可修治。除衆瓦礫，多安淨水，置守衛人。我欲暫住園中游戲。彼人敬諾，一依王教。既修營已，還白王知。時彼王即便將諸内宫以爲侍從，往詣芳園。游戲既疲，偃卧而睡。時彼内人，性愛花果，於芳園裏隨處追求。時牛卧苾芻鬚髮皆長，上衣破碎，下裙垢惡，於一樹下跏趺而坐。宫人遥見，各并驚惶，唱言：有鬼！有鬼！苾芻即往入坎窟中。王聞聲已，即便睡覺，拔劍走趁。問宫人曰，鬼在何處？答曰，走入猪坎窟中。時王聞已，行至窟所，執劍而問，汝是何物？答言，大王！我是沙門。王曰，是何沙門？答曰，釋迦子。問言汝得阿羅漢果耶？答言不得。汝得不還，一來，預流果耶？答言不得。且置斯事，汝得初定，乃至四定？答并不得。王聞是已，轉更瞋怒，告大臣曰，此是凡人，犯我宫女，可將大蟻填滿窟中，蜇螫其身。時有舊住天神近窟邊者，聞斯語已，便作是念：此善沙門，來依附我，實無所犯，少欲自居。非法惡王，横加傷害。我今宜可作救濟緣。即自變身爲一大猪，從窟走出。王見猪已，告大臣曰，可將馬來，并持弓箭。臣即授與，其猪遂走，急出花園。王隨後逐。時彼苾芻，急持衣鉢，疾行而去。

西游記猪八戒高家莊招親故事，必非全出中國人臆撰，而印度又無猪豕招親之故事，觀此上述故事，則知居猪坎窟中，鬢鬆蓬長，衣裙破垢，驚犯宫女者，牛卧苾芻也。變爲大猪，從窟走出，代受傷害者，則窟邊舊住之天神也。牛卧苾芻雖非猪身，而居猪坎窟中，天神又變爲猪以代之，出光王因持弓乘馬以逐之，可知此故事中之出光王，即以牛卧苾芻爲猪。此故事復經後來之講説，憍閃毘國之憍，以音相同之故，變爲高家莊之高。驚犯宫女，以事相類似之故，變爲招親。輾轉代易，賓主淆混，指牛卧爲猪精，尤覺可笑。然故事文學之演變，其意義往往由嚴正而趨於滑稽，由教訓而變爲譏諷，故觀其與前此原文之相异，即知其爲後來作者之改良。此西游記猪八戒高家莊招親故事之起原也。

又慈恩法師傳壹云：

莫賀延磧長八百餘里，古曰沙河。上無飛鳥，下無走獸，復無水草。是時顧影，唯一心但念觀音菩薩及般若心經。初法師在蜀，見一病人身瘡臭穢，衣服破污，愍將向寺，施與衣服飲食之直。病者慚愧，乃授法師此經。因常誦習。至沙河間，逢諸惡鬼，奇狀异類，遶人前後，雖念觀音，不能令去，及誦此經，發聲皆散。在危獲濟，實所憑焉。

此傳所載，世人習知（胡適教授西游記考證亦引之），即西游記流沙河沙和尚故事之起原也。據此三者之起原，可以推得故事演變之公例焉。

一曰：僅就一故事之内容，而稍變易之，其事實成分殊簡單，其演變程序爲縱貫式。如原有玄奘度沙河逢諸惡鬼之舊説，略加傅會，遂成流沙河沙和尚故事之例是也。

二曰：雖僅就一故事之内容變易之，而其事實成分不似前者之簡單，但其演變程序尚爲縱貫式。如牛卧苾芻之驚犯宫女，天神之化爲大猎。此二人二事，雖互有關係，然其人其事，固有分别，乃接合之，使爲一人一事，遂成猎八戒高家莊招親故事之例是也。

三曰：有二故事，其内容本絶無關涉，以偶然之機會，混合爲一。其事實成分，因之而複雜。其演變程序，則爲横通式。如頂生王昇天争帝釋之位，與工巧猿助羅摩造橋渡海，本爲各自分别之二故事，而混合爲一。遂成孫行者大鬧天宫故事之例是也。

又就故事中主人之構造成分言之，第叁例之範圍，不限於一故事，故其取用材料至廣。第貳例之範圍，雖限於一故事，但在一故事中之材料，其本屬於甲者，猶可取而附諸乙，故其取材尚不甚狹。第壹例之範圍則甚小，其取材亦因而限制，此故事中原有之此人此事，雖稍加變易，仍演爲此人此事。今西游記中玄奘弟子三人，其法寶神通各有等級。其高下之分别，乃其故事構成時，取材範圍之廣狹所使然。觀於上述此三故事之起原，可以爲證也。

寅恪講授佛教翻譯文學，以西游記玄奘弟子三人，其故事適各爲一類，可以闡發演變之公例，因考其起原，并略究其流别，以求教於世之治民俗學者。

（原載一九三〇年八月歷史語言研究所集刊第貳本第貳分）

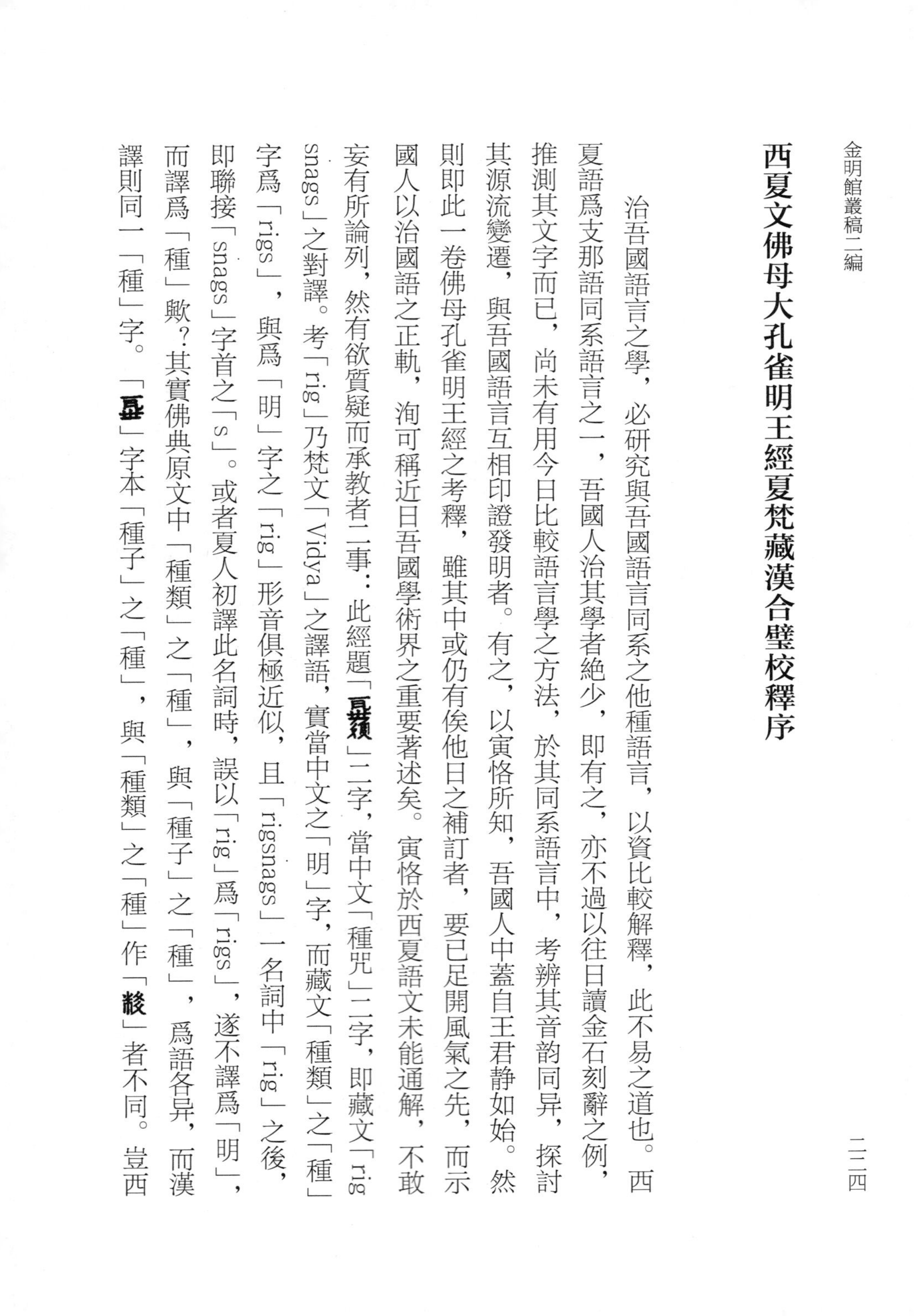

西夏文佛母大孔雀明王經夏梵藏漢合璧校釋序

治吾國語言之學，必研究與吾國語言同系之他種語言，以資比較解釋，此不易之道也。西夏語爲支那語同系語言之一，吾國人治其學者絶少，即有之，亦不過以往日讀金石刻辭之例，推測其文字而已，尚未有用今日比較語言學之方法，於其同系語言中，考辨其音韵同异，探討其源流變遷，與吾國語言互相印證發明者。有之，以寅恪所知，吾國人中蓋自王君静如始。然則即此一卷佛母孔雀明王經之考釋，雖其中或仍有俟他日之補訂者，要已足開風氣之先，而示國人以治國語之正軌，洵可稱近日吾國學術界之重要著述矣。寅恪於西夏語文未能通解，不敢妄有所論列，然有欲質疑而承教者二事：此經題「[illegible]」二字，當中文「種咒」二字，即藏文「rig snags」之對譯。考「rig」乃梵文「Vidya」之譯語，實當中文之「明」字，而藏文「種類」之「種」字爲「rigs」，與爲「明」字之「rig」形音俱極近似，且「rigsnags」一名詞中「rig」之後，即聯接「snags」字首之「s」。或者夏人初譯此名詞時，誤以「rig」爲「rigs」，遂不譯爲「明」，而譯爲「種」歟？其實佛典原文中「種類」之「種」，與「種子」之「種」，爲語各异，而漢譯則同一「種」字。「[illegible]」字本「種子」之「種」，與「種類」之「種」作「[illegible]」者不同。豈西夏語言亦同中土之例，此二「種」字可以通用，而「種咒」成一名詞，與中文之「種智」等同屬一類之語詞綴合歟？抑夏人即用「種子」之本義，而聯「種咒」爲一名詞，意爲「原本咒語」歟？就吾人今日所見西夏文字佛教經典而論，其譯自中文者多，而譯自藏文者少。但西夏與吐蕃，言語民族既屬大同，土壤教俗復相接近，疑其翻譯藏文佛經，而爲西夏語言，尚在譯漢爲夏之前。此類譯名若果歧誤，後來自必知之，特以襲用已久，不煩更易，荀卿所謂「約定俗成」者也。此例在藏文所譯梵文佛典中，往往遇之，殆不似唐代玄奘譯經，悉改新名，而以六朝舊譯爲訛誤之比歟？此其一。

又今日所見西夏文字之石刻及經典，其鐫造雕印多在元代，實西夏已滅之後。據此可知西夏之國雖亡，而通解其文字者猶衆。獨至何時其文字始無人能讀，殊不易考知。柏林國家圖書館所藏藏文甘珠爾，據稱爲明萬曆時寫本。寅恪見其上偶有西夏文字。又與此佛母孔雀明王經及其他西夏文字佛典同發見者，有中文銷釋真空寶卷寫本一卷。據胡君適跋文考定爲明萬曆以後之作。又錢謙益牧齋有學集貳陸「黄氏千頃齋藏書記」云：

慶陽李司寇家有西夏實録，其子孔度屢見許，而不可得。

以慶陽地望準之，李氏仍藏有西夏實録之原本或譯本，自爲可能之事。以錢氏所述言之，亦與明萬曆時代相近。故綜此三事觀之，則明神宗之世，西夏文字書籍，其遺存於西北者，當不甚少，或尚有能通解其文字之人歟？此其二。

寅恪承王君之命，爲其書序，謹拈出此二重西夏文字學公案，敢請國内外治此學之專家，試一參究，以爲何如？

（原載一九三二年歷史語言研究所集刊第貳本第肆分）

敦煌石室寫經題記彙編序

北京圖書館以所輯敦煌石室寫經題記彙編來徵序於寅恪。寅恪受而讀之，以爲敦煌寫本之有題記者不止佛教經典，而佛教經典之有題記者此編所收亦尚未盡，然即取此編所收諸卷題記之著有年月地名者，與南北朝隋唐之史事一參究之，其關係當時政治之變遷及佛教之情況者，約有二事，可得而言：一則足供證明，一則僅資談助，請分別陳之。

此編所收寫經題記之著有年號者，上起西晉，下迄北宋，前後幾七百年，而其中屬於楊隋一朝及唐高宗武則天時代者，以比例計之，最居高位。隋書叁伍經籍志佛經類總序（通鑑壹柒伍陳宣帝紀太建十三年條同）云：

> 開皇元年，高祖普詔天下，任聽出家，仍令計口出錢，營造經像。而京師及并州相州洛州等諸大都邑之處，并官寫一切經，置於寺内，而又别寫藏於秘閣。天下之人從風而靡，競相景慕，民間佛經多於六經數十百倍。

寅恪案，楊氏有國不及四十年，而此編所收寫經題記之著有開皇仁壽大業之年號者，凡三十有六種。故知史氏謂當時「民間佛經多於六經數十百倍」，實非誇大之詞。李唐開國，高祖太宗頗不崇佛。唐代佛教之盛，始於高宗之世。此與武則天之母楊氏爲隋代觀王雄之後有關。武周革命時，嘗藉佛教教義，以證明其政治上特殊之地位。蓋武曌以女身而爲帝王，開中國有史以來未有之創局，實爲吾國政治史中一大公案。寅恪昔已詳論（見拙著「武曌與佛教」），茲不復贅。今觀是編所收寫經題記，著有唐高宗武則天之年號者，若是之衆，亦可徵當時佛教之盛，所謂足供證明者是也。又是編所收寫經題記，其著有中國南方地名或南朝年號者，前後七百年間僅得六卷。（敦煌本古逸經論章疏并古寫經目録尚有天監十一年寫摩訶般若波羅蜜經爲此編所未收。吴越錢氏捨入西關磚塔之寶篋印陀羅尼經實出現在南方，不應與其他西北出土諸經并列，故不置論。又是編所收尚有其他西北諸地如吐峪溝等所出經卷，若嚴格論之，亦非「敦煌石室」一名所能概括。然則是編之題「敦煌石室寫經」者，蓋就其主要部分北京圖書館所藏者言之耳。恐讀者誤會，特爲聲明其義於此。）除南齊武帝永明元年所譯之佛説普賢經一卷外（此編誤題爲妙法蓮華經），其餘諸卷皆書於梁武帝之世，而其中天監五年所寫之大涅槃經特著明造於荆州。論者謂永明之世，佛教甚盛，梁武尤崇内法，而江左篇章之盛，亦無逾梁時（見廣弘明集叁阮孝緒七録序），則齊梁時代寫經必多。南朝寫經可因通常南北交通之會，流入北地，其事固不足异。又後梁爲西魏周隋之附庸者三十餘載。襄陽之地，既在北朝西部統屬之下如是之久，則南朝寫經之因以輾轉流入西北，亦非甚難也。寅恪以爲此説雖是，然猶有未能盡解釋者。

蓋如論者之説，南朝所寫諸經，既可因通常南北交通之會，流入北地，又經後梁屬境轉至西北，亦非難事，則南朝帝王年號之在梁武以後者，與夫隋唐統一時代，南方郡邑之名，何以全不見於此編所收寫經題記之中？（此編惟仁壽元年所寫攝論疏有辰州崇敬寺之語，可指爲隋代南方地名之題記，但此題記殘缺不完，尚有疑義，亦未能斷定也。此文成後十年，承趙萬里先生告以「辰」字當是「瓜」字之誤認。趙説甚是。積歲疑滯，一旦冰釋。附識於此，以表欽服感謝之意。）夫陳及隋唐，中國南方佛教依然盛行，其所寫經卷，竟不因通常南北交通之會，流至西北，是何故耶？且後梁君臨襄土三十餘載，祖孫三世佛教信仰未嘗少替，則其封内所寫佛經，自應不尠，何以其三世之年號（此編有天保一年所寫妙法蓮華經一卷，當是北齊高洋之天保，非後梁蕭巋之天保也。）與其封内地名連文者，亦不於此編少留迹象乎？由此觀之，恐尚別有其故也。兹姑妄作一假設，以解釋之。北齊書叁拾崔暹傳（北史叁貳崔挺傳附暹傳同）云：

魏梁通和，要貴皆遣人隨聘使交易，暹惟寄求佛經。梁武帝聞之，爲繕寫，以幡花贊唄送至館焉。

道宣續高僧傳壹叁吉藏傳略云：

王又於京師置日嚴寺，（寅恪案，「王」指晋王即隋煬帝。）則教延藏，往彼居之。欲使道振中原，行高帝壤。既初登京輦，道俗雲奔。在昔陳隋廢興，江陰凌亂，道俗波迸，各棄城邑，乃率其所屬，往諸寺中，但是文疏，并皆收聚，置於三間堂内。及平定後，方洮簡之，故目學之長，勿過於藏，注引弘廣，咸由此焉。

又同書壹陸僧實傳云：

逮太祖（宇文泰）平梁荆後，益州大德五十餘人各懷經部，送像至京。以真諦妙宗，條以問實。既而慧心潛運，南北疏通，即爲披决，洞出情外，并神而服之。

廣弘明集貳貳隋煬帝寶臺經藏願文云：

至尊（隋文帝）拯溺百王，混一四海。平陳之日，道俗無虧，而東南愚民餘燼相煽。爰受廟略，重清海濱，役不勞師，以時寧復。深慮靈像尊經，多同煨燼，結鬘繩墨，湮滅溝渠。是以遠命衆軍，隨方收聚。未及期月，輕舟總至。乃命學司，依名次録，并延道場義府，覃思澄明所由，用意推比，多得本類。莊嚴修葺，其舊惟新。寶臺四藏，將十萬軸。因發弘誓，永事流通。仍書願文，悉連卷後。頻屬朝覲，著功始畢。今止寶臺正藏，親躬受持。其次藏以下，則慧日法靈道場，日嚴弘善靈刹。此外京都寺塔，諸方精舍，而梵宫互有大小，僧徒亦各衆寡，并隨經部多少，斟酌分付。授者既其懇至，受者亦宜殷重。長存法本，遠布達摩。必欲傳文，來入寺寫，勿使零落，兩失無作。

隋書叁煬帝紀上略云：

〔開皇〕八年冬大舉伐陳，以上爲行軍元帥。及陳平，復拜并州總管。俄而江南高智慧等相聚作亂，徙上爲揚州總管，鎮江都。每歲一朝。高祖之祠太山也，領武候大將軍。明年歸藩。後數載突厥寇邊，復爲行軍元帥。出靈武，無虜而還。及太子勇廢，立上爲皇太子。

寅恪案，隋書貳高祖紀略云：

〔開皇〕十五年正月庚午，上以歲旱，祠太山以謝愆咎。二十年夏四月壬戌，突厥犯塞，以晋王廣爲行軍元帥，擊破之。冬十月乙丑，皇太子勇及諸子并廢爲庶人。十一月戊子，以晋王廣爲皇太子。

又通鑑壹柒柒隋紀高祖紀開皇十年云：

以并州總管晋王廣爲揚州總管，鎮江都（詳見隋書貳高祖紀下及肆捌楊素傳等）。

據此，晋王廣鎮江都每歲一朝，即願文所謂：「頻屬朝覲」者也。其「著功始畢」，雖未能定於何年，但其次藏以下所分貯之寺院慧日等道場，悉不在南而在北。其正藏既用以自隨，則煬帝自立爲皇太子之後，亦必移運北行，以便「躬親受持」無疑。然則煬帝所廣搜之南朝佛典，皆已盡數輸之於北土矣。南北朝政治雖爲分隔對立，而文化則互相交流影響，佛教經典之由私人往來攜取由南入北者，事所常有，其例頗多，不勞舉證。但此類由南朝輸入北國之佛經，若在平時，僅經一二私人攜取或收聚，如崔暹之得梁武之贊許者，實爲例外。至其餘通常之人，則其數量更不能不遭限制。蓋有資力及交通法禁等困難也。故衆多數量之收聚及輸送，其事常與南北朝政治之變遷有關。如吉藏因陳亡之際，得大收經卷，其後入京，則所洮簡之南朝精本，當亦隨之入北。五十餘蜀僧各懷經部北至長安，使僧實得通南朝佛教之新義。此二例雖爲私人之收聚及輸送，然非值南北朝政治之變遷，則難以致此，至若隋煬帝因江南高智慧等之亂，悉收南朝之經卷，而輸之北方，其措施非私人資力之所能，且與南北朝政治之變遷有關，固不待言也。

由是言之，南朝經卷之輸入北方，其數量較多者，如吉藏之所收，隋煬之所藏，皆在陳亡之後，故其中至少有寫在陳時及造於吳地者。又歷李唐一代，迄於北宋，更四百年，其間佛教流行既南北相同，則南方寫經之數量，亦應不大异於北土。而今檢此編題記，其有南朝年號者，僅南齊武帝永明之五卷而已。是敦煌經卷之寫於南朝或南方者，當非復吉藏蜀僧及隋煬所收送之餘，恐亦無李唐五代北宋時南方所造者在也。

夫經卷較多數量之自南入北，既如前述，大抵由南北朝政治變遷所致，而敦煌寫經題記之著有南朝年號者，則又屬於南齊之世。依此而論，故頗疑天監五年造於荊州之一卷，乃梁元帝承聖三年江陵陷没時北朝將士虜獲之戰利品，後復隨凱旋之軍以北歸者。考西魏所遣攻梁諸大將中，惟楊忠即後來隋之太祖武元皇帝，其人最爲信佛（詳見拙著「武曌與佛教」中楊隋皇室之佛教信仰條）。

周書壹玖楊忠傳（北史壹壹隋本紀略同）略云：

及于謹伐江陵，忠爲前軍，屯江津，遏其走路。及江陵平，朝廷立蕭詧爲梁王。保定四年，乃拜總管涇幽（寅恪案，「幽」當依趙明誠金石録貳貳普六茹忠墓志跋作「豳」。）靈雲鹽顯六州諸軍事，涇州刺史。天和三年以疾還京。

然則西魏之取江陵，楊忠既參預其事，後又爲涇豳靈雲鹽顯六州總管，居西北之地凡五歲之久，則此梁武之世荊州寫造之佛典，殆爲楊忠當日隨軍所收，因而攜往西北，遂散在人間，流傳至於今日。按諸舊史，徵以遺編，或亦有可能歟？此則未得確證，姑作假設，以供他日解決問題之參考，所謂僅資談助者是也。若此僅資談助之假設，而竟爲史實，則此編所收南朝數卷之佛典，蓋當年江陵圍城之内，蕭七符拔劍擊柱，文武道盡之時，不隨十四萬卷圖書而灰飛煙滅者，是誠可幸可珍，而又可哀者矣。嘗謂釋迦氏之教其生天成佛之奥義，殊非凡鄙淺識所能窺測，但此寫經題記竟得以殘闕之餘，編輯搜羅成於今日，頗與内典歷劫因緣之説若相冥會，是則貝多葉中果有真實之語，可以信受不疑者耶？質之大雅君子，亦當爲之一笑也。

（原載一九三九年十月歷史語言研究所集刊第捌本第壹分）

童受喻鬘論梵文殘本跋

馬鳴菩薩大莊嚴論鳩摩羅什譯，與今世通行本卷數相同。隋費長房歷代三寶記作一十卷。按法經等衆經目録，開皇十四年五月十四日撰畢，歷代三寶記爲開皇十七年十二月十三日所上，是當時已有兩本。故仁壽二年彦琮等所撰之衆經目録，備載十五卷十卷兩本。至十卷本與今世通行之十五卷本有無異同，則不可考矣。至元法寶勘同録玖云：

大莊嚴經論十五卷，馬鳴菩薩造，梵云蘇怛囉阿浪迦囉沙悉特囉，與蕃本同。

據此，元時實有藏文譯本。然今日藏文正續大藏中均無此書。是以自來東西學者，均以爲此曠世奇著，天壤間僅存一中文原譯之孤本而已。昔年德意志人於龜兹之西，得貝葉梵文佛教經典甚多，柏林大學路得施教授 **Prof. Heinrich Lüders** 檢之，見其中有大莊嚴論殘本。寅恪嘗游普魯士，從教授治東方古文字學，故亦夙聞其事。至今歲始得盡讀其印行之本（**Bruchstücken der Kalpanāmanditikā' herausgegeben Von Heinrich Lüders' Leipzig' 1926**）。教授學術有盛名於世，而此校本尤其最精之作，凡能讀其書者皆自知之，不待爲之贊揚。兹僅就梵文原本考證論主之名字，及此論之原稱，并與中文原譯校核，略舉一二例，以見鳩摩羅什傳譯之藝術，或可爲治古代佛教翻譯史者之一助。惟論主名字及此論原稱，諸考證之已見於教授書中者，今皆不重述，庶可以備异義而資別證焉。

據梵文原本論主之名爲 Kumāralatā。普光阿毗達磨俱舍論記陸（金陵刻經處本）云：

> 鳩摩邏多，此云豪童，是經部祖師，於經部中造喻鬘論癡鬘論顯了論等。

窺基成唯識論述記捌（金陵刻經處本）云：

> 此破日出論者，即經部本師，佛去世後一百年中，北天竺怛刃（寅恪案，「刃」應作「叉」。）翅羅國有鳩摩邏多，此言童首（寅恪案，「首」應作「受」。）造九百論，時五天竺有五大論師，喻如日出，明導世間。名日出者，以似於日。亦名譬喻師。或爲此師造喻鬘論，集諸奇事，名譬喻師。

又梵文原本第玖拾篇，即譯文卷壹伍之末，標題有 Kalpanāmanditikā drstānta 等字，按 Kumāra 即童，Lāta 即受，Drstānta 即喻，Kalpanāmanditikā 即鬘論或莊嚴論，音義既悉相同，而華梵兩本内容又無不符合，則今所謂馬鳴之大莊嚴經論，本即童受之喻鬘論，殊無可疑。然有不同解者二。一，此書既爲童受之喻鬘論，何以鳩摩羅什譯爲馬鳴之大莊嚴論，其故教授書中已詳言之，茲不贅述。二，元時此論之西藏文譯本，何以有莊嚴經論數字之梵文音譯？寅恪以爲慶吉祥等當時校勘中藏佛典，確見此論藏文譯本，理不應疑。惟此蕃本，當是自中文原譯本重譯爲藏文，而莊嚴經論數字之梵文音譯，則藏文譯主，據後來中文原名，譯爲梵音也。何以明之？凡藏文所譯佛教經典，其名稱均音義俱譯，自近歲西北發見之唐時蕃文寫本，迨今日之藏文正續藏經，莫不如是。此蓋本其國從來翻譯佛經體例。如賢愚經者，南北朝時沙門曇學威德等於于闐國大寺遇般遮于瑟之會，聽講經律，各書所聞，還至高昌，集爲一部，涼州沙門慧朗命以此名。是賢愚一經，原無梵本，而今日藏文正藏中有此經，當是譯自中文。此藏文譯本，其經名有梵文音譯。又如楞嚴經者，此土僞經，乾隆時譯爲藏文，而此藏文譯本其經名亦有梵文音譯。據此二事，則至元録所載大莊嚴經論之名，有梵文音譯，實不足爲藏文別有一本譯自梵文之證，然則慶吉祥等所見之蕃本當是譯自中文，故亦仍用中文莊嚴經論舊名也。寅恪嘗謂鳩摩羅什翻譯之功，數千年間，僅玄奘可以與之抗席。今日中土佛經譯本，舉世所流行者，如金剛法華之類，莫不出自其手。若言普及，雖慈恩猶不能及。所以致此之故，其文不皆直譯，較諸家雅潔，應爲一主因。但華梵之文，繁簡迥不相同，道安摩訶鉢羅若波羅蜜經鈔序所謂「胡經尚質，秦人好文。」及「胡經委悉，叮嚀反覆，或三或四，不嫌其繁。」者是也。

高僧傳柒僧叡傳（金陵刻經處本）云：

> 昔竺法護出正法華經，受决品云：「天見人，人見天。」什譯經至此，乃言曰：「此語

與西域義同，但在言過質。」叡曰：「將非人天交接，兩得相見？」什喜曰：「實然！」

又慧立彦悰等之慈恩法師傳拾云：

〔顯慶〕五年春正月一日，起首翻大般若經。梵本總有二十萬頌，文既廣大，學徒每請刪略。法師將順衆意，如羅什所翻，除繁去重。

蓋羅什譯經，或刪去原文繁重，或不拘原文體制，或變易原文。茲以喻鬘論梵文原本，校其譯文，均可證明。今大莊嚴經論譯本卷拾末篇之最後一節，中文較梵文原本爲簡略，如卷壹壹首篇之末節，則中文全略而未譯，此刪去原文繁重之證也。喻鬘論之文，散文與偈頌兩體相間。故羅什譯文凡散文已竟，而繼以偈頌之處，必綴以「説偈言」數字。此語本梵文原本所無，什公譯文，所以加綴此語者，蓋爲分別文偈兩體之用。然據梵文殘本以校譯文，如卷壹之

彼諸沙彌等，尋以神通力，化作老人像，髮白而面皺，秀眉牙齒落。僂脊而拄杖，詣彼檀越家。檀越既見已，心生大歡慶。燒香散名華，速請令就坐。既至須臾頃，還復沙彌形。

一節，及卷壹壹之

我以愚癡故，不能善觀察，爲癡火所燒。願當暫留住，少聽我懺悔。猶如脚跌者，扶地還得起，待我得少供。

一節，本散文也，而譯文爲偈體。

按高僧傳貳鳩摩羅什傳云：

初沙門慧叡才識高明，常隨什傳寫。什每爲叡論西方辭體，商略同异。云：天竺國俗，甚重文制。其宫商體韵，以入絃爲善。凡覲國王，必有贊德。見佛之儀，以歌嘆爲貴，經中偈頌，皆其式也。但改梵爲秦，失其藻蔚，雖得大意，殊隔文體，有似嚼飯與人，非徒失味，乃令嘔噦也。

觀此則什公於天竺偈頌，頗致精研，决無梵文原本爲偈體或散文，而不能分辨之理。今譯文與原文不符者，此不拘原文體制之證也。卷貳之

諸仙苦修行，亦復得生天。

一節，「諸仙」二字梵文原文本作Kanva等，蓋Kanva者，天竺古仙之專名，非秦人所習知，故易以公名改作「諸仙」二字。又卷肆之

汝知蟻封，而欲與彼須彌山王比其高下。

一節，及卷陸之

猶如蚊子翅，扇於須彌山，雖盡其勢力，不能令動摇。

一節，須彌梵本一作Mandara，一作Vindhya，蓋此二名皆秦人所不知，故易以習知之「須彌」，使讀者易解。此變易原文之證也。凡此諸端，若非獲兹貝多殘闕之本，而讀之者兼通

倉頡大梵之文，則千載而下，轉譯之餘，何以知哲匠之用心，見譯者之能事。斯什公所以平居淒愴，興嘆於折翮。臨終憤慨，發誓於焦舌歟？

（原載一九二七年十一月國立中山大學語言歷史學研究所週刊第壹集第叁期，一九二七年十二月清華學報第肆卷第貳期）

南岳大師立誓願文跋

天台宗創造者慧思作誓願文，取本人一生事迹，依年歲編列。其書不獨研求中古思想史者，應視爲重要資料，實亦古人自著年譜最早者之一，故與吾國史學之發展，殊有關係。但今日所傳南岳大師著述中，頗有後人僞託之作。然則此誓願文之真僞究何如者，是否可依據爲正確史料，自爲一問題。考慧思所生時代，南北朝竝立，其君主年號及州郡名稱，皆交錯重複，最爲糾紛，不易明悉。今即取誓願文中關於此二事者，證諸史籍，以驗其真僞。真僞判定之後，就其所表現思想之特徵，略加解釋，或亦可供治南北朝末年思想史者之參考乎？

唐道宣續高僧傳貳壹（金陵刻經處本）慧思傳云：

〔慧思〕以齊武平之初，背此嵩陽，領徒南逝，高騖前賢，以希栖隱。初至光州，值梁孝元傾覆國亂，前路梗塞，權止大蘇山。數年之間，歸從如市。

寅恪案，北齊君王以武平紀年者有二。一爲後主緯，即温國公。一爲范陽王紹義。後主之武平在范陽王之前，且爲中原統治之朝。僧傳所言，自不待言。係指後主之年號，北朝齊後主武平元年當南朝陳宣帝太建二年庚寅，即西曆五七〇年。南朝梁孝元帝之傾覆，在其承聖三年，當北朝齊文宣帝天保五年甲戌，即西曆五五四年。二者相距已逾十五年之久，實與當時情事不符。故道宣所紀必有訛誤。今慧思立誓願文略云：

我慧思是末法八十二年，太歲在乙未十一月十一日於大魏國南豫州汝陽郡武津縣生。年至四十，是末法一百二十一年，在光州開岳寺。至年四十一，是末法一百二十二年，在光州境大蘇山中。

寅恪案，慧思生於北朝魏宣武帝延昌四年乙未，當南朝梁武帝天監十四年，即西曆五一五年。其四十歲適值南朝梁元帝承聖三年，即西曆五五四年。江陵之陷即在是歲，實與史籍符會。可知南北朝竝立，其年號歲月後先交互之間，雖以道宣之博學，猶不能無誤，而此誓願文之記載，其正確如是，則非後世僧徒所能僞造，固無容疑也。

又立誓願文略云：

至年四十四，是末法一百二十五年，太歲戊寅，還於大蘇山光州境内。唱告四方，我欲奉造金字摩訶般若波羅蜜經。從正月十五日教化，至十一月十一日，於南光州光城都光城縣齊光寺方得就手，報先心願，奉造金字摩訶般若波羅蜜經一部，并造瑠璃寶函盛之。

寅恪案，魏書壹佰陸中地形志云：

光州。（原注：「治掖城。皇興四年分青州置。延興五年改爲鎮。景明元年復。」）領郡三。縣十四。

又同卷云：

光州。（原注：「蕭衍置。魏因之。治光城。」）領郡五。縣十。

北光城郡。領縣二。光城。（原注：「州治。」）樂安。

南光城郡。領縣二。光城。（原注：「郡治。」）南樂安。

寅恪案，誓願文中「南光州光城都光城縣」之「都」字，自當爲「郡」字傳寫之誤。而「南」字則直貫下文之「光城郡光城縣」言。蓋言「南光州」者，以別於治掖城之「〔北〕光州」。以〔南〕光城郡光城縣者，以別於北光城郡之光城縣。所以知者，以此時慧思適在大蘇山中。以地望準之，南光城郡之光城縣，與大蘇山較近故也。夫此類行政區域，其名稱至爲重疊混雜。若作者非當時親歷之人，恐難有如是之正確。然則誓願文非後世所能僞託，此又一證矣。

今據誓願文中關於年曆地理二事觀之，已足證明其非僞作。此文之真僞既經判定，而文中所述志願，即求長生治丹藥一事，最爲殊特。似與普通佛教宗旨矛盾。寅恪以爲此類思想確爲當時產物，而非後來所可僞託。請略考當日社會文化狀況及天台宗學說之根據，以說明之於下。

誓願文中如

又復發願，我今入山懺悔一切障道重罪，經行修禪，若得成就五通神仙及六神通。

及

是故先作長壽仙人，藉五通力，學菩薩道。自非神仙，不得久住。爲法學仙，不貪壽命。

及

誓於此生得大仙報。

及

爲護法故求長命，不願生天及餘趣。願諸賢聖佐助我，得好芝草及神丹。療治聚病除饑渴，常得經行修諸禪。願得深山寂静處，足神丹藥修此願，藉外丹力修内丹。

及

以此求道誓願力，作長壽仙見彌勒。

及

誓願入山學神仙，得長命力求佛道。

等語，皆表現求長生治丹藥之思想。考印度佛教末流，襲取婆羅門長生養性之術，托之龍樹菩薩。如今日藏文丹珠爾第壹壹捌函中龍樹所造諸論，皆是其例。

慈恩大師傳貳略云：

明日到礫迦國東境，至一大城。城西道北有大庵羅林。林中有一七百歲婆羅門。及至觀之，可三十許。形質魁梧，神理淹審。明中百諸論，善吠陀等書。有二侍者，各百餘歲。仍就停一月，學經百論廣百論。其人是龍猛弟子，親得師承，説甚明淨。

又唐澄觀大方廣佛華嚴經隨疏演義鈔柒云：

又案，西域記唐三藏初遇龍樹宗師，欲從學法。師令服藥，求得長生，方能窮究。三藏自思，本欲求經，恐仙術不成，辜我夙願。遂不學此宗，乃學法相之宗。

寅恪案，此二説皆相似，而皆不可信。然有一事可注意者，即欲學龍樹之宗，必先求長生之法是也。據隋書叁肆經籍志子部醫方類著録西域諸仙藥方中有：

龍樹菩薩藥方四卷。

龍樹菩薩養性方一卷。

及隋費長房歷代三寶記壹壹載：

北周時，攘那跋陀羅譯五明論合一卷。（寅恪案，此論雖未言何人所造，然日本石山寺有寫本龍樹五明論一卷，今刊入大正大藏經第貳壹卷。以隋書經籍志及丹珠爾載龍樹所造論性質推之，攘那跋陀羅之譯本，疑亦託名龍樹所造也。）

可知南北朝末年，此類依託龍樹之學説，已自天竺輸入中土。慧思生值其時，自不能不受其影響。況天台創義立宗，悉依大智度論，而大智度論乃龍樹之所造。龍樹實爲天台宗始祖。

宜乎誓願文中盛談求長生治丹藥之事也。又天台禪學其中堅之一部分，本爲南北朝之小乘禪學，而此部分實與當時道家所憑藉之印度禪學原是一事。故天台宗内由本體之性質，外受環境之薰習，其思想之推演變遷，遂不期而與道家神仙之學説符會。明乎此，則天台祖師栖止之名山，如武當南岳天台等，皆道家所謂神仙洞府，富於靈藥，可以治丹之地，固不足爲异也。總而言之，天台原始之思想，雖不以神仙爲極詣，但視爲學佛必經之歷程。有似上引澄觀華嚴疏鈔所記龍樹宗師告玄奘之語意，即先須服藥，求得長生之後，方能窮究龍樹之學是也。後如唐之梁肅，其學本出於天台宗之湛然所作「神仙傳論」（見全唐文伍壹玖）亦有：

予嘗覽葛洪所記，以爲神仙之道，昭昭焉足徵已。

之言。蓋梁氏宗佛陀而信神仙，尚是原始天台思想。可見南北朝末年思想界中此重公案，迄於唐之中葉猶復存在。兹因徵考所及，并附論之於此。

（原載一九三二年十月歷史語言研究所集刊第叁本第叁分）

清華大學王觀堂先生紀念碑銘

海寧王先生自沈後二年，清華研究院同人咸懷思不能自已。其弟子受先生之陶冶煦育者有年，尤思有以永其念。僉曰，宜銘之貞珉，以昭示於無竟。因以刻石之詞命寅恪，數辭不獲已，謹舉先生之志事，以普告天下後世。其詞曰：士之讀書治學，蓋將以脱心志於俗諦之桎梏，真理因得以發揚。思想而不自由，毋寧死耳。斯古今仁聖所同殉之精義，夫豈庸鄙之敢望。先生以一死見其獨立自由之意志，非所論於一人之恩怨，一姓之興亡。嗚呼！樹兹石於講舍，繫哀思而不忘。表哲人之奇節，訴真宰之茫茫。來世不可知者也。先生之著述，或有時而不章。先生之學説，或有時而可商。惟此獨立之精神，自由之思想，歷千萬祀，與天壤而同久，共三光而永光。

（原載清華大學消夏週刊一九二九年第壹期）

王静安先生遺書序

王静安先生既殁，羅雪堂先生刊其遺書四集。後五年，先生之門人趙斐雲教授，復采輯編校其前後已刊未刊之作，共爲若干卷，刊行於世。先生之弟哲安教授，命寅恪爲之序。寅恪雖不足以知先生之學，亦嘗讀先生之書，故受命不辭。謹以所見質正於天下後世之同讀先生之書者。自昔大師巨子，其關係於民族盛衰學術興廢者，不僅在能承續先哲將墜之業，爲其託命之人，而尤在能開拓學術之區宇，補前修所未逮。故其著作可以轉移一時之風氣，而示來者以軌則也。先生之學博矣，精矣，幾若無涯岸之可望，轍迹之可尋。然詳繹遺書，其學術内容及治學方法，殆可舉三目以概括之者。一曰取地下之實物與紙上之遺文互相釋證。凡屬於考古學及上古史之作，如「殷卜辭中所見先公先王考」及「鬼方昆夷玁狁考」等是也。二曰取异族之故書與吾國之舊籍互相補正。凡屬於遼金元史事及邊疆地理之作，如「萌古考」及「元朝秘史之主因亦兒堅考」等是也。三曰取外來之觀念，與固有之材料互相參證。凡屬於文藝批評及小説戲曲之作，如「紅樓夢評論」及「宋元戲曲考」「唐宋大曲考」等是也。此三類之著作，其學術性質固有异同，所用方法亦不盡符會，要皆足以轉移一時之風氣，而示來者以軌則。吾國他日文史考據之學，範圍縱廣，途徑縱多，恐亦無以遠出三類之外。此先生之書所以爲吾國近代學術界最重要之産物也。今先生之書，流佈於世，世之人大抵能稱道其學，獨於其平生之志事，頗多不能解，因而有是非之論。寅恪以謂古今中外志士仁人，往往憔悴憂傷，繼之以死。其所傷之事，所死之故，不止局於一時間一地域而已。蓋别有超越時間地域之理性存焉。而此超越時間地域之理性，必非其同時間地域之衆人所能共喻。然則先生之志事，多爲世人所不解，因而有是非之論者，又何足怪耶？嘗綜攬吾國三十年來，人世之劇變至异，等量而齊觀之，誠莊生所謂彼亦一是非，此亦一是非者。若就彼此所是非者言之，則彼此終古末由共喻，以其互局於一時間一地域故也。嗚呼！神州之外，更有九州。今世之後，更有來世。其間儻亦有能讀先生之書者乎？如果有之，則其人於先生之書，鑽味既深，神理相接，不但能想見先生之人，想見先生之世，或者更能心喻先生之奇哀遺恨於一時一地，彼此是非之表歟？一千九百三十四年歲次甲戌六月三日陳寅恪謹序。

（原載一九四〇年二月商務印書館海寧王静安先生遺書）

與劉叔雅論國文試題書

叔雅先生講席，承命代擬今夏入學考試國文題目，寅恪連歲校閲清華大學入學國文試卷，感觸至多。據積年經驗所得，以爲今後國文試題，應與前此异其旨趣，即求一方法，其形式簡單而涵義豐富，又與華夏民族語言文學之特性有密切關係者，以之測驗程度，始能於閲卷定分之時，有所依據，庶幾可使應試者，無甚僥倖，或甚冤屈之事。閲卷者良心上不致受特別痛苦，而時間精力俱可節省。若就此義言之，在今日學術界，藏緬語系比較研究之學未發展，真正中國語文文法未成立之前，似無過於對對子之一方法。此方法去吾輩理想中之完善方法，固甚遼遠，但尚是誠意不欺，實事求是之一種辦法，不妨於今夏入學考試時，試一用之，以測驗應試者之國文程度。略陳鄙意，敬祈垂教。幸甚！幸甚！凡考試國文，必考其文理之通與否，必以文法爲標準，此不待論者。但此事言之甚易，行之則難。最先須問吾輩今日依據何種文法以考試國文。今日印歐語系化之文法，即馬氏文通「格義」式之文法，既不宜施之於不同語系之中國語文，而與漢語同系之語言比較研究，又在草昧時期，中國語文真正文法，尚未能成立，此其所以甚難也。夫所謂某種語言之文法者，其中一小部分，符於世界語言之公律，除此之外，其大部分皆由研究此種語言之特殊現相，歸納爲若干通則，成立一有獨立個性之統系學説，定爲此特種語言之規律，并非根據某一特種語言之規律，即能推之以概括萬族，放諸四海而準者也。假使能之，亦已變爲普通語言學音韻學，名學，或文法哲學等等，而不復成爲某特種語言之文法矣。昔希臘民族武力文化俱盛之後，地跨三洲，始有訓釋標點希臘文學之著作，以教其所謂「野蠻人」者。當日固無比較語言學之知識，且其所擬定之規律，亦非通籌全局及有統系之學説。羅馬又全部因襲翻譯之，其立義定名，以傳統承用之故，頗有認誤可笑者。如西歐近世語言之文法，其動詞完全時間式，而有不完全之義。不完全時間式，轉有完全之義，是其一例也。今評其價值，尚在天竺文法之下。但因其爲用於隸屬同語系之語言，故其弊害尚不甚顯著。今吾國人所習見之外國語文法，僅近世英文文法耳。其代名詞有男女中三性，遂造他她它三字以區别之，矜爲巧便。然若依此理論，充類至盡，則阿剌伯希伯來等語言，動詞亦有性别與數别，其文法變化皆有特殊之表現。例如一男子獨睡，爲男性單數。二男子同睡，爲男性複數。一女子獨睡，爲女性單數。二女子同睡，爲女性複數。至若一男子與一女子而同睡，則爲共性複數。此種文法變化，如依新法譯造漢字，其字當爲「㑣」。天竺古語，其名詞有二十四囀，動詞有十八囀。吾中國之文法，何不一一仿效，以臻美備乎?世界人類語言中，甲種語言，有甲種特殊現相，故有甲種文法。乙種語言，有乙種特殊現相，故有乙種文法。即同一系之西歐近世語，如英文名詞有三格，德文名詞則有四格。法文名詞有男女二性，德文名詞則有男女中三性。因此種語言，今日尚有此種特殊現相。故此種語言之文法，亦不得不特設此種規律。苟違犯之者，則爲不通。并非德人作德文文法喜繁瑣，英人作英文文法尚簡單也。歐洲受基督教之影響至深，昔日歐人往往以希伯來語言爲世界語言之始祖，而自附其語言於希伯來語之支流末裔。迄乎近世，比較語言之學興，舊日謬誤之觀念得以革除。因其能取同系語言，如梵語波斯語等，互相比較研究，於是系内各個語言之特性逐漸發見。印歐系語言學，遂有今日之發達。故欲詳知確證一種語言之特殊現相及其性質如何，非綜合分析，互相比較，以研究之，不能爲功。而所與互相比較者，又必須屬於同系中大同而小异之語言。蓋不如此，則不獨不能確定，且常錯認其特性之所在，而成一非驢非馬，穿鑿附會之混沌怪物。因同系之語言，必先假定其同出一源，以演繹遞變隔離分化之關係，乃各自成爲大同而小异之言語。故分析之，綜合之，於縱貫之方面，剖别其源流，於横通之方面，比較其差异。由是言之，從事比較語言之學，必具一歷史觀念，而具有歷史觀念者，必不能認賊作父，自亂其宗統也。往日法人取吾國語文約略摹仿印歐系語之規律，編爲漢文典，以便歐人習讀。馬眉叔效之，遂有文通之作，於是中國號稱始有文法。夫印歐系語文之規律，未嘗不問有可供中國之文法作參考及采用者。如梵語文典中，語根之説是也。今於印歐系之語言中，將其規則之屬於世界語言公律者，除去不論。其他屬於某種語言之特性者，若亦同視爲天經地義，金科玉律，按條逐句，一一施諸不同系之漢文，有不合者，即指爲不通。嗚呼！文通，文通，何其不通如是耶？西晉之世，僧徒有竺法雅者，取内典外書以相擬配，名曰「格義」（「格義」之義詳見拙著「支愍度學説考」），實爲赤縣神州附會中西學説之初祖。即以今日中國文學系之中外文學比較一類之課程言，亦祇能就白樂天等在中國及日本之文學上，或佛教故事在印度及中國文學上之影響及演變等問題，互相比較研究，方符合比較研究之真諦。蓋此種比較研究方法，必須具有歷史演變及系統异同之觀念。否則古今中外，人天龍鬼，無一不可取以相與比較。荷馬可比屈原，孔子可比歌德，穿鑿附會，怪誕百出，莫可追詰，更無所謂研究之可言矣。比較研究方法之義既如此，故今日中國必先將國文文法之「格義」觀念，摧陷廓清，然後遵循藏緬等與漢語同系語言，比較研究之途徑進行，將來自可達到真正中國文法成立之日。但今日之吾輩，既非甚不學之人，故羞以「格義」式之文法自欺欺人，用之爲考試之工具。又非甚有學之人，故又不能即時創造一真正中國文法，以爲測驗之標準。無可奈何，不得已而求一過渡時代救濟之方法，以爲真正中國文法未成立前之暫時代用品，此方法即爲對對子。所對不逾十字，已能表現中國語文特性之多方面。其中有與高中卒業應備之國文常識相關者，亦有漢語漢文特殊優點之所在，可藉以測驗高材及專攻吾國文學之人，即投考國文學系者。兹略分四條，説明於下。

（甲）對子可以測驗應試者，能否知分別虛實字及其應用。

此理易解，不待多言。所不解者，清華考試英文，有不能分別動詞名詞者，必不録取，而國文則可不論。因特拈出比重公案，請公爲我一參究之。

（乙）對子可以測驗應試者，能否分別平仄聲。

此點最關重要，乃數年閲卷所得之結論。今日中學國文教學，必須注意者也。吾人今日當然不依文鏡秘府論之學説，以苛試高中卒業生。但平仄聲之分别，確爲高中卒業生應具之常識。吾國語言之平仄聲與古代印度希臘拉丁文同，而與近世西歐語言异。然其關於語言文學之重要則一。今日學校教學英文，亦須講究其聲調之高下，獨國文則不然，此乃殖民地之表徵也。聲調高下與語言遷變，文法應用之關係，學者早有定論。今日大學本科學生，有欲窺本國音韵訓詁之學者，豈待在講堂始調平仄乎？抑在高中畢業以前，即須知「天子聖哲」「燈盞柄曲」耶？又凡中國之韵文詩賦詞曲無論矣，即美術性之散文，亦必有適當之聲調。若讀者不能分平仄，則不能完全欣賞與瞭解，竟與不讀相去無幾，遑論仿作與轉譯。又中國古文之句讀，多依聲調而决定。印歐語系之標點法，不盡能施用於中國古文。若讀者不通平仄聲調，則不知其文句起迄。故讀古書，往往誤解。大正一切藏經句讀之多認，即由於此。又漢語既演爲單音語，其文法之表現，即依託於語詞之次序。昔人下筆偶有違反之者，上古之文姑不論，中古以後之作，多因聲調關係，如「聽猿實下三聲泪」之例。此種句法，雖不必仿效，然讀者必須知此句若作「聽猿三聲實下泪」，則平仄聲調不諧和。故不惜違反習慣之語詞次序，以遷就聲調。此種破例辦法之是非利弊，别爲一問題，不必於此討論。但讀此詩句之人，若不能分别平仄，則此問題，於彼絶不成問題。蓋其人讀「聽猿實下三聲浪」與「聽猿三聲實下泪」，皆諧和亦皆不諧和，二者俱無分别。講授文學，而遇此類情形，真有思惟路絶，言語道斷之感。此雖末節，無關本題宏旨，所以附論及之者，欲使學校教室中講授中國文學史及詞曲目録學之諸公得知今日大學高中學生，其本國語言文學之普通程度如此。諸公之殫精竭力，高談博引，豈不徒勞耶？據此，則知平仄聲之測驗，應列爲大學入學國文考試及格之條件，可以利用對子之方法，以實行之。

（丙）對子可以測驗讀書之多少及語藏之貧富。

今日學生所讀中國書中，今人之著作太多，古人之著作太少。非謂今人之著作，學生不可多讀。但就其所讀數量言，二者之比例相差過甚，必非合理之教育，亟須矯正。若出一對子，中有專名或成語，而對者能以專名或成語對之，則此人讀書之多少及語藏之貧富，可以測知。

（丁）對子可以測驗思想條理。

凡上等之對子，必具正反合之三階段。（平生不解黑智兒〔一譯「黑格爾」〕之哲學，今論此事，不覺與其説暗合，殊可笑也。）對一對子，其詞類聲調皆不適當，則爲不對，是爲下等，不及格。即使詞類聲調皆合，而思想重複，如燕山外史中之「斯爲美矣，豈不妙哉！」之句，舊日稱爲合掌對者，亦爲下等，不及格。因其有正，而無反也。若詞類聲調皆適當，即有正，又有反，是爲中等，可及格。此類之對子至多，不須舉例。若正及反前後二階段之詞類聲調，不但能相當對，而且所表現之意義，復能互相貫通，因得綜合組織，別產生一新意義。此新意義，雖不似前之正及反二階段之意義，顯著於字句之上，但確可以想像而得之，所謂言外之意是也。此類對子，既能備具第三階段之合，即對子中最上等者。趙甌北詩話盛稱吴梅村歌行中對句之妙。其所舉之例，如「南内方看起桂宫，北兵早報臨瓜步。」等，皆合上等對子之條件，實則不獨吴詩爲然，古來佳句莫不皆然。豈但詩歌，即六朝文之佳者，其篇中警策之儷句，亦莫不如是。惜陽湖當日能略窺其意，而不能暢言其理耳。凡能對上等對子者，其人之思想必通貫而有條理，決非僅知配擬字句者所能企及。故可藉之以選拔高才之士也。

昔羅馬西塞羅 Cicero 辯論之文，爲拉丁文中之冠。西士文士自古迄今，讀之者何限，最近時德人始發見其文含有對偶。拉丁非單音語言，文有對偶，不易察知。故時歷千載，猶有待發之覆。今言及此者，非欲助駢驪之文，增高其地位。不過藉以說明對偶確爲中國語文特性之所在，而欲研究此種特性者，不得不研究由此特性所產生之對子。此義當質證於他年中國語言文學特性之研究發展以後。今日言之，徒遭流俗之譏笑。然彼等既昧於世界學術之現狀，復不識漢族語文之特性，挾其十九世紀下半世紀「格義」之學，以相非難，正可譬諸白髮盈顛之上陽宮女，自矜其天寶末年之時世裝束，而不知天地間別有元和新樣者在。亦祇得任彼等是其所是，而非其所非。吾輩固不必，且無從與之校量也。尊意以爲何如？

（原載一九三二年九月五日天津大公報文學副刊）

附記

三十餘年前，叔雅先生任清華大學國文系主任。一日過寅恪曰，大學入學考期甚近，請代擬試題。時寅恪已定次日赴北戴河休養，遂匆匆草就普通國文試題，題爲「夢游清華園記」。蓋曾游清華園者，可以寫實。未游清華園者，可以想像。此即趙彥衛雲麓漫鈔玖所謂，行卷可以觀史才詩筆議論之意。若應試者不被録取，則成一游園驚夢也。一笑！其對子之題爲「孫行者」，因蘇東坡詩有「前生恐是盧行者，後學過呼韓退之。」一聯（見東坡後集柒贈虔州術士謝（晉臣）君七律）。「韓盧」爲犬名（見戰國策拾齊策叁齊欲伐魏條及史記柒玖范睢傳），「行」與「退」皆步履進退之動詞，「者」與「之」俱爲虛字。東坡此聯可稱極中國對仗文學之能事。馮應榴蘇文忠詩註肆伍未知「韓盧」爲犬名，豈偶失檢耶？抑更有可言者，寅恪所以以「孫行者」爲對子之題者，實欲應試者以「胡適之」對「孫行者」。蓋猢猻乃猿猴，而「行者」與「適之」意義音韻皆可相對，此不過一時故作狡猾耳。又正反合之説，當時惟馮友蘭君一人能通解者。蓋馮君熟研西洋哲學，復新游蘇聯返國故也。今日馮君尚健在，而劉胡并登鬼録，思之不禁憫然！是更一游園驚夢矣。一九六五年歲次乙巳五月七十六叟陳寅恪識。

劉叔雅莊子補正序

合肥劉叔雅先生文典以所著莊子補正示寅恪，曰，姑强爲我讀之。寅恪承命讀之竟，嘆曰，先生之作，可謂天下之至慎矣。其著書之例，雖能確證其有所脱，然無書本可依者，則不之補。雖能確證其有所誤，然不詳其所以致誤之由者，亦不之正。故先生於莊子一書，所持勝義猶多藴而未出，此書殊不足以盡之也。或問曰，先生此書，謹嚴若是，將無矯枉過正乎？寅恪應之曰，先生之爲是，非得已也。今日治先秦子史之學，著書名世者甚衆。偶聞人言，其間頗有改訂舊文，多任己意，而與先生之所爲大异者。寅恪平生不能讀先秦之書，二者之是非，初亦未敢遽判。繼而思之，嘗亦能讀金聖嘆之書矣。其注水游傳，凡所删易，輒曰，「古本作某，今依古本改正。」夫彼之所謂古本者，非神州歷世共傳之古本，而蘇州金人瑞胸中獨具之古本也。由是言之，今日治先秦子史之學，與先生所爲大异者，乃以明清放浪之才人，而談商周邃古之樸學。其所著書，幾何不爲金聖嘆胸中獨具之古本，轉欲以之留贈後人，焉得不爲古人痛哭耶？然則先生此書之刊佈，蓋將一匡當世之學風，示人以準則，豈僅供治莊子者之所必讀而已哉？

一九三九年歲次己卯十一月十四日修水陳寅恪書於昆明靛花巷北京大學研究所宿舍。

（原載劉文典莊子補正上海商務印書館一九四七年六月本）

楊樹達積微居小學金石論叢續稿序

長沙楊遇夫先生自辰溪湖南大學寄示近著積微居小學金石論叢續稿若干卷，命寅恪序之，媵以感事詩一首，有「祇有青山來好夢，可憐白髮換浮名。」之嘆。寅恪嘗聞當世學者稱先生爲今日赤縣神州訓詁小學之第一人。今讀是篇，益信其言之不誣也。自昔長於金石之學者，必爲深研經史之人，非通經無以釋金文，非治史無以證石刻。群經諸史，乃古史資料多數之所匯集。金文石刻則其少數脱離之片段，未有不瞭解多數匯集之資料，而能考釋少數脱離之片段不誤者。先生平日熟讀三代兩漢之書，融會貫通，打成一片。故其解釋古代佶屈聱牙晦澀艱深之詞句，無不文從字順，犂然有當於人心。此則讀先生之書者，自能知之，不待寅恪贅言也。雖然，寅恪於此別有感焉，百年以來，洞庭衡岳之區，其才智之士多以功名著聞於世。先生少日即已肄業於時務學堂，後復游學外國，其同時輩流，頗有遭際世變，以功名顯者，獨先生講授於南北諸學校，寂寞勤苦，逾三十年，不少間輟。持短筆，照孤燈，先後著書高數尺，傳誦於海内外學術之林，始終未嘗一藉時會毫末之助，自致於立言不朽之域。與彼假手功名，因得表見者，肥瘠榮悴，固不相同，而孰難孰易，孰得孰失，天下後世當有能辨之者。嗚呼！自剖判以來，生民之禍亂，至今日而極矣。物極必反，自然之理也。一旦忽易陰森慘酷之世界，而爲清朗和平之宙合，天而不欲遂喪斯文也，則國家必將尊禮先生，以爲國老儒宗，使弘宣我華夏民族之文化於京師太學。其時縱有入夢之青山，寧復容先生高隱耶？然則白髮者，國老之象徵。浮名者，亦儒宗所應具，斯誠可喜之兆也。又何嘆哉？又何嘆哉？寅恪未嘗學問，豈敢於先生之書多所論列，因先生之命，故別陳所感者如此，不識世之讀先生書者，以爲何如也。一九四二年歲次壬午十二月二十五日陳寅恪謹書於桂林雁山別墅。

楊樹達論語疏證序

孔子之生，距今歲將二千五百載，神州士衆方謀所以紀念盛事，顯揚聖文之道，而長沙楊遇夫先生著論語疏證適成，寄書寅恪，命爲之序。寅恪平生頗讀中華乙部之作，間亦披覽天竺釋典，然不敢治經。及讀先生是書，喜曰，先生治經之法，殆與宋賢治史之法冥會，而與天竺詁經之法，形似而實不同也。夫聖人之言，必有爲而發，若不取事實以證之，則成無的之矢矣。聖言簡奥，若不采意旨相同之語以參之，則爲不解之謎矣。既廣搜群籍，以參證聖言，其言之矛盾疑滯者，若不考訂解釋，折衷一是，則聖人之言行，終不可明矣。今先生匯集古籍中事實語言之與論語有關者，并間下己意，考訂是非，解釋疑滯。此司馬君實李仁甫長編考异之法，乃自來詁釋論語者所未有，誠可爲治經者闢一新途徑，樹一新模楷也。天竺佛藏，其論藏別爲一類外，如譬喻之經，諸宗之律，雖廣引聖凡行事，以證釋佛説，然其文大抵爲神話物語，與此土詁經之法大异。出三藏記集中，述出賢愚因緣經始末云：「釋曇學威德等八僧，西行求經，於于闐大寺，遇般遮于瑟之會。三藏諸學各弘法寶，説經講律，依業而教，學等八僧，隨緣分聽，精思通譯，各書所聞。還至高昌，乃集爲一部。」然則，賢愚經實當時曇學等聽講經律之筆記。

今此經具存，所載悉爲神話物語。世之考高昌之壁畫，釋敦煌之變文者，往往取之以爲證釋，而天竺詁經之法，與此土大异，於此亦可見一例也。南北朝佛教大行於中國，士大夫治學之法，亦有受其薰習者。寅恪嘗謂裴松之三國志注，劉孝標世説新書注，酈道元水經注，楊衒之洛陽伽藍記等，頗似當日佛典中之合本子注。然此諸書皆屬乙部，至經部之著作，其體例則未見有受釋氏之影響者。惟皇侃論語義疏引論釋以解公冶長章，殊類天竺譬喻經之體。殆六朝儒學之士，漸染於佛教者至深，亦嘗襲用其法，以詁孔氏之書耶？但此爲舊注中所僅見，可知古人不取此法以詁經也。蓋孔子説世間法，故儒家經典，必用史學考據，即實事求是之法治之。彼佛教譬喻諸經之體例，則形雖似，而寅不同，固不能取其法，以釋儒家經典也。寅恪治史無成，幸見先生是書之出，妄欲攀引先生爲同類以自重，不識先生亦笑許之乎？一九四八年歲次戊子十月七日陳寅恪書於北平清華園不見爲淨之室。

（原載一九四八年十二月十二日香港星島日報「文史」拾期）

陳述遼史補注序

裴世期之注三國志，深受當時内典合本子注之薰習。此蓋吾國學術史之一大事，而後代評史者，局於所見，不知古今學術系統之有別流，著述體裁之有變例，以喜聚异同，坐長煩蕪爲言，其實非也。趙宋史家著述，如續資治通鑑長編，三朝北盟會編，建炎以來繫年要録，最能得昔人合本子注之遺意。誠乙部之傑作，豈庸妄子之書，矜謝筆削，自比夏五郭公斷爛朝報者所可企及乎？寅恪僑寓香港，值太平洋之戰，扶疾入國，歸正首丘。途中得陳玉書先生述寄示所撰遼史補注序例，急取讀之，見其所論寧詳毋略之旨，甚與鄙見符合。若使全書告成，殊可稱契丹史事之總集，近日吾國史學不可多得之作也。回憶前在絶島，蒼黄逃死之際，取一巾箱坊本建炎以來繫年要録，抱持誦讀。其汴京圍困屈降諸卷，所述人事利害之迴環，國論是非之紛錯，殆極世態詭變之至奇。然其中頗復有不甚可解者，乃取當日身歷目覩之事，以相印證，則忽豁然心通意會。平生讀史凡四十年，從無似此親切有味之快感，而死亡飢餓之苦，遂亦置諸度量之外矣。由今思之，儻非其書喜聚异同，取材詳備，曷足以臻是耶？況近日營州舊壤，遼陵玉册，已出人間。葬地陶瓶，猶摹革橐。不有如釋教信徒迦葉阿難之總持結集，何以免契丹一族千年之往事及其與華夏關係之痛史，不隨劫波之火以灰燼。故遼史補注之作，尤爲今日所不可或緩者。寅恪頻歲衰病，於塞外之史，殊族之文，久不敢有所論述。惟尚冀未至此身蓋棺之日，獲逢是書出版之期，而補注之於遼史，亦將如裴注之附陳志，并重於學術之林，斯則今日發聲唱導之時，不勝深願誠禱者也。一九四二年歲次壬午十一月十九日陳寅恪書於桂林雁山别墅。

（原載一九四二年十二月讀書通訊第伍陸期）

陳垣燉煌劫餘録序

一時代之學術，必有其新材料與新問題。取用此材料，以研求問題，則爲此時代學術之新潮流。治學之士，得預於此潮流者，謂之預流（借用佛教初果之名）。其未得預者，謂之未入流。此古今學術史之通義，非彼閉門造車之徒，所能同喻者也。燉煌學者，今日世界學術之新潮流也。自發見以來，二十餘年間，東起日本，西迄法英，諸國學人，各就其治學範圍，先後咸有所貢獻。吾國學者，其撰述得列於世界燉煌學著作之林者，僅三數人而已。夫燉煌在吾國境内，所出經典，又以中文爲多，吾國燉煌學著作，較之他國轉獨少者，固因國人治學，罕具通識，然亦未始非以燉煌所出經典，涵括至廣，散佚至表，迄無詳備之目録，不易檢校其内容，學者縱欲有所致力，而憑藉未由也。新會陳援庵先生垣，往歲嘗取燉煌所出摩尼教經，以考證宗教史。其書精博，世皆讀而知之矣。今復應中央研究院歷史語言研究所之請，就北平圖書館所藏燉煌寫本八千餘軸，分別部居，稽覈同异，編爲目録，號曰燉煌劫餘録。誠治燉煌學者，不可缺之工具也。書既成，命寅恪序之。或曰，燉煌者，吾國學術之傷心史也。其發見之佳品，不流入於异國，即秘藏於私家。兹國有之八千餘軸，蓋當時唾棄之賸餘，精華已去，糟粕空存，則此殘篇故紙，未必實有繫於學術之輕重者在。今日之編斯録也，不過聊以寄其憤慨之思耳！是説也，寅恪有以知其不然，請舉數例以明之。摩尼教經之外，如八婆羅夷經所載吐蕃乞里提足贊普之詔書，姓氏録所載貞觀時諸郡著姓等，有關於唐代史事者也。佛説禪門經，馬鳴菩薩圓明論等，有關於佛教教義者也。佛本行集經演義，維摩詰經菩薩品演義，八相成道變，地獄變等，有關於小説文學史者也。佛説孝順子修行成佛經，首羅比丘見月光童子經等，有關於佛教故事者也。維摩詰經頌，唐睿宗玄宗讚文等，有關於唐代詩歌之佚文者也。其他如佛説諸經雜緣喻因由記中彌勒之對音，可與中亞發見之古文互證。六朝舊譯之原名，藉此推知。破昏怠法所引龍樹論，不見於日本石山寺寫本龍樹五明論中，當是舊譯别本之佚文。唐蕃翻經大德法成辛酉年（當是唐武宗會昌元年）出麥與人抄録經典，及周廣順八年道宗往西天取經，諸紙背題記等，皆有關於學術之考證者也。但此僅就寅恪所曾讀者而言，其爲數尚不及全部寫本百分之一，而世所未見之奇書佚籍已若是之衆，儻綜合并世所存燉煌寫本，取質量二者相與互較，而平均通計之，則吾國有之八千餘軸，比於异國及私家之所藏，又何多讓焉。今後斯録既出，國人獲兹憑藉，宜益能取用材料以研求問題，勉作燉煌學之預流。庶幾内可以不負此歷劫僅存之國寶，外有以襄進世界之學術於將來，斯則寅恪受命綴詞所不勝大願者也。

（原載一九三〇年六月歷史語言研究所集刊第壹本第貳分）

陳垣元西域人華化考序

有清一代經學號稱極盛，而史學則遠不逮宋人。論者輒謂愛新覺羅氏以外族入主中國，屢起文字之獄，株連慘酷，學者有所畏避，因而不敢致力於史，是固然矣。然清室所最忌諱者，不過東北一隅之地，晚明初清數十年間之載記耳。其他歷代數千歲之史事，即有所忌諱，亦非甚違礙者。何以三百年間，史學之不振如是？是必別有其故，未可以爲悉由當世人主摧毁壓抑之所致也。夫義理詞章之學及八股之文，與史學本不同物，而治其業者，又别爲一類之人，可不取與共論。獨清代之經舉與史學，俱爲考據之學，故治其學者，亦并號爲樸學之徒。所差异者，史學之材料大都完整而較備具，其解釋亦有所限制，非可人執一説，無從判决其當否也。經學則不然，其材料往往殘闕而又寡少，其解釋尤不確定，以謹愿之人，而治經學，則但能依據文句各别解釋，而不能綜合貫通，成一有系統之論述。以誇誕之人，而治經學，則不甘以片段之論述爲滿足。因其材料殘闕寡少及解釋無定之故，轉可利用一二細微疑似之單證，以附會其廣泛難徵之結論。其論既出之後，固不能犂然有當於人心，而人亦不易標舉反證以相詰難。往譬諸圖畫鬼物，苟形態略具，則能事已畢，其真狀之果肖似與否，畫者與觀者兩皆不知也。往昔經學盛時，爲其學者，可不讀唐以後書，以求速效。聲譽既易致，而利禄亦隨之。於是一世才智之士，能爲考據之學者，群捨史學而趨於經學之一途。其謹愿者，既止於解釋文句，而不能討論問題。其誇誕者，又流於奇詭悠謬，而不可究詰。雖有研治史學之人，大抵於宦成以後休退之時，始以餘力肄及，殆視爲文儒老病銷愁送日之具。當時史學地位之卑下若此，由今思之，誠可哀矣。此清代經學發展過甚，所以轉致史學之不振也。近二十年來，國人内感民族文化之衰頽，外受世界思潮之激盪，其論史之作，漸能脱除清代經師之舊染，有以合於今日史學之真諦，而新會陳援庵先生之書，尤爲中外學人所推服。蓋先生之精思博識，吾國學者，自錢曉徵以來，未之有也。今復取前所著元西域人華化考，刻木印行，命寅恪序之。寅恪不敢觀三代兩漢之書，而喜談中古以降民族文化之史，故承命不辭。欲藉是略言清代史學所以不振之由，以質正於先生及當世之學者。至於先生是書之材料豐實，條理明辨，分析與綜合二者俱極其工力，庶幾宋賢著述之規模，則讀者自能知之，更無待於寅恪之贅言者也。摯仲治謂杜元凱春秋釋例本爲左傳設，而所發明，何但左傳。今日吾國治學之士，競言古史，察其持論，間有類乎清季誇誕經學家之所爲者。先生是書之所發明，必可示以準繩，匡其趨向。然則是書之重刊流佈，關係吾國學術風氣之轉移者至大，豈僅局於元代西域人華化一事而已哉？一千九百三十五年歲次乙亥二月陳寅恪謹序。

（原載一九三四至三五年勵耘書屋叢刻本元西域人華化考）

陳垣明季滇黔佛教考序

中國史學莫盛於宋，而宋代史家之著述，於宗教往往疏略，此不獨由於意執之偏蔽，亦其知見之狹陋有以致之。元明及清，治史者之學識更不逮宋，故嚴格言之，中國乙部之中，幾無完善之宗教史。然其有之，實自近歲新會陳援庵先生之著述始。先生先後考釋摩尼佛教諸文，海内外學者咸已誦讀而仰慕之矣。今復以所著明季滇黔佛教考遠寄寅恪讀之，并命綴以一言。寅恪頗喜讀内典，又旅居滇地，而於先生是書徵引之資料，所未見者，殆十之七八。其搜羅之勤，聞見之博若是。至識斷之精，體制之善，亦同先生前此考釋宗教諸文，是又讀是書者所共知，無待贅言者也。抑寅恪讀是書竟，别有感焉。世人或謂宗教與政治不同物，是以二者不可參互合論。然自來史實所昭示，宗教與政治終不能無所關涉。即就先生是書所述者言之，明末永曆之世，滇黔實當日之畿輔，而神州正朔之所在也。故值艱危擾攘之際，以邊徼一隅之地，猶略能萃集禹域文化之精英者，蓋由於此。及明社既屋，其地之學人端士，相率遁逃於禪，以全其志節。今日追述當時政治之變遷，以考其人之出處本末，雖曰宗教史，未嘗不可作政治史讀也。嗚呼！昔晉永嘉之亂，支愍度始欲過江，與一傖道人爲侣。謀曰，用舊義往江東，恐不辦得食，便共立心無義。既而此道人不成渡，愍度果講義積年。後此道人寄語愍度云，心無義那可立，治此計，權救飢耳。無爲遂負如來也。憶丁丑之秋，寅恪別先生於燕京，及抵長沙，而金陵瓦解。乃南馳蒼梧瘴海，轉徙於滇池洱海之區，亦將三歲矣。此三歲中，天下之變無窮。先生講學著書於東北風塵之際，寅恪入城乞食於西南天地之間，南北相望，幸俱未樹新義，以負如來。今先生是書刊印將畢，寅恪不獲躬執校讎之役於景山北海之旁，僅遠自萬里海山之外，寄以序言，藉告并世之喜讀是書者。誰實爲之，孰令致之，豈非宗教與政治雖不同物，而終不能無所關涉之一例證歟？一九四〇年歲次庚辰七月陳寅恪謹序。

（原載陳垣明季滇黔佛教考一九四〇年八月本）

姚薇元北朝胡姓考序

姚君薇元著一論文，題曰北朝胡姓考，近欲刊行，遺書來徵序引。寅恪以爲姚君之學，固已與時俱進，然其當日所言，迄今猶有他人未能言者。此讀者自知之，無待寅恪贅論。惟不能不於此附著一言者，即吾國史乘，不止胡姓須考，胡名亦急待研討是也。凡入居中國之胡人及漢人之染胡化者，兼有本來之胡名及雅譯之漢名。如北朝之宇文泰，周書北史俱稱其字爲黑獺，而梁書蘭欽王僧辯侯景諸傳，均目爲黑泰，可知「泰」即胡語「獺」之對音，亦即「黑獺」之雅譯漢名，而「黑獺」則本其胡名，并非其字也。由此推之，胡化漢人高歡，史稱其字爲賀六渾。其實「歡」乃胡語「渾」之對音，亦即「賀六渾」之雅譯漢名，而「賀六渾」則本其胡名，并非其字也。此類之名，胡漢雅俗，雖似兩歧，實出一源，於史事之考證尚無疑滯，可不深論。又如元代統治中國之君主及諸王之名，其中頗有藏文轉譯梵名之蒙古對音者，於此雖足以推證其時西番佛教漸染宮廷皇族之勢力，然其事顯明易見，故亦可不詳究也。至於清代史事，則滿文名字之考證，殊與推求事實有關，治史者不得置而不究。如清室君主之名，世祖福臨之前，本爲滿洲語之漢文對音，故清世亦不以之避諱。但自聖祖玄燁以降，漢化益深，諸帝之名傳於世者，固皆漢文雅名，實則仍别有滿文之名，如穆宗漢名載淳，翁同龢謂其滿文名爲福齡阿，即是其例。（翁文恭公日記同治六年丁卯二月廿日條云：「上讀滿字至福齡阿，顧謂諳達曰，此余在熱河時，先皇帝以是呼余者也。諳達等退而識之。」又此條「福齡阿」下原注云：「漢文天生有福人。」）又傳聞翁氏姊婿，即注樊南文集補編之清代學者錢振倫，其中式道光十八年戊戌科二甲十七名進士時，原名福元，後所以改名振倫之故，實出孝欽后意旨。蓋清代翰苑簡放學政主考等差，由君主朱筆圈出。孝欽垂簾聽政，語軍機大臣曰，錢福元之名，我何能圈出？錢公遂易今名。寅恪頗疑此事與穆宗之滿名「福齡阿」有關，未知確否？此等滿文名，僅用於家庭宫禁之中，外間固不得而知也。寅恪曩於北平故宫博物院發一秘篋，外附「敢不在御前開拆者，即行正法！」之封紙，内藏康熙朝重要史料。如已刊佈之汪景祺西征隨筆，即其中年羹堯案附件之一。其漢文文件之外，尚有滿蒙文檔案，如康熙朝先以貪婪罪罷斥，後坐忤逆罪自盡之兩江總督噶禮所上滿文奏摺多本，中夾一紙片，上書漢文「勿使汗阿媽知及我弟鄂爾弼云云」等語。案「汗」字源出「可汗」，在滿洲語，通常以之當漢文「皇」字，「阿媽」爲滿洲「父」字之音譯，既稱「皇父」，兼據其上下語氣，此紙疑出廢太子胤礽之手，而鄂爾弼當是聖祖諸子之一，如胤禩胤禟之流。此點實關噶禮之死及皇儲之争，惜已不能考知鄂爾弼果爲何人。以後來清代諸皇子之名，今所知者，亦止其漢文雅名，而不傳其滿文之名故也。又胤禩胤禟之改名阿其那，塞思黑，世俗相傳以爲滿洲語猪狗之義。其説至爲不根。無論阿其那塞思黑非滿文猪狗之音譯，且世宗亦决無以猪狗名其同父之人之理。其究爲何義，殊難考知。嘗聞光緒朝盛伯熙祭酒昱語文芸閣學士廷式，以「塞思黑」之義爲「提桶柄」，然「提桶柄」之義亦難索解。寅恪偶檢清文監器具門，見有滿洲語「腰子筐」一詞，若綴以繫屬語尾「衣」字，（如「包衣」之「衣」。滿洲語「包」爲「家」，「衣」爲「的」。）則適與「塞思黑」之音符合。證以東華録所載世宗斥塞思黑「癡肥臃腫，弟兄輩亦將伊戲笑輕賤」之語（見東華録雍正四年五月十七日戊申條）。豈其改名本取像於形狀之陋劣，而「提桶柄」之説，乃傳祭酒之語者，記憶有所未確耶？寅恪懷此疑問，久未能决，因姚君徵序，遂附陳考證胡名之説，以求教於世之博通君子。一九四三年歲次癸未四月二十五日陳寅恪書於桂林雁山别墅。

（原載一九四三年七月讀書通訊陸玖期）

鄧廣銘宋史職官志考證序

吾國近年之學術，如考古歷史文藝及思想史等，以世局激盪及外緣薰習之故，咸有顯著之變遷。將來所止之境，今固未敢斷論。惟可一言蔽之曰，宋代學術之復興，或新宋學之建立是已。華夏民族之文化，歷數千載之演進，造極於趙宋之世。後漸衰微，終必復振。譬諸冬季之樹木，雖已凋落，而本根未死，陽春氣暖，萌芽日長，及至盛夏，枝葉扶疏，亭亭如車蓋，又可庇蔭百十人矣。由是言之，宋代之史事，乃今日所亟應致力者。此爲世人所共知，然亦談何容易耶？蓋天水一朝之史料，曾匯集於元修之宋史。自來所謂正史者，皆不能無所闕誤，而宋史尤甚。若欲補其闕遺，正其訛誤，必先精研本書，然後始有增訂工事之可言。宋史一書，於諸正史中，卷帙最爲繁多。數百年來，真能熟讀之者，實無幾人。更何論探索其根據，比較其同异，藉爲改創之資乎？鄧恭三先生廣銘，夙治宋史，欲著宋史校正一書，先以宋史職官志考證一篇，刊佈於世。其用力之勤，持論之慎，并世治宋史者，未能或之先也。寅恪前居舊京時，獲讀先生考辨辛稼軒事迹之文，深服其精博，願得一見爲幸。及南來後，同寓昆明青園學舍，而寅恪病榻呻吟，救死不暇，固難與之論學論史，但當時亦見先生甚爲塵俗瑣雜所困，疑其必尠餘力，可以從事著述。殊不意其撥冗偷閒，竟成此篇。是其神思之縝密，志願之果毅，逾越等倫。他日新宋學之建立，先生當爲最有功之一人，可以無疑也。噫！先生與稼軒生同鄉土，遭際國難，間關南渡，尤復似之。然稼軒本功名之士，仕宦頗顯達矣，仍鬱鬱不得志，遂有斜陽煙柳之句。先生則始終殫力竭智，以建立新宋學爲務，不屑同於假手功名之士，而能自致於不朽之域。其鄉土蹤迹，雖不异前賢，獨傭書養親，自甘寂寞，乃迥不相同。故身歷目覩，有所不樂者，輒以達觀遣之。然則今日即有稼軒所感之事，豈必遽興稼軒當日之嘆哉？寅恪承先生之命，爲是篇弁言，懼其羈泊西南，胸次或如稼軒之鬱鬱，因并論古今世變及功名學術之同异，以慰釋之。庶幾益得專一於校史之工事，而全書遂可早日寫定歟？一九四三年歲次壬午一月二十七日陳寅恪書於桂林雁山別墅。

（原載一九四三年三月讀書通訊陸貳期）

馮友蘭中國哲學史上册審查報告

竊查此書，取材謹嚴，持論精確，允宜列入清華叢書，以貢獻於學界。兹將其優點概括言之，凡著中國古代哲學史者，其對於古人之學說，應具瞭解之同情，方可下筆。蓋古人著書立說，皆有所爲而發。故其所處之環境，所受之背景，非完全明瞭，則其學說不易評論，而古代哲學家去今數千年，其時代之真相，極難推知。吾人今日可依據之材料，僅爲當時所遺存最小之一部，欲藉此殘餘斷片，以窺測其全部結構，必須備藝術家欣賞古代繪畫雕刻之眼光及精神，然後古人立説之用意與對象，始可以真瞭解。所謂真瞭解者，必神游冥想，與立説之古人，處於同一境界，而對於其持論所以不得不如是之苦心孤詣，表一種之同情，始能批評其學説之是非得失，而無隔閡膚廓之論。否則數千年前之陳言舊説，與今日之情勢迥殊，何一不可以可笑可怪目之乎？但此種同情之態度，最易流於穿鑿傅會之惡習。因今日所得見之古代材料，或散佚而僅存，或晦澀而難解，非經過解釋及排比之程序，絶無哲學史之可言。然若加以聯貫綜合之搜集及統系條理之整理，則著者有意無意之間，往往依其自身所遭際之時代，所居處之環境，所薰染之學説，以推測解釋古人之意志。由此之故，今日之談中國古代哲學者，大抵即談其今日自身之哲學者也。所著之中國哲學史者，即其今日自身之哲學史者也。其言論愈有條理統系，則去古人學説之真相愈遠。此弊至今日之談墨學而極矣。今日之墨學者，任何古書古字，絶無依據，亦可隨其一時偶然興會，而爲之改移，幾若善博者能呼盧成盧，喝雉成雉之比。此近日中國號稱整理國故之普通狀况，誠可爲長嘆息者也。今欲求一中國古代哲學史，能矯傅會之惡習，而具瞭解之同情者，則馮君此作庶幾近之。所以宜加以表揚，爲之流佈者，其理由實在於是。

至於馮君之書，其取用材料，亦具通識，請略言之。以中國今日之考據學，已足辨别古書之真僞。然真僞者，不過相對問題，而最要在能審定僞材料之時代及作者，而利用之。蓋僞材料亦有時與真材料同一可貴。如某種僞材料，若逕認爲其所依託之時代及作者之真産物，固不可也。但能考出其作僞時代及作者，即據以説明此時代及作者之思想，則變爲一真材料矣。中國古代史之材料，如儒家及諸子等經典，皆非一時代一作者之産物。昔人籠統認爲一人一時之作，其誤固不俟論。今人能知其非一人一時之所作，而不知以縱貫之眼光，視爲一種學術之叢書，或一宗傳燈之語録，而斷斷致辯於其横切方面。此亦缺乏史學之通識所致。而馮君之書，獨能於此别具特識，利用材料，此亦應爲表章者也。若推此意而及於中國之史學，則史論者，治史者皆認爲無關史學，而且有害者也。然史論之作者，或有意，或無意，其發爲言論之時，即已印入作者及其時代之環境背景，實無异於今日新聞紙之社論時評。若善用之，皆有助於考史。故蘇子瞻之史論，北宋之政論也。胡致堂之史論，南宋之政論也。王船山之史論，明末之政論也。今日取諸人論史之文，與舊史互證，當日政治社會情勢，益可藉此增加瞭解，此所謂廢物利用，蓋不僅能供習文者之摹擬練習而已也。若更推論及於文藝批評，如紀曉嵐之批評古人詩集，輒加塗抹，詆爲不通。初怪其何以狂妄至是，後讀清高宗御製詩集，頗疑有其所爲而發。此事固難證明，或亦間接與時代性有關，斯又利用材料之別一例也。寅恪承命審查馮君之作，謹具報告書，并附著推論之餘義於後，以求教正焉。

（原載一九三一年三月學衡第柒肆期，一九三四年八月商務印書館馮友蘭中國哲學史）

馮友蘭中國哲學史下册審查報告

此書上册寅恪曾任審查，認爲取材精審，持論正確。自刊佈以來，評論贊許，以爲實近年吾國思想史之有數著作，而信寅恪前言之非阿私所好。今此書繼續完成，體例宗旨，仍復與前册一貫。允宜速行刊佈，以滿足已讀前册者之希望，而使清華叢書中得一美備之著作。是否有當，尚乞鑒定是幸！寅恪於審查此書之餘，并略述所感，以求教正。

佛教經典言：「佛爲一大事因緣出現於世。」中國自秦以後，迄於今日，其思想之演變歷程，至繁至久。要之，祇爲一大事因緣，即新儒學之産生，及其傳衍而已。此書於朱子之學，多所發明。昔閻百詩在清初以辨僞觀念，陳蘭甫在清季以考據觀念，而治朱子之學，皆有所創獲。今此書作者，取西洋哲學觀念，以闡明紫陽之學，宜其成系統而多新解。然新儒家之産生，關於道教之方面，如新安之學説，其所受影響甚深且遠，自來述之者，皆無愜意之作。近日常盤大定推論儒道之關係，所説甚繁（東洋文庫本），仍多未能解决之問題。蓋道藏之秘籍，迄今無專治之人，而晋南北朝隋唐五代數百年間，道教變遷傳衍之始末及其與儒佛二家互相關係之事實，尚有待於研究。此則吾國思想史上前修所遺之缺憾，更有俟於後賢之追補者也。南北朝時，即有儒釋道三教之目，（北周衛元嵩撰齊三教論七卷。見舊唐書肆柒經籍志下。）至李唐之世，遂成固定之制度。如國家有慶典，則召集三教之學士，講論於殿廷，是其一例。故自晋至今，言中國之思想，可以儒釋道三教代表之。此雖通俗之談，然稽之舊史之事實，驗以今世之人情，則三教之説，要爲不易之論。儒者在古代本爲典章學術所寄託之專家。李斯受荀卿之學，佐成秦治。秦之法制實儒家一派學説之所附繫。中庸之「車同軌，書同文，行同倫。」（即太史公所謂「至始皇乃能并冠帶之倫」之「倫」。）爲儒家理想之制度，而於秦始皇之身，而得以實現之也。漢承秦業，其官制法律亦襲用前朝。遺傳至晋以後，法律典禮經并稱，儒家周官之學説悉采入法典。夫政治社會一切公私行動，莫不與法典相關，而法典爲儒家學説具體之實現。故二千年來華夏民族所受儒家學説之影響，最深最鉅者，實在制度法律公私生活之方面，而關於學説思想之方面，或轉有不如佛道二教者。如六朝士大夫號稱曠達，而夷考其實，往往篤孝義之行，嚴家諱之禁。此皆儒家之教訓，固無預於佛老之玄風者也。釋迦之教義，無父無君，與吾國傳統之學説，存在之制度，無一不相衝突。輸入之後，若久不變易，則絶難保持。是以佛教學説，能於吾國思想史上，發生重大久遠之影響者，皆經國人吸收改造之過程。其忠實輸入不改本來面目者，若玄奘唯識之學，雖震動一時之人心，而卒歸於消沈歇绝。近雖有人焉，欲然其死灰，疑終不能復振。其故匪他，以性質與環境互相方圓鑿枘，勢不得不然也。

六朝以後之道教，包羅至廣，演變至繁，不似儒教之偏重政治社會制度，故思想上尤易融貫吸收。凡新儒家之學説，幾無不有道教，或與道教有關之佛教爲之先導。如天台宗者，佛教宗派中道教意義最富之一宗也。（其創造者慧思所作誓願文，最足表現其思想。至於北宋真宗時，日本傳來之大乘止觀法門一書，乃依據大乘起信論者，恐僚華嚴宗盛後，天台宗僞託南岳而作。故此書祇可認爲天台宗後來受華嚴宗影響之史料，而不能據以論南岳之思想也。）其宗徒梁敬之與李習之之關係，實啓新儒家開創之動機。北宋之智圓提倡中庸，甚至以僧徒而號中庸子，并自爲傳以述其義（孤山閑居編）。其年代猶在司馬君實作中庸廣義之前，（孤山卒於宋真宗乾興元年，年四十七。）似亦於宋代新儒家爲先覺。二者之間，其關係如何，且不詳論。然舉此一例，已足見新儒家産生之問題，猶有未發之覆在也。至道教對輸入之思想，如佛教摩尼教等，無不盡量吸收，然仍不忘其本來民族之地位。既融成一家之説以後，則堅持夷夏之論，以排斥外來之教義。此種思想上之態度，自六朝時亦已如此。雖似相反，而實足以相成。從來新儒家即繼承此種遺業而能大成者。竊疑中國自今日以後，即使能忠實輸入北美或東歐之思想，其結局當亦等於玄奘唯識之學，在吾國思想史上，既不能居最高之地位，且亦終歸於歇絶者。其真能於思想上自成系統，有所創獲者，必須一方面吸收輸入外來之學説，一方面不忘本來民族之地位。此二種相反而適相成之態度，乃道教之真精神，新儒家之舊途徑，而二千年吾民族與他民族思想接觸史之所昭示者也。寅恪平生爲不古不今之學，思想囿於咸豐同治之世，議論近乎湘鄉南皮之間，承審查此書，草此報告，陳述所見，殆所謂「以新瓶而裝舊酒」者。誠知舊酒味酸，而人莫肯酤，姑注於新瓶之底，以求一嘗，可乎？

（原載一九三四年八月商務印書館馮友蘭中國哲學史）

先君致鄧子竹丈手札二通書後

右先君致鄧子竹丈手書二通。光緒九年先祖以張幼樵副憲追論河南王樹汶案，解浙江提刑任。旋奉廷旨，交湖南巡撫龐際雲差遣。先祖不樂居湘，遂出游粵豫，數年後，始返潭州。其間先君侍先祖母寄寓長沙，二札即此數年間所作也。書中雲秋指湘鄉杜丈俞。石帥指閩浙總督楊昌濬。叔輿指袁丈樹欽，長沙人，清末官户部主事。彌之即武崗鄧輔綸先生，其子爲湘潭王闓運先生壻。湘綺手札中引聊齋志异嘉平公子篇鬼妓之語，所謂「有壻如此，不如爲娼」者也。彌之葆之兄弟與先祖有科舉同年之誼。先祖任河北道時，剏設致用精舍，聘葆之先生爲主講。子竹即葆之之子。杜丈在河北道幕中二人相識，故語及之。鄧氏既爲世好，兩家子弟頗相往還。近四十餘載，久不通聞問，疑有不可究詰者。嗚呼！八十年間，天下之變多矣。元禮文舉之通家，隨五銖白水之舊朝，同其蜕革，又奚足异哉！又奚足道哉！寅恪過嶺倏逾十稔，乞仙令之殘砂，守傖僧之舊義，頽齡廢疾，將何所成！玉清教授出示此二札，海桑屢改，紙墨猶存，受而讀之，益不勝死生今昔之感已。一九六五年歲次乙巳四月廿八日寅恪謹書。

大乘稻芊經隨聽疏跋

法成大乘稻芊經隨聽疏一卷，江杜君校集京師圖書館及傅增湘君所藏敦煌石室佛經各殘卷而成。案法成之名不見於支那佛教載記，其譯經始末無可考。敦煌石室寫本大乘四法經論及廣釋開決記有法成癸丑年八月沙州永康寺集畢記，諸星母陀羅尼經有法成甘州修多寺譯題字，瑜伽師地論卷三十九，五十二，有法成弟子智慧山手書大中年月；又法蘭西伯希和君曾見法成著述中自稱大蕃國人（Journal Asiatique,Série 11,Tome 4,P.143），據此四事，綜合推計，知其人爲吐蕃沙門，生當唐文宗太和之世，譯經於沙州、甘州。其譯著之書，今所知者，中文則有敦煌石室發見之大乘稻芊經隨聽疏、般若波羅蜜多心經、諸星母陀羅尼經、瑜伽論附分門記、薩婆多宗五事論、釋迦如來像法滅盡之記、嘆如來無染着功德讚等。藏文則有西藏文正藏中之善惡因果經、義淨譯金光明最勝王經重譯本及關於觀世音菩薩神咒三種（柏林圖書館所藏西藏文正藏目録第一百二十三頁第五號、第一百二十四頁第一號及第五號）等。（詳見 Journal Asiatique，Série 11，Tome 4，史林第八卷第一號、支那學第三卷第五號、伯希和及日本羽田亨石濱純太郎諸君考證文中。）予又檢閲北京本西藏文續藏滿蒙漢藏四體目録，見第四十一函契經解中，有經部深微宗旨確釋廣大疏一種，震旦律師温戭个撰，答哩麻悉諦譯。「答哩麻悉諦」之名本自蒙古文音譯而來，蓋蒙文目録，此疏譯主之名，依據梵文作 Dharma-Siddhi，即藏文 Chos-grub，中文「法成」之意譯。「温戭个」者，「圓測」二字之訛譯。是書實玄奘弟子圓測解深密經疏之藏文譯本。西明疏爲法相宗寶笈，中文原本今已殘闕，若自藏文譯補，俾千年古籍，復成完書，亦快事也。稻芉經隨聽疏博大而精審，非此土尋常經疏可及。頗疑其別有依據。西藏文續藏第三十三函菩提路燈品有龍樹菩薩聖稻簳經章句，第三十四函隨念三寶義旨中，有龍樹菩薩稻芉喻經廣大演一百十二品。法成當日爲稻芉經作疏，或已見此二書。又第三十七函十地論釋中，有佮麻剌尸剌（Kamalacīla）稻芉喻經廣大疏，其書與隨聽疏第五解釋門釋本文文中所分五門，七門，章句次第，文字詮釋，適相符合。佮麻剌尸剌不知爲印度何時人，廣大疏譯爲藏文年代亦未能確定。即使後於法成作隨聽疏時，然隨聽疏解釋門釋本文一節，亦必本諸法成以前吐蕃所譯天竺舊注，而與廣大疏同出一源，否則中藏兩疏，不能如是暗合也。予因此并疑今日所見中文經論注疏凡號爲法成所撰集者，實皆譯自藏文，但以當時所據原書，今多亡逸，故不易詳究其所從出耳。昔玄奘爲西土諸僧譯中文大乘起信論爲梵文。道宣記述其事，贊之曰：「法化之緣，東西互舉。」夫成公之於吐蕃，亦猶慈恩之於震旦；今天下莫不知有玄奘，法成則名字湮没者且千載，迄至今日，鉤索故籍，僅乃得之。同爲溝通東西學術，一代文化所託命之人，而其後世聲聞之顯晦，殊异若此，殆有幸有不幸歟！讀法成隨聽疏竟，爲考其著述概略，并舉南山律師之語，持較慈恩，以見其不幸焉。

（原載一九二七年九月清華學校研究院國學論叢第壹卷第貳號）

懺悔滅罪金光明經冥報傳跋

合肥張氏藏敦煌寫本金光明經殘卷卷首有冥報傳，載温州治中張居道入冥事。日本人所藏敦煌寫經亦有之。（日文原報告未見，僅見一千九百十一年安南遠東法蘭西學校報告第十一卷第一百七十八及一百八十六頁所引）予雖未見其原文，以意揣之，當與此無异。案此傳今無足本。明僧受汰金光明經科注卷四之末附金光明經感應記中有「寃家自擇」及「寃化爲人」二條，皆略記張居道事。又宋僧非濁三寶感應要略中卷第二十九温州治中張居道冥路中發願造金光明經四卷願感應，亦略記此事，題下注：「出滅罪傳」，其末又注：「更有安固縣丞妻脱苦緣繁故不述之」等語。然則明代受汰金光明經感應記所載，雖不知采自何書，而宋時非濁三寶感應要略所集明言出自滅罪傳，是此傳足本宋代猶存之證也。近年俄羅斯人 C.E.Malov 君肅州得一金光明經之突厥系文本，（俄國科學院佛教叢書第十七種一千九百十三年出版）張居道入冥及安固縣丞妻二事均譯載卷首，其體制與敦煌寫經之冠以滅罪傳者適相符合。予又見德意志人近年於土魯番所獲之吐蕃文斷簡，其中有類似滅罪冥報傳之殘本。（見 A.H. Francke，Sitzungsberichte der Preussischen Akademie der Wissenschaften, Mai, 1924）内容述及金剛經，殆冠於金剛經之首者，惜大殘闕，無由確證。是佛經之首冠以感應冥報傳記，實爲西北昔年一時風尚。今則世代遷移，當時舊俗，渺不可稽，而其迹象，仍留於外族重翻之本。微考佛典編纂之體裁者，猶賴之以爲旁證，豈不异哉。金光明經諸本，予所知者，梵文本之外，（梵文本已刊者有 Sarat Chandra 本及 A. F.Rudolf Hoernle,Manuscript Remains of Buddhist Literature found in Eastern Turkestan 所載之本，餘詳見宗教研究第五卷第三號泉芳璟君讀梵文金光明經論文）其餘他種文字譯本，尚存於今日者，中文則有北凉曇無讖譯之四卷本，隋寶貴之合部八卷本，唐義淨之十卷本。西藏文則有三本（見支那學第四卷第四號櫻部文鏡蒙文金光明經斷篇考補箋），其一爲法成重譯之中文義淨本。蒙古文及 Kalmuk 文（予曾鈔一本）均有譯本。滿文大藏經譯自中文，當有金光明經，但予未得見。突厥系文則有德意志土魯番考察團所獲之殘本（F.W.K.Müller,Uigurica,1908）及俄國科學院佛教叢書本。（見前）東伊蘭文亦有殘闕之本，（見 P. Pelliot，Etudes Linguistiques sur les Documents de la Mission Pelliot,1913 及 E.Leumann,Abhandlungen für die Kunde des Morgenlandes,XV,2,1920）據此諸種文字譯本之數，即知此經於佛教大乘經典中流通爲獨廣，以其義主懺悔，最易動人故也。至滅罪冥報傳之作，意在顯揚感應，勸奬流通，遠託法句譬喻經之體裁，近啓太上感應篇之注釋，本爲佛教經典之附庸，漸成小説文學之大國。蓋中國小説雖號稱富於長篇鉅製，然一察其内容結構，往往爲數種感應冥報傳記雜糅而成。若能取此類果報文學詳稽而廣證之，或亦可爲治中國小説史者之一助歟。因考張居道事，并附論之於此。戊辰四月義甯陳寅恪。

（原載一九二八年六月北京圖書館月刊第壹卷第貳號）

敦煌本十誦比丘尼波羅提木叉跋

日本西本龍山君影印敦煌本十誦比丘尼波羅提木叉并附以解說，廣徵詳證，至爲精審。蓋昆奈耶比較學之佳著也。往歲德意志林治君 Ernst Waldschmidt 校譯說一切有部梵文比丘尼波羅提木叉殘本 Bruchstücke des Bhiksunī-Prātimoksa der Sarvāstivādins，予適游柏林，偶與之討論。今讀西本君書，心服之餘，略綴數語，儻亦佛教之所謂因緣者歟？

此本不著譯主姓名，西本君考定爲鳩摩羅什所譯。鳩摩羅什之譯有十誦比丘尼戒本，歷代佛典目録開元釋教録而外，（武周刊定衆經目録有鳩摩羅什譯十誦律比丘尼戒本乃十誦比丘戒本之誤，西本君已言之。）皆無明文，然西本君頗能言之成理，但仍有不可解者。兹就高僧傳所載什公翻譯十誦律始末爲根據，而推論之。

高僧傳貳鳩摩羅什傳略云：「（什臨終）與衆僧告别，曰：凡所出經論三百餘卷，唯十誦一部，未及删煩，存其本旨，必無差失。」又同卷曇摩流支傳云：「（流支）與什共譯十誦都畢，研詳考覆，條制審定，而什猶恨文煩未善，既而什化，不獲删治。」據此可推知什公所譯經論，十誦大本外，皆已删煩。十誦比丘尼波羅提木叉若爲什公所譯，必與其他經論同經删治。

此可以推知者一。

高僧傳壹壹僧業傳云：「昔什公在關，未出十誦（大部），乃先譯戒本，及流支入秦，方傳大部。故戒心之與大本，其意正同，在言或异，業乃改正，一依大本。今之傳誦，二本雙行。」予取十誦大本以校今所傳什譯十誦比丘戒本，其文句仍有异同。據此可推知今所傳什譯十誦比丘戒本，乃什公原譯，而非僧業依大本改易之本，此可以推知者二。

高僧傳貳弗若多羅傳云：「弘始六年十月十七日，集義學僧數百餘人於長安中寺，延請多羅誦出十誦梵本，羅什譯爲晋文。」又同卷曇摩流支傳略云：「流支以弘始七年秋，達自關中。初弗若多羅誦出十誦，未竟而亡。廬山釋慧遠聞支既善毘尼，希得究竟律部，乃遣書通好。曰：頃有西域道士弗若多羅，是罽賓人。其諷十誦梵本，有羅什法師通才博見，爲之傳譯。十誦之中，文始過半。多羅早喪，中途而寢，不得究竟大業，慨恨良深。傳聞仁者齎此經自隨，若能爲律學之徒畢此經本，則惠深德厚，入神同感矣。」據此可推知什公與多羅共譯之大本，乃多羅口自誦出者。其與流支共譯之大本，乃流支齋以自隨者。什公之不獨譯大本，雖有他故，而未齋大本自隨，又不能口自誦出，亦必一主因。以此例之，則其所譯之十誦比丘戒本，及假定爲其所譯之十誦比丘尼波羅提木叉，當爲俱齋以自隨，或皆能口自誦出，或一自隨而一誦出之本。夫此二戒本皆爲十誦律部中單行之一種，復同經一人之手攜或口誦，必爲共出一源之梵本，其體裁結構，理應相同。此可以推知者三。

此三事既已推定，然後述不可解之二點：

今取敦煌十誦比丘尼波羅提木叉與法顯自十誦律大本撰出之十誦比丘尼戒本，較其繁簡，雖彼此詳略各有不同；然敦煌本有而法顯本缺者，計波逸提法八條，衆學法二十二條，共爲三十條。夫法顯所據者爲未經什公删治之繁本，敦煌本若果爲什公所譯，乃與其他經論同經删治之簡本，故必敦煌本簡而法顯本繁，始合於事理，今適得其反。此不可解者一也。

又取敦煌十誦比丘尼波羅提木叉與十誦比丘尼戒本，較其异同，則敦煌十誦比丘尼波羅提木叉之末「七佛偈」闕七佛名及所化衆數，其不同之點，最爲顯著。若敦煌本果爲什公所譯，則與十誦比丘尼戒本皆爲同一律部中單行之一種，實共出於一源之梵本，復經同一人之所翻譯及删治；而今日流傳之十誦比丘尼戒本，又爲未經改易之原書，何以二本體裁結構，彼此互异？此不可解者二也。

總而言之，考據之學，本爲材料所制限。敦煌本是否爲鳩摩羅什所譯，尚待他日新材料之證明。今日固不能爲絶對否定之論，亦不敢爲絶對肯定之論，似爲學術上應持之審慎態度也。

又西本君校刊此書，附以原寫本之音寫寫誤及异體文字表，雖其中頗有習見之體，不煩標列者，然此爲考古學文字學重要事業，前人鮮注意及之者。若能搜集敦煌寫本中六朝唐代之异文俗字，編爲一書，於吾國古籍之校訂，必有裨益。予久蓄是念，今讀西本君之書，因附著其意，以質世之治考古學文字學者。

（原載一九二九年五月北平北海圖書館月刊第貳卷第伍號）

薊丘之植植於汶篁之最簡易解釋

樂毅報燕惠王書「薊丘之植，植於汶篁」句不甚易解。自來解之者不一。而以俞曲園先生樾及楊遇夫先生樹達之説爲最精確。俞先生以此爲倒句成文之例。其所著古書疑義舉例倒句例引此句云：

索隱曰薊丘，燕所都之地也。言燕之薊丘所植，皆植齊王汶上之竹也。按，此亦倒句。若順言之，當云：汶篁之植，植於薊丘耳。宋人言宣和事云：「夷門之植，植於燕雲。」便不及古人語妙矣。

楊先生所著詞詮玖「於」與「以」同義條引韓非子解老篇「慈，於戰則勝，以守則固。」而老子作「以戰則勝，以守則固。」及此句爲證。其意蓋釋爲「薊丘之植，植以汶篁」也。

寅恪按，若依小司馬之説及普通文義言，亦可釋爲「薊丘之所植乃曾植於汶篁者。」似不必以爲倒句妙語。嘗見敦煌寫本「於」字往往作「相」。如上虞羅氏鳴沙石室佚書中太公家教「是以人相知於道行。魚口（相）望於江湖」句之第一「於」字，及敦煌零拾中佛曲第三種之「有相夫人」多訛作「有於夫人」，皆是其例。故古寫本「於」字若遭磨損失其左半，則與「目」

字形極近似。不知詞詮「於」「以」同義條所舉證例，其中是否亦有原爲字形之誤？或即就「於」字本義可通，而不必改訓爲「以」者？寅恪於訓詁之學，無所通解，不敢妄説。惟讀齊民要術肆種棗第叁拾叁云：

青州有樂氏棗，肌細核小，多膏肥美，爲天下第一。父老相傳云：樂毅破齊時，從燕齋來所種也。

戰勝者收取戰敗者之珠玉財寶車甲珍器，送於戰勝者之本土。或又以兵卒屯駐於戰敗者之土地。戰勝者本土之蔬菓，則以其爲出征遠戍之兵卒夙所習用嗜好之故，輙相隨而移植於戰敗者之土地。以曾目睹者言之，太平天國金陵之敗，洪楊庫藏多輦致於衡湘諸將之家。而南京菜市冬莧紫菜等蔬，皆出自湘人之移植。清室圓明園之珍藏，陳列於歐西名都之博物館。而舊京西郊静明園玉泉中所生水菜，據稱爲外國聯軍破北京時所播種。此爲古今中外戰勝者與戰敗者，其所有物産互相交换之通例。燕齊之勝敗，何獨不如是乎？考史記捌拾樂毅傳云：

樂毅留徇齊五歲，下齊七十餘城，皆爲郡縣，以屬燕。

據此，五年之久，薊丘之植，自可隨留徇齊地之燕軍，而移植於汶篁。青州父老所傳樂氏種棗之由來，未嘗不可徵信，而據之以類推也。然則「薊丘之植，植於汶篁。」既非倒句之妙語，亦不必釋「於」與「以」同義。惟「篁」字應依説文訓爲「竹田」耳。可參考段懋堂説文解字注及曾滌生經史百家雜鈔卷拾肆解釋此句之説。夫解釋古書，其謹嚴方法，在不改原有之字，仍用習見之義。故解釋之愈簡易者，亦愈近真諦。并須旁采史實人情，以爲參證。不可僅於文句之間，反覆研求，遂謂已盡其涵義也。又自來讀樂毅此書者，似皆泥於上文「珠玉財寶車甲珍器盡收入於燕」之語，謂此句僅與「齊器設於寧臺」「大吕陳於元英」等句同例，而曲爲之解。殊不知植物非財寶重器，可以「收入於燕」之語概括之。其實此句專爲「故鼎反乎磨室」句之對文。故「故鼎」句及此句之次序當依史記捌拾樂毅傳之文，先後聯接。而不應依戰國策叁拾燕策貳及新序叁雜事叁之所載，二句之間隔以「齊器設於寧臺」之句，以致文氣語意微有不貫。蓋昌國君意謂前日之鼎，由齊而返乎燕，後日之植，由燕而移於齊。故鼎新植一往一返之間，而家國之興亡勝敗，其變幻有如是之甚者。并列前後异同之迹象，所以光昭先王之偉烈。而己身之與有勳勞，亦因以附見焉。此二句情深而詞美，最易感人。若依曲園先生之説，古人果有妙語不可及者，或轉在此等處。而不在其所謂倒句成文者歟？

（原載一九三一年六月十五日清華中國文學會月刊第壹卷第叁期）

庾信哀江南賦與杜甫咏懷古迹詩

昔人論杜子美重經昭陵詩之「風塵三尺劍，社稷一戎衣。」出於庾子山周祀宗廟歌皇夏之「終封三尺劍，長卷一戎衣。」若此類者，可謂之以庾解杜。予今反之，以杜解庾。請舉一例，以求教於讀庾賦杜詩者。至庾賦中有關之史事，皆載在舊籍，人所習知。故茲篇僅就大意爲之説明，不復多所徵引。

庾子山哀江南賦末一節凡八句云：

天地之大德曰生，聖人之大寶曰位。用無賴之子弟，舉江東而全棄。惜天下之一家，遭東南之反氣。以鶉首而賜秦，天何爲而此醉。

庾子山集倪璠注以此八句指蕭詧而言，略謂：「天地大德」，「聖人大寶」二語爲下文「江東全棄」，「鶉首賜秦」張本。「無賴子弟」謂陳霸先，「江東全棄」謂丹陽諸郡皆爲陳有也。蕭詧既傷好生之心，又失大寶之位，使雍州西去，建業東亡。

案，蕭詧既終天年，復保尊位，而丹陽諸郡本非其所能有，何得謂用無賴之陳霸先悉舉而棄之乎？徵諸史實，魯玉之説近於曲解，殊不可通。

又曾國藩經史百家雜鈔詞賦類上叁哀江南賦此八句下注云：

以上追咎武帝不能豫教子弟而亂生。

案，梁武帝身死國亡，由於納侯景之降，而不在其不能豫教子弟。亂生之因既不在不教子弟，則何所用其追咎？且梁武帝子弟之中，其所最重視者，宜無過於簡文及元帝。一則選爲儲貳，而棄昭明太子統之諸子不立。一則授以大鎮，使之雄據上游。兹二人者，又皆子山所曾北面親事之君也。豈有暮年作賦，追紀宗邦之淪覆，於舊國舊君，極致其哀慕不忘之情，而忍以無賴之語加諸故主之身乎？故知湘鄉之説，非但於當日情事更不可通，兼亦昧於立言之體矣。

然則此八句之真解如何？

案，杜工部咏懷古迹第一首第五句云：「羯胡事主終無賴」，羯胡指安禄山，亦即以之比侯景也。杜公此詩實一哀江南賦之縮本。其中以己身比庾信，以玄宗比梁武，以安禄山比侯景。今以無賴之語屬之羯胡，則知杜公之意，庾賦中「無賴子弟」一語乃指侯景而言。證以當日情事，實爲切當不移。請引申其旨意而解釋之。

此賦八句乃總論蕭梁一代之興亡。前四句指武帝，後四句指元帝。蓋有梁一代寅僅武帝元帝二主。簡文敬帝則徒擁虛位，可以不計。後梁則北朝附庸，而又子山故主之仇讎，自不視爲繼承蘭陵之正統者。故止舉武元二世，即足以概括蕭梁一朝也。此八句之大旨既明，茲復逐句略詮其意於下：

「天地之大德曰生」謂武帝享八十六歲之高年也。「聖人之大寶曰位」謂武帝居南朝天子之尊位也。「用無賴之子弟」謂用侯景也。考孟子告子篇上：「富歲子弟多賴。」趙注：「子弟，凡人之子弟也。賴，善。」史記吴王濞傳：「吴所誘皆無賴子弟，亡命鑄錢姦人，故相率以反。」可知子弟亦泛稱，不必以爲專指武帝之子弟，如曾滌生之所説也。「舉江東而全棄」謂武帝失國也。此前四句之意綜合言之，則謂武帝以享國最久之帝王，而用無賴之侯景，卒致喪生失位，盡棄其江東之王業也。「惜天下之一家」，「遭東南之反氣」二句指河東王譽事也。漢吴王濞爲高祖兄仲之子。河東王譽亦爲元帝兄昭明太子統之子。譽反於湘州，其地適在江陵之東南。以親族關係及郡邑方向言，可稱切當。庾公之意，蓋謂元帝能平侯景。可以爲中興之主。何期天下同姓一家，而遭湘州之反，遂致滅亡之禍，此誠堪深惜者也。「以鶉首而賜秦」，「天何爲而此醉」二句，謂以河東王譽之故，岳陽王詧乃乞援於西魏，于謹遂陷江陵，而滅梁室也。據隋書地理志，荆州之分野爲鶉首之次。故鶉首即指江陵。此用鶉首賜秦故事，以譬西魏之取江陵，準之地望，至爲適合。倪氏以爲指襄陽爲魏有而言，所解已嫌迂遠不切。至又以「鶉首賜秦」，謂指周太祖資蕭詧以江陵空城，置兵防守，是詧亦失鶉首之次之南郡。信如其後説，則非「以鶉首賜秦」乃「秦賜以鶉首也。」較之前説，尤爲費解，其不可通明矣。此後四句之意綜合言之，則謂可惜元帝以天下一家之局，遭河東王譽反於湘州，卒致江陵爲西魏所陷没，天何爲此夢夢耶？

據上所述，知哀江南賦必用咏懷古迹詩之解，始可通。是之謂以杜解庾。

（原載一九三一年四月十五日清華中國文學會月刊第壹卷第壹期）

東晋南朝之吴語

近日友人多研究東晋南北朝音韵問題，甚可喜也。寅恪頗欲參加討論，而苦於音韵之學絶無通解，不敢妄説。兹僅就讀史所及，關涉東晋南朝之吴語者，擇録數事，略附詮釋，以供研究此問題者之參證。雖吴語吴音二名詞涵義不盡相同，史籍所載又頗混用，不易辨析，但與東晋南朝古音之考證有關則一也。

宋書捌壹顧琛傳（南史叁伍顧琛傳同）云：

先是，宋世江東貴達者，會稽孔季恭，季恭子靈符，吴興丘淵之及琛，吴音不變。

寅恪案，史言江東貴達者，唯此數人吴音不變，則其餘士族，雖本吴人，亦不操吴音，斷可知矣。

南齊書肆壹張融傳（南史叁貳張邵傳附融傳同）略云：

張融，吴郡吴人也。出爲封溪令。廣越嶂嶮，獠賊執融，將殺食之，融神色不動，方作洛生咏，賊异之而不害也。

寅恪案，世説新語雅量篇略云：

桓公伏甲設饌，廣延朝士，因此欲誅謝安王坦之。謝之寬容，愈表於貌，望階趨席，方作洛生咏，諷浩浩洪流，桓憚其曠遠，乃趣解兵。

劉注引宋明帝文章志曰：

安能作洛下書生咏，而少有鼻疾，語音濁。後名流多斅其咏，弗能及，手掩鼻而吟焉（晋書柒玖謝安傳同）。

據此，則江東士族不獨操中原之音，且亦斅洛下之咏。張融本吴人，而臨危難仍能作洛生咏，雖由於其心神鎮定，异乎常人，要必平日北音習熟，否則决難致此無疑也。

顔氏家訓音辭篇云：

易服而與之談，南方士庶，數言可辯。隔垣而聽其語，北方朝野，終日難分。

寅恪案，南北所以有如此不同者，蓋江左士族操北語，而庶人操吴語；河北則社會階級雖殊，而語音無别故也。

南史肆伍王敬則傳略云：

王敬則，臨淮射陽人也。僑居晋陵南沙縣。母爲女巫。後與王儉俱即本號開府儀同三司。時徐孝嗣於崇禮門候儉，因嘲之曰：「今日可謂連璧。」儉曰：「不意老子遂與韓非同傳。」人以告敬則，敬則欣然曰：「我南沙縣吏，徼倖得細鎧左右，逮風雲以至於此。遂與王衛軍同日拜三公，王敬則復何恨。」了無恨色，朝士以此多之。

南齊書貳陸王敬則傳略云：

敬則名位雖達，不以富貴自遇，危拱傍遑，略不衿裾，接士庶皆吴語，而殷勤周悉。世祖御座賦詩，敬則執紙曰：「臣幾落此奴度内。」世祖問：「此何言？」敬則曰：「臣若知書，不過作尚書都令史耳，那得今日。」

寅恪案，敬則原籍臨淮，後徙晋陵，其先世本來是否北人？姑不必考。但其居晋陵既久，口操吴語，則不容疑。據敬則傳，有二事可注意者：東晋南朝官吏接士人則用北語，庶人則用吴語，是士人皆北語階級，而庶人皆吴語階級，得以推知，此點可與顔氏家訓音辭篇所言者參證，此其一也。敬則屬於庶人階級，故交接士庶概用吴語，故亦不能作詩。若張融者，雖爲吴人，但屬於士族階級，故將死猶作北咏。至於王儉，則本爲北人，又爲士族，縱屢世僑居江左，諒亦能以吴語接待庶族，而其賦詩，不依吴音押韵，斷然可知，此其二也。

魏書伍玖劉昶傳（北史貳玖劉昶傳同）略云：

訶詈童僕，音雜夷夏。

史臣曰：昶諸子尪踈，喪其家業。〔蕭〕寶夤背恩忘義，梟獍其心。此亦戎夷彰狡輕薄之常事也。

南史壹肆晋熙王昶傳略云：

昶知事不捷，乃夜開門奔魏。在道慷慨爲斷句曰：「白雲滿鄣來，黄塵半天起。關山四面絶，故鄉幾千里。」

寅恪案，劉昶蕭寶夤皆南朝宋齊皇子，同爲北人之後裔，而世居於江左，俱以家難奔北者。昶之「音雜夷夏」之「夷」，據魏收所作傳論「戎夷彯狡輕薄」之語，知是指江左而言，蓋以夏目北魏爲對文也。然則所謂「音雜夷夏」即是音雜吴北。魏收欲極意形容劉昶之鄙俚無文，而不知其童僕之中必有庶族吴人，昶之用吴語訶詈童僕，正是江東以吴語接庶族之通例。至其作詩押韵，自附風雅，諒必仍用北音，如道中所作斷句用起里二韵與西晋北人如齊國左思之吴都賦及東晋北人如河東郭璞之巫咸山賦山海經圖大澤贊吉良贊用韵正復相同（俱見于海晏先生漢魏六朝韵譜第貳册第陸捌頁下），可資參證，且僅二韵，故尤難據以論證昶之作詩用吴音押韵也。

世説新語排調篇云：

劉真長始見王丞相，時盛暑之月，丞相以腹熨彈棊局曰：「何乃渹！」劉既出，人問：「見王公云何？」劉曰：「未見他异，唯聞作吴語耳！」

寅恪案，琅邪王導本北人，沛國劉惔亦是北人，而又皆士族。然則導何故用吴語接之？蓋東晋之初，基業未固，導欲籠絡江東之人心，作吴語者，乃其開濟政策之一端也，觀世説新語政事篇所載：

王丞相拜揚州，賓客數百人，并加霑接，人人有説色。唯有臨海一客姓任及數胡人爲未洽。公因便還到過任邊云：「君出，臨海便無復人。」任大喜説。因過胡人前彈指云：「蘭闍！蘭闍！」（寅恪疑「蘭闍」與庾信之小字「蘭成」同是一語，參考陳思小字録引陸龜蒙小名録。）群胡同笑，四坐并懽。

之條，則知導接胡人尚操胡語。臨海任客當是吴人，雖其屬於何等社會階級，不可考知，但值東晋創業之初，王導用事之際，即使任是士流，當亦用吴語接待。然此不過一時之權略，自不可執以爲江左三百載之常規明矣。今傳世有王導麈尾銘一篇，載於北堂書鈔壹參肆、藝文類聚陸玖、太平御覽柒佰肆等卷，以理子矦爲韵，與西晋北人如齊國左思之白髮賦，譙國曹攄之思友人詩其用韵正同（俱見于海晏先生漢魏六朝韵譜第貳册第陸捌頁下），至其文之是否真出於王導，及爲導渡江以前或以後所作？皆不可考知，然足徵導雖極力提倡吴語，以身作則，但終未發見其作韵語時，以吴音押韵之特徵也。

據上引史籍之所記載，除民間謡諺之未經文人删改潤色者以外，凡東晋南朝之士大夫以及寒人之能作韵者，依其籍貫，縱屬吴人，而所作之韵語則通常不用吴音，蓋東晋南朝吴人之屬於士族階級語者，其在朝廷論議社會交際之時尚且不操吴語，豈得於其摹擬古昔典雅麗則之韵語轉用土音乎？至於吴之寒人既作典雅之韵語，亦必依仿勝流，同用北音，以冒充士族，則更宜力避吴音而不敢用。故今日東晋南朝士大夫以及寒人所遺傳之詩文雖篇什頗衆，却不能據以研究東晋南朝吴音與北音异同及韵部分合諸問題也。

或問曰：信如子言，東晋南朝詩文其用韵無吴北籍貫之别，則何以同一時代，而詩文用韵間或不同？（見清華學報第壹卷第叁期王力先生南北朝詩人用韵考第柒捌玖頁）其中豈亦有因吴北籍貫之异，而致參差不齊者耶？

應之曰：永嘉南渡之士族其北方原籍雖各有不同，然大抵操洛陽近傍之方言，似無疑義。故吴人之仿效北語亦當同是洛陽近傍之方言，如洛生咏即其一證也。由此推論，東晋南朝疆域之内其士大夫無論屬於北籍，抑屬於吴籍，大抵操西晋末年洛陽近傍之方言，其生值同時，而用韵寬嚴互异者，既非吴音與北音之問題，亦非東晋南朝疆域内北方方言之問題，乃是作者個人審音之標準有寬有嚴，及關於當時流行之審音學説或從或違之問題也，故執此不足以難鄙説。

（原載一九三六年十二月歷史語言研究所集刊第柒本第壹分）

李唐武周先世事迹雜考

壹

寅恪前數年曾據宋書柒柒柳元景傳及新唐書柒拾上宗室世系表，推證李唐爲李初古拔之後裔（刊載本集刊第叁本第壹分），自信或不致甚遠於事實。然竊疑昔人應有論及之者，但以寅恪之孤陋寡聞，迄今尚未發見。夫昔人讀史，其精審百倍於寅恪，縱爲時代所限，不敢議及李唐先世問題，而柳元景傳疑竇甚多，豈能一無所覺。若得知前賢偶然隨筆，間接涉及此點者，亦可引以相助，爲淺學臆説之旁證，不亦善乎？今歲偶繙盧文弨讀史札記（劉世珩檵盦叢刊）南史柳元景傳條云：

南史柳元景傳殊不成文。如以爲後人轉寫訛落，則可。若出延壽所删，此手何可作史？書北侵事删削過多，節次全不明曉，書龐法起軍「去弘農城五里」，便詘然而止。若得弘農可不書，則此「去弘農城五里」之語亦屬孤贅。又云：「魏城臨河爲固，恃險自守，季明安都方平各列陣於城東南以待之。」云云，中間脱去魏洛州刺史張是提率衆二萬度崤來救一段，則所云待者，不知何指，豈以延壽而如此憒憒乎？

寅恪案，全部南史何以獨柳元景一傳「殊不成文」？何以柳元景全傳獨書北侵一事「刪削過多，節次全不明曉」？李延壽作史必不如此憒憒，盧氏於此致疑，誠有特識。但若以爲由於「後人轉寫訛落」，則後人轉寫之時，於全部南史何以獨於柳元景一傳，而於柳元景全傳何以獨於北侵一事，訛落若是之多且甚乎？是真事理之不可通，而別有其故，斷可知矣。蓋李氏作南史時，其柳元景傳本據宋書柳元景傳。其書北侵事必與宋書相同，悉載李初古拔父子被擒殺之始末。（宋書柒柒柳元景傳云：「生擒李初古拔父子二人。」又云：「共攻金門隖，屠之，殺戍主李買得，古拔子也。」南史叁捌柳元景傳適將此節刪去。）逮書成以後，奏聞之際，或行世之時，忽發覺李初古拔即當代皇室之祖先，故急遽抽削，以避忌諱，而事出倉卒，自不及重修，復無暇詳改，遂留此罅穴疵病，如抱經先生所擿發者也。至於抽削南史柳元景傳者是否即延壽本身，抑出於其子孫或他人之手？其事既難確知，亦無關宏旨，姑不深考。僅著李初古拔父子事迹所以不見於南北史之故（魏書陸壹薛安都傳記李拔即李初古拔事而南史肆拾北史叁玖薛安都傳亦俱不載），并足以證鄙説雖甚創，而實不誣也。世有謂新唐書宗室世系表中「復爲宋將薛安都所陷」之語乃宋人臆增者，請以此質之。

貳

周書肆明帝紀（北史玖周本紀同）云：

〔二年三月〕庚申詔曰：三十六國九十九姓自魏氏南徙，皆稱河南之民。今周室既都關中，宜改稱京兆人！

隋書叁叁經籍志史部譜系類序云：

後魏遷洛，有八氏十姓，咸出帝族。又有三十六族，則諸國之從魏者。九十二姓，世爲部落大人者。并爲河南洛陽人。其中國士人，則第其門閥。有四海大姓，郡姓，州姓，縣姓。及周太祖入關，諸姓子孫有功者，并令爲其宗長。仍撰譜録，紀其所承。又以關内諸州爲其本望。

寅恪案，李唐之稱西涼嫡裔，即所謂「爲其宗長，仍撰譜録，紀其所承。」其由趙郡改稱隴西，即所謂「以關内諸州爲其本望」，鄙説於此似皆一一證實矣！考據之業，其舊文新説若是之符合無間者，或不多見，兹特標出，敬求疑難鄙説者教正。總之，寅恪之設此假説，意不僅在解决李唐氏族問題，凡北朝隋唐史事與此有關者，俱欲依之以爲推證，以其所繫者至廣且鉅，故時歷數載，文成萬言，有誤必改，無證不從，庶幾因此得以漸近事理之真相，儻更承博識通人之訓誨，尤所欣幸也。

叁

武曌爲吾國歷史之怪傑，其先世事迹實無可考，其母系則寅恪曾於武曌與佛教一文中略言之矣（載本集刊第伍本第壹叁柒至壹肆柒頁）。至其父武士彠舊唐書伍捌、新唐書貳佰陸外戚傳皆有其傳，而其起家之始末皆不能詳。僅載其「家富於財，頗好交結，高祖初行軍於汾晋，休止其家，因蒙顧接。」（此舊傳之文，新傳亦同。）而已。

又舊傳論曰：

武士彠首參起義，例封功臣，無戡難之勞，有因人之迹，載窺他傳，過爲褒詞，慮當武后之朝，佞出敬宗之筆，凡涉虛美，削而不書。

據此，足證史臣當日作士彠傳時雖知許敬宗所作之原本不可徵信，但亦無他書可據，以資補充。即宋子京重修唐書，於士彠傳悉同舊書，僅文詞有删易，而事迹則無所增補。然則史迹久晦，殆真不可考矣。惟太平廣記壹叁柒徵應門武士彠條，引太原事迹云：

唐武士彠太原文水縣人。微時與邑人許文寶以鬻材爲事。常聚材木數萬莖，一旦化爲叢林森茂，因致大富。士彠與文寶讀書林下，自稱爲厚材，文寶自稱枯木，私言必當大貴。及高祖起義兵，以鎧冑從入關，故鄉人云：「士彠以鬻材之故，果逢構夏之秋。」及士彠貴達，文寶依之，位終刺史（據談愷本）。

又分門古今類事壹伍士彠叢林條（據十萬卷樓叢書本）亦引太原事迹，語句與太平廣記微有不同。如廣記之「讀書林下」，則作「會林下」，及廣記之「自稱爲厚材，文寶自稱枯木」，則作「自言枯木成林」，似較今本廣記爲明瞭易解也。考新唐書伍捌藝文志乙部史録地理類載有李璋太原事迹記十四卷，當即太平廣記及分門古今類事之所從出。其書所載枯木成林事固妄誕不足置信，然必出於當日地方鄉土之傳述，而士彠之初本以鬻材致富，因是交結權貴，則似非全無根據。隋書叁煬帝紀（北史壹貳同）云：

〔大業元年〕三月丁未詔尚書令楊素，納言楊達，將作大匠宇文愷營建东京。

又同書肆叁觀德王雄傳附弟達傳（北史陸捌楊紹傳附子達傳同）云：

獻皇后及高祖山陵制度，達并參豫焉。煬帝嗣位，轉納言，仍領營東都副監。

寅恪案，隋室文煬二帝之世皆有鉅大工程，而煬帝尤好興土木，士彠值此時勢，故能以鬻材致鉅富。其爲投機善賈之流，蓋可知也。武曌之母即達之女（見拙著武曌與佛教所引史料）。士彠之娶曌母疑在唐武德時，但其所以與楊氏通婚，殆由達屢次參豫隋世營建工事，士彠以鬻材之故，特相習近，迨達死隋亡，而士彠變爲新貴，遂娶其家女歟？此雖揣測之説，未得確證，然於武曌父系先世之事迹即士彠所以起家之由，實可藉此殘闕之史料窺見一二，以前人尚未有言及者，遂爲申論之如此。

肆

拙著三論李唐氏族問題一文其論李虎追封唐國公之時，謂在周初受魏禪之際（見本集刊第伍本第壹柒柒頁）。蓋據册府元龜壹帝王部帝系門所載：

〔太祖景皇帝虎〕封趙郡公，徙封隴西公，周受魏禪，録佐命功，居第一，追封唐國公。

之語。其實誤會史文也。考周書伍武帝紀上略云：

〔保定〕四年九月丁巳，封開府李昞爲唐國公，若干鳳爲徐國公。

又同書壹柒若干惠傳（北史陸伍若干惠傳略同）略云：

子鳳嗣。保定四年追録佐命之功，封鳳徐國公。

又通鑑壹陸玖陳紀略云：

〔天嘉〕五年九月丁巳追録佐命元功，封開府儀同三司隴西公李昞爲唐公，大馭中大夫長樂公若干鳳爲徐公。昞，虎之子，鳳，惠之子也。

據此，則李虎之追封唐國公實在保定四年，上距周初受魏禪之時，已八年矣。故拙著前文所推論者，皆應依此改計。特著於此，以正其誤，兼識疏忽之過云爾。

（原載一九三六年十二月歷史語言研究所集刊第陸本第肆分）

論李懷光之叛

唐代朱泚之亂，李懷光以赴難之功臣，忽變爲通賊之叛將，自來論者多歸咎於盧杞阻懷光之入覲，遂啓其疑怨，有以致之，是固然矣。而於神策軍與朔方軍糧賜之不均一事，則未甚注意，特爲節録史傳，草此短篇，以表出之。至唐代兵餉問題非兹篇範圍及其主旨之所在，故置不論。

舊唐書壹叁叁李晟傳（新唐書壹伍肆李晟傳及資治通鑑貳叁拾興元元年二月條同）云：

晟兵（寅恪案，即神策軍。）軍於朔方軍（寅恪案，即朔方節度使李懷光軍。）北，每晟與〔李〕懷光同至城下，懷光軍輒虜驅牛馬，百姓苦之。晟軍無所犯。懷光軍惡其獨善，乃分所獲與之，晟軍不敢受。久之，懷光將謀沮晟軍，計未有所出。時神策軍以舊例給賜厚於諸軍，懷光奏曰：「賊寇未平，軍中給賜，咸宜均一，今神策獨厚，諸軍皆以爲言，臣無以止之，惟陛下裁處。」懷光計欲因是令晟自署侵削己軍，以撓破之。德宗憂之，欲以諸軍同神策，則財賦不給，無可奈何，乃遣翰林學士陸贄往懷光軍宣諭，仍令懷光與晟參議所宜以聞。贄晟俱會於懷光軍，懷光言曰：「軍士稟賜不均，何以令戰？」贄未有言，數顧晟，晟曰：「公爲元帥，弛張號令皆得專之，晟當將一軍，唯公所指，以效死命，至於增損衣食，公當裁之！」懷光默然，無以難晟，又不欲侵刻神策軍發於自己，乃止。

寅恪案，新唐書伍拾兵志述貞元時事云：

時邊兵衣饟多不贍，而戍卒屯防，藥茗蔬醬之給最厚，諸將務爲詭辭，請遥隸神策軍，稟賜遂贏舊三倍，繇是塞上往往稱「神策行營」，皆内統於中人矣！其軍乃至十五萬。

夫李晟所統之神策軍者，當時中央政府直轄之禁軍也，李懷光所統之朔方軍者，别一系統之軍隊也，兩者稟賜之額既相差若此，復同駐咸陽一隅之地，同戰朱泚一黨之人，而望别一系統之軍隊其士卒不以是而不平，其將領不因之而變叛，豈不難哉！豈不難哉！觀懷光軍特取其所虜驅之牛馬分與晟軍者，蓋可藉是厲其「賊寇未平，軍中給賜咸宜均一」之意，欲持此「不患寡而患不均」之主義，以啓發神策軍兵士之情志也，史言懷光軍之紀律不及晟軍，惡晟軍獨善，故分與所獲，使之同惡，果如所言，則朔方軍之心計甚爲迂曲，與其軍主「麤厲疏愎之性」（見舊唐書壹貳壹、新唐書貳貳肆上李懷光傳及通鑑貳貳玖建中四年十一月條）尤不相似，頗疑史氏之説，於當日朔方軍士共同之心理，尚有所未能通解也。

又胡三省論此事（通鑑貳叁拾興元元年二月條胡注）云：

李晟之答懷光，氣和而辭正，故能伐其謀。

則殊不知晟之得爲正辭者，以懷光適兼擁元帥之虛號故耳。假使稟賜獨厚之神策軍其主將復真任元帥者，又將何辭以對耶？然則懷光之所以能激變軍心，與之同叛者，必別有一涉及全軍共同利害之事實，足以供其發動，不止其個人與盧杞之關係而已。故神策軍與朔方軍稟賜之不均要爲此大事變之一主因，讀史者不可盡信舊記之文，謂兩軍稟賜不均僅爲懷光「謀沮晟軍」所藉口之細事而忽視之也。

（原載一九三七年七月清華學報第壹貳卷第叁期）

李唐氏族之推測

（甲）引言

李唐氏族問題，近人頗有討論。寅恪講授清華，適課唐史，亦詮次舊籍，寫成短篇。其所徵引，不出習見之書。凡關係疏遠之證據，事實引申之議論，雖多可喜可觀者，以限於體裁，不能詳及。極知淺陋簡略，無當於著述之旨。然此文本意，僅在備講堂之遺忘，資同學之商榷。間有臆測之説，固未可信爲定論，尤不敢自矜有所創獲。儻承博洽君子，不以爲不可教誨而教誨之，實所深幸焉！

（乙）李唐自稱西凉後裔之可疑

李唐自稱爲西凉李暠後裔。然詳檢載記，頗多反對之證據。兹擇其最强有力，及足以解人頤者，各一事，移録於下：

魏書壹捌廣陽王深傳（北史壹陸廣陽王深傳同）論六鎮疏云：

昔皇始以移防爲重，盛簡親賢，擁麾作鎮，配以高門子弟，以死防遏。不但不廢仕宦，至乃偏得復除。當時人物，忻慕爲之。及太和在曆，僕射李冲當官任事，涼州土人悉免廝役，豐沛舊門，仍防邊戍。自非得罪當世，莫肯與之爲伍。征鎮驅使，但爲虞候白直，一生推遷，不過軍主。然其往世房分留居京者，得上品通官。在鎮者便爲清途所隔。或投彼有北，以禦魑魅，多復逃胡鄉。乃峻邊兵之格，鎮人浮游在外，皆聽流兵捉之。於是少年不得從師，長者不得游宦，獨爲匪人，言者流涕。

按，舊唐書壹高祖本紀（新唐書壹高祖本紀略同）云：

重耳生熙，爲金門鎮將，領豪傑鎮武川，因家焉。

今依李冲世系（魏書叁玖李寶傳、伍叁李冲傳、北史壹佰序傳。）及唐室自稱之世系（兩唐書壹高祖本紀及新唐書柒拾上宗室世系表等），綜合推計，列爲一表。以見其親族關係：

李暠—┬—歆—重耳—熙
　　　└—飜—寶—冲

據此，則重耳與寶爲共祖兄弟，熙與冲爲共曾祖兄弟，血統甚近。魏太和之世，冲宗族貴顯，一時無比。（新唐書玖伍高儉傳云：「後魏太和中定四海望族，以〔隴西李〕寶等爲冠。」）熙既與冲爲共曾祖兄弟，所生時代，前後相差，必不能甚遠。當太和之世，六鎮邊戍乃「莫肯與之爲伍」之人。李熙一族，留家武川，則非「凉州土人」，而爲「豐沛舊門」可知。是李冲即隴西李氏，不認之爲同宗，自無疑義。李唐自稱爲西凉後裔之反對證據中，此其最强有力者也。

又唐釋彦悰唐護法沙門法琳别傳下載法琳對太宗之言曰：

竊以拓拔元魏，北代神君。達闍（即大野）達系，陰山貴種。經云：以金易鍮石，以絹易縷褐，如捨寶女與婢交通，陛下即其人也。棄北代而認隴西，陛下即其事也。（此條女師大學術季刊第一卷第四期劉盼遂先生李唐爲蕃姓考所引較詳，可參閲。）

據此，可知唐初人固知其皇室氏族冒認隴西，此李唐自稱爲西凉後裔之别一反對證據，而又可以解人頤者也。

（丙）李唐疑是李初古拔之後裔

李唐世系之紀述，其見於新舊唐書壹高祖本紀，北史壹佰序傳，晋書捌柒凉武昭王傳，林寶元和姓纂等書者，皆不及新唐書柒拾上宗室世系表所載之詳備。今即依據此表與其他史料比較討論之。表云：

歆字士業，西凉後主。八子：勗，紹，重耳，弘之，崇明，崇産，崇庸，崇祐。重耳字景順，以國亡奔宋，爲汝南太守。後魏克豫州，以地歸之，拜恒農太守。復爲宋將薛安都所陷。

後魏安南將軍，豫州刺史。生獻祖宣皇帝熙，字孟良，後魏金門鎮將。生懿祖光皇帝，諱天賜，字德真。三子：長曰起頭，長安侯，生達摩，後周羽林監太子洗馬，長安縣伯。次曰太祖。次乞豆。

此表所載必爲唐室自述其宗系之舊文。茲就其所紀李重耳李熙父子事實，分析其内容，除去其爲西凉後裔一事以外，尚有七事。條列於下：

（一）其氏爲李。

（二）父爲宋汝南太守。

（三）後魏克豫州。父以地歸之。

（四）父爲後魏恒農太守。

（五）父爲宋將薛安都所陷。

（六）父爲後魏安南將軍豫州刺史。

（七）子爲後魏金門鎮將。

考宋書伍文帝紀云：

〔元嘉二十七年二月〕辛丑，索虜寇汝南諸郡，陳南頓二郡太守鄭琨汝陽潁川二郡太守郭道隱委守走。索虜攻懸瓠城，行汝南郡事陳憲拒之。

又宋書柒貳南平穆王鑠傳云：

索虜大帥拓跋燾南侵陳潁，遂圍汝南懸瓠城。行汝南太守陳憲保城自固。

又宋書柒柒柳元景傳云：

〔元嘉〕二十七年八月，〔隨王〕誕遣振威將軍尹顯祖出貲谷，奮武將軍魯方平建武將軍薛安都略陽太守龐法起入盧氏。（中略）閏〔十〕月法起安都方平諸軍入盧氏。（中略）法起諸軍進次方伯白，去弘農城五里。（中略）諸軍造攻具，進兵城下。僞弘農太守李初古拔嬰城自固。法起安都方平諸軍鼓譟以陵城。（中略）安都軍副譚金薛係孝率衆先登，生禽李初古拔父子二人。（中略）殿中將軍鄧盛幢主劉駗亂使人入荒田，招宜陽人劉寬糾，率合義徒二千餘人，共攻金門隖，屠之。殺戍主李買得，古拔子也，爲虜永昌王長史，勇冠戎類。永昌聞其死，若失左右手。

又宋書玖伍索虜傳云：

〔元嘉〕二十七年，燾自率步騎十萬寇汝南。（中略）宣威將軍陳南頓二郡太守鄭琨（文帝紀作琨）、綏遠將軍汝南潁川二郡太守郭道隱竝棄城奔走。虜掠抄淮西六郡，殺戮甚多。攻圍懸瓠城，城内戰士不滿千人。先是汝南新蔡二郡太守徐遵之去郡，南平王鑠時鎮壽陽，遣左軍行參軍陳憲行郡事。憲嬰城固守。（中略）燾遣從弟永昌王庫仁真步騎萬餘，將所略六郡口，北屯汝陽。（中略）太祖嘉憲固守，詔曰：「右軍行參軍、行汝南新蔡二郡軍事陳憲，盡力捍禦，全城摧寇，忠敢之效，宜加顯擢。可龍驤將軍、汝南新蔡二郡太守！」

又魏書陸壹薛安都傳云：

後自盧氏入寇弘農，執太守李拔等，遂逼陝城。時秦州刺史杜道生討安都。仍執拔等南遁，及世祖臨江，拔乃得還。

據上引史實，則父稱李初古拔，子稱李買得。名雖類胡名，姓則爲漢姓。但其氏爲李，則不待言，是與第一條適合。李初古拔爲後魏弘農太守，弘農即恒農，以避諱改字，是與第四條適合。李初古拔爲宋將薛安都所禽，是與第五條適合。宋書柳元景傳言：「生禽李初古拔父子」，魏書薛安都傳言：安都禽李拔等，仍執拔等南遁。世祖臨江，拔乃得還。則李初古拔必不止一子。或買得死難以弟代領其職，或唐書高祖紀稱李熙領豪傑鎮武川，因而留居之記載，經後人修改，今不能懸決。但李熙爲金門鎮將，李買得亦爲金門隝戍主，地理專名，如是巧同，亦可謂與第七條適合。至第二條李重耳爲宋汝南太守一事，徵諸上引史實，絕不可能。蓋既言爲宋將薛安都所陷，其時必在元嘉二十七年。當時前後宋之汝南太守，其姓名皆可考知。郭道隱則棄城走，徐遵之則去郡，陳憲則先行郡事，後以功擢補實官，故依據時日先後，排比推計，實無李重耳可爲宋汝南太守之餘地。據宋書柳元景傳言李買得爲永昌王長史，永昌聞其死，若失左右手。

則李氏父子與永昌王關係密切可知。宋書索虜傳又言「永昌王北屯汝陽」。考資治通鑑繫永昌王屯汝陽事於元嘉二十七年三月，繫李初古拔被禽事於元嘉二十七年閏十月，而汝陽縣本屬汝南郡，後分爲汝陽郡者，故以時日先後，地域接近，及人事之關係論，李初古拔殆於未被禽以前，曾隨永昌王屯兵豫州之境，故因有汝南太守之授。然則此汝南太守非宋之汝南太守，乃魏之汝南太守也。第六條之安南將軍，豫州刺史，當即與第二條汝南太守有關之職銜。第三條所謂後魏克豫州，以其地歸之者，亦與第二條爲宋汝南太守相關，同與上引史文衝突，實爲不可能之事，無待詳辯。魏書薛安都傳言安都執李拔等南遁，及世祖臨江，拔乃得還。是李初古拔原有由北遁南，復由南歸北一段因緣。李唐自述先世故實，或因此加以修改傅會，幸賴其與他種記載矛盾，留此罅隙，千載而後，遂得以發其覆耳。

又魏書薛安都傳之李拔即宋書柳元景傳李初古拔之渻稱。梁書伍陸侯景傳景祖名周，南史作乙羽周，與此同例。蓋邊荒雜類，其名字每多繁複，殊异乎華夏之雅稱，後人於捃拾侯景傳作乙羽周，與此同例。

屬文時因施删略。昔侯景稱帝，七世廟諱，父祖之外，皆王偉追造（事見梁書南史侯景傳），天下後世傳爲笑談。豈知李唐自述先世之名字亦與此相類乎？夫侯漢李唐俱出自六鎮，（侯氏懷朔鎮人。李氏武川鎮人。）雖其後榮辱懸絶，不可并言，但祖宗名字皆經改造，則正復相同。考史者應具有通識，不可局於成敗之見，以論事論人也。

總而言之，前所列七條，第一，第四，第五，第七，四條中，李重耳父子事實，皆與李初古拔父子事實適合。第六條乃第二條之附屬，無獨立性質，可不別論。第二條第三條實爲互相關聯之一條。第五條既言「爲宋將薛安都所陷」，則元嘉二十七年南北交兵之際，李氏父子必屬於北，而不屬於南。否則何能爲宋將所禽？故易劉宋爲後魏，則第二條第三條之事實，不獨不與其他諸條事實相反，而且適與之相成。況此其他諸條中涵有「元嘉二十七年」一定之時日，「李氏」「薛安都」之人名專名，「弘農」「金門」之地域專名，而竟能兩相符應，天地間似無如此偶然巧值之事。故疑李唐爲李初古拔之後裔，或不至甚穿鑿武斷也。

（丁）李唐先世與大野部之關係

李唐先世與大野部之關係，以今日史料之缺乏，甚不易知。姑就其可以間接推測者言之：李虎曾賜姓大野氏，或疑所謂賜姓者，實即復姓之意（見女師大學術季刊第二卷第二期王桐齡先生楊隋李唐先世系統考第四頁）。寅恪請舉一事，以明其不然。隋書伍伍（北史柒叁）周摇傳云：

> 其先與後魏同源。初爲普乃氏。及居洛陽，改爲周氏。（中略）周閔帝受禪，賜姓車非氏。

據此，若賜姓果即復姓，則周摇應賜姓普乃氏，而非車非氏矣。故知賜姓即復姓之説非也。

然則李虎何以賜姓大野氏？李氏與大野氏之關係究何如乎？今考李虎之外，李氏而有賜姓者，如李弼之賜姓徒何氏（周書拾伍、北史陸拾李弼傳）。李穆則賜姓拓拔氏，（北史卷伍玖李賢傳。又見容齋三筆卷叁元魏改功臣姓氏條。洪氏謂「〔宇文〕泰方以時俗文敝，命蘇綽仿周書作大誥。又悉改官名，復周六卿之制。顧乃如是。殆不可曉。」是亦不解賜姓爲興滅國繼絶世之大典，正所以摹仿成周封建制度之意者也。）是同一李氏，而賜以不同之姓矣。又曾賜姓大野氏者，李虎以外，尚有閻慶（見周書貳拾、北史陸壹閻慶傳、新唐書柒叁下宰相世系表、通志貳玖氏族略五、鄧名世古今姓氏書辯證叁壹等。又鄭氏鄧氏書皆言：「後魏龍驤將軍謝懿賜姓大野氏」，王氏金石粹編貳柒載魏孝文吊比干文碑陰題名有「驢驤將軍臣河南郡大野㦤（？）」。錢氏潛研堂金石文跋尾貳作「大野□」。寅恪見繆氏藝風堂所藏拓本，亦不清晰，以字形推之，及證以龍驤將軍官名，當是「懿」字。即此謝懿也。然魏孝文乃改代姓爲漢姓者，豈有轉賜漢姓之人以代姓之理？頗疑實大野氏改爲謝氏，以野謝音近之故。魏書官氏志中此例甚多。後人誤於西魏末年賜姓之事，因謂謝懿賜姓大野氏矣。待考。）是不同漢姓之人，亦賜以同一之大野氏矣。其間關係複雜糾紛，殊不易簡單説明。考魏書壹序紀（北史壹魏本紀略同）云：

積六十七世至成皇帝，諱毛立。聰明武略，遠近所推。統國三十六，大姓九十九。

又魏書壹壹叁官氏志云：

初，安帝統國，諸部有九十九姓。至獻帝時，七分國人，使諸兄弟各攝領之。

又周書壹柒北史陸伍若干惠傳云：

若干惠字惠保，代郡武川人也。其先與魏氏俱起，以國爲姓。

據此則代北之姓，代表其國名。所謂國者，質言之，即部落也。周書貳文帝紀下西魏恭帝元年紀賜姓事。其文云：

魏氏之初，統國三十六，大姓九十九，後多絶滅。至是以諸將功高者爲三十六國後，次功者爲九十九姓後。所統軍人，亦改從其姓。

宇文黑獺銳意復古，信用蘇綽盧辯之流，摹擬成周封建之制，賜姓功臣之舉，乃其所謂興滅國繼絶世之盛典也。資治通鑑載此事於壹陸伍梁紀元帝承聖三年正月，而删去「爲三十六國後」及「爲九十九姓後」之文，使賜姓大典之原意不能明顯，遂啓後人諸種臆測之説。今依「爲後」之文解釋，則賜李虎以大野氏者，其意即以李虎爲大野氏之後。又依「所統軍人亦改從其姓」之文解釋，則其意部主與部屬必應同一姓氏。當時既以大野之姓賜與李虎，則李虎先世或爲大野部之部曲亦未可知。若李虎果爲李初古拔之後裔，則南朝元嘉北朝太平真君之時已姓李氏，似本漢人。譬諸後來清室之制，遼東漢人包衣有以外戚擡旗故，而升爲滿洲本旗，并改爲滿姓之例。李虎之賜姓大野氏，或亦與之有相似者歟？李唐先世與大野部之關係所能推測者，僅止於此，實非决定之結論也。

（戊）李重耳南奔之説似後人所僞造

前於（丙）章已言當元嘉二十七年南北交兵之際，李重耳無爲宋汝南太守之可能。假使果有其事，而其爲李唐先世與否，又爲一問題，尚須别論。寅恪則并疑凡李重耳南奔之事，載在唐修晋書凉武昭王傳、北史序傳、兩唐書高祖紀、新唐書宗室世系表等者，皆依據唐室自述宗系之言，原非真實史迹。乃由後人修改傳會李初古拔被禽入宋後復歸魏之事而成。兼以李重耳之奔宋，與李寶之歸魏，互相對映也。何以知其然？因世説新語言語篇云：

張天錫爲凉州刺史，稱制西隅。既爲苻堅所禽，用爲侍中，後於壽陽俱敗。至都，爲孝武所器。每入言論，無不竟日。

又晋書捌陸張軌傳載張天錫歸晋後事云：

又詔曰：故太尉西平公張軌著德遐域，（中略）拔迹登朝。先祀淪替，用增矜慨。可復天錫西平郡公爵！俄拜金紫光禄大夫。天錫少有文才，流譽遠近。及歸朝，甚被恩遇。

又僧祐出三藏記集壹肆沮渠安陽侯傳（慧皎高僧傳卷二曇無讖傳略同）云：

沮渠安陽侯者，河西王蒙遜之從弟也。魏虜托拔燾伐凉州，安陽宗國殄滅，遂南奔於宋。

從容法侶，宣通經典，是以京邑白黑咸敬而嘉焉。

夫前西二涼，俱系出漢族，遙奉江東。沮渠雖爲戎類，而宰制西隅，事侔張李。故國亡之後，其宗胤南奔者，咸見欽崇。即使李重耳聲望不及張公純嘏，學行不及沮渠京聲，然既已致位郡守，禦敵邊疆，而南朝當日公私記載，一字無徵，揆諸情事，寧有斯理？故舉張氏沮渠同類之例，以相比喻，足知李重耳南奔之説實出後人所僞造。魏書玖玖私署涼王李暠傳本不載重耳南奔事，湯球十六國春秋輯補所録重耳南奔事，亦取之唐修晋書，而不知其不可信也。（湯氏書叙例云：「此書於十六國春秋纂録所删節處，以晋書張軌李暠等傳及劉淵諸載記補足。」寅恪案，今十六國春秋纂録陸西凉録無重耳南奔事，故湯氏從唐修晋書李暠傳補足之。至若僞本十六國春秋之載重耳南奔事，必録自唐修晋書，更無足論矣。）

（己）唐太宗重修晋書及敕撰氏族志之推論

李唐先世疑出邊荒雜類，必非華夏世家，已於前（丙）（丁）二章言之矣。知此，而後李唐一代三百年，其政治社會制度風氣變遷興革所以然之故，始可得而推論。以其範圍非本篇所及，兹僅就太宗重修晋書及敕撰氏族志二事，簡略言之：

唐以前諸家晋書，可稱美備。而太宗復重修之者，其故安在？昔漢世古文經學者於左氏春秋中竄入漢承堯後之文（見左傳魯文公十三年孔氏正義及後漢書陸陸賈逵傳），唐代重修晉書特取張軌爲同類陪賓，不以前涼西涼列於載記，而於捌柒涼武昭王傳中亦竄入

士業子重耳脱身奔於江左，仕於宋，後歸魏爲恒農太守一節，皆藉此以欺天下後世。夫劉漢經師，李唐帝室，人殊代隔，迴不相關。而其擇術用心，遥遥符應，有如是者，豈不异哉！李延壽於北史壹佰序傳中，雖亦載李重耳奔宋歸魏之事，然於南史叁捌柳元景傳、肆拾薛安都傳、北史叁玖薛安都傳闕於宋書魏書所載李初古拔父子事，皆删棄不録，或者唐初史家猶能灼知皇室先世真實淵源，因有所忌諱，不敢直書耶？其有與重修晉書相似者，則爲敕撰氏族志一事。蓋重修晉書所以尊揚皇室，證明先世之淵源。敕撰氏族志，雖言以此矯正當時之弊俗，實則專爲摧抑中原甲姓之工具。故此二事皆同一用心，誠可謂具有一貫之政策者也。新唐書玖伍高儉傳（參觀舊唐書陸伍高士廉傳、唐會要叁陸氏族門、捌叁嫁娶門、貞觀政要柒論禮樂篇貞觀六年太宗謂房玄齡條、資治通鑑壹玖伍貞觀十二年條。）云：

初，太宗嘗以山東士人尚閥閲，後雖衰，子孫猶負世望，嫁娶必多取貲，故人謂之賣昏。由是詔士廉與韋挺岑文本令狐德棻責天下譜諜，參考史傳，檢正真僞，進忠賢，退悖惡，先宗室，後外戚，退新門，進舊望，右膏粱，左寒畯，合二百九十三姓，千六百五十一家，爲

九等，號曰氏族志，而崔幹仍居第一。帝曰：「我於崔盧李鄭無嫌，顧其世衰，不復冠冕，猶恃舊地以取貲，不肖子偃然自高，販鬻松檟，不解人間何爲貴之？齊據河北，梁陳在江南，雖有人物，偏方下國，無可貴者，故以崔盧王謝爲重。今謀士勞臣，以忠孝學藝從我定天下者，何容納貨舊門，向聲背實，買昏爲榮耶？（中略）朕以今日冠冕爲等級高下。」遂以崔幹爲第三姓，班其書天下。高宗時許敬宗以不叙武后世，又李義府恥其家無名，更以孔志約楊仁卿史玄道呂才等十二人刊定之，裁廣類例，合二百三十五姓，二千二百八十七家。帝自叙所以然。以四后姓、酅公介公及三公太子三師開府儀同三司尚書僕射爲第一姓，文武三品及知政事三品爲第二姓，各以品位高下叙之，凡九等，取身及昆弟子孫，餘屬不入，改爲姓氏録。當時軍功入五品者皆昇譜限，縉紳恥焉，目爲「勳格」。義府奏悉索氏族志燒之。又詔後魏隴西李寶，太原王瓊，滎陽鄭溫，范陽盧子遷、盧渾、盧輔，清河崔宗伯、崔元孫，前燕博陵崔懿，晉趙郡李楷，凡七姓十家，不得自爲昏。三品以上納幣不得過三百匹，四品五品二百，六品七品百，悉爲歸裝夫氏，禁受陪門財。先是後魏太和中定四海望族，以寶等爲冠。其後矜尚門地，故氏族志一切降之。王妃主壻皆取當世勳貴名臣家，未嘗尚山東舊族。後房玄齡魏徵李勣復與昏，故望不減。然每姓第其房望，雖一姓中，高下懸隔。李義府爲子求昏，不得，始奏禁焉。其後天下衰宗落譜，昭穆所不齒者，皆稱禁昏家，益自貴，凡男女皆潛相聘娶，天子不能禁。世以爲敝云。

又舊唐書柒捌張行成傳（新唐書壹佰肆張行成傳、資治通鑑壹玖貳唐紀貞觀元年條同。）云：

太宗嘗言及山東關中人，意有同异。行成正侍宴，跪而奏曰：臣聞天子以四海爲家，不當以東西爲限。若如是，則示人以隘陋。

觀此，可知對於中原甲姓，壓抑摧毀，其事創始於太宗，而高宗繼述之，（詳見舊唐書捌貳、新唐書貳貳叁上李義府傳、太平廣記壹捌肆氏族類七姓條等。）遂成李唐帝室傳統之政略。魏晋以來門第之政治社會制度風氣，以是而漸次頹壞毁滅，實古今世局轉移昇降樞機之所在，其事之影響於當時及後世者至深且久。兹考李唐氏族所出，因略推論其因果關係，附於篇末，以爲治唐史者之一助。至其他演繹之説，多軼出本文範圍之外，故不旁及焉。

（原載一九三一年八月歷史語言研究所集刊第叁本第壹分）

李唐氏族之推測後記

三年前寅恪曾作李唐氏族之推測一文，刊載本集刊第叁本第壹分中，尚有賸義，茲補論之於此。其關於李唐疑是李初古拔後裔，及其自稱西涼李暠嫡裔，必非史實二點，前篇已詳言之，茲不重述。故此篇復就其自稱源出隴西及家於武川二事，取資旁證，別爲辯釋，然後唐室僞造先世宗系，其先後變遷所經歷之軌迹略能推尋，「天可汗」氏族之信史或者亦可因是而考定也。

唐會要壹帝號上云：

獻祖宣皇帝諱熙，（涼武昭王暠曾孫，嗣涼王歆孫，弘農太守重耳之子也。）武德元年六月二十二日追尊爲宣簡公，咸亨五年八月十五日追尊宣皇帝，廟號獻祖，葬建初陵。（在趙州昭陵〔慶〕縣界，儀鳳二年五〔？〕月一日追封爲建昌陵，開元二十八年七月十八日詔改爲建初陵。）

懿祖光皇帝諱天賜（宣皇帝長子），武德元年六月二十二日追尊懿王，咸亨五年八月十五日追尊光皇帝，廟號懿祖，葬啓運陵。（在趙州昭慶縣界，儀鳳二年三〔？〕月一日追封爲延光陵，開元二十八年七月十八日詔改爲啓運陵。）

元和郡縣圖志壹柒（岱南閣叢書本。又參閲舊唐書叁玖地理志及新唐書叁玖地理志趙州昭慶縣條）略云：

趙州。

昭慶縣。本漢廣阿縣，屬鉅鹿郡。

皇十三代祖宣皇帝建六〔初〕陵，高四丈，週迴八十丈。

皇十二代祖光皇帝啓運陵，高四丈，周迴六十步。二陵共塋，周迴一百五十六步，在縣西南二十里。

册府元龜壹帝王部帝系門略云：

唐高祖神堯帝，姓李氏，隴西狄道人。其先出自李暠，是爲涼武昭王，薨，子歆嗣位，爲沮渠蒙遜所滅。歆子重耳奔於江南，仕宋爲汝南郡守，復歸於魏，拜弘農太守，贈豫州刺史。生熙，起家金門鎮將，後以良家子鎮於武川，都督軍戎百姓之務，終於位，因遂家焉。生天賜，仕魏爲幢主，大統時追贈司空公。生太祖景皇帝虎，封趙郡公，徙封隴西公，周受魏禪，録佐命功，居第一，追封唐國公。生世祖元皇帝昞，在位十七年，封汝陽縣伯，襲封隴西公，周受禪，襲封唐國公。高祖即元皇帝之世子，母曰元貞皇后，七歲襲封唐國公，義寧二年受隋禪。

今河北省隆平縣尚存唐光業寺碑。碑文爲開元十三年宣義郎前行象城縣尉楊晋所撰，中央研究院歷史語言研究所藏有拓本，頗殘闕不可讀。兹取與黄彭年等修畿輔通志壹柒肆古迹略所載碑文相參校，而節録其最有關之數語於下：

（上略）皇祖瀛州刺史宣簡公謹追上尊號，謚宣皇帝。皇祖妣夫人張氏謹追上尊號，謚宣莊皇后。皇祖懿王謹追上尊號，謚光皇帝。皇祖妣妃賈氏謹追上尊號，謚光懿皇后。（中略）

詞曰：維王桑梓。本際城池。（下略）

案，李熙天賜父子共塋而葬，光業寺碑頌詞有「維王桑梓」之語，則李氏累代所葬之地，即其家世居住之地，絶無疑義。據魏書壹佰陸上地形志南趙郡廣阿縣條、隋書叁拾地理志趙郡大陸縣條及元和郡縣圖志壹柒趙州昭慶縣條等，是李氏父子葬地舊屬鉅鹿郡，與山東著姓趙郡李氏居住之舊常山郡，壤地鄰接，李虎之封趙郡公，即由於此。又漢書貳捌地理志載中山國唐縣有堯山，魏書地形志載南趙郡廣阿縣即李氏父子葬地又有堯臺，李虎死後追封唐國公，其唐國之名蓋止取義於中山鉅鹿等地所流傳之放勳遺迹，并非如通常廣義，兼該太原而言也。至大唐創業起居注上略云：

> 初帝奉詔爲太原道安撫大使，帝以太原黎庶陶唐舊民，奉使安撫，不逾本封，因私喜此行，以爲天授。

則爲後來依附通常廣義之解釋，殊與周初追封李虎爲唐國公時，暗示其與趙郡李氏關係之本旨不同也。

據上所言，李唐豈真出於趙郡李氏耶？若果爲趙郡李氏，是亦華夏名家也。又何必自稱出於隴西耶？考元和郡縣圖志壹伍略云：

邢州。

堯山縣。本曰柏人，春秋時晉邑，戰國時屬趙，秦滅趙，屬鉅鹿郡，後魏改「人」爲「仁」，天寶元年改爲堯山縣。

又同書壹柒略云：

趙州。

平棘縣。本春秋時晉棘蒲邑，漢初爲棘蒲，後改爲平棘也，屬常山郡。

李左車墓，縣西南七里。

趙郡李氏舊宅，在縣西南二十里，即後漢魏以來山東舊族也，亦謂之三巷李家云。東祖居巷之東，南祖居巷之南，西祖居巷之西，亦曰三祖宅巷也。三祖李氏亦有地屬高邑縣。

元氏縣。本趙公子元之封邑，漢於此置元氏縣，屬常山郡，兩漢常山太守皆理於元氏。

開業寺，在縣西北十五里，即後魏車騎大將軍陝定二州刺史尚書令司徒公趙郡李徽伯之舊宅也。

柏鄉縣。本春秋時晉鄗邑之地，漢以爲縣，屬常山郡，後漢改曰高邑，屬常山國，高齊天保七年，移高邑縣於漢房子縣東北界，今高邑縣是也。

高邑故城，在縣北二十一里，本漢鄗縣也。

高邑縣。本六國時趙房子邑之地，漢以爲縣，屬常山郡。

贊皇縣。本漢鄗邑縣之地，屬常山郡。

百陵崗，在縣東十里，即趙郡李氏之別業於此崗下也。崗上亦有李氏塋冢甚多。

昭慶縣。本漢廣阿縣，屬鉅鹿郡。

皇十三代祖宣皇帝建初陵。

皇十二代祖光皇帝啓運陵。二陵共塋，在縣西南二十里。（昭慶縣條前已引及，因便於解說，特重出其概略於此。）

元和郡縣圖志著者李吉甫出於趙郡李氏，故關於其宗族之先塋舊宅皆詳記之。若取其分佈之地域核之，則趙郡李氏其顯著支派所遺留之故迹，俱不出舊常山郡之範圍。據此，則趙郡李氏顯著支派當時居地可以推知也。但其衰微支派則亦有居舊鉅鹿郡故疆者。考新唐書柒貳上宰相世系表趙郡李氏條（鄧名世古今姓氏書辯證貳壹同），略云：

〔楷〕避趙王倫之難，徙居常山。〔楷〕子輯。輯子慎敦，居柏仁，子孫甚微。

案，柏仁廣阿二縣後魏時俱屬南趙郡，土壤鄰接，原是同一地域。趙郡李氏子孫甚微之一支，其徙居柏仁之時代雖未能確定，然李楷避西晋趙王倫之難，下數至其孫慎敦，僅有二代，則李慎敦徙居柏仁約在南朝東晋之時，李熙父子俱葬於廣阿，計其生時，亦約當南朝宋齊之世。故以地域鄰接及年代先後二者之關係綜合推論，頗疑李唐先世本爲趙郡李氏柏仁一支之子孫。或者雖不與趙郡李氏之居柏仁者同族，而以同居一地，同姓一姓之故，遂因緣攀附，自託於趙郡之高門，衡以南北朝庶姓冒託士族之慣例，亦爲可能之事。總而言之，據可信之材料，依常識之判斷，李唐先世若非趙郡李氏之「破落户」，即是趙郡李氏之「假冒牌」。至於有唐一代之官書，其記述皇室淵源，間亦保存原來真實之事迹，但其大半盡屬後人諱飾誇誕之語，治史者自不應漫無辨别，遽爾全部信從也。

又魏書玖柒島夷劉裕傳略云：

島夷劉裕，晋陵丹徒人也。其先不知所出，自云：本彭城彭城人，故其與叢亭安上諸劉了無宗次。

宋書柒捌劉延孫傳云：

延孫與帝室雖同是彭城人，别屬吕縣。劉氏居彭城縣者，又分爲三里：帝室居綏輿里，左將軍劉懷肅居安上里，豫州刺史劉懷武居叢亭里。及吕縣，凡四劉。雖同出楚元王，由來不序昭穆，延孫於帝室本非同宗。

南齊書叁柒劉悛傳略云：

劉悛彭城安上里人也。彭城劉同出楚元王，分爲三里，以别宋氏帝族。

據此，則附會同姓之顯望，南北朝之皇室莫不如此。若取劉宋故事以與李唐相比，則京口之於彭城，亦猶廣阿之於趙郡歟？所不同者，唐李後來忽否認趙郡，改託隴西耳。至其所以否認改託之故，亦可藉一類似之例以爲解釋，請引李弼之成事言之：李弼與李虎同爲周室佐命元勛。周書壹伍李弼傳及新唐書柒貳上宰相世系表俱以弼爲遼東襄平人，唐書表又載弼封隴西公，與周書及北史陸拾李弼傳之僅言弼封趙國公者不同。唐書表多歧誤，姑不深考。但北史以弼爲隴西成紀人，則必依據弼家當日所自稱無疑。蓋賀拔岳宇文泰初入關之時，其徒黨姓望猶繫山東舊郡之名，迨其後東西分立之局既成，内外輕重之見轉甚，遂使昔日之遠附山東舊望者，皆一變而改稱關右名家矣。此李唐所以先稱趙郡，後改隴西之故也。又考北史壹佰序傳載李抗（即李暠曾孫韶之從祖）自凉州渡江，仕宋歷任三郡太守，其子思穆於魏太和十七年北歸，位至營州刺史。然則西凉同族固有支孫由北奔南，又由南返北之一段故實。李唐既改稱隴西之後，或見李抗思穆父子之遭際與其先世李初古拔買得父子之事迹適相類似，因而塗附，自託於西凉李暠之嫡裔耶（參閲前篇）？又據册府元龜之所引，知李重耳之豫州刺史乃追贈之銜，則光業寺碑所載李熙瀛州刺史之號，疑亦後來所追贈者也。至若册府元龜壹帝系門所載李天賜起家金門鎮將一節，必是附會李買得曾爲金門戍主之事，作爲誇大之詞。考魏書地形志有兩金門：一爲金門郡，興和中置，一爲宜陽郡屬之金門縣，亦興和中置。宋書柳元景傳載李買得爲金門戍主（詳見前篇），依當日南北戰争所經由之路線推之，自是宜陽郡屬之金門縣。但當北朝太平真君之世，其地尚未置縣，何從而有鎮？後魏鎮將位極尊崇，李天賜更何從起家而得爲此高官乎？前篇疑李買得既已戰死，何能復鎮武川，又家於其地？今知李氏父子皆葬廣阿，實無家於武川之事，然則李唐之自稱來自武川者，或是覩賀拔岳宇文泰皆家世武川，因亦詭託於關西霸主鄉邑之舊耶？以李唐世系改易僞託之多端，則此來自武川一事之非史實，亦不足爲异矣。

據以上所推證，則李唐氏族或出於趙郡李氏衰微之支派，或出於鄰居同姓之攀援，雖皆不能確知，而其本爲漢族，似不容疑。李熙天賜父子二世所娶張氏及賈氏又俱爲漢姓，則其血統於娶獨孤寶氏等胡姓之前，恐亦未嘗與胡族相混雜也。假使李唐先世本爲純粹之漢族，其與大野部之關係果何如乎？前篇已言宇文泰之賜胡姓，實爲繼絶之義，而非復姓之旨。考周故開府儀同賀屯公墓志（即侯植之墓志，周書貳玖、北史陸陸皆有侯植傳，陸增祥八瓊室金石補正貳叁亦載此志。又承趙萬里先生以李宗蓮懷珉精舍金石跋尾中此志跋文及此志拓印本見示。）云：

魏前二年十二月中太祖文皇帝以公忠效累彰，宜加旌异，爰命史官，賜姓賀屯氏，時推姓首，寔〔寔〕主宗祀。

此志文中「時推姓首，實主宗祀」之語最關重要，蓋宇文泰之賜姓，原欲恢復鮮卑部落之舊制，故命軍人從其所統主將之姓，夫一軍之中，既同姓一姓，則同姓之人數必衆，不可無一姓首，而姓首即主宗祀之統將也。但姓首不必盡爲塞外异族，如庾子山集壹叁周太子太保步陸逞神道碑（參考同集壹陸周譙國夫人步陸孤氏墓志銘）略云：

公諱逞，本姓陸，吴郡吴人也。曾祖載，爲宋王司馬，留鎮關中，赫連之亂，仗劒魏室，今爲河南洛陽人也。高祖（疑誤倒）冠軍將軍營州刺史，吴人有降附者，悉領爲別軍，自是官帥擁鐸，更爲吴越之兵，君子習流，別有樓船之陣。

又周書叁貳陸通附弟逞傳（北史陸玖同）略云：

父政，其母吴人，好食魚，北土魚少，政求之，常苦難。後宅側忽有泉出，而有魚，遂得以供膳，時人以爲孝感所致，因謂其泉爲孝魚泉。通賜姓步六孤氏。

案，陸通陸逞兄弟之爲漢人，確無疑義，且其祖母又爲吴人，則亦未與胡族血統混雜。其祖統領降附吴人別爲水軍，蓋清初黄梧施琅一流人物。然宇文泰賜通以胡姓，專統一軍，是以通爲降附吴人之姓首，而主塞外鮮卑步陸孤部之宗祀也。據此可以推知，即漢人與塞外鮮卑部落絶無關涉者，亦得賜胡姓，且爲主宗祀之姓首。然則李虎雖賜姓大野氏，亦可以與塞外大野部落絶無關涉。近人往往因李唐曾賜姓大野，遂據以推論，疑其本爲塞外异族，今既證明其先世不家於武川，而家於南趙郡，則李熙父子（即李初古拔父子）與陸通兄弟又何以相异乎？故關於李唐氏族問題，綜合前後二篇之主旨，假設一結論於下：

李唐先世本爲漢族，或爲趙郡李氏徙居柏仁之「破落户」，或爲鄰邑廣阿庶姓李氏之「假冒牌」，既非華盛之宗門，故漸染胡俗，名不雅馴。於北朝太平真君、南朝元嘉之世，曾參與弘農之戰，其後并無移鎮及家於武川之事。迨李虎入關，東西分立之局既定，始改趙郡之姓望而爲隴西，因李抗父子事迹與其先世類似之故，遂由改託隴西更進一步，而僞稱西凉嫡裔。又因宇文氏之故，復詭言家於武川，其初之血統亦未與外族混雜。總而言之，李唐氏族若僅就其男系論，固一純粹之漢人也。

若上所假設者大體不謬，則李唐一族之所以崛興，蓋取塞外野蠻精悍之血，注入中原文化頹廢之軀，舊染既除，新機重啓，擴大恢張，遂能别創空前之世局。故欲通解李唐一代三百年之全史，其氏族問題實爲最要之關鍵。吾國昔時學者固未嘗留意於此，近人雖有撰著，亦與鄙見多所异同，因據與此問題有關之史籍及石刻，約略推論其僞造世系先後演變之歷程如此。

（原載一九三三年歷史語言研究所集刊第叁本第肆分）

三論李唐氏族問題

寅恪於本集刊第叁本第壹分李唐氏族之推測及第肆分李唐氏族之推測後記兩文中先後討論李唐氏族問題，仍有未盡之意，本欲復有所申論，以求教於治唐史之學者。近又見日本東北帝國大學文科會編輯之文化第二卷第六號載有金井之忠氏李唐源流出於夷狄考一文，其中涉及拙作，有所辨難，故作此篇，略述鄙見，條列於後。夫考證之業，譬諸積薪，後來者居上，自無膠守所見，一成不變之理。寅恪數年以來關於此問題先後所見亦有不同，按之前作二文，即已可知。但必發見確實之證據，然後始能改易其主張，不敢固執，亦不敢輕改，惟偏蔽之務去，真理之是從。或者李唐氏族問題之研討因此辨論，得有更進一程之發展乎？此則寅恪之所甚希望者也。

（甲）李唐之李必非代北叱李部所改

金井氏據鄭樵通志叁拾氏族略變夷篇記代北之人隨後魏遷河南改胡姓爲漢姓事，其中有

叱李之爲李

一語，及鄧名世古今姓氏書辯證貳壹

河南李氏　後魏官氏志有叱李氏改爲李氏

之文，作一結論，謂李唐源出於叱李氏。寅恪案，無論今魏書壹壹叁官氏志無「叱李氏改爲李氏」之語，鄭鄧之書未詳其何所依據。但此點無關宏旨，可置不論。

魏書柒下高祖紀（參閱北史叁魏本紀、資治通鑑壹肆拾齊紀建武二年六月條）云：

〔太和十九年〕丙辰，詔遷洛之民，死葬河南，不得還北。

又北史壹玖廣川王諧傳（今魏書貳拾即取北史此卷所補者。并參閱通鑑壹肆拾齊紀建武二年六月條。）云：

詔曰：遷洛之人，自兹厥後，悉可歸骸邙嶺，皆不得就塋恒代。

據此，李虎之祖熙及其父天賜死於何年，固不能定，但如金井氏之説，既是代人遷洛之改姓者，則其所葬之地實爲解决此問題之關鍵。假使熙及天賜父子二人俱死於太和十九年六月丙辰以前，則應俱葬於恒代。假使父子二人俱死於太和十九年六月丙辰以後，則父子二人俱應葬於邙嶺。假使父子二人一死於太和十九年六月丙辰以前，一死於太和十九年六月丙辰以後，則應一葬於恒代，一葬於邙嶺。今則其所葬之地北不在恒代，南不在邙嶺，乃在後魏南趙郡之廣阿，唐代趙州之昭慶，而又父子共塋，顯是族葬之遺迹。然則李唐先世果如金井氏之説，出於代北叱李部遷洛後改爲李氏者歟？抑如寅恪之説，其初本爲趙郡李氏之「破落戶」或「假冒牌」者歟？孰非孰是，何去何從，治史者自能別擇，不待詳辨也。

（乙）李唐在李淵以前其血統似未與胡族混雜

開元十三年象城縣尉楊晋撰光業寺碑（碑文詳見前篇）云：

皇祖瀛州刺史宣簡公謹追上尊號，謚宣皇帝。皇祖妣夫人張氏謹追上尊號，謚宣莊皇后。

皇祖懿王謹追上尊號，謚光皇帝。皇祖妣妃賈氏謹追上尊號，謚光懿皇后。

又巴黎國民圖書館藏敦煌寫本伯希和號第貳仟伍佰肆唐代祖宗忌日表云：

皇六代祖景皇帝。

皇后梁氏。　　五月九日忌。

今唐會要壹帝號門上及貳叁忌日門俱缺載張氏賈氏梁氏三代女系。據此，張賈皆是漢姓，其爲漢族，當無可疑。梁氏如梁禦之例，雖亦有出自胡族之嫌疑，（見周書壹柒及北史伍玖梁禦傳。又魏書壹壹叁官氏志云：「拔列氏後改爲梁氏。」）但梁氏本爲漢姓，大部分皆是漢族，未可以其中間有少數例外出自胡族之故，遽概括推定凡以梁爲氏者皆屬胡族也。故李虎妻梁氏在未能確切證明其氏族所出以前，仍目之爲漢族，似較妥慎。然則李唐血統其初本是華夏，其與胡夷混雜，乃一較晚之事實歟？茲取今日新獲得之資料，補作一李唐血統世系表，起自李熙，迄於世民，以供研究李唐氏族問題者之參考。至李重耳則疑本無其人，或是李初古拔之化身，已詳前篇，茲不贅論。故茲表只就今日能確切考知及有實物能證明者爲限。其女統確知爲漢族者，標以□符號。確知爲胡族者，標以〰符號。雖有胡族嫌疑，但在未能確切證明前，姑仍認爲漢族者，則標以……符號。

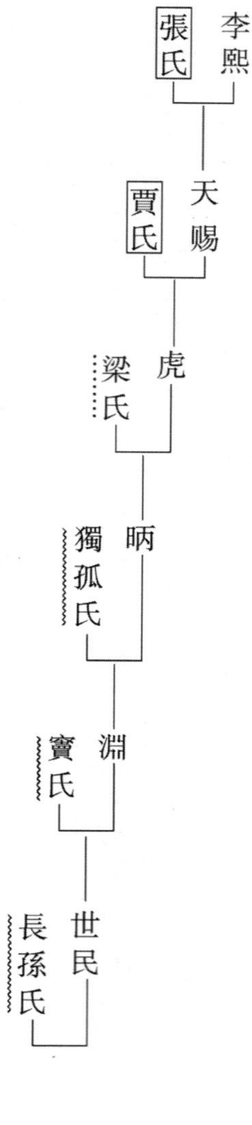

（丙）推測李虎所以追封唐國公之故

前篇謂周初追封李虎爲唐國公暗示其與趙郡之關係者，實指當時擬此封號者聯想李氏與趙郡之關係而言。蓋李虎生前初封之趙郡公及徒封之隴西公，皆郡公也。郡公進一等則爲國公。（參考周書肆拾、北史陸貳尉遲運傳，隋書貳捌百官志下等。）凡依等進封，以能保留元封之名爲原則，故其取名多從元封地名所隸屬之較大區域中求之。若不得已，則於元封地名相近之較大區域中求之。若猶無適當之名，則盡棄與元封有關之名，別擇一新號。考李虎之追封唐國公，當在周初受魏禪，大封佐命功臣之時，即與孝閔帝元年春正月乙卯進封趙郡公李弼中山〔郡〕公宇文護等爲趙國公晉國公等同時。（見周書叁孝閔帝紀、壹壹晉蕩公護傳、壹伍李弼傳及北史伍柒邵惠公顥傳附子護傳、陸拾李弼傳等。）趙爲郡名，亦古國名。故李弼即由趙郡公進封趙國公，同時自不得以趙國公追封李虎。隴西只是郡名，而非國名，不可作國公之封號。於是當日之擬封號者不得不聯想及於與趙郡及隴西郡有關之古代國名。通典壹柒肆州郡典略云：

天水郡。秦州，古西戎之地，秦國始封之邑，領縣五。成紀。

隴西郡。渭州，春秋爲羌戎之居。秦置隴西郡。

同書壹柒捌州郡典云：

趙郡。趙州，春秋時晉地，戰國時屬趙，領縣九。昭慶。（寅恪案，魏書壹佰陸上地形志南趙郡廣阿縣即昭慶，有堯臺。）

博陵郡。定州，帝堯始封唐國之地，戰國初爲中山國，後爲魏所并，後又屬趙，秦爲上谷鉅鹿二郡之地，漢高帝置中山郡，景帝改爲中山國，後漢因之，晉亦不改，後燕慕容垂移都於此，（都中山，置中山郡。至慕容寶爲後魏所陷。）後魏爲中山郡，領縣十一。望都。（堯始封於此，堯山在北，堯母慶都山在南。）

據此，與隴西郡有關之古代國名爲秦。與趙郡有關之古代國名爲趙，魏，中山，晉，及唐。魏爲拓拔氏之國號，自不可以封。中山之名在後魏爲郡王爵封號，亦爲郡公封號。但通稱則省郡字，如中山王、中山公之例。北周在明帝武成元年八月改天王稱皇帝以前，國公爲人臣最高之封爵。故宇文護由中山郡公進封國公時，不以爲中山國公者，雖因晉國較中山爲大名，實亦受魏制習慣影響，蓋欲以表示區别。是中山復不可爲進封國公之號。（見魏書壹壹叁官氏志、魏書壹伍、北史壹伍秦王翰傳附中山王纂傳、魏書壹玖下、北史壹捌南安王楨傳附中山王英傳、周書叁孝閔帝紀、肆明帝紀、叁伍崔猷傳、北史玖周本紀、叁貳崔挺傳附猷傳、通鑑壹陸陸及壹陸柒等。）當追封李虎之時，西魏恭帝僅於數月前即恭帝之三年秋七月封宇文直爲秦郡公。（見周書貳文帝紀下、壹叁衛剌王直傳及北史伍捌衛剌王直傳等。）故爲宇文直地，亦不能以秦爲追封李虎之國號。而晉國則又已封宇文護矣。夫趙國之號，既以李弼之故不可取用，秦國晉國復以宇文直宇文秦之故不能進封，魏及中山又皆不可用爲封號，然則當時司勳擬號之官，若不别擇一新號，而尚欲於舊時封地之名有所保存聯繫者，則捨唐國莫屬。此李虎所以追封唐國公之故也。

又李德裕會昌一品集壹捌請改封衛國公狀云：

臣今日蒙恩進封趙國公，承命哀惶，不任感涕。臣亡父先臣憲宗寵封趙國，先臣與嫡孫寬中小名三趙，意在傳嫡嗣，不及支庶。臣前年恩例進封，合是趙郡，臣以寬中之故，改就中山。亡祖先臣曾居衛州汲縣，解進士及第。儻蒙聖恩，改封衛國，遂臣私誠，庶代受殊榮，免違先志。

據此，李德裕合封趙郡，而改就中山，則趙郡之與中山爲互相平等及互相關聯之封號，可以確實證明。中山相傳爲帝堯始封唐國之地，唐朝之宰輔李德裕自不能由中山進封唐國，只能進封趙國。周代之元勳李虎曾封趙郡，以李𥙿之故不能進封趙國，遂得進封唐國。故取此二事，以相比證，李虎所以追封唐國公之故，更可豁然通解矣。至德裕之請免封趙國，改封衛國，即前文所謂盡棄與元封有關之名。別擇一新號者，而猶以其祖曾居衛州汲縣之故，請改封衛國，則唐人心目中封號與居地之關係，亦可想見也。兹以李德裕由中山進封趙國之例，時代雖晚，然足資比證，因并附記之，以供參考。（附識：李虎熙天賜妻姓氏俱見唐會要冬皇后門。前文失檢，特此補正。）

（原載一九三五年十二月歷史語言研究所集刊第伍本第貳分）

敦煌本維摩詰經問疾品演義書後

予讀此品演義，至

獅子骨崙前後引

之句，初不得其解。後檢義淨南海寄歸内法傳卷肆西方學法章自注云：

然而骨崙速利尚能總讀梵經。

及義淨大唐西域求法高僧傳下貞固傳附載其弟子孟懷業事云：

至佛逝國，解骨崙語。

據此，則骨崙即崑崙之异譯，自無待言。考太平廣記叁肆拾引通幽録云：

〔盧頊〕夜夢一老人騎大獅子，獅子如文殊所乘。毛彩奮迅，不可視。旁有二崑崙奴操轡。

然則文殊之騎獅子固有崑崙奴二人，以爲侍從。與所謂

獅子骨崙前後引

之事情略同，而骨崙二字之確詁於此可推得也。予前數年已爲此演義作長跋，載歷史語言研究所集刊第貳本第壹分中。尚有賸義，久未寫出。師仲公老而健忘，於講授時尤甚。因并附

書於後，以備教室之用云。

（原載一九三二年五月清華週刊第叁柒卷第玖、拾期）

與妹書（節録）

我前見中國報紙告白，商務印書館重印日本刻大藏經出售，其預約券價約四五百圓。他日恐不易得，即有，恐價亦更貴。不知何處能代我籌借一筆款，爲購此書。因我現必需之書甚多，總價約萬金。最要者即西藏文正續藏兩部，及日本印中文正續大藏，其他零星字典及西洋類書百種而已。若不得之，則不能求學，我之久在外國，一半因外國圖書館藏有此項書籍，一歸中國，非但不能再研究，并將初着手之學亦棄之矣。我現甚欲籌得一宗巨款購書，購就即歸國。此款此時何能得，只可空想，豈不可憐。我前年在美洲寫一信與甘肅寧夏道尹，託其購藏文大藏一部，此信不知能達否。即能達，所費太多，渠知我窮，不付現錢，亦不肯代墊也。西藏文藏經，多龍樹馬鳴著作而中國未譯者。即已譯者，亦可對勘异同。我今學藏文甚有興趣，因藏文與中文，係同一系文字。如梵文之與希臘拉丁及英俄德法等之同屬一系。以此之故，音韵訓詁上，大有發明。因藏文數千年已用梵音字母拼寫，其變遷源流，較中文爲明顯。如以西洋語言科學之法，爲中藏文比較之學，則成效當較乾嘉諸老，更上一層。然此非我所注意也。我所注意者有二：一歷史，唐史西夏西藏即吐蕃，藏文之關係不待言。

一佛教，大乘經典，印度極少，新疆出土者亦零碎。及小乘律之類，與佛教史有關者多。中國所譯，又頗難解。我偶取金剛經對勘一過，其注解自晋唐起至俞曲園止，其間數十百家，誤解不知其數。我以爲除印度西域外國人外，中國人則晋朝唐朝和尚能通梵文，當能得正確之解，其餘多是望文生義，不足道也。隋智者大師天台宗之祖師。其解悉檀二字，錯得可笑。見法華玄義好在台宗乃儒家五經正義二疏之體。説佛經，與禪宗之自成一派。與印度無關者相同。亦不要緊也。禪宗自謂由迦葉傳心，係據護法因緣傳。現此書已證明爲僞造。達磨之説我甚疑之。舊藏文既一時不能得，中國大藏，吾頗不欲失此機會，惟無可如何耳。又蒙古滿洲回文書，我皆欲得。可寄此函至北京，如北京有滿蒙回藏文書，價廉者，請大哥五哥代我收購，久後恐益難得矣。

（原載一九二三年八月學衡貳拾期文録）

與董彦堂論殷曆譜書

大著病中匆匆拜讀一過，不朽之盛業，惟有合掌贊嘆而已。改正朔一端，爲前在昆明承教時所未及，尤覺精確新穎。冬至爲太陽至南回歸線之點，故後一月，即建丑月爲歲首，最與自然界相符合。其次爲包含冬至之建子月，周繼殷以子月代丑月爲正月，亦與事理適合。若如傳統之説，夏在商前何以轉取寅月爲正月似難解釋。故周代文獻中，雖有以寅月爲正之實證，但是否果爲夏代所遺，猶有問題也。豳風七月詩中曆法不一致，極可注意，其「一之日」，「二之日」，是「一月之日」，「二月之日」之舊稱否？又與左傳孔子「火猶西流，司曆過也」參校，則疑以寅月爲正，乃民間歷久而誤失閏之通行曆法。遂以「託古」而屬之夏歟？

（一九四四年十一月二十七日）

讀通志柳元景沈攸之傳書後

鄭漁仲通志列傳類其南北朝諸列傳即取之南北史，世所習知者也。丁丑之冬時居北平，將南渡江左，臨發之前夕陳援庵先生垣見過，謂寅恪曰：通志柳元景傳中紀元景北征事，亦載李初古拔始末，與宋書柳元景傳相同，惟僅及首段而止。又李初古拔作李初古爲异耳。豈舊本南史柳元景傳其紀李初古拔事，元與宋書柳元景傳同，而今本南史有脱文，漁仲所見尚是未甚殘闕者耶？寅恪當時行色匆匆，未敢遽對，及抵長沙，而金陵瓦解，乃南馳蒼梧瘴海，轉徙至於蒙自，憂患疾苦之中，無書可讀，偶訪鄰舍，得見坊本通志，因一披閱之，其卷壹叁拾列傳肆玖沈攸之傳云：

沈攸之字仲達，司空慶之從父兄子也。

歸檢南史叁柒沈慶之傳附攸之傳云：

攸之字仲達，慶之從父兄子也。

又檢宋書柒肆沈攸之傳云：

沈攸之字仲達，吴興武康人，司空慶之從父兄子也。

夫漁仲之作通志，其南北朝諸列傳雖逕取南北史之本文，但南北史以家世爲主，不以朝代爲斷限。漁仲著書時，於李書稍有移割，其沈攸之傳文雖取之南史，而於攸之名上冠之以姓，此著述之體應爾自不待言。然南史比傳本文元無「司空」二字，通志忽於南史元文「慶之」二字之上增「司空」二字，其爲從宋書沈攸之傳之元文采入，而非漁仲所見之南史多此司空二字無疑也。據此推論，通志中南北朝諸列傳雖取之南北史，其間亦旁采斷代之史如宋書以補苴之，其沈攸之傳既雜糅，則其柳元景傳亦何嘗不可如是乎？惟漁仲元文是否即已如是？抑或後來寫刻遂致雜糅？初以無從獲校舊本通志，未敢遽斷，後得見友人鈔示之至治本通志沈攸之傳「慶之」之下多一「之」字外，餘皆與坊本不异，據此頗疑雜糅沈李二書即出於鄭氏之手，殆以李唐多所删削故略取沈書以補之歟？

（一九三八年）

論許地山先生宗教史之學

寅恪昔年略治佛道二家之學，然於道教僅取以供史事之補證，於佛教亦止比較原文與諸譯本字句之異同，至其微言大義之所在，則未能言之也。後讀許地山先生所著佛道二教史論文，關於教義本體俱有精深之評述，心服之餘，彌用自愧，遂捐棄故技，不敢復談此事矣。今馬季明先生屬寅恪爲地山先生紀念刊綴一言。因念地山先生學問通博，非淺識所得備論，特就所能知者言之如此，藉應季明先生之命，并舉以告世之學者。

（原載一九四一年九月追悼許地山先生紀念特刊）

吾國學術之現狀及清華之職責

二十年以前之清華，不待予言。請略陳吾國之現狀，及清華今後之責任。吾國大學之職責，在求本國學術之獨立，此今日之公論也。若將此意以觀全國學術現狀，則自然科學，凡近年新發明之學理，新出版之圖籍，吾國學人能知其概要，舉其名目，已復不易。雖地質生物氣象等學，可稱尚有相當貢獻，實乃地域材料關係所使然。古人所謂「慰情聊勝無」者，要不可遽以此而自足。西洋文學哲學藝術歷史等，苟輸入傳達，不失其真，即爲難能可貴，遑問其有所創獲。社會科學則本國政治社會財政經濟之情況，非乞靈於外人之調查統計，幾無以爲研求討論之資。教育學則與政治相通，子夏曰「仕而優則學，學而優則仕」，今日中國多數教育學者庶幾近之。至於本國史學文學思想藝術史等，疑若可以幾於獨立者，察其實際，亦復不然。近年中國古代及近代史料發見雖多，而具有統系與不涉傅會之整理，猶待今後之努力。今日全國大學未必有人焉，能授本國通史，或一代專史，而勝任愉快者。東洲鄰國以三十年來學術鋭進之故，其關於吾國歷史之著作，非復國人所能追步。昔元裕之、危太樸、錢受之，萬季野諸人，其品格之隆汙，學術之歧异，不可以一概論；然其心意中有一共同觀念，即國可亡，而史不可滅。今日國雖倖存，而國史已失其正統，若起先民於地下，其感慨如何？今日與支那語同系諸語言，猶無精密之調查研究，故難以測定國語之地位，及辨别其源流，治國語學者又多無暇爲歷史之探討，及方言之調查，論其現狀，似尚注重宣傳方面。國文則全國大學所研究者，皆不求通解及剖析吾民族所承受文化之内容，爲一種人文主義之教育，雖有賢者，勢不能不以創造文學爲旨歸。殊不知外國大學之治其國文者，趨向固有异於是也。近年國内本國思想史之著作，幾盡爲先秦及兩漢諸子之論文，殆皆師法昔賢「非三代兩漢之書不敢觀者。」何國人之好古，一至於斯也。關於本國藝術史材料，其佳者多遭毁損，或流散於東西諸國，或秘藏於權豪之家，國人間見尚且不能，更何從得而研究？其僅存於公家博物館者，則高其入覽券之價，實等於半公開，又因經費不充，展列匪易，以致藝術珍品不分時代，不别宗派，紛然雜陳，恍惚置身於廠甸之商肆，安能供研究者之參考？但此缺點，經費稍裕，猶易改良。獨至通國無一精善之印刷工廠，則雖保有國寶，而乏傳真之工具，何以普及國人，資其研究？故本國藝術史學若俟其發達，猶邈不可期。最後則圖書館事業，雖歷年會議，建議之案至多，而所收之書仍少，今日國中幾無論爲何種專門研究，皆苦圖書館所藏之材料不足；蓋今世治學以世界爲範圍，重在知彼，絶非閉户造車之比。况中西目録版本之學問，既不易講求，購置搜羅之經費精神復多所制限。近年以來，奇書珍本雖多發見，其入於外國人手者固非國人之得所窺，其幸而見收於本國私家者，類皆視爲奇貨，秘不示人，或且待善價而沽之异國，彼輩既不能利用，或無暇利用，不唯孤負此種新材料，直爲中國學術獨立之罪人而已。夫吾國學術之現狀如此，全國大學皆有責焉，而清華爲全國所最屬望，以謂大可有爲之大學，故其職責尤獨重，因於其二十週年紀念時，直質不諱，拈出此重公案，實係吾民族精神上生死一大事者，與清華及全國學術有關諸君試一參究之。以爲如何？

（原載一九三一年五月國立清華大學二十週年紀念特刊）

圖書在版編目（CIP）數據

金明館叢稿：金明館叢稿初編、金明館叢稿二編 / 陳寅恪著．
— 北京：團結出版社，2021.5

ISBN 978-7-5126-8703-5

Ⅰ．①金… Ⅱ．①陳… Ⅲ．①文史哲—中國—文集
Ⅳ．① C52

中國版本圖書館 CIP 資料核字 (2021) 第 059172 號

出版：團結出版社
（北京市東城區東皇城根南街 84 號　郵編：100006）
電話：（010）65228880　65244790（傳真）
網址：www.tjpress.com
Email：zb65244790@vip.163.com
經銷：全國新華書店
印刷：天宇萬達印刷有限公司

開本：148×210　1/32
印張：24.75
字數：480 千字
版次：2021 年 5 月 第 1 版
印次：2021 年 5 月 第 1 次印刷

書號：978-7-5126-8703-5
定價：150.00 圓（全二册）